権力の自律・協働・統制

日仏比較を通して

植野 妙実子 著

日本比較法研究所
研究叢書
137

中央大学出版部

装幀　道吉　剛

はしがき

　ここに，おそらく私の最後となる単著の研究叢書を刊行することができて，大変嬉しく思う。本著のタイトルは，2011年度から2014年度にかけて獲得することのできた科研費基盤研究C「立法過程・政策決定過程における各機関の自律と協働」から着想を得ている。

　その研究の趣旨は，国家機関のそれぞれの自律を基礎にすえながらも各機関が連携・協働をはかり，より適切な国家運営を行っていくにはどのようにしたらよいかを，フランスの憲法院とコンセイユ・デタの関係を題材に探求したものである。その結果フランスにおいては，憲法院とコンセイユ・デタが国家の要となって，法律制定過程や政策決定過程において諮問的機能や裁判的機能を果たしながら重要な役割を担い，互いの権限や管轄を守ると同時に必要な連携をとっている，と知った。しかし当時は大学院公共政策研究科委員長という役職についていたので，十分に研究，特に訪問調査研究を深められたとは思えなかった。それでも2012年から2013年にかけて来日していた4人のフランス人教授に，コンセイユ・デタや憲法院の働きも含めて立法過程においてどのような作用があり，どのような課題があるのかをインタヴューすることができた（植野妙実子＝兼頭ゆみ子 共訳「憲法院とコンセイユ・デタの関係」比較法雑誌48巻1号33-59頁）。また成果の一環として，ベルトラン・マチュー著植野妙実子＝兼頭ゆみ子 共訳『フランスの事後的違憲審査制』（日本評論社2015年）を刊行することができた。私としてはパリ第一大学教授マチュー氏が最も（私の在外研究中に師事していた，憲法院研究の第一人者）ルイ・ファヴォルー教授の意思を，保守的な面も含めて，継いでいるように感じていたからである。

　他方で別の形での研究の発展もあった。一つは，日本比較法研究所の中に「裁判規範の国際的平準化グループ」を立ち上げ，2015年にベルトラン・マチ

ュー教授，そしてコンセイユ・デタ評定官のレジ・フレス氏を中央大学にお招きして講演していただくことができたことである（ベルトラン・マチュー著植野妙実子＝兼頭ゆみ子 共訳「フランスの合憲性優先問題」比較法雑誌 50 巻 1 号 77-100 頁，レジ・フレス著植野妙実子＝石川裕一郎 共訳「憲法院とコンセイユ・デタ」比較法雑誌 50 巻 1 号 101-115 頁）。2016 年にはエックス・マルセイユ大学教授のグザヴィエ・フィリップ氏をお招きして講演をしていただいた（グザヴィエ・フィリップ著植野妙実子＝兼頭ゆみ子 共訳「非常事態と国籍剥奪措置」比較法雑誌 50 巻 3 号 135-150 頁）。二つは，2013 年度から 2015 年度にかけて大学院公共政策研究科が，中央大学教育力向上推進事業の助成を獲得できたことである。海外でどのように高級官僚育成に励んでいるかを研究し，適切な公務人材育成に向けてのプログラム開発に取り組むことが目的であった。とりわけその最終年度に私は，フランスのコンセイユ・デタと ENA を訪問して調査研究をすることができた。コンセイユ・デタの訪問はレジ・フレス氏がアレンジしてくださり，ENA（国立行政学院）への訪問は，私の最初の留学時（1979 年）の指導教授であったパリ第一大学名誉教授のフランソワーズ・ドレフュス氏がアレンジしてくださった。5 人のコンセイユ・デタ評定官へのインタヴューは，忘れることのできない，コンセイユ・デタ内のナポレオンの礼拝室で行った。その成果が「コンセイユ・デタの今日的地位」（本著第 5 章）であり，評定官へのインタヴューの内容は「インタヴュー：コンセイユ・デタ構成員の多様性」（比較法雑誌 56 巻 3 号 83-117 頁）としてまとめてある。レジ・フレス氏には，来日の際にこの助成のための講演もお願いできた（レジ・フレス著植野妙実子＝兼頭ゆみ子 共訳「フランスにおけるコンセイユ・デタ」比較法雑誌 50 巻 2 号 187-207 頁）。また ENA におけるインタヴューは「ENA における公務人材育成」（植野妙実子＝兼頭ゆみ子 共訳比較法雑誌 50 巻 2 号 297-310 頁）としてまとめてある。

　さらに日本比較法研究所で，「現代議会制の比較法的研究グループ（当時代表植野妙実子）」と「憲法裁判の基礎理論グループ（当時代表畑尻剛）」とのコラボレーション企画として，共同研究助成を獲得し「独仏日比較憲法裁判─課題と展望」についてのシンポジウムを開催することができた。ドイツとフランスの

憲法裁判のあり方を通して日本の憲法裁判のあり方，とりわけ解決すべき今後の課題を考えるというのがその趣旨であった。その中でフランス側としては，エックス・マルセイユ大学教授のグザヴィエ・マニョン氏とポー大学教授のユベール・アルカラス氏をお招きして講演をお願いした（グザヴィエ・マニョン著植野妙実子訳「フランスにおける憲法院及び憲法裁判についての紹介」比較法雑誌53巻2号51-58頁，グザヴィエ・マニョン著植野妙実子＝小川有希子 共訳「フランスの事後的違憲審査制」比較法雑誌53巻2号59-89頁，ユベール・アルカラス著植野妙実子＝兼頭ゆみ子 共訳「フランスにおける合憲性優先問題の動向」比較法雑誌53巻3号79-99頁）。2020年1月には，基調講演を元最高裁判所裁判官である鬼丸かおる氏にお願いしてまとめのシンポジウムを行った（鬼丸かおる「最高裁判所裁判官を終えて考えたこと」比較法雑誌55巻4号5-34頁）。鬼丸かおる氏とは法曹四者で作られている日本女性法律家協会で私が副会長をしていた時に一緒に仕事をしていた仲であり，そうした関係でお願いできた。改めて，交流や通訳・翻訳などにご協力をいただいた皆様方にお礼を申し上げたい。こうしたご支援やご協力なしには研究を深めることはできなかった。

　私は，1987年から一年余り中央大学の協定校であるエックス・マルセイユ大学で在外研究を行ったが，それ以来，当時ルイ・ファヴォルー教授が主催していた憲法裁判研究学会に日本の問題の報告者としてできるかぎり毎回出席し，レポートを出してきた（Annuaire International de Justice Constitutionnelle に掲載）。ファヴォルー教授の強い勧めがあったからである。この学会の中で，ベルトラン・マチュー教授やレジ・フレス評定官にお会いし，多くの研究者との親交を深めることができた。また中央大学に多くの研究者をお招きして，研究を深めることもできた。大変幸運だったと思う。最近はフランス語で提出するレポートの校正をエックス・マルセイユ大学教授であったティエリー・ルノー（ルヌーと表記されることもある）氏にお願いし，辛抱強くお付き合いをいただいている。ティエリーにも感謝を申し上げたい。

　総じていえることは，日本では何よりも憲法を護るというその尊重の姿勢が欠けていることである。憲法の精神・理念がどのようであり，それに沿ってど

のように解釈すべきなのかという基本的なあり方に欠けているところがある。それ故，憲法を基本とする立憲主義が育っていない。立憲主義や法治国家概念においては後発であったフランスに，あっという間に追い越された感がある。フランスでは自らの管轄を守り，その自律に基づいて，他の機関との必要な協働や必要な統制を行うという仕組みが育ってきている。憲法が基本という考え方も法治国家の観念を通して根づいていった。学ぶべきことが多いと感じている。

ところで何といっても，アナログ人間である私の原稿を常に入力してくれている帝京大学助教の小川有希子さんに厚くお礼を申し上げたい。白内障の手術後に加齢黄斑がみつかってなおのこと，パソコン入力に手がかかるようになってしまい，いつも助けていただいている。また常に「頑張りな」と励ましてくれる息子にも感謝している。

最後に辛抱強く私の原稿を待ってくださった，日本比較法研究所の林和彦氏，出版部の小島啓二氏にも感謝を申し上げたい。

研究叢書はできあがったが，実は課題や疑問点も浮かび上がってきた。さらに科研費での研究も残されている（21H00660「わが国実定公務員法制の抜本的改革に向けた理論的研究」基盤研究B 代表千葉大学下井康史教授，本著第10章の中にも成果が一部含まれている）。これからも一つずつ解明に取り組み，よりよい制度の構築に微力ながら貢献していきたいと思っている。

2024年10月31日

中央大学名誉教授　植野妙実子

権力の自律・協働・統制

日仏比較を通して

目　　次

はしがき

第1章　フランスにおける憲法裁判と憲法学の進展 ………… *1*

　はじめに　*1*
　1. 憲法院の概要　*2*
　2. 合憲性審査の発展と抵抗　*16*
　3. 憲法学への影響　*22*
　まとめにかえて　*30*
　補論　*34*

第2章　フランスのコロナ禍における憲法院の統制 ………… *39*

　はじめに　*39*
　1. 公役務としての保健行政　*41*
　2. 健康の保護への権利　*43*
　3. 第五共和制憲法の国家緊急権　*47*
　4. 防疫上の緊急事態　*54*
　5. 2020年3月23日法の成立　*56*
　6. 2020年5月11日法の成立　*61*
　7. 2020年7月9日法の成立　*68*
　8. 2020年3月23日法に関わるQPC判決　*71*
　9. その他の権力に対する統制　*76*
　まとめにかえて　*80*

第3章　フランスのコロナ対策における政府の対応 ………… *83*

　はじめに　*83*

1. フランスの概況　*84*

　　2. 保健行政の基本概念と関連する憲法条文　*88*

　　3. 防疫上の緊急事態の設定　*91*

　　4. 衛生パスの概要　*93*

　　5. 衛生パスの導入と実施　*97*

　　6. 衛生パスの拡充　*100*

　　7. ワクチンパスの強化と終結　*103*

　　8. 日本への示唆　*108*

　　まとめにかえて　*111*

第4章　緊急事態における政府の責任 ………………………… *113*

　　はじめに　*113*

　　1. フランスのコロナ禍での法律　*114*

　　2. 統治者の責任　*116*

　　3. 責任の性質　*117*

　　4. 責任のあり方の違い　*120*

　　5. 責任の効果　*122*

　　6. コロナ禍における政府の責任　*128*

　　7. フランスにおける政府の責任　*134*

　　8. 政府の活動と課題　*138*

　　9. 日本における政府の責任　*141*

　　まとめにかえて　*143*

第5章　コンセイユ・デタの今日的地位 ………………………… *147*

　　はじめに　*147*

1. 組　　織　*149*
2. 副　院　長　*150*
3. コンセイユ・デタで働く人々　*153*
4. コンセイユ・デタ構成員　*154*
5. 構成員の任用　*156*
6. 外　部　任　用　*157*
7. ENA　*160*
8. 研修とキャリア形成　*163*
9. 昇進・昇格　*164*
10. 出　　向　*165*

まとめにかえて　*166*

第6章　フランスの国家緊急権 …………………………… *171*

はじめに　*171*
1. 国家緊急権すなわち危機の権限の概念　*172*
2. 危機の権限の解釈　*174*
3. 国民の保護に関する憲法改正案　*183*
4. 憲法改正案をめぐる問題点　*191*

まとめにかえて　*196*

第7章　日本における政治家の責任 ……………………… *199*

はじめに　*199*
1. 日本国憲法における責任規定　*200*
2. 政治学上の政治責任　*202*
3. 政治的責任と法的責任　*204*

4. 議員の責任　*205*

5. 議員の特権　*211*

6. 政府の責任　*214*

7. 政治資金規正法等の問題点　*219*

まとめにかえて　*233*

第8章　フランスにおける公権力の責任　*235*

はじめに　*235*

1. 行政の責任の概念　*237*

2. 大統領と大臣の責任　*239*

3. 大臣等の責任の歴史　*241*

4. 第三共和制以降の大臣等の責任　*247*

5. 2008年憲法改正以前の憲法規定の解釈　*252*

6. 議員や議院内閣制における政府の責任　*257*

7. 高等院と共和国法院に対する批判　*259*

8. 公的生活の透明性に関する法律　*261*

まとめにかえて　*268*

第9章　日本における司法の責任　*271*

はじめに　*271*

1. 司法の意味　*272*

2. 裁判官の良心と独立性　*275*

3. 裁判官の任命制度　*278*

4. 80条1項の制定過程　*279*

5. 下級裁判官の任命権　*281*

6．裁判官の任命資格　*283*

　7．裁判の意義　*286*

　8．違憲法令審査の意義　*289*

　9．行政訴訟と違憲審査　*292*

　10．違憲審査の困難性　*304*

　まとめにかえて　*307*

　補論　*311*

第10章　フランスにおける裁判官の倫理と責任……………… *313*

　はじめに　*313*

　1．司法機関の地位　*315*

　2．司法における諸原則　*317*

　3．裁判組織と裁判官　*325*

　4．公職における倫理・権利・義務　*342*

　5．裁判官の倫理義務　*346*

　6．2023年11月20日組織法の成立　*358*

　7．裁判官の権利と責任　*362*

　8．日本における裁判官倫理　*371*

　まとめにかえて　*382*

第11章　ロシアのウクライナ侵攻と憲法の平和主義………… *387*

　はじめに　*387*

　1．国際法の基本原則　*388*

　2．紛争の平和的解決　*390*

　3．ロシアの侵略行為の違法性　*395*

4. 日本国憲法の永久平和主義　　*398*

5. 有権解釈の変化　　*402*

6. 学説の検討　　*408*

　まとめにかえて　　*421*

第12章　コロナ禍と教育　　*425*

　はじめに　　*425*

1. GIGA スクール構想　　*426*

2. 子どもの教育を受ける権利の意義　　*429*

3. 安倍首相の全国一斉休校要請とその影響　　*431*

4. ICT を用いた学習の問題点　　*433*

　まとめにかえて　　*436*

第13章　象徴天皇制と立憲主義　　*439*

　はじめに　　*439*

1. 象徴天皇制の内容　　*440*

2. 天皇の権能　　*443*

3. 天皇制をめぐる裁判　　*449*

　まとめにかえて　　*454*

終章　人権保障と憲法解釈　　*457*

　はじめに　　*457*

1. 平和的生存権の重要性　　*458*

2. 人権保障の意義の変化　　*464*

3. 生存権の今日的意味　　*468*

4. 教育を受ける権利　*471*

5. 男女平等原則　*475*

6. 人権保障の実質化　*483*

まとめにかえて　*486*

［参考資料］　安保三文書の概要……………………………………*491*

はじめに　*491*

1. 憲法の基本原理の確認　*492*

2. 政府見解（防衛白書令和4年版　第二部における説明）　*493*

3. 国力としての防衛力を総合的に考える有識者会議報告書　*495*

4. 安保三文書改訂の内容　*497*

まとめにかえて　*535*

初 出 一 覧

第 1 章
フランスにおける憲法裁判と憲法学の進展

はじめに

　フランスの現行憲法である第五共和制憲法は，アルジェリアでの混乱を収束させるためにド・ゴールを政界に呼び戻したことを契機として生まれている[1]。憲法制定当時，次のような事柄が目的として掲げられた。二世紀にもわたる憲法的・政治的不安定化を打破すること，フランスにその独立性，その「国民の協調の影響力」を回復させること，「国家の権力」を再建する，すなわち大統領を安定的な強大な機関とすること，第三共和制や第四共和制を特色づけていた議会主権（国会優位型の議院内閣制）をおわりにすること，議会制の「合理化」への努力を通して執行権と議会との間の均衡を構築し，その均衡を継続化すること，であった[2]。

　したがって，成立した第五共和制憲法は，大統領制と議院内閣制を併せもつ二頭政治，半大統領制である。また執行機関の権限強化をはかり，それは合理的議会主義と呼ばれた。それが顕著に現れているのが，法律事項（34 条）と命令事項（37 条）の権限分配であり，法律事項は限定列挙されていたのに対し，37 条 1 項で「法律の領域に属する事項以外の諸事項は，命令の性格をもつ」と広く定められた。憲法院設置の当初の目的は，議会がこの法律事項を守って

---

1) 佐藤修一郎「第五共和制憲法概要」植野妙実子編『フランス憲法と統治構造』中央大学出版部 2011 年 23-24 頁参照。
2) Pauline TÜRK, *Les institutions de la Ve République,* 2e éd., Gualino, 2009, p. 25.

いるかどうかを監視することであった。ここから法律の合憲性審査が始まったが，この審査が自由や権利の保障，また権力の抑制機能として定着するためにはいくつかの段階を経る必要があった。

　フランスの憲法史において法律の合憲性審査は第五共和制憲法においてはじめて本格的に導入されたものである[3]。この憲法裁判の定着と進展はフランスの憲法学のあり方の変容とも結びついている。ここでは，まず，憲法院の現在の態様をみた上で，その足跡をたどり，どこに憲法裁判の意義があるかを明らかにしながら，日本への示唆を探ってみたい。

1. 憲法院の概要

　第五共和制憲法の下での制度や諸機関の説明は次のようになされている[4]。第一は，1958年憲法の一般的な性格，すなわち国家の構造と共和国の大原則の説明である。さらに，憲法が制定されたときの状況，これは憲法制定者により導入された政治体制の精神と性格を理解することにつながるものである。第二は，執行権であり，すなわち，一方では，大統領に委ねられた地位と諸権限，すなわち諸機関のいわば円天井の中心にあるものであり，他方では，政府とその長である首相に委ねられた地位と諸権限である。とりわけ執行権の二つの長，大統領と首相との間の関係は，理論と政治的実践とに区別して説明される。第三は，国会である。国会の各議院の活動の諸原則と議員の地位，また法律の制定と政府の統制という基本的な国会の機能が説明される。第五共和制の主要な性格の一つは議会の弱体化とされているが，諸機関の均衡をはかる試みは国会の役割の再評価につながっている。それが2008年7月23日の憲法改正の中で具体化された。第四は，裁判機関である。そこには権力分立原則の適用としての，執行権や立法権とは区別される司法機関のみならず，憲法院が担当

---

[3] この経緯については，植野妙実子『フランスにおける憲法裁判』中央大学出版部2015年1頁以下参照。

[4] Pauline TÜRK, *op. cit.*, pp. 5-6.

する憲法裁判も含まれる。憲法裁判は，法律や条約の合憲性をコントロールすることを基礎にすえて憲法を保障するメカニズムである。第五共和制憲法の下では，権利や自由の保護が裁判所や憲法院の活動にかかっている。第五は，第五共和制憲法の変化についての説明である。多くの憲法改正が行われてきた。しかし，改正だけでなく，政治的実践や慣習，憲法規定の発展的解釈の影響を受けた，諸機関の順応の過程もある。とりわけ，地方分権，EU へのフランスの統合は立憲主義 régime constitutionnel の深化の現れとされる。それは 2008 年 7 月 23 日の憲法改正で特に発展した[5]。

(1) 憲法院の裁判機関性

第五共和制憲法の中では，第 7 篇に憲法院の規定がおかれている。第 8 篇は司法権（司法機関）であり，司法権とは別の存在として憲法院が位置づけられている。しかも，憲法院の役割を示す条文は，憲法の他の条文にも見受けられる（7 条，11 条，16 条，37 条，39 条，41 条，46 条，54 条，77 条）。憲法制定者は，憲法院を第四の国家機関，すなわち共和国大統領，政府，国会につぐ地位を占めると考えていた，とリシェールは指摘する[6]。にもかかわらず，憲法院の一般的な権限を示す条文はみられない。基本的には，憲法院は議会の活動をコントロール（統制）する任務を引き受けた。憲法制定者は，執行権を保護するために議会を監視する役割を憲法院にあてたのである。しかしながら時が経つにつれ，憲法院はそうした役割のみならず，憲法前文に憲法的価値を認めて立法府による不測の侵害がみられる場合には人々の権利や自由の保護をする役割も果たすようになった。

政府は，1974 年 10 月 16 日のセナにおける法務大臣の宣言にあるように，憲法院は，その外観にもかかわらず，裁判所 juridiction ではない，公権力の調整機関なのである，としていた[7]。確かにこうした調整 régulation は裁判所に

---

5) Édouard BALLADUR, *Une Ve République plus démocratique*, Fayard, 2008.
6) Sous la direction de François LUCHAIRE et alii, *La Constitution de la République française*, Economica, 2009, p. 1397.

委ねられるものではない。またジュイラールは，憲法院は，裁判的な介入をするのではなく，制度的介入をするのだと指摘した。なぜなら法律の制定に関して事前に関与するからであって，裁判的統制は法律の破壊的変質作用 destruction という点で常に事後になされるものだからであるという[8]。

この主張は議論を呼んだ。なぜなら，まず 37 条にみられるように事後にも憲法院は介入することもあるからである。また，裁判機関の任務が法律の破壊や変質につながるわけでもない[9]。後述するように，ファヴォルーは，憲法院が公権力の調整者でもあるが，憲法裁判機関であることも肯定している。ワリーヌも憲法院は裁判機関であると明言している[10]。判決 acte juridictionnel を定義するために用いられる基準は既判力を構成し，不可抗力を得る。憲法上，憲法院の判決には，権威も認められている。判決を覆すことはできない。さらに選挙争訟に関しては，明らかに裁判機関として判断する。憲法院自身も 1961 年 9 月 14 日判決で，「議会の構成員によって提示された法律案や修正案が受け入れられるかどうか，並びに国際条約及び通常法律の憲法への適合性を判断する機関」であるとしている[11]。但し，この判決において「判決 jugement」ということばは使われていない。他方で，1962 年 4 月 3 日の判決で，憲法院は扱う事項によって裁判機関としての性格と諮問機関としての性格をそれぞれもつことを認めている[12]。

また，こうした機関がひとたび確立すれば，元々の憲法制定者の意図を離れて様々な権限が付与されていくことにもなる。他の国の憲法裁判所とは非常に

---

7) *Ibid.*, p. 1398.
8) Patrick JUILLARD, Difficultés du changement en matière constitutionnel, *RDP* 1974, Vol. 90, n° 6, pp. 1703-1772.
9) Sous la direction de François LUCHAIRE et alii, *op. cit.*, p. 1398.
10) Marcel WALINE, Préface de la première édition, in *Les grandes décisions du Conseil constitutionnel*, 5e éd., Sirey, 1989, pp. XI-XIX.
11) CC., n° 61-1 AUTR du 14 septembre 1961 ; Décision du 14 septembre 1961, in *RJC 1959-1994*, Litec, 2000, RJC V, p. 1.
12) CC., n° 62-6 REF du 3 avril 1962.

異なる形として，すなわち，当初は立法過程の最終段階で限られた政治権力者からの申立てによる事前審査として成立したが，徐々に裁判機能を果たすように発達してきた。とりわけ 2008 年 7 月 23 日の憲法改正で違憲の抗弁による事後審査も受け入れるようになり，裁判機能が充実した。

　それ故，今日の教科書では，「裁判機関 organisation juridictionnelle」の中で憲法裁判が扱われ，憲法院の存在が扱われている。憲法院の説明には，次の事柄が示される。まず，憲法の最高法規性の確認である。規範の階層性のピラミッドの頂点に憲法が位置すること，憲法の尊重を保障すること，基本的権利や自由を保障すること，すなわち法治国家を確立することが憲法裁判の目的と示される。基準となる憲法は前文に示されている人権に関わる規定も含めて，合憲性ブロックといわれる[13]。

　なお，人権保障に関しては，フランスでは伝統的にコンセイユ・デタが法律を基準として命令を審査する合法性審査を行っていた。これを公的諸自由 libertés publiques と呼んでいる。これは，行政権による自律的統制であり，法律中心主義を反映するものである。これに対し，第五共和制においては，憲法院による憲法を基準として法律を審査する合憲性審査が行われることになった。2008 年 7 月の憲法改正で事後審査制も採用され一層活発化している。ここでの人権保障は，基本権もしくは基本的諸権利の保障と呼ぶ。さらに国際的な裁判機関の影響も法律や政策という面では忘れてはならない。欧州人権裁判所は，1953 年発効の欧州人権条約に基づき創設された。欧州人権条約の違反を理由とする訴えに応じる欧州評議会の司法機関である。欧州司法裁判所は，1952 年に当時の欧州石炭鉄鋼共同体の設立に基づき創設され，その後 2009 年発効のリスボン条約で欧州連合司法裁判所となった。EU 法の維持，解釈，適用の統一性をはかるための機関である。先決判決制度を有している。

　フランスでは条約及び国際協定との関係では，54 条に従い憲法院が申立てにより審査をする。憲法院が憲法に反する条項を含むと宣言した場合は憲法改

---

13)　Pauline TÜRK, *op. cit.*, p. 187.

正をした後でなければ批准もしくは承認することができない。これは条約や国際協定より憲法の優位性を確保する趣旨と解されている。他方で欧州連合基本条約は各国憲法をこえる存在とされている。

(2) 憲法院の構成員

憲法院が法律の合憲性審査を担当するにあたって，最も重要とされるのがその構成員のあり方である。憲法56条1項は，「憲法院は，9名の構成員からなり，その任期は9年で，再任されない」としている。これは，その独立性を保障するためのものとされている。3年毎にその中の3分の1ずつ，共和国大統領，国民議会議長，セナ議長により選ばれることとなっている。憲法院院長は，憲法院の構成員の中から大統領により任命される。こうした政治機関による任命のあり方が，憲法院が裁判機関ではなく政治的機関である，中立性も保障されないとして，批判されてきた。また，構成員にはいかなる条件も要求されていない。実際には，傑出した法律家や一定の評価を受けている政治家が選ばれている[14]。そこで2008年7月の改正でこうした任命に一定の枠がはめられた。大統領の場合は13条5項が適用され，上下両院議長の場合は常任委員会の意見に従うことが定められた。但し大統領は拒否権を行使することができるとされる[15]。

他方で，56条2項は，1項で定めている9名の構成員の他，「元共和国大統領は，当然に終身の構成員となる」と定める。この規定は，その権限にふさわしい品位ある地位を保障し，自らが携わった機関の運営の経験をいかしてもらおうとするためとされている。しかし，この規定は，政治的重要人物が憲法院に関わることを意味している，中立性が疑われることになるなどの難点を有しており，批判も多い。改正すべき規定と考えられている[16]。

---

14) *Ibid.*, p. 193.
15) *Ibid.*, p. 194.
16) バラデュール委員会の下でも改正の対象と考えられていたが，当時のサルコジ大統領の圧力を受け，実現しなかった。*Ibid.*, p. 194.

憲法院の構成員の地位に関しては，憲法院に関する組織法律の価値を有する1958年11月7日オルドナンス[17]によって定められている。憲法院構成員は独立性を示すために厳格な兼職禁止に従う。また，公平性をもって憲法を尊重させること及び慎重義務 devoir de réserve に従うことを約束すると，大統領の前で誓わなければならない。この慎重義務とは，憲法院における審議の内容をもらすことや憲法院の管轄下にある問題について公の討議において態度を明らかにすることはできないことをさす[18]。憲法院の品位や信頼性はますます重要となっている。憲法院の独立性や政治的中立性を保障することが憲法院の存在や判決の正当性につながっていくからである[19]。

　なお，憲法院では，判決を下すにあたって，少数意見や補足意見を示すことはない。単一の意見として判決を下すことが憲法院の権威を守るといわれている。

(3)　憲法院の権限

　憲法院の権限については，法律や条約の合憲性の審査を行使する他に憲法に定められている，かつ1958年11月7日オルドナンスによって具体的に示されている，他の重要な任務も果たす。

　第一に，選挙裁判所としての役割がある。憲法院は大統領選挙に関する権限（憲法58条，以下特に記載のない場合は第五共和制憲法の条文をさす），国会議員選挙に関する権限（59条）を有し，国民投票（レフェランダム）の実施の適法性を監視し，その結果を公表するという役割を果たす（60条，関連して11条，89条の規定，また第15篇の欧州連合の中にも国民投票についての規定がある）。こうした権限を有するのは，民主主義や憲法上の原則の尊重，すなわち投票の公正さ，市民の平等，政治的多様性の確保，少数派や反対派の権利，これらの尊重を保障

---

17)　Ordonnance n° 58-1067 du 7 novembre 1958 portant loi organique sur le Conseil constitutionnel.
18)　植野妙実子・前掲書（注3）115頁以下参照。
19)　Pauline TÜRK, *op. cit.*, pp. 194-195.

するためである。ここでは憲法院は，訴訟，諮問，宣言の性格を有する権限を行使する[20]。

第二に，憲法院は諮問機関としての役割を果たす。国民投票施行の組織についての憲法院への諮問，またその権限内にある事柄についての意見や批判をすることもある。憲法16条は大統領の緊急事態措置権（例外的権限の行使）を定めるが，憲法院は状況によって必要とされる措置を定めるに際して，首相や上下両院議長とともに公的に諮問される。16条に関しては，30日後の申立てによる意見の表明，60日後あるいはそれをすぎればいつでも審査をすることができる。

第三に，憲法院は宣言的もしくは確認的任務を果たす。政府の申立てを受けて大統領に障碍があることを憲法院は認定する（7条4項）。大統領選挙の候補者の死亡または障碍の場合，憲法院は選挙の延期もしくは新たな選挙を決定する（7条6～8項，10項）。憲法25条に基づく被選挙資格欠格からの失職もしくは兼職禁止の場合の辞職も憲法院が確認する。憲法40条に定められている議員提出法律案及び修正案についての制限に関して，政府と当該議院議長との間で意見の不一致がある場合，請求に基づいて裁決する（41条2項）。また，政府提出法律案の議事日程登録に関する議長会議と政府の意見の不一致の場合も付託に基づいて裁決する（39条4項）。

さらに法律領域と命令領域の配分に関しても憲法院は宣言的役割を果たすとみることができる。37条2項では，「命令の性格をもつと憲法院が宣言する」と定めている。

第四に，法律の領域の保護者としての役割がある。

第五に，憲法の優位性の保護者としての役割がある。QPCが開始される前，2009年1月1日までにDC判決として憲法院で下された判決は568件である[21]。ここで重要なのは，憲法を尊重させるということが憲法を解釈するということに結びつくことである。後述するように政権交代があっても「ぶれな

---

20) *Ibid.*, p. 195.
21) *Ibid.*, p. 198.

い」判決を出すということで憲法院の地位は堅固なものとなった。

このようにみると合憲性審査以外にも憲法院が裁定者，調整者としての重要な役割を担っていることがわかる。

(4) 合憲性の審査の対象

合憲性審査のヨーロッパ型もしくはケルゼン型に適合しつつも，フランスの合憲性審査は，特別な憲法裁判の形をとっている。アメリカ合衆国で行われているような審査の形とは異なっている。

ファヴォルーは，憲法裁判のあり方をアメリカ型とヨーロッパ型に分けて論じ，前者の特色を事後審査，個人による申立て，通常裁判所全体によって行われる審査，抗弁による方法，判決の相対的効果とし，後者の特色を事前及び事後審査，個人・裁判所・(政治)権力保有者による申立て，特別憲法裁判所，訴訟による方法及び抗弁による方法，一般的に判決の絶対的効果，としている[22]。ファヴォルーがこれを論じた当時は，フランスでは事前審査制しかなかったが，違憲の抗弁による事後審査制が採用されるようになっても審査の性格はかわらない，といわれている。

まず，フランスでの合憲性審査の対象は，審査が任意のものであるか，義務的なものであるかによって異なる[23]。任意のものは，通常法律，条約，地方法律 loi du pays である。義務的なものは，組織法律，両議院の議院規則，市民の支持を得た国会議員の発議による国民投票にかける法律案 (2008年7月の憲法改正による11条4項) であり，義務的なものはいずれも事前審査である[24]。義務的な審査については61条1項が示している。

通常法律の審査は，一つは憲法61条2項の適用から事前審査として憲法院に付託され，憲法院は形式について (法律の制定過程に関する憲法規範の尊重) 及

---

22) 植野妙実子・前掲書 (注3) 106頁以下。
23) Pauline TÜRK, *op. cit.*, pp. 198 et s.
24) なお，政府による国民投票にかけられる法律案は事前に憲法院に諮問される。
   Louis FAVOREU et alii, *Droit constitutionnel*, 18e éd., 2016, Dalloz, p. 706.

び実質性（実体）について（憲法により宣言された諸原則の立法府による尊重），これらの合憲性を審査する。付託者は，文書において根拠や理由を示す。これは憲法院が判決の中で一つずつ答えることに役立つものである。憲法院は1ヵ月の期限内に，緊急の場合は8日間で判決を下す。憲法院はしかしながら，付託を受けると当該法律の全体の合憲性を審査する。このような事前審査の意義としては，たとえ任意であるとはいえ，立法府が法律の制定において憲法の保障に配慮する，自己統制機能 s'autocontrôler を有することにつながるとされている[25]。もう一つは，61-1 条による市民の訴えの中での違憲の抗弁による事後審査がある[26]。事後審査については，憲法 61-1 条 1 項が次のように定める。「裁判所で係属中の訴訟の際に憲法が保障する権利及び自由を法律規定が侵害していると主張された場合，憲法院は，所定の期間内に見解を表明するコンセイユ・デタまたは破毀院からの移送によって，この問題の付託を受けることができる。」2 項は「本条の適用条件は組織法律で定められる」とする。この規定から違憲の抗弁による事後審査（合憲性優先問題，QPC ともいう）は，まず「裁判所で係属中の訴訟」があり，そこで適用される法律規定の「憲法が保障する権利及び自由の侵害」が主張されたとき，「コンセイユ・デタまたは破毀院からの移送によって」，憲法院は QPC の付託を受ける，という形になる。1958 年 11 月 7 日オルドナンスは，第 1 節「コンセイユ・デタまたは破毀院の所轄である裁判所で適用される規定」，第 2 節「コンセイユ・デタ及び破毀院で適用される規定」，第 3 節「憲法院で適用される規定」に分けて各節で説明しており，「コンセイユ・デタまたは破毀院からの移送」の前にもう一つのフィルターとしての段階が，それぞれの所轄である訴えを受けた裁判所に存在することを示している。

　第 1 節では当該裁判所で法律規定が憲法で保障された権利及び自由を侵害しているとする請求を個別のかつ理由を付した文書で表明することが必要であ

---

25) Pauline TÜRK, *op. cit.*, p. 199.
26) 植野妙実子・前掲書（注3）31頁以下。またベルトラン・マチュー著植野妙実子＝兼頭ゆみ子 共訳『フランスの事後的違憲審査制』日本評論社 2015 年参照。

る。当該裁判所はコンセイユ・デタもしくは破毀院へ QPC の移送につき理由を付した判決により裁定する。その際，移送の場合には次の条件が満たされることが必要である。

「1号　異議を申立てられた規定が，係争または手続に適用可能であるか，あるいは提訴の根拠を構成すること。

2号　事情の変更の場合を除き，異議を申立てられた規定が，憲法院判決の理由及び主文においてすでに憲法に適合すると宣言されていないこと。

3号　問題が重大な性格を欠いていないこと。（3号の2項以降は省略）」
（1958年11月7日オルドナンス 23-2 条）

判断は，8日以内になされ，憲法院の判決が出るまで中断となる。

こうした移送を受けたコンセイユ・デタ及び破毀院は，移送の受理から3ヵ月以内に憲法院への付託について決定する。問題が新規的なものかまたは重大な性格を提示していると判断した場合には，付託がなされる（同オルドナンス 23-4 条）。憲法院は付託から3ヵ月以内に判決を下す。なおこの制度の施行は，2010年3月1日からである。

ここでは，次の事柄に注意が必要である。一つは，二重のフィルターと呼ばれる制度である。これによって憲法院に付託する案件を絞り込める。また，具体的な事案を付託するのではなく違憲が疑われる法律規定を問題とする。さらに「優先」の意味は，同時に紛争当事者はフランスの国際的義務との適合性についても異議を申立てることができるが，合憲性の判断を優先的に解決することが求められているので，合憲性優先問題，このように呼ばれている[27]。

条約の審査は，批准や承認が予定されている条約や協定に関する国内法体系における憲法の優位性を確保するために行うものであり，憲法54条により事前審査として行われる。

憲法第12篇は地方公共団体について定める。その中の 72-3 条は，海外の地方公共団体のリストを掲げている。ニューカレドニアについては，別に第13

---

27) 植野妙実子・前掲書（注3）31頁以下。

篇が定める。ニューカレドニアに関する 1998 年 7 月 10 日の憲法改正から憲法 77 条が定められ憲法院の権限が拡大した。すなわちニューカレドニアの議決機関 congrès のいくつかの行為が組織法律で定められた条件において憲法院の統制の下におかれることになった。組織法律[28]104 条は憲法院にいわゆる地方法律もしくはその条文が付託されうることを示している。憲法院が地方法律の規定を違憲と判断したならその規定を公布することはできない。ニューカレドニア政府は，この判決の公表後 10 日の期間内に議決機関に規定の合憲性を確保するために新しい審議を要求する。また，ニューカレドニアの議決機関で採択された地方法律は QPC の対象にもなる[29]。

合憲性審査の対象からははずれるものが次の二つである。

第一に，国民投票により採択された法律は統制の対象とはならない。その理由は,「国民主権の直接の表明」だからである[30]。

第二に，憲法改正のための憲法的法律も統制の対象とはならない。それが国民投票によって採択されようがあるいは両院合同会議として大統領により召集される会議にかけられて採択されようがをとわず，対象とはならない。その理由は,「憲法制定権者は最高権力」だからである[31]。

(5) 参 照 規 範

憲法院が合憲性の統制をする際に何を参照規範とするのかそのことが問われた。そこで，合憲性ブロック，という考えが生まれた[32]。憲法の規定全体及び憲法的価値を有する諸原則が法律や条約の合憲性の統制の参照規範とされた。第五共和制憲法の本文自体は，基本的諸権利のカタログをもっていない。66 条 2 項で,「司法機関は個人的自由 liberté individuelle の守護者」とし，1 条

---

28) Loi organique n° 99-209 du 19 mars 1999.
29) Louis FAVOREU et alii, *op. cit.*, p. 363.
30) CC., n° 62-20 DC du 6 novembre 1962.
31) CC., n° 92-312 DC du 2 septembre 1992.
32) Louis FAVOREU et alii, *op. cit.*, p. 133 et s.

1項で法律の前の平等を示している程度である。

しかし,憲法は前文で,1789年宣言で定められ,1946年憲法前文で確認され,補完された人権や国民主権の原理,並びに2004年の環境憲章において示された権利や義務への愛着を宣言している。そこで,これらも含めて参照規範であると考えられた。

1789年人及び市民の権利宣言は,市民的・政治的権利を保障している。ここで定められている自由はしばしば第一次世代の権利と呼ばれる。これに対し,1946年憲法前文では,1789年権利宣言に言及するとともに,「共和国の諸法律により承認された基本的諸原理」も再確認している。さらに,「現代に特に必要とされる,政治的,経済的及び社会的諸原理」を宣言している。これは,第二世代の権利と呼ばれる。2004年に制定された環境憲章は,2005年3月1日に憲法に付加された。これは,市民や公権力に義務を課すものである。第三世代の基本的諸権利の保護の憲法的基礎をなすものとされる。安全な環境への権利,持続可能な発展を含む,こうした権利や義務の実施や他の憲法上の原則との調整は,憲法院の統制の下で立法府に委ねられる[33]。

なお憲法院は,憲法的価値を有する諸原則 principes à valeur constitutionnelle といういい方をすることがある。この場合,必ずしも合憲性ブロックの中に規定があるわけではない場合もある。そのようなものとして公役務の継続性を示した[34]。憲法的価値を有する目的 objectifs de valeur constitutionnelle といういい方をすることもある。公共秩序維持と他者の自由の尊重と社会的文化的な表現の動向の多様な性格の保護をこのように示した[35]。この場合も,同様に合憲性ブロックに直接規定がない場合もある。また合憲性ブロックの中に階層性はないと考えられている。たとえより保護を必要とする権利や自由であったとしても,すべての憲法上の原則は対等な価値を有している,とされる[36]。

---

33) Pauline TÜRK, *op. cit.*, pp. 201 et s.
34) CC., n° 79-105 DC du 25 juillet 1979.
35) CC., n° 81-141 DC du 27 juillet 1982.
36) Pauline TÜRK, *op. cit.*, pp. 203-204.

2008年7月の憲法改正によって，市民からの違憲の抗弁による法律の合憲性審査が導入されたことでその特色が多少変化している，とも指摘される。1958年から2008年までの合憲性審査のあり方は，集中型すなわち憲法院のみがこの審査を担当する。この点は，2008年以降もかわらない。しかしそれまでは，いわゆる閉鎖型，すなわち限られた権力を有する者（議員も含めて）が申立てをすることができたが，2008年以降は，開放型すなわち訴訟をおこす誰もが付託の可能性を有する。それまでは事前審査のみであったが，2008年以降は事後審査も加わることで，すでに施行されている法律の違憲を宣言するときに，申立てた当該人に影響や効果をもたらすだけでなく，他の人々への影響や効果，すなわち対世効 erga omnes を考慮する必要がある。そのため62条2項が定められている。また，それまでの合憲性の統制の性格は抽象的であった。2008年以降も争訟の具体的な状況の中で行われるとしても，抗弁の方法をとるとしても，抽象的な性格はかわらない。合憲性審査の目的は，違憲な行為の実行を妨げることであり，法治国家という枠組みの中で市民の権利を保障することである。

憲法院は，1ヵ月の期間内に裁定しなければならない。緊急の場合は，政府の請求によってこの期間は8日間に短縮される。判決には既判力があり，いかなる訴えの対象となることもできない。62条3項が示すように，憲法院の判決は公権力並びにすべての行政機関及び司法機関に課せられる。

(6) 形成されてきた諸原則

憲法院の判決が蓄積されていくにつれて，いくつかの原則が明らかになってきた[37]。

第一には，憲法院の統制の下で立法府には基本的諸権利のバランスをはかり，憲法的価値をもつ様々な原則の調整をはかることが求められる，ということである。例えば，争議権は認められるが公役務の継続性への権利を保護する

---

37) *Ibid.*, pp. 209 et s.

ために制限を受ける，などが示されている[38]。

　第二には，いくつかの基本的な自由は憲法院が特別に注意を払う対象となっており，そこでは憲法院は侵すべきでない保護の基礎を示している。立法府は，その保障をさげることはできず，保障をさげれば違憲となる。こうしたことを最小の保護のレベルの導入という[39]。例えば，1984年10月10-11日憲法院判決では，次のように述べている。「思想や意見の自由な伝達が基本的自由であり，しかもその行使が他の権利や自由の，そして国民主権の尊重の本質的な保障となるだけに一層重要な権利であることから，法律は，その行使をより有効なものとするという点でのみ，また憲法的価値を有する他の規律や原則と調整するという点でのみ，その行使を規制することができる。」[40]

　第三に，憲法院の統制の拡大が指摘できる。憲法院は，コンセイユ・デタで行われているいくつかの判決上のテクニックを用いながらコントロールを強めている。例えば，1982年以降は，立法府の「評価の明白な過誤」を制裁するようになった[41]。攻撃的な撤回をさせるようなことを避けるために，法律によって自由にもたらされる制限が「過度な」性格を有していることを示したり，あるいは「明らかに比例性を欠いている」性格を有していることを示したりもしている。また1989年以降は，比例性による統制を行うようになった[42]。このことにより判決理由がより明確になり立法府に課せられる限界も明らかとなった。最近では，比例性による統制に必要性や適切性が加わるようにもなった[43]。

　第四に，留保付き（条件付き）合憲判決も出されている。この場合，憲法院

---

38) CC., n° 79-105 DC du 25 juillet 1978.
39) Pauline TÜRK, *op. cit.*, pp. 210-211.
40) CC., n° 84-181 DC des 10 et 11 octobre 1984.
41) Par ex., CC., n° 81-132 DC du 16 janvier 1982.
42) 植野妙実子・前掲書（注3）147頁以下参照。
43) 最近の防疫上の緊急事態に関する法律の統制にも，憲法院はこうした基準を用いている。植野妙実子「フランスのコロナ禍における憲法院の統制」比較法雑誌55巻2号（2021年）31-74頁（本著第2章）参照。

は法律規定を違憲だとするのではなく，憲法に適合的に解釈するという条件の下で合憲性を認めている。法律を適用する執行機関がその責務を負うこととなる。だがこのような場合に，ときとしては，解釈留保が法律を書きかえるようなことにいたったり，あるいは法律の趣旨自体が変更されたりすることにもなると指摘されている[44]。

　第五に，憲法院は法律の政治的妥当性について評価することはしない。憲法院は，政治的な問題となっている法律に対して判断することが要請されたとき，特に慎重になる。立法府の代わりになることは憲法院の権限にないことを示している。憲法により憲法院に許されているのは立法行為の法的規則性について判断をすることである，とする。例えば妊娠中絶に関する法律で，憲法院は，「憲法61条は，憲法院に議会の権限と同様な一般的な評価権や決定権を付与しているものではなく，付託された法律の憲法適合性に対して判断する権限を有しているだけである」と述べた[45]。これは裁判官政治を避けるためである，とされている[46]。

2. 合憲性審査の発展と抵抗

　第五共和制憲法によって憲法院が創設されたが，その当初の目的は既述したように，法律事項と命令事項の権限分配を前提とした議会の権限行使の監視であった。第五共和制の制度の理念は，「国家の権力」の再建と議会制の均衡の構築にあるとされ，前者には大統領の裁量的権限の拡大が含まれ，ド・ゴールの統治構造に対する考えが反映している。後者には，議会の弱体化，合理的議会主義が含まれている。これを示すものとして，法律の領域の画定があげられ，憲法院が議院規則等の合憲性もコントロールし，同時に法律の優越性や議会主権のドグマを問題とする，としている。選挙争訟についての憲法院の統制

---

44)　Pauline TÜRK, *op. cit.*, p. 213.
45)　CC., n° 74-54 DC du 15 janvier 1975.
46)　Pauline TÜRK, *op. cit.*, p. 213.

もこれを示している[47]。しかしこうした審査が憲法院が設立された当初から活発に行われていたわけではない。

立法過程の最終段階での両院での採択後の審署前の憲法院における合憲性審査を事前審査と呼ぶが，この審査が積極的に行われるようになるには，いくつかの段階を経なければならなかった。まず，1971年7月16日の結社の自由に関する判決[48]で，憲法院は，「共和国の諸法律によって承認され，かつ憲法前文によって厳粛に再確認された基本的諸原則（諸原理ともいう）の中に，結社の自由の原則をあげる根拠がある」と示した。これは，第五共和制憲法前文の規定に定められている人権規定への言及による，第四共和制憲法前文に由来する規定である。ここから憲法院の合憲性審査が人権保障の役割を果たすことが明らかとなった。

次に，1974年10月29日の憲法改正で，大統領，首相，上下両院議長に加えて，60名の国民議会議員もしくは60名のセナ議員も立法過程の最終段階で法律の審署前に憲法院に提訴できることとなった。この改正で提訴権者が拡大した。このことによって政府と政府を支える多数派が通そうとした法律が，少数派（野党）によって提訴されることが可能となり，憲法裁判が急速に活発化した。とりわけ政権交代とコアビタシオンの時期（1981年のミッテラン大統領の下での時期と1986年の社会党のミッテラン大統領の下での保守派のシラク首相の時期）を通して，多数派の交代により，以前の多数派が成立させた法律を交代後の多数派が否定する，あるいは変更するという事態がおき，その度に憲法院に提訴がなされ，憲法院も判決の公平性，一貫性を一層心がけるようになった。

ルイ・ファヴォルーは，この時期における憲法院の役割とその意義について『法にとらわれる政治』の中で詳しく述べている[49]。
「本書に収められた諸論文の目的は，法と政治の新たな関係というこの現象を強調するところにあり，そして，今日では，法的な与件を考慮することがなけ

---

47) *Ibid.*, pp. 25 et s.
48) CC., n° 71-44 DC du 16 Juillet 1971.
49) Louis FAVOREU, *La politique saisie par le droit*, Economica, 1988.

れば政治的現実を真に理解することができないと、憲法学者や政治学者を説得する試みに他ならないものである。

　法と政治の新たな関係は、政権交代の第1期――あるいはコアビタシオン以前の単純な政権交代期ともいいうるが――の際に明らかとなった。この時期、左派政権は、憲法院が介入することで変革の『調整』や『認証』がなされることに気づいた。そして、議会と大統領は、議員による申立てが活発に行なわれたことで、政治の駆け引きに新しい関与者、つまり憲法院が登場してくることを知ったのである。

　この傾向はさらに、コアビタシオンを伴う政権交代期に強まった。この時期、政治的駆け引きを行なうアクター、中でも首相と大統領は、各々が援用しうる法的メカニズムを最大限に駆使するにいたり、このことが憲法院の審査とその判例を発展させた。憲法判例を調べ、それを理解しなければ、もはや政治状況を真に研究することはできなくなった。もっとも、憲法判例を考慮しない場合がほとんどなのだが。政治の現実についての単なる制度的分析や事実に基づく分析、これらと、判例という要素にも必要な考慮を払った分析との間には今日では大きな差があるのだが、このことは、どのようにしたら認められるのであろうか。確かに、すべてを憲法院の判例で説明できるという主張は馬鹿げている。しかし、よく行なわれるように、憲法院の判例を全く考慮しないのもまた馬鹿げている。さらに、諸外国、とりわけ近隣の欧州諸国でおこっていることをみれば、この愚かさは一層明らかになる。コアビタシオンの時期に示されたように、ある状況においては『法が政治を維持する』のであって、これを否定するのは現実的でない。」[50]

　また、次のようにも述べる。

「行政法学においてコンセイユ・デタ Conseil d'État の判例を参照せずにあれこれの問題を論じることはできない。これと同様に今日の憲法学や政治学においても、ほとんどの問題を憲法院の見解を考慮せずに研究することはできない。

---

50) 引用は次のものから。ルイ・ファヴォルー著植野妙実子監訳『法にとらわれる政治』中央大学出版部 2016 年 3-4 頁。

憲法裁判に対する関心は，いわゆる流行りの現れではなく，フランスの法制度や政治制度を変化させつつある，より深い現象の現れなのである。本書のねらいは，こうした現象の発展に対する読者の注意を喚起し，読者の考察の糧となるような具体的な諸要素を提示することに他ならない。」[51]

　すなわち，大統領が社会党のミッテランへと移った単純な政権交代期には，憲法院によって政権交代が「調整される」形となったこと，その後1986年3月に，ミッテラン大統領の下で，議会で多数派を保守連合が占めシラク首相が誕生するというコアビタシオンの時期には憲法院の活動によって法と政治の新たな関係が明らかにされた，また憲法院が政治制度の重要な要素として承認された，これらのことを示している。フランスが議会主権から脱却し，新たな政治体制を確立した。それは，とりもなおさず憲法を最高法規として政治の活動が規制される制度を確立したことを意味している。

　同時に憲法院自身も自らの役割に対して自覚し，地位の確立に必要な事柄を認識するようになる。それは，判決を通して，自由や権利を保障するだけでなく，保障するそのためにも権力の規制という役割を果たすことが重要であり，その役割を果たすためには，判決の一貫性，基準の明確化を示すことが必要と考えられた。

　この時期はまだ憲法院が政治機関であると批判されていた頃であり，1980年代におけるこうした憲法院の活動はその後の憲法院を方向づけることとなった[52]。すなわち憲法裁判を担当する裁判機関としての憲法院の地位の定着である。

　フランスでの憲法裁判，法律の合憲性審査は既述したように事前審査として発達してきた。審署前の法律の違憲審査である。しかし，これでは審査にかかる法律が極めて限られてくる。しかもフランスには共和制の長い歴史があり，この下で多くの法律が制定され，現在も施行されている。これらの中には今日の状況にそぐわないものもある。こうした法律の違憲性も審査できるようにす

---

51)　同書4頁。
52)　1980年代の主な判決については，同書161頁以下の「監訳者解説」参照。

べきである，との意見は多くみられた。憲法院が憲法裁判機関として定着するとこうした声も一層強まった[53]。

2007年7月18日サルコジ大統領は，第五共和制の改革及び制度の均衡回復に関する考察委員会に憲法改正の提案を委ねた。この委員会はエドゥアール・バラデュールによって主宰された。2007年10月30日に委員会は憲法改正の提案をし，この中に法律の合憲性の事後審査の提案が含まれていた[54]。こうして2008年7月23日の憲法改正により新たな条文61-1条が加わり違憲の抗弁による法律の合憲性審査の事後審査制が導入された。この導入により，さらなる憲法裁判の活発化が予想された。実際ロイック・フィリップは次のように述べている。

「この新しい手続は，明らかな成功をもたらした。下級の裁判所において何千という訴えが出され，2011年3月には憲法院に100件以上もの訴えが届けられた。これにより10本以上の法律の違憲性が示されている。」[55]

このようにフランスの憲法裁判は，事前審査制，事後審査制を通して充実してきた。しかし，いくつかのクリアしなければならない問題があった。事後審査が登場しても事前審査がなくなるわけではない。したがってすでに憲法院で憲法に適合するとの宣言を受けたものを再び問題にすることはできない。但し，憲法改正などの「事情の変更」があれば認められる。また，すでにふれたように二重のフィルターを通して，重大で必要とされるものを審査の対象とすることで一定の峻別をした。

この改正においては，二つの点が指摘できる。一つは，バラデュール委員会の三つの柱の中の「市民にとっての新しい権利」の中にこのQPCの導入が位置づけられていたこと。それは，法律の合憲性審査をさらに発展させることで基本権の保護と保障をはかる，とする憲法院の裁判機関としての一層の進展を

---

53) この経緯については，植野妙実子・前掲書（注3）31頁以下参照。
54) Sous la direction de François LUCHAIRE et alii, *op. cit.*, pp. 1442 et s.
55) Loïc PHILIP, avant-propos de la seizième édition, in *Les grandes décisions du Conseil constitutionnel*, 16e éd., Dalloz, 2011, p. XIX.

示していることである。もう一つは，62条2項の挿入である。62条は1項で，61条の事前審査において違憲と宣言された規定が審署されることも施行されることもないことを示している。この規定に対応する形で2項が設けられた。2項は，61-1条の違憲の抗弁による違憲と宣言された規定の扱いを示している。「憲法院判決の公表の日以後あるいはこの判決が定める期日以降」違憲とされた規定が廃止される，としている。また，「憲法院は，この規定から生じた効力を検討する条件及び範囲を定める」としている。こうした憲法院の決定は，立法機関に課せられるものであり，その意味で，憲法院の立場を揺るぎないものと認めている，といえる[56]。

事前審査は，もっぱら少数派からの提訴によって行われるという政治的意味合いが強かったが，事後審査においては，裁判を受けるすべての人々によってすべての施行されている法律に対して異議を申立てることができるということになり，より民主主義に資するものとなった。ドミニク・ルソーは，事前審査制のもつ政治的意味と事後審査のもつ司法的意味の違いを指摘している[57]。

それでは，なぜフランスにおいて合憲性審査の導入や定着が遅れたのか，ルイ・ファヴォルーも早くから指摘していたが，一つは，「法律中心主義」であり，もう一つは「裁判官政治」への恐れというものである。

法律中心主義は，1789年人権宣言（正しくは人及び市民の権利宣言）の基底にある考え方で，とりわけ6条はその頭に「法律は一般意思の表明である」としている。

「裁判官政治」という表現は，1921年のエドゥアール・ランベールの『アメリカにおける裁判官政治と社会立法に対する闘い』に由来している[58]。裁判所が議会で採択された法律の合憲性審査を政治的に行い，民主的正当性をもつ議

---

56) Sous la direction de François LUCHAIRE et alii, *op. cit.*, pp. 1438 et s.

57) Dominique ROUSSEAU, le QPC : une révolution juridique ?, in *Constitution de la Ve République, 60 ans d'application [1958-2018]*, L.G.D.J., 2018, pp. 509 et s.

58) Édouard LAMBERT, *Le gouvernement des juges et la lutte contre la législation sociale aux États-Unis*, Marcel GIARD & Cie, 1921.

会を蔑ろにして独自の判断を下す、という危険性が指摘された。

さらに憲法院に対しては、政治的な機関であるという批判が強かった。特に、民主的なプロセスを経て選ばれる代表者によって制定される法律に対して、憲法院の裁判官がいかなる民主的正当性をもつのか。民主的正当性をもたない裁判官がどうして民主的正当性をもつ代表者による法律を審査できるのか、が問われていた。そこで、裁判官の任命方法、中立性の確保、独立性の確保などが問題となる[59]。ファヴォルー自身は、政治的機関による憲法裁判官の任命を肯定している。なぜなら「憲法裁判というものは、必然的に政治制度の中で機能や役割を果たすからである」としている。但し、法律家としての素養が必要ともしている[60]。

こうした批判をのりこえ、憲法院の合憲性審査を正当化するためには、判決の理由となる根拠の十分性、判断基準の明確性、そして判例の一貫性が必要であった。

3. 憲法学への影響

憲法裁判研究学会の学会誌である憲法裁判国際年鑑は、1984年と1985年をあわせて第一巻として発刊されているが、その発刊にあたって、ルイ・ファヴォルーは、その発刊の必要性を「今日の時代における憲法裁判の増大による憲法の新しい頁が展開されようとしていること、こうした新しい分野の国際的な性格が示されていること、研究者や専門家の国際的なグループを設立する必要があること、またエックス・マルセイユ第三大学の、とりわけ法学・政治学部の中でのこうした国際的な学会を開催すべきとの企画に対する好意的な雰囲気の存在があること」と述べている。また、フランスにおける憲法裁判と他の国における憲法裁判のあり方を比較すべきであるが、そのツールがないこともあ

---

59) Louis FAVOREU, Rapport général introductif, in *Cours constitutionnelles européennes et droits fondamentaux*, Economica, 1972, pp. 31 et s.

60) *Ibid.*, p. 32.

げている[61]。

「長い間,『アメリカ合衆国における特別なこと』として,憲法裁判は知られてきたが,ここ40年間において,現代の憲法において憲法裁判はほぼ義務的な制度となっており,かなりの発展をとげてきた。こうした現象は特にヨーロッパできわだっている。」[62]このように述べる。

戦後のこうしたヨーロッパにおける発展の要因は,特別な事情,すなわち専制的な体制の権力濫用を防ぎたいとする意思から法律至上主義を否定するという事情があるが,他方で,強大化した多数派が一般意思とは同一視できない,同定できない議会の意思を形成している状況から,少数派や反対派の保護を強化すべきという運動が拡がっていることも関係している。また,旧植民地国にあっては,独立するにあたり,多数派の権力濫用に対して少数派や様々な民族の権利を守る機関や仕組みが望まれた。いずれにしても,憲法裁判という現象はもはや無視できず,比較的視点を重要視した研究の対象とすべきことを示している。

実際に憲法はそれ自体,裁判官によって適用される法であるということから,すなわち裁判に適用可能な法であり,機関や制度を示す法でもあることから,新しい分野の中で扱われるべき法である。にもかかわらず長い間フランスにおいては,政治学とは異なる憲法の比較をする必要はないと考えられてきたが,今日では,裁判の手法や判例の意義のみならず,基本的権利に関わる本質的な解決のあり方も,学説の影響をみるためにも,比較研究の対象となることが明らかである。すでに1961年ハイデルベルグ,1971年ルーバン,1981年エクサンプロヴァンス,1984年ウプサラでのシンポジウムでこうしたことが明らかになってきた。これが裁判における憲法を比較すべき理由の二番目である[63]。

---

61) Louis FAVOREU, Éditorial, in *Annuaire International de Justice constitutionnelle 1985*, Economica/PU d'Aix-Marseille, 1987 p. 11.
62) *Ibid.*, p. 11.
63) *Ibid.*, pp. 11-12.

1986年の学会の内容を第二巻として発刊するにあたって,ルイ・ファヴォルーは年鑑を継続的に発刊することの意義を強調している。こうした研究の継続に反対する者もいるが,一方では,この分野には十分な発展がみられるが,他方では,その調査研究にかなりの遅れがみられる。実際,ドイツ,イタリア,スペインなどの近隣国で,また他の国でどのように研究されているか,どのように出版がなされているかなど考慮することもなく,そうした知識もフランスの学会においては共有されてこなかった。しかし,次の二つのことを考え方向転換をした。一つは,憲法はもはや制度や機関を示すだけの法として考えられるのではないにもかかわらず,憲法裁判の中において,制度や機関を示すものとして謙虚なオブザーバーのような役割としての地位を占めていたにすぎない。他方で,公法は,「高貴な分野 partie noble」である行政法を通してしか考えられてこなかった。また学会にとって,そうした環境をこえてまで検討することは問題とされてこなかった。それがフランスにおいて最善と考えられてきた[64]。

フランスでは,コンセイユ・デタの判例研究は公法の分野において不可欠のものとして広く行われている。憲法裁判の研究も同様に行われるべきであるとファヴォルーは主張する。コンセイユ・デタが練り上げてきた概念や手法が非常に貴重で,憲法院においても有用であり必要である。こうしたことが憲法院にとっては,一貫性ある判例を作り出し,発展を生み,その存在が認められることになる,としている。

しかし,また次のことも指摘している。一つは,憲法裁判が進んでも国家の基本構造を変えることにはつながらないこと,またヨーロッパ憲法裁判の一般理論において,一般に認められている,憲法裁判所と他の裁判所との関係についての諸問題を取り上げる中で,フランスにおいては憲法院とコンセイユ・デタとの関係についても考察することになること,憲法と他の法との関係も問題

---

64) Louis FAVOREU, Éditorial, in *Annuaire international de justice constitutionnelle 1986*, Economica/PU d'Aix-Marseille, 1988, pp. 9-10.

となろう。したがって，比較法的研究が重要であること，としている[65]。さらに，ヨーロッパの憲法裁判とアメリカの憲法裁判とを比較すると，アメリカ合衆国における方が判決の解説を通して憲法学にとって有用なものとし，価値あるものとしていることも指摘している[66]。

これらから，ファヴォルーは，比較憲法裁判研究の発展，憲法裁判の意義としての少数派や反対派の保護や基本的人権の尊重の認識，実定法・裁判法としての憲法の存在の確認，憲法裁判における概念・理論・手法の確立による判例の一貫性，憲法判例解説や解釈の必要性，これらの重要性を示している。こうしたことは，それまでフランスの憲法の中では考えられてこなかったことである。フランスでは，憲法は，『憲法と政治制度 Droit constitutionnel et institutions politiques』として扱われ，統治構造の解説を中心とした政治学に通じるものとして扱われていた[67]。他方で，人権については，『公的諸自由 Libertés publiques』としてコンセイユ・デタの命令に対する合法性審査を考察する中で学ばれてきた[68]。しかしファヴォルーにおいては，憲法院における判例を通して人権のあり方が学ばれるべきことを説いている。また，これまで憲法の解釈についてのあるいは憲法の条文を憲法判例と結びつけて解釈するということはなかったが，その必要性，重要性が指摘されている[69]。

---

65) *Ibid.*, pp. 10-11.
66) *Ibid.*, p. 11.
67) 古くは多くのものが『憲法と政治制度』としていたが今日でもそのタイトルで教科書を書いている場合もある。Philippe ARDANT et Bertrand MATHIEU, *Droit constitutionnel et institutions politiques*, 32e éd., LGDJ, 2020 ; Benoît HAUDRECHY, *Droit constitutionnel et institutions politiques*, Ellipses, 2011. 後者において扱われているのは，憲法史，第五共和制憲法，主要な概念，手続，諸機関の活動である。
68) Par ex., Jean MORANGE, *Libertés publiques*, PUF., 1985 ; Yves MADIOT, *Droits de l'homme et libertés publiques*, MASSON, 1976.
69) この点では，憲法条文の解釈を判決を通して学ぶということも示されるようになった。Sous la direction de Thierry S. RENOUX et alii, *Code constitutionnel 2019*, 8e éd., LexisNexis, 2018. この点では，同書の最初の出版においてルイ・ファヴォルーが初版の前書きの中で次のことを述べている。「この『憲法典』の考えは，

ここから，ファヴォルーを中心として著された憲法の教科書は，『憲法 Droit constitutionnel』と題して，第一部を「法治国家 État de droit」，第二部を「国家の法と個人の法」としている。第一部では，「権力の裁判的枠組み」の中で「規範としての憲法」などを扱い，次に権力の統制と権力分立のあり方について述べている。第二部では，前半に従来のような制度についての憲法の説明があり，中間に規範としての憲法の説明，後半に自由についての憲法すなわち基本的権利と自由についての説明がある。このような構成をとる画期的なものとして書かれた[70]。これ以降，多くの教科書が『憲法』という形で教科書を出している[71]。すなわち憲法が当然に政治制度と結びつく，統治構造を示すだけのものであるという時代はおわったのである。

　また重要なことは，「基本権や自由」ということばの定着である。既述したようにコンセイユ・デタで扱う自由や権利は，「公的諸自由」と呼ばれていたが，憲法院で扱う権利や自由を「基本権，基本的権利もしくは基本的諸権利」ということばで総称している。これは，1981年2月19-20日にエクサンプロヴァンスで開催された「ヨーロッパ憲法裁判所と基本的諸権利」というシンポジウムから由来しているとされる[72]。

　このシンポジウムにおいて，「基本的諸権利」という名称について，ドイツ連邦共和国憲法においては，この名称で使われてはいるが，この概念は必ずしも明確ではない。さしあたり，憲法上保護されている権利や自由をさすとする

　　　　12年前に GERJC（憲法裁判研究学会）の中で生まれていた。しかし，80年代初めには，出版社にこうした出版の提案をしても認められなかった。突飛な考えだと思われていたようだ。実際，裁判という点から憲法の発展をみることがその時代では早すぎると思われていた。」Louis FAVOREU, Préface, in *Code constitutionnel*, Litec, 1994, p. XVII.

70)　Louis FAVOREU et alii, *Droit consitutionnel*, Dalloz, 1998.
71)　Par éx., Anne-Marie Le POURHIET, *Droit constitutionnel*, 5e éd., Economica, 2013.
72)　Louis FAVOREU, op. cit., in *Cours constitutionnelles européennes et droits fondamentaux*（注59）, pp. 43-44.

のがよいであろう。こうした憲法上の保護は，権利が憲法上の法文の中にかかれていないとしても，憲法裁判所がその保護を認めたときから存在するものである。さらにこうした権利を享有するのは，個人に限らずまた市民に限られるということもない。基本的諸権利は，憲法裁判所によって保護されるものである。すなわち，憲法に位置づけられた裁判所で立法府をこえる権力 pouvoirs supra-législatifs をもつ裁判所である。こうした保護・保障は立法府，議会に対して行われる。また基本的諸権利の保護は，合憲性の審査を通して行われる。唯一憲法裁判所を通して「集中的」に行われる。アメリカのような憲法裁判制度はこれに対し「拡散的」である。このように述べている[73]。

フランスではとりわけ，コンセイユ・デタによる公的諸自由の保障との違いの明確化をはかる必要があった。公的諸自由という表現は法律によって保障された自由，基本的諸権利は憲法によって保障された権利や自由という意味になる[74]。

さらに重要なことは，法治国家概念の定着である。

1980 年以降，憲法院の判決の重要性が認識されてきて，1990 年にはフランス憲法学会が設立され，フランス憲法雑誌 RFDC も発刊された。憲法の性格の変化のみならず，法の各分野が憲法の影響を受けるという現象もみられた。憲法はもはや理念 idée ではなく規範 norme である。憲法の裁判化 juridicisation の現象は，憲法裁判の広がりと結びついている。憲法がまず，droit de la Constitution（憲法という法）となり，ついで Constitution du droit（法という憲法）となっていく過程がある[75]。このようにファヴォルーは指摘する。ここには憲法の規範としての認識，実定法としての憲法が意識されている。

---

73) この経緯については次のものも参照。アレクサンドル・ヴィアラ著石川裕一郎訳「公の自由から基本権へ」植野妙実子編『法・制度・権利の今日的変容』中央大学出版部 2013 年 183 頁以下。

74) Cf., Louis FAVOREU et alii, *Droit des libertés fondamentales*, 7e éd., Dalloz, 2015.

75) Louis FAVOREU, Le droit constitutionnel, droit de la Consitution et constitution du droit, n° 1 (1990), *RFDC*, pp. 71 et s. RFDC の創刊号に寄せた論文である。

また次のように述べる。

憲法の対象が，単一の対象から三つの対象となるという変化がみられる。三つの対象とは，制度，規範，自由である。制度としての憲法については，一般的にそれは政治制度と，それによってもたらされる法的問題の研究を含む。また行政的・裁判的制度の憲法的基礎の研究を含む。従来は，「憲法と政治制度」であり，一般理論，諸外国の政治制度，フランスの政治制度の歴史，第五共和制の政治制度の四つの部分から成立するものであった。規範としての憲法については，規範の源が問題となる。徐々にフランスにおいても，規範の源が憲法であると認識され始めている。憲法が何を語っているか。コンセイユ・デタが法律解釈裁判所であるのに対して憲法院は何をするのか。憲法院は，憲法と国際規範の解釈裁判所である。自由については実体としての憲法の探求である。フランスではこれまで，憲法の枠組みの中で諸自由の問題を扱ってこなかった。しかしこれは諸外国と比較すると例外的である。多くの国では，基本的諸自由と諸権利の保護と承認は憲法の最も重要な分野の一つである。なぜなら諸自由や諸権利を承認することは，結果的に権力の制限を示すからである。これは単に形式や手続の規範の尊重ではなく，実体としての規範の尊重を意味している。

憲法の性格の変化がみられる。第三共和制や第四共和制において憲法は，権力が国家の中で行使するところの制度だけを対象としていた。これはいわば，政治中心主義を示している。憲法的・政治的現象を政治からしかみない。こうした考えは今日では時代遅れのものである。憲法を法として認識することで憲法研究者たちは法律用語を駆使するようになる。近代憲法の新しい概念に適合する新しい用語を使うようになる。

法として憲法を考えることは，フランスにおける行政中心主義を廃棄することである。フランスでは長い間行政法が公法の中心であった。コンセイユ・デタの判例を通して公法の概念や用語が語られた。しかし，憲法に基づき，憲法判例が発展してくると公法の概念や定義は異なるものになる。憲法においては，「基本的諸自由」や「基本的諸権利」という表現が用いられるが，それら

は「公的諸自由」とは異なる。公的諸自由は法律によって，通常裁判所によって，執行権に対して保護される諸自由をさす。これに対し，前者は，執行権及び立法権に対して，憲法や国際規約に基づき，憲法裁判所や国際裁判所によって保護されるものである。確かに概念や技法は似ているところはあるが，全く同一のものではない。行政法のそれはあくまでも国内のものであるが，憲法のそれは比較法的見地から語ることができる普遍性をもっている。

　裁判所によって認められた憲法という法は，すなわち憲法であるが，アメリカ中心主義を廃棄したものである。憲法は徐々に憲法裁判所によって認められてきている。それは憲法裁判所によってであって通常裁判所によってではない。その憲法裁判所は，その存在のみならず，憲法によって定められ保障された，構成と権限をもつ。行政裁判所の存在は，憲法院の判例によって憲法に保障された形をとるにすぎない。コンセイユ・デタや行政裁判所の構成，採用方法，権限すら，立法府によって変更されることを禁止しているものではない。判例法として積み重ねられてきた憲法は，政治中心主義，行政中心主義とともにアメリカ中心主義を廃棄するものでもある。

　憲法は，法という憲法となる。憲法裁判所による憲法の適用と解釈は，政治機関や行政機関によってのみならず他の裁判所によっても，引き出された憲法規範の実施を発展させることになる。それは様々な法の分野で漸進的な憲法化を進めることになる。このようにして憲法はすべての制度の共通法になっていく。法秩序の一つのまとまりを示す。しかしそれぞれの分野の特殊性を，だからといって損ねるものではない。

　この論文においてファヴォルーは，今日における憲法とはどのような意味をもつのかを明らかにしている。立憲主義，法治国家とは何かを憲法の位置づけの発展を追いながら示している。このように憲法の再構築をすることは，フランス公法の大転換を示した。比較法的視点の重要性から実定法としての，規範としての憲法の重要性を明らかにしている。「憲法裁判所の創造と実施が要求されている。憲法学を補完する技術と道具に関わるからではなく，法治国家の実現と維持に必要だからである。……憲法はすべての制度にとっての共通法と

なるのである。」このように述べている。

　いみじくもグザヴィエ・マニョンは，法治国家の意味について次のように述べている。「裁判を受ける権利 droit au juge は，法治国家の要求である。法治国家の形式的な定義を考えるなら，この政治的な概念は，司法制度における規則性の尊重にたえず注意する任を負う統制機関の存在を課すことである。裁判を受ける権利は，こうした要素すなわち法治国家の政治的な要求を精緻に具体化したものであり，したがって，その有効性を保証するものである。裁判を受ける権利は，このように法治国家の要求から課せられると同時に法治国家のダイナミズムの原動力となる。また裁判を受ける権利は一般に基本的諸権利を正当化しうるもの justiciabilité を具体化している。」[76]

　この論文は，『「裁判を受ける憲法上の権利」から「憲法裁判を受ける権利」へ，となったか』の導入となるもので，その背景には QPC によって活発化した憲法裁判への市民のアプローチがある。法治国家の概念が基本的人権の保障，権力分立と権力の統制，そして憲法裁判を受ける権利へと拡がりをもっていることを示している。

まとめにかえて

　フランスでのこうした変化をみると，日本では残念ながら憲法裁判の意義がいまだに浸透していないように思う。これは単に付随的違憲審査制という制度の限界なのだろうか。私には，確かにそれも一因とはいえるが，それだけではないいくつかの要因が重なりあった結果のように思われる。付随的違憲審査制が原因だとして憲法問題のみを審理するような機関や部署の設立の提案もみられる[77]。しかしその前に考えるべきことがあろう。

---

76) Xavier MAGNON, Le droit au juge : un droit autopoïétique, in *Du « droit constitutionnel au juge » vers un « droit au juge constitutionnel »?*, Lextenso/LGDJ, 2020, pp. 11-12.
77) 例えば次のもの参照。笹田栄司『裁判制度』信山社 1991 年 141 頁以下。

一つには，付随的違憲審査制の審査の目的が，争点となる問題の解決が中心となるという点はあるが，それでも問われていることと同時に憲法問題が提示されているなら，それにも積極的に取り組むべきである。それを怠るのは，裁判所や裁判官の姿勢の問題である。憲法問題をできる限り回避したいとするのが今日の裁判所の態度であろう。とりわけ立法裁量を広く認めたり，政治問題や統治行為論を言い訳に使ったりするときは，権力の抑制機能を果たすというのが裁判所の重要な役割であることを自認しておらず，放棄しているようにみえる。というのも，すでに解釈においては「第6章　司法」については，「司法権としての裁判所の役割」の中に，法的紛争の解決者としての裁判所と同時に「三権分立制のなかでの司法権の役割」も定着している。後者には，違法性の審査と違憲性の審査が含まれる[78]。81条は「最高裁判所は，一切の法律，命令，規則又は処分が憲法に適合するかしないかを決定する権限を有する終審裁判所である」と明記している。本条が，「最高裁判所が具体的な訴訟事件を裁判するさいに，その前提において，それに適用される法令等の違憲性を最終的に審査する権限を有することを定めていると解する点においては学説上争いはない」とされている[79]。そうした考えに沿って今日まで付随的違憲審査制として機能してきた。現実には，争訟のおとしどころを示すにすぎない場合が多い。しかし，法令の違憲審査を回避しようとすることは三権分立の権力の抑制機能を果たしていないことになる。とりわけ議院内閣制においては司法権による権力抑制作用が重要となる。他方で，そうした裁判所の態度を許容する解釈を提示してきた学者の側にも責任があろう[80]。

---

78)　小林孝輔＝芹沢斉編『基本法コンメンタール憲法〔第5版〕』別冊法学セミナー189号347頁（藤井俊夫担当）。
79)　有倉遼吉＝小林孝輔編『基本法コンメンタール憲法〔第3版〕』別冊法学セミナー78号266-267頁（大須賀明・横坂健治担当）。
80)　司法権の限界として当然のように統治行為論（あるいは政治問題）をあげたり，立法裁量論をあげたりする。立法裁量論については，立法府の政策的判断に敬意を払って法律の違憲判断をできるだけ避けるように心がけるべきであることをさすものとされている。このことは，「裁判所による違憲審査の仕方をできる

次に憲法裁判に対する消極的な態度に関しては，裁判官の任命のあり方が問題になる。ファヴォルーはこの点につき，憲法院構成員の政治的任命を肯定していたが，日本においては，いかなる団体から選ばれるのかその所属が問題となろう。現在の最高裁判所の裁判官 15 名のうちキャリア裁判官 6 名，検察官（経験者を含む）3 名，弁護士（法科大学院教授となっている者含む）3 名，大学教授 2 名，外交官 1 名のこの構成は，キャリア裁判官と検察官で過半数を占め，この構成を考えると憲法判断に積極的に関わるとは思えない［2021 年当時］。内閣法制局長官経験者が存在することもあるが論外といえる。人事においては，弁護士や研究者を増やす必要がある。また裁判件数からすると裁判官数自体を増やす必要もあろう。ファヴォルーが指摘したような政治的任命は日本にはふさわしいとは思えない。政治的権力の調整を図ることが日本の最高裁判所の主要な任務ではないからである。フランスでも多数派と少数派が拮抗しているときや政権交代がおきるときには憲法裁判は機能するが，多数派が固定する期間が長くなると，憲法裁判が機能しないと指摘されている。

また日本においては，裁判官，検察官，弁護士，研究者の交流の場がないことは，「対話」のない社会であることを示している[81]。学会の議論がどういかされているのかいないのか，研究者は知ることができない。エックス・マルセイユ大学におけるような裁判官も参加して，意見を交わせるような場がないと社会や世論とかけ離れた判決を生みやすいのではないか。2017 年の憲法裁判研究学会では，「憲法裁判官と規範の解釈」がテーマであったが，憲法院の裁判官である，ニコル・マエストラッチが参加して熱弁をふるっていた[82]。裁判

だけ緩やかなものとすべきであるとする主張であるという本質をもつ」と指摘されている。小林孝輔＝芹沢斉編・前掲書（注 78）351 頁（藤井俊夫担当）。なお，戸松秀典『立法裁量論』有斐閣 1992 年参照。

81) この点，日本女性法律家協会は，女性のみではあったが法曹四者の交流の場である。

82) *Annuaire international de justice constitutionnelle 2017*, Economica/PU d'Aix-Marseille, 2018, pp. 519-521. マエストラッチは元々裁判官であるが，オランド大統領から 2013 年 3 月に憲法院の裁判官として任命された。

官にも学問の自由があるし，表現の自由がある。フランスでは，慎重の義務の下でそれらが認められる。こうしたことも考えられるべきではないか。

さらに現在の憲法院判決は WEB で公開されているが，判決や憲法院側のコメントだけでなく，参考人がいた場合には参考人の意見，また学会誌などでの判例評釈の案内も載っている。こうした意見もあったが，我々はこのように判断した，ということがわかりやすい。

裁判官のキャリアの積み方や異動のあり方も，消極的な憲法裁判に関係するように思われる。結局残っていくのは，「当たり障りのない」裁判官のように思える。そしてそうした裁判官がキャリア裁判官として，最高裁のかなりの数を占めていく。このあたりを改善する必要があろう。

最後に，憲法が日常生活からかけ離れた存在ではないという認識が重要である。憲法はまさに裁判規範である。憲法を具体化した法律がまずなければ解決できないとする，そうした考えをあらためる必要がある[83]。これまで研究者の間でも自己抑制的思考にとらわれていたことが，今の憲法裁判の消極性を生み出している面もあるといえよう。

---

[83] 例えば，私人間効力についての考え方や生存権についてのとらえ方からもそうしたことが指摘できる。

補論：

　フランスの合憲性審査機関としての憲法院の進展と定着について，その理由はどこにあるのかときかれることも多いので，その点につき，本論部分と重なる点もあるが補足しておきたい。憲法院設置の当初の目的は，本論の中にも書かれているように，議会の活動のコントロール，すなわち法律領域事項を守って議会が法律を制定しているか監視することであった。また当初は，憲法院は政治的機関であると批判されていた。批判の理由は主に，一つは憲法院評定官の任命のあり方であり，二つは立法過程の最終段階において，限定された政治的権力保有者（大統領，首相，上下両院議長）からの申立てによる，いわゆる事前審査制を採用していたからである。後者の点は，1974年10月の61条に関する憲法改正（loi constitutionnelle n°74-904）で60名の国民議会議員，60名のセナ議員も憲法院に提訴することができるようになり，これに伴って少数派（野党）議員からの提訴数が増え，提訴の意味が変わり，憲法院の存在価値も高まった。さらに2008年7月の憲法改正で，2010年3月1日施行の，QPCによるいわゆる違憲の抗弁による事後審査制も採用されるようになった。こうしたことで解決が図られた（61-1条参照）。前者の点は確かに，憲法院の役割，権限を忠実に果たすとしても，政権交代を前提にしていないと政権の立法政策におすみつきを与えるにすぎない機関になる可能性がある。但し，フランスでは立法過程において修正が加えられることが多いので，政府の意図するように法律の制定となるかはわからない。議会の活動のコントロールの根拠は憲法に定められているので，必然的に憲法を確認することにつながっていき，合憲性審査が深められた。

　こうして結果的には，憲法院は政治的機関ではなく，裁判機関としての地位を獲得した。このことは多くの研究者が指摘している。但し，たまに肩すかしのような判決もあり，望ましい形の裁判機関となったのかは疑問も残る。

　いかにして裁判機関としての地位を獲得できたかについては次のことが指摘できよう。第一に，フランスは判例法の国である。したがって，いかに判決を

積み重ねていくべきかは、評定官（裁判官もしくは構成員ともいう）に共通の認識があると思われる。第二に、第一の点とも関わるが、既判力に対する敬意がある。判決は絶対的であり、覆すことは「事情の変更がないかぎり」できない。また、各判決において、どのような審議が行われたかは明らかにされず、日本のように反対意見、少数意見の存在はわからない。判決の絶対的効力は、その場で法律の確定となることを意味する。それ故、憲法院はしばしば解釈留保を付ける。また提訴された法律に対しては、職権で、問題となっていない条文がとりあげられることもある。したがって提訴する側も判断する側もそれなりの緊張感を伴う作業を行うことになる。第三に、憲法院とコンセイユ・デタの協働作業がみられることである（この点に関しては、レジ・フレス著植野妙実子＝石川裕一郎 訳「憲法院とコンセイユ・デタ」比較法雑誌50巻1号（2016年）101-115頁に詳述されている）。コンセイユ・デタの培ってきた長い伝統が憲法院のあり方に影響している。他方で、コンセイユ・デタ自身の法律案についての諮問的役割にも憲法院判決の反映もみられる（Cf., Sous la direction de Bertrand MATHIEU et Michel VERPEAUX, *L'examen de la constitutionalité de la loi par le Conseil d'État*, Dalloz, 2011, pp. 79-118）。第四に、法治国家概念の確立である。憲法院は人権保障機関として、基本権及び自由を扱う（Par ex., Louis FAVOREU et alii, *Droit des libertés fondamentales*, 6ᵉ éd., Dalloz, 2012）。その依拠するところは、前文を含む憲法規範、合憲性ブロックである。コンセイユ・デタの方は命令の合法性審査を行う。ここで確認されるのは公的諸自由である（Par ex., Claude Albert COLLIARD, *Libertés publiques*, 7ᵉ éd., Dalloz, 1989）。以前は大学では「公的諸自由」の授業（半期）しかなかった。今日では基本的諸権利（基本権）という人権についての呼び方が普遍的となり、これを学ぶ。ちなみに司法機関が扱うのは憲法66条2項から個人的自由である。このように、それぞれの裁判機関の管轄、権限が決まっている。憲法院とコンセイユ・デタの役割分担から憲法・法律・命令の階層制の明確化がなされ、憲法院の合憲性審査の発展を通して憲法の優位性が確認されてきた（Jacques CHEVALLIER, *L'État de droit*, 6ᵉ éd., LGDJ, 2017, pp. 75-85）。第五に、憲法院評定官の政治的任命であるとする批判に対しては、民

主的正当性があるとする反論，すなわち任命権者が国民から選ばれた者であるという正当性をもっているとする反論があった。しかしこうした批判を受けて，任命する側もできるかぎりふさわしい人を任命するという気遣いをするようになったともいえる。2024年現在の院長であるローラン・ファビウスは政治家（国民議会議員，国民議会議長，大臣，首相経験者）であったが，元々ENA出身で，コンセイユ・デタで働いていた経験がある。他の評定官をみても，残り8名もそれなりのキャリアをもっている。アラン・ジュペは，ENA出身者で大学教授資格をもっている（教授，国民議会議員，大臣経験者）。ジャック・メザーは，弁護士から出発しているが，研究者でもあり，パリ第二大学副学長もしていた。ミッシェル・ピノーは，ENA出身でコンセイユ・デタの事務総長経験者である。フランソワ・セネールはENA出身で副知事，コンセイユ・デタ事務総長経験者である。他は，弁護士出身のセナ議員経験者，検察官出身で法務大臣官房長経験者，高校教師出身のセナ副議長・大臣経験者，国民議会事務総長経験者である。ここで注意すべきは，公務員も裁判官，検察官も慎重性の義務による表現の規制はあるが，市民的自由を奪われてはいないことである。どの政党を支持しているかということを示す表現の自由がある。だからこそ，政党に属する大統領，上下両院議長から任命されるのである。例えば，コンセイユ・デタの調査研究にご協力をいただいたコンセイユ・デタ評定官レジ・フレス氏も憲法院近くのカフェで当時，憲法院評定官であったリオネル・ジョスパン氏（元首相，社会党）を親しげに私に紹介してくださった。日本のように無色中立とされる公務員や官僚は結局現政権を担うことにつながり，現政権の延命を許しているともいえるのではないか。

　ところで，鬼丸かおる元最高裁判事の報告（鬼丸かおる「最高裁判所裁判官を終えて考えたこと」比較法雑誌55巻4号（2022年）5-34頁）の中で気になったことがある。一つは，皇室への行事参加が課されることが，裁判官に負担になっているのではないかということ。二つは，仕事は家に持ち帰り土日もなく仕事をしているという裁判官の過重労働のあり方である。これは，真面目に自ら確認したいと思うからこそこのようになるのであって，適当に手を抜こうとすれ

ば，調査官の報告のままにするということもありうることを意味しているのではないか。三つは，調査官がそもそも審議として扱う必要がない，問題もないとしている（持ち回り審議）ことは本当にそうなのか，確認する余裕がないとしていることである。「楽をしようと思えば，多数意見にくみしていれば大体調査官に預けてしまえるということになります」という言葉は重い。最高裁裁判官の数を増やすこと，専門性を高めることが大きな課題である。四つは，人事の点である。実質的に一定程度判決を左右してしまう調査官には一体誰がなるのか。ましてや最高裁の裁判官に誰がなるのか。「新聞報道で初めて次に来る裁判官が誰なのかわかる状況」ということには驚いた。一体，誰が，どこで決めているのか，その基準は何か。透明性を高めることが必要である。他方で，こうした報告が聞けることはどのように判決が決まっていくのかを知るよい機会であった。最高裁の存在を身近にも感じた。フランスでは退職裁判官にも慎重性の義務，合議の秘密を守る義務が課されるので，このようなことは知りようがない。どちらが民主的なのか，自由なのかを考える機会ともなった。

第 2 章
フランスのコロナ禍における憲法院の統制

は じ め に

　2021年1月28日世界の新型コロナウイルス感染者数は1億人を突破した。1月26日において，日本での感染者数は累計で37万人に達しようとしており（詳しくは，36万9,199人，ダイヤモンド・プリンセス (DP) 号の感染者713人を含む），死者数は5,207人 (DP号の死者13人を含む) である。この感染者数は，世界35位程といわれている。他方で同時期，フランスでは，累計感染者数305万3,617人，死者数7万3,049人となっており，累計感染者数ではアメリカ合衆国，インド，ブラジル，ロシア，イギリスに次いで，世界で6番目である〔なおその後2021年4月末，フランスの感染者数は547万人，死者数は10万人を突破しており，感染者数で世界4位となっている。日本も感染者数は増加し56万人，死者数は1万人近くとなっている〕。感染者数は，世界的にも増加傾向にあり，様々な変異ウイルスの拡大も心配されている。

　フランスでは，新型コロナウイルスの感染拡大により，2020年3月17日から5月10日まで外出禁止措置をとったが，5月11日から7月19日にかけては，外出禁止措置を徐々に緩和していった。3月から5月が第一波といわれている。

　7月20日から10月17日までは，路上等公共の場でのマスク着用義務化などを定める一方で，バカンス時期を迎えることもあり，規制を解除した。しかし，バカンス時期に移動をした人々が多かったことから，感染者が再び増え，

10月17日から30日までは夜間外出禁止措置を次第に拡大したが，感染拡大がとまらず10月30日から再び外出禁止となった。9月から11月が第二波といわれている。しかし，この外出禁止措置は，春とは違い緩和化されたものだと説明された。この外出禁止を裏づける法律は，11月14日に成立した。

防疫上の緊急事態に関わる法律は，2020年3月23日法，5月11日法，解除法となる7月9日法，再び10月14日のデクレで10月17日からの緊急事態を復活させ，それを法律で認めたのが11月14日法となっている。11月14日法は，11月から2021年2月16日まで緊急事態が続くとしていたが，さらに2021年2月15日法が制定され防疫上の緊急事態は6月1日まで延長された。これは，6回目のCovid-19に関する法律制定である[1]。

10月末からの外出禁止は12月15日から緩和することとなっていたが，想定したように感染者数が減らず（目標は新規感染者数1日5,000人としていたが，12月10日時点で1万3,000人以上），そこで外出禁止については緩和し，午前6時から午後8時にかぎって自由な外出を認める。但し，クリスマス・イブの12月24日は例外的に夜間の外出は認めるが，12月31日については夜間の外出は認めない，とした。他方で，12月15日に認める予定であった映画館や美術館，劇場などの再開は，3週間程先延ばしすることとなった。

ところが，変異ウイルスの影響で感染が拡大し，新規感染者数が2万3,000人程となってきたので2021年1月16日から再びフランスは全土での午後6時以降の夜間外出禁止に踏み切った。

さらに，2021年4月1日，国民議会でジャン・カステックス首相は，2021年3月半ばから一日あたりの新規感染者数が平均5万人となったことから，第三波が来ていることを認めた。3月29日には，秋の第二波のピークをこえ，2020年4月22日以来最も多い人数となり，3月31日マクロン大統領は，再びフランス全土で外出禁止措置をとることを明らかにした[2]。その後，5月3

---

1) 政府のサイト Loi du 15 février 2021 prorogeant l'état d'urgence sanitaire, *Vie publique*, 16 février 2021. ここにあげた法律の他，2020年3月30日組織法がある。

日から 6 月末にかけて制限を徐々に緩和するとの方針を示しているが，感染者数は 5 月現在で下げどまっているとはいいがたい。ワクチンの普及に頼っている状況である。

ここでは，第一波の際に制定された，Covid-19 に関する防疫上の緊急事態に関する法律への憲法院の審査すなわち統制のあり方を中心に検討する。

1. 公役務としての保健行政

まず santé といわれる健康は何をさすのか。今日では，世界保健機関が示す定義，「身体的・精神的・社会的満足感をもつ完全な状態」をさし，そしてそれは，「単に病気でないことや身体的障がいのないことをさすものではない」とされている[3]。こうした概念の深化が，いわゆる福祉国家の発展を支え，医療福祉行政の基礎となっている。

次に，フランスで santé publique といわれる公衆保健衛生もしくは保健行政は何をさすのか。一般的には次のように理解されていた。「地方，地域もしくは町の住民の身体的に健康な国」，「それを保障する目的をもつ手段全体。最近では，衛生と類義語であり，一般的な公衆衛生に関する保護，家族や子どもの保健衛生上の保護，社会的な保健衛生上の禍に対する闘い，医師その他の医療上のスタッフや薬剤師などの職業上の統制，病院組織の統制，これらを統括する概念である」，また，「こうした目的に責任をもつ省庁や業務」とされる[4]。

---

2) Cf., *Le journal des Femmes*, 1 avril 2020.
3) Haute Comité de la Santé, *La santé en France, Documentation française*, 1994, p. 16. この報告書は，フランス人の保健衛生の状況全体を示すはじめてのもの，とされている。
4) Gérard CORNU, *Vocabulaire juridique*, P.U.F., 1987, p. 723. また，保健行政の意味については，二つの当事者を区別する必要があるとする指摘もある。この場合，一つは，保健制度の機関の活動当事者，すなわち国や地方の異なるレベルで実行される保健行政の政策の実施に携わる機関及びそこで働く者。二つは，医療や看護を提供する公立病院，非営利の私的施設，営利的目的をもつ私的クリニッ

しかし,「健康」概念の深化や拡がりにともなって次のように理解されるようになった。公衆衛生(公的な衛生)とは,私的な衛生とは対立的にとらえられるものではない。公衆衛生は,人々の健康の改善を目的とし,保健行政と医療職務の行使の間に位置づけられる。研究による知識の獲得を必要とする。また様々な学問分野にまたがり,関わるものでもある[5]。

公衆衛生・保健行政は,公役務とも位置づけられる[6]。公役務とは,公法人が引き受ける一般利益に関わる活動をさす。こうした活動は,給付の配分を行ったり,法的要請を定めたりするところにある。また,こうした活動は公権力に由来し,公権力が一般利益であることを認めるものである。必要に応じて一般法の例外となる規範の下におかれることもある。このように定義されている[7]。

公衆衛生・保健行政が公役務として位置づけられるということは,一般利益の必要性を満たすことをめざす活動であると同時に,こうした活動に責任をもつ行政組織が存在することを示し,またすべての公役務に求められる原則,す

クの健康に関わる施設及びそこで働く者である。ちなみにフランスでは,これらの施設の3分の1が国公立であり,3分の2が私立である。Sous la direction de Nicolas KADA et Marial MATHIEU, *Dictionnaire d'administration publique*, PUG, 2014, pp. 448 et s.

5) Haute Comité de la Santé, *op. cit.*, p. 18. なお,次のものも参照。Morelle AQUILINO et Didier TABUTEAU, *La santé publique*, P.U.F., 2015.

6) 弁護士エミュリエル・ボディンに対する次のインタビュー参照。Santé publique : définition, rôle et missions en France, *Le journal des Femmes*, 19 janvier 2021. 彼女によれば,公衆衛生・保健行政の確固とした定義はない,としながらも,戦後においては常に,できるかぎり,廉価な方法で最新の注意をはらってすべての者にとって,アクセスしやすいものであるという任務をもつ一つの公役務である,としている。したがって,個人に固有な権利であるとともに共同体的責任を伴うものである。国家には共同体全体を保護する必要がある,と述べている。

7) Renan Le MESTRE, *Termes de droit administratif*, Gualino éditeur, 2006, p. 147. なお,公役務の概念に関してはコンセイユ・デタの判決もある。CE, 28 juin 1963, Nancy, Rec. 401.

なわち継続性，適切性，中立性，平等の原則に則って運営されなければならないことになる[8]。フランスでは公役務の代表的なものとして，教育や裁判が考えられている。

2. 健康の保護への権利

フランス第五共和制憲法は，権利規定として，1789年フランス人権宣言と1946年第四共和制憲法前文，2004年環境憲章を認めている。さらに，第四共和制憲法前文は，人権宣言の他に「共和国の諸法律により承認された基本原則（基本原理とも訳す）」も認めている。

(1) 根拠と権利の性格

健康の保護への権利は直接的には，第四共和制憲法前文11項に次のように定めていることから導き出される。
「国家は，すべての者に，とりわけ子ども，母親，高齢の労働者に健康の保護，物質的安定，休息，余暇を保障する。年齢，身体的または精神的状態，経済的状況を理由として，労働できない者はすべて，公共団体から生存するにふさわしい生活手段を得る権利を有する。」

健康の保護への権利は，保証としての権利droits-créancesの一つである。こうした権利として，労働への権利，教育や文化への権利，物質的安定への権利，国家的連帯への権利，通常の家族生活を送る権利，住居への権利，余暇への権利が含まれる[9]。

---

8) Gérard CORNU, *op. cit.*, pp. 735-736.
9) Louis FAVOREU et alii, *Droit des libertés fondamentales*, 6e éd., Dalloz, 2012, p. 350. なお健康への権利を保証としての権利としてではなく，経済的・社会的権利（acteur économique et social 経済的・社会的活動者とでも訳すべきものであるが）として紹介する場合もある。そこでは，健康への権利droit à la santéと呼び，主観的，相対的な性格を示すもの，多くの「～への権利」と同様に解決されていない部分を有している，と記されている。Sous la direction de Rémy

保証としての権利は，国家の積極的な活動，関与を必要とする権利である。その意味で，自由のような国家の不干渉を要求する権利とは異なる。保証としての権利は，しばしば「～への権利」という形で示されるが，これはその実現が国家の側からの給付や支援，整備を必要とするからである。権利を保証すべきなのは国家であるが，国家にこうした権利の実現を義務づけることは難しい。こうした権利のプログラム的性格から当初は実定法におけるそれらの権利の価値が疑われることもあったが，今日では，憲法制度（とりわけ憲法裁判）の発展により，これらの権利は多くの内容や効果を獲得したとされている[10]。

日本では，健康の保護への権利に類する規定は，日本国憲法25条に次のように定めているところから，直接的には導き出されよう。

「第25条

　1項　すべて国民は，健康で文化的な最低限度の生活を営む権利を有する。

　2項　国は，すべての生活部面について，社会福祉，社会保障及び公衆衛生の向上及び増進に努めなければならない。」

この規定は，人間らしい生存の保障という個別的権利としての生存権保障の規定であると同時に，社会権の総則的規定としての位置づけももつとされているが，2項は明確に1項の生存権の保障に対応する国側の義務を定めている[11]。しかしながら，生存権の法的性格はプログラム規定，あるいはせいぜい抽象的権利と解され，裁判規範としては弱いものとされている。さらに国家の義務を直截に導き出せるのかどうかが，権利の実質的保障と結びつく。いずれにしても，国民皆保険制度は導入されている[12]。

　　CABRILLAC et alii, *Libertés et droits fondamentaux*. Dalloz, 2008, p. 759.
10)　Louis FAVOREU et alii, *op. cit.*, p. 350.
11)　清野幾久子「第25条」小林孝輔＝芹沢斉 編『基本法コンメンタール憲法［第5版］』別冊法学セミナー189号（2006年）186頁以下参照。
12)　さしあたり次のもの参照。新村拓『国民皆保険の時代』法政大学出版局 2011年。

(2) 解　　釈

　憲法院は，保証としての権利として，休息への権利，健康の保護への権利，社会的保護への権利，通常の家族生活を送る権利，教育や文化への権利，国家的連帯への権利を認めている。また，規定が不明確であっても，立法府にその実現は課せられるが，立法府の裁量は広くなると判断されている。しかしだからといって，その内容を歪曲したり，効果を奪ったりすることは許されない。

　健康の保護への権利に関しては，憲法院は積極的権利の一部をなすと 1975 年に判示し，法律がこうした権利を侵害していないか審査することも受理した[13]。まず，看護への権利として認められた。したがって，疾病保険への権利の実現を整備する法律は，第四共和制憲法前文 11 項の点から検討されている。例えば，包括的な疾病保証制度はより効果的となることをめざすこととなる。立法府は，補完的な保証を平等原則を侵害することなく，資源の条件の下におくことができたと判断された。このような選択は，法律の目的に適合しているとされた[14]。

　さらに，憲法院は，2002 年 12 月 12 日判決において，ジェネリック・グループに属する医薬品の払い戻しの新しいメカニズムを承認した。これは，大臣命令により定められた責任込みでの料金でかつ同一のグループ内で最も安いというジェネリックの特性である費用をこえることのない料金について設定され

---

13) この判決は，人工妊娠中絶に関する法律を合憲とするものである。憲法院は，合憲と判断するにあたって，子どもと母親の健康の尊重に基づいて判断した。生命の始まりからあらゆる生命体の尊重の原則に言及している。CC., n°74-54 DC du 15 janvier 1975. フランス憲法判例研究会編『フランスの憲法判例』信山社 2002 年 79 頁以下（建石真公子担当）参照。なお次のものも参照。Sous la direction de Thierry S. RENOUX et alii, *Code constitutionnel 2019*, LexisNexis, 2018, pp. 677 et s. ここでは，次のことを健康の保護への権利の国家に課せられる二つの要請として記している。一つは，人の身体的状況を悪化させることがないことであり，二つは，保健行政の政策を探求することである，としている。

14) CC., n°99-416 DC du 23 juillet 1999.

るものであった。規定は，この料金をこえる医薬品の価格の一部を患者の負担とする。これに対し，憲法院は，二つの留保をつけた。一つは，関係者全体とりわけ被保険者に十分な情報提供をすること，情報を発することは行政機関の義務である，とした。もう一つは，大臣命令は，責任込みでの料金を「その結果，1946年憲法前文11項の憲法上の要請を問題とすることはない」ものとして定めなければならない，とした[15]。

このような留保は，被保険者が看護にアクセスすることの実際の可能性に注意をもたらすものであるが，看護はそれでも非正規な状況にある外国人に対しては，同一の領域においても非常に限定的な態度をとることになる。憲法院は，2003年12月29日判決において，3ヵ月以内のフランスに住む非正規な状況にある外国人を医療扶助の受益者から除く規定を合憲とした。また生命維持に不可欠な装置を活用することのない，もしくは重大な継続的な悪化に結びつくことのない緊急の看護の責任に関わることを予定してはいない，とした[16]。こうした立場は，健康の保護への権利を狭めるものとなると評されている[17]。

したがって，11項により，健康の保護への権利は，まず，社会的給付，医療扶助を受ける権利として確立していき，ついで，医療看護へのアクセスの平等の保障として問題となっていった。他の権利との関係では，健康の保護への権利は，より重要な権利と考えられている。かくして，原子力エネルギーに関わる施設職員のストライキの権利の行使の禁止は正当と判断されている[18]。煙草やアルコールの広告の規制，ある種の形態の禁止は，所有権の侵害，企業の自由の侵害をもたらすとしても正当とされている[19]。また，人の安全を危うくするもしくは公共秩序に重大な侵害をもたらす精神的障がいをもつ人が，その

---

15) CC., n° 2002-463 DC du 12 décembre 2002.
16) CC., n° 2003-488 DC du 29 décembre 2003.
17) Louis FAVOREU et alii, *op. cit.*, p. 359.
18) CC., n° 80-117 DC du 22 juillet 1980.
19) CC., n° 90-283 DC du 8 janvier 1991.

病状により必要とされる医療看護に反対することはできないと判示もしている[20]。これは，人身の自由や権利と関係する問題でもある[21]。

なお，2004年環境憲章1条は，「各人は，均衡がとれた，かつ健康が尊重される環境の中で生きる権利を有する」と定める。この規定は，どのような環境が人にとって大切かを示すものとなっている。普遍性をもつものであり，教訓的であり，規定の不鮮明はあるものの単なる原則の宣言ではなく，憲法の裁判規範性を有するものであると評されている[22]が，健康の保護への権利の根拠規定として直接には用いられていない。

3. 第五共和制憲法の国家緊急権

1958年第五共和制憲法は，「第2篇　共和国大統領」の16条にいわゆる緊急措置権を定め，「第5篇　国会と政府の関係」の36条に戒厳状態を定めている[23]。

---

20) CC., n° 2010-71 QPC du 26 novembre 2010.
21) Louis FAVOREU et alii, *op. cit.*, p. 360 ; Louis FAVOREU et alii, *Droit constitutionnel*, 18e éd., Dalloz, 2016, p. 992.
22) Sous la direction de François LUCHAIRE et alii, *La Constitution de la République française*, 3e éd., Economica, 2009, pp. 115 et 116.
23) 「16条
  1項　共和国の諸制度，国家の独立，その領土の保全あるいは国際協約の履行が，重大かつ直接に脅かされ，かつ，憲法上の公権力の正規の活動が阻害される場合，大統領は，首相，上下両院議長並びに憲法院に，公式に諮問した後，これらの状況により必要とされる措置をとる。
  2項　大統領は，これらの措置を教書により国民に知らせる。
  3項　これらの措置は，憲法上の公権力に対して，その任務を遂行する手段を確保しようとする意思に即して，最短期間内に実施されなければならない。憲法院はこの事項につき諮問される。
  4項　国会は，当然の権利として集会する。
  5項　国民議会は，この例外的権限の行使の期間中，解散されない。
  6項　例外的権限行使の30日後に，1項で表明された要件が満たされているか

(1) 16条

　16条は，例外的権限 pouvoirs exceptionnels と呼ばれ，大統領の権限として定められている。そこには，二つの条件があり，一つは，「共和国の諸制度，国家の独立，その領土の保全あるいは国際協約の履行が，重大かつ直接に脅かされること」，もう一つは，「憲法上の公権力の正規の活動が阻害されること」である。この二つの条件が揃ったときに，「これらの状況により必要とされる措置」を大統領は，首相，上下両院議長，憲法院に諮問した後，とる。目的は唯一「憲法上の公権力の正規の活動の回復」である。これらの措置は，最短期間で，その任務を達成する方法として考えられなければならない。国会は当然に集会し，国民議会は解散されることはない。国会の，権力の連携や監視機能の強化に対応するものである。また，憲法院の諮問，審査などの関与が重要となっている。この条文における憲法院の細かな関与は，2008年7月の憲法改正でなされた。

　憲法規定から明らかなことは，国家緊急権設定の条件とされている，緊急権の目的及び効果が憲法で定められていること，緊急権の発動の議会の関与，緊急権発動時の終期の明定，緊急権の必要最小限の行使が定められている上に，憲法院の関与，適切性，比例性についての言及もみられる[24]。また他の条文に

　　を審査する目的で，国民議会議長，セナ議長，60名の国民議会議員もしくは60名のセナ議員は，憲法院に申立てをすることができる。憲法院は，最短の期間内に，意見を公開で表明する形で裁定する。憲法院は，例外的権限行使の60日後に，及びこの期間をこえるといつでも，当然の権限として審査を行い，同一の条件で裁定する。」

　　「36条
　　1項　戒厳状態は，大臣会議においてデクレとして発令される。
　　2項　12日をこえる戒厳状態の延長は，国会によってのみ許諾される。」

　　これらをあわせて，例外的体制と呼ぶ。その事態においては，通常時においては正規とはされない活動を正当化しながら軍事機関もしくは軍事以外の機関が強化される。Philippe ARDANT et Bertrand MATHIEU, *Droit constitutionnel et institutions politiques*, 32e éd., LGDJ, 2020, pp. 499-500.

おいて，行使についての責任追及についても定められている。

実際には，1961年4月，ド・ゴールによる16条の活用について，憲法院は事前諮問され肯定する見解を示した。また大統領が16条の枠組み内で講じる措置も憲法院に諮問された。2008年の憲法改正で例外的権限行使の30日をすぎると憲法院に申立てができる。また，60日をすぎると憲法院自身が職権で取り上げて意見を述べる仕組みが採用され，二つの条件のいずれもが存続しているのかが検討される。但し，こうした意見は諮問的なものにすぎず，大統領を法的に拘束するものではない，とされている。

16条に関わる訴訟に関しては，大統領自身の緊急事態であることの決定と，それにともなうその枠組みの中で講じられた措置とに分けられる。前者は政治行為（統治行為）であり，越権訴訟の対象とはならないが，後者はコンセイユ・デタ等の行政訴訟の対象となる。

現行憲法の下で16条は1961年に一回だけ適用された[25]。

(2) 36条

これに対し，36条の戒厳状態とは，外国との戦争もしくは武力を伴う暴動（軍事的蜂起）のような差し迫った危機が生じた場合に，軍事機関に通常の機関からの管轄移転をするものである。戒厳状態は，閣議においてデクレという形で発令される。公の諸自由の行使の規制が行われるが，これらはすべて行政訴訟の統制の下におかれる。戒厳状態が12日以上に及ぶときには，その延長は，国会の承認を必要とする。36条の戒厳状態は，第五共和制憲法下では，一度も実施されていない。また憲法35条1項は宣戦が国会により承認されるとしている。2項は，政府の軍事的介入の決定の国会への報告，3項は，介入期間が4ヵ月をこえる場合の期間延長についての国会の承認を定めている。48条3項は，危機状態に関する法律案及び35条で対象とされている承認の要求に

---

24) 植野妙実子『基本に学ぶ憲法』日本評論社 2019年 463頁。

25) 植野妙実子「フランスの国家緊急権」阪口正二郎 他編『憲法の思想と発展』信山社 2017年 601-624頁（本著第6章）参照。

関する審議は政府の要求に基づき議事日程に優先的に登録されることを定めている。89条4項は，いかなる改正手続も，領土の保全 intégrité に侵害がもたらされているときには，着手されたり，続行されたりはしない，と定められている。「領土の保全」という文言は，直接的には16条1項にみられるが，36条の戒厳状態の場合にも適用されると考えられている[26]。

なお，防衛法典 L. 2121-1条から L. 2121-8条は，戒厳状態について次のように定めている。

「L. 2121-1条
1項　戒厳状態は，対外戦争もしくは軍事的蜂起の結果，差し迫った危機が生じた場合にのみ，大臣会議においてデクレで発令される。
2項　デクレは，適用される地域を明示し，その適用期間を決定する。
L. 2121-2条
1項　戒厳状態がデクレで発令されると直ちに，秩序維持や警察のために非軍事的機関（文民機関）autorité civil に授けられていた権限は，軍事機関に移譲される。
2項　非軍事的機関は，その他の彼らの権限の行使を引き続き行う。
L. 2121-3条
1項　対外戦争の結果生じた差し迫った危機の場合に，戒厳状態がデクレで示された地域において，軍事的裁判機関は，刑法典の以下にある条文により定められ，処罰が定められた違反行為につき，主犯もしくは共犯がどのような身分をもつ者であろうとも，審理を付託される（刑法典の条項は省略）。
2項　軍事裁判所はその他に次の審理も行う。
　1号　軍事裁判法典 L. 332-3条により制裁される事件。
　2号　軍事法規の執行のために軍人に命じられたすべてのことに対し，その方法が何であれ，その上官に対し軍人の不服従に教唆・煽動となるもの。
　3号　その方法が何であれ，謀殺，故殺，失火，略奪，建造物や軍事施設の

---

26)　同論文607頁参照。

破壊という犯罪の教唆・煽動となるもの。

　4号　消費法典第4編第5章に定められた場合や他の関連する特別法に定められた場合に，軍事力にあてるための供給や締結された契約に関し，供給者によりなされた不法行為。

　5号　軍事力に対して損害を与える偽造や，一般的な方法で国家防衛を侵害するすべての重罪 crime や軽罪 délit の行為。

3項　こうした例外的体制は当然のこととして平和の署名をもっておわることとなる。

L. 2121-4条　武器を伴う暴動の結果生じた，差し迫った危機の場合に，戒厳状態がデクレで発令された場合には，軍事裁判所に承認された例外的権限は，軍人ではない者に関して，軍事裁判法典によりもしくは L. 2121-3 条の1項に定められた刑法典の，あるいは関連する犯罪の条文により特に定められた犯罪にしか適用されない。

L. 2121-5条　L. 2121-3条及び L. 2121-4条に定められた場合において，軍事機関が訴追を要求しない場合は，通常裁判機関 juridictions de droit commun が訴追を提起する。

L. 2121-6条　戒厳状態の解除後においても，軍事裁判所は付託されていた重罪及び軽罪の審理を続ける。

L. 2121-7条　戒厳状態がデクレで発令された場合には，軍事機関は次のことを行うことができる。

　1号　昼夜における家宅捜索をすること。

　2号　重罪もしくは軽罪のために，最終的に有罪判決の対象となったすべての者や戒厳状態におかれている場所に住居をもっていない者を追放すること。

　3号　武器・弾薬の引き渡しを命じることやそれらの捜索及び奪取を行うこと。

　4号　性質上，公共秩序を侵害すると判断される出版及び集会を禁止すること。

L. 2121-8 条 戒厳状態であっても,憲法により保障された権利全体は,行使することができる。その享有は前述の条文のために中断されてはならない。」

しかしながら戒厳状態であるのだから,L.2121-8 条の規定はかなり制約を余儀なくされると考えられよう。

(3) 1955 年 4 月 3 日法

第五共和制憲法 16 条,36 条の他に,法律で緊急事態を定めているものがある。それが,1955 年 4 月 3 日法 (Loi n° 55-385 du 3 avril 1955) である。2015 年 11 月のパリ同時多発テロ事件の後でとられた緊急事態はこの法律に基づくものであって,憲法上の規定によるものではない[27]。この緊急事態法(非常事態法ともいう)は 2015 年 11 月 20 日法 (Loi n° 2015-1501 du 20 novembre 2015) によって改正され,さらに 2016 年 2 月 19 日の QPC 判決によっても改正された。17 条までの短い法律であるが,その 1 条から 4-1 条までは次のように述べる。
「1 条 緊急事態は,公共秩序への重大な侵害の結果生じた差し迫った危機の場合もしくはその性質及びその重大さにより公共の災害という性格を示す大惨事の場合に,本国領土,海外県,憲法 74 条により定められている海外の公共団体及びニューカレドニアにおける領土の全部または一部に対して宣言されるものである。
2 条
1 項 緊急事態は,大臣会議においてデクレで発令される。このデクレは実施される領域を決定する。
2 項 これらの領域の限度内で,緊急事態が適用を受ける区域がデクレにより定められる。
3 項 12 日間をこえての緊急事態の延長は,法律によってのみ許可される。
3 条 12 日間をこえての延長を許可する法律は最終的な期間を定める。
4 条 緊急事態を延長する法律は,政府の辞職の日もしくは国民議会の解散の

---

[27] 同論文 608-609 頁参照。

日から 15 日間の期間の後には，適用されない。
4-1 条　国民議会及びセナは，遅滞なく，緊急事態の間に政府によって講じられた措置について報告を受ける。行政機関は，遅滞なく行政機関が本法律の適用のために講じたすべての文書のコピーを伝える。国民議会及びセナは，これらの措置の統制と評価において，あらゆる補足されている情報を要求することができる。」

　36 条の戒厳状態は，公の諸自由が規制される体制で警察権限が拡大された形で軍事機関に委ねられ，行使される体制である。同時に軍事裁判機関の管轄も拡大され，国家防衛に侵害をもたらす国家の安全に対する重罪及び軽罪を判断することになる。国家の危機の場合に大臣会議においてデクレで発令されるが，12 日間をこえる場合の延長は，法律によって許可される。

　これに対し，16 条の実施には，共和国の諸制度，国家の独立，領土の保全あるいは国際協約の履行が重大かつ直接に脅かされたときに，かつ憲法上の公権力の正規の活動が阻害された場合に，大統領が首相，上下両院議長並びに憲法院への公式の諮問の後で，これらの状況に必要とされた措置を講じる。この場合，大統領には例外的権限，執行権，立法権が付与される。

　1955 年 4 月 3 日法における緊急事態には，こうした大統領への権力の集中はなく，通常の権力分立（権力配分）の下で，非軍事的（文民）権力を強化し，公共の安全に対し侵害することが疑われる人物の公の諸自由もしくは個人的自由を規制することができるものである。最初の期間は 12 日間であり，延長は法律という形で議会により許可される。緊急事態においては知事や大臣には次なることが許可される。いくつかの場所での交通の規制や禁止，集会の禁止，公共の場所の一時的閉鎖，人のもしくは個人財産の徴用，行政的捜査の許可，滞在の禁止，居住地の指定などである。

　1955 年 4 月 3 日法は，何度か改正されており，また憲法院の判決によって改正もされている。2015 年 11 月 20 日法は 2015 年 11 月 26 日から 3 ヵ月間緊急事態を延長するものであったが，効果を強化するためのいくつかの改正も伴うものであった。さらに，2016 年 7 月 21 日法，2016 年 12 月 19 日法，2017

年 2 月 28 日法，2018 年 2 月 26 日法によっても改正されている。憲法院の 2016 年 2 月 19 日 QPC 判決，2017 年 6 月 9 日 QPC 判決もある。後者は，2017 年 7 月 11 日法によってデモ行進の禁止のあり方について改正をもたらすものとなっている。知事は，その行動が，公共の安全や秩序に侵害となると思われる重大な理由が存在するなら，デモ行進の行程に関して，人の滞留を禁止できるとした。この場合，知事によるアレテは，期間を限定するものとして，禁止や規制の期間を明示し，理由や事実が説明される明確な状況並びに適用される区域を明示しなければならない[28]。

これらの緊急事態や戒厳状態，例外的体制の規定から，その事態・状態の内容，目的や理由の明示，終期の明定が重要視されていることがわかる。また，議会の関与，裁判のあり方も考えられている。すなわち，日本において国家緊急権の定義として当然のようにとらえられている「立憲主義体制を一時停止して多かれ少なかれ権力集中を伴う」憲法保障の例外[29]とは異なるものとして解釈されていることを確認しておきたい。いずれの状況においても議会や裁判所の関与が全くないものとしては考えられていないからである。

こうした考え方の延長上に防疫上の緊急事態も位置づけられているが，これまで述べたものとは別のものとして位置づけられた。それは，公衆衛生法典の改正によって導入された。

4. 防疫上の緊急事態

防疫上の緊急事態 état d'urgence sanitaire とは，新型コロナウイルス（以下，Covid-19）により惹き起こされた防疫上の危機に応えるために，Covid-19 の蔓延に対処するための緊急法 loi d'urgence が領土のすべてもしくは一部に防疫

---

28) Quels sont les pouvoirs exceptionnels définis par l'article 16 de la Constitution, *Vie publique,* 7 juillet 2019 ; État d'urgence et autres régimes d'exception, *Vie publique,* 10 décembre 2019. なお，その後の改正もある。

29) 佐藤幸治『日本国憲法論』成文堂 2011 年 48 頁。

上の緊急事態を宣言する可能性を予定するものである[30]。

　防疫上の緊急事態は，防疫上の大惨事の，とりわけ人々の健康が危機に瀕した感染の蔓延の場合に大臣会議において宣言される。

　緊急事態は，初回は，健康に責任を負う大臣の報告に基づいて，最大1ヵ月の期間で大臣会議でデクレによって宣言される。デクレには，適用区域が決定される。デクレが基づくところの防疫上の保健衛生に関するデータが公表される。1ヵ月をすぎるとその延長は法律によって許可されることになる。延長法律には防疫上の緊急事態の期間が定められる。大臣会議において講じられたデクレで，法律によって定められた期間満了前に緊急事態をおわらせることも可能である。防疫上の緊急事態の枠組みの中で講じられた措置は，防疫上の緊急事態がおわると同時におわることとなる。

　防疫上の緊急事態の宣言は，首相がデクレによって次なる措置をとることを許可するものである。すなわち，往来の自由や事業を行う自由や集会の自由の禁止，居住地以外の場所へ移動する自由の禁止，防疫上の大惨事をおわらせるために必要なすべての財や役務の徴用の措置，価格統制の一時的措置である。これらの措置は，被るリスクに比例的なものでなければならない。

　人々の健康・保健行政・公衆衛生に責任を負う大臣は，首相により明確にされた枠組みの中でとられる他のすべての措置の基礎となるアレテ（命令）を出す権限を有する。

　緊急事態の枠組みの中で講じられた措置を尊重しない場合に被る処罰はどのようなものか。徴用に応じない場合は，拘禁6ヵ月かつ10,000ユーロの罰金が科せられる。その他の禁止違反の場合は，四級の違警罪，15日間（2週間）以内の累犯の場合は五級の違警罪として，科料が定められている。30日の期間内になされた三つの違反の場合には，拘禁6ヵ月かつ3,750ユーロの罰金となる。また，補充的に公益労働刑 peine de travail d'intérêt général もある。運搬支援に違反した場合には，運転免許証は停止となる。

---

30) Qu'est-ce que l'état d'urgence sanitaire ?, *Vie publique,* 16 février 2021.

防疫上の緊急事態が宣言されると遅滞なく科学者会議 comité scientifique が開催される。この会議の長は，共和国大統領によりデクレで定められる。会議は，防疫上の緊急事態の枠組みの中で講じられた措置につき，定期的に意見を述べる。これらの意見は，公表される。会議は，防疫上の緊急事態の終了とともに解散される。

フランスでの防疫上の緊急事態は，2020年3月23日法で2ヵ月間設置されたが，2020年5月11日法によってさらに7月10日まで延長された。防疫上の緊急事態を終了するための2020年7月9日法は，7月11日から過渡的な暫定的な体制を実施したが，それはCovid-19の蔓延に対処するために政府に2020年10月31日まで例外的措置をとることを許すものであった。

2020年10月17日からフランス全土に防疫上の緊急事態がデクレにより宣言された。これは，2020年11月14日法により防疫上の緊急事態を2021年2月16日まで延長することに関わるものである。さらに，2021年2月15日法は，緊急事態を2021年6月1日まで延長するものである。これらに基づき，フランスではこれまで3回の全土の外出禁止がなされている。

5. 2020年3月23日法の成立

フランスでは，3月16日に，マクロン大統領が「フランス人にあてて」というメッセージを出し，冒頭で，「我々の国に防疫上の危機がおきていることをあなた方にいわなければならない」とした。そして，Covid-19（世界保健機関は2月11日にCovid-19と命名した）の蔓延防止として，とられるべき対策の詳細について説明した。こうした対策は，フランスがこれまで経験したことのないものであるが，明らかに例外的で一時的なものであり，目的は唯一Covid-19の感染から我々を守るためのものである，と述べた[31]。

2020年3月18日に防疫上の緊急事態の導入をめざす法律案がエドゥアー

---

31) マクロン大統領のこうしたメッセージは政府のサイトでみることができる。

ル・フィリップ首相が率いる大臣会議にかけられて了承され，政府はこれに対し，迅速審議手続をとった[32]。フランスでは両議院で同一の法文で採択されるまで審議するが，政府が迅速審議手続をとると決定したのなら，第一読会の後で政府は調整のための委員会を開催する。それを同数合同委員会と呼ぶ。

3月19日に上院（セナ）が第一読会において同法律案に賛成し，20日に下院（国民議会）が第一読会の審議に入り，修正も入って賛成した。22日に同数合同委員会において最終版が採択され，23日に公布された。

結果的に採択された法律は二つである。一つは，Covid-19 の蔓延に対応するための緊急法（Loi n° 2020-290 du 23 mars 2020）であり，もう一つは，QPC に関わる裁判の移送や判断の期間を一時的に停止する措置（2020年6月30日まで停止）に関する組織法律（Loi organique n° 2020-365 du 30 mars 2020）である。後者の法律は，防疫上の緊急事態に関して法律の事後的合憲性審査 QPC を一時的に延期する意図をもつものである。組織法律であることから，自動的に憲法院の審査にかけられた[33]。

2020年3月26日，憲法院はこの組織法律に対し，合憲との判断を下した。憲法46条の定める迅速審議手続に沿って本法律案の採択にいたっている。憲法61-1条の1項等により，QPC は定められてはいるが，「Covid-19 のウイルスの蔓延に対処するために裁判所の機能につき，当該組織法律1条に定めるように，コンセイユ・デタもしくは破毀院が憲法院に QPC の移送を宣言すべき期間，及憲法院がこうした問題に対して判断すべき期間を，2020年6月30日まで停止するにすぎない。こうした訴え（QPC）の行使を問題とするものではなく，この期間において QPC について判断されることを禁止するものでもない」とした。

これに関しては，外部の有識者からの意見聴取（書面）も行われている。国際憲法学会・フランス憲法学会の名誉会長であるディディエ・モスは，この法

---

32) 植野妙実子『フランスにおける憲法裁判』中央大学出版部 2015年 253-254 頁参照。

33) CC., n° 2020-799 DC du 26 mars 2020.

律は明白な必要性に応えるものであるとしたが，ポール・カシア及び憲法上の自由の防御団体は次の点から防疫上の緊急状況においてこそ，憲法の基本原理や適切なときに憲法院にアクセスする権利は保護されなければならないとした。第一には，憲法46条2項における規定は，例外的状況においても圧縮不可能なものであり，当該規定が守られていない。第二には，憲法61-1条2項は，61-1条1項に定めるQPCの適用の条件を一つの組織法律 une loi organiqueが定めることとしており，その組織法律は2009年12月10日組織法律をさす。それ以外の組織法律は認められない。また，61-1条1項は，「定められた期間内に意見を表明する」となっており，それはすでにオルドナンスで決められている。感染の蔓延を理由としてこうした停止を認めるなら蔓延の拡大によりその停止の期間を延ばすことも可能となってしまう。第三には，1789年人権宣言16条の権力分立の原則や効果的な裁判を受ける権利を侵害している。こうした権利，合憲性審査を求める権利は，例外的な時期においてこそ必要とされる。防疫上の緊急事態においても，憲法上の保障や手続を停止することにいたってはならない，と指摘した[34]。

　憲法院は，合憲としたが，停止となる期間が適切であるかどうかの判断はしていない。できあがった条文は次のようである。

「Covid-19ウイルスの流行に対処するために，憲法院に関する組織法律となる1958年11月7日のn°58-1067のオルドナンスの23-4条，23-5条及び23-10条に示された期間は2020年6月30日まで停止されるものとする。

　本法は，直接に施行され，国家の法律として執行される。」

　2009年組織法律による23-4条及び23-5条は，コンセイユ・デタ及び破毀院の憲法院への移送のための見解の表明の期間を3ヵ月以内，また請求の提出から3ヵ月以内に判決を下す，としており，23-10条は憲法院は付託から3ヵ月以内に判断を下すとなっているが，その期間の停止を意味している[35]。

---

34) これらの意見は，憲法院の当該判決のサイトListe des contributions extérieursに掲載されている。
35) 植野妙実子・前掲書（注32）335-337頁参照。なお，この停止期間において，

ドゥロジエは，2020 年組織法律は，公正な裁判を受ける権利を損なうものではないが，議会内部での決定が憲法 46 条 2 項に反して 15 日間の期間をまたずに行われたことを問題としなければならないとし，しかしながら判決は相対的にとらえなければならない，と評している[36]。

　Covid-19 の蔓延に対処するための緊急の 2020 年 3 月 23 日法は，四篇からなる。第一篇は「防疫上の緊急事態」，第二篇は「Covid-19 の蔓延に対する闘いへの経済的緊急措置及び適応する措置」，第三篇は「選挙関連規定」，第四篇は「国会の統制」である。

　この法律により，公衆衛生法典の改正で防疫上の緊急事態が導入された。第一篇は主に公衆衛生法典 L. 3131-1 条から L. 3131-19 条の改正に関わる。その結果，公衆衛生法典 L. 3131-12 条及び L. 3131-13 条は次のように定められた。
「L. 3131-12 条　防疫上の緊急事態は，その性質及びその重大性において，人々の健康を危機にさらす防疫上の大惨事の場合に本国の領土並びに憲法 73 条及び 74 条によって定められている地方公共団体の領土の，全部もしくは一部に宣言される。」
「L. 3131-13 条
1 項　防疫上の緊急事態は，健康〔保健行政〕に責任を負う大臣の報告に基づいて，大臣会議においてデクレにより宣言される。このデクレは，実施される及び適用される，一つあるいはいくつかの領土の区域を決定する。こうした決定を基礎づける衛生状況に関する入手可能な科学的データは公開される。
2 項　国民議会及びセナには遅滞なく，防疫上の緊急事態の名で政府によって講じられた措置が報告される。国民議会及びセナはこれらの措置の統制及び評価の一環として，すべての補完的な情報を要求することができる。

　　QPC がどのような影響を受けたかについての国民議会の報告書（2020 年 5 月 26 日）がある。
　36）　Jean-Philippe DEROSIER, Identification d'un mouvement jurisprudentiel de crise sanitaire, *Chronique de droits fondamentaux et libertés publiques*, titre VII 2020/2, pp. 90 et s.

3項　1ヵ月をこえる防疫上の緊急事態の延長は，L. 3131-19条に定められた科学者会議の意見の後で，法律によってしか許可することはできない。」

　第二篇の11条は重要な規定であり，まず次のように述べている。「憲法38条に定められた条件で，政府は，本法律の公表から3ヵ月の期間において，2020年3月12日から必要ならば法律の領域にある，場合によってはそれらを拡大し，憲法72-3条に示された公共団体にもそれを適用するすべての措置をオルドナンスによって講じることが許される。」このように定めて，数多くの講じることのできる措置を示した。そこには，Covid-19の蔓延の経済的・財政的・社会的結果に対処するための措置，行政上もしくは裁判上の性格を有する結果に対処するための措置，健康・保健行政施設のための結果に対処するための措置，子どもを有する親が職業活動を維持するための措置，障がいを有する者や高齢者のつきそい人の継続や自宅や施設での保護や，保護を必要とする者や貧困にある者の社会的・社会医学的役務の確保に関する措置，被保険者の権利の継続性，看護へのアクセスの権利の確保，犠牲者の補償の継続性の確保などが含まれている。すなわち，第二篇は，多くの例外的措置を講じることを政府に認めるものとなっている。これに沿って多くのオルドナンスがだされた[37]。

　第三篇は，2020年3月15日に地方選挙の第一回投票を行ったことに対して，2020年3月22日に第二回投票を定めるべきところ遅くとも2020年6月に延期することを定めることに関わるものである。第二回投票の日は，「公衆衛生法典L. 3131-19条に基づき設立される科学者会議の分析を考慮して，防疫上の状況が許されるなら遅くとも2020年5月27日に講じる大臣会議でデクレで定める」（19条）としている。これに対しては，選挙期日に開きがあることが問題とされQPCも提訴されたが憲法院は合憲としている[38]。

---

[37]　詳細は，次の論文参照。植野妙実子「新型コロナウイルス対策―仏日比較」法と民主主義2020年4月号38頁以下。

[38]　第一回目は3月15日に行われ，本来第二回目は3月22日に行われるべきところ，収束を見据えて6月28日に組織された。この二つの選挙の分断（離れすぎ

第四篇は，議会の統制について 22 条として次のように述べる。

「本法律の公表以前に設定されている調査委員会のために，またその報告はまだ提出されてはいないが，議院の運営に関わる 1958 年 11 月 17 日の 58-1100 号のオルドナンス 6 条の最終項の第二段落に記された期間は，8 ヵ月とされ，2020 年 9 月 30 日をこえてその任務が続けられることはない。」

また，「本法律は，直接に実施され国家の法律として執行される」と定められている。

2020 年 3 月 23 日法に関しても，後に合憲性を問う訴訟 QPC が提訴されたが，憲法院は合憲との判断を下している。

6. 2020 年 5 月 11 日法の成立

2020 年 3 月 23 日法により設定された防疫上の緊急事態は，2 ヵ月間すなわち 2020 年 5 月 23 日までとなっていた。この緊急事態を延長するためには，科学者会議の意見の後で，議会の許可が必要であった。その手続にしたがい，2020 年 5 月 11 日法 (Loi n° 2020-546 du 11 mai 2020) が制定された。

エドゥアール・フィリップ首相により 2020 年 5 月 2 日，大臣会議に提出された法律案は 5 月 5 日にセナにより，5 月 8 日に国民議会により，いくつかの修正をともなってそれぞれ第一読会をおえ，この法律案に対しても迅速審議手続がとられたため，同数合同委員会にかけられ，5 月 9 日に採択が決まった。

政府は，当初，新型コロナウイルスの流通の高いレベルや蔓延の再発のリスクを理由として 2020 年 7 月 23 日まで緊急事態を延長することを考えた。しかし，議会は，この延長を 2020 年 7 月 10 日までとして採択した[39]。

これに対し，共和国大統領，セナ議長，国民議会議員 60 名，セナ議員 60 名

ていること) の合憲性を問う QPC が提訴されたが，憲法院は合憲としている。CC., n° 220-849QPC du 17 juin 2020.

39) Loi du 11 mai 2020 prorogeant l'état d'urgence sanitaire et complétant ses dispositions, *Vie publique*, 16 mai 2020.

から憲法院への合憲性審査の付託がなされた。5月11日，憲法院は，緊急事態の延長に関する本法律に対して，多くの条文を合憲としたが，医療上の個人的性格をもつデータの取扱いに関して，部分的削除と解釈留保を宣言し，検疫・隔離の措置に関しても，削除と解釈留保を宣言した[40]。

この法律は，「第一章　防疫上の緊急事態を延長しその体制に関わる若干の規定を変更する規定」，「第二章　Covid-19の蔓延に対して闘う唯一の目的をもつ情報システムの創設に関する規定」，「第三章　海外領土に関わる規定」からなる。第一章の1条はまず，「Ⅰ．2020年3月23日法4条により宣言された防疫上の緊急事態は，2020年7月10日まで延長される」とされ，「Ⅱ．公衆衛生法典の第三部第一巻第三篇第六章は次のように作成されたL. 3136-2条により補充される。『L. 3136-2条　刑法典121-3条は，防疫上の緊急事態の根拠となる危機の状況における行為の作為者が自らもつ管轄，権限，手段を考慮して，並びにとりわけ地方機関もしくは雇用主としての彼らの責務もしくは彼らの職務を考慮して，適用可能とする』」と定めている。すなわちここに市町村長や雇用主のいわゆる故意なき刑事上の不法行為が適用されることが明らかとなった。

この条文は議会のイニシアティブにより2000年7月10日法（いわゆるフォーション法 Loi n° 2000-647 du 10 juillet 2000）により設けられた故意なき軽罪 délits non intentionnels の制度を導入するものである。

憲法院は第一にこの規定に関して，この規定は一般法の規定を想起させるものであるが，防疫上の緊急事態を根拠づける危機の状況において，故意なき刑事上の不法行為となる疑いある事実を侵したすべての人に同様の方法で適用される。それ故，刑法の前の平等原則を侵害してはいない。また，消極的無権限をなしてもいない，と判示した。このように判断して，市町村長や雇用主が感染拡大防止に一定の責任をもつことを認めた。

---

[40] CC., n° 2020-800DC du 11 mai 2020. この判決内容は，次の論文でも分析している。植野妙実子「フランスの緊急事態における権力の統制」法と民主主義549号（2020年6月）21頁以下。

第二に，防疫上の緊急事態の制度については，憲法院は，憲法は立法府がこうした制度を予測することを排除してはいないとした。立法府には，健康の保護という憲法的価値を有する目的と，共和国の領土に居住するすべての者に認められた権利や自由の尊重との調整をはかる権限がある。こうした権利や自由の中には，人権宣言2条及び4条により保護される人身の自由を構成する往来の自由，同じく2条から生じるプライバシーの尊重の権利，4条から生じる営業する自由，11条から生じる思想や意見の集団的表現の権利もある。しかし，必要性からみれば，立法府は，首相に交通を規制したり禁止したりすること，交通手段へのアクセスや利用条件を規制したり，一時的な使用停止を命じたりすること，公衆を受け入れる施設や集会場の開設を規制したりすることを委ねる措置をとりながら，憲法上の要請との間に均衡のとれた調整を行っている。これらの場所については，居住部分に拡げられてはならない。この制度の中には，人，財産，役務の徴用が定められているが，「防疫上の大惨事に対する闘いに必要なもの」でなければならないとしている。またこうした徴用は，防衛法典で定められている条件において補償もされることとなっている。

　第三に，検疫・隔離の実施と隔離における収容の問題が取り上げられている。防疫上の緊急事態の宣言を根拠づける防疫上の大惨事の元となる病気に感染したことが疑われる人々の検疫・隔離の制度，並びに隔離における収容とその維持の制度で最初の期間を14日間として1ヵ月を最長期間の限度として更新されることにつき憲法院は，「すべての外出」の禁止という完全隔離の措置は自由を奪い去る措置となると判断した。1日12時間以上の一定時間，自宅もしくは収容場所に留まることを課すことも同様とした。

　他方で，憲法66条2項は，司法機関は個人的自由の守護者である，と定めるところから，その基本に基づき判例に合致するようにすべきである。必要以上の厳格さによって妨げられてはならない。この自由の行使にもたらされる侵害は，追求される目的に対して，適合的で，必要で，比例的なものでなければならない。

　こうした措置により，個人的自由にもたらされる侵害の比例性の評価におい

ては，防疫上の大惨事の元となる病気の蔓延を防ぐように，場合によっては全面的な隔離に人々をしたがわせながら，対象となる人々をその他の人々から離すことを保障するための規定を求めて，立法府は，健康の保護の憲法上の価値という目的を探求した，と憲法院は指摘した。

適用領域においては，これらの措置は，感染流行ゾーンに先立つ1ヵ月以内に滞在した場合に，フランス国土に入国する，もしくはすでに住んでいる者がコルシカ島もしくは憲法72-3条に示された公共団体に到着したときにのみ対象となりうる。こうした制度において，立法府が示した保障を考えると，隔離収容の場合に，感染したという医師の確認に基づき，医師の証明を審査して決定される。またこれらの措置は，延長が必要であるとする医師の意見の後でとられ，14日間の期間をこえて延長されることはない。これらの措置は，防疫上の大惨事の元である病気に感染した，もしくは感染が疑われる人の状態に適合的で，必要で，比例的である場合にのみ実施されることを保障する固有の条件を本法律は定めるものである。

しかしながら，これらの措置のコントロールについて，憲法院は，裁判官が可能なかぎり短い期間で介入するときにこそ，個人的自由は保護されるべき者のために保持されることができることを指摘した。そこで，もし公衆衛生法典L. 3131-17条の第2パラグラフ5項の規定は，検疫や隔離が行われる場所以外に当事者のすべての外出を禁止することになる，検疫や隔離，収容の実施が，事前に知事により付託されて，自由及び拘留担当判事がこの延長を許可することなしに，14日間の期間をこえて続けられるなら，司法裁判官の制度的介入がどのような場合にも予定されていないことになる。

憲法院は，解釈留保として次のように判断する。これらの規定は，司法裁判所の許可なしに一日12時間以上の一定時間その居住地もしくはその収容場所に当該人を留めることを課す検疫・隔離・収容の措置の延長を，憲法66条の要求を満たすことなしには認めることはできない。

憲法院はまた，法律の施行からおそくとも2020年6月1日まで防疫上の緊急事態の場合に，検疫及び隔離・収容の実施と維持に関わる現在の法的措置を

存続したままで効果をもつことになる法律13条は，個人的自由を十分に認識していないとして違憲とした。また現在施行されている公衆衛生法典 L. 3131-15条の最終項はこれらの措置が厳格に防疫上のリスクに比例的で，時と場所の状況に適合的でなければならない。必要がなくなったときは遅滞なくおわらせることを定めているとしても，自由が剝奪される場合に司法裁判所によるコントロールにこれらの措置をしたがわせるという，とりわけ人に課される義務についてのいかなる保障の実施も立法府はつけてはいなかった，とした。

　第四に，Covid-19に感染した人及びその人と接触した人の「追跡」を予定するデータの取扱いを許すことになる情報システムについて憲法院は判断した。

　すでに確立している判例から，憲法院は，私生活の尊重という憲法上の権利から，個人的な性格を有するデータの収集，記録，保存，参照，伝達は，一般利益という理由で，かつ目的に対して適切で比例的な方法で正当化されなければならないことを指摘した。さらに，医療上の個人的な性格を有するデータが問題となっているときは，特別な警戒がその操作の管理やその活用の決定において必要となる。このような憲法上の枠組みをみると，当該規定は，すでに存在している健康上のデータに関する情報システムの適用の中に，当事者の同意なしにこうしたデータの取扱いと共有を許すことになっている。これらから，私生活の尊重の権利を侵害している。

　しかしながら，立法府が新型コロナウイルス感染の連鎖を識別することにより，ウイルスの感染拡大と闘う方法を強化しようとしていることも理解できる。また，立法府は，健康の保護という憲法的価値を有する目的を追求している。こうした目的を考慮し，規定の適合性と比例性について宣言するために，憲法院はデータの収集，取扱い，共有は，厳格に感染した者の識別や感染した者と接触した者の識別など，目的に対して必要な措置においてはじめて実施できるとした。またこうしたデータの範囲は新型コロナウイルスに関するウイルス学・血清学に関わるデータに制限され，あるいは公衆保健衛生高等評議会の意見の後で講じられるコンセイユ・デタのデクレで明確にされる医療上の画像

や病院の診断の判断材料となりうるものに限定される。

　しかしながら憲法院は，第一の解釈留保として次のことをあげる。私生活の尊重の権利を考えれば，疫学上の監視やウイルス調査研究の目的をもつデータの取扱いにおいて不必要な情報の登録はされるべきではない。氏名住所の削除の要求は，電話番号やパソコンアドレスなどにも広げられるべきである。またこうしたデータは個人的な性格を有するが，データへアクセスすることができる人の範囲は広大になることが予想され，感染に対する闘いに直接には関わらない組織にデータへのアクセスを許すことは当事者の同意がないなら，正当化されない。憲法院は，私生活の尊重の権利を侵害するとして，感染に対する闘いに直接には関わらないソーシャルサポートについてはデータへのアクセスが正当化されないとして，それを含む11条の第3パラグラフ第二の文章を削除した。さらに，こうした組織の職員は，当該人の明白な同意なしに感染した者のデータを接触した者に伝達することは許されない。これらの職員には，職務上の秘密が要請され，第三者に情報をもらすこともできない。違反した場合には，刑法典226-13条に定められた刑罰に処するとした。

　第二の解釈留保として，それぞれの組織の中で厳格な秘密保持や情報システムの活用に参加することに責任をもつ職員の特別な資格付与を確保して情報の収集，取扱い，共有の方式を定めるべきで，このことは命令制定権に属するとした。

　第三の解釈留保として，こうした措置に協力する組織を立法府が許可したとしても，その組織は，実際の稼働に関して下請けの会社に協力を求めることになる。こうした会社においても，私生活の尊重の権利を保障するために，本判決において注意した必要性と秘密保持の要求にしたがって実行されなければならない。

　さらに憲法院は，この接触追跡装置が新型コロナウイルスの感染拡大に対する闘いに厳格に必要な時期をこえて適用されることはできないとし，遅くとも防疫上の緊急事態のおわった後，6ヵ月をこえて適用されることはできないと示した。また，集められたデータは医療上のものであろうがなかろうが，集め

られた 3 ヵ月後には削除されなければならないとした。

　このような判決を受け，修正を経て法律が成立している。重要な点は，既述したように，2000 年 7 月 10 日法で示されていた故意なき犯罪の考え方が導入されたこと，地方機関や雇用主の任務や職務の性格を考慮して責任が判断されることとなった。また検疫と隔離のあり方の明確化である。隔離の対象となるすべての者は，自由及び拘留担当判事に訴えをおこすことができ，72 時間で判断が下る。判事は職権で審査を行ったり，大審裁判所検事正によって付託されることもある。外出禁止措置が付加される場合は，知事によって付託され，自由及び拘留担当判事の許可の後で 14 日間続けることができる。長期の隔離措置が人身の自由の侵害の可能性をもつことから司法機関である自由及び拘留担当判事の関与を明らかにした。また感染者及び感染者への接触者データの扱いも細かく定められた[41]。

　立法過程において憲法院の事前審査を受けたので，事後にこの法律が憲法違反だと訴えられることはない。判決では，必要性と比例性の審査が行われている。比例性の審査とは，目的に対して比例的で適合的な手段がとられているかを問うものである[42]。

　なお，この時点で，フランスでは，Covid-19 の流行に対し，病人追跡及び接触者追跡調査の中で集められたデータは 2021 年 12 月 31 日まで保存されることになった。これらは，匿名化されたデータで，疫学上の監視とウイルスの研究という目的で用いられる。元々は，2021 年 1 月 10 日までということで二つのシステムの稼働 SI-DEP（Service intégré de dépistage et deprévention）と Contact Covid が許可されていたが，2021 年 4 月 1 日まで延長され，さらに 2021 年 2 月 15 日法でさらなる延長が決まったものである。防疫上の緊急事態の延長を決めた 2020 年 11 月 14 日法の適用で翌日二つのデクレが出され，さらに補完するデクレが 2021 年 1 月 21 日に出されている。二つのシステムの働

41）　2020 年 5 月 11 日法の内容についても同論文 22-23 頁参照。
42）　植野妙実子・前掲書（注 32）147 頁以下参照。

きについては 2020 年 5 月 12 日のデクレが基本的に定めている[43]。

7. 2020 年 7 月 9 日法の成立

　2020 年 7 月 10 日で防疫上の緊急事態がおわることから，こうした例外的体制から徐々に抜け出すための法律が考えられた。この法律により政府は，2020 年 10 月 30 日まで例えば移動や集会に関するいくつかの措置をとることができることになった。しかしながら，フランス領ギアナやマヨットでは，防疫上の緊急事態は維持される。これが 2020 年 7 月 9 日法である[44]。

　この法律案は，エドゥアール・フィリップ首相により 2020 年 6 月 10 日に大臣会議に提出され決定され，迅速審議手続をとることも決まった。同日議会に提出され，国民議会で 6 月 17 日に，セナで 6 月 22 日に，審議が始まり第一読会での修正も入っている。しかし同数合同委員会で意見がまとまらず，再び議会に戻され，新しい法律案を国民議会が 6 月 30 日に採択，セナは 7 月 2 日に先決問題ありとして反対する動議をもって採択を先送りした。そして 7 月 4 日セナ議員により，sortie（出口）の定義や首相の権限などについての疑問点を示して憲法院に申立てを行った。7 月 9 日に憲法院が合憲の判決を下し，2020 年 7 月 9 日に公布されている（Loi n° 2020-856 du 9 juillet 2020）。

　憲法院は次のように判示した[45]。

　第一に，同法 1 条第 1 パラグラフの 1 号により，首相が人や交通の流れの条件を規制したり禁じたりすることができる点については，憲法院は，健康の保護という憲法上の価値を有する目的と共和国に住むすべての人に認められた権利や自由の尊重との間の調整をはかることは，立法府に属することを指摘し

43）　Suivi du Covid-19 : quelle protection pour vos données ?, *Vie publique,* 16 février 2021.

44）　Loi du 9 juillet 2020 organisant la sortie de l'état d'urgence sanitaire, *Vie publique,* 10 juillet 2020.

45）　CC., n° 2020-803 DC du 9 juillet 2020.

た。これらの権利や自由の中には，1789年人権宣言の2条，4条により保護される，人身の自由を構成する往来の自由が表されている。憲法院は，人や運搬の流通がCovid-19の感染症蔓延の媒介となることから，立法府は，とりわけウイルスが活発に活動するゾーンにおいて蔓延に結びつく防疫上のリスクを制限するために，公権力に移動を制限する措置をとることを許すことを要求したものである。

また，憲法院は，首相により講じられうる措置は，2020年7月11日から10月30日までの期間にしか宣言されない。この期間は，立法府が感染拡大の重大なリスクが残ると認めた期間である。憲法院には，議会に与えられているのと同じ性格を有する評価や決定の一般的権限は有していない。

立法府により予定されている保障を分析すれば，1条第1パラグラフの1項により，異議を申し立てられた措置は，公衆保健衛生の利益においてかつCovid-19の感染症蔓延に対する闘いという唯一の目的でしかとられないものである。同条第3パラグラフによれば，厳格に被る防疫上のリスクに比例的で，時と場所の状況に適合的なものでなければならない。必要がなくなれば，遅滞なくおわらせるものである。また第4パラグラフにしたがって，これらの措置は，行政裁判所の一時停止急速審理référé-suspensionあるいは自由に対する急速審理référé-libertéの対象となる。また交通の制限もウイルスが活発な領域でしか行われない。立法府は，憲法上の必要性の間の均衡のとれた調整をはかっている，とした。

第二に，1条第1パラグラフ2号の2項により首相に，公衆を受け入れる建物や集会場のいくつかのカテゴリーの一時的閉鎖を命じる権限を与えている点，同3号により人の集合・集会，公道や公衆に開かれている場所で行われる活動を規制する権限を与えている点については，憲法院は次のように判断した。

1789年人権宣言11条に述べられているように，表現の自由，コミュニケーションの自由，そこには思想や意見の集団的表現の自由もあり，その行使は民主主義の要件であるほど貴重なものであり，他の権利や自由の尊重の保障とも

なるものである。その結果，こうした自由や権利の行使にもたらされる侵害には，追求される目的に必要で，適合的で，比例的なものでなければならない。

このことから，一方では，首相に委ねられる公衆を受け入れる施設や集会場のいくつかのカテゴリーの一時的閉鎖を命じる権限は，そこで行われる活動がその性質上，ウイルスの蔓延のリスクを予防しうる措置の実施を保障することにはなじまないという事実があることである。こうした閉鎖は，当該建物がウイルスの活発な活動が確認される領域の一部にある場合に平等に命じられる。他の場合と同様にこうした一時的閉鎖は，こうした場所を再び頻繁に使用することができるように感染のリスクを減らすためにしかできないものである。他方では，一時的閉鎖措置は公衆に開かれた場所や建物にしか適用されない。居住する場所や公衆を受け入れる任務を負っていない建物にも関わらない。

集合・集会の規制に関しては，憲法院は，次のことを示す。一方で公道もしくは公衆に開かれた場所で行われているこれらは，ときには，狭い場所で多くの人々が決められた時間に出会うという事実から感染の蔓延を増大させるリスクを示している。このような規制は，健康の保護という憲法上の価値の目的に応えるものである。他方で，立法府は，首相に公道でのデモ行進の場合に適用されている，申告による事前の許可制を代わりにおくことを許可していない。首相による規制措置は，同一の条件と保障の下におかれている。公衆保健衛生の利益に基づくCovid-19の感染拡大に対する闘いという唯一の目的に基づく理由からなされる高次の措置であることを示している。ここから，立法府は，思想及び意見の集団的表現の自由の権利に対し，健康の保護という憲法上の価値の目的に不必要で不適合で比例的ではない侵害をもたらすものではない。

第三に，これらの規制や禁止に対し，繰り返し違反した場合の犯罪に対する刑罰に関して憲法院は次のことを指摘している。

立法府は，1789年人権宣言8条及び憲法34条による罪刑法定主義に依拠して，恣意を排するために，刑法の適用領域を定め，刑罰を十分に明確に精緻に定義している。一方では，問題となっている法律の1条の第1及び第2パラグラフは，命令制定権に2020年7月11日から2020年10月30日まで公衆保健

衛生の利益において Covid-19 の蔓延に対する闘いを唯一の目的として規制や禁止の措置をとるものである。他方では，同法律1条第3パラグラフは，これらの措置が厳格に防疫上のリスクに比例的で，時と場所の状況に適合的であることを要求しており，また，必要がなくなったら遅滞なくおわらせることも要求している。こうしたことから，公衆衛生法典 L. 3136-1 条の4項は，これらの規制や禁止に対する違反は，30日以内に3回以上同一の義務や禁止を侵害し，調書をとられたときにしか犯罪を構成しないとしている。

それ故，憲法院は，立法府は十分に命令制定権により発令されうる義務や禁止の領域並びに認識不足が犯罪を構成する条件を決定しているとした。そして罪刑法定主義を援用する上告の理由は認められない，とした。

このようにして防疫上の緊急事態のおわりを組織する 2020 年7月9日法が成立した。1条から5条までの短い法律であるが，その1条では，「2020 年7月 11 日から 2020 年 10 月 30 日まで，2条に掲げる領土を除いて，首相は公衆保健衛生の利益においてかつ Covid-19 の感染症の蔓延に対して闘うという唯一の目的で健康（保健衛生）の責任を負う大臣の報告に基づいてデクレで次なることを行うことができる」として首相に命令制定権を委ねた。これらの措置に対し行政裁判所に訴えることができることも明らかにしている[46]。

8. 2020 年 3 月 23 日法に関わる QPC 判決

2020 年 3 月 30 日組織法は，6月 30 日までコンセイユ・デタもしくは破毀院の QPC の判断期間や憲法院への移送期間，憲法院への付託から判決の期間，それぞれの期間自体を停止するものであったが，QPC 自体をとめるものではない。

---

46) 行政裁判法典 L. 521-1 条及び L. 521-2 条参照。

(1) 2020年6月26日QPC判決

　破毀院は，5月14日，防疫上の緊急事態に対する法律で，30日以内に外出禁止違反を3回以上繰り返して調書をとられた者に拘禁6ヵ月及び3,750ユーロの罰金を科すことを定めているが，罪刑法定主義の原則及び無罪推定の原則に反するかどうか，憲法院に移送している。

　憲法院は，6月26日に，外出禁止に対し繰り返される違反を処罰する規定は合憲である，命令制定権は厳格に，被る防疫上のリスクに比例的で，時と場所の状況に適合的な場合にのみ例外的に調整しうる，とした[47]。

　QPCの対象となったのは，公衆衛生法典L. 3136-1条4項の規定で，同法典L. 3131-15条の2号の適用において定められている禁止もしくは義務への違反を告訴するものである。L. 3136-1条の3項は，同法典L. 3131-1条，L. 3131-15条からL. 3131-17条までの適用において禁止もしくは義務の違反を罰金としている。これらの禁止の中でL. 3131-15条2号は，家族生活や健康の必要に厳格に不可欠な移動でないかぎり居住場所から出ることの禁止を定めている。この禁止は，防疫上の緊急事態という枠組みの中で首相によって定められる。3回の違反が30日以内にすでに調書をとられたときには，外出することへの禁止違反が処罰されることを問題としている。この違反には，拘禁6ヵ月及び3,750ユーロの罰金を科されることとなっている。原告は，これらの規定が罪刑法定主義に違反しているとする。立法府は，命令制定権に軽罪の構成要件の定義，居住場所から出ることのできるという場合の定義や条件を委ねている。また調書の概念が曖昧で「家族生活や健康の必要」という文言も不精確だと主張する。

　これに対し，憲法院は，まず憲法上の枠組みとして1789年人権宣言8条及び憲法34条をあげ，立法府には，刑法の適用範囲を定める義務，恣意を排して刑罰を文言上十分に明確に精確に定義する義務がある，とする[48]。

---

47) CC., n° 2020-846/847/848 QPC du 26 juin 2020.
48) 人権宣言8条は罪刑法定主義を定め，憲法34条は法律事項について定める。

QPC の対象となっている法律規定の統制に関して，憲法院は，次のようにいう。外出禁止違反の軽罪は，30 日以内に 3 回同一の禁止違反を犯して調書がとられた場合に犯したとされるものである。調書の概念も「家族生活や健康の必要に厳格に不可欠な移動」も，不精確で曖昧な性格を示すものではない。さらに，軽罪の構成要件としても，「3 回以上の」調書をとられているという事実を考慮にいれると立法府は不精確な規定を採用したとはいえない。この規定から，一つの外出が唯一の外出禁止違反をなし，これにより数回の調書をとられることを考えてはいない。

また一方で，立法府は，防疫上の緊急事態が宣言されているときに外出禁止違反を処罰するものであり，これがこの禁止の本質的な要素を定義している。家族生活と健康の必要性を例外として認めている。法律案制定過程からもわかるように，立法府は，他の例外を命令制定権が定めることを除外してはいない。ここで定められた禁止は，厳格に，被る防疫上のリスクに比例的で，時と場所の状況に適合的であることが保障されるようになっている。他方で，立法府は，この軽罪が，30 日以内に 3 回すでに調書をとられた場合にしか科せられない，としている。憲法院は，立法府が，十分に義務の範囲や違反が軽罪を構成するという条件を明らかにしていると判断した。

政府広報においては，あらためて外出禁止違反に対する軽罪は憲法に適合する，と判決の要旨を示している[49]。

(2) 2020 年 7 月 3 日 QPC 判決

第五共和制憲法 34 条及び 37 条は，それぞれ法律で定められるべき事項（法律事項）と命令で定められるべき事項（命令事項）を定めている。国会の任務を定める 24 条，その 24 条 1 項の最初の文章は，「国会は法律を表決する」となっており，それと 34 条から，34 条に示された事項を法律で表決すべきこととなる。他方で，38 条は，政府がオルドナンスの形で法律の領域にある事項に

---

49) Service-Public. fr : Le délit de violation du confinement conforme à la Constitution, 30 juin 2020.

ついて定める資格を有していることを認めるものである。オルドナンスで提出されたら，国会は，オルドナンスに法律の価値を授けるために追認する必要がある。それがないならオルドナンスは命令の価値を有したままとなり，期日をすぎると効力を失う。2008年7月23日の憲法改正で，38条の2項で明確にオルドナンスは「明示的な方法で de manière expresse 追認されるものとする」と定められた。明白に追認することなく，事実上法律事項にある規定のいくつかを変更するに限ることで国会が暗黙に追認する，正当とはいえない慣習を改めさせることにつながるものであった。しかし憲法院は，混乱しているのではないか，と批判される判決を出した[50]。

　2020年3月23日法は，この法律の公表から3ヵ月の間，法律の領域にある事項を政府がオルドナンスで出すことを認めている。問題とされたのは，11条Ⅰの2号で，「行政的あるいは司法的性格を有するすべての措置」と定めており，これにより，政府が自動的に防疫上の緊急事態の実施からすべての勾留 détention provisoire（決められた期間をこえない期間内に拘置所に収監される措置）をそれぞれのケースの具体的な個別的な審理の裁判所の統制もなしに延長することは人権宣言2条，4条，16条及び憲法66条に適合するのか，などとして問題となった。

　憲法院は次のように述べて2020年3月23日法の授権規定は合憲であるとする判断を下した[51]。

　問題となった規定は，政府にCovid-19の蔓延を制限するという唯一の目的で，勾留の展開や期間に関する規定をオルドナンスという方法で講じることを授権している。一方では，不法行為については3ヵ月，上訴や重罪については6ヵ月をそれぞれこえずに，一般法にとっての比例的な期間として予審や公判の期間を延長することが許され，他方では，こうした措置の延長は，検察官の書面による請求や被疑者やその弁護士の書面による意見をみて行われることを

---

50) Cécile TIBERGHIEN, *Conseil constitutionnel et lois d'habilitation*, 28 septembre 2020. http://www.tendancedroit.fr/apercu-rapide-ordonnance-et-loi-dhabilitation/
51) CC., n° 2020-851/852 QPC du 3 juillet 2020.

許すものである。こうした規定が，憲法66条から導き出される要請と防御権に違反している，と批判する。というのも，防疫上の緊急事態の間に期限が切れることになるすべての勾留の自動的な延長を予定することを授権法律を基礎としてオルドナンスによって許すことになるからだという。しかも，この延長は，裁判官の関与なしに行われる。このようなことを問題としている。

　憲法院はこれに対しまず，憲法上の枠組みを示す。一方で，憲法38条1項が政府にオルドナンスの方法でとられる措置の目的並びに措置の関与する領域を示す要求を正当化するために，国会に厳密に示すことを義務としているなら，こうした授権によってとられるオルドナンスの正確な内容を国会に知らせることは政府には課せられない。授権法律の規定が，憲法上の価値の準則や原則に違反することは，それ自身によっても必然的にそこから導き出される結果によってもできない。また，授権法律の規定は，憲法38条の適用から政府に委ねられた権限の行使において，憲法上の価値の準則や原則を尊重することを政府に免除することを対象とするものでも，そうした効果をもつものでもない。

　憲法61-1条は違憲の抗弁について定めるが，憲法院は，授権法律の規定が憲法が保障する権利や自由を，それ自身からあるいはそこから導き出される結果から侵害していることを示す訴えしか付託することができない。また，憲法院には法律規定しか付託されない。憲法38条2項により，オルドナンスを講じる政府の授権の手続は，国会の明示的な追認に原則的に従わされているが，オルドナンスはその公表と同時に施行される。さらに，同項に適合するように解釈すれば，追認の法律案が授権法律により定められた日以前に国会に提案されれば，オルドナンスは国会がその追認について明示的に宣言していないものも含んで効力をもち続けている，といえる。

　憲法38条最終項によって，法律によって定められた授権の期間の期限が満了となるオルドナンスの規定は，法律領域にある事項においては法律によってしか変更されえない。

　オルドナンスの規定が立法府によって追認された場合は署名から法律的価値

を獲得することになるから，法律領域にある事項において授権の期限が満了となるところから直ちに憲法61-1条の意味で法律規定としてみなさなければならない。憲法が保障する権利や自由へのそれらの適合性はしたがって，QPCによって訴えることが可能である。

次に憲法院は，授権法律の規定の統制はQPCの対象となることを明らかにした。憲法上の要請に照らしてまた憲法66条から個人的自由は裁判所ができるかぎり短い期間で介入するときにのみ保護されるということになる。憲法院は，授権法律の異議を申し立てられた規定は，防疫上の緊急事態が適用される間に期限が切れることになる勾留の延長の場合は，あらゆる裁判所の関与を除外するものではないことを指摘した。

したがって問題とされている規定は，それ自身によっても必然的にそこから導き出される結果によっても，自由が奪われた場合において可能な限り短い期間に裁判所の関与を課す憲法66条の要請に侵害をもたらすものではない，と判示した。

憲法院は，憲法38条の適用を委ねられた権力の行使において，政府に，憲法上の価値を有する原則の尊重，とりわけ勾留の延長の場合に司法裁判所の関与のあり方に関わる66条からもたらされる要請を免除するものではないことを強調している。

この判決によって，国会によって授権の期限内にまだ追認されていないオルドナンスの規定が追認の法律案として提出されたことをもって法律の価値をもつことを認める結果ともなった。議会のコントロールの権限を奪うことを招くと批判されている[52]。

9. その他の権力に対する統制

憲法院による統制は，直接には法律の合憲性を問うものであるので，議会

---

52) Cécile TIBERGHIEN, *op. cit..*

（国会）に対する統制といえるが，その法律が多くは政府提出法律案であることから政府に対しても統制を及ぼしているとされている[53]。

第五共和制憲法の下で，憲法院による権力統制以外にどのような統制があるのか，それがCovid-19に関してどのように影響しているのか，一瞥しておく。

まず，憲法院の判決の中でもふれられていたように行政裁判所による命令の統制，合法性を基準とする統制がある。行政裁判所は，行政権に属するもので，行政裁判自体の憲法上の根拠はなく，行政権の裁判的統制は行政法を組織化する行政判例の積み重ねから生じている。権力分立の名の下に決定の妥当性を統制することはない，としているが，コンセイユ・デタはそれでも，幅広く行政行為の合法性の統制を行い，改善を重ねてきた[54]。

行政訴訟の中でもCovid-19禍において活用されているのは，急速審理手続référéである。コンセイユ・デタのHPには，Covid-19に関する急速審理手続による訴訟（以下，レフェレとする）が時系列的に紹介されている。

まず，レフェレにおける訴訟手続とは何かについて，次のように説明されている。

「自由に関するレフェレとは，緊急において行政裁判所に訴えることができる訴訟手続である。行政（国，地方公共団体，公施設）が基本的自由（表現の自由，私的生活や家族生活の尊重への権利，亡命権など）を侵害していると考えられる場合に訴えることができるものである。レフェレ担当裁判官は大きな権限をもっている。行政の決定を停止したり，行政に特別な措置を講じることを命じたりできる。そのため，担当裁判官は，一方では，裁定すべき緊急性があること，他方では，行政が，作為によってにせよ不作為によってにせよ，基本的自由に対する重大で明らかに違法な侵害をもたらしたことを明確にできなければならない。担当裁判官は，すでに行政によって講じられた措置と行政が自由にできる方法とを考慮してこの点から評価する。

---

53) ルイ・ファヴォルー著植野妙実子監訳『法にとらわれる政治』中央大学出版部 2016年。

54) Sous la direction de Nicolas KADA et Martial MATHIEU, *op. cit.*, p. 287.

レフェレ担当裁判官は原則 48 時間以内に判決を申しわたす。」

　例えば，2020 年 5 月 18 日のコンセイユ・デタのレフェレ担当裁判官は，政府に信仰の場における集合の一般的な，絶対的な禁止を解くことを命じ，「外出禁止解除」においては防疫上のリスクに厳格に比例的で時間と場所の状況に適合的な措置を代わって定めることを命じた[55]。

　これには多くの団体や個人からも訴えがあったが，コンセイユ・デタのレフェレ担当裁判官は，基本的自由である信仰の自由は，同時に信仰の場での儀式に集団的に参加する権利も含んでいることを指摘した。しかしながら，信仰の自由は，健康の保護という憲法上の価値の目的と調整をはからなければならない，ともした。

　レフェレ担当裁判官は，2020 年 5 月 11 日デクレにおける他の公衆に開かれている場所 lieux ouverts au public での 10 人以下の集合・集会を許す寛容なあり方を考慮すると，同一のデクレで定められている信仰の場におけるすべての集合・集会の禁止よりも，より厳格でない措置をとりうることを指摘している。すなわち，一般的な絶対的な禁止は，公衆保健衛生の保護という目的に照らして比例的ではなく，信仰の自由の基本的な性格という点から重大で明らかに違法な侵害になるとした。

　こうして首相に 8 日の期間内に 2020 年 5 月 11 日デクレを改正することを厳命している。

　また，2020 年 7 月 6 日のコンセイユ・デタのレフェレ担当裁判官の判決は次のようなものである[56]。

　6 月 13 日にコンセイユ・デタのレフェレ担当裁判官は，公共の場 espace public において 10 人以上の集会を禁止する 2020 年 5 月 31 日デクレ 3 条から導き出されるデモ行進することの一般的な絶対的な禁止を停止した。これに対し，首相は翌日，10 人以上の集会の禁止は，県知事により許可されるデモ行進には適用されないと定めるようにこのデクレを修正した。また，こうした許

---

　55)　Cf., CE., Décision en référé du 18 mai 2020, n° 440366.
　56)　Cf., CE., Décision en réréré du 6 juillet 2020, n° 441257.

可を，デモ行進の組織が「通行止めや柵などの障壁を設ける措置」を尊重することで許されるとする条件の下においた。

多くの団体から訴えを受けて改めて，コンセイユ・デタのレフェレ担当裁判官は次のように示した。防疫上の状況をみると，予防措置がなされることは正当化される。しかし，「障壁を設ける措置」を尊重する公道におけるデモ行進の組織化は特別な複雑さを示している。通常であるなら，デモ行進は公的機関に対する申告の義務の下におかれている。知事は，公共秩序を乱すリスクのある集会を禁止することができる。例えば，保健衛生上の予防が不十分であると判断したなら禁止できる。

修正された2020年5月31日デクレによれば，知事がデモ行進を許さなかったら，すべてのデモ行進が禁止されたままとなる。またデクレは，知事が決定を下すための期間も設けていない。このことは，デモ行進の組織者に対して裁判所に訴えるのに適した時期がいつなのかの判断を妨げることとなる。

そこで裁判官は，新しい手続は，デモ行進をする自由に比例的でない侵害をもたらしてはいないということに対して重大な疑いがあるとして，規定を停止した。しかしながら，裁判官は5,000人以上の集会の禁止は，現在の防疫上の状況から正当化できるとした。

こうした行政裁判所の命令に対する統制がある一方で，政治家自身の責任を問う仕組みももっている。

第五共和制憲法第9篇は，高等院について定め，大統領はその資格において行った行為については原則無答責であるが，その権限と明らかに両立しない義務違反の場合は，高等院として組織される国会により罷免を宣告されると定める。

また，第10篇は，政府構成員の刑事責任について定める。政府構成員はその職務の行使において行った行為で，それがなされたときに重罪または軽罪に該当した行為について刑事責任を負う。政府構成員は，共和国法院により裁判される。政府構成員がその職務の行使において犯した重罪または軽罪により損害を受けたと主張する者はすべて，予審委員会に告訴することができ，実際

に，旧首相，新旧保健相が，医者などの医療関係者から告発を受けている[57]。

　他方で，憲法 24 条 1 項は国会の役割を次のように定める。「国会は法律を評決する。国会は政府の行動を統制する。国会は公的政策を評価する。」この最後のことから国会は公的政策に関する情報を収集し，評価を行う。24 条 1 項を受けて統制及び評価のために各議院の内部に調査委員会が設置される。Covid-19 についても調査委員会が設けられ，すでに調査報告書も出している[58]。

まとめにかえて

　フランスでは多くの権力統制の仕組みが考えられているが，それでも緊急事態の前には，政府の権限を認めがちになることが指摘されている。

　まず，今回の防疫上の緊急事態については，公衆衛生法典の改正で対応した。そのために法律制定に対しては迅速審議手続をとり，政府と与野党が一致して緊急事態に立ち向かうことを確認している。日本では，法律は政府と与党との協議のみで作られることが多い。国会での審議において，修正した方がよいと思っても，政府に修正権はなく，実際修正は困難である。

　防疫上の緊急事態に対しては，権力者の恣意を排し，目的に対して適切な措置を講じることが望まれる。目的は生命・健康の保護であり，通常の社会生活

---

[57] 2020 年 3 月以来 150 もの訴えが寄せられている。防疫上の災害にあって，積極的に対策をしてこなかったことが問われている。共和国法院の挑戦は政治的責任の刑事責任を解明するところにある，とされている。Jean-Baptiste JACQIN, La mise en cause de la responsabilité politique des ministres est devenue un exercice improbable sous la Ve République, *Le Monde*, 22 décembre 2020.

[58] 例えば次の記事などを参照。Comment fonctionne une commission d'enquête parlementaire, comme celle qui analysera la gestion de l'épidémie de Covid-19 ?, *Le Monde*, 16 juin 2020 ; Commission d'enquête sur la crise du Covid-19 : le rapport des députés pointe le pilotage défaillant et le désarmement de l'État, *Radio France*, 2 décembre 2020 ; *Rapports d'information*, n° 1399, n° 3053 et n° 3633, AN.

の回復である。この目的を達するために短期間で必要な最小限の規制を行う。どこまで規制が続くのか終期の明定も重要である。

　フランスでは，法律で緊急事態下の規制のあり方を明確化し，終期も明らかにした。継続は法律でのみ行われるともした。したがって，「法律は一般意思の表明である」とするフランス人の伝統的な考え方に合致している。休業要請は（協力金ではなく）補償の下で行われてもいる。

　また，法律制定に対しては，事前もしくは事後の憲法院の合憲性の統制がある。法律に基づいてとられた命令に対しては，行政裁判所の合法性の統制を受けることもできる。さらに，議会の統制・評価の仕組みがある。そのため，情報の開示が重要とされている。責任を負う政治家の責任追及の仕組みもある。これらの仕組みが存在するだけでなく，少なくともデータに基づく規制がわかりやすく国民に説明されている。例えば，10月23日から第二波に対して，政府が54県及びポリネシアに夜間外出禁止を行ったが，その基準は次のようであった。10万人あたり250人の感染者数，高齢者の感染者100名以上，人工呼吸器使用率30％以上，先週よりも50％以上の感染拡大，としていた。社会的検査も幅広く行っている。抗原検査キットも薬局で簡単に手に入り調べることができる。日本では基準は2020年8月7日に分科会の提言として六つの指標が示されていたものの，「あくまで目安」という政府の扱いであった[59]。

　日本では，内閣府，厚生労働大臣，経済再生担当大臣，新型コロナウイルスワクチン接種推進担当大臣など関わる省や大臣が多くそのことで誰が何を責任をもってやるのかわかりにくい，責任の所在も不明といえる。

　日本においては，まず情報の開示，基準の明確化，そして裁判所からの法律や政策に対する厳格な統制が必要なこと，それに加えて，国会の行政に対する監視機能の強化，政治家の責任を追及する仕組みも考える必要があろう。

59）　植野妙実子「新型コロナウイルスをめぐる感染症対策の課題」法学新報127巻7・8号（2021年）111頁参照。

第3章
フランスのコロナ対策における政府の対応

はじめに

　2023年2月1日のフランスでの，累計感染者数は約3972.2万人，死者数約16.5万人となっていて，累計感染者数ではアメリカ合衆国，インドについで，世界で3番目であった（読売新聞2023年2月1日）。これに対し日本は累計感染者数約3256.3万人，死者数は約6.8万人となっている（累計感染者数は世界で6位）。但しこれらの数字がはたして正確なものであるかは各国の把握の仕方に違いがあり，信用がおけるとはいいがたい。確かなことは，感染者数は，新型コロナウイルスが流行してから3年経った時点でも増加傾向にあり，様々な変異ウイルスの拡大が懸念されていたということである。結果的には心配されていたようなことには至らず，自然に収束したようにみえるが，全くなくなったわけではない。

　日本においては，新型コロナウイルス感染症に関しては，2023年5月8日から，これまでの新型インフルエンザ等感染症のいわゆる2類相当から，5類感染症となった[1]。これに伴い，発生動向，医療体制，患者対応，感染対策，ワクチンのあり方も見直されることとなった。基本的感染対策としては，政府として一律に対応を求めることはなく，個人・事業者の判断が基本となる[2]。

---

1) 「新型コロナウイルス感染症対策の基本的対処方針の廃止について」新型コロナウイルス感染症対策本部決定，2023年4月27日。

2) 新型コロナウイルス感染症の感染症法上の位置づけ変更後の基本的感染対策の

法律に基づく外出禁止は求められない。また 2024 年 4 月 1 日からは新たな診療報酬体系へと移行した。

憲法学の観点からは様々な問題が指摘されているが，政府がこの問題に対してどのように総括したのかはみえてこない[3]。

1. フランスの概況

フランスでは現行第五共和制憲法の，16 条にいわゆる国家緊急権（緊急措置権ともいう），36 条に戒厳状態についての規定があるが，それらは使わず，また 1955 年 4 月 3 日法（Loi n° 55-385 du 3 avril 1955）といういわゆる緊急事態に関わる法律があるがこれも使わず，新型コロナウイルス（以下 Covid-19 ともいう）の感染拡大に対し公衆衛生法典の改正法律によって，公衆衛生（以下，防疫ともいう）上の緊急事態，すなわち例外事態を導入して対応にあたってきた。最初の防疫上の緊急事態の導入となる法律は 2020 年 3 月 23 日法である。それに先立ち，2020 年 3 月 16 日に Covid-19 の感染拡大を防ぐための人の移動の規制に関わるデクレ（Décret n° 2020-260 du 16 mars 2020）が出され，2020 年 3 月 17 日から 5 月 10 日まで外出禁止措置をとった。その後 2020 年 3 月 23 日法（Loi n° 2020-290 du 23 mars 2020）が制定され，防疫上の緊急事態が 2 ヵ月間設置

　　考え方については，厚生労働省 HP 参照（2024 年 4 月 10 日閲覧）。なお内閣官房に感染症危機に迅速・的確に対応できる体制を整えるため，内閣感染症危機管理統括庁が設置された（2023 年 9 月 1 日）。
 3) 例えば，大林啓吾編『コロナの憲法学』弘文堂 2021 年，同編『感染症と憲法』青林書院 2021 年，石村修 他編『世界と日本の COVID-19 対応』敬文堂 2023 年。最後のものは立憲主義の観点から考えるものである。また NIRA 総合研究開発機構の次の論文がある。翁百合「日本のコロナ対策の特徴と課題」。法律雑誌における特集としては次のもの参照。笠木映里 他編『新型コロナウイルスと法学』法律時報増刊 2022 年，「パンデミックと公法の課題」論究ジュリスト 35 号（2020 年秋号）4-74 頁，「コロナ禍から考える法学の未来（上・下）」法律時報 95 巻 8 号（2023 年）4-53 頁及び法律時報 95 巻 9 号（2023 年）4-134 頁，「パンデミック対応の法・制度の構築」ジュリスト 1591 号（2023 年）14-57 頁。

された。さらに2020年5月11日法（Loi n° 2020-546 du 11 mai 2020）によって7月10日まで緊急事態は延長された。5月11日から7月19日にかけては，外出禁止措置を徐々に緩和した。3月から5月が第一波といわれている。防疫上の緊急事態を終了するための2020年7月9日法（Loi n° 2020-856 du 9 juillet 2020）が制定され，7月11日から過渡的な暫定的な体制を実施したが，それはCovid-19の蔓延に対処するために政府に2020年10月31日まで例外的措置をとることを許すものであった。7月20日から10月17日までは，路上等公共の場でのマスク着用の義務化などを定める一方で，バカンス時期を迎えることもあり，規制を解除した。

しかし，バカンス時期に移動をした人々が多かったことから，感染者が増え，再び10月14日のデクレ（Décret n° 2020-1257 du 14 octobre 2020）で10月17日から緊急事態を復活させた。それを法律で認めたのが2020年11月14日法（Loi n° 2020-1379 du 14 novembre 2020）であり，これにより防疫上の緊急事態を2021年2月16日まで続くとした。10月17日から30日までは夜間外出禁止措置を次第に拡大したが，感染拡大がとまらず10月30日から再び外出禁止となった。9月から11月が第二波といわれている。しかし，この外出禁止措置は，春とは違い緩和化されたものだと説明された。2020年10月末からの外出禁止は12月15日から緩和することとなっていたが，想定したように感染者数が減らず，そこで外出禁止については緩和し，午前6時から午後8時にかぎって自由な外出を認めるとした（夜間外出禁止）。クリスマス・イブの12月24日は例外的に夜間の外出は認めるが，12月31日については夜間の外出は認めない，このような細かな措置もとった。ところが，変異ウイルスの影響で感染が拡大し，新規感染者数が23,000人程となってきたので2021年1月16日から再びフランスは全土での午後6時以降の夜間外出禁止に踏み切った（Décret n° 2021-32 du 16 janvier 2021）。2020年11月14日法は，11月から2021年2月16日まで緊急事態が続くとしていたので，2021年2月15日法（Loi n° 2021-160 du 15 février 2021）が制定され，緊急事態を2021年6月1日まで延長した。

したがって，防疫上の緊急事態に関わる法律は，2020年において，3月23

日法，5月11日法，解除法となる7月9日法，再び10月14日のデクレで10月17日からの緊急事態を復活させ，それを法律で認めたのが11月14日法となる。さらに2021年2月15日法で6月1日まで延長した。これらに基づき，フランスではそれまで3回の全土の外出禁止がなされた。これで，6回のCovid-19に関する法律制定となった[4]。ここまでの政策の中心は外出禁止措置であった。

2021年4月1日，国民議会でジャン・カステックス首相は，2021年3月半ばから一日あたりの新規感染者数が平均5万人となったことから，第三波が来ていることを認めた。3月29日には，秋の第二波のピークをこえ，2020年4月22日以来最も多い人数となり，3月31日マクロン大統領は，再びフランス全土で外出禁止措置をとることを明らかにした。その後，5月3日から6月末にかけて制限を徐々に緩和するとの方針を示した。

そして導入されたのが，いわゆる衛生パス（防疫上のパスポート）である。こ

---

4) 政府のサイト Loi du 15 février 2021 prorogeant l'état d'urgence sanitaire, *Vie publique*, 16 février 2021. ここにあげた法律の他，2020年3月30日組織法がある。なおこれらの法律の詳細に関しては「第2章　フランスのコロナ禍における憲法院の統制」参照。第2章の説明と若干異なる点があることをお断りしておく。初期のフランスの対応に関連する邦語文献としては，河嶋春菜「フランス」大林啓吾編前掲書（注3）112-124頁，河嶋春菜 他「立法紹介」日仏法学31号61頁以下参照。植野妙実子「新型コロナウイルス対策—仏日比較」法と民主主義547号（2020年4月）38-41頁，同「フランスの緊急事態における権力の統制」法と民主主義549号（2020年6月）21-25頁もある。Covid-19に関する欧文文献としては，Les États d'exception, un test pour l'État de droit, *RDP*, Numéro spécial 2021 ; Covid-19 et droit public, *RFDA*, n° 4 juillet-août, 2020, pp. 597-700 ; Gérer localement la crise du Covid-19, *RFAP*, n° 176, 2021, pp. 849-983 ; L'État d'exception, nouveau régime de droit commun des droits et libertés ?, *AIJC2020*, Economica/PU d'Aix-Marseille, 2021, pp. 83-646. の特集，Les états d'urgence : la démocratie sous contraintes, *Conseil d'État, Étude annuelle 2021*, La documentation française *2021*, pp. 9-188 ; Sous la direction de Xavier DUPRÉ de BOULOIS et Xavier PHILIPPE, *Gouverner et juger en période de crise*, Mare & Martin, 2023 ; Sous la direction de Céline RUET, *Vulnérabilités et crise pandémique*, IFJD-LGDJ, 2023 も参照。

の活用を2021年6月9日から11月15日までとして導入した。まず2021年5月31日法（Loi n° 2021-689 du 31 mai 2021）が制定された。フランス政府の公式サイトは次のように述べた。「衛生パスは，フランス人に感染リスクを最小限にしながら通常の生活を取り戻すために実施するものである。衛生パスは，7月21日からは，レジャーや文化施設に行くために必要とされ，また，8月9日からは，カフェ，バー，レストラン，ある種の商業施設，高齢者施設，長距離交通機関の使用の際に義務化される。」[5]衛生パスには二つの種類があり，一つは，日常生活の様々な活動に関わる衛生パス pass sanitaire « activités » で，フランスの公衆の集う場所にアクセスするために使用されるもの，もう一つは，EUの「デジタルコロナ証明書」の枠組みの中でかつ国境の防疫上のコントロールとして実施される旅行用衛生パス passe sanitaire « voyages » である。この衛生パスで，フランスはコロナ禍を乗り切ったといえる。衛生パスとは完全なワクチン接種済証明書かコロナ陰性証明書もしくは回復証明書をさす。ワクチン接種をしていない人は，カフェやレストランの駐車場などの空き地にテントが作られ，陽性か陰性かの判定場所ができ，そこで陰性証明書をもらってカフェやレストランで集う。このような形で活気を取り戻した。また感染が拡大している国からのフランスへの入国は24時間以内の陰性証明も義務化された。しかしながらデルタ株により感染拡大がみられたため，さらに2021年8月5日法（Loi n° 2021-1040 du 5 août 2021）を成立させ，衛生パスの適用範囲を広げ，ワクチン接種も強化した。

　さらに2021年11月10日法（Loi n° 2021-1465 du 10 novembre 2021）を成立させ，防疫上の緊急事態を，2022年7月31日まで延長することを決めた。また2021年12月半ばからデルタ株からオミクロン株への置き換わりが進んで感染者が急増した。2022年1月20日の新たな感染者数は約39万人，7日間平均で1日あたり約32万8,000人に達した。そこで2022年1月22日法（Loi n° 2022-46 du 22 janvier 2022）を成立させ，政府はワクチン接種強化策としてワク

5）　植野妙実子「フランスにおける衛生パス」法と民主主義562号（2021年10月）39-41頁参照。

チンパス passe vaccinal の導入をし，衛生パスに置きかえた（実際には場所により並行して使用した）。その後徐々に減り，3月14日にはワクチンパスを終了，3月21日には濃厚接触者の隔離を終了，4月7日には60歳以上の4回目接種を開始した。再び7月ごろに感染者が増えはしたが，2022年7月30日法 (Loi n° 2022-1089 du 30 juillet 2022) によって防疫上の緊急事態をおわらせた。今後は，外出禁止措置をとらない。衛生パスも8月1日から廃止となった。マスク着用はもはや義務ではないが，推奨されることとなった。2023年1月において再び増えてきてはいたが，何らかの措置を復活させようという動きにはつながらなかった。なお，感染状況の不明確な中国からの入国は規制したりもした。

2. 保健行政の基本概念と関連する憲法条文

　フランスでは，いわゆる公役務のなかに保健行政 santé publique が位置づけられる。公役務とは，一般利益に関する活動で，直接に公法人によって監督されたり，コントロールされたりするもので，場合によっては私人によって担われることもあるが，行政法規範に従うものである。公役務の三つの要素として組織，目的，裁判制度があげられるが，裁判制度においては公役務の基本である，利用者の平等，役務の継続性及び適切性を満たすことが求められる[6]。そうした中に保健行政も位置づけられ，公務員法制の中に病院勤務公務員が入っているのはこのような理由からである[7]。公役務に過失があった場合には（あるいは過失がなくても重大事故である場合には）損害賠償の対象になる。また当該公役務を統括する大臣の刑事責任を追及することもできる。憲法第10篇には「政府構成員の刑事責任」の規定がある。

---

6) Raymond BARRILLON et alii, *Lexique droit administratif*, PUF, 1979, pp. 170-171.
7) しかし，実際には公役務をすべて公務員や行政で担うという形からは徐々に外れてきており，新自由主義や費用対効果の考え方がこうした方面にも影響を及ぼしてきている。Par ex., Coordination éditoriale par Erwan POYER, *Loi de transformation de la fonction publique*, Dalloz, 2020.

フランス第五共和制憲法は，権利規定として，1789年フランス人権宣言と1946年第四共和制憲法前文，2004年環境憲章を認めている。さらに，第四共和制憲法前文は，人権宣言の他に「共和国の諸法律により承認された基本原則」も認めている。健康の保護への権利は第四共和制憲法前文11項に次のように定められていることから導き出される。

「国家は，すべての者に，とりわけ子ども，母親，高齢の労働者に健康の保護，物質的安定，休息，余暇を保障する。年齢，身体的または精神的状態，経済的状況を理由として，労働できない者はすべて，公共団体から生存するにふさわしい生活手段を得る権利を有する。」

健康の保護への権利は，保証としての権利droits-créancesの一つである[8]。保証としての権利は，国家の積極的な活動，関与を必要とする権利である。その意味で，自由のような国家の不干渉を要求する権利とは異なる。保証としての権利は，しばしば「～への権利」という形で示されるが，これはその実現が国家の側からの給付や支援，整備を必要とするからである。権利を保証すべきなのは国家であるが，国家にこうした権利の実現を義務づけることは難しい。こうした権利のプログラム的性格から当初は実定法におけるそれらの権利の価値が疑われることもあったが，今日では，とりわけ憲法裁判の発展により，これらの権利は多くの実質的内容や効果を獲得したとされている[9]。

健康の保護への権利に関しては，憲法院は積極的権利の一部をなすと1975年に判示し，法律がこうした権利を侵害していないか審査することも受理した[10]。11項により，健康の保護への権利は，まず，社会的給付，医療扶助を受

---

8) Louis FAVOREU et alii, *Droit des libertés fondamentales*, 6ᵉ éd., Dalloz, 2012, p. 350. なお健康への権利を保証としての権利ではなく，経済的・社会的権利（acteur économique et social 経済的・社会的活動者とでも訳すべきものであるが）として紹介する場合もある。そこでは，健康への権利droit à la santéと呼び，主観的，相対的な性格を示すもの，多くの「～への権利」と同様に解決されていない部分を有している，と記されている。Sous la direction de Rémy CABRILLAC et alii, *Libertés et droits fondamentaux*. Dalloz, 2008, p. 759.

9) Louis FAVOREU et alii, *op. cit.*, p. 350.

ける権利として確立していき，ついで，医療看護へのアクセスの平等の保障として問題となっていった。他の権利との関係では，健康の保護への権利は，より重要な権利と考えられている。人の安全を危うくするもしくは公共秩序に重大な侵害をもたらす精神的障がいをもつ人がその病状から必要とされる医療看護を受けることに反対することはできないと判示もしている[11]。これは，人身の自由と関係する問題でもある[12]。

2004年環境憲章1条は，「各人は，均衡がとれた，かつ健康が尊重される環境の中で生きる権利を有する」と定める。この規定は，どのような環境が人にとって大切かを示すものとなっている。普遍性をもつもの，憲法の裁判規範性を有するものであると評されている[13]が，健康の保護への権利の根拠規定として直接には用いられていない。

隔離や外出禁止措置に関しては，人身の自由が問題となる。しかし，フランスでは人身の自由をさす言葉は憲法の中にはない。オーリューは移動の自由と呼び，ビュルドーは往来の自由を「自由主義制度の外的意味」と呼んだ[14]。

---

10) この判決は，人工妊娠中絶に関する法律を合憲とするものである。CC., n°74-54 DC du 15 janvier 1975. フランス憲法判例研究会編『フランスの憲法判例』信山社2002年79-86頁（建石真公子担当）参照。なお次のものも参照。Sous la direction de Thierry S. RENOUX et alii, *Code constitutionnel 2021*, LexisNexis, 2020, pp. 757. ここでは，健康の保護への権利の国家に課せられる二つの要請を記しているとして，一つは，人の身体的状況を悪化させることがないことであり，二つは，保健行政の政策を探求することである，という。また憲法院は健康に関する11項の基礎につき，一定の裁量を有する立法府に対して大きな拘束をかけていない，つまり裁量を認めている，という。CC., n°2009-584 DC du 16 juillet 2009.

11) CC., n°2010-71 QPC du 26 novembre 2010. フランス憲法判例研究会編『フランスの憲法判例Ⅱ』信山社2013年376-381頁（稲葉美香担当）参照。

12) Louis FAVOREU et alii, *op. cit.*, p. 360 ; Louis FAVOREU et alii, *Droit constitutionnel*, 18ᵉ éd., Dalloz, 2016, p. 992.

13) Sous la direction de François LUCHAIRE et alii, *La Constitution de la République française*, 3ᵉ éd., Economica, 2009, pp. 115 et 116.

14) Louis FAVOREU et alii, *op. cit.*, （注8）p. 236.

1789年人権宣言の自由の一般原則の基礎に含まれると解されている。つまり「人は自由なものとして存在する」という，ここに根拠を見出している。往来の自由は憲法院の QPC 判決の中で認められ[15]，基本的自由の一つとして認められることから，行政裁判所の急速審理 référé-liberté によって保護を受ける自由として扱われることとなった。そして往来の自由は，人身の自由もしくは人格の自由 liberté personnelle を含むと解されている。こうした自由は，憲法 66 条の「司法機関は個人的自由の守護者である」の個人的自由に属すると解される。ここから私的住居の保護や私的生活の尊重などが導き出される[16]。2020 年 5 月 11 日法についての憲法院判決も司法裁判所の管轄を認めている。

3. 防疫上の緊急事態の設定

　問題となるのは国家緊急権，もしくは例外的措置といわれる政治状況の設定である。Covid-19 感染拡大の中で国家緊急権の発動につき何を根拠にして至るのか，自由の規制をどのように正当化するのかが問題とされた。既述したように第五共和制憲法は，「第 2 章　共和国大統領」の 16 条にいわゆる緊急措置権を定め，「第 5 篇　国会と政府の関係」の 36 条に戒厳状態を定めている。また緊急事態に関わる 1955 年 4 月 3 日法もある。しかしこれらは使われなかった。但しこれらの緊急事態や戒厳状態，例外的体制の規定において，その事態・状態の内容，目的や理由の明示，終期の明定が重要視されており，そうしたことが援用された。すなわち最初はデクレ（命令）で出すが，議会の関与，裁判のあり方も考えられている。最初のデクレの際には大統領の「フランス人にあてて」の会見（メッセージ）もあり，要所，要所で大統領がこうした会見を行うなど国民に理解を求める姿勢もあった。このような考え方の延長上に防

---

15) CC., n° 2010-71 QPC（注 11）の憲法院判決。この判決で憲法院は，往来の自由を 1789 年人権宣言 2 条及び 4 条から導き出している（Cons. 16）。また行政裁判・司法裁判の両系列の裁判所で審査されることを認めている（Cons. 37）。

16) Louis FAVOREU et alii, *op. cit.*,（注 8）p. 237.

疫上の緊急事態が公衆衛生法典の改正法律という形で導入され，法律の内容や終期について議会や憲法院が関与するものとなった。またその法律に沿って行政権が出すアレテ arrêté（命令）は行政裁判所の統制の対象となる。

　防疫上の緊急事態 état d'urgence sanitaire とは，Covid-19により惹き起こされた防疫上の危機に応えるために，Covid-19の蔓延に対処するための緊急法 loi d'urgence が領土のすべてもしくは一部に防疫上の緊急事態を宣言する可能性を予定するものである[17]。防疫上の緊急事態は，防疫上の大惨事の，とりわけ人々の健康が危機に瀕した感染の蔓延の場合に大臣会議において宣言される。緊急事態は，初回は，健康に責任を負う大臣の報告に基づいて，最大1ヵ月の期間で大臣会議においてデクレによって宣言される。デクレには，適用区域が決定される。デクレが基づくところの防疫上の保健衛生に関するデータが公表される。1ヵ月をすぎるとその延長は法律によって許可されることになる。延長法律には防疫上の緊急事態の期間が定められる。防疫上の緊急事態の枠組みの中で講じられた措置は，防疫上の緊急事態がおわると同時におわることとなる。防疫上の緊急事態の宣言は，首相がデクレによって，往来の自由や事業を行う自由や集会の自由の禁止，居住地以外の場所へ移動する自由の禁止，防疫上の大惨事をおわらせるために必要なすべての財や役務の徴用の措置，価格統制の一時的措置などを講じることを許すものである。これらの措置は，被るリスクに比例的なものでなければならない。また，人々の健康・保健行政・公衆衛生に責任を負う大臣は，首相により明確にされた枠組みの中でとられる他のすべての措置の基礎となるアレテを出す権限を有する。緊急事態の枠組みの中で講じられた措置を尊重しない場合に被る処罰も定められた。防疫上の緊急事態が宣言されると遅滞なく科学者会議 comité scientifique が開催される。この会議の長は，共和国大統領によりデクレで定められる。会議は，防疫上の緊急事態の枠組みの中で講じられた措置につき，定期的に意見を述べる。これらの意見は，公表される。会議は，防疫上の緊急事態の終了とともに

---

17)　Qu'est-ce que l'état d'urgence sanitaire ?, *Vie publique*, 16 février 2021.

解散される。

　フランスでの防疫上の緊急事態は，まず 2020 年 3 月 16 日にデクレで発出され，その後 2020 年 3 月 23 日法で追認する形で 2 ヵ月間設置された。そして 2020 年 5 月 11 日法によってさらに 7 月 10 日まで延長された。防疫上の緊急事態を終了するための 2020 年 7 月 9 日法は，7 月 11 日から過渡的な暫定的な体制を実施したが，それは Covid-19 の蔓延に対処するために政府に 2020 年 10 月 31 日まで例外的措置をとることを許すものであった。2020 年 10 月 17 日からフランス全土に防疫上の緊急事態がデクレにより宣言された。その後 2020 年 11 月 14 日法により防疫上の緊急事態を 2021 年 2 月 16 日まで延長した。さらに 2021 年 2 月 15 日法により，緊急事態を 2021 年 6 月 1 日までに改めた。2021 年 5 月 31 日法は 6 月 2 日から 9 月 30 日まで衛生パスの導入を暫定的措置として導入し，防疫上の危機の終わりを 9 月 30 日とした。2021 年 8 月 5 日法は衛生パスの義務化を図り，防疫上の危機の終わりを 11 月 15 日まで延長した。2021 年 11 月 10 日法は防疫上の緊急事態を 2022 年 7 月 31 日まで延長した。さらに衛生パスの強化となるワクチンパスの導入となる 2022 年 1 月 22 日法を成立させ，2022 年 7 月 30 日法で終結となった[18]。

4. 衛生パスの概要

　日本では，経団連が 2021 年 6 月 24 日にワクチンパスポートの早期活用を求めるレポートを公表した。その中では，「多くの企業が疲弊するなか，感染防止と経済活動の両立が必要。その中心は，合理的な配慮を行った上でのワクチ

---

18) 法律の概要に関しては次のものも参照。三輪和宏「新型コロナウイルス感染症の流行に対処する緊急法の制定」外国の立法 284-1（2020 年）6-11 頁，同「公衆衛生上の緊急事態の終結を組織する法律の制定」外国の立法 285-2（2020 年）6-9 頁，同「再度の公衆衛生上の緊急事態について定めるデクレと法律」外国の立法 287-1（2021 年）6-9 頁，奈良詩織「公衆衛生上の危機の終結の管理に関する法律」外国の立法 288-2（2021 年）6-9 頁，同「公衆衛生上の警戒の諸規定に関する法律」外国の立法 290-2（2022 年）2-3 頁。

ン接種記録の効果的な活用」とし，また「ワクチン接種者の需要喚起を促し，自粛などによって萎縮した地域経済や各業界の活性化を期待」すると述べている。他方で緊急事態解除後（2021年9月30日を期限に解除），法的根拠なくワクチン接種証明書を使って，割引などの特典をつけるような営業行為も日本ではみられていた。

フランスでは，当初，衛生パスの活用を2021年6月9日から11月15日までとして導入した。これは，2021年5月31日法，のちに2021年8月5日法により防疫上の危機のおわりを11月15日までと設定していることによるものであった。この活用には様々な批判もあったが，歓迎されたところも多々あった。その概要は次のようである。

既述したように，衛生パスには二つの種類がある。一つは，日常生活の様々な活動に関わる衛生パス passe sanitaire « activités » ，フランスの公衆の集う場所にアクセスするために使用されるものである。もう一つは，EUの「デジタルコロナ証明書」の枠組みの中でかつ国境の防疫上のコントロールとして実施される旅行用衛生パス passe sanitaire « voyages » である。これは2021年7月1日から2022年6月30日まで，EU内を旅行する者のためにヨーロッパフォーマットでの衛生パスの使用である[19]。

前者のフランスの衛生パスには，以下の三つの態様があり，デジタル上でのあるいは紙上でのフォーマットで示すものである。一つは，ワクチン証明書。二つは，72時間以内の保健衛生の専門家の監視の下でなされるPCR検査，抗原検査もしくは自己診断検査[20]においての陰性証明書（11月29日からは24時間

19）EUの執行機関・欧州委員会では11月25日，新型コロナウイルスの3回目のワクチン接種を促すため，加盟国間の移動で使う「衛生パス」に来年1月10日から，接種完了から9ヵ月間という有効期限を設けることを提案していた（朝日新聞朝刊2020年11月27日）。実際には2021年7月にEUワクチンパスポート（EUデジタルCOVID証明書ともいう）として導入された。濱野恵「EUデジタルCOVID証明書規則の公布，域内移動制限の協調に関するEU理事会勧告の再改正」外国の立法288-2（2021年）2-5頁参照。

20）自己診断検査autotestは，2021年4月12日から薬局で購入できるようになっ

以内となった，感染拡大による）。三つは，6ヵ月から11日以内のコロナウイルス感染から回復したことを示すPCR検査の陰性証明書である。また，ワクチンへの非適応を示す医療上の証明書[21]も，該当する人はこれらの三つの証明書の代わりに用いることができる。

どのようにして衛生パスを獲得するのかについては，2021年5月27日以降ワクチンを受けたすべての者は，医療保険の窓口においてワクチン証明書を得ることができる。デジタル上でもできる。医療専門家は誰でもワクチン接種済みであるかを確認することができ，当該人が要求したときは，発行することができる。SI-DEPのデータベース[22]へのPCR検査及び抗原検査の専門家による検査結果の入力はすべて証拠となり，専門家は直接に発行でき，当該人はそれを使用することができる。コロナウイルス感染症から回復したことを示す検査の陽性結果を改めるためには，SI-DEPを介して陰性結果を登録することになる。回復証明は，SI-DEPに6ヵ月保存される。

2021年6月25日以降は，ヨーロッパ規範に適合するワクチン証明書（フランス語・英語の2ヵ国語のもの）をダウンロードすることが可能となった。この

　　　た抗原検査キットで行う検査である。PCR検査に代わるものではないと注意されている。この検査で陽性となったら速やかに，確認のためにPCR検査を受けること，自己隔離すること，接触者にも隔離をすすめるために自らがコロナ陽性の可能性が高いことを知らせておくこと，となっている。

21) ワクチン非適応証明書は，医師に要求して発行してもらう証明書であって，衛生パスを要求される場所で提示することができるものである。ワクチンを構成するものに対するアレルギーをもっている者，一回目のワクチン接種でアナフィラキシー反応をおこした者，血栓症などの障害をおこす者など詳しく例があげられている。妊娠している女性は，ワクチンを打つことはできるが，第二期の前は職業上の義務としてのワクチンを打つ必要はない，とされている。

22) SI-DEPは，追跡情報システムSystème d'information de depistageのことであり，コロナ接触システムContact-Covidとともに，フランスにおける新型コロナウイルスの感染を防ぐためのデジタル上のツールとされている。これらのツールは，網羅性，速さ，反応性に応えるものとされている。2021年11月10日法によって，この双方のツールの使用は2022年7月31日まで活用されることになった。

証明書は，2021年7月1日からEU域内を旅行することを許可するものである。

2021年7月1日からアンチコロナノートTousAntiCovid Carnet[23]のアプリに自らのワクチン証明書をQRコードとして紐づけることができるようになった。アンチコロナノートの中に紐づけることができると，日常生活に関わる活動と国境を越える活動の双方の衛生パスを得る。必要とされる場所でそれを提示すればよい[24]。SI-DEPの中に，クリックしてアンチコロナノートの中に検査結果を直接入力することもできる。

衛生パスが適用されるのは18歳以上のすべての者である。12歳と2ヵ月の者から17歳の者については，9月30日から適用される。この2ヵ月という期間は，ワクチン接種の効果との関係で設けられた期間である。衛生パスが必要とされる場所やイベントで受け入れられる人々に適用される。フランスに滞在する移民や外国の観光客にも適用される。また8月30日からは，業務が行われる場所で，そこで働くいくつかの専門的職業に携わる者にも適用される。8月7日からは保健衛生関係機関で職務に携わる者は，ワクチン接種は義務となる。回復証明書やワクチンを打っていない場合は陰性証明書を提示しなければならない。

衛生パスの提示は，フランスのどのようなところで義務化されるのか。コンサート会場や集会場，映画館，博物館，フェスティバル，スポーツ会場等，様々な活動やレジャーの場所で，またディスコティック，バー，カフェなどの飲食を伴う施設，リハビリ施設や高齢者施設，長距離交通機関，2万平方メートル以上の商業施設等で用いられる。このコントロールは，それぞれの施設の開設者やイベントの組織者によって行われ，違反すると過料等が科せられる。

---

23) アンチコロナノートのアプリは，アップルやグーグルでダウンロードできる。「私は自分を守り，他人も守る」が謳い文句となっている。

24) スキャンの仕方等も政府公報で詳しく述べられている。電話での質問も毎日9時から20時まで受け付けられていた。

5. 衛生パスの導入と実施

　衛生パスの活用は，防疫上の危機の終結の管理に関する 2021 年 5 月 31 日法 (Loi n° 2021-689 du 31 mai 2021 relative à la gestion de la sortie de crise sanitaire) により導入された[25]。この法律で衛生パスは，フランスに住む者あるいはフランスに向かう者などの旅行者に対して，また（7月21日以降は 50 人以上とされたが）映画館，劇場，博物館などの施設や展示会など多くの人が集まるところへのアクセスに対して，9 月 30 日までとして導入された。この法律は，防疫上の危機のおわりを 9 月 30 日までとしていたからである。

　この法律に対して 60 名の国民議会議員，首相が憲法院に付託した[26]。憲法院は一つの規定に関してのみ解釈留保をつけたものの「ウイルスの感染拡大を防止することを保証するもの」として合憲とする判断を下した。憲法院はまた 1789 年人権宣言 2 条の宣言する自由には，私的生活（プライバシー）の尊重への権利が含まれるとし，個人的な性格を有するデータの収集・登録・保持・参照・伝達等の情報交換には，一般利益という理由 motif に基づいて正当化されなければならない。医療的な性格を有するこうしたデータを扱うときは，特別な警戒を要する。その実施はこうした目的に対して適切で比例的な方法で行わ

---

25) Loi du 31 mai 2021 relative à la gestion de la sortie de crise sanitaire, *Vie publique*, 1er juin 2021. 法律制定の経緯及び法律の概要に関しては，奈良詩織「公衆衛生上の危機の終結の管理に関する法律」前掲論文（注 18）参照。

26) フランスでは憲法院が法律の合憲性の審査を行う。その審査には，立法過程の最終段階で行われる事前審査と法律ができた後の事後審査 QPC がある。後者は，訴訟をおこした者が，当該訴訟に関わる法律規定の合憲性を訴えることができるものであるが，二重のフィルターの制度（当該訴訟を扱う裁判所及びその系列の最高裁判所の判断により憲法院に移送される）があり，申立ては簡単にはできない仕組みになっている。また憲法院の審査には義務的審査があり，組織法律は必ず憲法院にかけられる。結果的に防疫上の緊急事態に関わる諸法律に関しては，憲法院が大きな役割を果たした。フランスの憲法院に関しては，植野妙実子『フランスにおける憲法裁判』中央大学出版部 2015 年 31-49 頁参照。

れなければならないと判示した。そして当該規定の適用において、データの移転等はプライバシーの尊重への権利の侵害となる点はありうるとしても、当該人の電話上もしくは電子上の所在の確定にまで広げられることがないように配慮されるべきことを解釈留保として示した[27]。

その後、防疫上の危機の管理に関する 2021 年 8 月 5 日法（Loi n° 2021-1040 du 5 août 2021 relative à la gestion de la crise sanitaire）によって、防疫上の緊急事態を 11 月 15 日まで延長した。政府は、原案では 12 月 31 日を予定していたが国会での審議で短くなったものである。デルタ株の感染が拡大する中、拡大を抑える新しい措置が必要と考えられたことが契機となった。

7 月 21 日マクロン大統領は、このことを国民に呼びかけた。防疫上の危機の管理に関する 2021 年 8 月 5 日法の原案は、カステックス首相により 7 月 19 日に大臣会議で示され承認された。翌日国会に上程され、7 月 23 日に国民議会で修正されて承認され、24 日にセナでも修正されて承認され、第一読会を終えた。25 日、同数合同委員会で調整が図られ承認され成立した。政府は、この法律に対しても迅速審議手続をとった。その後憲法院に、首相、60 名の国民議会議員、120 名のセナ議員からの違憲の付託がそれぞれあり、憲法院は 8 月 5 日に部分的違憲を表明し、さらに多くの解釈留保を付けた判決を下した。衛生パスについては合憲との判断を下している[28]。

2021 年 8 月 5 日法の内容は次のようである[29]。2021 年 5 月 31 日法が、防疫上の危機のおわりを 9 月 30 日までとしていたのを 11 月 15 日まで延長した。この時期はコロナが終息する時期への過渡期と位置づけられ、首相に状況によって移動や公共交通機関の利用を制限したり商店でのバリア措置を課したりすることを許可するものである。8 月 5 日法は、衛生パスの活用範囲を 11 月 15 日までとして、様々な日常生活の活動の場に拡げた。百貨店や大型商業施設に

---

27)　CC., n° 2021-819 DC du 31 mai 2021.
28)　CC., n° 2021-824 DC du 5 août 2021.
29)　Loi du 5 août 2021 relative à la gestion de la crise sanitaire, *Vie publique*, 6 août 2021.

ついては，感染リスクを勘案して県知事が決定するとしている。病院や高齢者宿泊施設やいわゆる老人ホームにおいては，付添人や面会人，リハビリを受ける病人などに対して必要とされる。急患のような場合には要求されない。

衛生パスは，成人の人々，公衆に対して，8月9日から政府の定めるあらゆる場所，施設で要求される。8月30日以降衛生パスの提示を必要とする場所で働く者は，衛生パスの提示がなければ労働契約は賃金なしの停止となる。一般の人々と接することのない他のポストへの転換を提示されることもある。但し雇用主がこうした労働者の有期労働契約や臨時労働契約を断ち切ることは憲法院によって認められないとされた。国民議会の修正により12歳から17歳までの子どもに対する衛生パスの活用期間が加えられた。これらの子どもは，9月30日から衛生パスの活用が義務となる。

衛生パスを提示しなかったときには，最少で135ユーロの科料が科せられる。また確認する義務を負う商店主や業務に携わる者がコントロールを行わなかった場合には，施設の一時閉鎖が命じられ，再犯になると禁錮1年及び9,000ユーロの科料が科せられる。憲法院は，衛生パスのコントロールは，あらゆる差別を除いた形の基準に基づいて行われるべきことを示した。衛生パスの不正使用に対する刑罰と衛生パスを確認する責務を負う職員に対してなされる暴力行為に対する制裁も法律は示している。

衛生パスの活用は，ワクチン接種義務と表裏一体のところがある。片方で衛生パスを示して入場するのにそこで働く人々がワクチンをしていないということでは，バランスがとれない。8月5日法はワクチン接種義務を負う職種を示した。またデクレでワクチン接種に適応していない人々にとっての衛生パスに代わる書類がどのようなものであるかを示すとしている。

ワクチン接種義務を負うのは次の人々である。保健衛生や社会医療分野で働く人々，医師やそれに準ずる職種の人，介護士やそこで働く学生も含まれる。消防士，救護士，自立支援保険受給者・障害補償給付者の家で働く者も対象となる。また衛生パスの提示が求められる場所や建物，業務に関わる賃金労働者や職員に対しても衛生パスの提示が求められる。この期間は，8月30日から

11月15日までである。終期が定められているのは，この期間，この提示に従わなかった者の扱いをどうするかに関わるからである。必要書類の提示に従わなかった労働者は，有給休暇などの休暇を利用することはできない。労働契約の中断となり賃金が払われることはない。ワクチン接種義務に対しては，ワクチンを打ちたくないという，思想・信条の自由を侵すとして反対運動もおきた。

なお，2021年8月5日法の章立ては次のようになっている。

　第一章　一般規定　1～11条

　第二章　ワクチン接種義務　12～19条

　第三章　その他　20～21条

21条は次のように定めている。

「国民議会とセナは，本法律の措置のコントロールと評価の枠組みにおいて，あらゆる補充的な情報を求めることができる。

2021年11月15日以前であっても，必要であるなら，本法律の観点から防疫の状況の発展に資するために，また本法律に応えるための必要とされる措置に協力するために審議を行うことができる。

本法律は，国家の法律として実施される。」

6. 衛生パスの拡充

さらに，防疫上の警戒に関する多様な規定を定める2021年11月10日法 (Loi n°2021-1465 du 10 novembre 2021 portant diverses dispositions de vigilance sanitaire) が成立した[30]。この法律は防疫上の緊急事態を2022年7月31日まで延長し，Covid-19の感染再拡大に備えて，衛生パスの活用を強化するものである。法律案は10月13日に大臣会議で決定され，その日のうちに議会に回さ

---

30) Loi du 10 novembre 2021 portant divers dispositions de vigilance sanitaire, *Vie publique*, 11 novembre 2021. 法律の概要は，奈良詩織「公衆衛生上の警戒の諸規定に関する法律」前掲論文（注18）にも掲載されている。

れ，この法律案にも迅速審議手続がとられた。しかしなかなかまとまらず，11月5日に漸く国民議会で118に対し反対89で可決されたものである。その後，双方の議院の議員により憲法院に付託され，憲法院は11月9日に二つの部分につき違憲との判断を下し，それに沿って法律が成立した。なおフランスでは翌年5月に大統領選挙，ついで国民議会議員選挙が控えていた。こうした選挙の関係で2022年3月1日以降は国会に集まることは避けたいと政府は判断していた。また政府は「新型コロナウイルスの感染拡大に対する闘いの切り札は衛生パスしかない」と考えていた。

この法律の内容は，防疫上の緊急事態を2022年7月31日まで延長し，その間，首相が感染拡大を抑えるために移動の制限や公共交通におけるマスク着用や商業施設でのバリアの設置，集会や集合の制限を課すなどの様々な措置を講じることを認めるものである。2021年5月31日法でみとめられた衛生パスは8月から2021年11月15日まで日常生活の様々な活動に活用されてきたが，感染拡大という唯一の目的のためにのみ用いられるもの，と明らかにされた。また政府はワクチン接種率，接触者の陽性率，罹患率，呼吸器付きベッドの飽和率などを把握しなければならないともされた。さらに政府は議会に2022年2月15日までに報告書を提出することも義務づけられた。SI-DEPとContact Covidの二つのシステムの活用も2022年7月まで延長される。このシステムの漏洩防止も考えられた。この法律により，衛生パスの不正使用や偽造に刑罰が科せられることも明らかになった。ワクチン接種義務のある職種につく人で，ワクチンに適応しない人がワクチン反適用証明書をもつことも認められている。

憲法院はまず，時期について，2022年7月31日までとしたのは妥当かにつき，立法府には，健康の保護という憲法上の価値と共和国の領土に住むすべての人に認められた権利と自由の尊重との調整を図ることが属する。この下でとられた大臣会議でのデクレは行政裁判所において異議を申し立てることができる。防疫上の危機の期間は法律でしか定められず，それは憲法院が統制する。必要がなくなったら即刻終わらせることができる。この時期にとられた措置が

選挙の時期に生じうるとしても，投票所へのアクセスや集会，政治活動に対しては，衛生パスは要求されない。講じられた措置は急速審理手続の対象となるので，意見の集団的表現の権利の命令制定権による尊重は確保される。

　他方で，学校教育施設の校長や施設長が生徒の医療情報にアクセスすることができるとする規定は違憲である。人権宣言2条に宣言されている自由は私的生活（プライバシー）の尊重の権利を含む。医療上の秘密保護に関するいかなる保護も配慮されていない。また申し立てられた法律の13条，14条のいくつかの規定は憲法38条に反するとして違憲である。それは政府にオルドナンスを講じることの資格を与えるものである。この規定の入った経緯からも認められない。このように判示した[31]。

　2021年11月頃からフランスでは第五波の影響で感染は再び拡大してきていた（1日5～6万人）[32]。衛生パスの活用には，3回目の接種が必要とされ，医師や薬局での予約による接種が開始されている。65歳以上はどこでもできるとされた。5歳から11歳は12月15日からワクチン接種を開始する。小学校はレベル3で，校庭でもマスク着用をする。また公共の場所でのマスク着用も義務づけられた。企業に対しては週2～3日のテレワークが推奨される。パーティーには自粛要請がなされた。ディスコやナイトクラブは4週間，禁止である。これらが首相の要請で行われる。また12月15日には，65歳以上で2回接種から7ヵ月たち，3回目の接種なしで衛生パスは無効となることも定められた。

　なお，防疫上の警戒に関する多様な規定についての2021年11月10日法1～14条の概要は次のようである。

「2022年7月31日まで衛生パスに頼る可能性がある。

　極端な危機の場合には新たな宣言をする可能性がある。

　その場合には衛生パスの不正な使用の場合に対して制裁の強化がされる。

---

31)　CC., n° 2021-828 DC du 9 novembre 2021.
32)　オミクロン株によるものとされている。2022年1月まで続いた。なお，第四波は2021年7月から8月とされている。

ワクチン接種への非適応の証明書のコントロールがされる。

パートタイム労働や違法な労働の停止の補完的補償などの社会的措置の延長をする。

コロナの感染拡大にブレーキをかけるためのいくつかの措置を定める。

政府はそのために移動の制限，施設へのアクセスの制限，集会・集合制限の措置をとれる。

基準は，ワクチン接種率，検査の陽性率，感染率，呼吸器使用率である。

一般的外出禁止，夜間外出禁止もとりうる。」

7．ワクチンパスの強化と終結

防疫上の危機の管理のツールを強化するための2022年1月22日法（Loi n° 2022-46 du 22 janvier 2022 renforçant les outils de gestion de la crise sanitaire et modifiant le Code de la santé publique）が成立した。この法律はワクチンパスポート（以下ワクチンパスとする）を導入するものである。1月20日首相は防疫上の様々な規制を漸進的に解除する日程表を示した。そこには新しい措置も含まれていたが，その中に，1月24日から3月24日まで衛生パスをワクチンパスに置きかえるということが含まれていた。

2022年1月22日法の原案は12月27日に大臣会議で決定され，これにも迅速審議手続が使われ，その日のうちに議会に回された。1月16日に採択されたが，17日と18日にかけて双方の議院の議員から憲法院に申立てがあった。憲法院は1月21日に一部違憲と解釈留保をつけた判決を下し，22日に公布となった。

法律の内容は次のようである[33]。2021年5月31日法で導入された衛生パスは，2021年8月5日法でその活用範囲が広がり，さらに2021年11月10日法でその活用を2022年7月31日までとしたが，16歳以上及び成人に対し，衛

---

33) Loi du 22 janvier 2022 renforçant les outils de gestion de la crise sanitaire et modifiant le Code de la santé publique, *Vie publique*, 23 janvier 2022.

生パスをワクチンパスに置きかえる。ワクチンパスは2022年1月24日から衛生パスが必要とされていたすべての場所で利用される。すなわち，16歳以上においてはワクチンを打った者がこうした場所へのアクセスやイベントに参加できることになる[34]。陰性証明書はもはや使用されない。こうした場所で働く者，役務につく者はワクチン接種が義務となる。但し回復証明書はワクチン接種証明書に代わることができる。その運用や必要とされる職業の詳細はデクレに委ねる（Décret n° 2022-51 du 22 janvier 2022）。例外的に陰性証明書を使う場合もある。12歳から16歳までは従来通り衛生パスを利用する。病院，クリニック，高齢者施設，老人ホームへのアクセスについては緊急時以外，衛生パスを利用する。また首相が認めた県知事の決定により，「地域的状況がそれを正当化する場合には」ある地域において限定的に衛生パスが使われる。例えば海外県のようなワクチン接種人口の少ないところではそのようなことが考えられる。地域相互を往来する旅行者で，葬式等緊急の必要がある場合にはワクチンパスの代わりに陰性証明書を使うこともできる。なお，大統領選挙が控えていることから（2022年5月），政治的会合や集会に衛生パスを使うことが考えられていたが，それは憲法院によって違憲とされた。

　他方でこのようにパスを活用するにあたって，パスの信憑性が疑われる場合にはパスをコントロールする側（例えばカフェやレストランの経営者）が疑われる人物の身元確認などを厳格にやるべきことも示された。すでに日常的にチェックの支払いやアルコール販売の場合に行われているように身分証の提示を求めるなどすべきである。憲法院はこの点につき，「身分証の確認はあらゆる差別を除いた基準でなされるべきことである」との解釈留保を示した。パスの偽造の際に被る制裁は強化された。またコントロールを怠った側にも一括科料（初犯の時，再犯にはさらに重罰）が科せられる。またパスを提示しない者や偽造パス，他人のパスを使った者に対して30日以内にワクチンを打てば罪とならないことも定められた。オンライン作業等を重視しない企業に対して過料が課せ

---

[34] このワクチンパスには schéma vaccinal complet という言葉が使われ，2回の基本接種にもう1回の接種を含む3回の接種が行われている場合をさす。

られることも示され，この規定は2022年7月31日まで有効とされた。

　防疫上の緊急事態は，レユニオン，マルティニク，グアドループ，ギアナ，マヨット，サン・バルテルミー，サン・マルタンでは3月31日まで続けられる。これらの地域では，隔離や外出禁止措置がとられうる。

　また法律は2020年5月11日法で設立されたSI-DEPシステムに関して，海外からの旅行客の入院・隔離の期間について知事が活用することを許可した。

　5歳から11歳の子どもへの接種のあり方も示した。また防疫上の緊急事態に関わりなく，2021年6月4日のQPC判決[35]に沿って，一定の期間の隔離や拘束の維持の場合には，自由及び拘束に関する裁判官が，同意なき精神医学的看護に関して体系的な統制を図ることも示された。

　憲法院は，一定の場所へのアクセスにワクチンパスの提示が必要となることに対しては，合憲と判断した。ワクチン接種が新型コロナウイルス対策として有効な手段であることを公権力の措置として立法府も認めたからである。こうしたことはデータからも明らかである。ワクチンパスの活用等は2022年7月31日までである。憲法院は国会と同様の性格を有する評価や決定をする機関ではない。もはやワクチンパスの提示を必要でないと判断した場合には直ちに止めるべきものとして認めた。他方で既述したように，政治的会合や集会には衛生パスの提示を必要とすることには違憲と判断した。1789年人権宣言11条は「思想及び意見の自由な伝達は，人間の最も貴重な権利の一つである。したがってすべての市民は，法律によって定められたこうした自由の濫用に対して責任を負うことはありうるが，それ以外では自由に発言し，記述し，出版することができる」と定める。こうした表現や伝達の自由から，思想や意見の集団的表現の権利もあり，その行使は民主主義の要件ともなるため，一層貴重なものである。こうした自由や権利の行使に規制をもたらすには，追求される目的に必要で，適切で，比例的でなければならない。立法府に，健康の保護という憲法的価値をもつ目的と憲法上保障された権利や自由の尊重との調整を図るこ

---

35)　CC., n° 2021-912/913/914 QPC du 4 juin 2021.

とが属するが，こうした権利や自由の中には，1789年人権宣言2条から導き出されるプライバシーの尊重の権利もあり，同様に同宣言11条から導き出される思想や意見の集団的表現の自由もある。こうしたことから，立法府は狭い場所に多くの人が集まり，感染拡大のリスクがある集会へのアクセスに衛生パスの提示を義務づけることを望んでいる。健康の保護という憲法上の価値の目的の追求としている。しかしこのような定め方ではなく，時間や場所の状況に適した公衆衛生上のリスクに厳密に比例的な措置を考えるべきものであろう。こうしたことを考えると上記に示した憲法上の様々な要請に対してバランスのとれた調整の結果であるとはいいがたい。政治的集会の責任者に，有益な衛生上の注意を促す措置，例えば参加者の制限やマスク着用というようなあらゆる措置をとることができるものである。憲法院はこのように述べて違憲と判断した[36]。

　感染拡大の収まりを受けて，首相は3月3日に3月14日からはこれまで要求されていたあらゆる場所，カフェ，レストランなどにおいてワクチンパスを廃止すると述べた。しかしながら24時間以内の陰性証明書を含めて衛生パスは病院，高齢者施設，障がい者受け入れ施設では必要とされるとした。この衛生パスは，デジタル上でも紙上でもよく，これまでのワクチンパスと同様の証明書，コロナ回復証明書，24時間以内の陰性証明書，ワクチン不適応証明書である。フランスの国境をまたぐ旅行の際にも必要である。またいくつかの海外圏においては引き続きワクチンパスを必要とするところもある。これらの内容はデクレで定められた（Décret n° 2022-352 du 12 mars 2022）。

　Covid-19の感染拡大に対処するために設定された例外体制を終結させる2022年7月30日法（Loi n° 2022-1089 du 30 juillet 2022 mettant fin aux régimes d'exception créés pour lutter contre l'épidémie liée à la covid-19）が定められ，防疫上の緊急事態はおわることとなった。この法律案は7月4日に大臣会議で決定され，その日のうちに議会に回され，7月26日に採択された。しかし7月27日

---

[36] CC., n° 2022-835 DC du 21 janvier 2022.

に国民議会議員の憲法院への申立てがあり，憲法院は7月30日に合憲との判断を下し，公布に至った。この法案に関しても迅速審議手続が用いられた。

この法律の内容は次のようである[37]。防疫上の緊急事態に関する公衆衛生法典の規定及び2021年5月31日法で設定された防疫上の危機の管理体制は2022年8月1日からは廃止される。隔離，外出禁止，衛生パスといった措置は新たな法律が制定されないかぎり設定されない。こうした体制のおわりはCovid-19の科学者会議の解散となり，その代わりに防疫上のリスクの監視と予測を担当する委員会が創設された（Décret n° 2022-1097 du 30 juillet 2022）。この委員会の任務は広く，人や動物を襲う感染症のみならず，環境汚染，気候変動に関わる防疫上のリスクについて監視する責任をもち，これらの侵害に対する戦略についての意見をする。

2022年8月1日から2023年1月31日までは12歳以上の者に対して海外からフランス，海外領土からフランス本土に，旅行の際にはコロナ陰性テストが課されることも示した。旅行業務に携わる者も同様である。こうした義務は先の委員会の意見の後で，首相のデクレで決定する。

SI-DEPはCovid-19の追跡結果をまとめているものであり感染の仕方や回復のあり方を示すものとして，2023年6月30日まで活用される。またContact Covidは2023年1月31日まで活用される。さらにワクチンを打っていないことを理由として職務停止になっている病院関係者等を復帰させることもした。ワクチン接種義務は衛生高等機関HASの意見により徐々に解除されている。もはや職務停止の必要がないとして復帰が決まった。

憲法院は，「『国の領土 territoire national』という文言の使用が間違っている，海外地方公共団体は除外されているしフランス本国しか意味するものでない，したがって，法律のアクセス可能性と理解可能性（明確性）という原則を侵害している」とする批判に対し，1789年人権宣言に定められた，自由の意味や権利行使の限界を示す4条，法律による禁止を示す5条，一般意思の表明とし

---

[37] Loi du 33 juillet 2022 mettant fin aux régimes d'exception créés pour lutter contre l'épidémie liée à la covid-19, *Vie publique*, 1er août 2022.

ての法律を示す6条，権利保障と権力分立を示す16条から導き出される，法律のアクセス可能性と理解可能性という憲法上の価値の目的から，立法府に十分に正確な規定及び曖昧でない規定を用いることを課している。「国の領土」は，フランス本土のみならず，コルシカ島や海外地方公共団体も含む，不正確でも曖昧でもないと退けた[38]。また憲法院は，「首相に海外地方公共団体からの移動やフランス本土への到着を，これらの地域で新しい型の発生があったときに規制をする権限を委ねること」に対する批判については，1789年人権宣言6条は法の下の平等を定めるが，これは異なる状況においては異なる取り扱いをすることに反対するものではない，一般利益を理由として，法律の目的に沿って，それぞれの場合に扱いが異なることはありうる，として退けた。こうしたことから合憲と判断している[39]。

8. 日本への示唆

日本では，国家緊急権は主に憲法保障の項目においてとりあげられ，憲法保障の例外であるとして「立憲主義体制を一時停止して多かれ少なかれ権力集中を伴うのを通例とする」と解されている[40]。しかし，フランスの防疫上の緊急事態の扱いは，最初は確かにデクレで宣言されたが，議会や裁判所の関与の上にできるかぎり合意を得る形で進められてきた。迅速審議手続がとられても双方の議院から修正が入り，合意に至るまで練られていく。さらに合意を得て成立しても不満があれば，憲法院に付託ができる。憲法院による統制は，直接には法律の合憲性を問うものであるので，議会に対する統制といえるが，その法律の原案が多くは政府提出法律案であることから政府に対しても統制を及ぼしていると考えられる[41]。判決では，必要性と比例性の審査が多く行われている。

---

38) 法律の質に関する議論である。植野妙実子・前掲書（注26）247-301頁参照。
39) CC., n° 2022-840 DC du 30 juillet 2022.
40) 佐藤幸治『日本国憲法論』成文堂 2011年 48頁。
41) ルイ・ファヴォルー著植野妙実子監訳『法にとらわれる政治』中央大学出版部

比例性の審査とは，目的に対して適合的で比例的な手段がとられているかを問うものである[42]。

また法律に伴って講じられた命令に対しては行政裁判所に訴えることができる。ここでは合法性の審査が行われる。行政裁判所は，行政権に属するもので，行政裁判自体の憲法上の根拠はなく，行政権の裁判的統制は行政法を組織化する行政判例の積み重ねから生じている。行政訴訟の中で Covid-19 禍において活用されたのは，急速審理 référé である。コンセイユ・デタの HP には，Covid-19 に関する急速審理手続による訴訟（以下，レフェレとする）が時系列的に紹介されている。行政（国，地方公共団体，公施設）が基本的自由（表現の自由，私的生活や家族生活の尊重への権利，亡命権など）を侵害していると考えられる場合に訴えることができるものである。行政の決定を停止したり，行政に特別な措置を講じることを命じたりできる。レフェレ担当裁判官は原則 48 時間以内に判決を出す。中には首相のデクレの改正を促す判決も出ている[43]。他方で保健行政が公役務ととらえられることから，役務の過失を問う裁判も提起されている[44]。

また，隔離や身体の拘束に関しては 66 条に基づき，司法裁判所（自由及び拘束に関する裁判所）に訴えることができ，適切性が判断される。フランスでは早い段階から入院か自宅療養かを選べる制度が確立していた。自宅療養の場合も医師や看護士の訪問により治療を継続的に受ける。衛生パスの導入の前から，フランスには 500 万人の孤老が存在することが問題となり，地域の医師がそうした家を一軒ずつ訪問して接種するなどした。

重要なのは，第 10 篇の政府閣僚（構成員）の刑事責任の規定である。これに沿って，首相や担当大臣の責任を問う訴えも提起された[45]。Covid-19 に関して

2016 年。
42) 植野妙実子・前掲書（注 26）147-167 頁参照。
43) Par ex., CE., Décision en référé du 18 mai 2020, n° 440366.
44) Par ex., TA Paris, 28 juin 2022, n° 2012679/6-3. 政府の初期の対応に関し，役務の過失は認めたが賠償は認められなかった。

は検討されたものの，結果的に起訴されることはなかった。条件はあるものの，憲法院の QPC やレフェレと同様に誰でもが訴えることができる手段があるということが，政策を考える際，首相や大臣に緊張感を与えるものになっているといえる。

また立法過程の最終段階での憲法院での審査のみならず，法律案作成時の，とりわけ政府提出法律案に付される影響評価 études impact[46]，コンセイユ・デタの意見[47]，法律が制定された後の議会の，政府の行動の統制や公的政策の評価など，単に法律を評決するのみならず，統制・評価・監視といった議会の役割[48]も，立法や政策立案担当者に真に効果的で適切なものを考える契機となっていよう。さらに各機関の発信力，透明性もある。これを機会に「責任論」も活発に議論されるようになった[49]。

日本においては，政治家がまず何を根拠に，どのように対処すべきか考えるべきであるし，その対処・対応には当然責任が伴うことも自覚すべきであろう。国民もそれを監視するという，民主主義の基本に立ち返ることが求められる。さらに簡便な方法で，政治家や政策の責任を問う仕組みも必要と思われ

---

45) 2020 年 3 月以来 150 もの訴えがある。防疫上の災害にあって，積極的に対策をしてこなかったことが問われている。Jean-Baptiste JACQIN, La mise en cause de la responsabilité politique des ministres est devenue un exercice improbable sous la Ve République, *Le Monde*, 22 décembre 2020.

46) Loi organique n° 2009-403 du 15 avril 2009 relative à l'application des articles 34-1, 39 et 44 de la Constitution.

47) 重要な法律案の際のコンセイユ・デタの意見は公表されている。また新型コロナウイルスの感染拡大に対しては，コンセイユ・デタが提言をまとめている。Les états d'urgence : la démocratie sous contraintes, *Conseil d'État, Étude annuelle 2021, op. cit.*, pp. 185-188.

48) Cf., par ex., Commission d'enquête pour l'évolution des politiques publiques face aux grandes pandémies à la lumière de la crise sanitaire de la covid-19 et de sa gestion.

49) 例えば次のもの参照。La responsabilité, Tome 63, *APD*, 2022 ; Sous la direction de Jean-Philippe DEROSIER, *La responsabilité des gouvernants*, LexisNexis, 2022. 後者に関しては第 4 章で扱っている。

る。

まとめにかえて

　憲法改正により緊急事態条項を導入する動きがあるがその必要は全くない。法律で対応すればよいことである。緊急事態というのも様々で，今回のような未知のウイルスの急激な感染拡大による公衆衛生上の，防疫上の危機というようなことはこれまで考えられてこなかった。こうした場合の政府の対応には，基礎に国民の信頼が必要となる。国民が政府を信頼しているからこそ対応を任せられる。その対応に従うということである。この政府への信頼は選挙にかかっている。選挙制度が国民の民意を反映するもので，投票率も高く，政府がその結果を反映して形成されていることが必要である。現状はそのような選挙制度になっていない。投票率も高くない。国民が何か諦めたかのような感さえある。また緊急事態は国民の自由や権利を規制するものだからこそ，短期であることが必要である。フランスではデクレで1ヵ月間設定され，その延長は法律で許可する形をとっている。

　さらに日本においては，政府の対応の透明性が必要である。何を根拠に，それに対してどのように対応するのか，わかりやすく具体的に説明する必要がある。「適切に対応していく」と抽象的ないい方を繰り返すのではなく，具体的な説明が必要である。

　日本ではとりわけ，検証，すなわち後始末が不足している。そこから何を学んだのか，今後学んだことをどのように活かしていくのか，それがみえない。すぐ，何が争点かわからないままに解散，総選挙へと突き進む。与党勢力を常に盤石にすることばかりを考えている。「政治」がない。すなわち「政策」に実がない。場当たり的であって，票集めのための政策になっている。それ故，国会が何のために存在しているのかわからない。憲法41条は「国会は，国権の最高機関」と定めているがその働きを国会がしていない。政府が勝手なことをしているようにみえる。フランスでは立法過程における議論が活発なのに比

べ，日本では法律案の多くが政府と与党との間で決まっている。そもそも野党の力が発揮できない形となっている。また今日では，政策を実際に考えるべき存在の官僚の存在感が薄れ，質も落ちているように思われる。

　国民の側も選挙を政治の手段として活用しようとしていない。国会議員は何か身近な困りごとを解決してくれる人だと勘違いしている。国会議員は，全国民的視野をもつものでなければならない。全体の奉仕者の側面ももつし（憲法15条2項），「全国民を代表する選挙された議員」（憲法43条1項）でもある。だから特定の団体の代表のようなことでは困るのである。フランスでロビー活動と議員とを分けるのもこうした考えからである。命令委任は禁止される。何かの見返りを期待するような企業献金は禁止されるべきである。誰にでも公平，平等な政治が行われなければならない。日本の民主主義の質を問い直す機会をコロナ禍の政府の対応は示したように思う。

第4章
緊急事態における政府の責任

はじめに

　フランスのコロナ禍において問題となったのは政府の対応の責任のあり方である。コロナ禍を契機として未知の病気の蔓延に政府がどのように対応するかが問われた。

　フランスの場合は，現行第五共和制憲法の「第2篇　共和国大統領」の16条にいわゆる緊急措置権を定め，「第5篇　国会と政府の関係」の36条に戒厳状態を定めているが「新型コロナウイルス（以下，Covid-19ともいう）の感染拡大に対し，それらは使わず，公衆衛生法典の改正法律によって公衆衛生上（以下防疫上，という）緊急事態すなわち例外事態を導入して対応にあたった。

　最初は，大統領の声明により緊急事態が宣言され，そしてそれを後追いする形で法律が制定されていく形をとったが，とりわけ2020年の対応のあり方，右往左往の政策には様々な批判も寄せられた。手続や方法についての批判，また外出禁止措置や隔離措置が人身の自由に関わることから，さらに SI-DEP と Contact Covid を使っての感染者と接触者の追跡もプライバシーの権利と関わることから，その点に関する批判も寄せられた[1]。憲法院やコンセイユ・デタ

---

1) Par ex., Covid-19 et droit public, *RFDA*, n° 4 juillet-août, 2020, pp. 597-700 ; Les États d'exception, un test pour l'État de droit, *RDP*, Numéro spécial, 2021 ; Les états d'urgence : la démocratie sous contraintes, *Conseil d'État, Étude annuelle 2021*, La documentation française, 2021. また本文の中でも関連する著書を個別に

なども法律制定や政策設定などに関わったがこうした機関がふさわしい役割を果たしたかも問われた。ここでは，まず，フランスでのコロナ禍での大まかな流れ[2]を確認した上で，責任の概念をとらえ直し，2021年3月19日に行われた「統治者の責任」と題するフォーラムで発表されたいくつかの総括論文及びフランスの対応に関する論文を検討していきたいと思う。

1. フランスのコロナ禍での法律

フランスではまず，大統領声明で2020年3月17日から5月10日まで，外出禁止措置をとった。それを後に肯定する形で，公衆衛生法典改正という形で緊急事態を5月10日まで設定する2020年3月23日法（Loi n°2020-290 du 23 mars 2020）が制定された。さらに2020年5月11日法（Loi n°2020-546 du 11 mai 2020）により緊急事態は7月10日まで延長された。5月11日から7月19日にかけては，外出禁止措置を徐々に緩和した。3月から5月が第一波である。2020年7月9日法（Loi n°2020-856 du 9 juillet 2020）により防疫上の緊急事態を終了させ，7月11日から過渡的，暫定的な体制を実施し，政府に例外的措置をとることを10月31日まで認めた。7月20日から10月17日までは，路上等の公共の場でのマスク着用義務化などを定める一方で，バカンス時期を迎えることもあり，規制を解除したのである。しかし，バカンス時期に移動をした人々が多かったことから，感染者が再び増え，10月17日から30日までは夜間外出禁止措置を次第に拡大したが，感染拡大がとまらず10月30日から再び外出禁止となった。9月から11月が第二波である。外出禁止を裏付ける法律は11月14日に成立した（Loi n°2020-1379 du 14 novembre 2020）この法律で防疫上の緊急事態は2021年2月16日まで延長された。2020年10月末からの外出

紹介している。
2)「大まかな流れ」としては，次のもの参照。植野妙実子「フランスのコロナ対策と憲法院による統制」石村修 他編『世界と日本のCovid-19対応』敬文堂 2023年31-47頁。この本には他国の対応も扱われている。

第 4 章　緊急事態における政府の責任　115

禁止は 12 月 15 日から緩和することとなっていたが，想定したように感染者数が減らず，午前 6 時から午後 8 時にかぎって自由な外出を認めるという夜間外出禁止措置などもとった。2021 年 2 月 15 日法（Loi n° 2021-160 du 15 février 2021）で緊急事態を 2021 年 6 月 1 日まで延長した。外出禁止も 3 回に及んでいる。ところが，変異ウイルスの影響で感染が再拡大し，2021 年 3 月半ばから 1 日あたりの新規感染者数が平均 5 万人になったことから，4 月 1 日，ジャン・カステックス首相は，第三波がきていることを認めた。3 月 29 日には，秋の第二波のピークをこえ，2020 年 4 月 22 日以来最も多い人数となり，3 月 31 日マクロン大統領は，再びフランス全土で外出禁止措置をとることを明らかにした。

　その後，導入されたのがいわゆる衛生パス（防疫上のパスポート）である。衛生パスを導入したのは 2021 年 5 月 31 日法（Loi n° 2021-689 du 31 mai 2021）で，このときは 9 月 30 日を終期としていた。フランスはこの衛生パス（後にワクチンパスとして拡大）で，コロナ禍を乗り切ったといえる。衛生パスとは完全なワクチン接種証明書かコロナ陰性証明書もしくは回復証明書をさす。しかしながらそれでもデルタ株により感染拡大がみられたため，2021 年 8 月 5 日法（Loi n° 2021-1040 du 5 août 2021）で衛生パスの適用範囲を広げ，ワクチン接種を強化した。防疫上の危機のおわりは 11 月 15 日とした。衛生パスの活用も 11 月 15 日としていた。さらに 2021 年 11 月 10 日法（Loi n° 2021-1465 du 11 novembre 2021）により防疫上の緊急事態を 2022 年 7 月 31 日まで延長することを決めた。これは，2021 年 12 月半ばからデルタ株からオミクロン株への置き換わりが進んで感染者が急増したことによる。

　また 2022 年 1 月，一層，感染者数が増加したことで政府は，2022 年 1 月 22 日法（Loi n° 2022-46 du 22 janvier 2022）によりワクチン接種強化策としてさらにワクチンパス（passe vaccinal）の導入をし，衛生パスに置きかえた（実際には場所により並行して使用）。その後徐々に減り，3 月 14 日にはワクチンパスを終了，3 月 21 日には濃厚接触者の隔離を終了，4 月 7 日には 60 歳以上の 4 回目接種を開始した。7 月頃に感染者が増えはしたが，2022 年 7 月 30 日法（Loi n°

2022-1089 du 30 juillet 2022) によって防疫上の緊急事態をおわらせた。今後は，外出禁止措置をとらない。衛生パスも8月1日から廃止となった。隔離，外出禁止，衛生パスという措置は，新たな法律が制定されないかぎり設定されない。Covid-19 の科学者会議は解散となり，それにかわって防疫上のリスクの監視と予測を担当する委員会が創設された。

2. 統治者の責任

　統治するということは，決定するということである。統治者，すなわち統治するもしくは統治すること（政府）に参加する任務を授けられた者達は，政治的決断をしながら彼らの職務を全うする。だがその政治的決断は，法規範の採択に表れ，当然のことながら法規範は憲法に沿ったものでなければならない。この決断は政策を実現する対象となる人民により直接・間接に民主主義の中で実施することを託された事柄を遂行する。人民が統治者に任務を託すのであって，その統治者には人民の前にそれに応える義務がある。これがまず権力行使の意味である。権力は元々人民に由来する。統治者は，人民の名で託された権力を行使するのである。そこで統治者は人民にいわば債務を負う形 redevable となる。政治的職務や政治的な選択を引き受けながら，統治者は自由に権力を行使できる状態にある。しかし行使された権力が，託された任務 mandat に合致したものかどうか評価することができるのは唯一人民であり，その活動を元々の資格所有者である人民に説明できるという条件の下で行われるべきものである。ここに憲法上の「責任」の概念，意味がある。統治することは決定することであり，同時にその決定を下したことを引き受ける，応えるということである。かつて，ギー・カルカッソンヌは，「責任とは，権力の第一の負債のようなもの dette である」といった。ポルタリスも「正義（法の裁き）は至上権（主権）の第一の負債のようなものである」といっている。統治する者は，いかなる者であろうとも付随的に義務を授けられることなく権力を託されることはない。すなわち，彼に託された権力の前に完全な責任を負うということであ

る[3]。

　これは，2021年3月19日に行われた第6回憲法及び政治制度についての国際会議 ForInCIP で導入部分において示された認識である。民主主義体制の運営に責任が本質的なものであるかどうか考えることである，としている。そして主に責任を問われる「統治者」とは，執行権を構成する者である，とする。その責任の性質，責任のメカニズム，責任の効果，そしてコロナ禍に直面した統治者の責任，こうしたことを議論している[4]。

3. 責任の性質

　責任の性質については，ピエール・アヴリルは，責任をもたない権力はないと指摘し，「責任原則は民主主義憲法組織の要である」[5]としている。統治者の責任が民主主義の要請であるにもかかわらずこの概念の複雑さを多くの報告者が指摘している。その複雑さは，責任概念が様々な分野の法（例えば，民法，刑法，行政法などあるいは政治学）と関わるが故に多様な性格を有する，あるいは様々な形をとりうる多角的な性格を有するからであろうとされている。そして，責任は，誰が統治者であるのか，大統領，首相，大臣かという問題に結びつく。また，責任は，活動の結果生じるものであるから，その活動の範囲，活動のあり方の問題とも結びつく。さらに，行為や非行に応える，透明性の名の下にその活動をコントロールすることを受け入れる，疑問や要請に応じる，こうしたことに対する能力や義務の問題にも結びつく。

　そこで第一には，責任の生じる，その源への考察が必要となり，第二には，

---

　3) Jean-Philippe DEROSIER, La responsabilité des gouvernants : Première dette du pouvoir, in *La responsabilité des gouvernants : Les Cahiers du ForInCIP*, n°6, Lexis Nexis, 2022, pp. XV-XVII.
　4) *Ibid.*, pp. 1-4.
　5) ピエール・アヴリルの使っていることばは，clef de voûte すなわち体系や組織の要であることを示している。Jean-Louis HÉRIN, La nature des responsabilités, in La *responsabilité des gouvernants*, précité, p. 5.

責任が変化するものであるなら,刑法のメカニズムの中で提訴されうるものなのかそれとも政治的倫理にとどまるものなのかへの考察が必要となる[6]。

　統治者は様々な責任を負う。その責任とは,まず倫理的責任。次に行政法上,民法上,刑法上のいわゆる違反,非行さらに憲法違反の場合もあるところの法的責任がある。さらに人々の信頼を裏切った,失ったというような政治的責任があげられる。倫理的責任は,個人的な責任である。例えば,ドイツ連邦共和国憲法前文には,「ドイツ国民は,神と人間に対する責任を自覚し……」と記している。「未来の世代に対する責任」というものもある。またマックス・ウェーバーは,信念や責任の倫理というものには,反対していた。法的責任は,一般原則として行政の責任ということなら,統治者の違反,非行によりもたらされた損害を修復するのは国家である。統治者は,但し,切り離すことのできる非行の場合は,個人的な責任を負うともいえる。法的責任の追及の場合に問題となるのは,司法の独立である。この独立が確保されているときには十分に法的責任を問題にすることができる。

　政治的責任については,議会の前の政府の責任は憲法上の政治的性質を有する責任である。不文憲法であるイギリスにおいても大臣法典の中で「大臣は,担当者及びそこで働く職員の決定,政策,活動を議会に説明する義務を負う」と定めている。フランスの場合においては,政府に,大統領制と議会制(議院内閣制)という二つの制度の中での二重の信頼の問題があることが明確にされなければならない。フランスの政府の責任をかけるという行為(フランス憲法49条,50条)もこの政治的責任の中に入る。アンドレ・ルーは,「責任があるということは,説明をする必要があるということである」としている。また議院内閣制においては,憲法上の責任原則は議会からのコントロールの原則であり,議会での精査ということを含むとイギリスの報告者は述べている。解散がないフランスのセナには,政府の責任を問題とする権限をもっていないが,現実の政治問題においてセナ議員の前でも活動に応える義務があるという点で,

---

6) *Ibid.*, p. 6.

政府は上院であるセナに対しても責任をもっている。フランスでは，国民議会と同様にセナも，政府の活動をコントロールし，公的政策を評価する。憲法24条1項には「国会は法律を表決する。国会は政府の行動を統制する。国会は公的政策を評価する」と定めている。

権力分立は，立法府による大統領の執行権に対するコントロールを妨げるものではない。例えば，アメリカでも弾劾，もしくはニクソンがそうであったように強制的な辞任においこむというように政治責任の「暗黙的な」形態として監視が行われている。議会からのコントロールは，情報公開の請求や調査委員会の設置などにより反対派（野党）もしくは少数派の権利として存在する。

コントロールのメカニズムは，政府の活動の透明性を強めることにつながる。そして，それは政治の責任と信頼の基本である。透明性の促進は，責任に必須のものである。さらに今日では，アカウンタビリティー（説明責任）も必要と考えられている。総じて，政治責任の民主主義的要請から，責任のとらせ方を法的メカニズムに限定する必要はない，といえる[7]。

このような責任の性質への考察をみると，日本の制度は，いかに緩いのかと反省させられる。これまで政治責任は選挙を通じて国民に判断が委ねられるとされてきた[8]。法的責任のとり方の他に，日本においても日本国憲法62条は「両議院は，各々国政に関する調査を行ひ，これに関して，証人の出頭及び証言並びに記録の提出を要求することができる」と定めている。しかしながら，実際には，この国政調査権の活用が十分になされているとはいいがたい。また，政治の透明性は，国民の知る権利にも関わる。何がどのようにおきているのか，どのように決定したのか，プロセスを知ることも重要である。しかし，日本では重要な政策決定が例えば安保三文書にみられるように閣議決定で定め

---

7) *Ibid.*, pp. 9-12.
8) 例えば，「国民主権原理のもとでは，国会や内閣は主権者たる国民全体に対して政治的責任を負うべきものとされ，政治的責任に関する判断は選挙を通じて示されると解される」としている。大須賀明 他編『憲法辞典』三省堂2001年276-277頁（「政治責任」栗城壽夫）。

られ，それに沿って安全保障政策がこれまでとは異なる形で進められている。政府の責任のとらせ方を真剣に議論する必要があろう。こうしたときにこそ根本的な政策転換を行うことの是非を国民に問う，解散総選挙が行われるべきであるが，憲法の理念に沿った解散のあり方から既にはずれてしまっている。つまり解散を行うことが当然のように行われており，「違憲状態の解散」に慣れ親しんでしまっているところからは，解散の意義さえも失われているといえよう。

4. 責任のあり方の違い

次に責任の性質に関して紹介されるのは，政治責任といっても，その国の制度等によって様々にあり方が異なるという点である。しかし，他方で様々な責任が問われるとしても，その間には一つの階層性があるとしている。最初に問題となるのは倫理的責任であるが，民事責任や行政責任については，統治者が個人的な違法行為を侵した場合，通常裁判所で裁きを受けるすべての市民と同様に判断されることになる。刑事責任である場合はより重大なものとなる。統治者の刑事訴追となれば論外である。最も重要なのは政治責任であるが，その重要性は刑事責任の追及としばしば連動したり，また潜在的に政治倫理の問題ともつながったりしてくる[9]。

また政治責任といっても，統治者は多方面での関わりをもち，議会の前の責任がすべてではない。政党，選挙民，市民，世論，NGO，メディアなど多方面とのつながりがあり，そこでもそれぞれ責任が問われることになる。統治者の責任は，議院外でも問われることがある。イタリアのような場合には，政府は，議院と大統領からの二重の信任を必要とし，それに拘束される。連邦制国家の場合にはさらに責任の評価は複雑となる。また執行府と立法府との関係が弱くなると内閣の責任よりも一層，政治責任の多様化がみられるようになる。

---

9) Jean-Louis HÉRIN, *op. cit.*, p. 12.

内閣の責任の後退は，全体的に「皆，無責任である」，「皆，腐敗している」という人々の感情をひきおこすことになる。私見では，この状況こそが現在の日本の政治状況だと思えるが。

こうした国民感情に対し，議会が政府を弱体化させるようにコントロールをしたり，情報公開を求めたり，調査や聴聞をしたりすれば，さらなる発展につなげることもできる[10]。

ところで刑事的責任と政治的責任との複雑な関係については元来より議論されている。刑事裁判官は既に示されている統治者の責任を問題にすることはできるのか。司法の独立のために司法の場に政治が干渉しないのならば，裁判官は執行府の運営に個人的責任を探し出すために干渉することができるのか，と議論されている。

このことは，汚染血液事件以降徐々に，刑事的リスクには責任はないが，有罪でないわけではない，と示されるようになる。このことは政治責任にとっては薄められて解釈されることにもなった。フランスでは，Covid-19 の流行（感染症の蔓延）において，首相，保健大臣，国民教育大臣に対して過失致死，もしくは他人を危険にさらしたとして多くの訴えがおき，共和国法院（第10篇 政府構成員の刑事責任）の中での調査や予審の対象となった。しかし共和国法院は大臣の存在自体を裁くところではない。こうした流行が阻止されえたのか，根絶しえたものなのかを考えなければならない。

刑事的責任は本質的に個人的責任である。なぜなら個人の刑事的過失の存在を前提としているからである。執行府の合議で議論しあって決められた事柄，政策について，取り出して刑事責任を追及するというのにはそぐわない[11]。

倫理についての責任の問題は新しい形を示している。今日では，それぞれの国で規制方法は様々であるが，統治者は，自らの財産の公開，利益相反がないことなどを説明する必要があることが一般的となっている。そして，政治家とはいかにあるべきかの基準を示すということも行われるようになっている。例

---

10) *Ibid.*, pp. 12-13.

11) *Ibid.*, p. 15.

えば，内閣法典 Code ministériel は，尊重すべき公的生活の倫理の8つの柱を示している。それらは，他人のために奉仕するという考えをもつこと（利他主義），公平性，客観性，責任性すなわち説明責任，公開性，透明性，正直さ，リーダーシップ（指導者としての組織力），である。フランスでは，1988年以降，統治者の政治責任及び刑事責任の新たな場合として制裁対象となる倫理についての要請の重大な発展がみられた[12]。

それでも倫理は，厳密な意味での政治的責任より広い文脈の中でとらえられるとされるが，倫理についての考え方の進歩は，刑事責任の典型的なメカニズムの実施，とりわけ特に重大な倫理義務違反の場合の政治責任のメカニズムの実施と分離することができないことを示している。

責任は，民主主義の思想の中心に存在する。責任は，民主主義における権限 autorité の当然の結果である。統治者は，統治される者の信頼を得ずして長期にわたり統治することはできるのだろうか。そこではまた人民も責任をもっているというべきではないか，と結んでいる[13]。日本においては，日本の制度のめざすところから，政治家の責任論をもう一度考え直す必要があろう[14]。

5. 責任の効果

責任のメカニズムに関しては，それぞれの国の政治制度によって異なる点があるので，責任の効果・結果・影響についてどのような議論があったのかをみておきたい。

統治者は，公職につく者であるから，その責任は，本質的な政治的意義に関

---

12) Cf., *La déontologie politique : Les Cahiers du ForInCIP*, n°5, LexisNexis, 2020.
13) Jean-Louis HÉRIN, *op. cit.*, p. 17.
14) 既述したように，例えば解散権は首相の専権事項ではないにもかかわらずそのようにとらえられ，政権側に都合のよいときに解散が行われている。解散は国民に真に問うべき新たな事項がおきた場合に行われるべきものである。結局，議員も選挙のことしか考えない，政策の実現が疎かになるという現状がある。

わり，法的な定義に限られることはできない。統治者という点から市民に侵害を与えたかどうかが問われる。このような意味で統治者が「政治的責任をもつ者」として選任されているという事実は，無視されるべきではない。責任は，職務や権限の資格を有する者であるという事実，一定の領域で決定したり，行動したりすることを任せられているという事実から理解される。この意味は，責任の定義の内容を豊かなものとする。

　すなわち，責任の法的概念 notion juridique は，説明できなければならないが，その行為の結果が耐えうるものであったかも問題になる。より長い期間にわたり侵害があったか，行動する責務や義務を怠ったかが問われる[15]。

　公職につく者の責任に結びつけられる結果については，その意味を見定め，ひきおこされた障害を考えることなしに認めることはできない。確かに政治的責任は議院内閣制のメカニズムに限られるものではなく，より広い意味で，政治的説明責任 political accountability に含まれるものである。政治が及ぶ範囲において行動する義務や行為の政治的結果に対して負っている義務に結びつく責任である。しかし，その政治的説明責任は，合議体の責任の枠組みの中で，個人あるいは同一視される政治団体に向けられる個人的な意味しかもたない。加えて，決定的な要因がある。公的な政策が広範囲に及ぶことから長期にわたる広い活動を包含し，このことから，限られた一定の期間，職務を行使することになる人物に責任を負わせられないことである。公的な政策は，限定された期間に評価されるが，決定機関もしくは決定権者の継続性にかかっている。それは，ときには単純に同一であるとみなせない場合もある。また公的政策の決定権者が多様化している場合もある。たとえ，何人かの個人が任命されていたとしても，時間が経つにつれすべての法的行為が不可能あるいは不必要となる危険もあるといえよう。2020年におきたような経験したことのない防疫上の危機によりもたらされた明白な例証について考えると，多くの国では想定でき

---

15)　Julien THOMAS, Les effets de la responsabilité, in *La responsabilité des gouvernants*, précité, p. 31. なおここでいう法的概念とは，裁判所で問題にすることができるかどうかを述べているように思う。

ず，準備不足であったといわざるをえない。そうした中で，その結果生じたことにつき誰の責任をどのように問うことができるのか結論を出すことは難しい。

市民が（有権者として）選挙で選ばれた者が責任を負うという事実に意味や価値を与えることになるが，そうであるならその目的は部分的な不完全な方法でしかとげられない。責任の結果は，必然的に限定される。また，責任についての議論が，政治的アクターの選択形態につながるなら，むしろ責任はネガティブにとらえられるといえる[16]。

制限された範囲における責任のメカニズムについては，政治的責任の職務の継続性に対して結果を与えうる，刑法に関わる行為を対象とするメカニズムがある。刑事責任がその性格から一定の事実や手続に制限されるなら，政治的責任に直接関わるメカニズムが不確実性をもたらし，かつ，それらの効果の弱体化という形を示すことになる。

刑事的責任が制限されるということは，社会的な厳しい非難が職務やキャリアの継続を危うくする場合は，政治的職務や政治的キャリアの追及に対し，刑事的手続や制裁の効果が，世論に対し重大な結果をもたらす。その点に関しては，とらえ方により異なる。刑事的有罪判決が人々の厳しい非難を生み出す程度までいくとしても，刑事制裁が再選されることを妨げない場合もある。他方で，刑事制裁の効果が直接に政治責任に結びつく刑事的有罪判決に付随する被選挙資格の刑罰原則やいくつかの職務を行使することの禁止原則が多く認められている。しかし，責任のメカニズムに効果がみられない場合は，刑法規定は適用されない。経済的危機やコロナ禍の危機対応には政治家に対し刑法が適用されることはない。

したがって，刑事責任の制度の適用は限定されているといえる。それは，そうした制度が異常な場合に限られているからである。政治的職務を遂行する者に対して，権限全体を統括することや決定の重大性を統括することを課してい

---

16) *Ibid.*, p. 32.

るだけではないからである[17]。

　他方で，選挙による政治責任のとらせ方は，弱体化しているようにみえる。議会制あるいは議院内閣制の特徴である政治責任は，選挙の結果を受けて政府（内閣）の構成員が配置され様々なことに対して決定をすることが正当化され責任をとることとなる。選挙の結果を受けて，さらに任期の継続が決まれば実現している政策に対してもまた将来行われるであろう政策も認められたこととなるが，そこには責任が伴うはずである。この責任は政治的性格を有するものである。こうした政治的責任は，選ばれた議員全体にも及ぶものである。選挙で選ばれた議員がそれぞれどのような結果を出したのかは明確に評価できず，したがってこうした責任のとらせ方は，弱体化している，といえる[18]。

　議院内閣制における政府の責任は，今日ではその構造は理論化されている。議院内閣制は，議会による政府のコントロールを通して民主的責任行政の要請に応じつつ，議会と政府の協働を通して，国政の円滑な運営の確保を狙いとする，と説明されている[19]。ここから日本においては，一般的に，議会と政府が一応分立しつつ，政府が議会（特に下院）の信任を在職要件とする責任本質説と，政府が議会の解散権をもつことも本質的要素に加える考え方である均衡本質説とが対立している，と説明される。しかし日本では，政府が好きなときに解散をすることが常態化していて，政権の継続化がはかられており，選挙において政策の責任を追及する形にはなっていない。さらに，過半数をとれない第一党である多数派（例えば自民党）がどの政党と組むかあらかじめ選挙民にはわからない場合があり，そのような場合には，政策の評価が次の選挙において単純になされているとはいえない。ましてや議会からのコントロール機能が働いていない現状は，責任本質説も均衡本質説も机上の空論に思える。但し，日本のこうした運用，憲法の理論の無視は，極端なケースだといえるであろうが。

---

17)　*Ibid.*, pp. 32-34.
18)　*Ibid.*, p. 34.
19)　大須賀明 他編・前掲書（注8）66頁（「議院内閣制」岩間昭道）。

ジュリアン・トマも，議会制の合理化のメカニズムの活用があり，多数派システムの安定性は実際にはそれほど察知できるものではない，議会によるコントロールの明らかな効果はむしろ稀になってきている，とする。政治的責任は制裁という形に要約することはできない。政府の任命に始まり，すべての活動のコントロール，定期的な報告書の作成に至るまで，様々に政治責任の効果は表れる。内閣の安定性が合理化の方法に結びついている場合もあり，この安定性が政治責任の成果であると単純には評価できない。

法的な原因と政策との役割がどのようであっても，政治的責任の効果が弱められていることは無視できない。市民によってあまり考えられていなかったが，政策の効果は政府の構成員や議員が政治的選択の責任を負っていないことを考える機会となる。そのような場合，野党が他の方法を探し，異議をとなえ，他の提案をすることが非常に重要となる[20]。

選挙による政策の効果に対する判定が必ずしも期待できないという事実はあっても，他のとるべき解決方法は発展してきている[21]。政治責任のメカニズムの効果の弱体化を補う，あるいは代わりになる形で二つの方向性が確認できる。一つは，政治責任の裁判化であり，もう一つは，政治的危機の防止のメカニズムの探求である。

政治責任のメカニズムやその効果の可視化が欠けていることに対して，権力保有者に圧力をかける，あるいはそのイメージを覆すような他の手続が考えられるようになっている。司法責任（裁判による責任）は手続の，そしてそこから生じる刑罰の，不名誉な厳しい内容から，法律違反の処罰という厳密な目標へと方向を変えることになるものである。選挙で選ばれた者に対して，強い効果を生じる性質を有しているので，司法上の責任は，政治責任を含む責任のとらせ方となる。弾劾という制度もこうした責任のとらせ方の一つとなる。フランスでは，2020年の防疫上の危機の初期の段階では，政府の責任の犯罪性を確認する共和国法院への訴えが，本来であれば政治責任を追及するべき正当な権

---

20) Julien THOMAS, *op. cit.*, p. 34.
21) *Ibid.*, pp. 36-38.

限をもっている機関に代わる役割を担った。

　政治的危機を防止するメカニズムについては，政治的責任の手続の成果がでないことが野党側に新しい戦略を考えるようになっている。

　政府の決定や多数派の立法府における働きに対して，闘う方法として人々の異議の気持ちを助ける形で憲法裁判所へ提訴するなどのことができることを指摘できる。しかしながら，統治者に対する批判が専ら政治的な理由に基づいていないが，特に非難されるべき事実について向けられている場合は，政治責任のメカニズムが弱体化していると成功はおぼつかない。反対に，選挙で選ばれた者（大臣，政府の構成員）の任期や職務の中断が司法手続の前提条件として存在する場合は，政治システムに対する不信や疑念が続いていないと対応する政治機関の能力が高まってくる。例えば，政府構成員の一人が問題をおこしたとき，そうした問題を恐れる政府の長（首相）が即刻行動をおこすことが得策となる。しかし多数派がそうした中でも支持を得ているなら，首相は単に時間かせぎをする場合もある[22]。

　危機の状況において不信を減少することは難しい。政治的任務や職務についている者の責任は一般的に期待に応えるものとみなされる。彼らは，決定したことに対して責任を負う立場にある。第一の帰結は，満足を与えられない事柄を排除する可能性がある，ということである。代表制民主主義が構成される本質的な性格の中にこの条件もある。統治者に被統治者が同一化される動きがある。地方公共団体の方で決定ができそうな場合には，統治者が決定することをやめたり，地方公共団体の構成員にその立場を譲ったり，本来は自らが決定すべきことなのにそうしたことをしない場合もある。こうしたことは機関に対する失望が生まれないようにするために使われたり，責任への期待が確実なものであっても，正確な形で理由を与えられないので混乱がおきたりする[23]。

　政治的職務につく者に向けられる様々な意見は，確認される理由や，不確かな，ときには不合理な他の事柄によって混沌としてくる。政治的・司法的責任

---

22)　*Ibid.*, p. 38.
23)　*Ibid.*, p. 39.

のメカニズムは，全体的に十分に応えられるものではない。しかしながら，最も多くの人によって認識することのできるメカニズムである。そうしたことも考慮に入れなければならない。こうしたメカニズムは，実際機関にとっても重要なものである。複雑な根底からの変化が正当であることをこうしたメカニズムは証明するからである[24]。

6. コロナ禍における政府の責任

「責任」ということばは，多義的なことばである。それは概略二つの意味をもつ。「責任を行使する」という表現にみられるような「権限をもっている」ということを意味する場合がある。また，応える義務があることも示唆する。ピエール・アヴリルが述べるように，「〜に応える」ことの義務，「問題も当然あるがしかしそれを果たす期待もあり，そこには信頼がおける誰かを当てにする，ということも含まれる」を意味する。そこにはまた「応えるべき」義務があり，「行為として応える，報告をする義務がある。そうした行為や報告はいわば債権であり，求める信頼に応える故に誰かを必要としているものである」とされる。

　こうした多義性から，統治者の責任を考えるとその範囲は広いものである。この責任に内在する領域は，刑事的，政治的，民事的，財政的，倫理的，さらに心理的な面にまで及ぶ。2020年以降おきたそれぞれの国の防疫上の危機における責任の形態は様々である。人々におきた，健康上のシステムにもおきた統治者の責任は，現在でもあるが，過去のものでも問題となる。また統治者に助言をするあらゆるジャンルの専門家の責任はどのように考えられるのか。統治者の責任の形態の多様性の結果，この責任の行為者の多様性も加わる。防疫上の危機の時期における責任のあり方 maillage はあまりにも複雑である。複雑とはいえ，この危機における統治者の責任の維持について問うことはでき

---

24)　*Ibid.*, p. 42.

る。危機の時期に一般的に人々が感じていた，心理的な政治的な手段を理由として統治者の責任が崩壊するような感覚は強化されたといえる[25]。

しかしながら，統治者の責任の消失という結論に至ることはできない。消失したとする分析は，責任を制裁としてとらえるものでしかない。日常においては，統治者の責任は何よりもまず人々と代表者を結びつける信頼のつながりの上に建てられているからである。それ故に，講じられた措置に人々の合意と支持があるかどうかが統治者の責任の証左，また人々の期待に応えることができるように決定したのかの証左として分析されるべきである。

確かに，防疫上の危機は，様々な機関の活動を根底から一変させた。この期間における統治者の責任について問題にすることは次のことから一層必要となる。すなわち，執行府の構成員の手の中に権力の集中があるという，そうしたことに統治者が誘惑されがちになるその時期（つまり緊急事態）にそれでも様々な機関には民主的性格が維持されているとする，そこに統治者の責任の存在がある。

パンデミックのときにどのようなことが行われたのか，それを検証し，統治者の責任を問うメカニズムは発展したのかを議論することは重要である。しかし，責任を問うメカニズムがよく働いたのか，というと多くの困難があったということがわかる[26]。

ジル・ツールモンドは，パンデミックにおいて統治者がとった行為に関しては，責任をもっている者とその職責との同一視を難しいものにするところがあると指摘する。

まず一つには，こうした危機対応について憲法で予め示されているかどうかが問われる。そして，さらにそれに沿って危機状態として対応したのかどうかが問われる。フランスのように緊急措置権は憲法に定められていてもそれを使わない，という場合もある。フランスでは，公衆衛生法典の改正で対応した。

---

25) Gilles TOULEMONDE, La responsabilité des gouvernants face à la crise sanitaire, in *La responsabilité des gouvernants*, précité, pp. 43-44.

26) *Ibid.*, p. 44.

つまり，統治者の行為の根拠条文がどこにどのように定められているか，それに沿って統治者が活動したのか，ということである。また危機状態をどのように実施したのか，しなかったのか，Covid-19 の管理が統治者の間の権限配分の変更を伴ったのか，そのことも責任に結びつく。ツールモンドは，こうした変更が三つの点から指摘できる，とする。第一には，議会と執行府との間の権限配分という点である。危機の状態はしばしば執行府の活躍する時期とされる。議会がなかなか関与できない状況を招く。とりわけパンデミックに対する闘いの中でとられた措置について議会が関与できない。第二には，国と地方との権限配分の問題である。危機の状態にあっては国家中央に権力が集中しがちで，地方政府が関与できない。しかし，地域差も考慮に入れなければならない政策も出てこよう。第三には，政府機関内部の権限配分の問題である。多くの国では健康保険担当大臣が様々な措置の重要決定に携わった。政府もしくは内閣の中でも権限の比重がどのように変わったのか，それが責任にどのように結びつくのかも考慮されるべきであろう。

　結局こうした権限配分の変更がその時々の状況によって行われていたりすると，統治者の責任はとらえがたいものとなり，霧の中にあり，可視化できないものとなる[27]。

　次にツールモンドは，パンデミック禍の統治者の行為・活動について四つの点を指摘する。第一には，先述したことと矛盾する点もあるが，他方で規範のインフレーションという傾向がみられるとする。多くの自由の規制を必要とする点で議会から承認をとりつける必要がある。その結果，政府主導で作られた法律を議会が承認するということがしばしば行われた。議会内手続の簡便化が行われた国もある[28]。第二には，幅広い一致や合意がみられることである。この一致は，世論を黙らせることにつながり，そこに実は「責任」がある。第三には，新たに専門家集団がパンデミックに対して闘うための決定をする優位的な地位を獲得したという点である。医師や感染症学者などが助言をする組織と

---

27) *Ibid.*, pp. 45-47.
28) *Ibid.*, p. 47. ベルギーが例としてあげられている。

して集まり，統治者が措置を決定することに対して手助けをする。「我々の民主主義が認識論的集団主義 épistcratie に直面する事態となる」[29]。専門家主導の政策となり，考慮すべき様々な点に行き届かないことがある。第四には，透明性の欠如である。講じられた政策の決定についての十分な情報が得られない。例えばイタリアでは専門家会議の意見は公開の対象であったが，直ちに公開されるのではなく，45 日後に公開されることになっていた。また関係する会議や委員会が秘密裏に行われるということもあった。しかし透明性がなければ決定についての責任を判断することはできない。

　このように規範が多様に活用され，全体としては合意があるようにみえる中で，しかも専門家集団の意見に従ってすばやく決定が行われているようにみえても，透明性を欠き，結果的には不安定な措置が行われていた，といえる。このような経験をした中でどのように責任を問うことができるのか，問題となる。

　責任の語源は，ラテン語の「応える respondeo」にある。「決定する，あるいは決定しないところから生じる管理者の責任は非行，過失あるいは懈怠に必然的に結びつくものである」[30]。このようにツールモンドは，セギュールのことばを引用して責任概念を明らかにしながら，そのメカニズムを検討している。そのメカニズムには，伝統的なものと，パンデミックの間の統治者の責任を発展させるために現れたいくつかの例外的なものがあるとする。

　伝統的なメカニズムとしてあげられるのは，まず，パンデミックに対する闘いの中で統治者によってとられた措置に対する司法上の，裁判を通して責任を問う仕組みがある。例えば，フランスでは，多くの行政裁判所への訴えがあった。しかし，権力集中がみられるこのような状況の中では十分に機能していたとはいえない。

　次に国家の責任を問うことができるのかに関しては，多くの決定が立法府の

---

29) *Ibid.*, p. 47.
30) *Ibid.*, p. 48. Cf., Philippe SÉGUR, *La responsabilité politique*, Coll. QSJ, PUF, 1998, pp. 7-8.

信任を得ており，余程の独断的な体制をとった場合でないかぎりは難しい。ここでは，立法府のコントロールの機能が問われることになる。

統治者の刑事責任に関しては，フランスの場合は，政府構成員に対する共和国法院での追及が憲法に規定されているので，これを活用することはできるが，実際には難しい。パンデミックの際には，多くの訴えがあり，訴え自体の受け入れはあったが，これによって大臣が責任をとらされるということはなかった。

政治的責任に関するメカニズムについては，これがパンデミックの間に活用されるということはなかった。未知の事態において一体感が必要なときに野党側にとっても余程の自信がないかぎりは，政府の政策を批判し責任を追及するということは難しいことであった。

議会のコントロールに関しては，拡がることはなかった。オンライン会議なども増え，通常想定されていたメカニズムが通用しないということもあったであろう。しかし，議会のコントロールが無視されたわけではない。むしろ執行府によってすばやく措置を講じるためには，立法府の有効であるとの承認が重要なものとなる。そこでしばしば早く承認を得るということも必要とされている。議会のコントロールの他の伝統的な手法については，質問権の活用があげられる[31]。しかしこれも実際に多く活用されたようには思われない。また委員会などにおける調査活動も活発化したようには思われない。但し，委員会活動が活発化したところもある（例えばイギリス）。フランスにおいては，国民議会に設置されている情報調査団 mission d'information が限定的にしか活動しなかったようにみえる。それに対し上院のセナの調査委員会は政府の措置を厳しく監視していた。もっともこの違いは，セナの方が，野党議員が多かったということも関係していよう。そこでパンデミックの期間における議会のコントロールの強度は政治状況によるのではなく，多数派がいかに形成されているかに関係しているともいえる。全体的に予期せぬ出来事に対して，伝統的なメカニズ

---

31) Gilles TOULEMONDE, *op. cit*., p. 51. 日本では，質問権は国政調査権（憲法62条）に該当すると思われる。

ムは十分に機能していなかったと総括できる[32]。

　伝統的な従来のメカニズムは十分に発揮できなかったとしても，様々な考察から導き出された新たな進展もあった。責任に関しては，例外的なメカニズムの発見もあった。

　一つは選挙によるコントロールである。これは統治者の責任を問う伝統的なメカニズムでもあるが，単に選挙が，選挙民が統治者の責任を判断するメカニズムであるというだけでなく，選挙をパンデミックの中で行うのか，遅れさせるのかそうした政府の判断が問われることにもなった。選挙の期日を遅らせることはしばしば法的な問題にも発展した[33]。フランスでは地方選挙の第一回投票をパンデミックの中で行い，第二回投票を予定されていた期日より遅らせるという措置をとったが，この措置のあり方が問題となり，後に憲法院でQPCで争われるということにもなっている[34]。

　もう一つの例外的なメカニズムは，議会によるコントロールの手続の変更がみられた，ということである。政府が進めたい政策を前もって議長や事務総局に相談したり，伝えたりすることが行われた。こうしたことは多くは議会における理解をすばやく得て政策をスムーズに進めたいとする政府の意図によるものである。

　結局このパンデミックの経験からいえることは，政治の透明性が重要ということと統治する側の倫理観も必要ということである。政府が外出禁止や人との距離を保つこと，マスクをつけることを求めたりしているのに，自分自身がそれを守っていないというのは倫理観の欠如になり，場合によっては辞職に追い込まれることもある（例えばアイルランド）。ここから，こうした危機においては，市民に対して自由を拘束しているのであるからこそ一層，誠実さや模範性も統治者には求められることが明らかとなった[35]。

---

32) *Ibid.*, p. 51.
33) *Ibid.*, p. 51-52.
34) CC., n° 2020-849 QPC du 17 juin 2020. コンセイユ・デタの判決もある。CE., n° 440055 du 15 juillet 2020.

7. フランスにおける政府の責任

ダミアン・コニルは，フランスにおけるコロナ禍の政府の責任について次のような報告書を出している[36]。ここでは，その要点のみ紹介しておきたい。

(1) 責任の性格

責任の性格に関しては，その源とタイプに関して考察している。

まず統治者に適用される「責任」概念は，単純な誤った問題として現れている。「明白な事柄にみえる」概念だが「こうした直感的感情は，明らかに間違った感情である」とする。「応える義務がある，一定の行動の保証者である義務がある」とする責任として理解されている共通の意味・定義をこえて，法的な意味においては責任は「行為，活動に応える義務」と考えられるべきである。しかしながら，統治者の責任の輪郭を決めるにはこうした定義だけでは十分ではない。憲法及び政治制度においてはそこに次なることを追加して考えなければならない。

第一に，「責任」という文言が任務全体を意味するのか，義務全体を意味するのかによって，それぞれの意味合いが異なるということ。第二に，「権力と責任」の間のつながりを強調するために何が必要か考えなければならない。ピエール・アヴリルは「責任原則は民主主義的憲法組織の要である」とし，オリヴィエ・ボーは「立憲主義と政治責任の理念の間の構造的なつながり」を指摘している。統治者の責任はしたがって，権力の正当性あるいは正当化について問題とすることも含んでいる。第三に，統治者に適用されることを意味するために責任は二重の活動を含んでいる。一つは，問題に応える répondre à のみ

---

35) Gilles TOULEMONDE, *op. cit.*, p. 53. 例えば次のものを参照。Jean-François KERLEO, *La déontologie politique*, LGDJ, 2021.

36) Damien CONNIL, France, in *La responsabilité des gouvernants*, précité, pp. 177-198.

ならず，期待に応えるものであったのかということであり，もう一つは，何について責任をもつのか，何を保障するのか répondre de ということである。後者については，信頼に応えて行ったことを報告する義務があることも含んでいる。

統治者の責任は，民主主義的法治国家の中で政府の活動を報告すること，法によって定められた義務を果たすことが必要であり，報告内容には活動，状況，行った行為（政策）が含まれる。厳密には，法によって組織された手続，法によって認められた手続により活動を報告する義務を意味し，その結果で権力を維持することとなるのか，権力を失うこととなるのか，問われるものである。

このような中でフランス第五共和制憲法は「統治者の責任」に関して次のように定めている。議会の前の政府の責任を示す49条及び50条がある（49条は信任・不信任の手続，49条1項は，国民議会に対し一般政策の表明に関し，政府の責任をかけることが定められている。50条は不信任の効果として，首相は大統領に政府の辞表を提出しなければならないことを定める）。次に大統領の責任もしくは無責任（無答責）についての67条，68条の規定がある（第9篇　高等院）。また政府構成員の刑事責任に関する68-1条から68-3条にかけての規定がある（第10篇　政府構成員の刑事責任）。

しかし責任という概念を広くとらえるならば，例えば8条は，大統領の，首相や政府構成員の任免を定めているが，ここにも責任の問題がある。他にも大統領の行為への副署を定める19条，政府の任務を定める20条，首相の権限を定める21条も責任の問題にからむ。また24条1項は，「国会は法律を表決する。国会は政府の行動を統制する。国会は公的政策を評価する」と定めるが，こうした国会の機能も責任を伴うものである。

また人権宣言15条は「社会は，すべての公務員に対し，行政の報告を求める権利を有する」ことを定めるが，この基底にも責任概念がある[37]。憲法院も

---

37) フランソワーズ・ドレフュスの指摘が引かれている。Françoise DREYFUS, Rendre des comptes-rendre compte : des notions ambigües, *RFAP*, n° 160, 2016,

責任原則の必要性を認め，その根拠を人権宣言 15 条に求めている。「政府構成員に課せられている政治的，行政的，刑事的統制や義務の報告は，彼らが任務の行使をしっかりとしているかどうか判断するものとして重要であり，立法府は公財政の規範への違反の追及を免れ，人権宣言 15 条に違反することはなかった」としている[38]。

それでは統治者の責任のタイプにはどのようなものがあるのか。第一には，政治責任である。統治者としての義務を怠った場合であり，違反行為を犯した以外にも，信頼を失った際には権力から去ることが求められる。しかし，この政治責任の概念については，意見は様々に分かれている。第二には，刑事的責任そして個人的責任である。但し，政府構成員の刑事責任を特定することは非常に困難である。第三に，民事責任である。ここには狭義の民事責任のみならず行政責任，金銭上の責任，財政責任なども含まれる。

(2) 責任のメカニズム

責任のメカニズムに関しては，誰に対して向けられたものか，の問題がある。第一には，大統領の責任であり，無答責の範囲は憲法で定められている。この無答責は，その内容と手続が問題となり，あらかじめ定められていることが必要である。第二には，政府及び政府構成員の責任がある。この責任は議院内閣制というシステムから生じてくる責任の問題がある。2008 年 7 月の憲法改正で議会の権限が強化されるとともに議会の責任の範囲も拡がったとみることができる。例えば，憲法 51-2 条は各議院に調査委員会の設置を認めているがこれは議会の統制及び評価という任務を遂行するために設置されるものである（コロナ禍において上院では調査委員会，下院では情報調査団が設置された）。目的を果たす責任がここには現れている。第三には，統治者の取り巻きや協力者に向けられる責任がある。行政によって侵害されたという事実から責任を負わせられるべきなのは大臣，またそれに近いところで支持している者たちなのでは

pp. 999-1010.
38) CC., n° 2016-599 QPC du 2 décembre 2016.

ないのか，という議論がある。また大臣の協力者や担当する省の公務員の責任はないのか，という議論もある。これについては，大臣が公務員の誤ちの影に隠れることはできない。また責任を避けるために担当省の専門的な性格を利用することもできない。他方で共和国法院の効果についても，この法院が政府構成員のみを対象とすることから様々な議論がある。

(3) 責任の効果

　機関の活動の効果に関しては，第五共和制の下での重要な変化に注目する必要があるとされる。というのも，1958年第五共和制憲法の当初はド・ゴールの理念の下，合理的議会主義という考えで議会の権限が弱められていたが，2008年7月の憲法改正で根本的な理念は変わらないものの議会の権限は強められた。この他にも多くの憲法改正があり，それに伴い責任のあり方も変化しているからである。

　フランスの場合には，様々な機関の責任が語られるが，最も重要となるのは，大統領の責任である。1962年に問責動議が政府にかけられ，それを契機として憲法11条により憲法改正が行われ現行6条となるが，大統領の直接選挙制が成立した。また大統領の任期は当初7年であったが，2000年9月の憲法改正で5年となった。2002年，ジャック・シラクが委員会の委員長としてピエール・アヴリルを任命し，大統領の刑事責任の問題などをとりあげて議論の対象としている。この委員会の提案は2007年に実現され，高等法院から高等院へと改正されている。そして2008年の大きな改正があった。このような憲法改正から大統領が誰に対しどのような責任を負うのかも変化してきており，同時に議論も深められたともいえよう[39]。

---

39) 大統領のコロナ禍における責任については次のものも参照。Thibault DESMOULINS, *Pouvoir présidentiel et Covid*, Dalloz, 2023.

8. 政府の活動と課題

　コロナ禍の危機において様々な決定がなされた。どのような行為が行われたのかをセナの調査委員会の報告及び国民議会の情報調査団の報告を通して概略的にみて次のようなことが指摘できる。

　第一に，パンデミックのリスクに対する備えは十分であったのか。第二に，Covid-19 に対する最初の法律である 2020 年 3 月 23 日法による新たな例外的事態の創設（防疫上の危機事態），その問題に対する延長，終期は適切であったのか。第三に，パンデミックに対する闘いの中でとられた決定や措置，とりわけ隔離や隔離措置の解除，外出禁止の導入，並びに経済的・社会的な事柄に関わってとらえた措置は適切であったのか。第四に，政治的決定のプロセスの中で専門家会議の位置づけはどのようであったのか。第五に，ワクチン接種の展開は適切だったのか。同時にこれらそれぞれの問題の適切性は責任の問題を伴う。その結果，統治者の責任をこえて，責任の組立て方，様々な責任がどのようにからみ合うのかの問題となる[40]。

　議会自体もその機能を弱めざるをえない事態に陥っていた。立法府においては立法の際に十分に時間をかけて議論したのかが問われるが，2020 年 3 月から 5 月にかけて議会は先述の 2020 年 3 月 23 日法を採択したのみならず，2020 年 3 月 30 日組織法（Loi organique n° 2020-365 du 30 mars 2020），緊急事態の延長を決めた 2020 年 5 月 11 日法，また予算修正に関わる二つの法律（Loi n° 2020-289 du 23 mars 2020 et Loi n° 2020-473 du 25 avril 2020）を採択している。このパンデミックの時期に五つの法律を平均 6 日間で審議し採択しており，十分な議論を尽くしていたのか，と指摘されている。

　しかも同時期に 60 以上ものオルドナンスが署名されている。2020 年 3 月 23 日法は 40 程のオルドナンスによって措置を講じることを想定していた。オル

---

[40] Damien CONNIL, *op. cit.*, pp. 193-194.

ドナンスは，本来は国会が法律をもって規律すべき事項を政府の要請に応じて授権 habilitation がなされた場合に政府がオルドナンスで法規を制定しうるものである（第五共和制憲法38条）。防疫上の危機に関して3月14日から4月30日にかけて前年度の同時期と比較して法律，オルドナンス，デクレなど53％以上が成立しているとの報告もある。当然ながらこのような状態になれば政府の活動に対する議会のコントロール機能は十分に果たせない，その能力をこえていたといえる[41]。

次に，危機の状況における選挙のあり方が問題となる。フランスでは地方選挙の第二回投票を遅らせた（第一回投票は3月15日，第二回投票は6月28日に延期）。QPCを通じて訴えられたこの遅れに対して憲法院は次のように判示している。「遅れはしたが，第一回投票で示されたことを保持している。しかしながら立法府は，一般利益の緊急的理由によって正当化されるという条件の下で選挙権に対する認識もあり，投票の公正さや選挙の前の平等に対する認識も結果として保たれているという場合にのみ，このような選挙の執行の変化は許される」[42]。また同時に憲法院は，もし選挙が6月20日以前の危機が高まった状況で行われていたら選挙に参加する人が減ったりする可能性もあった，そうしたことを避ける必要があることも指摘している。だが選挙の投票率は実際には，3月は44.66％，6月は41.6％と低いものであった[43]。

防疫上の危機事態においては，多くの統治者の責任を問うメカニズムが活用された。

第一には，困難な状況下ではあったが，議会の政府に対するコントロール機能があげられる。議会では調査委員会を立ち上げて調査をしていた。また政府

---

41) *Ibid.*, p. 194.
42) CC., n° 2020-849 QPC du 17 juin 2020.
43) Damien CONNIL, *op. cit.*, p. 195. なお，2021年3月に行われるはずであった地域県及び県議会議員選挙を遅らせるべきかどうかについては，首相が憲法院元院長であったジャン＝ルイ・ドゥブレに調査委員会を委任し，その報告に沿って2021年2月22日法（Loi n° 2021-191 du 22 février 2021）で選挙時期を遅らせている。

閣僚に対してなされる文書による質問 question écrite（国会の慣例として確立している）も活用された。セナの2020年12月8日に出された報告書においては「準備不足，戦略不足，適切なコミュニケーションの不足」の三つを指摘している。国民議会の方は専門家会議のメンバーにも聞き取り調査をしており，最終的には2021年1月27日にその仕事をおえているが，政府に対して批判的とはいえないものとなっている。

　第二には，政府構成員の刑事責任が問われたことである。2020年12月までに150もの訴えが寄せられ，共和国法院の予審まで開催されることもあったが，この裁判の動きが遅いと批判された。但し，オリヴィエ・ボーは，この状況につき，刑事責任と政治責任の混同がみられる，と批判し，直ちに失敗におわることがわかっている訴訟であると指摘している[44]。このようなことを通して，国家や公権力保有者の責任をどのように問うのかが改めて問われることとなっている。

　第三には，防疫上の危機における執行府（政府）のあり方である。

　政府は早い段階から専門家会議に頼った。しかしその設立の経緯は明らかではない。専門家会議の内部規則1-3号は，「専門家会議は，決定への助けとなる役割を果たす。助言機関であり，有効な機能をもつものではない。政府に関係しない単なる意見をすることもある」となっている。

　また政府は大統領とつながっている防衛会議にも頼っていた。しかし，このような防疫上の危機においては，その存在はあまり意味をもたなかったのではないか。このような状況におけるテロ行為などを警戒したともいえる。

　さらに政府は，防疫上の危機の状況を把握するために，定期的に保健大臣やその他の関係者から報告を受けるようにしていた。そしてこうした報告を共有し，活用してきたといえる[45]。

---

44) Olivier BEAUD, Mal gouvernes est-il un crime ?, *Blog Jus Politicum*, 21 octobre 2020.

45) Damien CONNIL, *op. cit.*, pp. 197-198.

9. 日本における政府の責任

　コニルの報告では明確ではないが，フランスでは，政府の責任追及のための様々な方法が定められている。憲法上の規定のみならず，憲法院のQPC，コンセイユ・デタの急速審理手続など，誰もが簡便に使用できる政府の責任追及の手段が準備されていて活用された。これに対して日本はどうか。
　まず，憲法上，責任追及に妨げとみられるような規定もある。憲法50条の議員の不逮捕特権や51条の議員の免責特権が定められている。しかし，これらは君主制の下での議員の逮捕や訴追が議会の独立や活動の自由を脅かしていた頃には大きな意味をもちえたが，今日では，犯罪を犯したことが明らかな場合とかヘイトスピーチを行った場合などにもこれがそのまま適用するとは思えない。
　日本では，政治家に対して刑事責任，民事責任，政治責任と分けて論じられる。しかし，刑事責任の場合，公職選挙法や政治資金規制法を犯して犯罪者となった場合には，公民権停止などの刑罰は定められてはいるが，犯罪を犯したからといって直ちに辞職するということもないし，辞職しても次の選挙に出てくるということもある[46]。どの程度の犯罪を犯した場合にどのような懲罰を受けるのかは明確ではない。他方で，不倫の発覚によって議員を直ちに辞職するということも少なからず行われている。不倫は私的な事柄で職務に関係していない。確かに議員は規範的であるべきだとはいえる。その点からは批判されるべきかもしれない。しかし，これが辞職理由に結びつくのか疑問である。根拠となる法律や規則の制定が望まれる。しかも裏金問題も全容解明に至らないまま，また政治資金規正法の根本的な改正にも至らないまま，葬り去られた状態

---

[46]　例えば，秘書勤務の実態がない，公設秘書給与詐欺事件を犯したと思われる（本人がそれを認めている）参議院議員は自民党を離党することは直ちにしたが，議員辞職をするに至っていない。読売新聞2024年8月15日朝刊参照（後に結果的には辞職に至った）。

がある（2024年10月現在）。

　また，憲法17条の国家賠償請求権が機能すれば政府の責任追及に結びつくともいえるが，これも「公務員の不法行為」すなわち公務員による違法な国家活動により，人の被った原状回復困難な権利・利益に対する損害を証明することにはハードルが高い。他方で，民事責任となる損失補償（憲法29条3項），適法な国家活動により生じた損失に対する補填も機能しているのかというと，これも一定のハードルがあり難しい。

　政治責任は，「国民主権原理のもとでは，国会や内閣は主権者たる国民全体に対して政治的責任を負うべきものとされ，政治的責任に関する判断は選挙を通じて示されると解される」と説明されている。また，「議院内閣制のもとで内閣が国会に対して負う責任は政治責任であり，責任追及の手段は説明・弁明の要求であり，最終的には辞職の要求（内閣不信任決議ないし問責決議）である」とも説明される。しかしこの後者の責任概念は理由の明らかでない首相の解散権の多用により，真に問われるべき場合に使われていないことがみられる。

　日本の場合，新型コロナウイルスの危機の状況の下での政府の責任を問うことは，非常に難しいといえる。日本は，欧米諸国と比べると感染者数も死者数も少なく，感染対策に成功した国と思われているかもしれないが，はたしてそうか。若干ふりかえってみる[47]。

　日本で新型コロナウイルスの問題が意識されたのは，ダイヤモンド・プリンセス号が横浜に入港したときからといえる。政府は，乗員・乗客を船内に待機させることを決定し，結果的には，船内で感染が拡大した。この対応がよかったのかは検証不能であるが，すばやく全員を検査し，感染者には病院で治療を受けさせるように，あるいは感染者のみ船内で治療を受けさせるとかの手立てはあったであろう。感染症法に基づく扱いも当初は明確でなかった。

　次に問題となるのは，法的根拠のない政策が行われたことである。2020年2月27日安倍首相は全国一斉休校要請を突如行った。文部科学省も政府専門

47）　初期の頃の問題点については次のもの参照。植野妙実子「新型コロナウイルスをめぐる感染症対策の課題」法学新報127巻7・8号97-130頁。

家会議も関知しない要請であった。「モリ・カケ・桜」の問題をかわす意図があったと思われるが，法律上の根拠もなく科学的知見に基づくものではなかった。この休校は3ヵ月にも及び5月11日時点でも公立学校の90％が休校を続けていた。私立学校も80％が休校したとされている。こうした休校措置は子どもの学習権や成長する権利を奪うものである。しかし，この基本的人権の侵害の責任をどのようにとらせるのか。国家賠償請求の対象となるのか，どのように権利の損失があったのかを証明することは難しい。

他にも，根拠となる法律の整備が体系的にしっかりと行われていない。政府と専門家会議との連携がよくとれていない，国と地方公共団体の関係はどうあるべきかなどの問題もみられた。市民にとっての必要な情報が十分に提供されていたのか，疑わしいところもあった。例えば，新型コロナウイルス感染症の後遺症やワクチン接種による後遺症の情報は断片的にしか得られなかった。

何よりもこの感染症の蔓延から一定の時間が経過しているが，「総括」というものがみられない。もっとも大した政策を打ったわけではないので「総括」の必要があるのか，とする意見もあろう。しかし，反省を含めた総括は，発展の一歩となる。このような自覚が政府にないところは残念であるし，このような政府の態度を許す，国民にも反省の必要があろう。

まとめにかえて

なぜ日本においては，問題解決に至らずに政府の責任が問われないままで終わってしまうのか。

第一には，コントロール機能が働いていないことである。民意を十分に反映しているとは思われない選挙制度によって，議会内多数派が形成され，そこから政府が生まれている。議会からの政府のコントロールはきかない。野党が質問権や国政調査権を使っても，はぐらかされたり，拒否されたりすることもある。司法が，違憲と判断を下すことは少ないが，たとえ違憲としても，それは個別的事案だとして，立法府が応じることがなければそのままとなり，司法か

らのコントロールもきかないことになる[48]）。

　第二には，個人が簡便に政府の政策を問う仕組みがないことである。フランスのようなQPC（二重のフィルターはある）やコンセイユ・デタの急速審理手続によって，政府の政策が市民から直接問うことができるなら政治家に緊張感も生まれよう。

　第三には，政権党が憲法を尊重していないからである。改憲を掲げているから，憲法に定められていることを遂行していない。定められた通りに遂行しているなら，好きなときに都合のよいときに「解散」などとはいかないはずである。政治家が憲法を尊重することは立憲主義的民主国家の基本である。

　第四には，十分な主権者教育が行われていないことである。それ故，政治が重要なものであるという認識が市民にない。政府に責任をとらせようという発想も生まれない。

　第五には，政治の透明性がない。透明性がないので，何がどのように行われているのか市民は知りえず，政治への無関心が拡がっていく。市民の知る権利の充実の前提として情報提供，政治の透明性，説明責任が必要である。

　第六には，政府の責任を追及する市民の責任があると同時に，研究者の政府の責任論についての研究を深める努力が必要である。法律を研究する者は解釈をするばかりではない。よりよい政治のために法律は作られるべきである。現実を分析しなければよりよい社会を形成するための法律の解釈はできない，研究者自身の自戒も求められる。

　結局は市民が政治意識をどれほどもっているかにつきる。政府の責任追及は，市民の責任であり，それを支える研究者も必要である。憲法改正の項目の中に国家緊急権が入っているが，こうした憲法改正が不必要なものであることはフランスでの対応をみてもわかる。国家緊急権が憲法になくても緊急事態対

---

[48]　例えば，性同一性障害特例法についての最高裁の違憲判断がでたが，まだ国会で改正に至っていない。記者解説「性的少数者の権利と司法」朝日新聞2024年8月5日朝刊。

応は各種の法律の中で定められている[49]。それ故にこそ,こうした緊急事態である感染症対策あるいは災害対策において政府が適切な対策をとったのか,政府の責任を問うメカニズムを構築する必要がある。

---

49) 緊急事態下では,法治国家は存在しなくなり,政府の命令を主体とする国家になる,とする指摘がある。Dominique ROUSSEAU, État d'exception : sous l'État de droit, l'État politique, Sous la direction de Xavier DUPRÉ de BOULOIS et Xavier PHILLIPPE, *Gouverner et juger en période de crise*, Mare & Martin, 2023, pp. 107-113.

第5章
コンセイユ・デタの今日的地位

はじめに

　コンセイユ・デタは，フランス国家の中心，要ともいわれる機関である[1]。一般的には「勧告する，裁判する，管理する」の三つの任務を担うとされている[2]。「勧告する」は，政府が法律案や政令案などを準備する際に，政府から諮問を受けて答申する，あるいは，法に関わる問題について，政府から求められた場合は，意見を述べることをさす。「裁判する」は，コンセイユ・デタの行政最高裁判所としての機能をさす。「管理する」は，コンセイユ・デタの，地方行政裁判所と行政控訴院とを統括して管理する権限をさす。地方行政裁判所と行政控訴院の予算管理も行っている。この「管理する」については行政控訴院を設立する 1987 年 12 月 31 日法の制定の際に議論され，挿入された[3]。

---

1) この点に関し，次の拙稿参照。植野妙実子「コンセイユ・デタの特異性と先進性」日本比較法研究所編『Future of Comparative Study in Law : The 60th anniversary of The Institute of Comparative Law in Japan, Chuo University』中央大学出版部 2011 年 561-585 頁。
2) コンセイユ・デタ発行の冊子から。ここではコンセイユ・デタは，「公権力に勧告する，市民と行政の間の紛争を裁定する」機関とされ，「人々の基本的自由と権利を保障し，一般利益を擁護し，公的統治の質を監視する」となっている。Cf., Erik ARNOULT et François MONNIER, *Le Conseil d'Etat,* Gallimard, 2002. こちらでは，コンセイユ・デタは「裁判する，勧告する，奉仕する」となっている。なお本来は，Conseil d'État と表記すべきであるが，多くの著書で Conseil d'Etat と表記されており，それぞれその表記にしたがっている。

コンセイユ・デタは，毎年110の法律案，900の一般規制政令案，300のその他の政令案に対して勧告を行っている。また，毎年，第一審である地方行政裁判所（41ヵ所）では17万件の判決を下し，行政控訴院（8ヵ所）では26,000件の判決を下しているのに対し，コンセイユ・デタでは12,000件の判決を下している。

コンセイユ・デタの「勧告する」「裁判する」という活動の起源は古く，中世まで遡る。コンセイユ・デタはこうした伝統的な機関であるが，しかしながら，様々な社会の変化に対応して進化もとげてきている。例えば，行政裁判系列の充実もそれをものがたっている[4]。また権力分立原則の要請や公正な裁判を受ける権利の保障などからコンセイユ・デタの組織のあり方も問われるようになっている。本稿で扱う人員の採用や配置も，社会の変化や要請によって変容してきた。ここにおいては昇格・昇進のいわゆる「ライン」のあり方と同時に多様性の確保が問題になっているように思われる。コンセイユ・デタの進展を分析するためには，偏見にとらわれずに，あるいは伝統的なコンセイユ・デタに関する一義的評価にとらわれずに，コンセイユ・デタという機関のあり方を考察する必要もあると思われる。

なお本稿は，中央大学大学院公共政策研究科の教育力向上推進事業の助成をえて2015年11月1日から7日にかけてフランスでの高級官僚養成の実態を調査したが，その折の11月4日のコンセイユ・デタ評定官のレジ・フレス氏のインタヴューの成果を含むものである。レジ・フレス氏には別途中央大学でコンセイユ・デタの実情についての講演もお願いしたが，調査研究に対してもいろいろとお骨折りをいただいた。ここに厚く感謝の意を申し述べたい[5]。

---

3) 行政裁判法典 R. 231-3 条は次のように定める。「コンセイユ・デタ副院長は，地方行政裁判所及び行政控訴院の職団の管理を担当する。」
4) 1953年に地方行政裁判所の設置，1987年に行政控訴院の設置がなされた。詳しくはレジ・フレス著植野妙実子＝兼頭ゆみ子 共訳「フランスにおけるコンセイユ・デタ」比較法雑誌50巻2号（2016年）187-207頁参照。
5) フレス氏に対する質問は次のようである。
  1．コンセイユ・デタで働く人々の数，等級とカテゴリーを教えていただきた

1. 組　　　織

　コンセイユ・デタの組織は，その機能が大きく分けて二つ，すなわち行政的活動（諮問的活動ともいう）と訴訟的活動（裁判的活動ともいう）とがあることから，それに対応する形となっている。直接的には，行政的活動は共和暦 8 年（1799 年）に起源が遡り，訴訟的活動の方は 1806 年の争訟委員会，それが 1848 年に争訟部となったところに遡る。1963 年に報告委員会が作られ（1963 年 7 月 30 日デクレ 3 条），それが後に報告・調査部となった（1985 年 1 月 24 日デクレ）。さらに 2008 年に行政管理部が作られた（2008 年 3 月 6 日デクレ）[6]。

　今日ではコンセイユ・デタは，五つの諮問部と一つの報告・調査部，そして一つの争訟部から構成されている。これらの部には部長がいて，部長が部を管

　　い。また，コンセイユ・デタで働く人々における女性比率も知りたい。
 2．コンセイユ・デタで働く人々の人材育成はどのように行われているのか。研修についても知りたい。
 3．カテゴリーの変更や昇進はどのようになされているのか。私的なセクターへの転進や政界への転進もみられるか。
 4．「出向」の概念と意義を知りたい。出向と昇進はどのように関係しているのか。
 5．コンセイユ・デタの構成員は部や分会に属すると思うが，部や分会の人的な交換はあるか。部や分会の相互交流はあるか。
 6．コンセイユ・デタの意見はあくまで参考なのか，強制力，拘束力はないのか。
 7．副院長は誰が任命するのか。任期はどの位であるのか。
 8．コンセイユ・デタの性格はかなり特殊なようにみえるが，ヨーロッパからはどのようにとらえられているのか。
 9．国家の中におけるコンセイユ・デタの役割はどのようなものであるのか。
10．機関として改善すべき点があるとすれば，どのような点か。
　回答はレポートとしていただき，口頭で補充していただいた。
　本稿はインタヴュー当時のことに基づいている。
 6)　Cf., Jean MASSOT et Thierry GIRARDOT, *Le Conseil d'Etat*, La documentation française, 1999, pp. 26 et 27.

理している。行政的活動に関しては，これらの部の上に副院長によって主宰される コンセイユ・デタ総会が存在し，その形態には，全体総会 (全員編成) と通常総会 (限定的編成) がある。事案は原則的にまず，関連する一つの部で，次に総会で検討される。訴訟的活動に関しては，争訟部の上に争訟総会がコンセイユ・デタにおける最高の裁判合議体として存在するが，他にも事案に応じて裁判合議体が存在する。このような裁判合議体の細分化は判断すべき事案が増大したことによるものである。争訟部はさらに 10 の分会を擁し，それぞれ評定官である分会長が主宰している。争訟部には部長と 3 人の副部長がいる。

2. 副 院 長

コンセイユ・デタの院長は首相であり，その欠けたときには法務大臣が代行するとされているが，実際は副院長がコンセイユ・デタにおいて実質的な全体的進行を担う。副院長を補佐するのが，執行部会 bureau と事務総局 secrétariat général である[7]。

コンセイユ・デタ副院長は，法務大臣の提案に基づいて閣議 (大臣会議ともいう) を経たデクレで任命される。副院長は各部の部長もしくは通常評定官の中から選ばれる。閣議を経たデクレとは，閣議の採択の後で大統領が署名したデクレのことをいう。副院長には定まった任期というのは存在しない。彼はこの任務を原則的に退職のとき (原則 68 歳) まで務める。したがってその任期は様々となる。1944 年以降副院長の任期は 1 年間から 16 年間となっている。戦後，2016 年まで副院長として任命されたのは 9 名である (別表 1)。

副院長の役割として次のものがある。第一に，副院長は法文案や重要な問題に関して政府に意見を述べる，コンセイユ・デタ総会を主宰する。総会はまた

---

7) 執行部会は理事部とも訳される。コンセイユ・デタ副院長，六つの部の各部長と争訟部部長，事務総長，事務次長が参集する。コンセイユ・デタ事務総長については，次の論文参照。Bernard STIRN, Le secrétaire général du Conseil d'Etat, in *Études en l'honneur de Georges DUPUIS*, LGDJ, 1997, pp. 279-287.

別表1

1944-1960	ルネ・カッサン René CASSIN
1960-1971	アレクサンドル・パロディ Alexandre PARODI
1971-1978	ベルナール・シュノ Bernard CHENOT
1979-1981	クリスチャン・シャヴァノン Christian CHAVANON
1981-1982	マルク・バルブ Marc BARBET
1982-1987	ピエール・ニコライ Pierre NICOLAŸ
1987-1995	マルソー・ロング Marceau LONG
1995-2006	ルノー・ドゥノワ=ドゥ=サンマルク Renaud DENOIX de SAINT MARC
2006-至現在	ジャン=マルク・ソヴェ Jean-Marc SAUVÉ

出所：コンセイユ・デタ HP から（2016年7月当時）。
なおソヴェは2018年まで副院長を務め，その後2018年から2022年までブルーノ・ラセール Bruno LASSERRE，2022年からディディエ=ローラン・タビュトー Didier-Roland TABUTEAU が副院長となっている。

コンセイユ・デタの報告・調査を採択する場でもある。議員提出法律案の検討も総会は行う。総会は理論的には首相によって，また首相が欠けたときは法務大臣が主宰することとなっているが，それは非常に例外的な場合や儀礼的な性格をもつ審議のときだけである。第二に，副院長は，争訟総会を主宰する。争訟総会とは最も重要と思われる紛争に対して判決を下すコンセイユ・デタの最も厳粛な裁判合議体の編成をさす。第三に，副院長は法上，国立行政学院（以下 ENA）の運営委員会委員長，行政裁判所及び行政控訴院高等評議会会長である。第四に，副院長は，政府により決定される調査官や評定官の任命について彼の意見を述べる。彼の見解は官報に発表される[8]。

例えば，1995年から2006年まで副院長であったルノー・ドゥノワ=ドゥ=サンマルクの場合は，パリ政治学院，ついで ENA を卒業した後，1964年に傍聴官，72年に調査官となっている。1974年から78年までと1983年以降には争訟部の政府委員を務めている。1978年に法務省に所属となり，1978年から

---

8) Cf., Jean MASSOT et Thierry GIRARDOT, *op. cit.*, pp. 27 et 28 ; Pascale GONOD, Le vice-président du Conseil d'État, ministre de la juridiction administrative?, *Pouvoirs*, n° 123, pp. 117-132.

79年までは法務大臣アラン・ペイルフィットの官房長代理，1979年から82年は民事及び司法局長，1983年から87年までコンセイユ・デタで働くかたわらパリ政治学院やENAの教授も務めた。さらに1986年から1995年にかけて政府事務総長を務めている。レジ・フレス氏によれば，この時期は2回のコアビタシオンと5人の首相が存在することで特徴づけられる時期であるが，政府事務総長のポストが政治的影響を受ける職務 emploi politisé でないことを示しており，法治国家の業務を高級官僚が誠実に遂行することを示しているという[9]。またドゥノワ＝ドゥ＝サンマルクはコンセイユ・デタ副院長の職の後，セナ議長の任命により憲法院の評定官となっている。

その後の副院長であるジャン＝マルク・ソヴェの場合はパリ政治学院卒業後，パリ第一大学で経済学修士を取得，その後ENAに入学している。1977年に傍聴官，1977年から81年にかけて報告担当官さらに政府委員を務め，1981年から83年にかけて法務大臣ロベール・バダンテールの官房で専門評定官，1983年に調査官となっている。法務省や内務省で局長を務めたのちにベルギーに近いエーヌ県知事に任命されている。その後1995年に評定官となった。同時に1995年から2006年まで政府事務総長，2006年から副院長となっている。とりわけ彼の場合は2010年から11年にかけて，公的生活における利益相反の予防のための再考委員会の委員長を務め，大統領に「公的生活における新しい職業倫理のために」という報告書を提出している[10]。

この二つの例をみると，副院長のポストはENA出身者の生え抜きであること，10年余り政府事務総長を務める経験をもつことがわかる。政府事務総長のポストは，猟官制に近い形をとっているフランスにおいて，政権交代があっても政治の継続性をはかるために更迭されることがないポストといわれている。コンセイユ・デタのぶれない姿勢を保つ一因といえるのかもしれない。

---

9) レジ・フレス氏のインタヴューから。政府事務総長のポストについては，以前にティエリー・ルノー教授からも同旨の指摘があった。植野妙実子＝兼頭ゆみ子「憲法院とコンセイユ・デタの関係」比較法雑誌48巻1号（2014年）47-48頁。

10) コンセイユ・デタHP及びレジ・フレス氏のインタヴューから。

3. コンセイユ・デタで働く人々

　まず、量的にどのくらいの任務をコンセイユ・デタがこなさなければならないのかを確認しておく。2013 年度のコンセイユ・デタの行政部での法文案の検討や求意見は総数 967 件である。そのうち、法律やオルドナンス、地方法律については 155 件である。他方、争訟を判断するコンセイユ・デタに登録された事件は 9,235 件、もたらされた判決数は 9,685 件である。

　これに対し、対応する人々はどの位の人数であるのか。以下はフレス氏のインタヴューによるものであり、2015 年 10 月 16 日現在の数値である。フレス氏によればコンセイユ・デタでは 665 人が働いているという。それらの人数は大きく分けて二つのカテゴリーに分けられる。一つはコンセイユ・デタ構成員といわれる、いわゆる ENA 同等のレベルで採用された高級官僚であり、その主な役割はコンセイユ・デタの「勧告する」「裁判する」の任務を果たすことである。237 名がこうした人々である。二つは、行政職員でありその主な役割はコンセイユ・デタの「管理する」の任務をサポートすることである。428 名がこうした人々である。

　前者の高級官僚の内訳は別表 2 のようであり、評定官が半分近くを占める（別表 2）。男女比率は男性が 3 分の 2、女性が 3 分の 1 となっている（別表 3）。

　後者の行政職員については四つのカテゴリー、すなわちＡプラス、Ａ，Ｂ，Ｃに分けられる（別表 4）。カテゴリーＡプラスは、ENA レベルに匹敵する最も高い職位を与えられる公務員である。これらのカテゴリー内においてはさらに様々な等級 grade が存在する。男女比率は男性が 3 分の 1、女性が 3 分の 2 となっている（別表 5）[11]。

---

11) レジ・フレス氏のレポート及びインタヴューから。別表はすべてレジ・フレス氏が作成したものである。

別表 2

等級	数	%
第二級傍聴官	5	2.11
第一級傍聴官	10	4.22
調査官	71	29.96
特別職調査官	16	6.75
評定官	114	48.10
特別職評定官	12	5.06
部会長	8	3.38
コンセイユ・デタ副院長	1	0.42
合計	237	

別表 3

性別	数	%
女性	79	33.33
男性	158	66.67
合計	237	

別表 4

カテゴリー	数	%
A +	10	2.33
A	133	31.07
B	94	21.96
C	191	44.62
合計	428	

別表 5

性別	数	%
女性	267	62.38
男性	161	37.62
合計	428	

4. コンセイユ・デタ構成員

　コンセイユ・デタ構成員は，国家の第一職団といわれている。3分の2がコンセイユ・デタ内で働き，3分の1がコンセイユ・デタ以外で働いている。コンセイユ・デタ構成員の身分は法文によって定められているというよりは，実践を通して確立されてきたものである。まず法文に関しては，コンセイユ・デタ構成員の身分規程に関する1963年7月30日デクレに由来する行政裁判所法典の規定がある。これらの身分規程についての規定はいくつかの例外を除けば，公職の一般法に非常に近いものである。その例外とは，勤務評定は定められていない，昇進表も存在しない，行政同数委員会 commission administratif paritaire と同数専門委員会 comité technique paritaire とにかわる諮問委員会が存在する，ということである[12]。

　さらに実践を通して古くから確定されている三つの事柄がある。一つは，コンセイユ・デタ及びその構成員の管理については，内部的な手段により確保されている。それが，副院長，七つの部の部長，コンセイユ・デタ事務総長から構成される執行部会である。二つは，コンセイユ・デタ構成員の不可動性は，法文が保障しているわけではないが，1940年から44年の例外的な時期を除いて，事実上存在している。三つは，等級の昇進は理論的には選択で行われるとしても，実際には，厳格に年功序列にしたがうものである。このことは，政治機関に対してもまたコンセイユ・デタ自身の機関に対しても，コンセイユ・デタの構成員に大きな独立性を保障するものとなっている。

　ブノワ・リバドゥ＝デュマも同様に，概略，次のように述べる。平均して28歳でコンセイユ・デタに入る若い傍聴官は退職するまで，すなわち法律によれば65歳とされ，望む者に対しては68歳とされているが，その年齢までコンセイユ・デタにとどまることが保証されている。在職約40年間において昇進において同輩と区別されることはない。副院長と部長は，職務的等級であるが，四つの職位（第二級及び第一級傍聴官，調査官，評定官）は年功序列による。身分規程上は，職階の昇進は選択でなされ，等級の昇格は功績のある構成員のために勧められる，とされているが，実際は全く異なっている。年功序列で行われる昇進・昇格は外部任用の場合も同様である。そうした昇進表は最も重

---

12) Cf., Jean MASSOT et Thierry GIRARDOT, *op. cit*., pp. 26-29. 行政同数委員会は行政機関の各部局における職員の任官，配属，勤務評定，昇進，懲戒などの職員の個別的人事に関する諮問機関。同数専門委員会は，官庁において当局の代表と公務員組合の代表が同数出席して公務員身分規程や役務の組織・運営について協議する諮問機関。いずれも山口俊夫編『フランス法辞典』東京大学出版会2002年89頁，92頁参照。なお，コンセイユ・デタ構成員は独自の組合をもっていないが，現職及び退職したコンセイユ・デタ構成員はそれぞれ自らの利益を守る組織をもっている。これに対し，行政裁判所の構成員は二つの組合をもっているという。Jean MASSOT et Thierry GIRARDOT, *op. cit*., p. 27.

要,基本的なものである。独自の基準に基づいてコンセイユ・デタ事務総局が準備し,共和国大統領によって決定される。したがってコンセイユ・デタ構成員のキャリアは完全に予見できるものである。傍聴官から調査官になるまで約3年,調査官から評定官になるまで12年から15年以上かかる[13]。

5. 構成員の任用

　コンセイユ・デタの構成員は多様性にとんだ職団である。このようにコンセイユ・デタの冊子は述べ,次のように説明している。そこには約300人の構成員がおり,毎年4～6人のポストはENAの卒業生から最も成績の良い学生に傍聴官として与えられる。この採用に加えて,外部任用があり,特に地方行政裁判所裁判官,行政控訴院の裁判官から任用される。また他に,司法官,他の行政部門からの上級公務員も任用期間,最大4年で採用される。コンセイユ・デタ内においては,それぞれの構成員は議決権を有し,独立的に職団における等級や年功序列の中での勤続年数を確保できる。3分の2の構成員はコンセイユ・デタの中で現職として働き,並行的に何らかの活動をすることもできる。こうした活動は,公平性の原則を尊重しながら行われる。構成員の何人かは一次的にコンセイユ・デタを離れ,省の部局や公施設,独立行政機関で働いたり,大臣官房で働いたりもする。コンセイユ・デタ構成員の独立性は年功序列による昇進・昇格の慣行で保障されている。彼らの不可動性もこのような厳格な慣行によって守られており,彼らの同意なしに新しい配属が決められることはない。

　コンセイユ・デタ構成員の任用は大きく分けると二つある。一つは,競争試験,もしくは任命による任用であり,もう一つは例外的な職務につく評定官で特別な身分規程によるものである。

　まずENAからの任用があり,毎年数名のENAの修了者の成績優秀者が傍

---

13) Benoît RIBADEAU DUMAS, les carrières dans et hors le Conseil d'Etat, *Pouvoirs*, n° 123, pp. 74 et 75.

聴官として任用される（このところ毎年5名の採用となっている）。

次にいわゆる外部任用がある。調査官の4分の1は政府によるデクレでの任用となる。30歳以上で公役務に10年間従事する必要がある。そのうちの4分の1は地方行政裁判所もしくは行政控訴院の職団から選ばれる。

評定官の3分の1は政府による大臣会議で認められたデクレでの任用となる。45歳以上であることが唯一の条件である。この任用のさらに6分の1は地方行政裁判所もしくは行政控訴院の職団から選ばれる。

6. 外部任用

第五共和制憲法13条はコンセイユ・デタ評定官が大臣会議で任命されることを定めている。さらに行政訴訟法典L. 121-4条及びL. 121-5条はコンセイユ・デタ評定官の任用について定めている。同法典L. 133-6条はENAの競争試験の方法による第二級傍聴官の任用について定める。同法典L. 133-7条はいわゆる「政治的」任用と呼ばれている外部任用について定める。同法典L. 133-8条は、「行政裁判所」からの外部任用について定める。また同法典L. 133-9条及びL. 133-12条は、調査官の任用について定めている。それぞれ、その条件は次のように異なる[14]。

まずENAからの任用については毎年数名の（冊子の説明では4～6名となっている）ENAの修了者の成績優秀者の第二級傍聴官の任用がある。このところ毎年5名の任用となっている。

L. 133-7条の示すいわゆる「政治的」任用と呼ばれる外部任用は、政治権力を握っている者によって決定される採用である。原則的に競争試験による採用を行うべきことに対しては「例外」を構成する任用である。任命に際しては、副院長の意見が示されなければならない。この意見が必要なことは1994年6

---

14) レジ・フレス氏が示したジャン・ムーラン・リヨン第三大学の学生の修士論文の整理による。Florent CAPO, *Les membres du Conseil d'Etat en dehors du Conseil d'Etat.*

月28日法から由来する。副院長は当人が以前についた職務や経験，またコンセイユ・デタという職団における必要性を考慮した意見を首相に述べる。この意見は要求があれば当人にも伝えられ，官報にも掲載される。

L. 133-8条の示す「行政裁判所」からの任用は，地方行政裁判所及び行政控訴院の構成員（裁判官）からの任用である。2年に1人，コンセイユ・デタの一般職評定官の等級で，また毎年1人が調査官の等級で任用される。この任命は，副院長が地方行政裁判所及び行政控訴院高等評議会の意見を徴したあとで，各部会の長と話し合って提案する。R. 133-3条は，評定官の等級にあたる外部任用が，行政訴訟法典L. 234-4条及びL. 234-5条に定められた任務を行使する裁判長相当の等級を有する構成員の間からしか選ばれないことを定めている。R. 133-4条は，調査官の等級にあたる外部任用が裁判長相当の等級か，もしくは第一級裁判官相当の等級を有する構成員の間からしか選ばれないことを定めている。

L. 133-3条に統合された1963年7月3日デクレの規定は次のように外部任用の条件を定める。「45歳以上の者でなければ調査官以外の，一般職コンセイユ・デタ評定官として任命されることはできない。」他方で調査官に関しては1911年7月13日法以来，L. 133-4条に次のように定められている。「30歳以上の者でなければ，かつ民事であろうが軍事であろうが公役務に10年従事した者でなければ，第一級傍聴官以外の，調査官として任命されることはできない。」

外部任用の比率は19世紀，20世紀を通じて徐々に縮減されている。外部任用の調査官の比率は当初3分の2であったところから，3分の1，そして1910年4月8日法によって4分の1へと縮減された。外部任用の評定官の比率は当初2分の1であったところから，1923年3月1日法によって3分の1へと縮減された。このような縮減はコンセイユ・デタの職団の仕事の専門化professionnalisationが原因といわれている。現在，外部任用を通して任命される調査官は4分の1，評定官は3分の1となっている。そして既述したようにそのうちの調査官では4分の1，評定官では6分の1が行政裁判所からの任用

となる。

　L. 133-9条は，調査官について定める。調査官として任用される者は，次の職団に属する公務員である。すなわち「ENAからの道で任用された者，司法系列の司法官，大学の有資格の教授及び講師，議会議院の行政官，郵便電話通信事業に従事する行政官，民事及び軍事の国家公務員，地方公務員，病院勤務の公務員，また同等程度の欧州連合の公務員」である。この条文はまた任用される者の管轄（権限）や専門性についても示すものと解されている。「調査官として調査官に帰属する職務を果たす」と記されている。他方で，政治的外部任用は例外をなすものとなる。彼らは副院長によって任命されるが4年をこえて任用されることはない。

　L. 133-12条は，調査官の等級で採用された調査官が4年の任期をおえたときには，さらに調査官として採用される可能性があることを定める。これは任用の統合を意味している。

　こうしたことから，コンセイユ・デタの構成員の任用の多形性，すなわち様々な形態をとっていることpolymorphieが確認できるとされている。そこで，外部任用の継続性の意味や職務の重要性に対する認識が必要となる。

　リバドゥ＝デュマはコンセイユ・デタにおける外部任用は内部任用と比較すると二義的なmarginal存在であるが，単なる補充的な任用ではない，と述べ，次のように相互補完的な役割を指摘する。「調査官の4分の1，評定官の3分の1が外部任用で採用されているが，その数から考えると外部任用で任用された人々がコンセイユ・デタの機関をかなり豊かにしている。彼らは，パレ＝ロワィヤルの厚く保護されている壁を乗りこえようと苦労しながら，行政的，社会的現実に対して開放をもたらそうとしている。またコンセイユ・デタを支配する誠意や尊敬の雰囲気を高めることにも貢献している。多様な経験を豊富に有する新しい人々にふれることで最高裁判所の裁判官として働く人々も法がすべてではないということを思いおこす。任命される人々には，元大臣，元知事，元大臣官房の『小国の王』もいるが，多くの場合，彼らが無視してきた専門技術にふれることになり，補助するアシスタントも事務局もない，厳しい状

況の中で，謙虚になることの必要性を学ぶことになる[15)]。」

7．ENA

　ENA の設立はフランスの解放後の 1945 年 10 月である。フランス行政の改革をめざし，幹部や上級公務員を育てるために設立された。第二次世界大戦中の屈辱的状況は軍人のせいだけでなく政治家や上級公務員のせいでもあるとして，大戦後のフランス行政のネガティヴなイメージを払拭するためには，フランス行政と高級官僚の近代化と合理化が必要と考えられた。「公職の改革」が臨時政府の中で位置づけられ，ド・ゴールに近いコンセイユ・デタ評定官であったミッシェル・ドゥブレが決定的な役割を果たした。この作業から高級官僚を統一化し，民主化する必要性が明らかにされ，1945 年まではそれぞれの省の職団が競争試験を組織していたが，これが結果的に組合同業主義 corporatisme と縁故採用 népotisme を招いたことを反省して，将来的に高級官僚の統一的，単一的研修 formation を導入することを提示した。

　その結果，1945 年 10 月 9 日オルドナンスによって ENA を設立することと，二つの大戦の間，高級官僚を主に養成していた政治学自由学校を国有化することが決定された。この決定は，フランスの行政構造自体を根本から覆すことになった。国家が成績に基づき単一の試験で上級公務員全体を採用し，彼らに 2 年間継続的で実践的な研修を職務につく前に行うことになったからである。しかし，ENA の創設が公職全体に，より一貫性を与えることになり，また非常に狭い専門化を回避することにつながったとしても，こうしたシステムの民主化への望みはすぐに裏切られた。というのも，1960 年代に入ると，エナルシー，すなわち ENA 出身者によるエリート支配に対する批判がおきたからである[16)]。

---

15)　Benoît RIBADEAU DUMAS, *op. cit.*, p. 80. なおコンセイユ・デタ評定官の多様性については「インタヴュー：コンセイユ・デタ構成員の多様性」比較法雑誌 56 巻 3 号（2022 年）83-117 頁参照。

ところで ENA の学生は理論，実践，スポーツを学ぶといわれている。なぜ ENA の学業の中でスポーツが重視されているのか，創設当初より入学試験としてスポーツを課すことが重要であるとの議論があった。創設時に大きな役割を果たしたミッシェル・ドゥブレがそれを好んだことから導入されたといわれる。その意味で ENA の入学試験には，フランスにおけるグランゼコールとしてはめずらしく，スポーツの試験を課している。また外国語 2 ヵ国語が必修であるが，英語は必ず修得しなければならない。ENA に入るには学士 licence 以上の免状が必要である。ENA の入学者には政治学院出身者が多いことは事実であるが，他方で学歴に多様性もみられる。高等商業専門学校（通称 HEC, Ecole des hautes études commerciales）からパリ第一大学公法学専攻修士課程へ進み，ENA に入学した者，高等師範学校（通称 ENS, Ecole normale supérieure）からパリ政治学院へ進み，ENA に入学した者，大学で哲学の学士をえて ENA に入学した者，歴史学の修士をえて ENA に入学した者などもいる（いずれもコンセイユ・デタの構成員である）。

ENA の入学試験には部外試験，部内試験の他に「第三の道」（第三種試験）ともいわれるものが存在する[17]。すなわち現在 ENA の選抜試験 concours の種類及び受験資格は次のようになっている。

① 部外試験—学士，修士もしくは IEP の資格を有する 28 歳未満の者。
② 部内試験—行政担当公務経験を 5 年以上有する 47 歳未満の者。
③ 第三種試験—民間企業，地方公共団体の議員等として 8 年以上の経験を有する 40 歳未満の者。

---

16) ENA の冊子の説明から。Cf., Jérôme DIGUET et alii, *Dictionnaire des institutions françaises*, De Boeck Université, 1999, p. 250 ; Chrystelle SCHAEGIS, *Dictionnaire de droit administratif*, ellipses, 2008, p. 121. 公務員の均質性を目的とすることを「カテドラルをたてるためにチャペル（礼拝堂）をこわす」と表現する。なお次の論文も参照。Fabrice LARAT, Le dernier maillon dans la chaîne des inégalités ? Les particularités du profiles des élèves de l'ENA, *RFAP* n° 153, pp. 103-124.
17) フランス憲法判例研究会編『フランスの憲法判例』信山社 2002 年 110 頁以下参照（植野妙実子担当部分）参照。

入学定員は1学年90名から100名程度で、①が約50％、②が約40％、③が約10％である。この中で第三種試験は1981年に設定され、任用母体を拡大して、民主化をはかろうとしている。

2016年当時のENAの責任者は、コンセイユ・デタ副院長のジャン＝マルク・ソヴェ Jean-Marc SAUVÉ が ENA の運営委員会委員長、ジャン＝ポール・フォジェール Jean-Paul FAUGÈRE が 2015 年試験審査委員長、ナタリー・ロワズー Nathalie LOISEAU が学院長である。

ENA の任務としては次の四つが掲げられている。一つは、フランス及び外国の上級公務員の最初の基礎研修を行なうこと、二つは、フランス及び外国の公務員の、短期及び長期の枠組みでの継続的研修あるいは研修の完成を行うこと、三つは、公的ガバナンスや行政に関してヨーロッパ関係、国際関係の双方の、また他国間の関係を学ぶこと、四つはヨーロッパ問題についての研修や共同体職員になるための試験の準備を行うこと、である[18]。

ENA における基礎研修においては二つの事柄が重要視されている。一つは、ジェネラリストの論理、各省横断的論理にしたがって公的活動のあらゆる分野における評価 expertise を学ぶこと、二つは、人材管理や費用の管理なども含めた公経営 management public を学ぶことである。ENA の学生たちは入学するとすぐ研修に行かされる。数ヵ所での研修における実践を通じてえたことを座学によって確認するという教育方法をとっている。この基礎研修における学生数はフランス人90名、外国人30名である。

設立から ENA は60年たち、6,500名のフランスの上級公務員、3,000名の外国人上級公務員を育てている。登録する外国人の国籍は100余りにのぼる。成績上位者はいわゆるグランゼコール（コンセイユ・デタ、会計院、財政・行政・社会問題の各監察官）に進むが、省庁の行政官、パリ市の幹部職員、外交官、地方行政裁判所評定官、州会計検査委員会評定官などにもなっている[19]。

---

18) ENA の冊子の説明から。
19) ENA の冊子の説明から。なお 2022 年に ENA は Institut National du Service Public（INSP）へ改組されている。

8.　研修とキャリア形成

　研修についてはコンセイユ・デタ構成員と行政職員とでは異なる。
　2011年よりコンセイユ・デタの研修の実施を担う特別な研修所が設置されている。それが行政裁判所研修センターである。このセンターにおいては，行政裁判所（コンセイユ・デタを含む）で働くすべての人々の研修を行っている。
　コンセイユ・デタの構成員については，コンセイユ・デタに入庁すると最初の月に36時間の初任者研修がある。その研修内容は，裁判所の職業と職業倫理，報告担当官の役割，争訟部の全体像，行政裁判所とその現状，訴訟関係書類の作成，行政裁判所の中での管轄（権限）の原則，起案の方法，請求理由（裁判訴訟，受理可能性，控訴，破毀など）である。
　3～4年後に行政部に統合される構成員に対しては，24時間の特別研修が課せられる。ここでは執筆の原則，規範の制定過程，国際的規範の適用，行政部における報告担当官の役割，実際の事例などを学ぶ。
　最後に，異動の準備研修がコンセイユ・デタ入庁3～4年後の傍聴官または調査官に課せられる。行政や財政，公的制御，管理，交渉における職務行使上，必要とされる実践的な要素を特に学ぶ研修である。
　他方で，コンセイユ・デタの職員はすべてコンセイユ・デタに入庁すると，新しい職場環境に慣れるための3日間の初任者研修に参加する。この研修は，行政裁判所という世界を理解することをめざしながら，様々な作業modulesを学ぶものである。
　職務の進展や質の向上，新しい資格の獲得などに応じるために研修プランも作られる。そこには例えば，人的資源，公的制御，公財政，情報処理，外国語などの研修も含まれる。また，訴訟の現実を扱う講演なども含まれる。
　さらに，職務上の発展を望む職員には専門的な資格試験，競争試験の準備をすることもできる。方法論についての講義，「表を使って」添削される宿題，職業課程の評価を高める書類の作成の仕方などがある。行政裁判官や上級行政

官 administrateur civil といった高級幹部職へのアクセスを支援する研修もある[20]。

リバドゥ゠デュマによれば，例えば ENA を卒業してコンセイユ・デタ構成員として入庁後，最初の3年間は，コンセイユ・デタの職務の基礎を学ぶいわば見習い期間である，という。コンセイユ・デタ構成員は個別の研究室をもっているわけではない。「ナポレオンのオープンスペース」と呼ばれる図書館で報告担当官は仕事をする。そこは集中力という点ではいささか欠くところがあるが，年長者からの助言をえることができる。また，訴訟は常に合議体で検討されるので，同僚の暖かい，しかし鋭い指摘にさらされることにもなる。こうした3年間のうちに傍聴官は毎年 100 件程の書類を扱う。報告担当官の間にヒエラルヒーはないが，より若い構成員により単純で争点のない一件書類が任されるようになっている。このように指摘している[21]。

9. 昇進・昇格

コンセイユ・デタ構成員の昇進・昇格はどのように行われるのか。この点につきフレス氏は次のように述べる。構成員の昇進・昇格に関しては，職階の昇進 avancement d'échelon，すなわち同一の等級 grade の中での昇進と，さらに上級等級への昇格の条件を定める規定がある。昇進や昇格は，一般的には自動的といえる。コンセイユ・デタの評定官の等級は二つであり，調査官は八つである。第一級傍聴官は四つ，第二級傍聴官は七つである。したがって職階は次のようになっている。第二級傍聴官の等級の最初の三つの職階は1年であり，次の四，五，六の職階は2年である。この後者の期間は，コンセイユ・デタ副院長の決定で例外的に職務上の功績を示すことができたならば，18 ヵ月を下まわらないかぎりで短縮することができる。第一級傍聴官の等級の職階及び調査官の等級の職階も2年である。この期間もコンセイユ・デタ副院長の決定で

---

20) レジ・フレス氏のインタヴューから。
21) Benoît RIBADEAU DUMAS, *op. cit.*, pp. 75-76.

例外的に職務上の功績を示すことができたならば，1年を下まわらないかぎりで短縮することができる。調査官は12年後には，あるいは傍聴官としての職団に入ってから第六職階に少なくとも1年とどまったという条件の下で16年後には，第七職階に進むことができる。この等級での15年後に，あるいは傍聴官としての職団に入ってから，先立つ二つの職階で少なくとも1年とどまったという条件の下で19年後には第八職階に進むことができる。

調査官から評定官への昇格は，調査官の等級における職務に少なくとも12年間携わる必要がある。あるいはコンセイユ・デタの構成員としての役務に少なくとも17年間携わる必要がある。

評定官は少なくとも第一職階で5年間すごした後は，第二職階へ進むことができる。中央行政の局長の職務ですごした期間，あるいはそれと少なくとも同等の職務に従事した期間は，第一職階の中でその期間を考慮される。

異動に関しては，現在15名程の構成員が「政治的領域」ですなわち大臣官房，首相府，大統領府で働いており，30名程の構成員が企業等ですなわち弁護士事務所，公企業，私企業で働いている[22]。

10. 出　　向

キャリア形成において出向はどのような意味をもっているのか。また出向と昇進・昇格はどのような関係にあるのか。この点についてフレス氏は次のように説明している。コンセイユ・デタ構成員の活動形態は次の三つに分かれる。第一には，在職 en activité といわれる状況であって，コンセイユ・デタにおいて幹部職として在職する者，またはコンセイユ・デタでの職務に携わっている者，代表として，あるいは派遣として他の公職に遣わされている者である。第二には，出向 en détachement といわれる状況であって，出向の立場におかれているコンセイユ・デタ構成員で，在職と同一の条件で職階と等級の昇進の利

---

22) レジ・フレス氏のインタヴューから。

益をえる者である。第三は，休職 en disponibilité といわれる状況であって，いかなる待遇も受けないことをさす。休職の立場ですごす期間においては，退職においても昇格においても考慮されない。調査官もしくは傍聴官の等級では，在職期間の控除としても考慮されない。休職中のコンセイユ・デタ構成員は，彼らの職務がその代わりとなる。私企業において何らかの任務や職務を行使するためにコンセイユ・デタを一時的に離れるコンセイユ・デタ構成員は，たとえ彼らが国家のコントロールの下におかれていたり，国家の特権を享受したりするものであったとしても，政府の行為によって授けられたり，認められたりしていない場合には，一身上の都合による休職という立場におかれる。もし首相が，休職状況にあるコンセイユ・デタ構成員の活動が公共利益に対して妥当ではない，あるいは反していると判断したなら，諮問委員会の意見の後に，法務大臣の提案に基づいて関係リストからの削除となる[23]。

まとめにかえて

1972年にすでに『フランスの行政裁判官の政治的役割』[24]を著しているダニエル・ロシャックは，「政治におけるコンセイユ・デタ」で次のように述べる[25]。「コンセイユ・デタの歴史をたどると，コンセイユ・デタは常に何らかの価値の浸透をはかりながら，訴訟ともなるような政治的紛争を裁定することで，政治的影響力を行使している。1980年代においては，政権交代が行われる中で，コンセイユ・デタの政治化は，指摘されていた。今日ではそうした非難はみられなくなり，コンセイユ・デタの判決が政治的だととらえられることは少なくなっている。しかしながらコンセイユ・デタの政治的な選択は消えていない。しかも，コンセイユ・デタが政治的選択を実はしているということが

23) レジ・フレス氏のインタヴューから。なお出向に関しては，司法研修所編『フランスにおける行政裁判制度の研究』法曹会 1998年 78頁以下も参照。
24) Danièle LOCHAK, *Le rôle politique du juge administratif français*, LGDJ, 1972.
25) Danièle LOCHAK, Le Conseil d'Etat en politique, *Pouvoirs*, n° 123, pp. 19-32.

みえにくく，支配的な合意が形成されている事柄については裁定しないという仮説を立てることができるのではないか。」

　ロシャックは，二つのことが裁判所と権力の間の諸関係の均衡をおびやかしていると指摘する。一つは，公平性とひきかえに裁判所に大きく依存していること。もう一つは，裁判所にとっては支配しようとすることを告発される危険をおかして独自の見解を通すことに対する誘惑があること，だとする。こうした二者択一が複雑な現実を単純化する。コンセイユ・デタについては，裁判官政治があるということは難しいが，政治家と衝突することや支配的な世論と矛盾するような意思を示すことにはためらいがある。政治的ではないという結論を導き出すにはいたらない，としている[26]。

　コンセイユ・デタは行政権に位置づけられる。歴史的にはリシュリューの下での1641年2月21日のサンジェルマン・アンレイの勅令に遡る。それにより一般裁判所が「国家及び行政の事件」を扱うことは禁じられ，行政権自らが「国家及び行政の事件」を扱うこととなった。さらに絶対主義王政の時代の王権とパルルマンとのせめぎあいも，革命以降，司法裁判所と行政裁判所の区別を厳密にした原因である[27]。ここにはフランスの権力分立の考え方も反映している。すなわち，権力分立とはそれぞれの権力の自律を尊重するという意味に解し，行政権が自ら判断するのである[28]。また，職務の専門性という考え方も反映しているように思われる[29]。

　諮問内容や訴訟内容が複雑化するにつれ，多様な人材を必要とすることは必然といえよう。しかし，実際は競争試験以外の外部任用には政治性が反映する可能性が高い。また，競争試験を経ての任用であっても，市民的自由の保障を

---

26)　*Ibid.*, pp. 31-32.
27)　Jean MASSOT et Thierry GIRARDOT, *op. cit.*, pp. 14-16.
28)　ティエリー・ルノー著福岡英明＝植野妙実子 共訳「フランスにおける権力分立論の適用への憲法院の貢献」植野妙実子 編訳『フランス公法講演集』中央大学出版部 1998年 125-145頁。
29)　植野妙実子『フランスにおける憲法裁判』中央大学出版部 2015年 225-245頁参照。

はかるフランスでは、任用されている者の何らかの政治的意見表明が後のポストへの登用に影響することは十分に考えられる。結局は任用された者それぞれの、職務に対する自覚とバランス感覚に「政治的中立性」は委ねられていると思われる。そうしたバランス感覚を養うために研修や出向は大いに役立つことになる。職務を遂行する個人に対する信頼が、ロシャックの指摘のように、ともすれば政治的選択を行使することになるあやうい制度を支えているといえる。だからこそ、客観性や中立性を担保する一貫した安定的な裁判基準の構築が必要なのである。

　権力分立という点ではもう一つ、最後に付加しておくべきことがある。それは、コンセイユ・デタのもつ機能の特殊性、すなわち諮問に応えるという行政的機能と裁判的機能を併せもつという点についてである。フレス氏は次のようにいう。「コンセイユ・デタは、司法裁判所系列、行政裁判所系列の二つの系列によって特色づけられる裁判制度の中の行政裁判所系列の最高裁判所である。この構造は、しかしながら、ヨーロッパにおいて例外的というわけではない。こうした2系列をもつ裁判制度は、ドイツ、ベルギー、オランダ、トルコ、ギリシャなどにもみられる。さらにコンセイユ・デタは政府に意見を示す機関でもある。アングロ・サクソン系の国においては、このような特色を権力分立に対する裏切りであると受けとめている。この機能は実際、プロコーラ判決によって見直しが迫られている。コンセイユ・デタの構成員は純粋に裁判的機能を担う者と純粋に助言・勧告機能を担う者とに分けられるべきではないのかと問われているのである[30]。」

---

30) レジ・フレス氏のインタヴューから。プロコーラ判決とは1995年9月28日の欧州人権裁判所の判決のことで、ルクセンブルグのコンセイユ・デタにより下されたコンセイユ・デタの二重の機能が欧州人権条約6条（公正な裁判を受ける権利）違反ではないとする判決に対して、欧州人権裁判所が、裁判の独立性を侵害しているとする判決を下したことをさす。すなわちルクセンブルグのコンセイユ・デタの同一の評定官が命令についての意見も述べ、同時にこのような命令に対する違法性を問う訴訟の審査を担当することが条約6条に違反すると指摘した。

かくしてこのような点については 2016 年 4 月 20 日に行政訴訟法典の改正が行われ，任務分担が明確に示されることとなった[31]。

---

31) 2016 年 4 月 20 日法（Loi n° 2016-483 du 20 avril 2016）は，公務員の職業倫理並びに権利及び義務に関する，かなり大部にわたる法律改正のための法律である。これにより，例えば，コンセイユ・デタ評定官の職務については，次のように定められた。
　行政裁判法典 L. 121-4 条
Ⅰ. 諮問的なもしくは裁判的な職務を行使する，特別な職務につくコンセイユ・デタ評定官は，法務大臣の提案に基づいて大臣会議において講じられるデクレによって任命される。
Ⅱ. ① 諮問的な職務を行使するために任命された特別な職務につくコンセイユ・デタ評定官は，国家活動の様々な領域において資格を備えた傑出した人物の間から選ばれる。彼らは，コンセイユ・デタ副院長の意見を徴したあとで任命される。
　② 彼らは，全体総会に出席し，他の行政部の編成からなる審議に参加する。彼らは，争訟部に配属されることはない。
Ⅲ. ① 裁判的な職務を行使するために任命された特別な職務につくコンセイユ・デタ評定官は，法の分野における彼らの権限や活動が，職務行使にとって特に資格を備えていると評価される人々の間から選ばれる。彼らは，公務員の権利と義務に関する 1983 年 7 月 13 日法（Loi n° 83-634 du 13 juillet 1983）の 5 条に定められた条件をみたし，かつ，少なくとも 25 年間専門的な活動に携わったことを証明するものでなければならない。彼らは，コンセイユ・デタ副院長により主宰され，コンセイユ・デタ副院長が指名する，資格を備えた傑出した人物及びコンセイユ・デタ構成員の同等数からなる委員会の提案に基づき任命される。
　② これらの特別な職務につくコンセイユ・デタ評定官は，争訟部に配属される。彼らは行政部の編成に配属されることはない。彼らは一般職のコンセイユ・デタ評定官と同一の義務にしたがう。
　③ 裁判的職務を行使するために任命された特別な職務につくコンセイユ・デタ評定官の中で，公務員の資格を備える者は，元の職団の出向という立場に位置づけられる。
Ⅳ. 本条項のⅡ及びⅢにとりあげられている特別な職につくコンセイユ・デタ評定官の数はコンセイユ・デタにおけるデクレで定められる。
　（条文中，①②③は便宜上植野がつけた。）

第6章

フランスの国家緊急権

はじめに

　日本国憲法公布・施行から75年もすぎた。日本国憲法は確かに安定的な平和をもたらし，人権の保障に寄与しているといえるであろう。しかし，その功績をたたえるどころか，折あれば憲法を改正したいという与党・自民党の願いは強い。憲法を基本とする政治には程遠い状況といえる。憲法改正の争点の一つとして浮上しているのが，国家緊急権，緊急事態条項の新設である[1]。共産党を除く多くの党が緊急事態条項について議論する必要性を認めているという[2]。そのことを暗示するかのように既に2007年（衆憲資14号），2008年（衆憲資45号），2013年（衆憲資87号）に，緊急事態に関わる詳細な資料を衆議院憲法審査会事務局は準備している。

　緊急事態においては，通常とは異なる権力のあり方，権力の集中や拡大を伴い，人権の制限や停止が行われるのが常といわれる。したがって，どこが何のために，どのように決定するのか，すなわち判断主体，目的，手続が問題となり，適用範囲や期間も問題となる。その決定が適切であるのか審査する仕組み，またのちにも適切な決定であったのかを検証する仕組みも必要である。今日の立憲主義体制にあっては，たとえそれが一時的な立憲主義の逸脱であった

---

[1] 自民党の国家緊急権に関する憲法改正案については，植野妙実子「立憲主義と国家緊急権」日本の科学者51巻4号（2016年）12-17頁参照。

[2] 例えば，読売新聞2015年5月8日朝刊。

としても,権力の暴走や長期にわたる濫用は許されない。緊急事態をとる理由の正当性が問われる。さらに,そもそも緊急事態を憲法に書き込む意味も問われなければならない。法律ではなく,憲法に緊急事態を設ける必要があるのか,設けることによって何がかわるのか,それも議論する必要がある。

ところで,既述した衆議院憲法審査会資料をはじめとして多くの国家緊急権に関わる著作の中で,フランスは憲法の中に国家緊急権を定める国として紹介されている。しかし,その国家緊急権がどのような仕組みの下で設定されているのか,また国家緊急権をめぐってどのような議論が実際になされているのか,具体的に紹介している著作は少ないように思う。

しかもフランスでは,2015年11月13日の同時多発テロを受けて,国家緊急権(正確には非常事態)に関する憲法改正を試みようとしたが,頓挫している。フランスでどのような議論が国家緊急権に対して行われているか,何が原因で頓挫したのか,これらを分析することも,日本の国家緊急権をめぐる議論にとって必要と思われる。

1. 国家緊急権すなわち危機の権限の概念

フランスにおけるいわゆる国家緊急権は,例外的状況 situations exceptionnelles に直面した際の危機の権限 pouvoirs de crise として説明される[3]。それによると次のように説明されている。

まず,危機の権限の概念は幅広く,二つのメカニズムをさすとされる。一つは,戦争,クーデタ,政治体制の転覆など,政治的性格を有する例外的状況に直面したときのもの,もう一つは,こうしたあらゆる政治的要因とは無縁の,例えば自然災害などの例外的状況に直面したときのもの,である。

次に,危機の権限は,多くは憲法,法律,デクレによってあらかじめ定めら

---

3) Sous la direction de Olivier DUHAMEL et Yves MÉNY, *Dictionnaire constitutionnel*, PUF, 1992, pp. 85 et s.

れている。例外的状況においてこうした権限を行使する場合，必要に迫られた状況の中で，合法性の原則を緩和するということがおこりうるからである。また，議会によって政府に特別な権限が認められたり，行政法上の例外的状況の判例理論が認められたりもしうる。

　現行のフランス第五共和制憲法には16条と36条に危機の権限についての規定を設けている。実際には，危機の権限の原因が政治的なところにある場合，危機の権限の実施が長期にわたる場合もある。歴史は，危機が去ってもなお，危機の権限に関わる法規が存続することを示している。非常事態 état d'urgence についての1955年4月3日法も，当初は時限立法としてアルジェリア領土に向けて講じられたものであったが，1960年4月15日オルドナンスによってフランス本土にも適用される恒常的な法律となったのであった。

　危機の権限を制度の中に組み込むことは，その権限が正規のものとして認められることを意味し，人々の権利や自由を守るために制度化されたにもかかわらず，結局は人々の権利や自由を奪うことにつながっていく。市民の危機の権限に対する警戒心は，徐々に民主主義の浸透の下で薄れてきているが，「危機」は漠然とした抽象的な形でしか定義されていない。すなわち，差し迫った危機とか，重大で直接的な侵害とか，という言葉で表されているにすぎない。したがって，常に想定外の予測不可能なことがおこる余地がある。そこで，想定外のことがおこれば，さらに危機の権限が拡大していくという悪循環に陥りやすい。

　危機的状況というものは，対外的にも対内的にも，おこりうるし，ときとしては，地域的なものとしてもおこりうる。これらに対応するため，危機の権限を行使する側に立つ者は，危機の性質や範囲に応じてその権限に関わる法制度を変化させることになる。そこで，危機の権限の法的基盤が，憲法・法律・デクレで定められていることが必要となる。

2. 危機の権限の解釈

　フランス第五共和制憲法 16 条，36 条は危機の権限として，次のように定める。

「16 条

　1 項　共和国の諸制度，国家の独立，その領土の保全あるいは国際協約の履行が，重大かつ直接に脅かされ，かつ，憲法上の公権力の正規の活動が阻害される場合，大統領は，首相，上下両院議長並びに憲法院に，公式に諮問した後，これらの状況により必要とされる措置をとる。

　2 項　大統領は，これらの措置を教書 message により国民に知らせる。

　3 項　これらの措置は，憲法上の公権力に対して，その任務を遂行する手段を確保しようとする意思に即して，最短期間内に実施されなければならない。憲法院はこの事項について諮問される。

　4 項　国会は，当然の権利として集会する。

　5 項　国民議会は，例外的権限の行使の期間中，解散されない。

　6 項　例外的権限行使の 30 日後に，1 項で表明された要件が満たされているかを審査する目的で，国民議会議長，セナ議長，60 名の国民議会議員もしくは 60 名のセナ議員は，憲法院に申立てすることができる。憲法院は，最短の期間内に，意見を公開で表明する形で裁定する。憲法院は，例外的権限行使の 60 日後に，及びこの期間をこえるといつでも，当然の権限として審査を行い，同一の条件で裁定する。」

「36 条

　1 項　戒厳状態は，大臣会議においてデクレとして発令される。

　2 項　12 日をこえる戒厳状態の延長は，国会によってのみ許諾される。」

(1) 16条

　16条は，非常事態措置権を定めたものと日本では理解されているが[4]，この条文の中には非常事態 état d'urgence という言葉は用いられてはおらず，例外的権限の行使 exercice des pouvoirs exceptionnels という言葉が用いられている。非常事態は，非常事態に関する1955年4月3日法（Loi n°55-385 du 3 avril 1955 relative à l'état d'urgence）で用いられている言葉であり，16条の定める事態とは異なるものととらえられている。

　16条は，大統領が，通常の規則を一時的に退けて特別条項の実施によって，いわゆる例外的状況に応える場合を定める。実施のための厳密な条件と効果を定めている，とされている[5]。

　16条の大統領の例外的権限の行使は，単独のものであり，副署を必要としない。大統領は，例外的権限を実施しようとするときには，首相，上下両院議長，憲法院に諮問する。この諮問に対する憲法院の答申（一般にはコンセイユ・デタへの諮問の場合も含めて意見と訳されており，以下，意見とする）の内容には，諮問機関は拘束されないが，政府公報による公開の対象となる。1961年のアルジェリア紛争の際，ド・ゴール大統領は，例外的権限の使用について，憲法院から肯定するとの意見をえた[6]。例外的権限行使の実施が決まれば，最終的には大統領は国民に向けて教書という形で知らせる。この形式は定まってはいない。さらに大統領は，16条の枠組みの中で，例外的権限に伴う決定を通常の権限分配にとらわれることなく講じることができる。しかし，その決定は，そのつど憲法院に諮問されなければならない。これに対する憲法院の意見も諮

---

4) 例えば，初宿正典＝辻村みよ子編『新解説世界憲法集（第4版）』三省堂2017年254頁。

5) Commentaires rédigés par Michel LASCOMBE, *Code constitutionnel et des droits fondamentaux*, Dalloz, 2012, pp. 540 et 541.

6) Louis FAVOREU et alii, *Droit constitutionnel*, 14e éd, Dalloz, 2011, pp. 690 et 692. 以下の解釈に関しては，次のものも参照。Thierry RENOUX et alii, *Code constitutionnel 2016*, LexisNexis, 2015, pp. 658 et 660.

問機関を拘束するものではないが、この場合には意見の内容は公開されない。1961年の場合には、後述するように多くの大統領の決定が講じられ、憲法院に諮問されている[7]。

　2008年7月の改正で加わった6項により、憲法院は、例外的権限の行使が30日をすぎると、国民議会議長、セナ議長、あるいは60名の国民議会議員もしくは60名のセナ議員、これらのいずれかの付託によって、例外的権限の実施の理由となった事柄について条件が同様に存在しているかを判断する。その条件とは、一方では、共和国の諸制度、国家の独立、その領土の保全あるいは国際協約の履行が重大かつ直接に脅かされていること、他方では、憲法上の公権力の適正な活動が中断されること、この状況が双方存在している場合をさす。なお、前者の要件は選択的であり、いずれかが充足されていればよい。憲法院は、最短期間で意見を公開し、表明する形で裁定する。例外的権限の行使が60日をすぎると、またこの期間をこえると、いつでも憲法院は審査する当然の権限を有し、同一の条件で裁定する。憲法院の意見はあくまでも諮問的であり、法的に大統領を拘束するものではないが、その意見が迅速に行われ公開されることによって、大統領の決定の延長や例外的権限の実施の適否に対して重くのしかかっているといえる[8]。

　16条に伴う諸決定の目的は、唯一、憲法上の公権力の適正な活動を回復させることにある。このことは例外的権限の行使の実施期間に示唆を与えることになる。公権力がそれぞれ自らの任務を果たすことができるようになれば、もはや16条による実施は存在理由をもたない。しかしながら、実際そうした状況に至ったかどうかを判断するのは大統領になる。

　例外的権限の実施期間中、議会は当然の権利として開会され、国民議会は解散されることはない。1961年のド・ゴール大統領の解釈によれば、通常会期の最中であるなら、16条の適用に関わらない事柄は立法しつづけることができるとされている。通常会期の最中でないなら、法案を採択するのではなく審

　7）　Louis FAVOREU et alii, *op. cit.*, p. 692.
　8）　*Ibid.*, p. 331.

議しつづけることができるだけであるが,政府に対する不信任動議が受理されることはない。しかしながら,もし大統領がその権限を濫用していると思われるときは,議員たちは,彼を高等院に召喚できる[9]。

さらに16条の権限行使の下においては,いかなる憲法改正の手続もとることはできない。このことについて憲法は明白に述べてはいないが,憲法改正について定める89条の4項は,「領土の保全が侵害されているときは,いかなる改正手続も着手され,あるいは継続されることはできない」と定めている。憲法改正についてのこうした制限は,すでに学説においても主張され,また憲法院によっても認められてきた[10]。

最後に,16条の例外的権限の行使に伴って,講じられた決定に対してどのような訴訟が可能であるかが問題となる。これについては,大統領が16条の実施を決めたその決定(教書の内容をさす)と,大統領が例外的権限の枠組みの中で講じた諸決定とを区別しなければならない。前者は,統治行為の一つと考えられ,越権訴訟による訴訟の余地はない。他方で,後者の諸決定は,命令権限の領域においてなされているという条件で,コンセイユ・デタによって審査される[11]。実際,1961年には,裁判所の創設,軍人の免職,警察の留置期間の延長,刑事訴訟手続の変更,裁判官の不可動性の停止,ある種の広告の禁止など,多くの決定がとられた。なお,これらの決定がQPCの枠組みの中で憲法院の審査の対象となるかについては,これらの決定がその成立の過程においてすでに憲法院の意見を受けているなど合憲性審査の対象となったと考えられる場合には否定される。しかし,それ以外の場合には対象となる可能性がある[12]。

---

9) *Ibid.*, p. 691.
10) CC, n° 92-312DC du 2 septembre 1992.
11) Louis FAVOREU et alii., *op. cit.*, pp. 691-692.
12) Commentaires rédigés par Michel LASCOMBE, *op. cit.*, p. 671.

(2) 36条

　36条の戒厳状態は，大臣会議においてデクレという形で発令される[13]。13条1項は，大臣会議において決定されたオルドナンス及びデクレには，大統領の署名が必要であると定めている。このデクレは，実施される領域と実施期間を定めたものでなければならない。この戒厳状態は，外国の戦争の結果の差し迫った危機の場合もしくは軍事的蜂起がおきた場合にしか宣言することはできない。秩序維持や警察のために非軍事的（文民）機関 autorité civil に授けられていた権限は，結果的に軍事機関に移される。さらに，外国の戦争の結果，差し迫った危機にあるとしてデクレによって戒厳状態を発令された地域においては，それまでは刑事裁判の管轄であった犯罪は，いかなるタイプのものであろうとも，軍事裁判所で裁かれることになる。軍事機関には例外的権限が授けられ，昼夜における家宅捜索を行ったり，犯罪容疑者や路上生活者を拘束したり，武器・弾薬の引き渡しを命じたり，それらの捜索や奪取の手続をとったり，公共秩序を侵害する性質を有すると判断される集会を禁じたりすることもできる。戒厳状態においては，憲法によって保障された権利全体の行使は認められているが，防衛法典の条文によって停止されていない状況にあるという条件の下で，ということになる[14]。

　戒厳状態が12日以上に及ぶときには，その延長は国会の承認を必要とする。また，憲法48条3項は，危機の状態に関わる政府提出法律案が優先的に審議されることを定めているが，これは36条の場合も16条の場合も同様である[15]。16条が1961年に一度実施されているのに対し，36条の戒厳状態は第五共和制憲法下においては，一度も実施されていない[16]。

　最後に，戒厳状態は憲法上の権限分配を変更するものではないことを確認す

---

13) Thierry RENOUX et alii, *op. cit.*, p. 711.
14) Commentaires rédigés par Michel LASCOMBE, *op. cit.*, p. 910.
15) Thierry RENOUX et alii, *op. cit.*, p. 711.
16) Louis FAVOREU et alii, *op. cit.*, p. 902.

る必要がある。この点は 16 条と大きく異なる点となる[17]。

(3) 1955 年 4 月 3 日法

危機の権限は，憲法 16 条と 36 条に限られない。フランスでは，1955 年 4 月 3 日法 (Loi n° 55-385 du 3 avril 1955) による非常事態が常に適用可能である。2015 年 11 月のパリ同時多発テロ事件のあとでとられた非常事態はこの法律に基づくものである。

この非常事態は，領土の全部もしくは一部に対して，大臣会議においてデクレという形で発令され (2 条)，宣言される。その領土には，憲法に定められている海外県，海外公共団体，そしてニューカレドニアも含まれる。この非常事態は，公共秩序に対する重大な侵害から生じる差し迫った危機 péril imminent，その性質及びその重大性において公的災禍の性格を示す事象から設定される (1 条)。戒厳状態との違いは，非軍事的体制が存続することであるが，例外的権限が諸機関に認められることになる[18]。

例えば，知事には，非常事態が適用される当該県の全部もしくは一部においてアレテ（命令）によって，一定の場所や時間において人や車の交通を禁止することや人の滞在を規制する保護地帯あるいは安全地帯を設定すること，またどのような方法であれ公権力の活動を妨げようとするすべての人に対し，当該県の全部もしくは一部において滞在を禁止すること，これらの権限が与えられる (5 条)。内務大臣には，非常事態が適用されている地域に居住するすべての人に対し，その行動が非常事態の適用される地域の安全と公共秩序にとって侵害となると思われる重大な理由 raisons sérieuses が存在すると判断される場合には，定められた場所への居所指定を宣言することができる。また，内務大臣は，警察部隊もしくは憲兵隊の部隊を居所指定の場所に向かわせることもできる (6 条)。また内務大臣は，テロリズムの行為でひきおこされる，あるい

---

17) Commentaires rédigés par Michel LASCOMBE, *op. cit.*, p. 910
18) *Ibid.* pp. 910-911. 1955 年 4 月 3 日法に関しては，矢部明宏「フランスの緊急状態法」レファレンス平成 25 年 5 月号 (2013 年) 5-26 頁も参照。

はその賛同となる行為でひきおこされる公衆に向けての交信・伝達のすべての業務の妨害から守るために，あらゆる措置を講じることができる（11条Ⅱ）。

この非常事態法は，2015年11月20日法（Loi n°2015-1501 du 20 novembre 2015）によって改正され，さらに2016年2月19日のQPC判決[19]によっても改正されているが，「行政機関の権限を強化し公の諸自由を規制する」もので被疑者の居所指定と裁判官の許諾なしの捜索の二つの基本的な規定を含んでいる。この他，往来の自由の規制，団体の解散，報道の検閲，罰金刑の増加などが示されている[20]。

12日間をこえる非常事態の延長は，法律によってのみ許諾される（2条）。非常事態の12日間をこえる延長を許諾する法律には，最終的な期日が設定される（3条）。非常事態の延長についての法律は，政府の辞職後もしくは国民議会の解散後，15日後に失効する（4条）。国民議会とセナは，非常事態の間に政府によって講じられた措置について遅滞なく知らされる。また，両院は，これらの措置の審査と評価の枠組みにおける補充的なあらゆる情報を要求することができる（4-1条）。

ヴェロニク・シャンペイユ＝デスプラによれば，非常事態はこれまで8回宣言されているという[21]。この非常事態は，ニューカレドニアにおける独立運動の激化に対しても宣言されている。そして，1985年1月25日法によって議会で延長が認められた。この法律は，憲法院に提訴されたが，合憲と判断されている[22]。また，2005年にはフランス本土においても非常事態が宣言されてい

---

19) CC, n°2016-536QPC du 19 février 2016. 1955年4月3日法はその他のQPC判決などによって改正されている。
20) *Le Monde*, 23 novembre 2015.
21) Veronique CHAMPEIL-DESPLATS, La constitutionnalisation de l'état d'urgeuce-Retour sur un débat récent. 2016年7月3日　慶應義塾大学フランス公法研究会における講演。
22) フランス憲法研究会編『フランスの憲法判例』（信山社，2002年）414-419頁（蛯原健介担当部分）参照。

る[23]。そして 2005 年 11 月 18 法で 3 ヵ月延長されているが，このときは憲法院への提訴はなかった。

コンセイユ・デタにおいては，非常事態を設定した 2005 年 11 月 8 日デクレ，また終了を拒絶していることについても提訴されている。コンセイユ・デタは，非常事態に訴えた決定についての審査請求を受理したが，審査の結果，請求を棄却している。このことから非常事態に関する審査は，統治行為論で退けられないことが明らかとなった[24]。なお 16 条の場合と異なり，憲法上の権限分配は変更されない。

(4) 政府の責任

ところで，フランス憲法においては，次のことを確認しておく必要がある。それは第五共和制憲法の「第 9 篇　高等院」と「第 10 篇　政府構成員の刑事責任」についての規定である。これらの規定が例外的権限の行使とどのように関わるのか，何らかの過ちがあったときに責任を追及されることになるのか，が問題となる。第 9 篇は次のように定める。

「67 条

1 項　大統領は，53-2 条及び 68 条の規定を除いては，その職務として遂行した諸行為について責任を負わない。

2 項　大統領は，その任期中はフランスにおけるいかなる裁判所または行政機関において証言を求められることも，また訴訟，審尋，予審，訴追の対象となることもない。すべての時効または時効による訴権の失権の期間は中断される。

3 項　これによって大統領に対する訴訟や訴追手続が妨げられた場合は，任期終了後 1 ヵ月が経過した後に，大統領に対するこれらの審理や手続を再開あるいは開始することができる。

68 条

---

23) Commentaires rédigés par Michel LASCOMBE, *op. cit.*, p. 911.
24) *Ibid.*, p. 911.

1項　大統領は，彼の権限 mandat の執行と明らかに相入れない違反行為があった場合以外には罷免されない。大統領の罷免は高等院として構成される国会によって宣言される。

(以下略)」

共和国大統領は，政治的に無答責である。彼の責任は，刑事の面においてしか追及されない[25]。それが原則である。大統領の政治的無答責性は，政治的理由のために彼を罷免させるようないかなる憲法上の規定はないことから明らかである。しかし，実際，ド・ゴールは，国民に対し政治責任をかけたレフェレンダムを行った結果（プレビシットといわれる）辞任している。もっとも，そのあと，誰もこのやり方を踏襲してはいない[26]。

68条1項は，大統領の刑事責任とその責任追及の実施の条件を定める。元々，「大統領は大反逆罪 haute trahison の場合の他は，その職務の執行中に行った行為について責任を負わない…」となっていたものが，2007年2月23日の憲法改正で現行のようになった。国際刑事裁判所に関する憲法院の判決が明らかにしたように，職務の執行中の行為であったかどうかが，問題となる。しかし，「大反逆罪」以外では大統領は無答責となっていた[27]。

68条にはこのような経緯があるが，今日16条との関係では68条にそって大統領の責任を解釈できるとするのが一般的な解釈である[28]。すなわち政府が全く責任を問われないとは考えられていない[29]。

---

25) Louis FAVOREU et alii, *op. cit.*, p. 681.
26) *Ibid.*, p. 681.
27) フランス憲法研究会編・前掲書（注22）48-53頁（建石真公子担当部分）参照。憲法院は，最終的には「大統領の刑事法上の地位については，職務就任以前の行為であれ，職務と切り離しうる行為であれ，その任期中の訴追は，高等法院でのみ行われる」とした。
28) Louis FAVOREU et alii, *op. cit.*, pp. 682-684.
29) もっともこの問題は，高等院の性格をどのようにとらえるかとも関係する。

3. 国民の保護に関する憲法改正案

フランス共和国大統領は，パリ同時多発テロが発生した数日後の 2015 年 11 月 16 日，ヴェルサイユでの両院合同会議の演説において，国民を脅かすテロの脅威に対し国民の結集を呼びかけた。これが 2015 年 12 月に首相から提出された憲法改正案の契機となっている。この演説において，大統領は，テロとテロから生じる様々な行為に対する対策に必要な手段と措置の強化が重要であることを確認し，このような状況においても公共秩序と安全が維持されるよう，法的枠組みの見直しが必要であると述べていた。

(1) 憲法改正案

2015 年 12 月 23 日に大臣会議に提出された憲法改正案には，非常事態と国籍剥奪 déchéance de nationalité，この二つを憲法に挿入することが示されていた。この憲法改正案「国民の保護に関する憲法改正案」(PRMX1529429L) は次のようなものである[30]。

「1 条　憲法 36 条の後に 36-1 条を次のようにおく。
36-1 条
　1 項　非常事態は，公共秩序に対する重大な侵害から生じる差し迫った危機の場合，もしくはその性質及びその重大性において公的災禍の性格を示す事象の場合に，共和国の領土の全部もしくは一部に対して，大臣会議においてデクレとして発令される。
　2 項　非軍事的機関は，こうした危機を防止するために，またはこうした事象に対抗するために，講じうる行政警察的措置を法律で定める。

---

[30] ここでは「国民 nation の保護に関する憲法改正案」とした。国家の保護と訳することもできるが，「国家を形成する国民の保護」ととらえることがふさわしいように思う。他方で，「国家の基本的利益 intérêts fondamentaux de le Nation」という文言も多くみられ，この場合は国家と訳した。

3項　12日間をこえる非常事態の延長は，法律によってのみ許諾される。法律はこの期間を定めるものとする。
2条　憲法34条は次のように変更される。
　1号　3項は次の規定におきかえられる。
　——国籍，そこには，次のような条件が含まれる。他の国籍を有するフランス人として生まれた者は，国民生活に重大な侵害となる犯罪のために有罪とされた場合，フランス国籍を剥奪される。
　2号　3項の後に次の文言が入る。
　——人の地位と能力，夫婦財産制，相続と贈与」
　（なお，34条は，法律事項を定める条文である。）

　グザヴィエ・フィリップは非常事態を憲法規範化する目的について，次のように述べる。「非常事態を憲法規範化する目的は，立法府のコントロールに基づきながらも，いくつかの基本的自由を制限し，場合によっては奪うことにもなる行政警察権限を執行府に自由に行使することを許す憲法枠組みを定めるところにある。非常事態を実施する法律は権利や自由をただちにかつ過剰に，比例原則に反して侵害する可能性があるため，このような法律を憲法院が無効とするリスクがあった。これが非常事態を憲法規範化しようとする理由であった。すなわち，非常事態を憲法規範化すれば，この制度は単に法律にのみ基づくのではなく，憲法に基づくこととなる。そうなれば非常事態の手続や枠組みを決定することが，憲法院を通すことなく可能となり，しかもこの例外的な権限の活用に憲法上の正当性が与えられることになる。」[31]

　今回の，非常事態についての条文を憲法に挿入する点に関しては，ほとんど反対がなかったという。他方で，国籍剥奪については，非常事態よりも多くの問題が提起され，賛同者と反対者の間に鋭い対立が生まれた，と指摘する。国籍剥奪に関する問題の核心は，こうした措置を禁止するか，認めるかではなか

---

31)　グザヴィエ・フィリップ著植野妙実子＝兼頭ゆみ子　共訳「非常事態と国籍剥奪措置—2015年11月13日パリ同時多発テロに対する法的解決策」比較法雑誌50巻3号（2017年）135-150頁。

った。国籍の剥奪もすでに法律上，存在する措置であり，テロ行為に対する刑罰の中に含まれていた。むしろ，フランス社会を二分することになった問題は，国籍が剥奪される対象範囲についてであった。なぜなら，提出された憲法改正案では，テロ行為の犯人と認められ，有罪判決を受けた二重国籍者だけが国籍剥奪の対象とされていたからである。この要件は，フランス人の中には，国籍の出生による取得か事後的な取得かを問わず，国籍を剥奪される可能性のある者と，そのような可能性がないために法的により厚い保護を受ける結果になる者という二つのカテゴリーがあるという印象を与えた。このことが，今回の憲法改正案を頓挫させる直接の原因となった，とする。国籍を剥奪する基準について国民議会とセナが合意に至らず，フランス国籍のみをもつ者からの国籍剥奪をセナが認めなかったことを受け，大統領は，2016年3月29日，この改正案を取り下げた。

　すでに存在している国籍剥奪措置は，民法典の「第一篇　人身」の「第4章　フランス国籍における喪失，剥奪，再取得」の「第3節　フランス国籍の剥奪」中に主に付加刑として定められている。

「25条　フランス人の資格を獲得した個人は，剥奪することが無国籍者になるという結果をもたらさないならば，コンセイユ・デタの相違なしとする意見の後で講じられたデクレによってフランス国籍を剥奪される。

　　1号　国家の基本的利益に侵害となる重罪もしくは軽罪に相当する行為によって，もしくはテロリズムの行為となる犯罪によって有罪とされた者。

　　2号　刑法典4部，3篇，2章に定められた，もしくは処罰された犯罪に相当する行為で有罪とされた者。

　　3号　国民役務（すなわち兵役）法典から生じる義務を逃れたために，有罪とされた者。

　　4号　外国の利益になるように，フランス人の資格と相いれない，またフランスの利益に有害となる行為に専心した者。」

(2) コンセイユ・デタの意見

　ところでコンセイユ・デタは，当初の憲法改正案に対する意見を公表している[32]。この意見は，2015年12月11日にコンセイユ・デタ総会で採択されたものである。それによると当初の憲法改正案は，一つは主権の行使のあり方に関する3条の次に3-1条として立法府が定める条件において，国家の基本的利益を侵害することになる重罪もしくは軽罪に相当する行為もしくはテロリズムの行為となる重罪もしくは軽罪で最終的に有罪の判決を下された二重国籍者からフランス国籍を剥奪することを認めるものであり，二つは，現行の1955年4月3日法の1条及び2条に定められている文言で，非常事態の宣言とその延長の条件を憲法の中に書き入れ，非常事態の法制度に関する規定を補充する，非常事態に関する36-1条を設けるものであるとわかる。

(a) 国籍剥奪措置に関する意見

　コンセイユ・デタは，まず国籍剥奪に関しては次のように述べる。

　政府の目的は，テロリズムの行為を犯すことで，社会的関係を破壊することをめざした者を制裁することにある。すでに民法典25条1号は，政府にコンセイユ・デタの相違なしとする意見の後に講じられたデクレによって，獲得によってフランス国籍をえた者でかつ他の国籍も有している者がテロリズムの行為もしくは国家の基本的利益への侵害となる重罪もしくは軽罪のために有罪の判決を受けた場合に，国籍を剥奪されることを認めている。政府によって検討された方法は，同一の条件でフランス人として生まれた者にもこうした制裁措置を拡大するものである。フランス人の安全，国民の保護を確保するためには，テロリズムに対する闘いは絶対に必要な事柄であり，コンセイユ・デタは，テロ行為の事実から有罪判決を受けた二重国籍者から刑に服した後に，フランス国籍を剥奪して追放することになる目的を法的に認めるものである。

---

32) *Avis sur le projet de loi constitutionnelle de protection de la Nation*, Conseil d'Etat, n° 390866. 審議記録抜粋から引用。便宜上，国籍剥奪に関わる議論と結論をaとし，非常事態に関わる議論と結論をbとした。

しかしながらコンセイユ・デタは，フランス国籍剝奪がテロリズムの事実から有罪判決を受けた二重国籍者に対して設けられるべきだとしても，通常法律に影響してくる違憲性のリスクを考えれば，憲法の中にこの措置に関する原則を書き込むべきである，と考えている。このリスクは，平等原則に対する認識不足からくるものであってはならない。確かに政府によって検討された措置は，他の国籍を有するフランス人にしか関わらないが，こうしたフランス人は，フランス国籍しか有していない者と同一の状況にはない。なぜなら，フランス国籍しか有していない者から国籍を奪えば，その結果，無国籍となってしまうからである。さらに憲法院は，フランス人として生まれた者と，獲得によってフランス国籍をえた者とが，国籍の権利という点から同一の状況におかれていると判断している。

　したがって，検討された規定は，すでに民法典で認められている，獲得によってフランス人になった者に対する国籍剝奪の制裁をフランス人として生まれた者にまで拡大することで，人々の二つのカテゴリー，すなわち出生によってフランス人になった者と獲得によってフランス人になった者の間に平等の破壊なるものをもはや作らない，といえる。他方で，この措置は，出生によるフランス人から国籍を剝奪することを禁止している共和国の諸法律により承認された基本原理と対立する可能性がある。フランス人の国籍は出生以降，人格の構成要素を示している。フランス国籍は，それを保有している者に基本的権利を授けている。通常法律による剝奪は，基本的権利の過度の比例性に反する侵害，したがって違憲であるとみなされうる。政府によって検討された措置は，とりわけ人権宣言16条により定められた権利保障の原則に適合するかという問題を提示する。

　コンセイユ・デタは，次なる問題もとりあげている。検討された規定は，それ自体，フランスが加盟しているいかなる国際協約やヨーロッパの協約にも反するものではないが，EU司法裁判所が本件に関する各国規範のEU法への適合性を判断することになると思われる。また，欧州人権裁判所も欧州人権条約の観点から適用の個別的措置を審査することになると思われる。EU法による

と国籍の獲得や喪失の諸条件の定義は加盟国の権限に属する。EU 市民の資格に付随する退去は，一般利益という理由 motif に応えるものでなければならず，比例性の原則を尊重するものでもなければならない。重大な犯罪に関わるかぎり，剥奪措置が困難をひきおこすことはないであろう。但し，欧州人権条約 8 条は，国籍を獲得することや喪失しないことを権利として保障してはいないが，国籍承認の拒否や国籍剥奪は，若干の場合において私的もしくは家族的生活に対してネガティヴな影響を及ぼし，8 条の侵害につながることもある。

コンセイユ・デタは，このような措置が限定的な実用的影響力しかもたないであろうことも示している。まず，フランス国籍の剥奪は，罪を犯すことを決意した人々にとっておそらく抑止的効果は少ないと思われる。次に，こうした制裁は限定的な人数にしか課すことができない。なぜなら，刑罰の必要性と比例性の原則から特に重大な違反を侵した個人に対してしか宣言できないからである。また欧州人権裁判所は，若干の場合においてフランス国籍の剥奪やそのような制裁を受けた人の追放は，私的もしくは家族的生活に侵害をもたらし，その国籍を守るべき国家において欧州人権条約 3 条の意味で非人道的な尊厳を傷つける扱いに当該人をおくことになる，と判断している。とはいえ，こうした措置は国家共同体に属することがもはや値しないほどあまりにも重大な犯罪を生み出した者を制裁するという正当な目的に応えるものである。こうした措置の実際の効果は，限定的ではあろうが，このような事情があってもコンセイユ・デタが適切でないと結論づけるほどのものとは思われない。したがって，コンセイユ・デタは，憲法改正案 1 条の規定の原則を肯定する。

しかしながら，コンセイユ・デタは，国籍剥奪を正当化する犯罪の範囲を制限する方がよいと述べている。当該措置は，軽罪ではなく最も重大な犯罪行為をひきおこした者に対してだけ関わるとすべきである。また，憲法の中に「テロリズム」という文言を導入することはふさわしくない。そこで，国籍剥奪は「国民生活に重大な侵害となる犯罪によって有罪判決を受けた」者だけに課せられると規定する方がよい。このように述べる。

最後に，コンセイユ・デタは，当該規定が，主権の大原則を認める憲法の第

1篇の中ではなく，すでに国籍について言及している34条の中に書き込むべきだと考えている。したがって，34条の3項目は次のようになると提案している。

「──国籍，その獲得と喪失の態様，そこには他の国籍を有するフランス人として生まれた者が，国民生活に重大な侵害となる犯罪のために有罪とされた場合に，フランス国籍を剥奪される諸条件も含む。」

(b) 非常事態に関する意見

コンセイユ・デタは，検討された改正案は単純明快なものではないが，有用とされる効果を示す二つの権限を示している，とする。

第一に，改正案は，非常事態の間に非軍事的機関によって講じられた行政警察の措置に明白な根拠を与えるものである。かくして，次のように強化された措置を規定することは立法府に認められる。一つは，公共秩序の切迫した侵害のリスクとなる特別な事情を正当化する必要がなくとも身分証明書のコントロールを行うこと。もう一つは，トランクをあけることを含む車両の捜索ができることである。こうした行政的措置が憲法66条の中に入らない場合には[33]，改正案によれば，立法府がこれらの措置の審査を司法裁判所ではなく，行政裁判所に委ねると定めることも可能となる。

第二に，改正案は，これまでは通常法律によって修正することが可能であった実体と手続を憲法に明示することで，非常事態の宣言や展開を枠づけている。36-1条は，非常事態の宣言の他の理由を付加することや，国会は非常事態宣言後12日をこえた期間でしか介入できないこと，最終的な期限を含まない延長を決定すること，これらを禁止している。

反対に，コンセイユ・デタは，「行政裁判所の審査の下で」という文言を削除した。この文言は，行政警察的措置は当然に行政裁判所の審査の下におかれるので無用である。1955年法の14-1条は，2015年11月20日法によって，現

---

33) 憲法66条2項は，司法機関は個人的自由の守護者としている。個人的自由とは，主に安全に関わる自由をさす。植野妙実子編『フランス憲法と統治構造』中央大学出版部2011年197-199頁参照。

行法律の根拠に基づいて講じられた措置は,「行政裁判所の審査の下におかれる」と定めている。

　1955年法では,12日をこえる非常事態の延長は期間を定める法律によってしかできない。非常事態の実体的諸条件が常に充足されているのなら,法律による新たな延長は可能である。その場合,延長を決定するのは議会である。しかしながら,「危機状態」にある非常事態の更新を際限なく続けるようであってはならない。

　政府の改正案は,非常事態でなくとも何らかの特徴をとらえながら暫定的に延長できる制度になっている。そのために複雑な規定となっている。非常事態の宣言や延長を正当化した差し迫った危機が終了したが（例えば3ヵ月間テロ行為がない）,テロ行為やテロリズムの活動のリスクが続いている場合には,非軍事的機関は次のことができる。一つは,初期の段階で講じられた個別的措置を延長して実施しつづけること,リスクを防止するために新たな一般的措置を講じること（とりわけ人や車の交通の規制,劇場・カフェやバーといった酒類の販売所・集会場の閉鎖,集会の禁止などを行うこと）である。

　コンセイユ・デタは,以下のことを考えてこれらの規定を分離した。非常事態宣言の元になった公共秩序への重大な侵害を構成する事実は繰り返されていないが,公共秩序に対する差し迫った危機が存続しているような場合,また,この点政府は検討していないが,仮に大惨事等の原因となったことはおわっても大惨事の結果,災禍が続いているというような場合には,必要とされる措置を続けながら非常事態を延長する法律によって追求された目的を達することができる。

　また,原則においても,表現においても,新しい憲法36-1条は,欧州のそして国際的な協約とりわけ欧州人権条約,特に15条と矛盾するものではない。

　したがって,コンセイユ・デタは,憲法36-1条は次のように改正されるべきだと考える。

「非常事態は,公共秩序に対する重大な侵害から生じる差し迫った危機の場合,もしくはその性質及びその重大性において公的災禍の性格を示す事象の場合

に，共和国の領土の全部もしくは一部に対して，大臣会議においてデクレで発令される。
　非軍事的機関は，こうした危機を防止するために，またはこうした事象に対抗するために講じうる行政警察的措置を法律で定める。
　12日間をこえる非常事態の延長は，法律によってのみ許諾される。この法律はその期間を定めるものとする。」
　この審議内容と結論を見ると，コンセイユ・デタの提案にしたがって憲法改正案が変更され提示されていることがわかる。

4. 憲法改正案をめぐる問題点

　既述したように，16条と36条では実施条件と権限のあり方が異なる。16条は，一方で共和国の諸制度，国家の独立，領土の保全あるいは国際協約の履行が，重大かつ直接に脅かされる場合，他方で憲法上の公権力の正規の活動が阻害される場合に発動され，この条件は双方充足されなければならない。すべての権限は大統領に集中し，議会は立法権を大統領に移譲することになる。このような事態は，「真に例外的」とグザヴィエ・フィリップは指摘する[34]。これに対し，36条の憲法上の規定はシンプルで，戒厳状態が閣議においてデクレとして発令されることと，12日をこえる戒厳状態の延長は，議会によらなければ許諾されないことが示されているだけで，実施条件と権限のあり方は示されてはいない。
　戒厳状態の実施条件等は，防衛法典の「第二部　防衛に関する法制度」の「例外的適用の制度」の第二篇が戒厳状態にあてられており，そこに具体的に定められている（L.2121-1条～L.2121-8条）。それによると，次のようになっている。
「L.2121-1条

34）　グザヴィエ・フィリップ著植野妙実子＝兼頭ゆみ子共訳・前掲論文（注31）141頁。

1項　戒厳状態は，対外戦争もしくは軍事的蜂起の結果，差し迫った危機が生じた場合にのみ，大臣会議においてデクレで発令される。
2項　デクレは，適用される地域を明示し，その適用期間を決定する。
L.2121-2条
1項　戒厳状態がデクレで発令されると直ちに，秩序維持や警察のために非軍事的機関に授けられていた権限は，軍事機関に移譲される。
2項　非軍事的機関は，その他の彼らの権限の行使を引き続き行う。」

　すなわち，戒厳状態の実施条件は，対外戦争から生じる差し迫った危機と軍事的蜂起の場合であり，秩序の維持と警察権限は軍事機関に移るが，その他の憲法上の権限分配には関わらないことがわかる。したがって，その状態においては，秩序の維持と警察権限に関わる訴追は，軍事裁判で判断される。また，戒厳状態の場合に軍事機関ができることは，L.2121-7条に定められている。
「1号　昼夜における家宅捜索をすること。
　2号　重罪もしくは軽罪のために、最終的に有罪判決の対象となったすべての者や戒厳状態におかれている場所に住居をもっていない者を追放すること。
　3号　武器・弾薬の引渡しを命じることやそれらの捜索及び奪取を行うこと。
　4号　性質上，公共秩序を侵害すると判断される出版及び集会を禁止すること。」

　グザヴィエ・フィリップは，16条と36条の実施条件が厳格であるので36-1条としての非常事態を第三の例外的あるいは危機的事態として設定したとする[35]。しかし，これはすでにみたように，1955年4月3日法を単に憲法の中に組み込むだけのもので，厳密に危機の権限の体系性や整合性を図ったとはいえないものであった。

　結局，このような憲法改正は，テロ行為に反発した国民の声を利用した政府

---

35)　同論文 141-142 頁。

の政治的選択の面が強い。内容について精査されておらず、これほど早く憲法の中に書き込む必要性があったかのかが問われている。

　他方で、国籍剥奪は制度として存在はしているが、フランスの歴史においては苦い教訓をもたらしている。というのは、体制にとって都合の悪い者を国籍剥奪によって追放するということをしていたからである。例えば、ヴィシー政権下において、レジスタンス活動を指揮したド・ゴールは国籍を剥奪されている。こうしたことから国籍剥奪措置は、フランス人にとって複雑な思いを抱かせる措置である。また、国籍剥奪に関する憲法改正には、コンセイユ・デタも指摘したように、いくつかの争点がある[36]。

　第一の争点は、国籍剥奪措置が行われる範囲、対象である。当該措置が二重国籍者のみを対象とするのか、それともフランス国籍のみを有する単一国籍者にも適用されるのか、が問題となった。政府は当初フランス国籍の出生による取得か事後的な獲得による取得かを問わず、二重国籍者からの剥奪しか想定していなかった。しかし、この問題が、フランス社会を二分する議論となったため、平等原則に基づき、二重国籍者のみならず単一国籍者にも対象が拡げられた。その結果、無国籍者が生まれる状況を認めることになってしまった。なお、現行民法典の国籍剥奪の規定は、獲得によるフランス国籍保持者の場合に、二重国籍者を対象として、裁判所のコントロールの下で、刑罰の付加刑として国籍剥奪が申し渡される形になっている。

　第二の争点は、達成すべき目的と手段の関係である。テロ行為の阻止と国籍剥奪措置がどのような関連性をもつのかが明確ではなかった。他方で、市民権の剥奪あるいは喪失という措置もありうる。フランス刑法においては、付加刑としてそのような措置も存在しているが、国籍剥奪措置と市民権剥奪措置とどちらがふさわしいかという検討もされていなかった。

　第三の争点は、国籍剥奪措置とフランスが署名した国際協約との両立性である。グザヴィエ・フィリップの説明によれば、「実際、フランスは関連するい

　36）　これらの争点については、同論文145-146頁を参照。

くつかの国際協約に署名はしていたが，いずれにも批准していないという非常に奇妙な立場にあった」という。しかしながら，国籍への権利は，権利保障の前提をなす権利であり，世界人権宣言15条，米州人権規約20条にも明らかにされている。この権利は，人格権の一つをなす重要な人権と考えられている。無国籍者になりうることを前提とする法制度が許されないのは，当然であろう。

　さらに，この憲法改正案については，当然次のことも問題になる。

　一つは，いずれの条文も実際にある法律を憲法の中に組み込むことが考えられており，いわば法律の憲法への格上げを狙っている。このような発想は逆転しているといえる。そもそも，現にある法律は，憲法の枠組みの中で施行されていたものであり，このような格上げが行われるときは，憲法の縛りそのものを緩和しようとする政治家の邪な思惑が背景にあることが多い。グザヴィエ・フィリップも，「政府はこの改正により法治国家を保障しつつも，権利や自由を制限したりあるいは適用を撤廃したりすることのできる実用的な制度をえたいと考えていた。また，非常事態を憲法規範化することで，非常事態に関わる法律に対し，違憲と判断されることを回避しようとした」と指摘している。

　二つは，法律に詳細を委ねている点である。立法府における政治的な駆引きの中で，法律のあり様が決定されてしまう。その時々の立法府の構成によって好きなように修正を認めてしまうことにもつながる。

　三つは，この点がより重要なこととなるが，この改正の議論を通じて，裁判所の役割が再認識された点である。憲法院がどの場面で，すなわち事前もしくは事後の審査を通じて，どのように関わり，どのようにコントロールできるか，行政裁判所，特にコンセイユ・デタが非常事態においては自由や権利を規制するレフェレの審査を通じて大きな存在となるが，どのように市民の側に立ってコントロールできるのか，こうした点が問題となった。そして，こうした結果，行政権の自律として審査を行う行政裁判所ではなく，憲法66条の定める「個人的自由の守護者」としての司法裁判所の役割に期待がかかった。すなわち，権力のコントロールを実質的にどの場面で行うかが問われたのである。

憲法改正案は，最終的に国民議会とセナとで調整がつかず，取り下げられることになったが，セナで最終的に決定した修正案には，このような非常事態における議会としての立場とともに司法裁判所の役割が認識されている。セナの修正案の 36-1 条に該当する部分は次のようであった[37]。

「36-1 条
 1 項　非常事態は公共秩序への重大な侵害から生じる差し迫った危機の場合に領土の全部もしくは一部に対して両院の議長に諮問したのちに，大臣会議においてデクレとして発令される。
 2 項　当該危機を予防するために，非軍事的機関によって講じられうる行政警察的措置は，厳密に必要性と比例性に適合するものとする。
 3 項　個人的自由の守護者である司法機関が 66 条から受けている権限には抵触することができない。
 4 項　非常事態の期間中，非常事態に関わる法律や決議の提案及び審議はそれぞれ議院の議長会議のまたは少なくとも二つの会派のイニシアティブで通常会期，臨時会期，または場合によっては当然の会期の間の議事日程に優先的に登録される。
 5 項　国民議会とセナは，政府により遅滞なく非常事態の表題で講じられた措置について知らされる。国民議会とセナの請求に応じて政府はこれらの措置に関するすべての補充情報を伝えるものとする。
 6 項　12 日をこえる非常事態の延長は，状況が必要とする厳格な措置において，法律によってのみ許諾される。この法律には期間が設定されるが，それは 3 ヵ月をこえてはならない。非常事態の諸条件がまだ存続している場合には，この延長は，同様の態様で更新することができる。法律もしくは大臣会議において発令されるデクレによって非常事態をおわらせることができる。
 7 項　組織法律が本条の適用条件を決定する。」

---

37)　Sénat, n° 113, 22 mars 2016.

まとめにかえて

フランスでも緊急事態すなわち例外状態は，法治国家を停止することであると憲法研究者はその活用の危険性を指摘している。ヴェロニク・シャンペイユ＝デスプラによると，今回の非常事態の強化に関する憲法改正に対しては，三つのタイプの反対があったという[38]。一つは，非常事態を含むあらゆるタイプの例外的制度を憲法の中に書き入れることについて反対するもので，共生という考え方を根拠としていた。二つは，今回の憲法改正のタイミングに対して反対とするもの，現在のテロに対する感情の高ぶりが収まらないところで拙速に改正することに反対するもので，グザヴィエ・フィリップも基本的にはこの立場であった。三つは，今回の憲法改正の目的が何かを問い，目的を欠いた憲法改正であるという立場から反対するものである。とりわけ，テロ行為に対する闘いにはおわりがない。非常事態をもってテロリストの脅威に対応することに妥当性がみいだされない，とするものである。この点では既述したように，国家にせよ国民にせよ，何をテロリストから保護するのか，という問題にも結びつく。

ところで，日本とフランスとの制度比較で最も問題となるのは，憲法の中に国家緊急権を書き入れる必要があるのか，ということである。このことは，国家緊急権の発動下において通常の憲法上の権限分配を停止する，すなわち権力分立を停止する事態を想定することがありうるのか，という問題と絡む。内閣総理大臣が「権限を掌握する」事態になったとしても，その権限は行政権の延長上の強化にすぎないのであって，彼が立法権も司法権も掌握する事態になるとは考えられない。今日の民主主義国家においては，国家緊急権の発動の下であっても，立憲主義や法治国家の枠組みは守られるべきである[39]。権力の集中

---

38) 2016年7月3日慶應義塾大学フランス公法研究会における講演。前掲注 (21) 参照。

39) この点から国家緊急権の定義として「国家権力が，立憲的な憲法秩序を一時停

による暴走はとりかえしのつかない事態を生む。したがって，緊急事態の際の行政権のあり方やそれに対するコントロールのあり方を，憲法の理念に基づいて，関連する法律の中に書き込むことで足りると思われる。しかしながら，今日の関連法規には，要件として必要とされている原則も，審査の仕組みや検証の仕組みも十分示されていないことからその点を補強する必要があろう。

　いずれにしても次のようなことを念頭におく必要がある。議院内閣制においては，議会の多数派に政府（内閣）が基礎をおくので，議会からの政府に対する十分なコントロールは期待できない。それでは裁判所がコントロールできるのかといえば，これまでの経験からすると，統治行為論等によって十分なコントロールは期待できない。さらに，緊急事態がおわったあとでその設定自体が適切であったのか，政府の責任を問う仕組みもない。

　こうしたことから，日本の現在の制度の中に単純に緊急事態条項を組み込むことは危険が大きいといえる。緊急事態下においては，たやすく政府によって市民の自由や権利が規制される。とりわけ，報道の自由や知る権利，意見形成の自由が侵害される可能性がある。さらに過度の摘発・捜査等によって適正手続保障が損なわれ，冤罪が生まれやすくなる。

　こうしたリスクを考えると，緊急権発動は真に例外的なものとし，できるかぎり避ける努力が必要である。他方で，民意の反映する政治を構築して民主主義の基礎を固めること，裁判所においては市民の側に立って積極的に自由や権利を保障するための判例理論の構築に努めることが望まれる。平凡であるがこれにつきるといえそうである。

止して非常事態措置をとる権限」とする考え方は，検討が必要と思われる。芦部信喜＝高橋和之補訂『憲法［第6版］』岩波書店2015年376頁。

第7章

日本における政治家の責任

は じ め に

　安倍首相の銃撃事件はあってはならないことであったが，このことにより，主に自民党議員と旧統一教会との癒着ともいえる密接な関係が明らかになった。その解明もまだ途上にあるが（2023年10月13日付で政府は解散命令請求を東京地裁に請求），2022年8月10日に発足した第二次岸田改造内閣においては，新たに任命された大臣のうち7人の大臣が，旧統一教会との関係があった。また2023年9月23日第二次岸田再改造内閣においては，宗教を担当する文科省の大臣に教団と接点のあったとされる盛山正仁をあてるなどのこともみられた。この改造後，10月下旬に山田太郎文部科学政務官が不倫問題で辞任，過去には不倫報道を理由として自ら議員辞職した者もいるが，文科政務官を辞職したものの議員を辞してはいない。柿沢未途法務副大臣も公職選挙法違反事件に関与した疑いで辞任しているが，これも議員辞職はしていない（その後議員辞職したが，2023年4月の江東区長選挙をめぐって公職選挙法違反の買収などの罪で訴えられ，有罪判決がいいわたされた）。さらに神田憲次財務副大臣も税金滞納の問題で，事実上の更迭と報じられているが，副大臣の職につき辞表を提出した。このような場合に首相に任命責任は問われないのか。首相は旧統一教会との関係があった件に関しては「不当に自民党の政策に影響を与えたと認識せず」としている（NHK政治マガジン2022年8月10日）[1]。また東京五輪・パラ開催に関する汚職事件（この場合はみなし公務員に対する賄賂が問題）においては担当大臣

の監督責任などは生じないのかの疑問もある。さらに洋上風力発電をめぐる秋本真利衆議院議員の収賄事件もあり（自民党随一の脱原発再エネ推進派とされていた），秋本議員自身も逮捕されているが，2023年8月，外務政務官を辞任，自民党を離党，しかし議員辞職を直ちにしてもいないしさせてもいない。受託収賄にあたる「請託」があったかに関し，「特定のお願いが暗黙のうちになされていれば，それで足りる」とするのが判例の考えとされているので，有罪は濃厚と思われる。首相は「現職の国会議員が逮捕されたことは大変遺憾」としている（NHK事件2023年9月7日）。

このように実際に問題になったことのみならず，新型コロナウイルスに対する対応やマイナンバーカードの進め方，それに伴う個人情報漏洩など多くの政策に対する問題があるが，「説明責任がある」との指摘があっても，実際に責任をとるということは滅多に行われず，その手順も基準も明確ではない。さらに法的根拠のない国葬が行われたり，解散は首相の専権事項などとの明らかに誤った認識が横行していたり，日本は法治国家なのかと首を傾げることも多々ある。

1. 日本国憲法における責任規定

日本国憲法においては，責任に関する規定は次のようである。

まず，3条の，天皇の国事行為に関する内閣の助言と承認についての内閣の責任，次に17条の，国または公共団体の賠償責任，但しここには責任という文言はない。29条3項の，私有財産の正当な補償の下での公共の使用についての規定，ここにも責任という文言はないが，国もしくは地方公共団体がそれなりの責任をもつことが示されていよう。40条の刑事補償の規定も同様の意味に解されよう。責任という規定に関わるのは，51条の議員の発言・表決の

---

1) 「教団と関わり合いがあったとされる政治家側の責任を隠蔽するための解散命令請求のように見える」の指摘もある。朝日新聞2023年10月13日朝刊恵泉女学園大学教授齊藤小百合の指摘。

免責規定,「院外で責任を問はれない」と明記されている。さらに,内閣の組織,国会に対する連帯責任の規定,とりわけ 66 条 3 項の「内閣は,行政権の行使について,国会に対し連帯して責任を負ふ」の規定は,議院内閣制の要となる規定であり,日本で「責任」の問題となるとまずこの点が問われることになる。なお前文において,国際協調主義を示す第三段落に「各国の責務」という言葉はみられる。

　日本においては,こうしたところにしか責任に関する規定はなく,政治責任もしくは責任政治という概念は憲法の事項索引においても滅多にあがってこない。「政治責任」に関しては,一般的に次のように定義される[2]。「国会や内閣のような政治的性格を有する国家機関やその構成員（国会議員や国務大臣）がその権限の行使もしくは職務の遂行の政治的適切・妥当性について負い,かつ,裁判所への訴求以外の方法で追及されるべき責任。国民主権原理のもとでは,国会や内閣は主権者たる国民全体に対して政治的責任を負うべきものとされ,政治的責任に関する判断は選挙を通じて示されると解される。」さらにそこでは次のことも示されている。「議院内閣制のもとで内閣が国会に対して負う責任は政治責任であり,責任追及の手段は説明・弁明の要求であり,最終的には辞職の要求（内閣不信任決議ないしは問責決議）である。」この後者の部分については純粋に政治責任なのかどうかは議論のあるところである。さらに次のような説明もみられる[3]。「民主政治は,政治が民意に基づいて行なわれること,つまり為政者が直接ないし間接に国民によって選ばれ,かつその政策が民意に基づいて決定されること,のほかに,為政者がその権力行使について,直接ないし間接に国民の責任を負い,かつ為政者の権力行使について国民が,直接ないし間接にその責任を追求することのできる制度が用意されていること（責任政治 responsible government）をも不可欠とする。」ここでは国民代表に対する内閣

---

2) 大須賀明 他編『憲法辞典』三省堂 2001 年 276-277 頁（「政治責任」栗城壽夫）。

3) 田上穣治編『体系憲法事典』青林書院新社 1968 年 575-577 頁（「内閣の責任」杉原泰雄）。

の責任の一般原則を示しているが，国会に対する内閣の責任を政治責任だとしている。したがって，責任規定はあってもそれがこのような政治的責任にすぎないものかどうかが問題となる。

2. 政治学上の政治責任

　政治学においてはどのように説明されているのか。政治責任とは，「決定・行為に対する結果責任のこと」とされる。「民主政治は，国民の政治制度（議会制度・政党・選挙など）や手続きの公正さに対する信頼・政策内容に対する合意に支えられている。また，政治が権力の行使をともなうものであるがゆえに，一般社会の場合よりはいっそう重い責任が課せられている。したがって，政治家の行為が，意図しない結果を生み出した場合や，政治家の職務にかかわる行為が国民の政治制度や手続きに対する不信を生じさせた場合には，政治家の意図のいかんを問わず，責任がとられなければならない。責任を回避することは，民主政治の否定につながりかねないからである」と指摘される[4]。

　また，民主政治の理想は，政治家が選挙の際に具体的な約束をし，権力の座についたらそれを全うし，仮にできなければ国民から責任を追及され，権力の座から放逐されるという形で国民が政治を統御すること，とされる。そして今日では，その時々の必要に応じて政策を進める際にも，政府は国民に対して何のためにどのような手段を用いて行動するかを十分に説明すべきもの，と考えられ，そのような責任を特に説明責任（アカウンタビリティー）と呼ぶ[5]。残念ながらこのような民主主義の理想は日本ではまだ到達されていないといえよう。

　さらに，政治学における政治責任の説明には，マックス・ウェーバーの説がとりあげられる[6]。「リーダーの決断は，集団目標の当否，その成否，さらには

---

[4] 原田鋼 他編『政治学事典』ブレーン出版 1991 年 544 頁（大六野耕作）。
[5] 山口二郎「政治責任」『知恵蔵』朝日新聞出版社 2007 年。
[6] マックス・ウェーバー著脇圭平訳『職業としての政治』岩波文庫 1980 年。職業政治家の具体的形態，彼らに必要とされる資質，彼らに要求される政治倫理な

組織の存亡までも決定するがゆえに，リーダーには相応の責任が伴う」と政治責任について説かれる。「政治権力が与えられる政治家の場合，責任の次元はさらに高度化する。政治は国民生活のすべてに影響を与え，物理的強制力を持つ政治権力から国民は決して逃れることはできないからである。こうした点を考慮したM・ウェーバーは政治家の責任を論ずるにあたって，まず，政治家にふさわしい資質として情熱，責任感，洞察力の三つを挙げた。政治に対して興味と関心の全てを捧げる情熱，政治という仕事を完璧にこなそうとする責任感，自己を客観化して批判できかつ先を見通す洞察力，である。これらの資質がないのに政治を職業として選ぶならば，そのこと自体モラルに反すると考えた。」[7]

　ウェーバーは，責任を心情倫理と責任倫理に分けて論じ，前者において問われるものは従事者の仕事に献身する心情の純粋さであり，結果に対してまでは問題にしない。後者においては行動の結果に対してまでその責任が及ぶので，不本意な結果を招いたならば責任は回避されない，とした。政治家にはこの責任倫理が要求される。なぜならば，不首尾の原因が不都合な状況にあったとしても，それを見通す洞察力がなかったわけであり，政治的決定の包括性とその影響力の強さを考えると，結果責任をいささかも免れるものではない，とする[8]。また，法的責任と政治的責任を比較すると，法的責任は免れても，政治的責任を免れないことがあると指摘される[9]。現実的には責任観念の不徹底さ

　　どを説いている。
7)　岡沢憲夫＝堀江湛編『現代政治学［第二版］』法学書院 2002 年 104-105 頁。
8)　同書 105-106 頁。
9)　なお政治学においては，政治倫理については次のように説明される。「政治に携わる者は公権力にかかわり，ルールの遵守と厳しい自制が求められる。こうした責任を全うするうえで，政治権力にかかわる者に求められる規範が政治倫理である。腐敗や汚職は，政治倫理違反の古典的な実例であるが，問題は，こうした個々人の腐敗を速やかに処置できる仕組みが整備されているかどうかである。それが機能しなければ，政治的シニシズムが蔓延するのみならず，やがては，政治権力そのものが衰退し，動揺をきたすことになる。」高柳先男 他編『現代政治学小辞典［新版］』有斐閣 1999 年 252 頁（佐々木毅）。現代の国民の政治的無関心

がみられるが，それを補完するのが選挙であり，国民自身が適切な判断力をもつ必要がある。

　このような視点からは，まずは国民の適切な判断力をどのように養うのか，シティズンシップ教育のあり方が問題となる[10]。次に国民の声をできるかぎり正確に選挙に反映させる仕組みが必要であり（選挙制度），国民からの直接のチェックやコントロールの仕組み，裁判も含めての政府の責任を問うための仕組み，また国民の声が政権に届くための，選挙以外の補完的な仕組みも必要となろう。

　こうしたこともふまえてこれまで日本国憲法の責任に関する規定がどのように解釈されてきたか考えてみる。

3. 政治的責任と法的責任

　まず，日本国憲法 3 条の規定をめぐっては，「内閣の助言と承認」について天皇自身の発意による政治活動はありえないわけであるから，事後の承認を前提とした事前の助言，すなわち「一体としての『内閣の助言と承認』が事前にあれば足りる」と解するのが自然である[11]。それではここでの内閣の責任とはどのようなものか。天皇の国事行為に関する内閣の助言と承認についての内閣の責任は，内閣が自ら行った助言・承認行為についての自己責任であり，任命権者とは別に，形式的・儀礼的行為にすぎない天皇の国事行為に対して内閣が「助言と承認」を行い，確認したものと考えられる。これは無意味な行為ではなく，天皇の行為が実質的な決定権者の通りに憲法及び法律に沿って行われたことを確保する義務が内閣にはあることを示している[12]。これがはたして法的

　　は，「政治的シニシズムの蔓延」ともいえる。
10) 植野妙実子「民主主義とシティズンシップ教育」植野妙実子＝宮盛邦友編『現代教育法』日本評論社 2023 年 235-252 頁。
11) 廣澤民生「第 3 条」小林孝輔＝芹沢斉編『基本法コンメンタール憲法［第 5 版］』別冊法学セミナー 189 号（2006 年）27-28 頁。

責任か政治的責任か,という点を判断するのは難しいようにみえるが憲法に定められている以上は法的責任といってよいように思う。他方で天皇は内閣の助言と承認にしたがって国事行為を行うかぎり,責任は生じない。

ところで日本の場合は,法的責任を狭く解する傾向にあり,3条において,「内閣はその助言と承認の不当性についても批判を受けるべき地位にあることを意味する」にすぎない政治的責任を負うとも解されている。すなわち,「法的責任」が存在する場合には,責任の原因となる行為の違法性や責任の相手方の明確化,責任が内閣に本来的なものであることが必要で,この最後の点は「行政権」をどのように解するかに関わるとする[13]。このように法的責任を定義されるとこれらの点について,明定されていないものは全て政治責任にすぎないものとなり,政治責任の追及は次の選挙での国民の判断に委ねられるとなる。そもそも法的責任が認められるとどうなるのか,誰が責任の主体で,首相が辞職なのか,内閣全体が辞職なのか,はたまた訴訟に持ち込むこともできるということを想定しているのか,法的責任の意味することもはっきりしない。政治的責任という曖昧なことですべてをすませようとしているようにもみえる。

4. 議員の責任

17条においては,「公務員の不法行為」により損害を受けた場合の国または公共団体の賠償責任が定められている[14]。この「公務員」にはいわゆる公務員のみならず,国会議員の他,法令によって公務に従事する者など例えば人権擁護委員,民生委員など広く公務に携わる者をさすと考えられている。しかしこの「公務員」の説明は多くは15条で示されているものである。15条は公務員

---

12) 同論文28頁。
13) 杉原泰雄「内閣の責任と国務大臣の責任」小嶋和司編『憲法の争点［新版］』ジュリスト増刊1985年184頁。
14) 菟原明「第17条」小林孝輔＝芹沢斉編・前掲書（注11）117-120頁。

の選定・罷免権,公務員の性格,選挙の原則などを定めた規定であり,公務員が何であるかはここでの説明から援用される。15条の「公務員」に関しては,「立法・司法・行政のいかんを問わず,国や公共団体の事務を担当するすべての者を指す」とされ,既述の説明,いわゆる公務員のみならず,国会議員の他,法令によって公務に従事する者など広く公務に携わる者をさす,が示される[15]。但しこの15条の公務員の解釈が17条の公務員の解釈に連動しているとはいいがたい。というのも,15条の意義は,15条1項の「国民固有の権利」としての公務員の選定・罷免権にあり,国家意思形成を担う公務員を選定・罷免することによって,間接的・直接的に国家意思形成に参加するという意味が示され,国民主権的民主制とつながる規定ととらえられてきたからである[16]。また2項の「全体の奉仕者」も,公務員が国民全体の利益のためにその職務を行うべきこととして,官吏や吏員のあり方を示すとされてきた。これに対し,17条は,大日本帝国憲法下の国家無答責を排除し,「公務員による違法な国家活動により,人がこうむった原状回復の困難な権利・利益に対する損害を国・公共団体が賠償することにより,権利救済をはかろうとするものである」とされ[17],ここから国家の代位責任説の意義が説かれたり,加害公務員個人もまた被害者に対し直接責任を負うかどうかが論じられたりもする[18]。さらに両議院

---

15) 根森健「第15条」小林孝輔＝芹沢斉編・前掲書(注11) 100頁。
16) 同論文99-101頁。
17) 菟原明「第17条」小林孝輔＝芹沢斉編・前掲書(注11) 117頁。
18) 例えば,学校法人「森友学園」への国有地売却をめぐる財務省決裁文書改ざん問題において,自殺した元近畿財務局職員の妻が改ざんを指示した上司個人に対し,損害賠償を求めた訴訟において,すでに国が賠償責任を認める「認諾」をしたため,国との訴訟は終結したことから,裁判所が国家公務員が他方に損害を与えた場合は国が責任を負い,個人は負わないとする最高裁判決をふまえ「公務員個人は賠償責任を負わない」として請求を棄却した(大阪地判令4(2022)・11・25)。公務員の個人責任否定の法理は判例上確立しているといえるが,他方で国や地方公共団体から私人や私的組織への委託がなされたときにも当該私人は個人責任を負わないことでよいのか,の問題もある。例えば最判平19(2007)・1・25民集61巻1号1頁『行政判例百選Ⅱ [第7版]』ジュリスト236号(2017

の議員の性格については「全国民を代表する」という43条の文言から導かれ，15条2項の「全体の奉仕者」が引用されることはない。すなわち，15条の趣旨・目的・意義と17条の趣旨・目的・意義が異なるために15条と17条の「公務員」の規定に乖離がみられるのである。

17条の公務員の違法行為の賠償責任を具体化するのが国家賠償法であるが，17条が「法律の定めるところにより」としているところから，法律が予定していないところにまで救済が及ぶのかの問題が生じる。しかし，17条の権利性を定めた趣旨からすれば，立法不作為に対する責任や，17条の趣旨を没却するような公的な賠償責任の否認は認められないと考えられよう。この規定をどのようにとらえるかは立法府の責任，政府の政策に対する責任にも関わる重要な視点である[19]。法律の定めがなくても17条に基づき，賠償請求権が発生するとみるべきである[20]。17条の賠償責任成立要件は，公務を委託されそれに従事する者すべてとする「公務員」による不法行為に起因したことに対する賠償を国または地方公共団体が行うものである。賠償責任の本質につきどのように解するか議論があるが，政策実行に伴う予測できなかった危険性も存在することを考えれば，危険責任の法理によって国，地方公共団体の責任から賠償すべきこととなる。17条は行政活動を念頭においてはいるが，立法行為や司法行為を排除しているとは解されない[21]。狭く解することで，責任概念を薄めるような結果を招くことは民主政治の目的とは相いれないといえる。

17条を具体化した国家賠償法をみると，公務員の違法な国家活動に起因する損害の賠償責任としての公権力行使責任（国賠法1条）及び公の営造物の設

年）476-477頁（中原太郎）参照。
19) 宇賀克也『国家責任法の分析』有斐閣1988年，ここでは憲法17条を具体化した国家賠償法において問責されているのは組織体としての「公権力主体の違法行為」としており，その意味で「国の責任」に関わる問題ととらえられている。
20) 17条の基底には，公務員の違法行為によって人権侵害をもたらした場合の救済規定たる趣旨があることから，直接17条によって賠償請求権が発生すると解すべき，と説く。佐藤幸治『憲法［第3版］』青林書院1995年614頁。
21) 菟原明「第17条」小林孝輔＝芹沢斉編・前掲書（注11）119頁。

置・管理の瑕疵に起因する損害の賠償責任としての営造物管理責任（同法2条）が明確化されている。ここにおける公務員は，「『公権力の行使』を委託されたすべての者をいう。公務員という身分を必要としない。公務員の概念は，身分上の概念ではなく，機能上の概念である」と説明される[22]。公務担当者とする解釈もある[23]。

そうなると当然議員もそこには含まれると考えられる。しかし議員個人が職務上なしたことを「国家」自体が責任を負うのかは明らかではない。議員が実際に国家賠償法の適用の問題を生じる場合は，多くは立法との関わりの場合であり，しかも議員個人が対象ではない。立法作用に対する国賠法1条の適用の問題は（法律のみならず条例の場合もあるが），最高裁の在宅投票制度廃止事件に関する判決（最判昭60（1985）・11・21民集39巻7号1512頁）が一つの方向性を示した。結論的には，こうした場合の国家賠償責任の要件は著しく限定されている。

この判決で最高裁は，次のようにいう。①国賠法1条1項は，国または公共団体の公権力の行使にあたる公務員が個別の国民に対して負担する職務上の法的義務に違背して当該国民に損害を加えたときに，国または公共団体がこれを賠償する責に任ずることの規定，とし，国会議員の立法行為（含む不作為）が同項の適用上違法となるかどうかは，国会議員の立法過程における行動が個別の国民に対して負う職務上の法的義務に違背したかどうかの問題で，当該立法の内容の違憲性の問題とは区別されるべき，とする。仮に当該立法の内容が憲法規定に違反するおそれがあるとしても，それ故に国会議員の立法行為が直ちに違法の評価を受けるものではない。②国会議員が立法に関し個別の国民

---

[22]　西埜章『国家賠償法コンメンタール［第3版］』勁草書房2020年126頁。なお，憲法17条の意義については，「憲法や法律により国民の権利自由がいかに保障されていても，現実には違法な国家作用によって侵害されることが少なくないから，国賠制度は，国民の権利自由の最後の保障手段として，法治国家の不可欠の要素である」と説明される。同書23頁。

[23]　宇賀克也『国家賠償法』有斐閣1997年35頁。

においていかなる法的義務を負うかについては，立法行為は議員各自の政治的判断に任せられ，その当否は終局的に国民の自由な言論及び選挙による政治的評価に委ねられるのが相当で，憲法 51 条が議員の演説，討論，表決につき免責規定をおいているのも，国会議員の立法行為における行動は政治的責任の対象に止めて政治の実現を期すという目的に適う。③ 国会議員は，立法に関しては，原則として，国民全体に対する政治的責任を負うに止まり，個別の国民の権利に対応した関係での法的義務を負うものではない。「立法の内容が憲法の一義的な文言に違反しているにもかかわらず国会があえて当該立法を行うというごとき，容易に想定し難いような例外的な場合でない限り」，国賠法 1 条 1 項の違法の評価を受けない。このようなことから，在宅投票制度廃止は，憲法 47 条に基づく国会の裁量権を逸脱する例外的場合にあたらないとした[24]。

さらに最高裁は，在外日本国民の選挙権についての事件（最大判平 17（2005）9・14 民集 59 巻 7 号 2087 頁）において昭和 60 年判決をふまえつつも，次のように判示している。この事件は，平成 10 年（1998 年）公職選挙法の改正によって，それまで在外選挙制度が認められていなかったところから，「当分の間，衆議院比例代表選出議員の選挙及び参議院比例代表選出議員の選挙についてだけ投票することを認め，衆議院小選挙区選出議員の選挙及び参議院選挙区選出議員の選挙については投票することを認めない」としたことの違憲性が争われたものである。判決は ① 本件改正前の公職選挙法が，在外国民の投票を全く認めていなかったことは憲法 15 条 1 項及び 3 項，43 条 1 項並びに 44 条但書きに違反する，とした。次に ② 改正後の公職選挙法の憲法適合性についても，衆議院小選挙区選出議員の選挙及び参議院選挙区選出議員の選挙について在外国民に投票することを認めないことについて，やむを得ない事由があるということはできないとして，憲法 15 条 1 項及び 3 項，43 条 1 項並びに 44 条但書きに違反する，とした。また ③ 衆議院の総選挙における小選挙区選出議員の

---

24) 高橋明男「立法と国家賠償」『行政法の争点』ジュリスト増刊 2014 年 150-151 頁。また長谷部恭男 他編『憲法判例百選Ⅱ［第 7 版］』別冊ジュリスト 246 号（2019 年）414-415 頁（大石和彦）も参照。

選挙及び参議院議員の通常選挙における選挙区選出議員の選挙について在外選挙人名簿に登録されていることに基づいて投票することができる地位にあるという確認請求は適法であり，在外選挙制度を当分の間限定することは無効である，とした。④国家賠償請求については，「立法の内容又は立法不作為が国民に憲法上保障されている権利を違法に侵害するものであることが明白な場合や，国民に憲法上保障されている権利行使の機会を確保するために所要の立法措置を執ることが必要不可欠であり，それが明白であるにもかかわらず，国会が正当な理由なく長期にわたってこれを怠る場合などには，例外的に国会議員の立法行為又は立法不作為は，国家賠償法1条1項の規定の適用上，違法の評価を受けるものというべきである」として認めた。これは，在外国民の投票を可能にするための「法律案が廃案となった後本件選挙の実施に至るまで10年以上の長きにわたって何らの立法措置も執られなかったのであるから，このような著しい不作為は上記の例外的な場合に当たり，このような場合においては，過失の存在を否定することはできない」としたためである。したがって，違法な立法不作為を理由とする国家賠償請求はこれを認容すべき，と判示した。

　この判決は，画期的と評価されているが，判断枠組みすなわち昭和60年判決の要件を緩和したといえるかが問題となる[25]。とりわけ選挙権は民主主義を支える基本的なものであり，平成17年判決は当然の結論といえる。他方で，立法不作為を理由として国家賠償が認められるのか，立法府の成した立法行為が国賠請求になじむのか，どのようなときに，どのような条件下なら，という疑問があることもみすごせない[26]。しかし国賠が認められないなら，立法の作為・不作為により被害をこうむった国民をどのように救済するのか，という問題がでてくる。また，たまたま気づいて訴えた者が請求を認められるということには不公平感もある。もっともこの事件のように慰謝料5,000円を得るために弁護士費用，手間，時間をかける者もそうそういないと思われる。この金額

25）　長谷部恭男　他編・前掲書（注24）318-319頁（野坂泰司）。
26）　新正幸『憲法訴訟論［第二版］』信山社2010年199頁。

の根拠も不明である。さらに確認訴訟の意味や違憲訴訟の意義などに関しても議論があり，司法制度上の問題を考える必要もある。

ところで，昭和60年判決は，憲法51条の国会議員の免責規定を理由に国会議員は国民全体に対する政治的責任を負うにとどまることを示している。この規定が何を意味しているのかその範囲と限界を若干考察しておく。

5. 議員の特権

憲法は，50条に両議院の議員の不逮捕特権，51条に免責特権を定める。これらの規定は，君主制のもとで議員の逮捕や訴追がしばしば議会の独立や活動の自由を脅かしたことを戒める意味をもつ規定である。また不逮捕特権は，政府が反対党の議員を攻略的に逮捕し，不当に議会を支配しようとすることを防止する意味もある。

50条の不逮捕特権の例外は，「法律の定める場合」であるが50条の趣旨をそこねて拡大的に定めることは認められない，とされている。一つは，国会法に定められている院外における現行犯罪である。罪を犯したことが明白で政治的な不当な逮捕の危険性がきわめて少ないからである。国会法33条は「院外における現行犯罪の場合」と定め，「院内における現行犯罪の場合」を定めていないが，この場合は議院自身が自主的に措置することとしたものと解される[27]。もう一つは，院の許諾がある場合である。議院の許諾を要するとすることで逮捕の乱用を防ぐ意味がある。この場合，許諾の基準が問題となるが，逮捕の正当性のみを判断基準とすべきとされている[28]。

---

27) 佐藤功『日本国憲法概論［全訂第5版］』学陽書房1996年431頁。議院内部の警察権は議長が行使し（国会法114条），院内の現行犯罪の場合は，議長の命令のもとに衛視または警察官が逮捕する（衆議院規則210条，参議院規則219条）。
28) 只野雅人「第50条」小林孝輔＝芹沢斉編・前掲書（注11）284-286頁。また逮捕理由が正当であるとして許諾を認めたときは，許諾に期限を付すようなことは認められない。逮捕された議員がいつ釈放されるかは刑事訴訟法の規定に沿って裁判所が決定するところであり，議院はこれに介入できない。佐藤功・前掲書

51条の免責特権も50条と同様の歴史的意義を有しているが，こちらは，議会内における自由な言論を十全に保障する意味をもち，議員の自由な活動や職務の遂行の保障としての意味をもつ。免責特権の対象は一般国民が負うべき法的責任をさし，議員の有権者に対する政治責任の免除を含むものではないとも指摘されている[29]。また議員の言論が不当に私人の名誉やプライバシーを侵害する場合，免責特権を理由に救済の途をまったく閉ざしてよいものか，議論の余地があろう，とも指摘されている[30]。

　51条の規定の経緯や趣旨からすると，「院外で責任を問はれない」対象となる行為には，議院内での「演説，討論又は表決」とはされているが，それのみならず議員が議員として行ったすべての職務行為及びそれに付随する行為も含まれている，と考えられる[31]。例えば議事妨害であってもそれが議案の審議や表決に関して，それに反対する形で行われたものであるかぎりは，議員の職務行為に含まれると考えられる[32]。つまりここで示されている規定は，限定ではなく，例示である。その責任を問われない，その判別が問題となるが，議院にその第一次判断権を委ねるべきかどうかも問われている。議院の告発を要するということについては反対もある[33]。「院外で責任を問はれない」対象を広げ

　　（注27）431頁。
29)　只野雅人「第51条」小林孝輔＝芹沢斉編・前掲書（注11）288頁。
30)　同論文286-288頁。
31)　国会乱闘事件についての下級審判決があげられる。ここでは付随する行為の程度や議院の告発の必要性，議員個人の不法行為責任を問う訴えの適法性などが問題となった。裁判所は，免責特権は「少なくとも議員がその職務上行なつた言論活動に附随して一体不可分的に行なわれた行為の範囲内のもの」に及ぶとし，またこの種の行為の訴追については「たとえそれが国会議員として職務遂行に関連してなされたものであつても」裁判所が判断する，とした（東京高判昭44(1969)・12・17高刑集12巻6号924頁）。長谷部恭男　他編・前掲書（注24）368-369頁（原田一明）及び370-371頁（光信一宏）参照。
32)　議事妨害であっても，それが議案の審議や表決に関して，それに反対する形で行われたものであるかぎり，議員の職務行為に含まれるとも考えられる。只野雅人・前掲論文（注29）287頁。
33)　憲法に規定のない新たな「特権」の創設を認めることになる，と批判されてい

ることは責任を不明確にすることにもつながる。

「院外で責任を問はれない」とは、一般の国民が当然負うべき民事上・刑事上の法的責任（例えば、名誉毀損行為として不法行為法上ないし刑法上の責任）を問われない、の意味である。免責の対象は、法的責任のみならず、弁護士に対する懲戒責任や公務員を対象とする懲戒責任にも及ぶ、とされている。例えば、国会法39条には兼職禁止の例外を示しているので、これに沿って職についた場合、通常の公務員ならば負うべき懲戒責任を一般的には院外で問われないと解されている[34]。しかし、一切の法的救済が存在しないことまでをも意味するものではないであろうことが指摘され、国家賠償責任の発生の可能性があるという考えも示されている[35]。これには、異論もある[36]。51条を根拠に議員が一切の法的責任を問われないのか否かその対象はどこまで広げられるのか、が問題となる。

国会議員が院外で問われない責任は、既述したように法的責任をさす。他方で、議場で他人の名誉を毀損する演説をした場合、院内でその責任を問われ、場合によっては懲罰事案ともなりうる（国会法119条、無礼の言、他人の私生活に

　　る。佐藤幸治『日本国憲法論』成文堂2011年473頁。
34) 問われないとするのは、野中俊彦 他編『憲法Ⅱ［第5版］』有斐閣2012年106頁、「一切の法的救済は存しないということまで意味するのであろうか」とするのは、佐藤幸治・前掲書（注33）472頁。
35) 同書472-473頁。こうした例としてあげられる最高裁判決は、病院長自殺事件といわれるもので、議員が病院長の所業を具体的に指摘・追及しつつ所管行政庁の対応を求める発言をしたその翌日に病院長が自殺したことで、その妻が名誉毀損を理由として当該議員及び国に対して損害賠償請求訴訟を提起したことに関するものである（最判平9（1997）・9・9民集51巻8号3804頁）。最高裁は、議員個人に対する請求は国賠の観念に基づき国が賠償責任を負うことはあっても個人にはない、として棄却したが、「国家意思形成に向けられた行為」（質疑等）については、職務上の義務違反の成立、したがって国家賠償責任の発生の可能性を認めて要件を示した。その要件は在宅投票制度廃止事件最高裁判決と同様である。ここでも「国会議員の立法行為は、本質的に政治的なもの」と述べている。
36) 安藤高行「国会議員が議院で行った発言と民事責任」『平成9年度重要判例解説』ジュリスト臨時増刊6月10日号（1135号）（1998年）24-25頁。

わたる言論が対象としてあげられ，120条は侮辱に対する訴えを定めている）。また一般的に議員の責任と議院の自律権は別のものと解されている。

既述したように50条・51条は「議員」となっており，大臣は対象とされていない[37]。憲法75条は「国務大臣は，その在任中，内閣総理大臣の同意がなければ，訴追されない。但し，これがため，訴追の権利は，害されない」と定める。不逮捕特権や免責特権が地方議員に適用できるかについては議論があり，一般にはできないと解されている。議員の懲罰に関しては，58条2項があり，さらに国会法121条等にも定めがある。いずれの解釈にも議院の自律権の存在は欠かせないとされる。最近では「故なく出席しないもの」としてガーシー（東谷義和）議員が議場における陳謝を拒否し，除名に至った。国会法120条に基づき，さらに議院規則の懲罰規定に基づき，国会議員の処分が行われるが，除名は処分の中でも最も重いものである。

これら様々なことを考えると，日本においては公務員と議員のそれぞれの責任の区別，国家賠償法の適用・不適用など，問題が混在していて整理されていないといえる。

6. 政府の責任

日本国憲法は議院内閣制を採用しており，「政府の責任」の問題は一般的にこの中で語られる。この問題は議院内閣制の本質にも関わる問題である。

議院内閣制の本質を何に求めるかについて，均衡本質説と責任本質説の対立がある。議院内閣制を権力分立や均衡の体制としてとらえながらも，均衡本質説は，行政府と立法府の対等性を重視し，とりわけ解散権の有無及びそのあり方を重視するものである。責任本質説は，行政府の存立には，立法府の信任を必要とするという，内閣の議会に対する連帯的政治責任の原則こそが肝心であ

[37) なお，「国務大臣，副大臣及び大臣政務官規範」閣議決定，直近の改正は平成26（2014）年5月27日がある。

り，それ以上の要件は必ずしも必要でないとする考え方である[38]。また後者の責任本質説の派生型として，民主的コントロールという要素を強調する，「国会に内閣の存立を左右するほどの優位が認められ，内閣の成立と存続とが国会の意思に依存せしめられている制度をいう」とする説もある。その説においては，議院内閣制は「権力分立の要請にもとづいて，行政権と立法権とをいちおう分離したのちに，さらに，民主主義の要請にもとづいて，行政権を民主的にコントロールするために設けられる制度であって，ここでは，自由主義の原理と民主主義の原理とが相交わっている」と説明される[39]。国会の意思に依存せしめられ，行政府が立法府のコントロールをかなり強く受けるが，これは国民―議会―内閣という民主主義の実現を果たし，他方で行政府と立法府が密接に結びつくことで，行政府と立法府の共働が生まれ，行政府の行動に柔軟性と弾力性が与えられて国政の能率的遂行がなされると指摘されている[40]。この説においては行政権を民主的にコントロールする前提として責任概念が意識されているように思われる。

　内閣は，首長としての内閣総理大臣とその他の国務大臣で構成され（66条1項），内閣を構成する国務大臣の過半数は，国会議員であることが要求されている（68条1項）。内閣総理大臣は国会議員の中から国会の議決で指名され（67条1項），内閣総理大臣が国務大臣を任命し，任意に罷免もする（68条1項・2項）。内閣は，行政権の行使について，国会に対して連帯責任を負う（66条3項）。内閣は，衆議院で不信任を表明された場合は，総辞職するか，衆議院を解散するか，いずれかを選択しなければならない（69条）。衆議院を解散した場合は，衆議院議員総選挙の後の初めての国会召集のときに，総辞職をしなければならない（70条）。内閣総理大臣は，内閣を代表して議案を国会に提出し，

---

38)　樋口陽一「議院内閣制の概念」小嶋和司編・前掲書（注13）180-183頁。但し樋口によれば，いずれの説も「責任」という点から首尾一貫しているわけではないとも述べている。

39)　清宮四郎『憲法Ⅰ〔新版〕』有斐閣1971年75頁。

40)　同書77頁。

一般国務及び外交関係について国会に報告し，行政各部を指揮監督する（72条）。内閣総理大臣その他の国務大臣は，議案について発言するため議院に出席できる。また，出席を求められたときは応じなければならない（63条）。

これらから，日本国憲法が議院内閣制を定めていることは確かであるが，どのような型の制度を想定しているかについては，憲法で想定している型と運用の実際の型とを区別して考える必要があると指摘されている[41]。

日本で想定されているのは，一元型議院内閣制であり，元首的地位（すなわち行政府の首長で対外的代表権を有する者）を憲法上有するのは内閣，あえていうなら内閣の首長たる内閣総理大臣である。最近は内閣の中でことさらに内閣総理大臣にリーダーシップをもたせようとする動きがあるが，これは反面，内閣総理大臣自身の責任を問うことになるのか別途問題となろう。内閣総理大臣の地位に対応する権能として，既述したように，国務大臣の任免権，また「内閣を代表して議案を国会に提出し，一般国務及び外交関係について国会に報告し，並びに行政各部を指揮監督する」権限が認められている。内閣の一体性と統一性が確保されて行政権の行使がなされることが想定されている。

現実には，第一に，国会内にゆるぎない多数派，それが単独過半数を制さないまでも，そうした多数派が存在し，清宮四郎の指摘した共働は多数派である与党政党と行政権（政府）との間で動いていることである。したがって，野党の声は届かず，政策の調整も多くは行われていない。第二に，立法府による解散権の抑制的機能が働いていない。69条に限られない7条を理由とする内閣の解散権の活用により，国会優位ではなく，内閣優位の政治運営となっている。任期満了を待たずして解散が行われることは，政策を継続的に進めることにつながらず，同時に野党側ともおちついて政策を調整しあうという環境が作られていない。政策本位の政治が行われているとはいいがたい。第三に，野党による政治のチェックが行われにくい状況がある。そのことが立法府による行政府のコントロール機能を失わせている。例えば，53条による臨時会の召集

---

41) 清水睦『憲法』中央大学通信教育学部 2000 年 399-400 頁。

が求められても政府が実質的にそれに応じないことや 62 条による国政調査権に基づく証人の出頭要請などに政府が応じないことなどがあげられる。内閣優位の議院内閣制すなわち内閣政治制といえる[42]。

こうした中で，66 条 3 項の「内閣は，行政権の行使について，国会に対し連帯して責任を負ふ」をどのようにみるのか[43]。学説では，まず「行政権の行使」の対象については，形式的意義の行政，すなわち憲法によって内閣に帰属するとされた作用ととらえるのが通説である[44]。内閣法 1 条 1 項は，「内閣は，国民主権の理念にのつとり，日本国憲法第 73 条その他日本国憲法に定める職権を行う」と定めている。次に内閣が責任を負うのは「国会」に対してであるが，この「国会」が，衆参両議院からなる全体としての国会を意味するのか，あるいは両議院を意味するのかの問題がある。内閣法 1 条 2 項は，「全国民を代表する議員からなる国会」に対し，内閣が連帯して責任を負う，としているが，通説的見解では，69 条や 62 条の文言から，また国民代表による監督機能の強化という観点からも，両議院を意味すると考えられている[45]。実際にも，内閣あるいは大臣の責任を追及する問責決議は，各議院がそれぞれ行っている。

さらに，内閣の負う「責任」の性質をめぐっては，69 条の規定は法的責任規定とされるが，それ以外は，政治的責任と一般に解されている。但し，69 条も厳密には要件の原因は法定されていないので，ここでの責任も政治的責任である，とする説もある[46]。

なお，内閣が連帯責任を負うということは，各国務大臣の個別的な単独責任

---

[42] 作間忠雄「内閣政治制の特質と課題」清宮博士退職記念論文集刊行委員会編『憲法の諸問題』有斐閣 1963 年 252 頁。
[43] 吉田栄司「内閣の対国会責任について」関西法学 37 巻 2・3 号（1987 年）100-138 頁，最近では大西祥世「内閣の国会に対する責任と二院制」立命館法学 2015 年 52-74 頁もある。
[44] 清宮四郎・前掲書（注 39）325 頁。
[45] 例えば，樋口陽一 他『注釈日本国憲法下巻』青林書院 1988 年 1040 頁。
[46] 同書 1040 頁。

を否定するものではない。「国務大臣は，個人的な不行跡があった場合に個別の責任を負うことはもとより，自己の所管事項について違法ないし不当な行為を行った場合に，憲法上の『主任の国務大臣』(74条)として，国会から責任を追及されることがある」とされる[47]。個人的な不行跡は，連帯責任には及ばないが，所管事項における重大な違法ないし不当な行為が内閣全体に及ぼすようなときは連帯責任に関わるとみるべきであろう。

　閣議の議決方法については，全員一致説が通説である。政府においても「従来一貫して，閣議決定は全大臣の一致の合意によるべきもの」と解されている。意見の対立があるときには十分審議を尽くすなどのことが行われている[48]。

　実際にはどのようなときにこの内閣の連帯責任が問われるのか。例えば，内閣の構成員たる複数の閣僚が特別職国家公務員としてのその地位と職務を汚す犯罪（瀆職の罪，収賄罪）について，濃厚な嫌疑をかけられ，それがマスコミ等を通じて公にされた場合に，国会の側からの責任追及のあり方とは別に，内閣自らの連帯責任のとり方として総辞職という手段が憲法上要請されるか，が問題となる[49]。これに対しては，一つの方法として，69条に該当する，すなわち衆議院において不信任決議が可決したときは，10日以内に衆議院が解散されないかぎり，総辞職となる，解散となっても，衆議院総選挙の後に初めて国会の召集があったときに，内閣は総辞職となる（70条）。ここでは，不信任案が可決に至るかが焦点となる。それがないときには自発的決断に基づく総辞職が，内閣総理大臣の国務大臣任命・罷免権や行政各部の指揮監督権に対応する責任のとり方として，内閣の連帯責任を示す方法として最もふさわしい，といえよう。しかし，関係する閣僚が何人になったらそうなるのか，濃厚な関係の程度がどの程度ならそうなるのかは明らかでない。首相としては，当該閣僚の

47）　同書 1041 頁。
48）　同書 1044 頁。
49）　吉田栄司「内閣の責任」岩間昭道＝戸波江二編『憲法Ⅰ［第3版］』別冊法セミ 128 号（1994 年）123-124 頁。

罷免で対応することも可能であるし，一切を黙認することも実際には可能である。国会の側から当該国務大臣への政治的責任を問う問責決議が行われることは可能であるが，法的効果はない[50]。野党が審議拒否をして結果的に審議がゆきづまるということはありうる。実際には「首相の解散権行使」が自由に行われ，本来の議院内閣制の意味をなしていないのが大きな問題であり，7条解散説を認めたことの「責任」を憲法研究者は認識すべきだろう。

いずれにしても世論の意識が高まり，これでは民主政治が行われていない，という気運がでてくるかが鍵となる。最近では，内閣総理大臣が勝手に判断したかのような行為（防衛費のGDP比2％の発言）や閣議で決めて国会で十分議論を尽くさないというようなプロセスの違憲性・違法性もみられる。こうしたことから責任問題は「行政権」をいかに位置づけるか，解釈するかにかかってもいる。

7．政治資金規正法等の問題点

(1) 政党の意義

議会制民主主義とは「選挙を通じて表明された国民の意思により政府が形成され，国政の方針が決定される」という形をとる[51]。したがって，その前提として国民の意思をできるかぎり反映する選挙制度が採用されていること，情報公開が徹底され国民がそうした情報に基づいて自由に意見を表明し，議論ができる素地があること，また主権者教育が行われていて政治の意味や選挙の意義が国民に理解され，認識が広がっていることが必要となる。また政治の透明

---

50) 辞職勧告決議もありうる。なお，衆議院の政治倫理綱領は1985年6月25日に，参議院の政治倫理綱領は1985年10月16日に議決されている。国務大臣，副大臣及び大臣政務官規範は2001年1月6日に閣議決定されている。菅首相の長男が勤める放送関連会社に端を発する総務省への接待問題で，大臣規範の実効性の見直しが必要との指摘があった（朝日新聞2021年3月28日社説）。
51) 明治大学政治資金研究会『政治資金と法制度』日本評論社1998年3頁（三枝一雄）。

性，公開性，公正性も求められ，信頼できる政治家に国政が委ねられていることも必要である[52]。

現実には国民の意思は，政党，政治団体，政治家の活動により組織化され，政治の場で表明されることになる。ということは，一つは，政治家をめざす個人が政治家として活躍できる仕組み（これにはそれにふさわしい能力をもてるように研鑽を積む機会があることと金銭的な負担なく平等に立候補できる仕組み）が必要であり，二つは，政治社会における政党や政治団体の役割が重要なことから，政党の活動を支える仕組みが必要である。政治家個人及び政治家の集団である政党及び政治団体は，政治と国民世論の仲介役である。政党及び政治団体は，その意義・主張・重きをおく政策によって分けられる。それに同調する政治家がその政党や政治団体を通して活躍することとなる。

日本国憲法における政党の地位については，直接にふれた規定はないが，次のように指摘されている[53]。「憲法が政党を承認している根拠としては，まずなによりも憲法が国民主権を確認して，公務員の選定罷免権を国民固有の権利と定め（15条1項），普通・秘密選挙を保障し（同上），とくに『国権の最高機関』たる国会の両議院の構成に関しては，『全国民を代表する選挙された議員でこれを組織する』（43条）としたことが考えられる」。また，次のようにもいう[54]。「『国民の意志一般が，現実的・能動的に，統治行動の意志として発動しうるためには，それが組織化され，何らかの媒介機構をつうじて制度的な機構の中に編入されなければならない。かくして，この国民の意志は，第一次的には，いわゆる選挙人団において特殊化されるが，第二次的・現実的には，特定の政治的イデオロギーの実現のために結合した政党において，機構的に統合されかつ実現される』ことを，憲法は当然に予期しているものと解される」。

---

52) フランスでは，透明性，公正性，信頼性が必要とされ，政治家には人々の模範であるべきことが求められる。「第8章フランスにおける公権力の責任」参照。
53) 丸山健「憲法と政党」清宮博士退職記念論文集刊行委員会編・前掲書（注42）282頁。
54) 同論文282-283頁。

いずれにしても，憲法は政党の存在を積極的に認めてはいないが，国民主権という考えの下で，21条1項からする結社の自由から政党の設立は自由であり，その綱領やイデオロギー，考え方が差別を受けないことは，14条1項や44条から明らかである。

他方で法律においては，政党の存在を前提とした規定がある。国会法における46条1項・2項は，「会派」としているが，このことは政党を前提としていよう。42条3項も同様である。公職選挙法は，政党の存在を当然前提とした規定をもつ（例えば151条1項・2項）。国家公務員法や地方公務員法は職員の活動に関し「政党その他の政治的団体の役員，政治的顧問，その他これらと同様な役割をもつ構成員」になることを禁止している（例えば国家公務員法102条3項）。職員には政党または政治的目的のために寄附金その他の利益を求めたり，受領したり，何らかの方法でこれらの行為に関与したり，人事院規則で定める政治的行為が禁止されている（同法102条1項）。公務員は全体の奉仕者である（憲法15条2項）ところから求められる規制である。

(2) 政治資金規正法の成立

政党法の一側面をなしているのが政治資金規正法である。1945年8月の日本のポツダム宣言の受諾後，日本はGHQ（連合国軍司令部）の管理のもとにおかれたが，その間に対日方針の具体化として様々な自由や民主化の措置についての指令が出た。こうした状況の中で政党結成の動きがみられ，一方で選挙法の改革もあり，男女平等の普通選挙制の実現に至った。GHQの指示により，選挙の腐敗行為防止に力点を置く法案作成となり，1948年6月に政治資金規正法が制定された[55]。

このようにして制定された政治資金規正法の主たる内容は次のようであった[56]。

「第一に，政党・協会その他の団体，公職の候補者および第三者の政治活動

---

55) 明治大学政治資金研究会・前掲書（注51）165-168頁（吉田善明）。
56) 同書168頁（吉田善明）。

に伴う政治資金の収支を，それぞれ所定の選挙管理委員会に報告させ，もって，これらの資金の出所および使徒の全貌を明らかにし，一般国民の前に公開する，いわゆる公開性，透明性を意図している。

第二に，選挙に伴う腐敗行為の発生を未然に防止するため，政治資金の寄付を制限する措置を講じる。

第三は，前記の措置に対する違反行為の処罰およびその結果として当選無効，選挙権および被選挙権の喪失に関する措置を掲げた。」

しかし，その内容が不十分であって効果に疑問があることは当初から指摘されており，同法の制定された年に昭和電工疑獄事件がおこり，その後も保全経済会事件 (1953 年)，造船疑獄事件 (1954 年) などがおきているが，政治資金規正法の対象となっていない。すなわち，「もろもろの紐付きの政治献金」(政財界をめぐる汚職事件) をどのようにして断ち切るのか，その期待に応えるものとはなっていなかったし，それらの事件の後，改正が実現されたわけでもなかった。

さらに，八幡製鉄の自民党に対する政治献金事件で東京地裁は，特定政党に対する政治献金は，特定の宗教に対する寄附と同様，取締役の定款違反，忠実義務違反である，と判示したものの (東京地判昭 38 (1963)・4・5 判時 330 号 29 頁)，最高裁においては (最大判昭和 45 (1970)・6・24 民集 24 巻 6 号 625 頁)「政党は議会制民主主義を支える不可欠の要素であるから，会社がその健全な発展に協力するため政治資金を寄附することは，会社の社会的役割を果たすためと認められる限度内で許される」と判断した。政党の憲法上の地位の保障と会社の社会的存在として一定の限度内での寄附の保障を明らかにしたものであるが，「法人の基本権享有主体性」を定着させた判決となった[57]。

---

57) 毛利透「法人の基本権享有主体性」長谷部恭男 他編『憲法判例百選Ⅰ [第 7 版]』別冊ジュリスト 245 号 (2019 年) 18-20 頁。そもそもは，八幡製鉄株式会社の代表取締役が同社を代表して自民党に政治献金をしたことが他の株主から，そうした寄附は同社の定款に定められた範囲外の行為であり，かつ (旧) 商法 254 条ノ 2 (現会社法 355 条) の定める取締役の忠実義務にも違反しているとし

但し，最高裁はその後，南九州税理士会政治献金事件において，概略次のように判示した（最判平 8（1996）・3・19 民集 50 巻 3 号 615 頁）。税理士会は，会社とはその法的性格を異にする法人であり，その目的の範囲については会社と同一に論ずることはできない。税理士会は，強制加入の団体であり，その会員である税理士に実質的には脱退の自由が保障されていないことからすると，その目的の範囲を判断するにあたっては，会員の思想・信条の自由との関係で，様々な配慮が必要である。税理士会が政党など規制法上の政治団体に対して金員を寄附することは，法（1980 年改正前の税理士法）49 条 2 項の税理士会の目的の範囲外の行為といわざるを得ない。このように述べて，公益法人である税理士会が多数決によって税理士法改正運動資金として政治団体に寄附することを無効とした。

八幡製鉄政治献金事件においては，法人と構成員の意思の衝突については言及されていなかったが，南九州税理士会政治献金事件では，構成員に対する団体加入の強制という事実から税理士会の政治献金が構成員の人権侵害を招く可能性を認めている[58]。こうした判決はあるものの，法人の人権主体性は学説上多数説として認められており，それが法人の政治献金を認めることにつながっている[59]。しかし，はたしてそのように解してよいものか，疑問が残る。

て争われた事件である。この事件の背景には，当時，大企業を中心として会社から政党や派閥に対して多額の政治献金がなされ，政治献金の多くが選挙費用に費やされ，選挙の腐敗や金権政治の弊害をもたらしていたことがある。加美和照「八幡製鉄政治献金事件」『法律事件百選』ジュリスト 900 号（1988 年）182-183 頁。

58) 植野妙実子＝佐藤信行編『憲法判例 205』学陽書房 2007 年 72 頁。
59) 「人権規定が，性質上可能なかぎり法人にも適用されることは，通説・判例の認めるところである」と説明される。芦部信喜＝高橋和之補訂『憲法［第 7 版］』岩波書店 2019 年 89-90 頁。なお次のものも参照。小泉良幸「法人と人権」高橋和之＝大石眞編『憲法の争点［第三版］』ジュリスト増刊 1999 年 68-69 頁。

(3) 政治資金規正法の改正

政治資金規正法に対しては，1966年に一連の政治の不祥事，いわゆる黒い霧事件がおこりそれを契機として改正の機運は高まったものの成立をみなかった。しかし1974年に田中角栄政権の下での金権選挙などもおきたことから，1975年7月に改正され（参議院本会議での可否同数により憲法56条2項の規定に基づく議長の可否についての可としたことで可決成立），会社の政治献金について総量制限が設けられた。この改正においては，他にも政党要件の法定化，政治資金の収支報告の合理化と公開性の強化，また個人中心の寄附への移行を意図して，個人の寄附に対する租税優遇措置が設けられた[60]。

しかし，その後も1976年にロッキード事件[61]が表面化し，1978年にマクダネル・ダグラス社及びグラマン社の不正海外支出疑惑も発覚した。さらに，金丸信巨額脱税事件，ゼネコン汚職事件などもおこり，再び政治資金規正法の改正の必要性に迫られた。

その上1988年にリクルート事件が発覚し，各政党から公職選挙法と政治資金規正法の改正案が提出された。例えば1989年に自民党がまとめた政治改革大綱の主な内容は次のようである。A.改革の方向に関しては「政治と金の問題は政治不信の最大の元凶」と指摘。B.政治資金をめぐる新しい秩序に関しては，①閣僚や派閥などによるパーティーの開催自粛を徹底，②同一の者による一定金額を超えるパーティー券購入の禁止，③パーティー収支の明確化など政治資金の公開性を徹底。C.党改革の断行に関しては，①「派閥解消を決意し，族議員批判にこたえ」ると明記，②首相（党総裁），党三役，閣僚などの在任中の派閥離脱，③族議員を生む原因となっている党の部会，国会の委員会などの人事の固定化に一定の歯止め，となっていた[62]。

---

60) 大泉淳一監修『政治資金規正法』国政情報センター 2021年 43-44頁。
61) ロッキード事件は，1983年10月東京地裁及び1987年7月東京高裁で有罪判決が下されている。宮澤浩一「ロッキード事件」『法律事件百選』前掲（注57）242-243頁。内閣総理大臣の職務権限が問題となった。

2023年12月に明らかとなった政治資金パーティー還流事件（のちに還流だけではなく政治家がノルマ以上のパーティー券収入部分を自らのものとする裏金化も発覚した）では，いずれの点も形骸化していることが明らかとなった。

1988年のリクルート事件を受けて政治改革全体の議論へと発展してきた。まず公職選挙法に関しては，公職の候補者からの選挙区内への寄付禁止とすることなどを内容とする改正案の審議がなされ，法案は一本化されて成立した。また，1992年12月にいわゆる「緊急改革」と呼ばれる政治資金規正法の改正が成立している。そして1994年1月28日の細川護熙内閣総理大臣と河野洋平自由民主党総裁による会談で，政治改革関連4法案の成立の見通しがつき，3月に会談での合意事項をふまえた政治改革関連4法案が成立した。その法律とは，衆議院議員選挙区確定審議会設置法，その結果をふまえた公選法の改正，政治資金規正法の改正と政党助成法である[63]。これにより選挙制度は小選挙区比例代表並立制が導入された。

(4) 政党助成法の成立

大きな問題となったのは政党助成法である。政治資金規正法の改正については「政治家個人の企業，団体献金は廃止するが，政党及び政党の資金団体への企業，団体献金は廃止の意思を考慮し，5年後に見直す」とされる中での選挙制度改革と政党助成法の導入となった[64]。

---

62) 読売新聞朝刊2023年12月26日。わかりやすいように項目毎にABC，及び数字をつけた。同日の朝日新聞は「大綱が事実上，死文化」としている。朝日新聞朝刊2023年12月26日。「政治改革大綱」自治研究65巻8号（1989年）145-155頁。

63) この4法案成立の経緯については，次のもの参照。森英樹「『政治改革』と憲法」法律時報66巻6号（1994年）26-33頁。小選挙区制への移行に関しては，「選挙区域が現実に小さくなって，かえって政治はよりキメ細かく腐敗するに違いない」と指摘している。

64) 総務省「政党助成制度のあらまし」参照。政党助成制度に関しては，政党助成金を受ける「政党」要件がまず問題になり，また政治運動全体を税金で賄うことは，個人の思想・信条の自由に反するのではないかとの批判もある。

政党助成法は，国民の税負担はコーヒー一杯分250円といわれたが賛否両論があった[65]。国が政党に対し，政党助成金を付与することについては，次のように説明された[66]。

第一に「政治活動は国家の意思形成に資するものであり，その意味での公的性格を有すること」，第二に「政党政治の健全な発達を期するためには，政党活動の公正を政党間の機会均等を図るとともに，政治活動に必要な財政基盤を強化することが必要であること」，第三に「政治資金の調達をめぐる国民の不信を生ぜしめないようにするためには，政治活動に対して公の資金を提供することも必要であると考えられることから，政治活動に対して公費負担をする必要性がある」。

政党助成法1条はその目的につき次のように定める。「この法律は，議会制民主政治における政党の機能の重要性にかんがみ，国が政党に対し政党交付金による助成を行うこととし，このために必要な政党の要件，政党の届出その他政党交付金の交付に関する手続を定めるとともに，その使途の報告その他必要な措置を講ずることにより，政党の政治活動の健全な発達の促進及びその公明と公正の確保を図り，もって民主政治の健全な発展に寄与することを目的とする。」

また政党の定義をあらためて確認するとともに（政治資金規正法3条1項を確認），政党の政治活動の自由を尊重し，政党交付金の交付にあたって条件を付したり，その使途について制限はしないが（4条1項），使途の報告，報告書の提出，公表を義務づけた。但し，15条2項にみるように（1件5万円以上の支出に対し領収書を添付，「社会慣習その他の事情によりこれを徴し難いときは，この限りでない」と規定している），支出の透明化にはほど遠い点がある。また政党交

---

65) 永田秀樹「政党助成の憲法論」憲法問題6号（1995年）19-34頁。なおこの時点では，政党への企業献金は禁止されず，さらに政治家個人への献金も認められたものとなった。

66) 「第八次選挙制度審議会の答申内容」明治大学政治資金研究会・前掲書（注51）182頁（吉田善明）から引用。

付金の運用についての4条2項の文言にみられることを十分に政治家,政党が自覚していたかどうかも問題となる。4条2項は「政党は,政党交付金が国民から徴収された税金その他の貴重な財源で賄われるものであることに特に留意し,その責任を自覚し,その組織及び運営については民主的かつ公正なものとするとともに,国民の信頼にもとることのないように,政党交付金を適切に使用しなければならない」と定める。

　政党助成を是認する中で,企業献金を廃止すべきである,と考えられた。本来は,市民的権利である選挙権に伴う,資金提供の権利が基本であって,法人たる企業による企業献金は選挙権を侵害している[67]。企業献金には結局何らかの利益,見返りを期待していることが多い。すなわち広い意味での贈収賄につながる点がある。1993年以来企業の政治献金は中止されていたが,2002年12月中旬に日本経団連の奥田碩会長が再開を表明したことはこうした政党助成の趣旨に反するものである。

(5) 企業献金規制の強化

　1994年の政治資金規正法の改正で派閥などへの企業・団体献金は禁止された[68]。小選挙区制の導入は派閥解消も目的としていたからである。1999年の改

---

67) 同書185頁（吉田善明）。
68) この時点での政治資金規正法に対する主な改正点は次のようである。
   「① 政党要件の厳格化（国会議員5人以上所属又は国政選挙得票率2％以上），政党・政治資金団体の名称保護制度の創設,政党・政治資金団体に対する所得税の税額控除方式の導入
   ② 資金管理団体制度の創設,公職の候補者への寄附の原則禁止。これに伴い,指定団体制度・保有金制度を廃止
   ③ 政党・政治資金団体,資金管理団体以外の政治団体等に対する会社・労働組合等の団体からの寄附の禁止。ただし,附則において,5年後に,資金管理団体について禁止措置を講ずる旨と会社・労働組合等の団体からの寄附の見直しを行う旨を規定
   ④ 収支報告書における明細の記載基準の改正（寄附は年間5万円超,政治資金パーティーの対価の支払は1パーティーあたり20万円超）

正で会社・労働組合等の団体から政治家の資金管理団体への寄付も禁止された。

2004年に，日本歯科医師連盟をめぐる不正献金疑惑があり，2005年に政治資金団体の寄附の授受を原則として口座振込とする改正が成立した[69]。2007年には政治資金規正法に対する大きな改正が行われた。第一には，資金管理団体のみに関するもので「① 人件費を除く経常経費の明細の収支報告書への記載，領収書等の写しの添付，② 不動産取得の制限」である。第二には，まず国会議員関係政治団体に関わるもので「① すべての支出についての領収書等の徴収義務，② 人件費を除く経常経費の明細の収支報告書への記載，③ 収支報告書の支出の明細基準の引下げ（1件1万円超），それに係る領収書等の写しの添付，④ 1件1万円以下の支出に係る領収書等の開示制度の創設，⑤ 登録政治資金監査人による政治資金監査の導入，収支報告書の提出期限の延長」である。またその他のものとして，次の2点が付加された。「⑥ 政治資金適正化委員会の設置，⑦ 収支報告書の公表期限の延長，インターネット公表の場合の特則」である[70]。

この2007年の改正以後大きな改正は行われていない。したがって，今日の政治資金規正法は次のように解されている。規制対象は，公職の候補者（現に公職にある者，立候補している者，候補者になろうとする者も含む）及び政治団体である。政治団体には，政党，政治資金団体，その他の政治団体がある。その他の政治団体には資金管理団体も含まれる。寄附等に関する制限においては21条1項に会社，労働組合，職員団体，その他の団体は政党及び政治資金団体以

---

　　⑤ 政治資金規正法違反の罪を犯した者に対する公民権停止の導入」
　　大泉淳一監修・前掲書（注60）47-48頁から引用。他方で，1992年に政治倫理確立のための国会議員の資産等の公開等に関する法律（政治倫理法と呼ばれる）が成立し，国会議員の資産等の公開が定められた。
69)　日歯連は2015年にも「迂回献金」をしていて，全国保険医団体連合会は，企業・団体献金を直ちに廃止するよう要求する旨の声明を出している（2015年10月4日）。
70)　大泉淳一監修・前掲書（注60）49-50頁。

外の者に対しては政治活動に関する寄付はしてはならない，としているが，2項にこの規定は政治団体がする寄附には適用しないとしている。他方で，21条の2の1項には，何人も，公職の候補者の政治活動（選挙運動を除く）に関して寄附をしてはならない，と定めるが，2項でこの規定は，党がする寄附については適用しない，としている。

また，現在の寄附の制限には，まず総枠制限がある。すなわち，企業・団体が1年間に行うことのできる寄附の上限額は，その資本，構成員数，年間経費額などに応じて定められている。さらに同一者への寄附制限である個別制限も定められている[71]。しかし，基本的に企業の政治献金は，災害救援資金や教育慈善団体への寄付とは性格が異なるものである。様々な思想・信条をもつ構成員（株主や従業員）がいる一方で，自社への利益誘導への思惑や期待が絡むものとなりやすい。与党政党が固定化するとそこに企業の政治献金は集中しやすくなり政党間の不平等が生じやすい。

(6) 政治資金規正法の問題点

政治資金規正法は様々な点で規制が不十分であると指摘されている[72]。

① 政治資金規正法では，個人はA枠（政党や政治資金団体に対する寄附の総枠）及びB枠（その他の政治団体や公職の候補者に対する寄附の総枠）に対して年間合計金額の制限はあるが寄付できる。但し，A枠に対しては総枠（年間合計2000万円以内）の範囲で個別制限はなく，B枠に対しては（年間合計1000万円以内）で政治家個人に対しては年間150万円以内となっている。企業・労働組合等はA枠のみで年間合計金額（750万円以内～1億円以内）の制限はあるが，政治家個人には一切禁止であるものの，その枠内で個別制限なく寄附できる[73]。この仕組みがわかりづらい。合計金額のつき

---

71) 同書66-74頁に寄附のあり方が詳述されている。
72) 上脇博之「安倍派パーティー券事件の深層」世界2024年2月号12-19頁，阪口徳雄「政治とカネについて」政治資金オンブズマン https//seijishikin-ombudsman.com を参照。

あわせも面倒である。さらに政治資金団体を通して政治家個人にわたるいわゆる迂回献金の問題もある。

② 政治家自身が政党や自らの資金管理団体などから収入を得るのに対して，支出に関する制限がない。公職選挙法においては，政治家の選挙区内の寄附の禁止規定がある。

③ 政治家の親族への支出に対しても規制されていない。親族が関係する団体に支払っても，親族を雇っても問題とならない。

④ 政治団体を継承しても，相続税・贈与税がかからない。このことは世襲議員を増やすことにつながっている。

⑤ 政治団体が解散した場合，解散届及び収支報告書を提出することになっているが，剰余金や借入金が残っていても一般の権利能力なき社団として取り扱われるにすぎない[74]。

⑥ 1万円以上の領収書の公開義務は，国会議員の政治団体や国会議員関係の政治団体のみであり，他の政治団体は5万円以上からが義務である[75]。このため細かな政治資金の使途が不明になる。また収支報告書の保存義務はわずか3年間である。

⑦ 政治資金パーティーは，政治団体によって開催され，対価の支払いである旨告知することや対価の支払い等に関する制限もある。しかし，20万円をこえる対価の支払い者が氏名を明らかにすることとなっており，その金額以下の支払い者は公表の対象となっていない。また出席せずにパーティー券だけを買う場合や実際には人を集めないのにパーティーをする場合（架空パーティー，オンラインパーティー）などもありうる。規制が十分に行

---

73) この説明は総務省「政治資金規正法のあらまし」を参照。大泉淳一監修・前掲書（注60）24頁においては「収入・支出ともに公私のけじめをつけましょう」となっている。迂回献金の問題は，2008年9月26日衆議院質問第44号「政治とカネの問題に係る内閣の認識に関する質問主意書」鈴木宗男にもある。

74) 大泉淳一監修・前掲書（注60）61-62頁。

75) 同書133-134頁。

われていない[76]。

⑧ 会社等は，政党・政治資金団体へ寄付することができるが，政党にも本部・支部を通して総枠制限がある。しかし，西松建設事件（東京高裁平25（2013）・3・13，最高裁平26（2014）・9・30上告棄却により確定）からみると，例えば政治団体のようなものを新たに作るにあたり，企業が資金を提供しても問われないこととなる。この事件においては，政治団体としての実態がないことが問題となった[77]。

⑨ 政治資金規正法違反の罰則については，5年以下もしくは3年以下の禁錮，又は100万円もしくは50万円の罰金に相当する場合が多い。政治家の場合には，公民権停止もありうるが，多くは会計責任者が対象となるであろう。代表者の義務懈怠は故意による場合でも50万円以下の罰金で比較的軽い。また時効も5年もしくは3年で短いといえる[78]。

さらに加えて，大きな問題は支出の明細が全く問われないものがあることである。現在，支出の明細の問われないものに次のものがある。

第一は，官房機密費である。数十億といわれているが何に使われているか明らかではない。確かに国家の政策と関わる秘匿にふさわしい費用は必要とされるであろう。とはいえ，何年かすれば，その内容が公にされて検証が行われなければ政治や政策の発展はない。

第二は，「政策活動費」である。これは政党から政治家にわたる費用とされている。しかし，これにあたる文言は政治資金規正法にはない。政治資金規正

---

76) 同書74-75頁。なお，政治資金パーティーの問題は以前から指摘されていた。加藤一彦「企業による政治資金の規制根拠」一橋法学2巻2号（2003年）433-446頁。いわゆる企業献金のみならず「隠れた企業献金」としてパーティー収入（事業収入）があげられている。上脇博之「会社の政治資金パーティー券不参加購入による違法寄付」神戸学院法学45巻4号（2016年）1-22頁も参照。

77) 大泉淳一監修・前掲書（注60）37-38頁。会社の政治献金に対する問題については次のもの参照。櫻井隆「会社の政治献金に対する会社法上の規制」経営論集22巻1号（2012年）103-115頁。

78) 大泉淳一監修・前掲書（注60）97-101頁。

法21条は，会社，労働組合，職員団体，その他の団体が，政党及び政治資金団体以外の者に対しては政治活動に関する寄付をしてはならない，と定める。すなわち，政党及び政治資金団体には寄付できる。また，政治団体が寄付をすることは認められている。政策活動費は，政党から議員個人に対して支出されるもので，政治資金収支報告書に使途を記載する必要がなく領収書も不要とされている。

第三には，旧文通費（旧文書通信交通滞在費）とされる「調査研究広報滞在費」である。これは，国会議員に歳費とは別に月額100万円が支給されるものである。国会法と歳費法に根拠があり，領収書なしで幅広い使途が認められている。使途公開や未使用分の国庫返納が必要だとされている[79]。

2023年12月には，政治資金パーティーをめぐる政治資金規正法違反事件が発覚し，東京地検による自民党の安倍派・二階派への強制捜査が行われた。パーティー券の販売ノルマを各議員に課し，そのノルマ超過分の収入を議員に還流させた（キックバック）ことが問題となっているが，ノルマ超過分の収入・支出を不記載としており（裏金化）何に使われたのか明らかではない。

政治資金規正法違反は多くは収支報告に関わることとなり，会計責任者がその罪を問われることとなる。政治家が明らかな違法行為を認めない場合は，共謀罪には問われない。このような場合に政治家は責任を負わないということで良いのか。公職選挙法とのバランス（公民権停止）や政党助成を認めた経緯などから今一度考え直す必要があるように思う。

日本においては，政治腐敗に対する研究が低調だと指摘されている[80]。研究が低調であることは，同時に政治家の責任を不明確にする。すでにみたように，政治資金規正法は分かりづらく，しかもぬるい，甘いという感じがする。すべてを透明化し，責任の所在を明らかにするべきであろう。民主主義の基準

---

79) 以前は月に1日の在職だけでも1ヵ月分を受け取れたが，2022年4月の法改正で日割支給に変更した。読売新聞朝刊2023年12月25日。

80) 橋本信之「政治・行政における腐敗とその原因・態様・結果」法と政治65巻1号（2014年）51-88頁。

としても透明性・公正性が必要とされている[81]。そもそもなぜ政治や選挙対策に金が必要なのか。立候補するにもかなりの金がかかる。政策本位の政治に戻るべきであり，そのためには国民の意識改革も必要である。

まとめにかえて

これまで述べたことから日本においては，政府の「責任」，議員や大臣の「責任」に対して不明確な点が多いと思われ，さらに説明責任も十分に果たされていないように思われる。日本では，次のような考え方が一般的となっている。内閣が責任を負うのは，国会に対してである。内閣の負う責任の性質は，法的責任を，民事法上・刑事法上の責任，あるいは大臣弾劾制度のもとでの責任の意味とすれば，現行憲法はそれを予定していない，政治的責任のみを予定している。また法的責任を，責任の要件・効果が明確に法定されているという意味に解すれば，69条も含めて，政治的責任があるのみともされる[82]。

実際には今日の多数派から内閣が構成される議院内閣制のもとで，69条（内閣不信任決議）が機能するのは稀といえる。責任追及の効果は極めて限定的といわざるをえない。結局は内閣の責任追及方法は，選挙において国民の支持を得ることができたかどうかになる。それならば，解散権行使のあり方，選挙制度，国民の政治への関心度（投票率），情報公開のあり方等が問題になる。

既述したように「内閣の責任は，その権能の行使や職務の執行において，憲法および法律に反する場合のみならず，行政権の不当な行政を含めてのものと解されるから，政治的責任であって，法的制裁を伴うような法的責任ではない」と一般的に説明されている[83]。他方で，国会及び裁判所は，いずれも独立

---

81) 山田邦夫「腐敗防止の国際標準化と政治倫理」レファレンス 2015 年 7 月号 31-57 頁参照。
82) 渋谷秀樹「第 66 条」小林孝輔＝芹沢斉編・前掲書（注 11）324 頁参照。
83) 清水睦・前掲書（注 41）410-411 頁。なお，内閣の対国会責任の規範的意味の考察にはその責任の対象範囲が明らかにされるべき，とする考察がある。すなわ

に，立法権・司法権を行使することができるのに対し「内閣の責任に属する行政権は，全面的に国会のコントロールに服し，完全に独立ではあり得ない」として，行政権の領域が対国会責任の原則によって拘束されること（民主的責任行政の原則）が指摘されている[84]。内閣の行政権の行使を国会に対する責任のもとにおくのは，内閣の行政権の行使が，統治と称しうる作用，法律の執行をはるかにこえ，憲法の趣旨「国家目的」を認定し，それを直接に遂行することを中核領域とするものだからである[85]。それ故，責任の意味内容が問題になる。単に「国会の批判を受け，そのために不利益の結果を引き受ける」こと，政治上の責任ですむのか[86]。そもそも日本の議院内閣制は政府に対する国会からのコントロールが効きにくい。ましてや7条説による政府の（自由な）解散権行使が可能な現状は，責任の問題とかけ離れている[87]。何のために衆議院の議員の任期があるのか。落ち着いた政策遂行が行われていないのではないか。

また裁判所の責任については全くふれられていない。本来憲法を守らせる仕組みである，違憲法令審査権が司法権にあるなら，その独立性，公平性が確保されていると同時に，そうした責任を果たしているかが問われるべきであろう。

(2024年1月8日脱稿)

　　ち，65条と66条3項の「行政権」の規範内容の解明が必要である。3条，87条の「内閣の責任」の意味の解明もあわせて必要となろう。
84)　清宮四郎・前掲書（注39）300頁。
85)　吉田栄司・前掲論文（注43）116頁。
86)　清宮四郎・前掲書（注39）326頁。なお樋口陽一・前掲論文（注38）180-183頁における批判も参照。
87)　橋本基弘「『自由な解散権』が政治を劣化させる」世界2023年10月号171-178頁。

第 8 章

フランスにおける公権力の責任

はじめに

　フランスでは近年「責任論」が盛んで,とりわけコロナ対策に関しても首相や大臣の責任を問う議論がなされてきた。フランスでそのような場合に問題となるのは,責任の性格,責任を問うメカニズム,責任の効果,である[1]。責任論の精緻化がみられるといってもよい状況である。他方,日本では政治家や権力を行使する側にいる者の責任に関し,責任概念も基準も責任追及の手続きも整理されていないように思われる。

　フランスで責任論が盛んなのは,当然のことながら第五共和制憲法の中で責任規定が明示されているからである。大統領についての責任のあり方とそれを問う仕組み,大臣（政府構成員）についての刑事責任を問う仕組みが示されている。したがって,フランスの現行の第五共和制憲法を説明する教科書には「責任」という言葉が随所にみられる。まず大統領の責任,そして大臣いわゆる政府構成員の地位のところに彼らの刑事責任,政府の責任,議会の説明における議員の地位のところに議員の無責任性,同じく議会の説明のところに統制の機能として,政府の責任をかけることのない統制と政府の責任をかける統制について述べられている[2]。この最後のことは議院内閣制の中心課題である政

---

1) Sous la direction de Jean-Philippe DEROSIER, La responsabilité des gouvernants, *Les cahiers du FICIP* n° 6, LexisNexis, 2022.
2) Par exemple, Jean-Paul JAQUÉ, *Droit constitutionnel et institutions politiques*,

府の責任に関わる問題である[3]。同様に憲法辞典の類でも，責任についての説明が，責任という言葉の説明だけでなく，政府の責任，大統領の責任，政治責任もしくは刑事責任という形で説明されている[4]。

また 2007 年 10 月 5-6 日のツウルーズで行われたシンポジウムでは多方面にわたる「責任」が取り上げられている[5]。最初のマチューの導入報告においては，1789 年人権宣言 16 条の権力分立と権利の保障の中心に位置するのは必然的に責任原則であり，社会的諸関係の調整要素としての責任の問題は様々な法分野の憲法化の動きにつながる，憲法の変化は責任の問題の変化につながるということを示している。そして政治的分野における責任の変化，社会的分野における責任の変化を指摘している。このシンポジウムの中では，公的活動の論理すなわち不可能な責任とありそうもない引責，議院内閣制における責任，アメリカの大統領制の政治的無責任の誤り，立法機能の実際からみた責任，司法機能の実際からみた責任，不在者のための弁論すなわち行政という事実からの憲法上の大臣の責任，財政責任などの他，責任という権利の憲法化，行政責任の憲法上の源，なども扱われている。とりわけ，それまであまり問題にされていなかった司法の責任も扱われている。

責任の問題は，その概念の明確化，とりわけ倫理的な抽象的なものなのか，それとも法的なものなのかが問われるが，日本におけるような政治的責任と法的責任に分けて法的責任に法文上の明確化を求めるような分け方とは必ずしも一致しない。フランスでは責任の対象は，あらゆる公権力行使をする者であ

  Dalloz, 14e éd., 2022.

3) 河島太朗「フランス現行憲法上の議院内閣制における信任」レファレンス 847 号（2021 年）75-109 頁参照。

4) Par example, Guy CARCASSONNE, *Petit dictionnaire de droit constitutionnel*, Éditions du Seuil, 2014, pp. 168-169. ちなみにここでは「責任」についてはポルタリスの言葉「正義とは，第一に最高権力が負うものである」を引用して，責任は第一に権力が負うものである，としている。

5) Sous la responsabilité de Xavier Bioy, *Constitution et responsabilité*, LGDJ-Montchrestien, 2009.

る。責任の具体的分野もしばしば問題になり、未来を見据えると環境への責任なども視野に入ってくる[6]。また財政上の責任の問題も欠かせない[7]。

いずれにしても責任論は人権保障や法治国家において欠かせないと認識されている。フランスの責任論を検討することで、日本への示唆を探っていきたい。

1. 行政の責任の概念

フランスにおいて，長い間発展してきたのは，行政の責任 responsabilité de l'administration の概念であり，それは損害賠償義務として説明される。刑事責任や政治的責任とは異なって，民事上もしくは財産上の責任をとらせられる場合は次の三つの要素を必要とする。損害と損害を与えた事実，そしてこの双方の因果関係である。公法人の責任は，民事責任の一つであるが，広義には，行政裁判であろうが，民事裁判（例えば，営業的な公役務や司法上の役務などが対象）であろうが，公権力によってひきおこされた損害の補償・修復を得ることとなる規範の総体に対応するものである[8]。こうした行政の損害賠償義務を考える場合には，役務の過失（非行とも訳される）faute de service 概念をふまえることが必要である。すなわち役務の不法な，不正な運用や運営である。公役務の運用によってひきおこされた損害は多くの場合，被害者は，役務の過失を証明しなければならない。問題となった行政活動の性質により，単純な過失もあるが，反対に重大な過失を証明しなければならないときもある。これらの過失の

---

6) Sous la direction de Jean-Paul MARKUS, *Quelle responsabilité juridique envers les générations futures ?*, Dalloz, 2012.

7) Sous la direction de Elsa FOREY, Aurore GRANERO et Alix MEYER, *Financement et moralisation de la vie politique*, LGDJ-Lextenso, 2018.

8) Raymond BARRILLON et al., *Lexique de droit administratif*, PUF, 1979, p. 164. 次のものも参照。Hafida BELRHALI, Responsabilité administrative, 2e éd., LGDJ-Lextenso, 2020. ここでは，歴史的・比較法的アプローチ，淵源，制度，要件，訴訟のあり方が扱われている。

存在を評価するのが行政裁判所である[9]。行政裁判所はこれらの過失の時間や場所の状況，実行された役務の方法，被害者の行為などを考慮して判断を下す。

役務の過失とは何をさすのか。公役務自体が過失を犯したわけではないが，判決においてはしばしばこのような表現が用いられ，役務の不正な運用を意味するものとして用いられる。例えば，遅滞，過誤，違法性，物的損害，不活動（不作為）などである。損害をひきおこすことになった怠慢や不注意を犯した人物（公務員）を特定することは不用である。他方で，被害者は，個人的過失を切り離して責任を問う訴えを公務員自身に対してすることもできる[10]。個人的過失 faute personnelle の問題となる行為は，公務員の行動が任務の枠組みの中での役務の運営とは区別されることができる場合である。この概念には，一つは，告訴された行為が，公務員の私的生活により説明され，かつ役務外で犯されたものの場合，二つは，こうした行為が任務の行使の中で遂行されたが，悪意や個人的な憎しみ，不正な意図をもつなどの動機によって，ある意味歪められた異常なものとして行われた場合が含まれ，こうした場合は，司法裁判所の管轄となる。役務の過失の概念は広いが，個人的な過失の概念は厳格にとらえられている。しかし最近では必ずしも役務の遂行と切り離されてとらえられない個人的過失の場合もある。そこで裁判所は責任の併存も認めるようになっている[11]。

ところで，そもそも公職 fonction publique（公務員）は，統治者の意思で公役務を運営させるために存在している。そこで最終的には当該省庁を担当する政府閣僚がその職務の行使において行った責任を刑事的に問われる制度が存在する（第五共和制憲法第 10 篇，1993 年 7 月 27 日憲法改正により導入）。それを裁くのは共和国法院 Cour de justice de la République である。他方で大統領は現職

---

9) なお，最近では無過失責任もある。Chrystelle SCHAEGIS, *Dictionnaire de droit administratif*, Ellipses, 2008, p. 252.
10) Raymond BARRILLON et al., *op. cit.*, pp. 88-89.
11) Chrystelle SCHAEGIS, *op. cit.*, pp. 144-145.

についている間は 53-2 条（国際刑事裁判所）と 68 条（任務・権限行使と明らかに両立しない義務違反の罷免）以外では無答責である。罷免は高等院 Haute Cour として組織される国会で宣告される（第9篇，2007 年 2 月 23 日憲法改正により導入）。

フランスでの公務につくものの責任論は，一般法の民事責任・刑事責任，そして政治責任という三つのカテゴリーで論じられる。但し，日本と異なって，政治責任だからといって裁判を免れることを予想してはいない[12]。そこから，私見では，日本での解釈は制度に着目して「責任」を語るが，フランスでは職務・任務・権限に着目して「責任」を追及する，というもののように思われた。また倫理 déontologie をフランスで語る時には，日本と重さが違い，決して軽いものとは扱われないとも感じた[13]。さらに，憲法上の制裁の規定と法律上の予防の規定とが組み合わさって公職にある者の責任問題の解決を図ろうとしているようにも思う。

2. 大統領と大臣の責任

大統領については，53-2 条（国際刑事裁判所）と 68 条の場合を除いて，原則無責任性（無答責）である。67 条 1 項は「その資格において行った行為において責任を負わない」と定める。しかし，職務の停止の 1 ヵ月の期間満了後から訴訟・予審等の追及の対象となる（67 条 3 項）。68 条の，明らかに任務・権限 mandat の行使と相いれない（両立しない）義務に反する場合には高等院として構成される議会によって解任となる（68 条 1 項）。明らかに職務の行使と相いれない義務に反する場合とは，例えば署名すべき書類に署名しなかった場合などをさす。違反すると考えられた場合は即解任である（68 条 3 項後段）。解任の

---

12) 例えば，*Vie publique*, 26 novembre 2014 における 2014 年 11 月 24 日組織法の説明には「元首の裁判上の責任 responsabilité juridictionnelle について」となっており，政治責任だからといって裁判を免れるものではないことを示している。

13) Jean-François KERLÉO, *La déontologie politique*, LGDJ, 2021.

手続は高等院として組織される議会によってしか始められない。高等院は国民議会議長の主宰で，高等院を構成する議員の3分の2の多数によって解任は決定される。適用の要件を定める法律は2014年11月24日組織法である。これにより，高等院の集会の提案は各議院の3分の2の多数が必要なこと，高等院の主宰は国民議会議長で，大統領の解任については1ヵ月の期間内に行い，構成員の3分の2の多数が必要なことが定められている。高等院の性格は法的というよりはより政治的になったとされている。この組織法に対して憲法院は，事前審査として2014年11月19日に，権力分立の尊重の観点からと高等院の審議の誠実さと明確さの要請の観点から違憲判決を出し[14]，それをふまえて組織法が制定されている。

2007年憲法改正以前は，大統領は高等法院 Haute Cour de justice として各議院内部から同数の選出による構成員で構成されていたところで裁かれる形であった。大臣と共に歴史的には刑事特別裁判所のもとで裁かれるという意味合いがあったが，大統領と大臣とで裁かれる場所が異なり，さらに裁く意味や性格も異なるものとなった。

大臣については，汚染血液事件において，十分な機能を発揮できなかったとの反省から，1993年7月27日の憲法改正で，共和国法院 Cour de justice de la République において裁かれることとなった[15]。第10篇のタイトルは「政府構成員の刑事責任」である。

「68-1条

1項　政府の構成員は，その職務の行使においてなした行為で，それらが重罪または軽罪を犯したと考えられる場合は，刑事上責任を負う。

2項　彼らは共和国法院で裁かれる。

3項　共和国法院は，法律から生じる，重罪及び軽罪の定義並びに刑罰の決定に拘束される。

---

14)　CC., Décision n° 2014-703 DC du 19 novembre 2014.

15)　三上佳佑「フランス第五共和制における『政治責任』概念とその変容」早稲田法学会誌66巻1号（2015）569-620頁参照。

68-2 条

1項　共和国法院は次の15人の裁判官から構成される。国民議会の総選挙またはセナの選挙後，それぞれの議院によりその内部から同数で選ばれた12人の議員と，3人の破毀院の裁判官である。破毀院の裁判官の1人が共和国法院を主宰する。

2項　政府構成員によりその職務の行使において犯した重罪もしくは軽罪で権利や利益を侵害されたと主張するものは誰でも，調査委員会に告発することができる。

3項　調査委員会は，共和国法院の提訴・付託のために訴訟の分類や破毀院の検事総長への移送を命じる。

4項　破毀院検事総長はまた，調査委員会の合致した意見 avis conforme に基づき，職権で提訴することもできる。

5項　本条の適用の要件は組織法により定められる。

68-3 条　本篇の規定は，施行以前に犯された行為にも適用される。」

　ここでまず注意をしなければならないのは，政府構成員の定義である。フランスにおいて政府構成員とは，大臣のみならず大臣補佐官も入る。大臣は大臣会議に出席する者である。大臣補佐官も入れるとその時々で担当大臣のあり方が変わるので，幅があり，全体で30〜50人ほどといわれている。刑事責任の追及において，三段階のうちの二つ，軽罪（1〜5年の刑罰）と重罪（5年以上の刑罰）が対象となる。調査委員会の後に予審に入ることになる。誰でも追及できるところに特徴がある。また制定当時，汚染血液問題を念頭においていたために遡及効がある。

3. 大臣等の責任の歴史

　フランスにおける大臣等の責任の歴史は古い。

　フランス最初の憲法となる1791年9月3日憲法は，国民主権に基づく自由主義的立憲君主制の憲法であるが，その「第3篇公権力」の「第5章司法権

pouvoir judiciaire」の 23 条に国家高等院 haute Cour nationale についての規定
があり，構成は破毀裁判所の構成員と高等陪審員 hauts-jurés からなり，大臣
と執行権に携わる主な公務員の軽罪 délits と国家の総合的な安全を脅かす重罪
crimes を，議会が告発のデクレを出した時に国家高等院として集会すること
が定められている[16]。国家高等院は議会の宣言のもとでしか開催されない。な
お，この憲法は，フランス人の王が，大臣の選任及び罷免をなすとしている。
さらに裁判官の場合，瀆職罪の他は罷免されることがない旨も定めている。ま
たこの憲法においては，「第3篇公権力」の「第1章立法国民議会」の5節
「立法国民議会における議員の集会」の，7条及び8条に議員の免責特権，不
逮捕特権が示されている。7条の冒頭には「国民の代表者は不可侵である」と
記されている。ここには「代表者としての職務の行使において，発言し，記述
し，行為した事柄」についての不可侵性が示されている。この憲法が適用され
た期間は 10 ヵ月ほどであった[17]。

---

[16] 野村敬造『フランス憲法・行政法概論』有信堂 1962 年においては，「国民政治高等法院」と訳されているが，「政治」という言葉はついていない。原文は，その他の憲法も同様であるが，1946 年第四共和制憲法まで次のものを参照した。Léon Duguit et al., *Les Constitutions et les principales lois politiques de la France depuis 1789*, LGDJ, 1952.

[17] なお，アンシャン・レジーム下のパルルマン Parlement は法服貴族から構成され高等法院（最高法院ともいえる）Cour souveraine de justice と訳されるが，最終的には王権と対立する存在となった。当時のことに関しては次のものが詳しい。畑安次『18 世紀フランスの憲法思想とその実践』信山社 2010 年 165-195 頁。1788 年 5 月，王権はこの高等法院から勅令登記の権限を奪い取った。これが貴族の抵抗を一層拡大させて，貴族と第三身分の同盟を成立させることになる。これにより，国王は全国三部会を 1789 年 5 月 1 日に召集することを決定させられた。しかし部会の構成と議決方法をめぐって，貴族と第三身分とが対立するようになり，同盟は解体。5 月 5 日の三部会では貴族と第三身分はさらに対立を激化させ，6 月 17 日に第三身分はシーエスの主導のもとに国民議会を結成，20 日に球戯場の誓いにより憲法制定まで議会を解散しないことを決議する。7 月 9 日には国民議会は自らを立憲議会と宣言。しかし王権側は密かに軍隊を動員するなどしたので，7 月 14 日のパリ民衆によるバスチーユの占領がおこり（フランス革

憲法制定の任務を終えた立憲議会は解散し，立法議会が発足するが，反革命の脅威の中で旧体制の中心であるオーストリアに宣戦布告をする。議会は非常事態宣言を発するが，そうした中で再びパリのサン・キュロットと義勇兵による8月10日のパリ市庁の占拠がおこり，議会に王権の停止を宣言させる。ここからより急進的な民主的共和制の段階に移り，8月25日封建的諸権利の廃棄となる。9月20日に立法議会にかわって，新憲法制定の任務を担う国民公会が召集され翌日王政廃止が決定される[18]。これが第一共和制の成立である。ここからさらにジャコバンの支配する公安委員会が憲法起草の任を負い，このもとで制定されたのが，1793年6月24日憲法である。男性の直接普通選挙を定め，立法府 Corps législatif を中心とし，執行府 Conseil exéctif がそれに従属する形の憲法である。しかしこの憲法は施行が延期され，実現されることはなかった。この憲法の中では，「憲法証書」の「執行府」の71条に「執行府の構成員は，業務上の不正の場合には，立法府から告発される」と定めている。72条に「執行府は法律やデクレの不執行，執行府の命じていない権限濫用につ

　　　命)，以後全国に農民蜂起が広がっていくことになる。8月4日には封建制の原則的廃止，身分的・地方的特権の撤廃が決議される。8月26日には立憲議会において「人及び市民の権利宣言」いわゆる人権宣言が採択される。10月5日のヴェルサイユ行進により，宮廷と議会はパリ移転を決定。11月には教会財産の国有化，12月には旧来の特権や慣習と結びついた州や地域の区分を廃止して，新たな行政区画が設けられる。さらに中間団体の組織の禁止を示すル・シャプリエ法の制定，官職売買・世襲貴族の廃止を定めた法令も制定される。こうしたことの集大成として1791年9月3日憲法が制定された。国民主権とはいえ，能動市民と受動市民とにわけられ，前者にのみ参政権が付与された。この憲法は頭に，1789年人権宣言を掲げている。こうした経緯については，服部春彦＝谷川稔編『フランス近代史』ミネルヴァ書房1993年49-62頁参照。またフランス革命に対する思想的な影響に関しても畑安次・前掲書参照。

18)　国民公会の中でジロンド派とジャコバン・クラブに属するモンターニュ派の対立が激化していく。1793年1月21日ルイ16世の処刑がモンターニュ派の主導で行われる。1793年2月15日にいわゆるジロンド憲法草案が示されるが，ジャコバン派から激しく攻撃され，採択には至らなかった。野村敬造・前掲書（注16) 26-50頁参照。

き，責任を負う」としている。「立法府」の43条には「立法府の議員が，立法府の中で表明した意見に対して，いかなる場合にも追及されたり告訴されたり裁判にかけられたりしない」ことも定められ，44条には現行犯は逮捕されるが，立法府の許可がないかぎりは，逮捕状は出されないことも示されている。

　ジャコバン憲法へのアンチテーゼ，恐怖政治の打倒の中で制定されたのが，共和暦3年（1795年8月22日）憲法である[19]。頭に「人及び市民の権利及び義務の宣言」をもっている。権利においては権利の幅に制限があるようにみられるが，権利の3条の平等の規定の中に「平等とはいかなる出生における差別，権限の世襲制も認めないこと」としている点が注目される。この憲法には，議員の，憲法を破壊するための陰謀，横領，策動，共和国内の安全に対する侵犯を犯した時に五百人院の署名のもとでの告訴は高等法院で裁かれるとする（114～116条）。265条から273条にかけて高等法院 Haute cour de justice の規定がある。265条は「立法府により認められた告発を裁くために高等法院がある。対象は立法府の構成員，もしくは執行府（執政府ともいう）の執政官 directoire である。」と定める。なおこの憲法には執行府の執政官（139条）や，県や市町村の行政官（176条）が親族を同時期に雇うことを禁じている。

　ナポレオンは1795年10月にパリの王党派の反乱を鎮圧して有名になっていたが，その後数多くの戦争で勝利を収めていた。そして1799年10月に帰国，ブリュメールのクーデタを断行して権力を掌握するが，その結果制定されたのが，共和暦8年（1799年12月13日）憲法である[20]。そこには，第6篇に「公職につく者 fonctionnaires publics の責任」が示されている。セナ，立法府，裁判官，統領，コンセイユ・デタの評定官は原則無責任であるが，所属するところの許諾があったときは，個人的犯罪に関しては通常裁判所で裁かれることが示されている（但し統領についてはかかれていない）。大臣の個人的犯罪もコンセイ

---

19) この憲法においては両院制が採用され，五百人院のみが法律発議権をもった。この憲法の制定過程において，シーエスが違憲立法審査院を提案していることが注目される。この案は採用されなかった。同書56-58頁。

20) 服部春彦＝谷川稔編・前掲書（注17）72頁。

ユ・デタ評定官と同様に裁かれる。しかし大臣の職務違反の場合は（その職務に当たるものは 72 条に列挙されている），立法府のデクレにより裁判に回され，控訴も破毀もなしの形で高等院 haute-cour で裁かれる。その裁判官は，破毀裁判所の裁判官及び国民名簿からの陪審員で構成される。民事及び刑事裁判所裁判官の職務に関する犯罪は，破毀裁判所が彼らの行為の無効を宣言したのちに当該裁判所に訴追する。大臣以外の政府の職員はコンセイユ・デタの決定による他，職務に関して訴追されない。決定があった場合は通常裁判所で訴追される。この憲法はナポレオンとシーエスにより作成されたものである[21]。

　ナポレオンを第一統領にする共和暦 10 年（1802 年 8 月 2 日）元老院令には責任規定はないが，ナポレオンをフランスの皇帝とする共和暦 12 年（1804 年 5 月 18 日）元老院令には，第 13 篇に皇帝高等院 haute-cour impériale についての規定がある。個人的犯罪から陰謀まで多くの公職につくもの（皇帝家族も含む）の犯罪を裁く。場所はセナ（元老院）の中としている[22]。

　なおナポレオンの失権は 1814 年 4 月 3 日の元老院のデクレで出されている。Considérant que ～（何々に鑑み）という書き方はこの時にできあがっている。

　その後，1814 年 5 月 3 日王政復古（ルイ 18 世），1815 年 3 月に一時的にナポレオンが戻るも（百日天下），さらに第二王政復古，1830 年 7 月 27 日 7 月革命，8 月 9 日ルイ・フィリップ即位，1848 年 2 月 24 日二月革命，2 月 25 日第二共和制，12 月 10 日ルイ・ナポレオン大統領当選，1851 年 12 月 2 日ルイ・ナポレオンのクーデタ，1852 年 12 月 2 日ナポレオン 3 世の帝政となる。

　1814 年 6 月 4 日憲章においては，「国王政府の形態」の 13 条において，国

---

21)　シーエスの憲法構想に関しては，浦田一郎『シエースの憲法構想』勁草書房 1987 年参照。なお，Emmanuel-Joseph SIEYÉS の名前の表記はここではシーエスとしたことをお断りしておく。

22)　統領政府からナポレオンの第一帝政の統治形態の特色については，服部春彦＝谷川稔編・前掲書（注 17）74-78 頁。反議会主義的で反自由主義的性格と外見的デモクラシーと分析されている。共和暦 8 年憲法は 21 歳以上の男子に対する平等な選挙権と憲法承認権を与え，自らが終身統領及び皇帝への就任に際して人民投票による承認を求めている。

王の身体は不可侵かつ神聖であるとされ，大臣が責任を負うことが明らかにされている。さらに「大臣」の 56 条において「大臣は，反逆または公金横領の行為に対してしか告発されない。特別法がこの犯罪の性格を特定し，その追及を定める」としている。ついで公共の自由の強化を図ったとする，1815 年 4 月 22 日帝国憲法付加法 acte additionnel が制定されている。その第 4 篇は「大臣及び責任」としてあり 38 条から 50 条まであるが，その 39 条は「大臣は，自らが署名した政府の文書及び法律の執行につき責任を負う」，40 条は「大臣は，代表者議院 Chambre des Représentants により告発され，貴族院 Chambre des Pairs により裁かれる」と定められ，47 条から 49 条にかけてその手続も定められている。

　1830 年 8 月 14 日憲章は，ルイ・フィリップ国王が，両院により改正を認められ，自らが受諾したとして示すものであるが，「国王政府の形態」の 12 条は，「国王の身体 personne は不可侵かつ神聖である。国王の大臣が責任を負う。執行権は唯一国王に属する」としている。「大臣」の 47 条には，代議院 Chambre des Députés が大臣を告発し，貴族院に召喚させる権利をもつことが明らかにされ，貴族院がそれを裁く唯一の存在であることが明らかにされている[23]。

　その後の第二共和制憲法となる 1848 年 11 月 4 日憲法の中には，国民議会の告発による大統領及び大臣を裁く高等法院が置かれている（91 条）。1852 年 1 月 14 日憲法（ルイ・ナポレオン・ボナパルトを国民投票として大統領として認めた憲法）には，13 条に「大臣は元首にのみ従属する。大臣は政府の行為のそれぞれの所管事項に関する行為についてのみ責任を負う」の規定があり「大臣は元老院によってのみ告発される」とされる。またこの憲法は第 7 篇に高等法院に

　23）　1830 年憲章のもとでの大臣責任制に関しては，三上佳佑「七月王政期における憲政と大臣責任性の諸相」南山法学 42 巻 1 号（2018 年）1-75 頁，時本義昭『フランス近代憲法理論の形成』成文堂 2018 年 96-100 頁も参照。後者は，君主が神聖かつ不可侵ゆえに大臣が責任を負う，とする場合の大臣の責任が，刑事責任なのか，政治責任なのかをロッシの説を援用して説明している。

ついての規定（54条〜55条）をもつ．対象は「大統領に対してや国家の内外の安全に対しての重罪，暗殺や謀反の企ての容疑者として，高等法院に送致された人物」である．その後1852年11月7日元老院令でナポレオン3世として皇帝にする憲法改正がある．

　歴史的にみると，1791年憲法が，大臣と執行権に携わる主な公務員の軽罪délitsと国家の総合的な安全を脅かす重罪crimesを，議会が告発のデクレを出した時に国家高等院として集会することを定めたことが原点をなしているといえる．その後，立憲君主制の場合には国王は神聖不可侵だが，その代わりに大臣は責任を負い，副署がその責任の意味を有している形をとっている．共和制を標榜する場合には，執行府の構成員や大臣となる者は，個人的犯罪とは別に，業務上の不正もしくは職務違反を主に立法府から追及・告発を受け，高等院もしくは高等法院で裁かれるという形をとっている．すなわちすでに個人的責任をとる場合と職務についての責任をとることの区別が考えられており，裁判するところの管轄も異なる．

4. 第三共和制以降の大臣等の責任

　1870年7月19日普仏戦争が開始され71年まで続くが，この間でナポレオン3世の敗北，帝政の廃止，平和の調印と政局はめまぐるしく変転する．結果，ドイツによるフランスの一部占領とアルザス・ロレーヌのドイツへの割譲が決定する．しかし，パリ・コンミューンがおき，1875年に第三共和制へとなっていく．公権力の組織に関する1875年2月25日法，元老院の組織に関する1875年2月24日法，公権力の関係に関する1875年7月16日憲法的法の三つが憲法を構成する．その後何回かそれを改正したり補完したりする法律が制定されている．この間，第三共和制は雄大な植民帝国となっていくが，フランスのみならず列国が帝国主義的政策を採用する時代となった．

　まず第三共和制における，公権力の組織に関する1875年2月25日法の6条は「1項　大臣は，政府の一般政策につき，連帯して責任を負う．また，大臣

の個人的行為については個別に責任を負う。2項　大統領は大反逆罪の場合以外，責任を負わない」としている。次に元老院の組織に関する1875年2月24日法の9条は「元老院は大統領もしくは大臣につき裁判するために，また国家の安全を侵害する陰謀を明らかにするために，法院 cour de justice を構成することができる」としている。さらに公権力の関係に関する1875年7月16日憲法的法の12条は「1項　大統領は代議員議院 Chambre des députés による告発があった場合にのみ，元老院において裁かれる。2項　大臣は代議員議院によって職務の行使において犯した犯罪に対して告発されうる。この場合，大臣は元老院によって裁かれる。3項　元老院は，大臣会議で認められた大統領のデクレにより法院を構成する。この法院は，国家の安全に対する陰謀の全ての容疑者を裁くためのものである。4項　通常裁判所での予審が開始された場合は，元老院の召集のデクレは移送の決定まで含むことができる。5項　告発，予審，判決のための手続は法律が定める」としている[24]。ちなみに13条は両議院の議員の，職務の行使において行った意見もしくは投票の際に逮捕されたり，捜索されたりすることはないことを定めている。

　第一次世界大戦についてはフランスで1914年8月1日総動員令，8月4日対独宣戦が発せられた。フランスの目的の一つはアルザスとロレーヌの回復であった。1918年11月11日ドイツ休戦となり，1919年6月28日にはヴェルサイユ平和条約が結ばれ，1920年1月国際連盟が成立する。1928年8月27日にはパリ不戦条約も結ばれる。しかし1929年NYの株式暴落に端を発する世界恐慌から第三共和制の転落となる。1934年9月のドゥメルグの突然の憲法改正案の発表があったが，改正には至っていない。他方で1933年ヒットラーの

---

24)　実際にどのような裁判が行われたかに関しては次のものが詳しい。佐藤立夫「フランスの弾劾制度」比較法学22巻2号（1989年）43-163頁。第三共和制下では，元老院が高等法院の役割を担っていたことが記されている。また三上佳佑「1875年憲法的諸法律における大臣責任」南山法学43巻1号（2019年）27-75頁も参照。第三共和制の誕生の複雑さから「共和政体という外皮の下で，国家元首無答責原則と大臣責任制から構成される執行権責任システムを採用した点に，第三共和制の特質がある」とする。同論文60頁。

独裁は完了し，ムッソリーニのエチオピア奪取の企てもあり，日本帝国の満州国設立などから，第二次世界大戦へと突入していく。

第二次世界大戦は 1939 年 9 月 3 日に英仏対独宣戦で始まり，1940 年 6 月 14 日パリ陥落，41 年にド・ゴール将軍がロンドンに亡命政府を組織する。1941 年 7 月 10 日第三共和制憲法は廃止とされている。1940 年から 41 年にかけてヴィシー政府（ペタン）による裁判官や公務員の政府への従属を強いる憲法命令 acte constitutionnel が何度も出されている。レジスタンス運動は 1941 年から 44 年にかけておこっているが，ド・ゴールの方も帝国国防評議会を設ける命令 1 号（1940 年 10 月 27 日），自由フランスの公権力の新しい組織をもたらす命令 16 号（1941 年 9 月 24 日），「自由フランス」から「戦うフランス」に呼び方を変える通達（1942 年 7 月 29 日）などを，次々に発している。命令 1 号には高等法院についての記述もある。

1944 年 8 月 29 日パリ解放となり，フランス共和国臨時政府の設立に至る。フランス本土における共和制の正当性を確立する 1944 年 8 月 9 日オルドナンスで，「フランス政府の形態は共和制であり，法上では共和制は停止していなかった」と明言している。

1946 年 4 月 19 日憲法案では，第 5 篇に「大臣 Ministres の刑事責任」を定めている（89 〜 92 条）。「大臣はその職務の行使において犯した重罪及び軽罪につき，刑事的に責任を負う」としてあり，高等法院 Haute Cour de justice で裁かれる。ここでは国民議会が主導権を握る形となっていた。第 6 篇の「大統領」の中の 107 条は「大統領は反逆罪の場合のみ，責任を負う」と定め，大臣についての規定の準用で「90 条に定める要件で，国民議会により告発され，高等法院に送られる」としていた。この憲法草案は国民投票で採択には至らなかった。

第四共和制憲法となる 1946 年 10 月 27 日憲法では，第 5 篇の「大統領」の中の 42 条で「大統領は反逆罪の場合のみ，責任を負う」と定め，大臣についての規定の準用で「57 条に定める要件で，国民議会により告発され，高等法院に送られる」と 4 月の憲法案と同様の文言となっている。第 7 篇の「大臣の

刑事責任」の中の56条は「大臣はその職務の行使において犯した重罪及び軽罪につき，刑事的に責任を負う」としてあり，高等法院 Haute Cour de justice で裁かれる。国民議会が主導権を握る形となっているのも同様である。

　第四共和制においてはめまぐるしい内閣の更迭があり，落ち着かなかった。植民地の独立運動も盛んに行われた。アルジェリア独立運動のなかでド・ゴールが呼び戻され，第五共和制憲法の制定に至る。ド・ゴールの憲法構想においては，大統領と首相の二頭政治による強い執行権，合理的議会主義に特色があるとされている。

　当初の1958年10月4日第五共和制憲法では，第9篇に「高等法院」の規定があり（67条〜68条），その構成は上下両院の議員で，それぞれ同数で選ばれていた。対象は，大統領の場合は大反逆罪，大臣の場合は職務の行使に伴い重罪又は軽罪を犯した行為に対する刑事的な責任を問われる。

　67条は「1項　高等法院が設けられる。2項　高等法院は国民議会の総選挙後及びセナの選挙後，それぞれ両議院により，その議院内から選出された同数の議員により構成される。高等法院は，その構成員の中から院長を選出する。3項　高等法院の構成，運営の規定及び適用される手続きは組織法が定める」とし，68条は「1項　大統領は，その職務の行使においてなした行為につき，大反逆罪の場合の他は責任を負わない。大統領は，両議院における公開の同一の投票方式による投票で決定した場合で，構成員の絶対多数で決定した場合でしか告発されない。その場合には高等法院が裁判をする。2項　政府の構成員はその職務の行使においてなした行為で，重罪もしくは軽罪を犯したと考えられる場合は刑事的に責任を負う。上記に定めた手続は国家の安全に対する陰謀complotの場合の大臣及びその共犯者に対しても適用される。本項に定められた場合には，高等法院は，犯罪を犯した時期に施行されている刑法から導き出される重罪及び軽罪の定義並びに刑罰の決定に拘束される」としていた[25]。

---

[25]　1958年10月4日憲法の当初の規定についてはセナのサイトを参照した。Constitution du 4 octobre 1958 Texte originel として掲載されている（2023年11

ちなみに「第4篇　国会」の26条に議員の不逮捕特権を定める。「1項　いかなる議員もその職務の行使において表明した意見もしくは投票に関して，訴追，捜索，逮捕，勾留または裁判されることがあってはならない。2項　いかなる議員も，現行犯の場合を除き，会期中においては，彼が所属するところの議院の許可がないかぎりは，重罪もしくは軽罪について訴追されたり逮捕されたりすることはない。3項　いかなる議員も，現行犯，許諾された訴追もしくは有罪判決の確定を除き，会期中以外においては，彼が所属するところの議院理事部の許可があった場合の他，逮捕されることはない。4項　議員の逮捕もしくは訴追は彼が所属する議院が要求するときは停止される」としている。27条は「1項　強制委任は全て無効である。2項　国会議員の投票権は個人的personnel である。3項　組織法律により，例外的に投票の委任が許可される。この場合，いかなる者も1以上の委任を受けることはできない」としている。

　26条2項から4項は，1995年8月4日の憲法改正で「2項　いかなる議員も彼が所属する議院理事部の許諾がないかぎりは重罪もしくは軽罪に関して，逮捕もしくはあらゆる自由を剥奪されたり，制限されたりする措置の対象とならない。この許諾は，重罪，軽罪の現行犯もしくは有罪判決の確定の場合は必要とされない。3項　議員の逮捕，自由の剥奪や制限の措置，もしくは訴追は，彼が所属する議院が要求する場合には，会期の期間中は停止される。4項　当該議院は，場合により，前項の適用を認めるために，補充的会議として集会する当然の権利を有する」となった。この改正の意義について，以前は会期中，会期外における議員の逮捕等に関し，属する議院自体の許諾が示されていたが，それが単なる理事部の許諾になったことで，議員の逮捕等は全体的に自由になったと解されている。事前の議院の許諾は義務的ではない。例外的に議院の逮捕等の停止の要求がある場合であっても会期中の停止であって，任期全般に及ぶものではない。このように示されている[26]。

　　　月15日閲覧）。
　26)　Sous la direction de François LUCHAIRE et al., *La Constitution de la République française*, Economica, 2009, p. 793.

5. 2008年憲法改正以前の憲法規定の解釈

(1) 1958年第五共和制憲法の当初の規定の解釈

　大統領の民事責任については，職務外で生じさせた損害は弁償しなければならない。この場合，一般法 droit commun の裁判所で裁判を受けることになる。大統領の個人的な刑事責任には職務外でしたものか，職務に伴ってしたものかがあり，大反逆罪にあたらないものかが問われる。職務に伴ってしたものは大反逆罪でないかぎりは無責任性がある (68条)。大反逆罪は高等法院が担当する。職務外で犯した犯罪 délictueux に対しては問題になり，国王の個人的不可侵性を認めた憲法 (1791年，1814年，1830年) があるが，大統領の場合にそれが認められるかは難しい。こうした場合はまず，職務に伴うものであったか否かを刑事裁判所で判断してもらう。例えば職務外での殺人となれば，重罪裁判所で審理する。この場合有罪となれば当然，当人が辞任しないなら，弾劾裁判にもかけられる。なお，大反逆罪とは外国の権力に内通することで援助を受けるあるいはフランスに対立する軍隊や武器をもつなどした場合をさす。

　高等法院に関連して1959年1月2日組織法に伴うオルドナンスがあり，手続，裁判のあり方が決められている。政治的裁判機関 organe de la justice politique と位置づけられており，18人の国民議会議員，18人のセナ議員が選ばれ，そのそれぞれから12人ずつが正規の者，6人が補充者となる。各選挙の後に秘密投票で選ばれることとなっているが，この条項が常に尊重されているわけではないと指摘されている。高等法院の裁判は公開で行われるが，協議は傍聴不可であり，秘密の記名投票で，多数決で行われる。高等法院は，告発されたものの犯罪認定をし，適用される刑罰を決定する。しかしいかなる刑事的規定も存在しない。にもかかわらず終審裁判所として判断する。大統領がもし大反逆罪として有罪となると，控訴も破毀院への移送も余地のないものとなる。しかも政治的裁判とされているので，「罪刑法定主義」の適用もない。「法律なければ刑罰なし」の適用もない。高等法院は全く自由に刑罰を決めること

ができることになってしまう。また政治的制裁となる職務の解任も宣言できることになる。

裁判上の手続として，刑事手続法典の規範にしたがって，第9篇により宣言される責任は，実際は政治責任である。刑事責任と政治責任との識別が必要である。両者は手続も裁判のあり方も異なる。高等法院は大臣の刑法の適用による刑事責任を問うところであり，政治責任は，なした行為の中で問われるものと考えられよう[27]。

なお，ドゥバッシュ等の著した憲法の本の中には「大統領の政治責任」という項目もあり，ここでは間接的な政治責任，直接的な政治責任が示されている。前者は議院内閣制と大統領との関係に関わるもので，後者は大統領の直接選挙，レフェレンダムがあげられている[28]。

さらに別途，政府構成員の個人的責任を示す項目もある。その中では，政治責任，民事責任，刑事責任と分けて次のように書かれている[29]。

政府構成員の政治責任については，執行権の行使に関するものが問われる。それは結局，大統領の提案に基づき，首相から委任された権力行使の結果である。実際にはその責任は大統領の前で平等に果たされるものである。こうした政治責任は，政策のあり方に反対する場合とか，閣内の連帯を乱す場合とかに制裁される。

政府構成員の民事責任については，それぞれが他者に損害行為をなした時に民事的に責任をとる。その損害行為がその職務外でなされた場合には，一般法の規定に従い裁かれる。損害行為が職務に伴ってなされた場合には，二つの場合が考えられる。その損害が私法上の主体からもしくは国家以外の公法人からひきおこされたものである時には，適用されるのは行政上の責任の規定である。国家は，損害の賠償責任を引き受ける。損害が国家の財産に影響を及ぼす

---

27) Charles DEBBASCH et al., *Droit constitutionnel et institutions politiques*, Economica, 1983, pp. 559-562.
28) *Ibid.*, pp. 567-569.
29) *Ibid.*, pp. 622-623.

なら，大臣は個別に責任を負うことになる。こうした責任は，支出の実体上のあるいは手続上の瑕疵のある義務 engagement irrégulier に関わるが，一般法の裁判所で扱うことは難しい。結局，当該政府構成員の支払い能力と損害の性格の重要性との相違でわずかな結果を得るにしか至らない。結局，政府の政治責任に含まれることになる。

政府構成員の刑事責任については，まず刑法の適用となるが，伝統的に，職務の行使外か否かで扱いが異なる。職務の行使外で侵した犯罪行為の場合は一般法の裁判所で裁かれる[30]。職務の行使内で侵した犯罪行為は憲法68条2項の高等法院の管轄になる。憲法の規定によれば，政府の構成員はその職務の行使においてなした行為で，重罪もしくは軽罪にあたる行為に関して刑事的に責任を負うことになっている。この場合，彼らは裁判についての特権を有しているとみることができる。この場合には市民からも他の大臣からも追及されることはないからである。両議院による告発により，大統領に適用される大反逆罪のための手続により裁かれる。しかしながらこの場合，同一の形態で行われた，両議院の議員の絶対多数の投票で告発がなされなければならない。この決議が予審委員会に移送され，そこで，事実の内容や目的に関する正確性の審査をしたり，議員によりなされた司法的性格の審査をしたりする。そして予審委員会が十分な理由があると判断すれば，高等法院に送ることを決定する。高等法院は国家の安全に対する陰謀 complot に関わっていると判断すれば大臣を裁く。共犯者も同様に裁かれる。但し高等法院は犯罪が行われた事実があった時に施行されていた刑法からもたらされる，重罪と軽罪の定義並びに刑罰の決定に拘束される。このような罪刑法定主義の適用から，政府構成員の責任は共和国大統領に対する68条1項の場合と異なって単に刑事責任のみを示しているとみることができる[31]。

---

30) 選挙集会における内務大臣 M. G. DEFFERRE の名誉毀損罪に対する事件があげられている。Le tribunal correctionnel de Paris, le 14 mars 1982.
31) 実際に68条2項の制度のもとで裁かれたのは唯一，ヴィシー政権下の大臣ボナール Abel BONNARD の追放の判決を下した時のみである。Charles

このような解釈であったが，現在の憲法では1993年の憲法改正と2007年の憲法改正で，大臣の刑事責任と大統領の責任のあり方が区別されることになった。

(2) 1993年7月27日憲法改正後の解釈

大統領に対して適用される規定は2007年2月23日の憲法改正までは原則的にかわらない。高等法院で裁かれる。高等法院は67条に示されているように，国民議会及びセナによりその中から同数で選ばれたもので構成される。68条により，高等法院は大統領を「大反逆罪 haute trahison」のある時にのみ裁く権限をもつ。この使われている用語は曖昧である，と批判されている。というのも，刑法411-1～411-11条は終身刑となる背信行為・反逆 trahison を定める。これらは「フランス人もしくはフランスの軍役につく者によって犯された背信行為」及び「そのほか全ての者によってなされたスパイ行為」としている。大反逆罪に当たるものは定義されていない。Haute に当たる行為が政治的責任に結びつくようにもみえる。したがって，告発行為は政治的行為であるのか。しかしながら一度高等法院にかけられれば，高等法院は大反逆罪があったならその評価もし，その刑罰も決定できるという「自由」を手にする。「法律なければ刑罰なし」の原則に反している。

既述したように2007年の憲法改正で，大統領は高等院で裁かれることになり，それに関連する組織法は2014年に制定された。高等院は「共和国大統領を，その職務の行使と明らかに相いれない義務違反の場合に裁くことのできる唯一の裁判所，高等院として構成される議会によって，その解任が宣言される」と定義されている[32]。

政府構成員に対して適用される裁判に関しては，1993年7月27日の憲法改正及びそれを補完する1993年11月23日組織法により，共和国法院で裁かれ

DEBBASCH et al., *op. cit.*, p. 623.
32) Qu'est ce que la Haute Cour ?, *Vie publique*, 30 juillet 2019.

る[33]。汚染血液問題で，大臣にも免責特権が及ぶのかが問題になったためである。それ以降は，その職務の行使において犯された重罪もしくは軽罪は共和国法院で裁かれる。重罪と軽罪は刑法に定められたものである。政府を構成している者（首相，大臣，大臣補佐官）が対象となる。行為がなされた時期が問題になる。またこの刑事責任は職務の行使に伴う行為だけである。そこから切り離された行為は一般法の裁判所で裁かれる。共和国法院の段階は次の三つである。まず，訴えが受理可能であるかどうかを調査委員会が審査する。次に，訴えが受理可能なら，予審委員会に回されそこで審議する。さらに判決の作成となる。つまり共和国法院自体が審議の内容も確認し，判決も下すという形である。その構成に特色があり議員と判事との混合で構成され，判事が院長になる。調査委員会は判事で構成されるので判断の独立性が保たれている。

　議員に適用される裁判に関しては，憲法26条が議員の特権（無責任性と不可侵性すなわち不逮捕特権）を定める。そこには二つのことがある。一つは，任務の枠内で表明した意見，立場，投票について，刑事的・民事的責任を問われないことである。しかし，院内での行動に対しては規律を守る責任がある。また任務の行使に反するような行為，私的な行為であっても責任がある。例えば，人の名誉を傷つけるようなあるいは中傷するような記事を書くことはしてはならない。規律を守る責任はそれぞれ議院規則に定められている。二つは不可侵性が定められているので，いかなる自由を奪われる措置にはおかれないということである。しかし，現行犯と明らかに有罪と思われる場合は除かれる。さらにこうした保護は議員の所属する議院理事部に委ねられ，会期中は中断されることもある。1995年8月4日の憲法改正（2項・3項・4項）でこうしたことが明示された。

　司法官に対してはどのように独立性を確保するか，どのように国民の信頼を得るかが問題となる。政治家に対する特別裁判所に何が必要かは，一つは政治

---

[33]　La Cour de justice de la République : une institution contestée, *Vie publique*, 29 novembre 2023. 実際に誰がいつ何を理由として共和国法院にかけられたのか，またその結果も扱われている。

家が政治の活躍の場で自由であるべきだとの観点と，もう一つは国民主権の観点が必要ということである。いずれにしても現代では特権を与えるということ自体が認められにくくなっているのではないかと指摘されている[34]。

6. 議員や議院内閣制における政府の責任

議員に関しては，第五共和制憲法26条に，議員の特権として無責任性と不可侵性が定められている。27条には命令的委任の禁止が定められている。23条には，政府閣僚の兼職禁止が定められている。国会議員の職務，全国的性格をもつ職能的代表としての職務や全ての公職もしくは全てのその他の職業活動の行使と両立することはできない。このことは議員の職務とそれに伴う責任，政府構成員の職務とそれに伴う責任を区別することを可能とする。

他方で，政府の責任 responsabilité du gouvernement という言葉が用いられる。これは従来より，議会に対して政府が果たす信任を確認することになる「弾劾 impeachment」の手続から生じた議院内閣制を構成する要素とされている。信任問題 question de confiance は政府のイニシアティブによるもので，問責動議 motion de censure は議会の申し立てによるものである[35]。前者については，憲法49条1項は「首相は，大臣会議の審議の後，国民議会に対し，その基本計画または場合により一般政策の表明に関し，政府の責任をかける」と定め，3項はさらに，予算法律案，社会保障財政法律案の評決に関し，政府の責任をかけることができることを後段に条件を示してはいるが，定めている。後者については，憲法49条2項前段は「国民議会は問責動議の評決により政府の責任を追及する」と定める。後段には，その条件が定められている。50条には，問責動議の採択や信任問題の否決の効果として，首相は大統領に政府

---

34) Michel de Guillenchmidt, *Histoire constitutionnelle de la France depuis 1789*, Economica, 2000, pp. 254-261.

35) Pierre AVRIL et Jean GICQUEL, *Lexique droit constitutionnel*, PUF, 1986, p. 111. また河島太朗・前掲論文（注3）も参照。

の辞表を提出しなければならないことが定められている。また50-1条においては、いずれかの議院で、政府は、その固有のイニシアティブもしくは51-1条の意味での会派の要求に基づいて、一定の議題に関し、審議にかける表明を行うことができるが、その表明は政府の責任をかけることなく表決の対象とすることができる[36]。

他方、大統領の意思に基づいて政府の辞職がなされた場合もあるが、表面的には、首相による辞表提出の形式を整えて行われており、違法性の問題が生じることはない。大統領はまた、首相及び両院議長に諮問したあと、国民議会の解散を宣言することができる（12条1項）。なお、ド・ゴール大統領はレフェレンダムに自らの責任をかけて辞めることとなったがこれには法的根拠はない[37]。

これらの事柄は、2008年7月23日の憲法改正で明確化された24条1項による国会の任務、政府の行動の統制や公共政策の評価の実現につながっている。政府の責任にかけることのない統制と政府の責任にかけられる統制という形で説明されている事柄である[38]。ここでは政府の責任は、法的責任として統制の対象となっている。

こうした中で最近は首相が49条3項を多用する場合が多い。しかしこれは大統領・政府・議会多数派の政策の一致を狙うもので、もし、49条3項を使わずに政府の重要政策が否定されることになれば、大統領は解散を宣言しなければならなくなる。今日では、保革共存の反省をふまえて、5月に大統領選挙、6月に国民議会選挙という形をとり、任期もいずれも5年に合わせてある。政治運営の点から49条3項を活用するのは認められるという評価もある。

---

36) 横尾日出雄「フランス第五共和政憲法における政府の対議会責任制と2008年7月22日憲法改正」Chukyo Lawyer 10号（2009年）7-29頁。
37) レフェレンダムの変形であるプレビシット plébicite といわれる、レフェレンダムに信任をかける行為はブーメランの作用があり、結果的に信任をかけた執行権の長の責任を問うものとなる。Pierre Avril et Jean GICQUEL, *op. cit.*, p. 94.
38) Jean-Paul JAQUÉ, *op. cit.*, pp. 248 et s.

7. 高等院と共和国法院に対する批判

　アンヌ=マリー・ル・プルイエは大統領の責任を刑事責任と政治的責任に分けて論じている。第9篇の「高等院」を構成する67条と68条のつながりの悪さから，どこに大統領の刑事責任はいったのか，と批判する。67条が「責任」の問題を53-2条と68条に投げてしまっていることを批判する。68条は解任の手続を示すもので，結局は「その任務の行使と明らかに両立しない義務の欠如」とは何をさすのか定かではなく，高等院を構成する国民議会議員とセナ議員に恣意的に解釈される恐れもあり，大統領の立場を不安定にする。「新しい制度の不適用性」という指摘もある[39]。職務の行使外でなした刑事責任を一般法の刑事裁判所で裁く仕組みも考えられたが（オランド大統領の時代，最終的には大統領の民事無責任のみにとどまる規定2012年3月14日憲法改正案），憲法改正には至らなかった。他方で大統領の政治責任に関しては，議院内閣制の全ての元首がそうであるように，議会の前にいかなる責任もないと考えられている。しかし，18条は大統領が議会に対して教書 messages を伝えるが，いかなる討議も行われない。両院合同会議として集会した議会において発言もする。声明も出すが，投票の対象にはならない。副署がある場合には責任の分散はある（19条）。こうした形は真の執行権の長として振る舞うものである。何らかの形で政治的責任をとらせる仕組みが必要ではないのか。しかし，大統領選挙が直接普通選挙で行われて以降は，政治責任はこの投票に現れることになる。解散や国民投票もド・ゴールの構想の中にはあったが，任期の間にバランスをとることも大統領には必要となっている。

　大臣の責任に関しては，議院内閣制の制度に結びつく総辞職の他に，政府の構成員は首相や大統領と意見が合わないとの理由で個人的に辞職することがで

39）　Anne-Marie Le POURHIET, *Droit constitutionnel*, 5e éd., Economica, 2013, pp. 353-360 et pp. 384-387 ; Olivier PLUEN, L'inapplicabilité du nouveau régime de responsabilité du Président de la République, *RDP*, 2009, n° 5, pp. 1401.

きる。他方で大臣は首相の提案に基づいて，大統領から解任されることもある。首相の副署が必要とはされているが，実際は大統領自身が大臣の解任や交代を通告することもある。こうした個人的な辞職や解任に至る理由は様々であり，案件の扱い方が悪いというような大臣の個人的な責任から，政府の政策に不一致である，単純に職業意識に欠けている，明らかな無権限の行為をなしたなどがあげられる。

政府構成員の刑事責任に関しては第10篇が定める。この1993年の改正は，ヴデルの主宰する委員会の提案によるものである。それ以降，政府構成員は，刑法に定められた重罪もしくは軽罪を犯した時は，共和国法院で裁かれる。その構成員は12人の議員（上下両議院同数でその中から選ばれた議員）と3人の破毀院司法官（裁判官 magistrats du siège），その中の一人が主宰する。その職務の行使において政府構成員により重罪もしくは軽罪の損害を受けたと主張する者は誰でも，調査委員会に訴えることができる。その調査委員会は高等司法官で構成される。しかし「誰でも」となると訴えの殺到が見込まれたので，共和国法院の権限（管轄）は政府構成員の，国家的な事件の行動に直接関連する行為に限られると限定した。すなわち，一般法の裁判所で扱われるものと大臣職の行使の中で行われる行為とを切り離した。

結果的に共和国法院がうまく働いているとはいえない。公明正大に過失致死と過失傷害を裁くことはできなかった。汚染血液問題では首相のファビウスと大臣及び大臣補佐官の3人が裁かれたが，大臣であったエルヴェだけが有罪となるものの刑の免除となった。問題点は明らかであり，政治責任と刑事責任の混同がある。保健衛生上の危機の評価や管理についての過ちは政治的責任の問題であって，刑事制裁を科すべき事柄ではない。引き受けるべきは政治的・行政的過失という責任であり，辞職もしくは解任ということになろう。なぜ政治的機関が刑法のもとで判断を下すのか。政治的機関なら，むしろ被選挙権剥奪のような政治的制裁を課すべきであろう。共和国法院の立ち位置の曖昧さと大臣の刑事責任の制度の矛盾から目をそらすべきではない。

さらに次のような批判もある。共和国法院を半裁判機関・半政治機関として

紹介し，執行猶予の裁判所と揶揄している。オランドもマクロンも廃止すると宣言していた。にもかかわらずいまだに存在しているという[40]。

8. 公的生活の透明性に関する法律

憲法規定がいわば制裁のあり方について書いているのに対し，下記の諸法律は予防という意味の強いものといえる。

フランスでは，海外に銀行口座をもっていた大臣，カウザック事件を受けて，公的生活の透明性に関する 2013 年 10 月 11 日法[41]が制定された。これによれば，職務につく時に大臣は，財政状況についての申告を行う。これらの申告は，公的生活の透明性のための高等機関 Haute autorité pour la transparence de la vie politique（HATVP とも呼ぶ）の統制の下におかれ，首相に関しては共和国大統領に問題の申立てをし，その他の大臣に関しては，首相に問題の申立てをする。当事者の状況のあらゆる変更が当該高等機関への通知の対象となる。職務を退く際にも申告が行われる[42]。利益抵触（利益相反ともいう）の回避が目的である。また脱税対策の強化を目的とする脱税及び重大な財政経済犯罪の対策に関する 2013 年 12 月 6 日法[43]も制定されている。

---

40) Marie Slavicek, Qu'est-ce que la Cour de justice de la République ?, *Le Monde Ateliers*, 3 octobre 2022. これによると 2021 年には，Covid-19 や衛生パスに関して，20,199 件の訴えを共和国法院に送ったという。

41) Loi n° 2013-907 du 11 octobre 2013 relative à la transparence de la vie publique.

42) Jean-Paul JACQUÉ, *op. cit.*, p. 219. この法律に関しては次のものが詳しい。服部有希「フランスの政治倫理に関する立法」外国の立法 264 号（2015 年）23-63 頁。そもそもは政府構成員倫理憲章なるものから必要とされた。濱野雄太「フランスのオランド政権における政府構成員職務倫理憲章」外国の立法 256 号（2013 年）26-40 頁。また 2013 年 10 月 11 日法の成立に関する憲法院判決については，次のものを参照。只野雅人「民主主義と透明性」法学 83 巻 3 号（2019 年）76-100 頁，とりわけ 90 頁以下。CC., Décision n° 2013-675 DC du 9 octobre 2013（組織法律に関する憲法院判決）et décision n° 2013-676 DC du 9 octobre 2013（通常法律に関する憲法院判決）.

現在，財政状況の申告等の対象は，大統領，首相などの政府構成員，上下両院議員，地方議員，ヨーロッパ議会議員のみならず，司法官，コンセイユ・デタの評定員にまでも広げられている[44]。2013年10月11日法の1条は次のように定める。「政府の構成員，地方の選挙で選ばれた任務につく者，並びに公役務の任務に責任をもつ者は，品位 dignité，誠実さ probité 及び公明正大さ intégrité をもって任務を遂行し，直ちに全ての利益競合を防止し，止めることに留意する。独立的行政権限をもつ者及び独立的公的権限をもつ者も同様に公正にその職務を行使する。」この法律により公的生活の透明性のための高等機関 HATVP が設立されたが，公的・行政的責任を有する主要な者は任務につく時と退く時に資産 patrimoine の申告並びに利益 intérêts の申告をしなければならない。この義務を尊重しない場合の制裁も強化された。政府構成員の資産状況は公開されており，透明性は保証されているとされる。また資産 patrimoine とは，総資産を意味し，現在及び将来の動産・不動産の総体をさす。

　公的生活の道徳化は1988年，1990年，1993年，1995年，2013年と進められてきた[45]。さらに，2014年2月14日法[46]による，地方の執行権と上下両議

---

43) Loi n° 2013-1117 du 6 décembre 2013 relative à la lutte contre la fraude fiscale et la grande délinquance économique et financière.

44) 例えば，地方の市町長及び地方議員向けに次のものがある。50 questions : Les lois relatives à la transparence de la vie publique, Le courrier des maires et des élus locaux. そこには，資産の申告，利益の申告，HATVP についての説明等が掲載されている。また，司法官に関しては，司法官の地位に関する組織法についての1958年12月22日オルドナンス（n° 58-1270）の7-1条に全ての利益抵触の禁止，7-2条に司法官の利益の申告，7-3条に資産の申告が示されている。これらは2016年8月8日の改正法で成立している。コンセイユ・デタ構成員及び行政裁判所の構成員に関しては，行政裁判法典 L 131-3 条から L131-5 条，L 131-7 条にコンセイユ・デタ構成員について，L 231-4-1 条に行政裁判所裁判官についての規定がおかれている。2016年4月20日の改正法で成立している。L 131-3 条は次のように定める。「コンセイユ・デタ構成員は利益抵触の状況を予防し，直ちに止めるように努めるものとする。職務の独立的，公平的，客観的行使に影響するようなあるいは影響するかもしれない性格をもつ，公的利益と公的もしくは私的利益の間の全ての競合的状況は利益抵触である。」

院のそれぞれの議員・ヨーロッパ議会議員との兼職禁止も公的生活の道徳化と透明性の中で扱われる。兼職禁止の法律の目的は二つであり，利益競合に反対することと市民の信頼を回復することとなっている。憲法院は通常法律に対しては留保付き合憲，組織法律に対しては留保付き部分違憲判決を出している[47]。

2013年10月11日法は2016年12月9日法によってさらに強化された。2016年12月9日法は，透明性，贈収賄に対する闘い，及び経済生活の近代化（改革）に関する法律である。利益代表者のロビー活動の可視化が強化された[48]。同法律案は2016年3月30日に財政・公会計担当大臣であったサパンや法務大臣ウルヴォーなどによって大臣会議に提示され，政府によって迅速審議手続がとられた。上下両院双方から修正が入り，なかなかまとまらなかったが，最終的には下院で2016年11月8日に採択された。セナ議長，60人のセナ議員，また首相からも憲法院に対して申立てがなされた。憲法院は2016年12月8日に，法律の本質的な部分については合憲とするものの，地方ごとに財政繰延をすること reporting を違憲と判断した[49]。憲法院は，地方ごとの経

---

45) 1995年までの経緯に関しては，次のものが詳しい。豊岳信昭「第4章 フランス」明治大学政治資金研究会『政治資金と法制度』日本評論社1998年 119-146 頁。

46) Loi organique n° 2014-125 du 14 février 2014 interdisant le cumul de fonctions exécutives locales avec le mandat de député ou de sénateur et loi du 14 février 2014 interdisant le cumul de fonctions exécutives locales avec le mandat de représentant au Parlement européen.

47) CC., Décision n° 2014-688 DC du 13 février 2014（通常法律に対する判決）et décision n° 2014-689 DC du 13 février 2014（組織法律に対する判決）.

48) Loi n° 2016-1691 du 9 décembre 2016 relative à la transparence, à la lutte contre la corruption et à la modernisation de la vie économique. 豊田透「［フランス］経済活動の透明性と汚職防止に関する法律」外国の立法 271-1 号（2017年）12-13 頁，德永貴志「フランス議会における公開性と透明性」長谷川憲 他編『プロヴァンスからの憲法学』敬文堂 2023 年 44-54 頁参照。

49) 通常法律に関しては部分違憲と留保，組織法律に関しては部分違憲と判断した。CC., Décision n° 2016-741 DC du 8 décembre 2016（通常法律に対する判決）et décision n° 2016-740 DC du 8 décembre 2016（組織法律に対する判決）.

済上・財政上の情報データを公にすることを一定の団体に義務とすることは営業戦略の本質的な要素を割り出すことにつながると考え，営業の自由に見合わない侵害をもたらすので，違憲としたのである。

　この法律は，汚職防止並びに経済生活及び公的手続の透明性に関する 1993 年 1 月 29 日法（いわゆるサパン法）[50]の展開を深めるものでサパン II 法とも呼ばれる。HATVP の委員長のナダル報告に依拠している。汚職防止中央総局に代わって，フランス汚職防止機構 Agence française anticorruption (AFA) を設立した。この機構は，公的機関あるいは企業，団体が汚職防止に関する監視の義務を果たしているか統制する。違反した場合には制裁も課す。また司法機関に誠実性への侵害を理由として法人を刑事的に制裁することを可能にする，和解条項（罰金に代わる一定額の納付などによって公訴権を消滅させる方法となる）を新たに設けた。さらに外国公務員の贈賄の防止の強化もはかった。公的決定の策定過程において透明性をより高めることもめざしている。そのため，利益代表者と公権力との関係に関するデータベース登録の設立を定めている。HATVP が管理し，誰もがインターネットで閲覧できる。利益代表者（ロビー）とは，私法上の法人，営業活動を行使する公企業もしくは団体，企業，公権力とのコミュニケーションを通じて，命令や法律の内容についての公的決定に影響を及ぼす活動をする，そうした経営者，従業員及び構成員をいう。任期中の議員，政党，労働組合，経営者団体，宗教団体はロビーとはみなされない[51]。それでは，日本における旧統一教会のような場合はどうなのか。これに対しては宗教団体といえるのか，むしろセクトという位置づけではないか，という問題になろう。

---

50)　Loi n° 1993-122 du 29 janvier 1993 relative à la prévention de la corruption et à la transparence de la vie économique et des procédures publiques.

51)　Loi du 9 décembre 2016 relative à la transparence, à la lutte contre corruption et à la modernisation de la vie économique, *Vie publique*, 13 décembre 2016. 豊田秀・前掲論文（注 48）参照。

さらに政治生活における信頼に関する 2017 年 9 月 15 日法[52]が成立した。この法律は通常法律と組織法律からなる[53]。2017 年 6 月 14 日，当時の法務大臣フランソワ・バイロによって大臣会議に示され，政府によって迅速審議手続がとられた。上下両院双方から修正が入りなかなかまとまらなかったが，同数合同委員会で 8 月 3 日に通常法律案について一致し，組織法律案については 8 月 9 日に一致を見た。採択後，通常法律に対しては，60 人の国民議会議員から，組織法律に対しては首相から，憲法院に申し立てがなされた。憲法院は 2017 年 9 月 8 日に，法律の本質的な部分については合憲とするものの，いくつかの条文を違憲と判断した[54]。それをふまえて制定されている。これら二つの法律は，公的生活の倫理のための改革の第一段階となるものである。大統領及び政府構成員の事務補助者 collaborateurs に関する 2017 年 6 月 14 日デクレが出されたところであり，それを完成させる意味があった。

この法律は，HATVP が，大統領の就任から任期末に至るまでの資産の変化に関して，意見を公表する責務を負うことを定めている。また政府構成員や議員及び地方の執行権を担う者が，彼らの親族（近親者）を官房の構成員や事務補助者として雇うことを禁止している。親族とは，例えばパートナー，両親，子ども，子どものパートナー，兄弟・姉妹などをさし，官房の構成員にしてはいけない場合や，HATVP に報告が必要な場合などについて細かく定められた。また議員は，任期の初めから財政上の義務を尊重していたことを示さなければならない。財政上の管理は職務についたその時から，それぞれの所属する議院理事部や議院に伝えられ，申告の義務や税金支払い義務を果たしているかどうか確認される。議員代表職務手当は廃止された。さらに利益抵触を避けるため

---

52) Loi n° 2017-1339 du 15 septembre 2017 pour la confiance dans la vie politique. 安藤英梨香「フランスにおける政治倫理向上のための立法」外国の立法 280 号（2019 年）87-122 頁。

53) Loi organique et loi ordinaire du 15 septembre 2017 pour la confiance dans la vie politique, *Vie publique*, 19 septembre 2017.

54) CC., Décision n° 2017-752 DC du 8 septembre 2017（通常法律に対する判決）et Décision n° 2017-753 DC du 8 septembre 2017（組織法律に対する判決）.

に，個人的な資格での相談役のような活動をすることは制限される。法令上に定められた職務でないかぎりは，すでに議員が任期中に相談役のような活動を始めることは禁止されていた。上下両議院は，利益抵触の防止に関する規定を定めなければならない。また有罪判決を受けた者の被選挙権停止の期間は，軽罪の場合は最長5年，重罪の場合は最長10年となった。政府構成員としての職務を行っている者の場合は，軽罪であっても最長10年の刑が言い渡される。政治生活に関わる財政問題，政党の会計は会計院が統制する。ヨーロッパの銀行ではない法人の融資や個人の融資は禁止される[55]。政治生活の合法なかつ透明な資金調達に貢献する，候補者や政党のための融資調停官 médiateur du crédit を設立する。候補者が融資を受けやすくするためである。

　憲法院においては，基本的には合憲としたものの，いくつかの点において違憲を示した。憲法院は次のように指摘していた。

　これら二つの法律は，政治生活の透明性，選ばれた者の誠実さや模範的であることの要請，選挙人の信頼を強化すること，また政治生活の財政上の問題を刷新することを目的として制定されている。組織法律に関しては，大統領選挙の候補者に1回目の大統領選挙の少なくとも二週間前に利益と活動についての申告を公にすることを課していることは合憲である。また大統領に職務につく前に資産状況の申告を公にすることも合憲である。また HATVP は，大統領の任期内における資産状況の変化を評価し，意見もつける。さらに議員の財政状況の適法性の統制手続を導入し，違反した議員に最大3年間すべての選挙に被選挙権がないことの義務を宣言し，職権で辞職させることを導入したことも合憲である。さらに，議員の利益や活動の申告において，プライバシーの尊重に比例性の原則を侵害しているということはいえない。議員代表職務手当は廃止されたがそれにかわって，統制に基づきながら，直接的・間接的な支給を受ける。そのためにリストが必要となる。また，利益抵触や競合のリスクに対して，選挙人の選択の自由と選挙された者の独立性を保護する必要性から，利益

---

55) この規定は2017年の大統領選挙の際に，候補者であったマリーヌ・ルペンがロシアの銀行から融資を受けていたことで問題となり，導入された。

の代表者となる職業を議員が行使することを排除し，相談役のような職業の行使の可能性を制限した組織法律は正当化される。こうした活動は利益競合の特に注意すべきリスクがあると考えたからである。他方でいわゆる「国会の助成金 réserve parlementaire」[56)]に対しては，そもそもは政府に帰属するが，その予算の執行については議会にその権限があり，この財政についての政府の改正権限を制限するように解釈すべきである。こうした解釈の上で，削減を認めることは権力分立を理由として合憲といえる。「大臣の助成金 réserve ministérielle」に対しては，政府に唯一の特権があるものである。したがって権力分立原則を侵害するとして，その削減は違憲である。

　通常法律に関しては，その1条に同条文で掲げている重罪もしくは軽罪の一つでも犯した時には全て，付加的に被選挙権剥奪を義務づけることは，罪刑法定主義にも，刑罰の個人性にも反しているとはいえない。こうした規定は，選ばれた者の誠実さと模範となるべきであること，そして選挙人の信頼の双方から必要とされ，強化することをめざすものである。しかしながらこうした規定が，公職を行使することの禁止や不可能性に結びつくように解釈されてはならない。また禁固刑に科されたある種の出版に関する犯罪のために被選挙権剥奪が義務的に宣言されるとする規定は，表現の自由に見合わないものであるとして，違憲である。大統領，政府の構成員，議員，地方の執行的職務につく者たちの事務補助者の採用や任命に関する条件に関しては合憲である。他方で，すでに2013年10月13日法についての判決で解釈留保として示したように，HATVP が，利益相反の場合にその職務をおわらせることをめざすために，公にされた差止命令を当該人に送ることは権力分立を無視するもので違憲である。政府が，候補者や政党，会派に対して必要な措置を講じるためにオルドナンスで出すことは合憲であるが，首相が，政府構成員の接待費や交際費の支払いを償還させることに対しデクレで定めることは権力分立に反し，違憲である。同様に，これら二つの法律が，HATVP に対し，あらかじめ財政行政官に

---

56)　このように訳すのが適切かはわからないが，上下両院双方に当てられる国家予算の助成金全体をさす，と説明されている。

書類や情報を伝えることも違憲である。これらの規定により許可された関連データの伝達に間違いでもあれば，当該人のプライバシーの尊重の侵害になるからである。またたとえ間接的であったとしても関連性のないいわゆる「便乗立法 cavaliers législatifs」は認められない，とした。

　こうした法律は透明性を強化するために信頼が必要という目的で制定された。この法律は，利益抵触の防止，職業倫理確立の方法，資産状況の申告義務，財政状況の透明性，団体との関係における倫理などとも関わることが示されている[57]。これらの法律は，実際かなりの成果をあげていると評価され，さらに強化も模索されている[58]。他方で最も重要な機関である憲法院の評定官に規制が及ばない点は疑問であるとの声がある。ヨーロッパの各国のみならず，人権裁判所，司法裁判所の裁判官にも，透明性が求められるべきであるという指摘がある[59]。この場合，透明性とは，裁判官の財政上の問題や利益相反の問題だけでなく，審議の公開ということにも関係している。

まとめにかえて

　フランスでは最近，政府の職業倫理もしくは政府法 droit gouvernemental ということも語られている。政府法の中では，「政府の自律」と「政府の従属」

---

57) Coordination éditoriale Claire DEMUNCK et Erwan ROYER, *Transparence*, Dalloz, 2018.
58) De nouvelles règles sur la prévention des conflits d'intérêts dans les lois confiance dans la vie politique, *Vie publique*, 30 avril 2019 ; Les mesures sur l'exemplarité et la probité des élus dans les lois confiance dans la vie politique, *Vie publique*, 30 avril 2019 ; Une exigence de transparence accrue dans les lois confiance dans la vie politique, *Vie publique*, 30 avril 2019 ; Financement de la vie politique : les apports des lois pour la confiance, *Vie publique*, 30 avril 2019.
59) Charlotte DENIZEAU, Principe de transparence et justice constitutionnelle : La cour de justice de l'union européenne et la cour européenne des droits de l'homme, *RGD*, 21 novembre 2013, pp. 1-12 (« Valeurs de droit publique » organisé par CDPC).

が語られ，前者では機関の自律，職務の自律，手続の自律が扱われ，後者では規範への従属，判例への従属，制度への従属が扱われている。今後は法治国家と政府法が憲法の中で語られると指摘されている[60]。すなわち，責任論から自律論への移行もみられるということになる。これが責任論から自律論への進化ということを示しているのかは今後の議論のあり方に関わっていよう。

　日本においては，日本国憲法17条（国家賠償責任）の解釈にもみられるように，できるかぎり狭く解釈して人権保障につなげないということが意図的に行われているように思う。当然日本では，特別裁判所を認めていないので，高等院や共和国法院を設立することはできない。しかし，全てを政治的責任として，次の選挙での判断に委ねるということなら，政治家には緊張感が生まれない。フランスのように，誰もが訴えることができる制度，共和国法院への訴えがあるのは，政治に緊張感をもたらす。フランスのコロナ禍においては，さらにコンセイユ・デタにおける急速審理手続も大いに活用され，コロナに関わる命令が合法で正当であるかの審理がなされ，権力の統制に対して有効であった。その意味では日本においては行政裁判の充実が必要と思われる。また公権力の責任に関しては，私的な事柄と刑事的事柄を区別すること，さらに政治責任を追及する具体的な仕組みを考えることは重要である。なぜ不倫で辞職や更迭となるのか。これは私的な事柄で政治責任とは関係ない。現実には政治家が，法律に定められていないこと，つまり法的根拠のないことをしたとしても，責任追及が難しい面もある[61]。政治資金規正法も抜け穴が多いと指摘されていながら，その改正には消極的である。政治責任追及として裁判が活用されるなら，裁判官の独立性や公平性をどのように確保するのか考える必要もあ

---

60) Matthieu CARON, *Droit gouvernemental*, LGDJ, 2020. またそもそも，政府とは何かという点から歴史的，政治的，理論的，法的アプローチから議論を進めているものに次のものがある。Sous la direction scientifique de Vincent BOYER et Raphaël RENEAU, *Pour un droit gouvernemental ?*, IFJD-LGDJ, 2022.

61) 植野妙実子「コロナ禍と教育」日本教育法学会年報51号（2022年）88-96頁（本著第12章）参照。

る。

　他方で様々な場面で公開性・透明性を高めることも必要である。政策決定過程の不透明さの問題もある。これに関してはフランスの議会の役割の一つである，公共政策に対する評価も参考になろう。こうしたことを充実させるためには省庁の能力を高める必要もある。つまり，新自由主義的な安上がりな政府のもとでは十分に機能しない。型通りの審査でなく精緻な審査が必要になる。議員や政治家の意識改革も必要である。市民の政治意識を高めるにはどうしたらよいか，これが最も肝となる問題である。政権交代も実効性ある仕組みを整えようとする動きにつながる。今の日本の問題は，「国会は，国権の最高機関」の働きをしていないことである。政府と与党との間で重要事項が決まっており（最近はそれさえないかもしれない），国会が様々な意見をもつ国民の代表機関として機能していない。公開性・透明性の確保やチェックやコントロールが行われていない。国民には厳しく，政治家には甘いという（政治資金パーティーにおけるキックバックなど）ダブルスタンダードが平然と存在する。こうした状態では，はたして日本は民主主義国家といえるのか大いに危惧されるところである。

　（本章の執筆にあたっては，エックス・マルセイユ大学名誉教授であるティエリー・ルノー教授に多くのご示唆をいただいた。厚くお礼申し上げたい。）

第9章

日本における司法の責任

はじめに

　日本国憲法第6章は,「司法」を定める。ここには裁判所の組織や構成, 裁判官の任命や身分保障, 権限, なかでも重要な役割である違憲法令審査権の存在についての規定などが定められている。裁判の公開や最高裁判所裁判官の国民審査の定めもある。

　日本国憲法は統治構造において三権分立を採用し, 権力の抑制と均衡の上で統治をすることが想定されているが, 他方で議院内閣制を採用し, ゆるぎない国会内の多数派 (与党連合の場合もある) をバックに行政権の行使がみられ, その点からすると, 議院内閣制における立法権と行政権の権力行使をいかに抑止, コントロールすることができるかに司法権の存在意義がかかっているといえる。

　そこで, 司法権に対しては, 法的紛争の解決者としての役割が期待されると同時に, 三権分立の中での司法権の役割も期待されている[1]。81条には,「最高裁判所は, 一切の法律, 命令, 規則又は処分が憲法に適合するかしないかを決定する権限を有する終審裁判所である」と定められている。すなわち, すべての裁判所がこの役割を担うが, 終審としては最高裁判所の判断にかかる。日本には, 特別裁判所は認められていない。最高裁判所が唯一, 違憲審査に関して

---

　1)　藤井俊夫「第6章 司法 総説」小林孝輔＝芹沢斉編『基本法コンメンタール憲法 [第5版]』別冊法学セミナー189号 (2006年) 347-348頁。

終審として決定的な権限を有することになる。この二重の役割，紛争解決のための裁判と違憲法令審査のための裁判を十分に機能させているかが，裁判所としての責任を果たしているかどうかということになる。そのためには何が必要か，組織や人的配置の問題もあろう。日本ではあまり裁判官の責任ということを問題にしないが，裁判所に期待される二つの役割を果たしているのかどうか検討してみたい。

　フランスでは，裁判系列は二つに別れる。民事・刑事を扱う司法裁判系列，最高裁判所は破毀院である。そしてコンセイユ・デタを最高裁判所とする行政裁判系列がある。行政裁判は，行政権の自律的作用として行われる。違憲立法審査（法律の合憲性審査）を担う憲法院はそれらとは別の憲法裁判所となる。但し長い間，憲法院が裁判機関としての役割を果たしているか，疑われていた。今日では一定の役割を果たしていると評価されている。法律ができて最終段階で行う事前審査，適用されている法律の違憲性を問う事後審査がある[2]。このような系列に分かれているので果たすべき役割は，それぞれ異なっているが，コンセイユ・デタと憲法院における一定の人的，その他の交流はある[3]。裁判系列が分かれているので，日本との単純な比較はできないが，フランスで議論されていることなども念頭におきながら，日本における裁判官や裁判所の責任すなわち司法の責任を検討してみたい。

1. 司法の意味

　「第6章　司法」の冒頭の76条は，次のように定めている。
「第76条1項　すべて司法権は，最高裁判所及び法律の定めるところにより設

---

[2] 植野妙実子『フランスにおける憲法裁判』中央大学出版部2015年及びベルトラン・マチュー著植野妙実子＝兼頭ゆみ子訳『フランスの事後的違憲審査制』日本評論社2015年参照。

[3] レジ・フレス著植野妙実子＝石川裕一郎訳「憲法院とコンセイユ・デタ」比較法雑誌50巻1号（2016年）101-115頁参照。

置する下級裁判所に属する。

2項　特別裁判所は，これを設置することができない。行政機関は，終審として裁判を行ふことができない。

3項　すべて裁判官は，その良心に従ひ独立してその職権を行ひ，この憲法及び法律にのみ拘束される。」

1項は，立法権が国会に属することを規定した41条，行政権が内閣に属することを規定した65条とともに，司法権が裁判所に属し，裁判所がそれを行使することを定めるものである。この三つの条文により，日本国憲法は，権力分立，三権分立の下で統治を行うことが明らかとなっている。そして，司法権は普通裁判所に属し，普通裁判所は最高裁判所とそれ以外の法律で定めるところの下級裁判所から構成される。ここでいう司法権は，民事・刑事の事件のみならず，行政事件の裁判権も含む。行政事件の裁判権も含まれるということは，憲法81条が「一切の法律，命令，規則又は処分」を裁判所の違憲法令審査権の対象としていることから，行政処分の違憲性・違法性を判断することが裁判所にあることが明らかなこと，また憲法32条が裁判を受ける権利を保障しており，ここには行政事件に関して訴訟を提起する権利も含まれることから明らかである。但し，行政処分の執行停止等に対する内閣総理大臣の異議の制度（行訴法27条）はある。

2項は，特別裁判所の禁止と行政機関による終審的裁判の禁止を示している。旧憲法下におけるような軍法会議や皇室裁判所は否定されている。司法権を，最高裁判所を頂点とする普通裁判所に統一させる意味をもつ。

裁判所法3条1項は，「裁判所は，日本国憲法に特別の定のある場合を除いて一切の法律上の争訟を裁判し，その他法律において特に定める権限を有する」としている。そこで，憲法64条の罷免の訴追を受けた裁判官を裁判するための，両議院の議員で組織する弾劾裁判所及び憲法55条の両議院が各々の議員の資格に関する争訟を裁判することは，特別裁判所の禁止の規定に反しない[4]。

---

4)　76条の説明については，藤井俊夫「第76条」小林孝輔＝芹沢斉編・前掲書（注1）351-357頁参照。

また，行政不服審査が存在し，国民が行政庁に対し，違法または不当な行政処分取消しその他是正を求める制度がある[5]。行政処分に不服がある場合に，不服申立てをするか，それとも直ちに出訴するかについては，原則として自由選択である（行訴法8条1項）。不服申立ての結果に満足できないときは，裁判所に訴えることができると解されている。

裁判所法3条1項の「法律上の争訟」とは何か。一般的に次の二つの要件が必要とされると考えられている。① 当事者間の具体的な法律関係ないし権利義務の存否に関する争いであること，② それが法律の適用により終局的に解決しうべきものであること，である[6]。同時に，司法権の範囲外のものも存在する。既述したように，裁判所法3条1項は，「日本国憲法に特別の定のある場合を除いて」としており，それが憲法55条と64条の規定であった。他に，一般国際法に基づくものとして，国際法上治外法権が認められている場合は，日本の裁判権は及ばない。また，条約に基づいて裁判権が制限されているもの，例えば日米安保条約に基づく協定がある。性質上，司法権が及ばないとされているものに国会及び内閣の自律的判断権，団体の内部自治権，立法裁量，行政裁量，高度に政治性を有する問題（統治行為）があげられるが，最後の三つのものはさらに深い検討が必要なものであり，とりわけ統治行為については安易に認められるべきではないと思われる。立法裁量，行政裁量は枠の設定が問題となる。これら三つを多用することは，裁判所の役割を果たさないことにつながるからである。

問題となるのは，「法律上の争訟」が具体的な事件性を要請するものなのか，ということである。裁判所の役割は，一つは紛争解決にあるが，もう一つは違

---

[5] 大橋真由美「行政不服審査の機構」高木光＝宇賀克也編『行政法の争点』ジュリスト増刊 2014年 102-103頁。2014年6月にそれまでの行政不服審査制度を抜本的に変える三法律が成立した。不服申立前置のあり方も見直された。

[6] 渋谷秀樹「訴訟要件論」ジュリスト1037号（1994年）189-194頁参照。ここにおいて司法の意義にふれたものとして技術士国家試験合格変更等請求事件（最判昭41・2・8民集20巻2号196頁）を示している。藤井俊夫「第76条」小林孝輔＝芹沢斉編・前掲書（注1）353頁も参照。

憲法令審査権の行使である。後者が問題となるときはしばしば実際には事件として成立していない場合がある。事件がおきる前に食い止めようという意図による訴訟もある。また民衆訴訟の一つとしての地方公共団体の違法な公金使用行為を訴えるための訴訟である住民訴訟や行政庁の公権力行使に関する不服の訴訟である抗告訴訟もある。日本の裁判は事件性や直接的な利害関係があると訴えやすい。つまり民事事件，刑事事件あるいは行政事件という通常の裁判事案の中で憲法問題が争点になったときに，同時に憲法裁判となるので，憲法訴訟という単独のカテゴリーは存在しない。したがって，法令の違憲を問題にしたいときはどのようにして事件性や利害関係性をみつけて憲法訴訟にもっていくかが鍵となる。事件性の要件緩和が必要であると指摘される所以である[7]。

　他方で，訴訟をどのように裁判の俎上にのせるのかその手法も問題となる。例えば長沼事件のような場合，そもそも原告適格をどのように主張するかが前提として問題になったが，憲法前文第二段落における「われらは，全世界の国民が，ひとしく恐怖と欠乏から免かれ，平和のうちに生存する権利を有することを確認する」という平和的生存権の侵害を主張したことは認められるべきであろう（札幌地裁昭48・9・7訴月19巻9号1頁）。こうした事件性の緩和は，権利性の強化につながり，権利侵害を広く認めることではじめて違憲審査制に対する裁判所・裁判官の責任を果たすことが可能となる。

2. 裁判官の良心と独立性

　76条3項は，前段で裁判官がその良心に従い独立してその職権を行うことを定め，後段で「この憲法及び法律にのみ拘束される」ことを定めている。この解釈は難しい。

　まず良心とは何かについて争いがある。憲法19条が思想及び良心の自由を定めているところから，19条の良心とこの良心が同じなのかとも問われる。

---

7)　藤井俊夫『事件性と司法権の限界』成文堂1992年参照。

同じであるとする一元説がある一方で76条3項の良心は「裁判官としての良心」を意味するという二元説がある[8]。

　19条の良心と76条3項の良心が異なるものであるとは考えられないが，76条3項の場合は，裁判官の職権の独立に関する規定である。判例では，裁判官が有形・無形の外部の圧迫や誘惑に屈しないで自己内心の良心と道徳感に従うという意味として確立している（最大判昭23・11・17刑集2巻12号1565頁）[9]。良心には主観的と客観的との区別は見出しがたいが，76条3項の場合は，裁判官は「この憲法及び法律にのみ拘束される」という枠がある。したがって，裁判官は，内心の具体的表現のプロセスにおいて，憲法・法律の拘束に従わなければならないのであり，この良心は，とりわけ一義的でない規定の運用において現行憲法の価値体系と整合する立場をとるよう内面から義務づけているものである，と考えられている[10]。他方で私見では，憲法と法律という枠はあるものの，裁判官個人の良心に従った解釈というものはあるように思う。注意すべきは「良心」であって，思想や信条ではない。あくまでも倫理観・道徳感である。そこに裁判官の「良心」を強調すべき意味もあるのではないかと思う。

　裁判は，公平かつ公正に行われなければならない。これを確保するために裁判官の身分保障と裁判官の職務の独立が必要である。76条3項の規定は裁判官の職務の独立性を確保する規定である。独立して職務を行うことではじめて物事を公正に判断することもできるし，他の権力行使に対する抑制・抑止の作用・機能も公平に行うことができる。そこで，76条3項の文言は，良心に従って，独立してその職権行使を行う，という一体としてとらえかつ独立性に重点をおいてとらえられるべきものである。この独立は当然のことながら外部か

---

8) 有倉遼吉＝時岡弘編『条解日本国憲法［改訂版］』三省堂1989年465-466頁。

9) 南野森「裁判官の良心」長谷部恭男他編『憲法判例百選Ⅱ［第7版］』別冊ジュリスト246号（2019年）176-177頁。ここでは主観的良心説，客観的良心説，さらに特権説と分類している。

10) 有倉遼吉＝時岡弘・前掲書（注8）466頁においては，折衷説と位置づけられている。清水睦「裁判官の良心」『思想・信仰と現代』法学セミナー増刊1977年234-235頁。

らのみならず司法権内部からの独立もある。独立して職権行使を行うためには自己以外の者の意思に動かされてはならない。自己の行為に関し，ときには自戒・自制的な意味合いをもつこともある。76条の趣旨は，「裁判官に対し，自己が選択した職業に結びついている義務を自己の良心に照らして正しく遂行することを要請する」ことだとする考え方もある[11]。いずれにしても職務行使の基準は，「憲法及び法律にのみ拘束される」ところから憲法及び法律であり，すなわち憲法を頂点とするところの立憲的規範である。立憲的規範と解することがなければ違憲法令審査権を行使する意味をもたなくなる。「法律」に形式的意味の法律であるととらえて「条例，命令，規則さらには慣習法を含む」[12]と解しても，憲法に違反しない規範，憲法を受けた規範，憲法を具体化した規範をさすことになる。

　職権行使の独立性は，既述したように，他の何人の指示にもよるべきではないことを意味し，他の権力，立法機関や行政機関から独立しているのみならず，司法権内部からも侵害されないことを意味している。したがって，他の裁判官の命令にも服しないということである。この点が問題になったことが1969年の平賀書簡問題であった[13]。

　裁判官の独立性の確保は，制度とも結びつく。独立して公平・公正な裁判ができるような制度になっているかが問われる。その点を最高裁判所裁判官の任命制度と下級裁判所裁判官の任命制度とに分けて検討しておきたい。

---

11) 結城光太郎「裁判官の良心」『日本国憲法——30年の軌跡と展望』ジュリスト臨時増刊638号（1977年5月3日号）185-192頁。
12) 藤井俊夫「第76条」小林孝輔＝芹沢斉編・前掲書（注1）356頁。
13) 「先輩」裁判官の「助言」による事実上の裁判干渉が問題となった。同論文357頁。大久保史郎「平賀書簡問題」『法律事件百選』ジュリスト1988年1月1-15日合併号174-175頁も参照。

3. 裁判官の任命制度

法曹三者（裁判官・検察官・弁護士）にはそれぞれ司法制度の担い手としての役割がある。裁判官に対しては，78条に身分保障のために重要な罷免と懲戒についてのあり方が定められている。78条は「裁判官は，裁判により，心身の故障のために職務を執ることができないと決定された場合を除いては，公の弾劾によらなければ罷免されない」と定められ，後段に「裁判官の懲戒処分は，行政機関がこれを行ふことはできない」と定められている。この規定から裁判官に対して，恣意的に罷免が行われないよう，罷免を「公の弾劾」にかぎり，懲戒処分については司法部以外の国家機関の関与を排除する意図を示している。裁判官の職権行使の独立性を担保するための規定である。また裁判官は任期中一定の報酬が保障されている（79条6項，80条2項）。これにより経済的な面からも身分の保障がなされている。裁判所法48条は，これらを受けて，さらに「……その意思に反して，免官，転官，転所，職務の停止又は報酬の減額をされることはない」と定めている。

こうした規定の検討には，最高裁判所裁判官と下級裁判所裁判官に分けて考察する必要がある。罷免に関して最高裁判所裁判官には，「公の弾劾」，「裁判により，心身の故障のために職務を執ることができないと決定された場合」以外に国民審査によって罷免される場合もある（憲法79条2～4項）。また，最高裁判所裁判官は，「法律の定める年齢に達した時に退官する」（79条5項）。下級裁判所裁判官も「法律の定める年齢に達した時には退官する」となっているが，「任期を10年とし，再任されることができる」（80条1項）としている。この文言をどのように読むかが問題となる。

一般的には，下級裁判所の裁判官の任期制については，次のように解される。「憲法は，任期を10年とし，『再任されることができる』と定めている。この『再任されることができる』という規定の意味については，この規定が右に述べたように身分保障の趣旨を含めて定められたものと解すべきであり，従

つて，再任を希望する限り，原則として再任されるものと解する。すなわち，任期が終了すれば裁判官はその身分を失うものであり，『再任』も『新任』と解すべきであるとし，再任するかどうかはもつぱら指名権者たる最高裁判所および任命権者たる内閣の自由裁量に属するとする解釈もあるが，そのような解釈は正当ではない。すなわち，再任されない場合はあくまで例外であり，それは，憲法第78条の定めている心身の故障により職務を執ることができない場合または公の弾劾により罷免される場合に準ずるような合理的な理由がある場合に限られると解すべきである。」[14]

しかし，そもそも10年という任期制をおいているということに違和感がある。原則として再任されるということであるなら，定年まで勤められるという形にした方がおちついて仕事をこなせるし，キャリアも積むことができると考えられる。これに対し，次のような考えも示されている。「現行憲法が下級裁判所の裁判官について任期制を採用した理由は，最高裁判所の裁判官が10年ごとに国民審査を受けることに対応して，10年ごとにあらためて任命することとし，もってその機会に不適任者を排除できるようにしたものであろう。」こうした考え方は説得力があるが，こうした考え方をとっても次のように解している。「再任制度について見解は分かれているが，裁判官の身分保障の重要性にかんがみ，再任することが原則であると考えるべきであろう。本人の希望に反して再任を拒否するには，裁判官として不適任であるとする理由が存在しなければならない。なぜなら，もし，再任の指名や任命が，最高裁判所や内閣の自由裁量にゆだねられているとすれば，裁判官の身分保障は，一般の公務員よりも薄いものとなり，裁判官の独立を脅かすおそれが多いからである。」[15]

4. 80条1項の制定過程

80条1項後段の由来については次のように説明されている。「裁判官に任期

---

14) 佐藤功『日本国憲法概説［全訂第5版］』学陽書房 1996年 504頁。
15) 橋本公亘『日本国憲法［改訂版］』有斐閣 1988年 603頁。

を定めることは，明治憲法時代にはまったく考えられなかったことであり，むしろ裁判官の身分を保障する趣旨からいってのぞましくないとさえ考えられていたようであるが，日本国憲法は，マッカーサー草案（72条）の規定をそのまま採用して，下級裁判所の裁判官について，これをみとめたのである。」[16]

なお，マッカーサー草案72条は次のように定めていた。

「第72条 下級裁判所の裁判官は，最高裁判所の指名した者の名簿によって，内閣でこれを任命する。この名簿は，1つの空席について少なくとも2名の氏名を挙げていなければならない。下級裁判所の裁判官は，すべて任期を10年とし，再任されることができる。下級裁判所の裁判官は，すべて定期に相当額の報酬を受ける。この報酬は，在任中，これを減額することができない。裁判官は，70歳に達した後は，その地位に留まることができない。」[17]

この条文についての日本側とのやりとりについては，次のように書かれている。

「下級裁判所裁判官の任命・任期・報酬等に関する規定はマ草案第72条をそのまま承認した。私の手記にも『ノーオブゼクションOK』と書いているが，これはこちら側の発言である。かくして，この条文は新第76条になった。

ところが，でき上りの条文では，マ草案の『各欠員ニ付……少クトモ二人以上ノ候補者ノ氏名ヲ包含スル表ノ中ヨリ内閣之ヲ任命スヘシ』の『二人以上』が落されている。私の手持ちのマ草案にも，翻訳者の手落ちのそれにも，この部分を削った形跡はなく，結局，その理由は明らかでない。」[18]

なお，「新第76条」というのは日本国憲法1946年3月5日案の76条であり，そこには次のように定められていた。

「第76条 下級裁判所ノ裁判官ハ最高裁判所ノ指名シタル者ノ名簿ニ就キ内閣ニ於テ之ヲ任命ス此等ノ裁判官ハ凡テ十年ヲ以テ其ノ任期トシ再任ヲ妨ケス裁判官ハ凡テ定期ニ適当ノ報償ヲ受クルモノトス此ノ報償ハ在任中之ヲ減額スル

---

16) 宮澤俊義＝芦部信喜補訂『全訂日本国憲法』日本評論社1978年663頁。
17) 高柳賢三他編『日本国憲法制定の過程Ⅰ』有斐閣1972年295頁。
18) 佐藤達夫＝佐藤功補訂『日本国憲法成立史第三巻』有斐閣1994年141頁。

コトヲ得ス裁判官ハ満七十歳ニ達シタル後ハ在任スルコトヲ得ス」[19]

日本国憲法制定過程においては，最高裁判所裁判官の国民審査や違憲審査制についてはかなり議論されたが，下級裁判官に任期について議論されることはなかった。

したがって，憲法制定作業時においては，アメリカ側の意向で法曹一元制を予定したものとなっていたが，1946 年 7 月以降の裁判所法の本格的な制定過程においては法曹一元制が否定されたものの憲法 80 条 1 項の「任期を 10 年」とする規定は残ったのである。そこでこの任期制は，身分保障や身分の継続性と結びつくこととなり，「再任されることができる」という憲法の規定は，再任を原則とするものと理解されることとなった[20]。80 条 1 項は裁判官の独立に適合した規定としてキャリアシステム（専門裁判官制）の下で要請をみたすものとして解されることになる。

5. 下級裁判官の任命権

解釈において確認すべきことは次のようになる。80 条 1 項が，下級裁判官の任命につき，「最高裁判所の指名した者の名簿によって，内閣でこれを任命する」という意味には，「三権の抑制均衡」と「司法権の独立」との二つの要請に配慮したものとみることができる。その際の内閣の任命権は実質的任命権といえるが，内閣が適当かどうかを判断するものではない。なぜなら「司法権の独立」が重視されるべきだからである[21]。つまり，司法部の意思を最大限尊

---

19) 同書 172 頁。憲法改正草案要綱（3 月 6 日要綱）も 76 条はほぼ同じ規定となっている。例えば「妨ケス」が「妨ゲザルコト」となっているような程度の違いがある。同書 197 頁。

20) 制定過程の経緯については次のものも参照。緒方真澄「裁判官再任制度と行政訴訟(1)」香川大学経済論集 44 巻 4-6 号 4-26 頁。ここでは長尾判事再任拒否事件，長谷川判事再任拒否事件，宮本判事補再任拒否事件も扱われている。

21) 藤井俊夫「第 80 条」小林孝輔＝芹沢斉編・前掲書（注 1）368 頁。なお，一連の司法制度改革の中で，2003 年 5 月 1 日に下級裁判所裁判官指名諮問委員会

重しようとする趣旨である。したがって，ここでの任命制度は，「第一に裁判官の任命という重要な司法行政事務を最高裁判所の指名という行為にかからしめることによって，司法権（司法部）の自律性・独立性が内閣（行政権）によって侵害されることなからしめること，第二に，裁判官の適格性を判断しうるのは内閣ではなく裁判所自身であることから，最高裁判所に実質的任命権を与えることを目的とする」ものととらえ，任命を拒否することは原則として許されず，憲法は内閣の任命権が「名目的なものとなることを期待していると解すべきであろう」と考えられている[22]。

司法権の独立が阻害されれば，違憲法令審査権も機能しない。さらに下級裁判所裁判官の任期を10年と定め，再任されることができるものとする，という規定については，あくまでも裁判官の身分保障と矛盾しないようなものとして理解されるべきであろう[23]。

ところが，いくつかの再任拒否事件，例えば1969年の長谷川裁判官不再任事件，1971年の宮本裁判官不再任事件などを通して，再任が原則ではなかったのか，それでは不再任の基準は何か，という問題がでてきた。

下級裁判所裁判官の場合は，最高裁判所の指名する名簿にのせられないかぎり再任命されないのであるから，再任の実権は最高裁判所にある。したがって，下級裁判所に対する上級裁判所の圧力となることがないように「最高裁自身の慎重な行動が要請される」と指摘されるが[24]，客観的な基準，説得力ある基準が必要である。なぜなら再任を原則とするものと考えられていたにもかかわらず，再任されないということは罷免，免官に等しいからである。司法制度

が設置され，最高裁判所からの諮問に応じて下級裁判所の裁判官の指名の適否，指名に関する事項を審議することとなった。

22) 佐藤功『憲法（下）註釈［新版］』有斐閣1984年1034頁。
23) これに対して佐藤功は若干別の考え方をとっており，「人事上，新陳代謝や配置の合理性を期するため」のものと解している。同書1036頁。同様の考え方をとりつつ，10年で「当然に退官する」と述べるのは兼子仁＝竹下守夫『裁判法［第3版・補訂］』有斐閣1996年251頁。
24) 藤井俊夫「第80条」小林孝輔＝芹沢斉編・前掲書（注1）370頁。

改革によって新たに設定された下級裁判所裁判官指名諮問委員会が与えられた適宜な役割を果たしているかがまず問われる。さらに最高裁が委員会の判断を拒否する場合には委員会に理由を通知し，指名しなかった場合には本人の請求があれば理由を開示するというプロセスをたどるが，その拒否理由を争うことはできない。裁判官の人事評価のあり方の問題も指摘されている[25]。

6. 裁判官の任命資格

宮本裁判官不再任事件の場合には，最高裁判所自身が公言したように，宮本判事補の青年法律家協会の加入が再任拒否理由の一つとされていたが，これは裁判官個人の思想・信条の自由に反するものである。再任拒否の事由とされてはならないのは，裁判官の性別，最近ではここに性的指向，LGBTQなども入ってこようが，そして思想・信条，団体加入である。この団体加入には例えば日本女性法律家協会なども対象となろう。学会，研究会に参加することも自由とされるべきである。しかしこうした団体，学会，研究会が政治的立場を明らかにするような意見表明をした場合はどうなのか，そこが問題になる。また裁判官には個人のレベルで思想・信条の自由はあるが，それが公平・中立であるべき裁判のあり方に影響を与えてはいけない[26]。したがって，個人の思想・信条を表現する手段・方法も問題になる。

裁判所法の第1章には，裁判官の任免や任命資格，身分保障が定められてい

---

25) 斉藤浩「司法制度改革と最高裁判所」市川正人 他編『日本の最高裁判所』日本評論社2015年225-226頁。榊原秀訓「司法の独立性・アカウンタビリティと裁判官任命制度」南山法学45巻3・4号（2022年）261-304頁も参照。

26) 高橋省吾「『裁判官の倫理』について」山梨学院ロージャーナル11号（2016年）25-72頁参照。私見では，ここで要求されている裁判官の態度は少し厳しすぎるように思う。他方で，日本では利益相反にはあまり着目しないが，利益相反や地位利用の問題は裁判官が避けるべき大きな事柄である。例えば，古川龍一判事事件（最大決平13・3・30集民201号737頁）。同論文では品位保持義務として扱っている。

る。その中の46条は、任命の欠格事由を定める。48条は身分の保障につき、次のように定める。

「第48条　裁判官は、公の弾劾又は国民の審査に関する法律による場合及び別に法律で定めるところにより心身の故障のために職務を執ることができないと裁判された場合を除いては、その意思に反して、免官、転官、転所、職務の停止又は報酬の減額をされることはない。」

　49条は、懲戒につき次のように定める。

「第49条　裁判官は、職務上の義務に違反し、若しくは職務を怠り、又は品位を辱める行状があつたときは、別に法律で定めるところにより裁判によつて懲戒される。」

　50条は定年につき定め、最高裁判所の裁判官は年齢70年、簡易裁判所の裁判官は70年、その他の裁判官は65年となっている。51条は報酬につき定める。52条は、裁判官の政治運動等の禁止につき次のように定める。

「第52条　裁判官は、在任中、左の行為をすることができない。
　一　国会若しくは地方公共団体の議会の議員となり、又は積極的に政治運動をすること。
　二　最高裁判所の許可のある場合を除いて、報酬のある他の職務に従事すること。
　三　商業を営み、その他金銭上の利益を目的とする業務を行うこと。」

　このような規定の中で問題となるのは、「裁判官の服務」である。裁判官の服務としては、裁判官は国家公務員法上の特別職であるから、直接には一般公務員の服務上の規定の適用を受けないが、その使命に鑑みて、むしろより高い服務が要求される、と説かれる[27]。裁判官の服務としては、職務専念義務、秘密保持義務、品位保持義務そして52条の示す禁止事項である[28]。

---

27)　兼子仁＝竹下守夫・前掲書（注23）256頁。
28)　国家公務員法第3章第7節は、服務について定める。服務の根本基準は96条に定められ、以下106条まで定められている。服務の根本基準は、「国民全体の奉仕者として、公共の利益のために勤務し、且つ、職務の遂行に当つては、全力

国家公務員法82条は，国家公務員の懲戒処分について定め，同法99条は信用失墜行為の禁止を定める。
「第99条　職員は，その官職の信用を傷つけ，又は官職全体の不名誉となるような行為をしてはならない。」
　地方公務員法33条も同様の規定をもつ。この規定の意味については，① 職業人・組織人なら公務員に限らず，誰にでも求められる倫理準則であり，何らかの意義をもつ規定ではなく，単なる確認ないし訓示規定とみる見方と ② 職員の全体的奉仕者性と地位の特殊性を論拠として単なる倫理規範ではなく，法律上の規範とみる見方とがある。
　私見では，信用失墜行為の禁止規定は，単なる訓示規定とはとれないが，しかしだからといって，憲法15条の全体の奉仕者性と地位の特殊性という根拠はあるものの，それを根拠に信用失墜行為の禁止を解することが，禁止行為を広範に拡大することになってはならないと思う。公務員の政治活動の自由や労働基本権の規制を単純に正当化することになってしまう。公務員にも市民としての思想・良心の自由や表現の自由がある。投票にも行くし，心の中ではどの党を応援するという政治的自由もあるであろう。それ故，裁判所法52条1号では国会もしくは地方公共団体の議会の議員になることを禁ずる一方で「積極的に政治運動をすること」を禁じるにとどめている。『裁判法』の解説においては「選挙権の行使や受動的に他人の企画した署名運動に応じて署名するよう

を挙げてこれに専念しなければならない」となっている。国家公務員法の他，国家公務員倫理法，人事院規則において実施に関する規定がある。公務員倫理違反として考えられる行為は，デジタル社会も念頭において拡大してきている。「国家公務員のソーシャルメディアの私的利用に当たっての留意点」（平25・6総務省人事・恩給局）が示されている。信用失墜行為等にあたるものとして，収賄，横領，背任，入札談合，体罰，暴行・暴言，パワー・ハラスメント，セクシュアル・ハラスメント，政治目的を有する文書の配布，違法な職員団体活動，虚偽報告，個人の秘密情報目的外収集，秘密情報漏洩，個人情報紛失・流失・盗難，金銭事故，公金・公物不適切処理，コンピュータ不適切使用などがあげられる。吉田耕三＝尾西雅博編『逐条国家公務員法［第2次全訂版］学陽書房2023年878-1045頁参照。

なのは，これに属しない」としている[29]。実際に裁判官の信用失墜行為とはどのようなものか。憲法78条は弾劾と懲戒につき定めるが，裁判所法49条の「品位を辱める行状」が問題となる。他方で，罷免の限定から，懲戒処分としての罷免は許されず，減俸も憲法違反となる。裁判官分限法2条は，裁判官の懲戒は分限事件として判断されるが，「戒告又は一万円以下の過料」としている。弾劾と懲戒のバランスが悪いことも指摘されている。実際には窃盗などがあげられているが，懲戒処分を受けた場合，弁護士資格も失うことになるのかも問題となり，他の法曹資格とのバランスもとる必要がある。

　日本の場合は，信用失墜行為を職務上と職務外とで分けるという考え方はしていない。人事院の考え方もそうである。しかし，犯罪行為は別として，職務に無関係のところでなした行為のどのような行為が懲戒・懲罰の対象となるのかは慎重に考える必要があり，あらかじめ基準を明らかにすべきである。とりわけSNSなどでの発信をどのように規制対象とするのかしないのかの問題もある。

　裁判官の場合に信用失墜行為があって，懲戒等になった場合のデュー・プロセスのあり方も問題となる。デュー・プロセスを重要視する側の裁判官に，自身にはその規定が適用されないことはおかしな話である。これは実際上の人事のあり方に関係してこよう。

　また日本では，裁判官退官後弁護士になる者も多い。先輩・後輩の関係で裁判が行われたとき，不公平な裁判とならないか，人間関係における利益相反も律する必要もあろう。

7. 裁判の意義

　裁判とは，通常は，司法機関である裁判所または裁判官が具体的事件について行う公権的な判断である。訴訟事件の本案に関する判断はもとより，訴訟に

---

[29] 兼子仁＝竹下守夫・前掲書（注23）257頁。

付随し，これから派生する事項についての判断も含まれることがある。判決，決定及び命令の三種類がある。なお，両議院がその議員の資格に関する争訟及び弾劾裁判所が判断する場合も裁判という文言が用いられる[30]。

既述したように，民事裁判・刑事裁判・行政裁判がある。双方から話を聞き，法律的な判断を下すのが民事裁判である。民事事件は基本的に私人と私人との争いである。原則的に訴えられている事柄以上に裁判官がふみこんで判断することはない（当事者主義または弁論主義）。契約の自由が原則ではあるが，消費者保護など様々な点で契約の自由に制約を課す傾向も最近ではみられる。

これに対し，刑事裁判は，国を相手とするもので，事実を確認し，犯罪の存否，刑罰を科すことの可否，科すべき具体的刑罰，すなわちどの程度の量刑にするのかを判断する裁判である。公共秩序維持が目的である。刑事裁判の原則は，罪刑法定主義，適正手続保障である（憲法 31 条）。それを基点として，告知と聴聞，令状主義，証拠主義，防禦権の保障，拷問の禁止，一事不再理など憲法においても細かく定められている（憲法 33 条〜 39 条）。

また，憲法 32 条は裁判を受ける権利，37 条は刑事事件における「公平な裁判所の迅速な公開裁判を受ける権利」を明示している。迅速な裁判と公平・適正な裁判は，両立するのかとも問われている。しかし，裁判所の適切な訴訟指揮と弁護側の協力があれば両立する，と解されている。どの程度を「迅速」とするのか基準は曖昧である。実際には，「迅速な裁判」といえない場合もある。他方で公平・適正さを欠くとなれば大いに問題となる。

行政裁判は，日本ではフランスのように民事・刑事の司法裁判所とは系列を異にするものとしてはとらえられていない。一般に行政訴訟もしくは行政事件訴訟という呼び方を用いているが，現行憲法の下では法律上の争訟に該当するかぎり一般的に最終的には司法裁判所に出訴できる。公法上の法律関係についての争いがあるときに利害関係者からの争訟の提起に基づいてなされるものである。行政事件訴訟法 2 条においては，行政事件訴訟とは抗告訴訟（行訴法 3

---

30) 法令用語研究会編『法律用語辞典［第 5 版］』有斐閣 2020 年 451 頁。

条), 当事者訴訟 (行訴法4条), 民衆訴訟 (行訴法5条), 機関訴訟 (行訴法6条) をいう, としている。

　これらの裁判を, 最高裁判所を終審としてまずは下級裁判所が扱うが, 日本は原則的に三審制を採用している。基本的には第一審を地方裁判所, 第二審を高等裁判所, 第三審の最終審を最高裁判所で行うが, 最高裁判所で扱う事柄は一応限定されている。すなわち, 上告は一定の上告事由がある場合に限定されている[31]。その他, 家庭裁判所と簡易裁判所がある。家庭裁判所は, 家庭に関する事件や少年事件などの第一審を扱うが, 家族関係の円満な解決や少年の更生をめざすところに目的がある。そこで原則的に調停前置主義がとられている。簡易裁判所は, 刑事・民事事件のうち, 比較的罪状が軽い, もしくは訴訟額の少ない裁判の第一審を扱う裁判所である。簡易裁判所では身近な民事紛争をできるだけ簡易迅速に解決できるように設定されている。そうしたものに少額訴訟や民事調停がある[32]。

　司法制度改革によって, 2009年5月から裁判員制度が導入され, 開始された。裁判員制度とは, 国民が裁判官として刑事事件に参加し, 被告人が有罪かどうか, 有罪ならどの程度の量刑が妥当であるかを裁判官とともに決定する制度である。裁判員は, 衆議院議員の選挙権を有する者の中からくじで選んで作成した名簿に基づき, 翌年の裁判員候補者名簿を作成し, 調査票とともに当該人に通知し, 裁判員候補者を決め, さらに事件毎に裁判員候補者名簿の中からくじで裁判員候補者が選ばれる[33]。その上で選任手続期日を経て決定される。

---

31) 民訴法318条は裁量上告制度を定める。その現状については, 田村陽子「最高裁判所の上告審としての機能と役割」市川正人 他編・前掲書 (注25) 146-165頁参照。1996年の民訴法の改正で設けられた。

32) 少額訴訟は, 原則一回の審理で行う迅速な手続で60万円以下の金銭の支払いを求める場合に利用できる。民事調停は, 裁判官と民事調停委員のもと, 当事者の話し合いによって問題の解決を図る手続である。最近は法科大学院をめざす学生向けに簡便な裁判制度の紹介も多く出版されている。例えば, ベリーベスト法律事務所『日本の裁判がわかる本』日本文芸社2018年。

33) 裁判員になれない者も決まっている。例えば, 禁錮以上の刑に処せられた人,

最終的には事件毎に裁判員6人が選ばれる。対象事件は一定の重大な犯罪であり，地方裁判所で行われる刑事事件が対象となる。

裁判員制度の目的は，犯罪を行った人に対して適正な刑罰を科すことが，市民が安全に暮らすことにつながるから，とされている。メリットとして裁判官，検察官，弁護士が国民に理解しやすいように努める点，国民が司法を身近なものとして感じる点，裁判の時間短縮や費用削減が期待できる，があげられるが[34]，最後の点は，裁判員制度との関連性が明らかでない。国民が司法や裁判のあり方を知る機会があることはよいことであるし，裁判官が市民の感じ方，考え方を知る機会となる点もよいことである。しかし，なぜ刑事事件の重大事件に限られるのか，また裁判官と裁判員の関係はどのようであるか，ていねいな説明が必要であろう。裁判官主導の裁判員制度となるなら，その意義は薄れるといえる。

8. 違憲法令審査の意義

裁判官はこうした裁判の解決をはかるだけでなく，法令の違憲性を主張されたらこれにも対応しなければならない。地裁や高裁は民事部・刑事部に分かれているが，最高裁は大法廷と小法廷とに分けられ，通常は小法廷で審理され，法律・命令・規則または処分（条例も対象となる）が憲法に適合するかしないかを新たに判断するような場合は大法廷で審理する。既に同様の判断を下していた場合は，小法廷が扱う。小法廷は一から三までであるが，長官はどこにも所属しないので，一小と三小は5人の裁判官からなるが，二小は4人で構成される[35]。最高裁判所裁判官のキャリア裁判官6人はそれぞれ2人ずつ小法廷に配

　　司法関係者や大学教授，准教授はなれない。
　34) 河津博史 他『ガイドブック裁判員制度』法学書院 2006 年。また司法制度改革については次のものを参照。佐藤幸治 他『司法制度改革』有斐閣 2002 年。
　35) 鬼丸かおる「最高裁判所裁判官を終えて考えたこと」比較法雑誌 55 巻 4 号（2022 年）5-34 頁参照。

憲法81条は，最高裁判所が違憲法令審査権の終審の裁判所である，と定める。このことは，一審の裁判所でも，高裁でも，違憲法令審査権を有していることを示す。違憲法令審査権は，第一に憲法を頂点とする立憲主義的国家の構築にある。第二に憲法に示されている基本的人権の保障を担うことにある。また，憲法適合性審査を裁判所（司法）に委ねるのは，三権を対等に抑制・均衡させようとするアメリカ型の統治思想が存在するとも指摘されている[36]。

　しかし，実際には違憲判決は，憲法制定75年をすぎても，10～15件程度である。最近では，違憲と判断せずに，違憲状態にある，という表現も用いられている。したがって，司法権が他の立法権・行政権への抑制機能を十分に働かせているかは疑問である。

　日本の場合は，付随的違憲審査制である。すなわち通常の裁判所が具体的な訴訟事件を裁判する際に，その前提として事件の解決に必要な限度で，適用される条項の違憲審査を行う方式である[37]。そこで日本の場合は特別憲法裁判所を有する国とは異なり，個人の権利保護を第一義的な目的にすえるものだと解説されている[38]。

　私見では，このようにとらえるのは若干狭隘に思われる。というのも，個人の権利保護（私権保障）と同時に違憲法令審査を下すことが求められている場合もあるからである。また，裁判にかかる事件が常に私権保護を目的としているとはかぎらない。日本の場合は広範な事件を扱っている。但し，判決の効力に関しては個別的効力しか有せず，このことがさらに判例法（判例踏襲）の確立を危うくしている。同一の事件ではないものに対して，どこか異なるところ

---

36)　芦部信喜＝高橋和之補訂『憲法［第7版］』岩波書店2019年390頁。「司法は独自の立場で係争の法令を解釈し，違憲と解される場合には事件に適用することを拒否する責務を負い，かつ，立法・行政の違憲的な行為を司法が統制し，権力相互の抑制と均衡を確保する必要がある」と述べる。

37)　同書391頁。

38)　同書392頁，私権保障型と呼ばれる。

さえあれば，それを理由に異なる結論をだしうるということも可能と思える。

違憲審査制は最高裁判所だけでなく，下級裁判所にもある。このことは最高裁判所自体も明らかにしている（最大判昭 25・2・1 刑集 4 巻 2 号 73 頁）。うがった見方をすれば，10 年の任官をおえて退官をひかえている下級裁判所裁判官が「画期的」ともいえる思いきった違憲判断をしていることもあろう。しかし，終審は判断の確定である。最高裁判所で，これは違憲であろうと皆（とりわけ研究者などの法律専門家）が思うような場合に違憲判決がでないと違憲法令審査権が有効に生かされているとはいえない。

最高裁判所のこうした態度のあり方の原因の一つともいえるのが，調査官判決といわれるものである。調査官自体が違憲法令審査制の意図を十分に理解していないといつまでも状況は変わらない[39]。また，いくら少数意見が画期的だといっても，あくまでもそれは少数意見にすぎない。

ところで対象は，「一切の法律，命令，規則又は処分」とされていて，条約はあげられていないが，条約に対しては，98 条 2 項に「誠実に遵守すること」が述べられている。しかし，条約も国内法化される際の法律に対しては違憲か合憲かの判断が及ぶものである。その際の国際法的効力と国内法的効力は別途問題となるが，憲法の文言に明白に違反するような条約は無効，破棄されると考えられる[40]。

違憲法令審査の判断手法として法令違憲，適用違憲，処分違憲があげられ，法令違憲に対しては，文面上の違憲，内容上の違憲，部分違憲があげられる[41]。これに対して異論はないが，違憲訴訟をおこすためには，事件性や原告

---

[39] 鬼丸かおるは，調査官につき「ブラックボックスに入っているような感じ」と述べている。鬼丸かおる・前掲論文（注 35）12-14 頁。滝井繁男「最高裁審理と調査官」市川正人 他編・前掲書（注 24）234-244 頁。小法廷判決中心との関係で調査官の役割や違憲審査のあり方について指摘するものとして，大久保史郎「『調査官解説』論・憲法」同書 245-264 頁。

[40] 駒村圭吾「第 81 条」芹沢斉 他編『新基本法コンメンタール憲法』別冊法学セミナー 210 号（2011 年）430 頁。

[41] 同論文 434-436 頁。

適格をクリアする必要がある。利害関係をどのように持ち出すのかには弁護士の問題の提起の仕方も問題となる。違憲法令審査権が基本的人権の保障につながっているとする主張が本当に肯定できるものなのか，そもそも付随的違憲審査制には事件性や利害関係に問題が集中しすぎて，違憲審査がおろそかになりやすい点があるのではないかということも考えておかなければならない。最高裁判所の違憲判断が少ない理由は当然裁判官の任命のあり方と調査官の存在，そして付随的違憲審査制という枠組みそのものを問題とする必要があろう。

9. 行政訴訟と違憲審査

しばしば違憲審査はあるべき法律がないという不存在の確認には向いていないことが指摘されている。それでは次のような場合はどのように考えたらよいのか。

自衛隊法46条1項は自衛隊員の懲戒処分につき次のように定める。
「第46条1項　隊員が次の各号のいずれかに該当する場合には，当該隊員に対し，懲戒処分として，免職，降任，停職，減給又は戒告の処分をすることができる。
　一　職務上の義務に違反し，又は職務を怠つた場合
　二　隊員たるにふさわしくない行為のあつた場合
　三　その他この法律若しくは自衛隊員倫理法（平成十一年法律第百三十号）又はこれらの法律に基づく命令に違反した場合」

また自衛官は上官の命令に服従する義務が明示されている。
「第57条　隊員は，その職務の遂行に当つては，上官の職務上の命令に忠実に従わなければならない。」

また，品位を保つ義務（58条），秘密を守る義務（59条），職務専念義務（60条），政治的行為の制限（61条），私企業からの隔離（62条），他の職または事業の関与制限（63条），そして団体の結成等の禁止（64条）も定められている。

ところで，2015年の安保法制の改定により自衛官の防衛出動は次のような

条文に変わった（下線部が主に改正前との違いとなる）。
「第 76 条 1 項　内閣総理大臣は，次に掲げる事態に際して，我が国を防衛するため必要があると認める場合には，自衛隊の全部又は一部の出動を命ずることができる。この場合においては，武力攻撃事態等及び存立危機事態における我が国の平和と独立並びに国及び国民の安全の確保に関する法律（平成十五年法律第七十九号）第 9 条の定めるところにより，国会の承認を得なければならない。
　一　我が国に対する外部からの武力攻撃が発生した事態又は我が国に対する外部からの武力攻撃が発生する明白な危険が切迫していると認められるに至つた事態
　二　我が国と密接な関係にある他国に対する武力攻撃が発生し，これにより我が国の存立が脅かされ，国民の生命，自由及び幸福追求の権利が根底から覆される明白な危険がある事態
　2 項　内閣総理大臣は，出動の必要がなくなつたときは，直ちに，自衛隊の撤収を命じなければならない。」
　ちなみに改正前の 76 条 1 項の条文は次のようであった。2 項に変更はない。
「内閣総理大臣は，我が国に対する外部からの武力攻撃（以下「武力攻撃」という。）が発生した事態又は武力攻撃が発生する明白な危険が切迫していると認められるに至つた事態に際して，我が国を防衛するため必要があると認める場合には，自衛隊の全部又は一部の出動を命ずることができる。この場合においては，武力攻撃事態等における我が国の平和と独立並びに国及び国民の安全の確保に関する法律（平成十五年法律第七十九号）第 9 条の定めるところにより，国会の承認を得なければならない。」
　76 条 1 項の規定による防衛出動命令を受けた者に対する次のような規定もある。
「第 122 条 1 項　第 76 条第 1 項の規定による防衛出動命令を受けた者で，次の各号のいずれかに該当するものは，7 年以下の懲役又は禁錮に処する。
　一　第 64 条第 2 項の規定に違反した者

二 正当な理由がなくて職務の場所を離れ三日を過ぎた者又は職務の場所につくように命ぜられた日から正当な理由がなくて三日を過ぎてなお職務の場所につかない者

三 上官の職務上の命令に反抗し，又はこれに服従しない者

四 正当な権限がなくて又は上官の職務上の命令に違反して自衛隊の部隊を指揮した者

五 警戒勤務中，正当な理由がなくて勤務の場所を離れ，又は睡眠し，若しくは酩酊して職務を怠つた者」

その2項は教唆，幇助，共謀，煽勧も刑に処するとしている。

64条は団体結成等の禁止に関わるものであるが，その2項とは次のようである。「隊員は，同盟罷業，怠業その他の争議行為をし，又は政府の活動能率を低下させる怠業的行為をしてはならない。」

また，64条3項においては，それらの行為を「企て，又はその遂行を共謀し，教唆し，若しくはせん動」することも禁止されている。

改定された安保法制は，そもそも従来の専守防衛を基本とする限定的な考え方と異なり，日本と密接な関係にある他国が攻撃された場合でも反撃することができることを認めるもので，専守防衛の考え方からはずれ，これまで否定されてきた集団的自衛権の行使へ踏み出すものと考えられている[42]。さらに日本

---

42) 例えば，『平成15年版日本の防衛　防衛白書』では，憲法9条の趣旨についての政府見解として，次のことを掲げている。「わが国が憲法上保持し得る自衛力は，自衛のための必要最小限度のものでなければならないと考えている」としてICBM，長距離戦略爆撃機，攻撃型空母の保有は許されない，としている。自衛権発動の要件として，わが国に対する急迫不正の侵害があること，この場合にこれを排除するために他の適当な手段がないこと，必要最小限の実力行使にとどまるべきこと，をあげている。自衛権を行使できる地理的範囲に関しては「いわゆる海外派兵は，一般に自衛のための必要最小限度を超えるもの」としている。また集団的自衛権に関しては「憲法第9条の下で許容される実力行使の範囲を超えるものであり，許されない」としている。交戦権に関しては，自衛権の行使として，わが国を防衛するための必要最小限度の実力の行使は認められている。相手国の領土の占領などは認められない，としている。同書87-88頁。

と密接な関係がある他国はアメリカだけを想定するものではない。そのことは安保三文書（2022年12月閣議決定）からも明らかとなっている。そこで自衛隊の「防衛」出動範囲が大幅に増えることが予想されることから安保法制の違憲性を念頭においた防衛出動命令違憲訴訟がおこされた[43]。

この訴訟は複雑な経緯をたどった。まず東京地裁がいわば門前払いの判決を出し（東京地判平29・3・23民集73巻3号267頁），その控訴審である東京高裁は地裁に差し戻した（東京高判平30・1・31民集73巻3号272頁）が上告され，最高裁は破棄差戻しとした（最小判令元・7・22民集73巻3号245頁）。差戻し後あらためて東京高等裁判所が判断をしている（東京高判令2・2・13）。そして，最高裁がそれを決定する判断を下した（最小決令2・12・9）。

この訴訟は，実際におきたことを問題にするのではなく，法律の改正によって防衛出動命令の危険が高まったことからの予防的訴訟となる。さらに，民間人ではなく，公務員の問題であり，その上自衛官という特別職の公務員の問題である。

・事件は2015年の安保法制の改定（平和安全法制整備法）によって自衛隊法が改正され新たに自衛隊法76条1項2号が加わったことから，防衛出動命令の発令の機会が増える可能性がでてきたが，違憲の法律改正である故にその出動命令に服する義務はないことの確認を求めて出訴したものである。2015年の安保法制改定に対しては多くの違憲であるとの批判があった[44]。

なお原告Xは，陸上自衛隊関東補給処総務部総務課運営係所属の陸上自衛官で被告は国Yである。

---

43) 命令服従義務不存在確認請求事件ともされている。なお，安保法制をめぐっては，違憲国賠訴訟もおこされている。棟居快行「安保法制違憲国賠訴訟における抽象と具体の交錯」毛利透 他『憲法訴訟の実践と理論』判例時報2408号臨時増刊（2019年）273-295頁参照。

44) 例えば，日本弁護士連合会「安全保障法制改正法案に対する意見書」2015年6月18日参照。内閣官房，内閣府，外務省，防衛省の「平和安全法制」の概要においては，「我が国及び国際社会の平和及び安全のための切れ目のない体制の整備」として説明されている。

・第一審東京地裁判決（東京地判平29・3・23民集73巻3号267頁）においては，本件訴えは，確認の利益がないとして訴えを却下した。

「確認の訴えは，現に，原告の有する権利又は法律的地位に危険や不安が存在し，これを解消するために確認判決を得ることが必要かつ適切な場合に限って認められる。本件訴えは，原告が，存立危機事態において防衛出動命令に服する義務のないことの確認を求めるものであるところ，本件全証拠によっても，現に存立危機事態が発生し，又は近い将来存立危機事態が発生する明白なおそれがあると認めるに足りないから，そもそも原告が自衛隊法76条1項2号による防衛出動命令が発令される事態に現実的に直面しているとはいえない。

また，原告は，入隊後，これまでの間に直接戦闘を行うことを主たる任務とする部隊に所属したことがなく，原告が現在所属する陸上自衛隊の部隊も戦闘部隊でもないことから，現時点において，原告又は原告が所属する部署に対し，自衛隊法76条1項2号による防衛出動命令が発令される具体的・現実的可能性があるということはできない。

これらの点に照らせば，原告には，自衛隊法を始めとする法令で定められた自衛隊の様々な行動について，将来にわたり，上官の指揮監督を受けるなどして，その任務に就くという自衛官一般に認められる可能性以上に，自衛隊法76条1項2号による防衛出動命令が発令され，その任務に就く蓋然性が存在するものとは認められないところである。そうすると，原告の生命等に重大な損害が生じたり，原告が同命令に従わないで刑事罰を科されたりするという，原告が主張する危険又は不安は不確定かつ抽象的なものにとどまるといわざるを得ないのであって，現に，原告の有する権利又は法律的地位に危険や不安が存在するとは認められないから，本件訴えは，確認の利益を欠き，不適法というべきである」として訴えを却下した[45]。

---

45) 宇佐美方宏「差止めの訴えの訴訟要件である『行政庁によって一定の処分がされる蓋然性があること』を満たさない場合における，将来の不利益処分の予防を目的として当該処分の前提となる公的義務の不存在確認を求める無名抗告訴訟の

ここでは，Xは，訴えの訴訟類型を明示しなかったが，Yは本件訴えを当事者訴訟による確認訴訟であるとした上で，即時確定の利益なしとして不適法を主張した。東京地裁は，Xが所属する部隊に対し，防衛出動命令が発令される具体的・現実的な可能性があるとはいえない。Xには，防衛出動命令が発令され，その任務につく蓋然性は存在しないとし，Xが主張する危険又は不安は不確定かつ抽象的なものにとどまる，すなわち即時確定の利益はないと判断して却下したものである。

　このような判決からは，それなら防衛出動命令が発令される現実的・具体的な可能性のあるような自衛隊員が同様の訴えを提起した場合にはどのような判断になるのかという疑問がわく。もっとも実際に戦闘がおきれば自衛隊員はどのような立場であっても防衛出動命令等戦闘につく可能性は高いのではないかとも思われる。

・Xは，却下判決を不服として控訴したが，東京高等裁判所は原判決を取り消し，東京地方裁判所に差し戻した（東京高判平30・1・31民集73巻3号272頁）。

　控訴審においてXは，本件訴えについて次のように釈明した。本件訴えは，Xが存立危機事態における防衛出動命令に服従しなかった場合に受けることとなる（すなわち将来の不利益処分たる）懲戒処分の予防を目的とする無名抗告訴訟であるとした上で，自衛隊法76条1項2号は憲法に違反しているにもかかわらず，存立危機事態における防衛出動命令に基づき控訴人に対して下される本件職務命令に服従しなかった場合には懲戒処分を受けることになる。それ故，服従する義務がないことの確認を求めるものである。最判平成24年2月9日判決（民集66巻2号183頁）に照らすと，実質的には，当該職務命令の違反を理由とする懲戒処分の差止めの訴えを職務命令ひいては防衛出動命令に基づく公的義務の存否にかかる確認の訴えの形式に引き直したものということができる。

　これに対し高裁は，本件訴えは適法な無名抗告訴訟と認められるとした。本

適否」自治体法務研究2020冬号87-88頁参照。判決は一部を省略して引用した。

件訴えが適法な無名抗告訴訟と認められるためには，本件職務命令に服従しないことやその不服従を理由とする懲戒処分がされることにより「重大な損害を生ずるおそれがあること（重大な損害の要件）及びその損害を避けるため他に適当な方法がないこと（補充性の要件）の二つの要件を満たすものであることが必要である」とした。

そして「防衛出動命令に基づく本件職務命令への不服従を理由とする懲戒処分を受けることの予防を目的として，控訴人が自衛隊法76条1項2号による防衛出動命令に服従する義務がないことの確認を求める本件訴え（無名抗告訴訟）は，存立危機事態における防衛出動命令に基づき控訴人に対して下される本件職務命令に服従する義務がないことの確認を求めるものであるところ，控訴人に対して生じる重大な損害を避けるため他に適当な方法がないのであるから，適法な訴えであるということができる」，つまり，重大な損害要件及び補充性の要件はいずれも満たすとした。

Yは，無名抗告訴訟の適法要件を一義的明白性・緊急性・補充性の三つであるとした上で[46]，防衛出動命令が発令される事態が具体的に想定しうる状況にはない，抽象的な仮定を述べるものにすぎない，今後Xが戦闘部隊に所属する可能性があるかは不明としている。

東京高等裁判所は，防衛出動命令とこれに基づく本件職務命令の処分性を否定する（抗告訴訟の対象となる行政処分ではない）も，懲戒処分の処分性は自衛隊法57条及び46条1項から肯定した[47]。

なお，当事者訴訟は次のように説明される[48]。「行政事件訴訟の一類型。①当事者間の法律関係を確認し又は形成する処分又は裁決に関する訴訟で，法令

---

[46] これは2004年行訴法改正前の考え方とされている。

[47] 「本件職務命令」に関しては次のように示される。防衛出動命令は，組織としての自衛隊に対する命令であり，個々の自衛官に対して発せられるものではない。同命令により防衛出動をすることとなった部隊又は機関における職務上の監督責任者が発する，当該部隊等に所属する個々の自衛官に対して当該防衛出動に係る具体的な職務上の命令が「本件職務命令」である。

[48] 法令用語研究会編・前掲書（注30）859頁。

の規定によりその法律関係の当事者の一方を被告とするものと，② 公法上の法律関係に関する確認の訴えその他の公法上の法律関係に関する訴訟とがある（行訴4）。前者は当事者訴訟の形式をとるが，その実質は抗告訴訟的性質を有し，形式的当事者訴訟と呼ばれる。後者は公法上の法律関係を争うという点以外は通常の民事訴訟と変わるところはない。」また抗告訴訟は行政事件訴訟法3条から次のように説明される[49]。「行政庁の公権力の行使に関する不服の訴訟。行政庁の公権力の行使又は不行使から生じる違法状態を除去することを目的とする訴訟で，行政事件訴訟のうち最も主要なもの。行政事件訴訟法では，抗告訴訟の類型として，処分の取消しの訴え，裁決の取消しの訴え，無効等確認の訴え，不作為の違法確認の訴え，義務付けの訴え，差止めの訴えの六種を掲げているが，同法は，これら以外の抗告訴訟の成立の可能性を否定してはいない。」これら六種類は法定抗告訴訟であるが，それ以外の抗告訴訟は無名抗告訴訟と呼ばれている。

したがって，本件のような将来の行政処分に関する不服の訴えのようなもの，その際に行政処分を受ける可能性があることの予防を目的とする訴訟はどこに位置づけられるのか，が問題となる。仮に差止め訴訟（すなわち本件職務命令への不服従を理由とする懲戒処分の差止めの訴えを職務命令に服従する義務がないことの確認をする訴訟）とするなら，その要件は37条の4の1項にあるように「重大な損害を生じるおそれ」が必要で，「その損害を避けるため他に適当な方法」がないことが必要になる[50]。その際にはそもそも自衛隊法76条1項2号が違憲であるから職務命令に服従する義務はない。職務命令義務違反は懲戒処分さらに重大な刑事罰を受ける可能性もあることから重大性も裏付けられることになる[51]。

---

49) 同書347頁。なお，無名抗告訴訟については同書1118頁を参照。
50) なお義務付け訴訟としても，要件は同じで「重大な損害を生じるおそれ」が必要で，「その損害を避けるため他に適当な方法」がないことが必要になる（行訴法37条の2の1項）。
51) 奥野恒久「自衛官による『平和安全法制整備法』違憲訴訟」新・判例解説編集

・これに対し，Yが上告受理の申立てをし，最高裁判所は受理した上で原判決を破棄し，東京高等裁判所に差し戻した（最小判令元・7・22民集73巻3号245頁）。

まず原審は，本件が無名抗告訴訟であることを認め，本件訴えが「一定の処分がされることにより重大な損害を生じるおそれがあること（同法37条の4第1項）及びその損害を避けるため他に適当な方法があるときではないこと（同項ただし書）の各要件をいずれも満たすから，適法」とした。しかしながら，原審の判断は是認することができない，としてその理由を次のようにあげた。「本件訴えは，本件職務命令への不服従を理由とする懲戒処分の予防を目的として，本件職務命令に基づく公的義務の不存在確認を求める無名抗告訴訟であると解されるところ，このような将来の不利益処分の予防を目的として当該処分の前提となる公的義務の不存在確認を求める無名抗告訴訟は，当該処分に係る差止めの訴えと目的が同じであり，請求が認容されたときには行政庁が当該処分をすることが許されなくなるという点でも，差止めの訴えと異ならない。また，差止めの訴えについては，行政庁がその処分をすべきでないことがその処分の根拠となる法令の規定から明らかであると認められること等が本案要件（本案の判断において請求が認容されるための要件をいう。以下同じ。）とされており（行政事件訴訟法37条の4第5項），差止めの訴えに係る請求においては，当該処分の前提として公的義務の存否が問題となる場合には，その点も審理の対象となることからすれば，上記無名抗告訴訟は，確認の訴えの形式で，差止めの訴えに係る本案要件の該当性を審理の対象とするものということができる。そうすると，同法の下において，上記無名抗告訴訟につき，差止めの訴えよりも緩

委員会編『新・判例解説Watch』法学セミナー増刊速報判例解説23号（2018年）27-30頁参照。なお，宇佐美方宏・前掲論文（注45）は，公的義務の不存在確認という形の訴訟がいかなる法的性質，すなわち処分の差止めの訴えと同様に無名抗告訴訟と位置づけられるのか，それとも実質的当事者訴訟にあたるのかが問題，とする。高裁は原告の釈明を受け，「本件訴えが適法な無名抗告訴訟と認められるためには，差止めの訴えの訴訟要件である重大な損害の要件及び補充性の要件を満たすことが必要」とした。

やかな訴訟要件によりこれが許容されているものとは解されない。そして，差止めの訴えの訴訟要件については，救済の必要性を基礎付ける前提として，一定の処分がされようとしていること（同法3条7項），すなわち，行政庁によって一定の処分がされる蓋然性があることとの要件（以下「蓋然性の要件」という。）を満たすことが必要とされている。
　したがって，将来の不利益処分の予防を目的として当該処分の前提となる公的義務の不存在確認を求める無名抗告訴訟は，蓋然性の要件を満たさない場合には不適法というべきである。」すなわち，最高裁判所は，蓋然性の存否についても審理すべきであるとして，原審に差し戻した[52]。
・差戻し後の東京高等裁判所は，次のように判示した（東京高判令2・2・13裁判所HP）「将来の不利益処分（行政処分）の予防を目的として当該処分の前提となる公的義務の不存在確認を求める無名抗告訴訟は，当該処分に係る差止めの訴えよりも緩やかな訴訟要件により，これが許容されているものとは解されないから，行政庁によって一定の処分がされる蓋然性があることとの要件（蓋然性の要件）を満たさない場合には不適法というべきである」として，蓋然性の存否について検討する。本件懲戒処分がされる蓋然性があるといえるか否かについて「現に存立危機状態が発生し，又は近い将来存立危機状態が発生する明白なおそれがあると認めるには足りないから，控訴人が所属する部隊に対し，本件防衛出動命令が発令される具体的ないし現実的可能性があるということは

---

52) 湊二郎「不利益処分の予防を目的として公的義務の不存在確認を求める無名抗告訴訟の適法性」新・判例解説編集委員会編『新・判例解説Watch』法学セミナー増刊速報判例解説26号（2020年）37-40頁参照。「処分の予防を目的とする確認訴訟については，当該処分がなされる蓋然性がない場合には，確認判決は認められず，確認の利益が認められないと解することもできる。このような観点からも予防的無名抗告訴訟として，当該処分がなされる蓋然性が必要であると解することができる」と指摘する。「本件訴訟は社会的非難や刑罰の予防が目的であると釈明していれば，それらは処分以外の不利益なので，実質的当事者訴訟として構成されたのではないかと考えられる」とするのは次のもの参照。長谷川桂彦「無名抗告訴訟」斎藤誠＝山本隆司編『行政判例百選Ⅱ［第8版］』別冊ジュリスト261号（2022年）415頁。

できず，控訴人が本件職務命令を受ける具体的ないし現実的可能性があるということもできない。そうすると，現時点において控訴人が職務命令への不服従を理由として，本件懲戒処分を受ける蓋然性があると認めることはできない」と判示し，訴えを却下した。

　この判決の重要性は次のところにある。無名抗告訴訟としての適法性に関しては，次のように判示した。「無名抗告訴訟において蓋然性の要件が満たされているか否かは，当該処分がされようとしているか否かによって判断すべきであって，そのような処分がされようとしているとはいえない場合には，蓋然性の要件は満たされておらず，紛争の成熟性も認められないものというべきである。」そして，「本件訴えは，蓋然性の要件を満たさないから，重大な損害の要件及び補充性の要件について検討するまでもなく，無名抗告訴訟としては，不適法である。」また，公法上の法律関係に関する確認の訴えとしての適法性については，次のように判示した。「本件訴えは，控訴人が本件防衛出動命令に基づく本件職務命令に服従しなかった場合に受けることとなる行政処分以外の不利益の予防を目的とする訴訟と構成するのであれば，公法上の法律関係に関する確認の訴えとみる余地がある（平成24年最高裁判決参照）が，公法上の法律関係に関する確認の訴えであっても，一般に，確認の訴えは，現に，提訴者の有する権利又は法律的地位に危険や不安が存在し，これを解消するために確認判決を得ることが必要かつ適切な場合に限って認められるものである。」そして，「本件訴えについて確認の利益があるか否かを検討するに……控訴人が主張する危険又は不安は不確定かつ抽象的なものにとどまるといわざるを得ない」，「確認の利益を欠き，不適法というべきである」とした。最高裁決定は，上告棄却・上告申立て不受理とした（最小決令2・12・9）。

・差止め訴訟の要件として，蓋然性が問題となったものにいわゆる国旗国歌訴訟最高裁判決がある（最判平24・2・9民集66巻2号183頁）。

　同判決においては，都立学校の校長が教職員に対して発した本件職務命令が憲法19条に違反するものではない，ということを前提として次のことを述べた。

被上告人都教委に対する訴えは無名抗告訴訟，被上告人東京都に対する訴えは改正法の施行に伴い，法定抗告訴訟たる差止めの訴えに転化したものと解される。まず，本件通達，本件職務命令も抗告訴訟の対象となる行政処分にはあたらない。本件通達をふまえた本件職務命令の違反に対しては，免職処分以外の懲戒処分がされる蓋然性があると認められる一方で免職処分がされる蓋然性があるとは認められない。したがって，本件差止めの訴えのうち免職処分の差止めを求める訴えは，当該処分がされる蓋然性を欠き不適法である。そこで免職処分以外の懲戒処分の差止めを求める訴えの適法性について検討するに，処分がされる前に差止めを命ずる方法によるのでなければ救済を受けることが困難なものであるということができ，重大性は認められ，補充性の要件も満たすので適法である。しかし免職処分以外の懲戒処分の差止めを求める訴えに係る請求（当該差止請求）の当否については，本件職務命令に基づく公的義務の存否が問題となるが，公的義務が不存在とはいえないので，本件差止請求が本案要件を満たしていない。当該差止請求は理由がなく棄却を免れない。

　無名抗告訴訟としての本件確認の訴えの適法性については次のように述べる。本件確認の訴えは，「将来の不利益処分たる懲戒処分の予防を目的とする無名抗告訴訟として位置付けられるべきものと解するのが相当であり，実質的には，本件職務命令の違反を理由とする懲戒処分の差止めの訴えを本件職務命令に基づく公的義務の存否に係る確認の訴えの形式に引き直したものということができる。」「法定抗告訴訟として本件職務命令の違反を理由としてされる蓋然性のある懲戒処分の差止めの訴えを適法に提起することができ，その本案において本件職務命令に基づく公的義務の存否が判断の対象となる以上，無名抗告訴訟としては，法定抗告訴訟である差止めの訴えとの関係で事前救済の争訟方法としての補充性の要件を欠き，他に適当な争訟方法があるものとして，不適法というべきである。」

　さらに公法上の当事者訴訟としての適法性について，東京都に対する本件確認の訴えについて行政処分以外の処遇上の不利益の予防を目的とする訴訟として，公法上の当事者訴訟の一類型である公法上の法律関係に関する確認の訴え

（行訴法4条）として位置づけることはできる，とした上で，その確認請求の対象は，本件職務命令に基づく公的義務の存否であるところ，本件職務命令が違憲無効であってこれに基づく公的義務が不存在であるとはいえない故に，訴えに係る請求は理由がないとして，棄却した[53]。

　自衛官の場合と教員の場合とで立場は大きく異なり，処分の影響力も異なると思うが，そうしたことは配慮されていない。訴訟の型が，訴訟の枠や要件を決めることになっている。

10. 違憲審査の困難性

　将来おきるかもしれない行政処分の差止めはいずれにしてもかなり困難だということがわかる。重大性・補充性に加えて蓋然性を示す壁はかなり高い。蓋然性には行政庁の裁量も絡み推測は難しい。

　園部逸夫は，「比較法の観点からみると日本の行政法はかなりユニーク」だと指摘し，さらに日本の裁判所が民事・刑事・行政事という三つの大きな専門事件を処理するための専門分化が組織上行われていないことも指摘する[54]。

　さらに民事事件の中で行政事件を扱うが，民事事件と行政事件は基本的に異なる[55]。一般に民事事件は私的紛争に関する紛争で，私人間の法律関係につき当事者間に争いが生じた場合に，国家がその争いを裁判する。その目的は，紛争の解決につきる。しかし行政事件は，公的生活に関する紛争の解決で，その

---

53) 石崎誠也「懲戒処分差止訴訟と義務不存在確認訴訟」宇賀克也 他編『行政判例百選Ⅱ［第7版］』別冊ジュリスト236号（2017年）426-427頁及び湊二郎「懲戒処分差止訴訟と義務不存在確認訴訟」斎藤誠＝山本隆司編・前掲書（注52）412-413頁参照。思想及び良心の自由の観点からの国歌起立・斉唱の職務命令に関するものについて次のもの参照。蟻川恒正「『君が代』起立・斉唱の職務命令と思想・良心の自由」長谷部恭男 他編『憲法判例百選Ⅰ［第7版］』別冊ジュリスト245号（2019年）37-38頁。

54) 園部逸夫『裁判行政法講話』日本評論社1988年4-5頁。

55) 同書5頁。

目的は原告である私人の権利救済にあるが，究極的には，紛争を一つの端緒として，適正な行政の実現と公益と私益の的確なバランスをはかることも目的となる。行政裁判の特徴は，原告適格や訴えの利益にエネルギーを費やし，さらに訴訟要件を欠くとする却下判決が多い。また事実問題にふみこみ結局は行政庁の判断維持である棄却判決に至る[56]。同様のことは現在でも指摘できよう。この公益と私益のバランスに重きをおくあまり結局は，違憲判決は出にくいということもいえる。

　統治構造において司法権が果たすべき役割は，立法権・行政権のコントロール，抑止機能であり，違憲な法令の排除である。しかし実際は下すべき違憲判断を回避したり，そもそも問題としていないかのような態度をとることもある。

　そのような中でも平等に関する違憲判決は実績をあげてきた。まず投票価値の平等の重要性を指摘したことは大きい。例えば，衆議院議員定数不均衡事件（最大判昭 51・4・14 民集 30 巻 3 号 223 頁）がある。しかし改正後の合理的期間の判断については緩い（最大判平 27・11・25 民集 69 巻 7 号 2035 頁）。また参議院議員選挙においては一定の幅を認め（最大判平 24・10・17 民集 66 巻 10 号 3357 頁），他方で地方議会議員選挙に関しては衆議院議員定数不均衡で用いられた基準を踏襲しているともいえる（最大判昭 59・5・17 民集 38 巻 7 号 721 頁）。選挙権行使は国外においても認められるべきことは示した（最大判平 17・9・14 民集 59 巻 7 号 2087 頁）。しかし在宅投票制度の廃止については，国会の裁量的権限の範囲内にあるとして合憲とした（最大判昭 60・11・21 民集 39 巻 7 号 1512 頁）。その他の平等原則に関する違憲判決として，尊属殺重罰規定の違憲判決（最大判昭 48・4・4 刑集 27 巻 3 号 265 頁），国籍法違憲判決（最大判平 20・6・4 民集 62 巻 6 号 1367 頁），非嫡出子の法定相続分違憲決定（最大決平成 25・9・4 民集 67 巻 6 号

---

[56] 同書 7 頁。また次のものも参照。中川丈久 他「行政訴訟における訴えの利益(1)」自治研究 97 巻 11 号（2021 年）3-35 頁，同「行政訴訟における訴えの利益(2)」自治研究 97 巻 12 号（2021 年）3-36 頁，同「行政訴訟における訴えの利益(3・完)」自治研究 98 巻 1 号 7-48 頁。

1320頁）があげられるが，女性の再婚禁止期間に関しては違憲とは明示せず100日を超える部分を違憲とした（最大判平27・12・16民集69巻8号2427頁）。他方，私人間効力論や統治行為論など，判断を避ける論法も使用されている。つまり，常に裁判所が権利承認的，権利誘導的，権利創設的な役割を果たしているわけではない。紛争解決能力は果たしていても，権利保障に対しては消極的もしくは抑制的といえる。ここからは他の権力に対する抑止機能を果たしているとはいえない。

しばしば画期的な判決を下すのは下級裁判所である場合が多い。しかし最終審である最高裁が画期的な判決を下さないかぎりは，下級審も画期的なものは出しにくい。似たようなケースで全く違う結論を導くことは「判例法」という概念からもはずれることになる。確かに，10年の任期をおえるというときに「画期的」とされる判決を出して裁判官の職をおえるという人もいるのなら，そのシステムが別の意味で機能していると考えることもできる。しかしこうした判決は「参考」という意味にすぎない。確かに「参考」であっても研究者にとって大きな意義をもっている場合もあるが。

実際に違憲判決がでたらどうするのか。通常は立法府が誠実に対応すると考えられている。しかし，必ずしも立法府の義務は生じない。日本では，判決は個別事案における個別効力しかもっていないからである。また，判決がでたときには既に法律改正に着手している場合もある。

どうして最高裁判所が積極的に違憲という判断をしていないのか。公益を守るという考えが立法権や行政権の判断を優先する方に向いているのではないかともいえる。実際には，最高裁判所の中自体があまりルール化されていない[57]。「調査官判決」と長い間批判されても同じようなことをしている。但し，調査官制度がなければ，日本の最高裁判所はたちゆかないのも事実である[58]。

---

57) 鬼丸かおる・前掲論文（注35），とりわけ8頁以下。様々な点でルール化されていないことがみてとれる。ルール化されていない方が，その時々によってよい判決，適宜な判決がでるからいいのだとみるべきなのか，それは疑問に思う。

58) 但し，内閣法制局長官だった方が裁判官になるのは権力分立に違反していると

扱う事件が多すぎる。さらに専門化されていない裁判官があらゆる事柄を扱っている。最高裁においてはいわば素人の行政官も存在する[59]。そうした方が市民感覚をもっているといえる場合もあるかもしれない。

違憲審査活性化のために最高裁の制度的ありようについての検討のみならず政治からのバックラッシュも視野にいれておく必要もある，と指摘される[60]。この点は，自民党一強の政権下において民主的正統性を確保する最高裁判所裁判官の任命は確保できるのか。様々な提案はあるが，そもそも政治に無関心な層が多く，政治や政策の重要性を理解していない国民が多くなる傾向が強い中では，問題の共有すらできない。そうした中で，最高裁判所の判決への統制が人事への統制と絡んでいないか，その点の検討も不可欠と思う。

まとめにかえて

日本国憲法においては，76条3項で裁判官の独立を定め78条で裁判官の身分保障をし，77条で最高裁判所の規則制定権を定める。実際には，最高裁判所の裁判官会議が裁判所の予算，裁判官人事（任地，給与，ポストの決定）等の司法行政を所管するが，裁判官の独立の実態に即した改革が急務と指摘されている[61]。

例えば，2022年（75期）修習生採用人数は1,328人，そのうち判事補として

思う。

- 59) 最高裁の判断は，「裁判官と調査官の共同作業」とするのは藤田宙靖『最高裁回想録』有斐閣2012年68頁。
- 60) 笹田栄司「統治構造において司法権が果たすべき役割」判例時報2369号（平成30年7月1日号）3頁。
- 61) 安原浩「わが国における司法権独立の実態を考える」『政治と司法』年報政治学2018-1（2018年）13-23頁参照。なお，我々が最高裁判所の実態を知るときは，経験者の述懐からしかたどりようがない。例えば，園部逸夫『最高裁判所十年』有斐閣2001年，滝井繁男『最高裁判所は変わったか』岩波書店2009年など。

登録された者 75 人，検事 71 人，一斉登録 966 人となっている。判事補の数は 10 年程前と比較すると 20 人程減っている。希望者がどの程度いてどのような基準で採用されたのかはわからない。

　裁判官の人事評価の現状と関連する裁判官人事の概況は 2002 年 7 月現在とされているものから推測することができる[62]。それによれば「判事のほとんどは，判事補として 10 年の経験を積んだいわゆるキャリア裁判官」とされている。司法修習生を終了して判事補に任命された者は，最初の 2 年半，比較的規模の大きな地方裁判所に配置され，主として合議事件の陪席裁判官を務める。その後多くの者は全国の地方裁判所・家庭裁判所に異動し，3 年間合議事件の陪席裁判官を務めるかたわら，保全，執行等の決定事件，家庭裁判所の少年事件等の処理にあたる。判事補経験 3 年で簡易裁判所判事の任命資格を取得するので，簡易裁判所の事件を担当する者もいる。このようにキャリアの積み方は記されているが，どのような基準でどこに回されるのか，「外国留学する者，民間企業に研修派遣される者，検事に転官して行政省庁に出向する者，事務総局の局付等になる者等がいる」と述べられているが，それは本人の希望なのか，何らかの選別あるいは基準，能力によって行われているのか，明確ではない。異動に関しては本人の希望が大きく影響するとされている。「適材・適所・公平といった面で，人事評価が影響することになる」とも書かれているが，この書き方は曖昧である。

　人事評価については，国家公務員法 72 条の勤務評定制度（現在は削除されている）があることをあげ，人事評価制度を肯定している。一定の人事評価制度が必要なのは，当然のことと思われるが，重要なのはその評価制度の客観性と基準である[63]。

---

[62] https://www.courts.go.jp/iinkai/saiban_kenkyu/houkokusho2/index.htm （2024 年 1 月 30 日閲覧）。関連して，日本弁護士連合会「裁判官の人事評価の在り方に関する意見書」2002 年 11 月 22 日もある。

[63] なお今日の人事評価制度に関しては次のもの参照。https://www.courts.go.jp/toukei_siryou/siryo_gyosei_jinjihyouka/index.html （2024 年 1 月 30 日閲覧）。

そもそも裁判官が少ないことが大きな焦点であったはずの司法制度改革の結果の主なものが2009年裁判員制度の導入と2002年の法律による法科大学院を中核とする新しい法曹養成制度である[64]。

既にみたように，下級裁判官につき任期制を採用したのは，そもそも憲法制定作業時において法曹一元制が予定されていたためとされている[65]。法曹一元制とは，次のように説明される[66]。「裁判官，特に下級裁判所裁判官を，弁護士となる資格を有する者で，裁判官としての職務以外の法律に関する職務に従事したもののうちから任命することを原則とする制度。臨時司法制度調査会意見書（昭39）により，将来の望ましい在り方として方向付けされたが，実現には至っていない。」

これに対し，現在の日本の裁判官システムは，キャリアシステムを採用している。アメリカの法曹一元制のメリットについては「① 法曹の長老たる地位にある裁判官と弁護士との一体感をもとに法発展と司法運営への協力体制ができやすいこと，② 弁護士としての社会感覚や広い視野が裁判官としての総合的な判断力を高めうること，③ 裁判官の官僚的発想を防止しうること」と指摘されているが，他方で「キャリア裁判官の場合は社会のさまざまな利害から隔離された養成がなされるのに対し，法曹一元の裁判官の場合は，それまでの経験の中で成立した人間関係が，稀ではあっても裁判官としての公平性，廉直性に疑念を招く可能性がありうる」と指摘されている[67]。弁護士会は，今こそ法曹一元制度の導入を，と主張しているが，弁護士からの任官はきわめて限られている。

実際には，現在の制度は曖昧である。というのは，裁判官も検察官も弁護士

---

64) 日本弁護士連合会「司法改革の経過」（日本弁護士連合会HP）参照。宮本康昭「司法制度改革の立法過程」現代法学12号（2007年）39-80頁，須網隆夫『平成司法改革の研究』岩波書店2022年も参照。
65) 高田敏「下級裁判所裁判官の再任制」芦部信喜 他編『演習憲法』青林書院新社 1973年 543頁。
66) 法令用語研究会編・前掲書（注30）1056頁。
67) 浅香吉幹『現代アメリカの司法』東京大学出版会 1999年 145頁。

に戻ることができるからである。入口は異なるのに出口は同一となる。さらに相手の手のうちを知っている弁護士がいるということである。例えば，特捜の主任検察官経験者が2023年12月におきた議員のキックバック事件においてもメディアなどで解説を担当している。刑事事件がおきたときは，検察官経験のある弁護士に担当してもらった方がよいにちがいない。出口は同じなので，「人間関係が公平性，廉直性を損なう」土壌が存在している。本当にキャリア制度に徹するなら裁判官や検察官経験者は，弁護士にはならず公証人のような型通りの仕事につく方がよいと思われる。

　様々な点で不透明なところを明確化することが求められる[68]。最高裁判所における司法行政の問題もそうであるし，調査官判決と呼ばれるものもそうである。調査官はどのような基準で選ばれているのか，調査官はすべての判決に目を通し，最高裁裁判官が判断を下す前に下しやすいように既に結論をみこしている[69]。したがって最高裁判所の責任の果たし方は調査官のあり方にかかっているともいえる。

　さらに最高裁判所の裁判官の任命が問題となる。最高裁判所の裁判官の構成は，現在職業裁判官が6名，検察官が2名，弁護士が4名，学者が1名，行政官つまり官僚や外交官が2名という形になっており，職業裁判官が退官すれば職業裁判官の中から最高裁裁判官が決まる形をとっている。構成については，司法四者というならば職業裁判官，検察官，弁護士の数を現状のままとしても学者3名（公法，民法，刑法）から構成されるべきであろう。確かに様々な問題が上告されることを考えると多方面からの人材を集めることは意味あることかもしれない。しかし，ここにもどのような経験や理由や基準で選ばれたかわからない。

　こうした不透明性がいつまでも存在している。最高裁判所はあたかも聖域を

---

68)　榊原秀訓・前掲書（注25），とりわけ282頁以下の分析参照。山元一「司法制度改革20年と司法・憲法訴訟」憲法研究7号（2020年）7-29頁も参照。

69)　但しそれにとらわれるわけではないともいわれるが，それには相当の批判力が必要とされよう。

守るかの感がある。このような既成事実化，既得権化が何処にも拡がっていて，司法改革の真の効果があったのかと疑われる[70]。

不透明性は公正さや民主主義の敵である。こうした不透明性が払拭されないかぎりは，司法権が責任を果たしているとはいえないであろう。

補論：

2024年4月3日，戦後10件目となった弾劾裁判で，SNSの投稿で殺人事件の遺族を傷つけたなどとして訴追された岡口基一仙台高裁判事に罷免の判決が言い渡された。近年の弾劾裁判は，盗撮などの犯罪行為やそれに類するものが理由であったが，今回は私的なアカウントで発信された投稿が問題にされた。つまり裁判官の表現の自由に関わる事案である。裁判官弾劾法は2条に「職務上の義務に著しく違反し，又は職務を甚だしく怠ったとき」と「その他職務の内外を問わず，裁判官としての威信を著しく失うべき非行があったとき」に，弾劾により罷免することとなっている。裁判官を最終的に裁くのは，衆参各7人の国会議員からなる裁判官弾劾裁判所で，3分の2以上で罷免となる。罷免となれば，法曹資格も奪われ，退職金もでない。但し裁判官弾劾法38条1項には，弾劾裁判所が，罷免の裁判を受けたものの請求により資格回復の裁判をすることができることを示し，1号には「罷免の裁判の宣告の日から5年を経過し相当とする事由があるとき」となっている。

問題は，今回のようなSNSでの発信が「弾劾による罷免の事由」という「裁判官としての威信を著しく失うべき非行」に当たるのかである。最高裁判所でSNS使用に関するガイドラインを作るなどして，コレコレの行為をしてはいけないなどと注意喚起をして，最高裁内部で処理をすればよかっただけのことと思う。なお別途，最高裁による分限裁判は行われている。弾劾裁判は司法の独立にも関係する。「表現」を理由とする弾劾裁判による罷免の悪しき前例を作ったといえる。しかも判断に時間がかかりすぎた（2年間）。これは裁判員担

---

70) 渡辺洋三 他『日本の裁判』岩波書店1995年における指摘参照。

当議員に責任感や誠実さがないことの表れと思う。衆議院に解散があれば裁判を免れた（打ち切り，岡口裁判官が4月12日の任期満了で退官する意向を示していたため）可能性もあった。弾劾裁判のあり方の難しさ，不公平さも感じられる。重い判断をするにあたっての議員の自覚のなさも感じられる。

　当然，裁判所での裁判は独立・公平・中立に行われるべきである。だがそのことと，SNSにおける投稿とどのように関係するのか。確かに裁判官は模範的であるべきであるが，このような弾劾裁判は裁判官の地位を危うくする危険性がある。

（朝日新聞2024年4月4日朝刊参照）

第 10 章

フランスにおける裁判官の倫理と責任

はじめに

　フランスの現行第五共和制憲法には，第 7 篇に憲法院についての規定（56 条から 63 条まで）があり，第 8 篇に司法機関についての規定（autorité judiciaire 司法権とも訳される）についての規定（64 条から 66-1 条まで），第 9 篇に高等院についての規定（67 条及び 68 条），第 10 篇に政府構成員の刑事責任についての規定（68-1 条から 68-3 条まで）を定めている。第 9 篇の高等院は，大統領の責任に関する規定であり，高等院は常設の機関ではない。第 10 篇は文字通り，政府構成員の責任に関する規定であり，共和国法院が担当するが，憲法上担当者は選出されることとなっていても実際に活動しているわけではない。したがって合憲性審査を担う第 7 篇の憲法院，そして第 8 篇の司法機関が，実際上，いわゆる裁判所としての役割を担っている[1]。

　しかしながら，フランスの司法制度を組織としてみると，司法裁判（司法系列）と行政裁判（行政系列）という二つに分けられ，司法系列に属するのが民事及び刑事の一般裁判所となる。さらにこの一般裁判所に属するのが司法職団 corps judiciaire であり，いわゆる裁判官 magistrats de siège と検察官 magistrats

---

1)　先行研究としてさしあたり，中村義孝『概説フランスの裁判制度』阿吽社 2013 年をあげておく。また滝沢正『フランス法［第 5 版］』三省堂 2018 年 179-214 頁，垣内秀介「裁判所の構成」岩村正彦 他編『現代フランスの論点』東京大学出版会 2021 年 37-60 頁も参照。

du parquet 並びに司法官試補 auditeur de justice，司法官研修生 magistrats stagiaires，École Nationale de la Magistrature（ENM，国立司法官養成学校，国立司法学院ともいう）の学生も含まれる，とされている。一般に司法官とは，フランスではいわゆる裁判官と検察官をさしている。この司法官は，キャリアシステムをとっており，弁護士とは別の存在である。

　行政裁判所の方は，国家行政と市民との法関係を統制するもので，コンセイユ・デタを頂点として，今日では地方行政裁判所 tribunal administratif，行政控訴院 cour administrative d'appel（全国で七つ）が存在しているが，そもそも行政権に属し，行政権の自律として統制を行っている。憲法の中に行政裁判所についての規定はない。コンセイユ・デタ自身が第一審かつ終審として裁判する場合もある。またコンセイユ・デタは，裁判を行うだけでなく，法的問題に対する政府の諮問機関としての活動もする。憲法院も法律の合憲性審査の役割を担うだけではない[2]。

　こうした裁判機能を果たす組織の中でも，近年「責任」の問題がとりあげられるようになった。そして，最終的には，司法系列司法官に対する司法官倫理集成が2023年11月に改正され[3]，その適用に関する2023年11月20日組織法も成立した[4]。この成立には司法官組合も関わっている[5]。そこで日本ではあま

---

2)　植野妙実子『フランスにおける憲法裁判』中央大学出版部2015年。とりわけ1-80頁参照。

3)　倫理憲章という形で，そもそもはオランド政権の下で政府構成員倫理憲章（2012年5月17日）設定に始まり，さらにそれを法律化することから公務員，裁判官へと同様の動きで拡がっていった。中心となるのは，利益相反の防止，透明性，公平性の確保の問題であるが，司法官においては憲章ではなく集成 recueil ということばを採用した。濱野雄太「フランスのオランド政権における政府構成員職務倫理憲章」外国の立法256号（2013年）26-40頁。

4)　Loi organique n°2023-1058 du 20 novembre 2023 relative à l'ouverture, à la modernisation et à la responsabilité du corps judiciaire. 正式名称は，司法官職団の拡大，近代化及び責任に関する2023年11月20日組織法である。

5)　直接的に関わっていたのは，司法三部会 État généraux de la justice といわれるものであり，マクロン大統領によって2021年10月18日に開催されたのを初め

り議論されていない，司法もしくは司法機関の倫理と責任について，フランスにおける制度や組織のあり方をみた上で検討してみたいと思う。

1. 司法機関の地位

　日本においては三権分立の下での立法権や行政権と対等な立場で司法権が存在し，他の権力への抑止機能を果たすとみられているが，そのような考え方はフランスにおいてはみられない。憲法の第 8 篇のタイトルも司法権ではなく司法機関もしくは司法権限とも訳せる autorité ということばが用いられている。

　例えば，フランスの教科書をみると，ジャン＝ポール・ジャケの『憲法と政治制度』[6]においては，第一部は「憲法の基礎」として，国家，権力，統治者の民主的選任，権力の組織，憲法の各概念を明らかにしている。この最後の憲法の章で，法律の合憲性の統制の必要性も示されている。第二部では，各国の政治制度が扱われている。アメリカ，イギリス，ドイツ，ロシアなどの各国の政治制度が示されている。第三部は，フランスの政治制度を扱う。まずフランス憲法史が示され，1789 年のフランス革命から 1815 年のナポレオンの帝政まで，1815 年の 7 月王政から 1870 年の第二共和制と第二帝政まで，1870 年の第三共和制から 1946 年の第四共和制までの歴史が示される。さらに現行憲法 1958 年第五共和制の説明として，第五共和制憲法の一般的性格，執行権，議会，法律の合憲性審査が示されている。どこにもタイトルとして司法についての説明をするところはない。

　確認のため，もう一冊みてみよう。アンヌ＝マリー・ル・プルイエの『憲法』である[7]。そこでは，第一部では，「憲法の対象」がとりあげられ，国家の

　　として，諮問的役割を果たしたものである。2022 年 7 月 8 日に報告書を提出している。État généraux de la justice : ce que dit le rapport remis le 8 juillet 2022, *Vie publique*, 18 juillet 2022.

6)　Jean-Paul JACQUÉ, *Droit constitutionnel et institutions politiques*, 14e éd., Dalloz, 2022.

定義や形態，憲法の性格，内容，憲法原則の承認が扱われている。第二部では，「憲法の源」がとりあげられ，憲法制定権力と憲法で定められる権力，憲法的法律，憲法習律，憲法判例が扱われている。第三部では，「憲法の類型」がとりあげられ，主に政治権力についての保有者，行使，配分，限界が扱われている。第四部では，「西欧の政治体制」がとりあげられ，アメリカとヨーロッパの議院内閣制（議会制）が扱われている。第五部では，「1870年から1958年までのフランスの憲法史」がとりあげられている。第六部では，「フランスの第五共和制」がとりあげられ，第五共和制の淵源と変遷，普通選挙制度，執行権，議会，特別な機関 institutions spécialisées が扱われている。この最後の特別な機関において，憲法院，社会・経済・環境評議会，コンセイユ・デタの次に司法官職高等評議会が扱われ，最後に権利擁護官 Défenseur des droits が扱われて，この教科書はおわっている。

司法官職高等評議会 Conseil supérieur de la magistrature（以下，CSM ともいう）は，司法官の任命と懲戒に関与する組織である。第三共和制下において司法官の身分を保障するために設けられたが，その位置づけは徐々に変化してきている。この教科書においても司法権・司法機関については限定的にしか扱われてない。

他方で，現代憲法の中でいわゆる古典的な権力分立のあり方が限定的になっている，とする指摘がある。オリヴィエ・デュアメルの『憲法と政治制度』の中では，そうした指摘の下で，「裁判権の弱体化 faiblesse du pouvoir juridictionnel」としてとりあげられている[8]。

そこで，定義や条文を検討した上で，フランスにおけるこのような裁判権限の弱体化のもつ意味を解明し，それでもなお司法官の職業倫理[9]や責任[10]が問

---

7) Anne-Marie Le POURHIET, *Droit constitutionnel*, 5e éd., Economica, 2013.
8) Olivier DUHAMEL, *Droit constitutionnel et institutions politiques*, 2e éd., Seil, 2011, pp. 712-714.
9) Julie JOLY-HURARD et Julia VANONI, *La déontologie du magistrat*, 4e éd., Dalloz, 2020.

題とされるフランスの現在の状況を検討していきたい。

2. 司法における諸原則

フランスではJusticeということばが，裁判組織を語る上で重要となる。Justiceは，「公正，正義，公平」とも訳されるが，「司法，裁判」とも訳される。そこで，裁判組織や裁判制度の説明の第一には，Jurisdictioというラテン語が示され，それが「法を語る」という意味であることが示されている。この「司法，裁判」はフランス国民の名の下で行われる。そして裁判所juridictionが，紛争を解決しながら，また裁判の対象となっている状況の正統性（正規性）を確認しながら，法を語る責を負う所であると示される。裁判所は正義に参加する場である。というのも，裁判所は，法規範の実施を行うからである。法規範の最終目的は，社会の異なる様々な構成員の間に，正しい，公平な関係を確立するものだからである。これが，裁判組織の裁判所全体が「正義justice」と呼ばれる理由である。こうした説明から『裁判組織 Institutions juridictionnelles』の教科書は始められている[11]。

日本では，このような認識は薄いのではないか。なぜなら法規範に対する意識が違うからである。フランスでは法規範の意義には，フランス人権宣言5条に明らかなように，してはいけないことを明らかにするものでその他は自由にできるという考えがあるからである[12]。これに対し日本では，「〜基本法」といったようないわゆるソフトローが多くみられ，法律は必ずしも規制や禁止を

---

10) Chantal ARENS, La responsabilité du magistrat, *Arch. phil. droit*, n° 63, 2022, pp. 157-163.

11) Didier DEL PRETE et Éva FISCHER, *Institutions juridictionnelles*, Hachette, 2006, p. 8.

12) フランス人権宣言6条は，「法律は一般意思の表明である」と定めるが，その法律の内容に関わるものとして，5条は，「法律は，社会に有害な行為だけを防ぐ法droitである。法律によって禁止されていないことはすべて妨げられない。また誰も法律が命じていないことをなすように強制されない」と定めている。

明らかにするものとは考えられていないからである。また裁判も性格な情報に基づいて白黒をはっきりさせる，というものではなく，むしろおとしどころをみつける，という調整的な解決方法が多くとられている。確かに刑法は規制や禁止を根拠として取締りを行っている。しかし全体的には法概念は緩く，守らなければならないという意識に欠けるところがあるのではないか。政治家の憲法軽視はその代表といえよう[13]。

(1) 司法に関わる原則

フランスの『裁判組織』の教科書の中で扱われている事柄は，次のようなことになる[14]。

① 指導原理，② 訴訟当事者，③ 民事裁判所，④ 刑事裁判所，⑤ 第二段階としての司法裁判所である控訴院，⑥ 司法裁判所の最高裁判所である破毀院，⑦ 行政裁判所の最高裁判所であるコンセイユ・デタ，⑧ 一般法の行政裁判所である地方行政裁判所及び行政控訴院，⑨ 特別行政裁判所，⑩ 裁判所系列以外の裁判所，⑪ 超国家的裁判所。⑨ のところに該当するのは会計院，地方会計検査院，予算執行規律裁判所がある。⑩ のところに該当するのは，まず法律の合憲性判断や選挙訴訟をする憲法院，そして政治的性格を有する裁判所と

---

13) 例えば，次のように説明される。「このことば（justice）は，通常裁判制度 institutions judiciaires をさすことばである。正確には，公平な方法で，社会的・政治的関係の型を形容する倫理的カテゴリーを構成する。そこでは，それぞれの私人や法人が個別の価値体系という点から，あるいは場合によっては，先例に対立する価値体系という点から，刑罰を科せられたり，扱われたりすることになる。何が正義であるかは絶対的な・永久的な争点となるが，プラトン以来，特に公正・正義は政治制度の第一価値として考えられている。」Guy HERMET et al., *Dictionnaire de la science politique et des institutions politiques*, 8e éd., Armond Colin, 2015, pp. 162-163. なおフランスのバカロレア（大学入学共通試験）では哲学が必修であることから，プラトンがどのような存在であるかは，一般に知られていると考えられる。シャルル・ペパン著永田千奈訳『フランスの高校生が学んでいる10人の哲学者』草思社文庫2024年。

14) Didier DEL PRETE et Éva FISCHER, *op. cit.*, p. 7.

して，高等院及び共和国法院があげられる。権限裁判所 tribunal des conflits もここにあげられている。この権限裁判所は，民事・刑事の司法系列の裁判所で扱うか，行政系列の裁判所で扱うか，管轄権を明らかにする裁判所であり，場所は，コンセイユデタの中にある。コンセイユ・デタの中にあるということが行政を司法権から守るということがそもそもの源であることを示している。司法大臣を長とし，破毀院とコンセイユ・デタの裁判官の中から4名ずつ選ばれる者で構成される[15]。

⑪のところであげられるのは，欧州司法裁判所及びその第一審裁判所，EU公職裁判所，そして欧州人権裁判所である。また，最後に国際司法裁判所，国際刑事裁判所もとりあげられている[16]。

この教科書の中で，司法系列裁判官の身分のところには懲戒制度がとりあげられている[17]。そして，1883年8月30日法（Loi du 30 août 1883 relative à l'organisation judiciaire）によって導入され破毀院にその主導を任せることになったのが，司法官職高等評議会である。懲戒権の行使の統合がこの機関の創設によって行われた[18]。その後，第五共和制憲法の下でオルドナンス（ordonnance n°58-1270 du 22 décembre 1958）により43条から66条にかけて具体的に定められた[19]。司法官の独立の原則が懲戒権の行使の妨げとはならないことを確認する必要もあった。懲戒は司法官の様々にある義務の，一つへの違反を侵しても行われる。懲戒上の非行 faute の概念は同一であるが，裁判官と検察官とでは手続も裁判のあり方も異なっていると説明されている。

司法官に求められる倫理的な義務とは何かについて，その本質は次の事柄に

---

15) 滝沢正・前掲書（注1）206-209頁参照。
16) Didier DEL PRETE et Éva FISCHER, op. cit., pp. 253-273.
17) Ibid., pp. 53-54.
18) 佐藤修一郎「司法官職高等評議会小史」東洋大学白山法学7号（2011年）69-93頁参照。
19) 1958年12月22日オルドナンスの43条には非行 faute の概念につき「司法官による，その身分に伴う義務，名誉，配慮もしくは威信へのあらゆる違背」としている。

あるとされている[20]。司法官は、その任務の重要性を考慮して、様々な禁止事項や義務を有している。① いくつかの地方 locaux、県、地域の政治職 mandat politique には被選挙権を有しない。彼が行使しているあるいは行使したところの管轄地域の、② 裁判所の機能を損ねる性格を有する活動に参加することはできない、③ 判決を下す事柄に関して何らかの利益をもつことはできない、④ 倫理憲章に適合する行動をとることの義務を負う。

ところで、『裁判組織』の最初にとりあげられている司法における指導原理は、次のようなものである[21]。

最も重要な裁判組織及び訴訟の指導原理は、基本的人権の保障である。人間に本質的に備わるこうした権利を保障することが司法の本質的なものといえる。法律をこえたところにある価値、憲法や国際条約を保障することである。人権はこうした点で価値体系のピラミッドを示している。憲法及び国際条約の下にある法律、そしてその下にある命令などの行政規範である、合憲性、合法性をそれぞれ示すものでなければならない。紛争を解決するための法律にそれが欠けているなら、憲法院に移送される。場合によっては欧州人権裁判所が扱うこともある。裁判官はこうした超法律的存在を尊重しなければならない。

1950年11月4日の欧州人権保護条約6条には、公正な裁判を受ける権利を定めている。「すべての者は、民事的な性格を有する権利及び義務に関する係争を決定する、もしくはその者に対して向けられた刑事上のあらゆる告発の正当性を決定する、法律によって設立された、独立で公平な裁判所により、公正、公開そして妥当な期間内に判決を下すことになる訴訟をおこす権利を有している。」この条文は、広く解釈されて、行政訴訟にも適用されている。

さらに1989年12月7日に宣言された欧州連合基本権憲章の中でも、さらに発展的に定められている。この宣言は、フランスで2005年に批准が否決された欧州憲法に結びつくもので、その欧州憲法が施行されたなら義務的効力をも

---

20) Quelles sont les obligations déontologiques des magistrats?, *Vie publique*, 15 janvier 2024.

21) Didier DEL PRETE et Éva FISCHER, *op. cit.*, pp. 13-45.

つべきものであった。その47条には，効果的な救済を受ける権利と裁判を受ける権利が定められている。「欧州連合によって保障された権利と自由を侵害されたすべての者は，裁判所の前における効果的な救済を受ける権利を有する。すべての者は，事前に法律によって設置された，独立かつ公平な裁判所により，公正，公開そして妥当な期間内に判決を下す訴訟をおこす権利を有する。すべての者は，助言を受け弁護され，代理人を立てることができる。十分な資力を有さない者は誰でも，法的扶助を受けることができる。この扶助は，裁判へのアクセスを確保するために必要なかぎりにおいて行われる。」こうしたことに応えるのが裁判機関であり，そこで働く司法官が常に念頭におくべきことである。

(2) 裁判を受ける権利

フランスの現行1958年第五共和制憲法の中には，司法官の身分保障についてのみふれられていて，いわゆる「裁判を受ける権利 droit au juge」は定められていない[22]。憲法院が1996年4月9日の判決において，その権利の存在を認めたが，フランスではまずこのような権利をどこから導くかが問題となる。フランソワ・リシェールは，1987年に，裁判への権利を1789年人権宣言16条から導き出されるとしたが[23]，この条文自体は，権利の保障と権力分立が定められていることが憲法をもつ社会であることを認めるものである。他方で，ティエリー・ルノーは，同宣言6条の，法律は一般意思の表明であるとするところから導き出されるとする[24]。

---

22) 「訴訟を受ける権利 droit au recours」ともいわれる。フランスにおける裁判を受ける権利の存在の問題は，早くからルイ・ファヴォルーが指摘していた。Louis FAVOREAU, *Du déni de justice en droit public français*, LGDJ, 1964.
23) François LUCHAIRE, *La protection constitutionnelle des droits et libertés*, Economica, 1987.
24) Thierry RENOUX, Le droit au recours juridictionnel en droit constitutionnel français, in Mélanges offerts à Jacques VELU, *Présence du droit public et droits de l'homme*, Bruylant, 1992, pp. 307-324. なおティエリー・ルノーは司法機関の憲法

憲法院はまず 1980 年 12 月 2 日の判決で出訴権 droit d'agir en justice を認め[25]、ついで 1989 年 1 月 17 日の判決で「処罰を課すすべての決定は，コンセイユ・デタの前の対象となることができる」とし，「処罰を受ける人間に留保されている裁判に訴える権利，またその行使は，法の一般原則に適合するようにその状況を悪化させることになるものではない」と判示した。そして異議を申し立てられた規定は，人権宣言 11 条及び 16 条に示された原則に反するものではないとした[26]。

さらに 1994 年 1 月 21 日判決において憲法院は，当事者が利益を得る保障を明らかにしたあとで，訴訟を行使することの権利への重要な侵害をもたらすものではなく，実際には，人権宣言 16 条を無視している方法とはいえない，と判示した[27]。

他方で，1996 年 4 月 9 日判決において憲法院は，越権訴訟の裁判所における訴訟する権利をすべて奪う組織法の規定について，ポリネシアの地方議会の審議の適用としての行為の合法性に異議を唱えるものであり，この審議の公開から 4 ヵ月後のものであったが，法的安定性を強化するための立法者の配慮により，このような措置がとられている。しかし，こうした配慮は，裁判に訴える権利 droit à un recours juridictionnel に対し，重要な侵害をもたらすものであると証明される，と判示した[28]。

　　　　上の位置づけについて書いている著作が有名である。Thierry RENOUX, *Le conseil constitutionnel et l'autorité judiciaire*, Economica, 1984.

25) 　CC., n° 80-119 L du 2 décembre 1980, *RJC : 1959-1993*, Litec, 2000, II, pp. 93-95. こうした権利に関する憲法院の判決の説明については次のものを参照。Louis FAVOREAU et al., *Droit des libertés fondamentales*, 6ᵉ éd., Dalloz, 2012, pp. 382-383.

26) 　CC., n° 88-248 DC du 17 janvier 1989. 大石泰彦「放送の自由と独立行政機関」フランス憲法判例研究会編『フランスの憲法判例』信山社 2002 年 159-164 頁参照。

27) 　CC., n° 93-335 DC du 21 janvier 1994, *RJC : 1994*, Litec, 1995, pp. 576-579.

28) 　CC., n° 96-373 DC du 9 avril 1996, *RJC : 1994-1999*, Litec, 2000, pp. 660-668. 司法機関における当事者の実効的な救済を受ける権利に対して実質的侵害をもたらしてはならないことを人権宣言 16 条から導き出している。菅原真「2007 年仏・

憲法院は，1999年7月23日判決において，明確に人権宣言16条を根拠に裁判所の前に効果的な（実効的な effectif）訴訟を行使する当事者の権利に重要な侵害をもたらしてはならないのは，こうした規定の結果であると判示した[29]。2000年12月19日判決においても同様に，人権宣言16条から導き出される効果的な訴訟への権利を無視してはならないと述べている[30]。さらに2009年12月3日判決においては，憲法院は，裁判の適正な運営 bonne administration de la justice をなすことを人権宣言12条，15条，16条の諸規定を根拠として示したが，この裁判の適正な運営はQPCを提訴する権利を効果的に実施することを保障するための憲法的価値を有する目的とした[31]。このようにして憲法訴訟を通して憲法院は裁判を受ける者の新しい権利を強化してきた[32]。

　ここでこれらの権利を明確化することが必要となる。すなわち裁判を受ける権利，フランスでいうところの「訴訟への権利 droit au recours」は，憲法上の性格を有する基本的権利であるが，「裁判所での訴訟への権利 le droit au recours juridictionnel」といういい方がされることもある。憲法上の性格を有する基本的権利は，防禦権に対しても適用されている。基本的権利はすべて絶対的な権利ではないが，非常に稀な場合に制限可能な権利といえる[33]。

　今日では，公平・独立な裁判所での裁判を受ける権利，しかもその効果的な

　　　ルーマニア間協定承認法における実効的な司法的救済の欠如」フランス憲法判例研究会編『フランスの憲法判例II』信山社 2013年 62頁参照。
29) CC., n° 99-416 DC du 23 juillet 1999, *RJC : 1994-1999*, pp. 831-841, とりわけ Cons. 38 参照。
30) CC., n° 2000-437 DC du 19 décembre 2000.
31) CC., n° 2009-595 DC du 3 décembre 2009.
32) 赤坂幸一「定額罰金と裁判を受ける権利」フランス憲法判例研究会編・前掲書（注28）360-363頁参照。ここで扱った判決についても362-363頁においてふれられている。
33) 「裁判所での訴訟への権利」と単なる「訴訟への権利」とを区別する場合もある。Louis FAVOREAU et al., *op. cit.*, pp. 383-384. 同書においては，一般的に保障を受ける権利として「裁判を受ける権利」も扱っている。*Ibid.*, pp. 644-653.

（実効的な）権利保障，迅速な裁判（妥当な裁判期間）も含めてその保障が考えられている。さらに次なる権利の保障が，欧州人権裁判所や憲法院の判決から導き出されている。① いかなるテーマに対しても裁判所に訴えることのできる権利，② 平等原則，③ 独立した公平な裁判所で裁判を受ける権利，④ 審議原則，⑤ 公開原則，⑥ 必要があれば司法支援を受けたり，代理人をたてたりする権利や合理的期間内に判決を受けたり，それが執行されたりする権利を含む，裁判所における訴訟を行う効果的な権利，である。

(3) 公役務としての原則

裁判上の組織に関する指導原理としては，裁判が公役務 service public でもあることからの原則が課せられる。公役務としての一般原則からは，① 永続性の原則，② 無償性の原則，③ 権力分立原則，④ 裁判という公役務において不正な運営があったときの国家の責任，⑤ 階層性の原則，⑥ 平等原則がある[34]。

他方で，裁判という公役務に特有の原則も課される。① 独立性と公平性の原則，② 公開原則（但し，審議全体の公開性ではなく，判決の公開と解されている），③ 審議の秘密を伴った上での合同審議 collégialité とその結果を尊重するという原則がある[35]。

その他，訴訟・裁判という観点から課せられる原則もある。一つは，裁判組織との関係での原則であり，① 独立的な公平な裁判所での裁判を受ける権利，② 公開原則，③ 判決の統制権（判例踏襲ともいえる）があげられる。二つは，裁判に固有の原則であり，① 裁判において行動する権利，② 議論が行われる訴訟への権利，③ 防禦する権利（弁護人を立てる権利ともいえる），④ 裁判に関わる費用を引き受けてもらう制度，⑤ 裁判所の職権が認められる制度，⑥ 裁判が合理的期間内に下される権利，⑦ 判決の効果の確保，⑧ 誠実性の原則が

---

34) Didier DEL PRETE et Éva FISCHER, *op. cit.*, pp. 14-21.
35) *Ibid.*, pp. 21-25.

あげられる[36]。こうした原理・原則の遂行と裁判官や司法官の義務や権利がどのように関わるかも問題となる。

3. 裁判組織と裁判官

フランスの裁判制度は，二系列，すなわち司法裁判系列と行政裁判系列とに分けられる。この二つの系列以外の裁判所としては，憲法院と権限裁判所が存在する。後者は，どちらの系列で裁くべきかを決める裁判所でコンセイユ・デタの中にある。

司法裁判系列の裁判には，個人，団体，企業などの人々の間の紛争を解決する裁判，民事裁判と，刑法による犯罪を裁く裁判，刑事裁判が含まれる。行政裁判系列の裁判には，行政などの公法人と個人の間の紛争と，行政同士の紛争を裁くものが含まれる。

(1) 司法裁判系列

司法裁判系列には，第一審の民事裁判所と刑事裁判所が存在し，その上に控訴院，そして破毀院が最高裁判所として存在する。但し，破毀申立てを扱う法律審を除いた事実審は二審制を原則としている。行政裁判系列には，第一審の行政裁判所（地方行政裁判所ともいう），その上に行政控訴院 Cour administrative d'appel そしてコンセイユ・デタが最高裁判所として存在する[37]。但し，コンセイユ・デタが直接扱う急速審理手続等も存在する。

司法裁判系列裁判所の第一審の民事裁判所は，小審裁判所と大審裁判所を中心として，その他特別裁判所がいくつかおかれている。4,000ユーロ以下の簡

---

36) *Ibid.*, pp. 25-45.
37) *Ibid.*, pp. 66-67. なお司法裁判系列裁判所でも行政裁判に関わるものを扱う場合もある。本来の司法裁判系列裁判所の役割は，憲法66条2項に定められているように「司法機関は，個人的自由の守護者」である，が基本である。Cf., Sous l'égide de l'AFDA, *Le juge judiciaire*, Dalloz, 2016.

易裁判所（近接裁判所とも訳される）が2002年に設立されたが2017年に廃止されている。司法裁判系列の民事裁判は，第一審において，小審裁判所（訴額が1万ユーロ未満）と大審裁判所（訴額が1万ユーロ以上）に分けられ，それ以外の特別裁判所として，労働裁判所，商事裁判所，農地賃貸借同数裁判所がある[38]。控訴の場合には，労働裁判所で扱われた事柄は控訴院社会部に，商事裁判所で扱われた事柄は控訴院商事部で扱い，他は控訴院民事部で扱うこととなる[39]。

刑事裁判は，第一審においては違警罪裁判所 tribunal de police，軽罪裁判所，重罪裁判所に分かれ，重罪裁判所で扱われた事件の控訴は，控訴重罪院で扱い，その他は控訴院違警罪部で扱われる。特別裁判所としては少年裁判所がある。未成年者の軽罪及び16歳未満の未成年者の重罪を管轄し，大審裁判所に付置されている。16歳以上18歳未満の未成年者の重罪は未成年者重罪院として重罪院が扱う[40]。なお死刑廃止はミッテラン大統領の下で1981年に行われ

---

38) フランス政府の司法省のHPでの説明「フランスにおける司法 La Justice en France」においては，小審裁判所，大審裁判所，商事裁判所，労働裁判所が裁判所としてあげられている。他方で，グザヴィエ・ブローの説明においては，小審裁判所，大審裁判所の他に，特別裁判所として商事裁判所，労働裁判所，農地賃貸借同数裁判所があげられている。農地賃貸借同数裁判所は，同数と示されているように賃貸人と賃借人とが別々に選挙母体を形成して2名ずつの素人裁判官を選出する。裁判長は，小審裁判所裁判官がつとめる。農地の賃貸借をめぐる紛争を解決するところである。Xavier BRAUD, *L'essentiel de l'organisation juridictionnelle 2021-2022*, 2e éd., Gualino-Lextenso, pp. 29-36. 滝沢正・前掲書（注1）184-190頁。滝沢正の著書の中ではさらに民事裁判の下級裁判所の特別裁判所（滝沢の本の中では例外裁判所と訳されている）として，商事裁判所，労働裁判所，農地賃貸借同数裁判所の他に，社会保障事件裁判所もあげている。確かに以前は社会保障事件裁判所もあげられるのが通常であった。Per ex., Didier DEL PRETE et Éva FISCHER, *op. cit.*, p. 104. この裁判所の種類は，裁判や裁判官をどのようにみるかによって異なってきているといえる。

39) 第一審での判決に合意が得られなかった場合は，控訴院で争うことになる。控訴院では事実と法において双方からの検討を行う。すなわち物的な事柄の精査をはかり，法の誤りがなかったかも確認する。第一審の判決内容も確認し，部分的もしくは全体的に否定することにも至りうる。控訴院は専門裁判官から構成される。*La Justice en France*, Ministère de la Justice, 2018, p. 36.

ている。

　上級裁判所として，控訴院そしてその上に破毀院がある。破毀院は，民事・刑事における最高法院であり，パリに存在し，フランス全体を管轄するものである。破毀院は新たに裁判をするものではない。主な役割は，すべての裁判所や控訴院で法律が正しく適用されているかを確認するものである。破毀院は，上告による訴訟を扱い，その上告は，判決の対象となった者により行われるか，検察官 ministère public により行われるかである。破毀院が「問題となった判決が法規範に沿うものでない」と考えた時には，事件は再び裁判されることになる[41]。

(2) 行政裁判系列

　行政裁判系列には既述したように，第一審として行政裁判所，その上に行政控訴院，そして最高裁判所としてコンセイユ・デタがある[42]。また，特別裁判所として財政に関わる裁判所と財政に関わらない裁判所が存在する。前者には，会計院が該当する。会計院は，公会計に関する事件の管轄権を有するが，その下に地方会計部（地方会計検査院ともいう）Chambre régionales territoriales des comptes が存在する[43]。財政に関わらない特別行政裁判所としては，庇護権に関わる裁判 Cour national des droit d'asile，様々な規律に関わる裁判があり，その中には司法官職高等評議会（憲法65条）の判断も入る。その上告はコ

---

40) 刑事事件の分類については，普通法の刑事裁判所として，違警罪裁判所，軽罪裁判所，県刑事院，重罪院 Cour d'assises があげられていて，重罪院は第一審も控訴も扱う形となっている。その他に特別裁判所がある。Xavier BRAUD, *op. cit.*, pp. 37-43.

41) *La Justice en France*, précité, p. 36. 破毀院に関しては次のものも参照。Sous la direction de Jean BARTHÉLEMY et al., *La Cour de cassation au service du droit et du justiciable*, Dalloz, 2022.

42) Xavier BRAUD, *op. cit.*, pp. 69-74.

43) *Ibid.*, pp. 75-79. その他に予算執行規律裁判所 Cour de discipline budgétaire et financière もあげられている。

ンセイユ・デタが扱う[44]。

　行政裁判系列は行政権に属する。すなわち行政権の自律的作用として行うものである。

　コンセイユ・デタの役割は，この上告を扱う裁判所としての役割を果たすだけでなく，多岐にわたる。訴訟的機能としては，上告，上訴の裁判所としての他，第一審かつ終審の裁判所として判決を下すこともある。また意見を述べることもあり，諮問を受けることもある[45]。

　コンセイユ・デタの歴史は古い。現行憲法の中に篇を設けて網羅的にコンセイユ・デタについての記述はないが，コンセイユ・デタの役割が，13条，37条2項，38条，39条に定められている。その裁判所としての独立性及びその権限の保護は，共和国の法律により承認された基本原理の一部をなすと，憲法院は認めている[46]。コンセイユ・デタは副院長が主宰する。コンセイユ・デタは，一つの訴訟部と五つの諮問部（内政，財政，社会，行政，公土木）と報告・研究部を含む。以前は，専ら国立行政学院 ENA からの採用であったが，最近では後述するように多様化がみられる。ENA は現在では，国立公役務学院 INSP と名を変えている。

　なお，行政部は，官僚の役割も担い，日本の内閣法制局のような任務を果たす。例えば，憲法38条のオルドナンスは，コンセイユ・デタの意見を徴した後，大臣会議において定められる，とし，39条は，政府提出法律案は，コン

---

44) *Ibid.*, pp. 80-84.
45) *Ibid.*, pp. 85-89. 誰が行政裁判所裁判官になるのか，どのようにコンセイユ・デタの構成員が採用されるのかについては，次のものを参照。Qui sont les juges administratifs ?, *Vie publique*, 15 février 2024 ; Qui sont les membres du Conseil d'État et comment sont-ils recrutés ?, *Vie publique*, 15 mars 2023. 首相がコンセイユ・デタの法上の主宰者（院長）であることについては，次のものを参照。Comment s'organise le Conseil d'État ?, *Vie publique*, 11 août 2023.
46) CC., n° 80-119 DC du 22 janvier 1980 et n° 86-224 du 23 janvier 1987. 福岡英明「法律による追認」フランス憲法判例研究会編・前掲書（注26）312-317頁及び永山茂樹「行政裁判所の憲法的地位および行政処分を受ける者の防御権」同書318-321頁。報告・研究部は調査部とも訳される。

セイユ・デタの意見を徴した後，大臣会議で審議され，両議院のいずれかの議院理事部に提出されることを定めている。評定官には若干行政裁判所長経験者も採用されている。

(3) 司 法 官

憲法第8篇「司法機関」は，64条から66-1条まで定められている。その最初の条文64条は，次のように定める。
「64条
　1項　大統領は司法機関の独立の保障者である。
　2項　大統領は司法官職高等評議会によって補佐される。
　3項　司法官 magistrats の身分は組織法によって定める。
　4項　裁判官 magistrats du siège は不可動 inamovibles である。」
　この最後の条文を「罷免されない」と訳すか，「不可動である」と訳すかは微妙なところであるが，裁判官は不可動であるが，検察官は可動性（異動がある）があるところからこのように訳した。inamovibilité は終身性とも訳されるが，裁判官に定年はあり，それまでは罷免されないという身分保障を示してもいる。
　65条は，司法官職高等評議会についての規定で後述する。66条は次のように定める。
「66条
　1項　何人も恣意的に拘禁されることはない。
　2項　司法機関は，個人的自由 liberté individuelle の守護者であり，法律によって定められた条件においてこの原則の尊重を保障する。」
　ここでは，司法機関の役割をある意味，限定的に示しているかのようにみえる。司法機関が扱うのは，個人的自由の擁護である。それ故「個人的自由」とは何かが問題になる。個人的自由については，次のように説明される。「あらゆる社会の中でなされる基本的権利に妨げられるべき権利はない。社会秩序の必要における制限内で，それぞれの者の合法的な意思の行使ができる。」さら

に,「より詳しくは,人には誰にもあらかじめ法律で定められた場合,そして事前に定められた形態に従った場合以外には,拘束されたり,拘置されたりすることはないことから安全が保障されている。法律によって指定された本来の裁判官以外の裁判官から召喚されることはない。こうした意味から恣意的に逮捕されたり拘留されたりしない,往来する自由,身体的自由を意味している」とも説明されている[47]。個人的自由の重点がこのように刑事司法に関わる自由におかれるとしても,司法官は民事司法も扱う存在である。66-1条は,死刑の禁止に関わる規定である。

司法裁判系列の司法官は,裁判官と検察官とに分かれるが,同じ司法官職 magistrature という職団に属する。彼らは司法大臣の提案の下で共和国大統領のデクレによって任命される公役務を果たす者である。双方とも多くは国立司法官職学院(以下 ENM ともいう)において研修を経た者であり,競争的入学試験を受けて合格した者である。入学試験には三種あり,第一は,受験資格として法学修士 Master 1 en droit が要求され,31歳未満が受けられるもの,第二は,4年間公務員として働いた者,第三は40歳以上の者で民間セクターで少なくとも8年間勤務した者が受けられる試験である。その資格からの採用もあり,弁護士として働いていた者や大学で教鞭をとっていた者などが想定されている。この他に35歳未満の者で,臨時的に雇われる司法官もおり,その経験等に照らして司法官職高等評議会(CSMともいう)の意見により採用される。5年任期で更新一回が可能である[48]。

---

47) Gérard CORNU, *Vocabulaire juridique*, 10e éd., PUF, 2014, p. 611. 憲法院の発達によって憲法院で扱う権利を基本的権利(もしくは基本権)というようになってから個人的自由とは何かが問題ともなってきている。Sous la direction de Thierry S. RENOUX et al., *Code constitutionnel 2021*, LexisNexis, 2020, pp. 1391-1466. また,憲法院は,司法機関が個人的自由の守護者であることを,共和国の諸法律によって保障された原則として認めている。CC., n°76-75 DC du 12 janvier 1977. 山元一「『個人的自由』解説」フランス憲法研究会編・前掲書(注28) 157頁参照。

48) Patricia VANNIER, *Les institutions juridictionnelles en schémas*, 2e éd., Ellipses,

司法官は裁判官もしくは検察官としてのキャリアを積んでいく。司法官の身分としては，不可動性，昇進性の他に，司法官に課せられる拘束，検察官の身分の特殊性に関わる事柄が指摘される。司法官職高等評議会はこうしたことを保障する機関である。

　原理・原則の説明と重なる部分もあるが，司法官の義務として説明されていることについてふれておく。司法官は，その職務につく際に控訴院もしくは破毀院の前で宣誓する。「私は，自らの職務を適正に忠実に行い，審議の秘密を守り，厳格な誠実な司法官として行動することを誓います。」

　司法官の公職につく者としての地位（身分）から次のような義務が生じる。職務の遂行にあたって，公平に判断しなければならず，審議（合議）の秘密を守らなければならない。どのような状況にあっても，慎重さの義務を忘れない。これは司法官に彼らの政治的，倫理に関するあるいは宗教に関する意見に

2024, p. 170. なお司法官職団に裁判官と検察官を含んで一つの職団としていることについて，憲法院はこのような形態の中でも検察官の憲法上の独立は認められる，としたが（CC., n° 94-355 DC du 10 janvier 1995），欧州人権裁判所は独立を疑われると判断した（ムーラン事件と呼ばれる，CEDH, 23 novembre 2010）。ここで問題となったのは，欧州人権条約5条3項に示されている裁判官と検察官の役割の分担である。フランスの場合，検察官の方は，司法大臣を頂点とする職階性（階層性ともいう）の中に位置づけられており，一定の自律性は認められるものの，政治権力から全く独立して権限行使をしているとはいいきれない。この点が裁判官とは異なるのではないかと問題になったのである。破毀院も欧州人権裁判所に同調して次のように述べている。「検察官が欧州人権条約5条3項により要求されている独立性や公平性の保障を示していないのに，予審部会が，検察官を当該規定の意味での司法機関であるとして維持したことが不当だとしても，……判決は，当該条文が課している簡潔さの必要性と両立する期間で自由の剥奪後，直ちに被疑者を解放したので，それほど非難されるべきものではない。」(Cour de cassation, Crimi, n° 10-83.674 du 15 décembre 2010.) なお，司法官に対するフランス人の印象については「司法の不信」ということが指摘されている。司法官の数は裁判の細分化によって増えてはいるが，信頼は後退しているとされる。とりわけ，性犯罪に対して厳しい判断を求める声があがっている。Anne VIDALIE, Sondage exclusif : 1 Français sur 2 n'a plus confiance en la justice, L'express. fr., 29 octobre 2019.

ついて表明することを禁じるものである。また，それが職務上であろうが，私生活におけるものであろうが，不正行為によって司法官としての職務上の名誉（信義），配慮もしくは尊厳を侵害するようなことをしてはならない。同様に，自らにあてられた裁判所の管轄地域，隣接する大審裁判所の管轄地域の中で居住する義務に拘束される。

彼らの地位はまた兼職禁止，兼職不可能性ももっている。他の職業活動を兼ねていることはできず，政治職につくこともできない。血族関係や婚姻関係からその独立性に侵害をきたす危険がある場合は，制裁を受けることを避けるために，事件に関与することはできない。これは利益相反の問題でもある[49]。

司法官職団の階層性には，二つの階級が含まれる。第一の階級から第二の階級へ移るには，昇進表への登録に則って行われる。階層性からはずれたところにある地位もある。例えば，破毀院調査裁判官や調査検察官を除く，破毀院司法官がこれにあたる[50]。

司法官のうち裁判官になるのか，検察官になるのかは個人の選択である。司法官としての身分を得た場合，あるいはキャリアを積んでいる間の配属，任用のあり方は異なっている。

裁判官 magistrats du siège としての司法官は，事件の裁判の判断や予審に参加する。彼らは司法的役割を果たす。彼らの決定は，命令 ordonnance，判断 jugement，処分 arrêt である。これに対し，検察官 magistrats du parquet は，社会の利益を擁護する責務を負っているが，彼らは裁判としての判断はしない。彼らは，民事裁判においても刑事裁判においても，請求・論告という方法で介入する[51]。

裁判官は独立した存在である。階層の上級の者にも従う必要はない。彼らには，不可動性がある。すなわち，配属先を課されることはない。代行可能性もない。このことは，担当している事件を唯一判断するのが裁判官であり，同僚

---

49) Patricia VANNIER, *op. cit.*, p. 170.
50) *Ibid.*, p. 172.
51) *Ibid.*, p. 172.

ではない，ということである。違背，非行があった場合には，CSM によって制裁される。

検察官は，司法大臣の権限の下に階層的に従い，位置づけられているものである。しかしながら 2013 年 7 月 25 日法（Loi n° 2013-669 du 25 juillet 2013 relative aux attributions du garde des sceaux et des magistrats du ministère public en matière de politique pénale et de mise en œuvre de l'action publique）は，司法大臣に対して個別の刑事事件について検察官に指示を出すことをやめさせた。検察官は配置転換させられ，相互に入れかわることができる存在である。彼らに対する制裁は，CSM の意見のあとで，司法大臣によって宣言される[52]。

司法官の責任については次のように考えられている。司法官の地位に関する 1958 年 12 月 22 日オルドナンス（Ordonnance n°58-1270 du 22 décembre 1958 portant loi organique relative au statut de la magistrature）において，「司法官は，個人的な非行（過失）faute についてのみ責任を有する」と定められている。このことは，彼らの責任は，司法の活動という事実から負わせられることはないことを意味する。司法官の責任の実施のためには，非難された非行の性格により違いが生じる。民事的な非行の場合は，司法官の活動との関係があるかないかによって，異なる制度が適用される。職務とは別の非行が問題となるなら，司法官は一般法の条件において責任を負う。職務の行使に結びつく非行が問題となるなら，当事者は国家に対してしか責任について訴えることができるにすぎない。すなわちこのような場合，司法官の責任は，国家の求償の訴えの結果に拘束される。しかしながら，1972 年 7 月 5 日法（Loi n°72-626 du 5 juillet 1972 instituant un juge de l'exécution et relative à la réforme de la procédure civile）の規定から，国家は，司法の公役務の不備な活動から生じた損害を償う義務があるが，この責任は重過失の場合もしくは裁判の拒否の場合にのみ保証されるものである。その代わりに，刑事的な非行の場合には，司法官は，いかなる免除も許されず，個人的にそして直接に訴追されることになる[53]。

---

52) *Ibid.*, p. 172.
53) *Ibid.*, p. 174. なお，フランスでは付帯私訴が認められている。

懲戒制裁は，彼らの職務に課せられている尊厳，配慮，品位が欠けている場合には，CSMによる規律上の追及の対象となることにより行われる。2010年7月22日組織法（Loi organique n° 2010-830 du 22 juillet 2010 relative à l'application de l'article 65 de la Constitution）以降は，すべての訴訟当事者により訴えることができるものとなっている。制裁は，書類に記載されることを伴う戒告，異動，役職の辞任，最大5年間の単独裁判官への任命禁止，降格，解任など様々である[54]。

司法官職高等評議会（CSM）は，司法官のキャリアの管理を担う存在である。憲法65条は次のように定めている。

「65条

1項　司法官職高等評議会は，裁判官について権限を有する部会と検察官について権限を有する部会を含む。

2項　裁判官について権限を有する部会は破毀院院長により主宰される。部会はさらに，5名の裁判官，1名の検察官，コンセイユ・デタにより指名される1名のコンセイユ・デタ評定官，1名の弁護士，及び国会にも司法系列にも行政系列にも属さない6名の有識者を含む。大統領，国民議会議長及びセナ議長はそれぞれ2名の有識者を任命する。13条の末尾の項に定める手続は有識者の任命に適用される。各議院の議長により行われる任命は当該議院の権限を有する常任委員会の意見のみに従う。

3項　検察官について権限を有する部会は破毀院検事長により主宰される。部会はさらに，5名の検察官，1名の裁判官，1名のコンセイユ・デタ評定官，1名の弁護士及び2項に掲げる6名の有識者を含む。

4項　裁判官について権限を有する部会は破毀院の裁判官の任命，控訴院院長の任命及び大審裁判所所長の任命について提案を行う。その他の裁判官は裁判官について権限を有する部会の拘束的意見に基づき任命される。

5項　検察官について権限を有する部会は検察官の任命についてその意見を

---

54)　*Ibid.*, p. 174.

述べる。

6項　裁判官について権限を有する部会は裁判官の懲戒評議会として裁決を行う。この場合，部会は2項で対象とされている委員のほか，検察官について権限を有する部会に属する裁判官を含む。

7項　検察官について権限を有する部会は検察官の懲戒罰についてその意見を述べる。この場合，部会は3項で対象とされている委員のほか，裁判官について権限を有する部会に属する検察官を含む。

8項　司法官職高等評議会は，大統領が64条の資格で行う意見表明の要求に応えるため総会として集会する。評議会は，総会において司法大臣が付託する司法官の職業倫理に関する問題及び司法の活動に関するすべての問題について意見を表明する。総会は2項に掲げる5名の裁判官のうちの3名の裁判官，3項に掲げる5名の検察官のうちの3名の検察官，並びに2項に掲げるコンセイユ・デタ評定官，弁護士及び6名の有識者を含む。総会は破毀院院長により主宰されるが，破毀院検事長は院長を代行することができる。

9項　司法大臣は，懲戒の場合を除き司法官職高等評議会の部会の会議に参加することができる。

10項　司法官職高等評議会は組織法の定める要件に従い1名の訴訟当事者により付託されることができる。

11項　本条の適用の要件については組織法によりこれを定める。」

65条はまず司法官職高等評議会が二つの部会，裁判官について権限を有する部会と検察官について権限を有する部会をもつことを示している[55]。そしてそれらの部会それぞれの構成，任命のあり方を示す。ついで，それらの部会のそれぞれの権限を示す。8項では司法官職高等評議会の総会のあり方を示す。その中で総会においては，司法官の職業倫理並びに司法大臣が付託する司法の運営や活動に関するすべての問題について意見を述べることが示されている。9項は，司法大臣が懲戒の場合を除き司法官職高等評議会のそれぞれの部会に

---

55) *Ibid.*, p. 176. CSMのあり方は，2008年7月の憲法改正により大きく変更がなされた。

参加できることを示している。10項では，司法官職高等評議会は組織法律により定められた要件に従い，1名の訴訟当事者（裁判を受けている人）により提訴されることも示している。11項は，65条の適用の要件は組織法律が定めるとする。

2016年4月20日法（Loi n° 2016-483 du 20 avril 2016 relative à la déontologie et aux droits et obligations des fonctionnaires）の適用により，司法官は職務に任命された2ヵ月以内に，利益についての徹底的な正確なかつ誠実な申告をしなければならない。この申告は，それぞれ所属する機関の長に伝えられる。例えば，第一審裁判所の裁判官に対しては当該裁判所長に，第一審裁判所の検察官に対してはその大審裁判所検事正 procureur de la République に伝えられる，というようにである。検察官の場合には，控訴院検察官に対しては検事長 procureur général，破毀院検察官に対しては破毀院検事長となる。

この申告は，司法官のいかなる政治，組合，宗教，哲学に関わる意見や活動を含むものではない。次のことに関わる申告である。「任命の日にもしくは任命の日の前の5年間に，給料や賞与をもらった原因となる職業活動，任命の日にもしくは任命の日の前の5年間に，営んでいたコンサルタント活動，任命の日にもしくは任命の日の前の5年間に，公的もしくは私的組織あるいは会社の幹部組織への参加，会社の資本への財政上の参加，配偶者，パートナーあるいは内縁（同棲）の相手の営む職業活動，利益相反を生じるおそれのある無報酬の職務，任命の日についている選挙によって任命された職務や任務。」

2016年8月8日組織法（Loi organique n° 2016-1090 du 8 août 2016 relative aux garanties statutaires, aux obligations déontologiques et au recrutement des magistrats ainsi qu'au Conseil supérieur de la magistrature）以降は，CSMの構成員も公的生活の透明化のための高等機関の長に，その職務の任命から2ヵ月以内及びその職務を辞す時から2ヵ月以内に財産状況の徹底的な，正確な，誠実な申告をしなければならない。あらゆる財政状況の大きな変化があった場合も，同様に申告

の対象となる[56]。2016 年 8 月 8 日組織法はまた，司法裁判系列司法官の倫理会議 collège de déontologie を設立した。この会議は，5 人で構成され，3 年任期であり，更新が一回可能である。彼らの中から会長を選ぶ。その 5 人とは次のような者である。「CSM の総会の提案に基づき大統領により任命される元 CSM の構成員で，現職か名誉職となっている司法官（同総会には破毀院院長や破毀院検事長の出席はない），交替制で破毀院の階級以外の裁判官会議により選ばれた，現職か名誉職となっている破毀院の階級以外の裁判官もしくは破毀院の階級以外の検察官会議により選ばれた，現職か名誉職となっている破毀院の階級以外の検察官，交替制で控訴院院長会議で選ばれた，現職か名誉職となっている控訴院院長もしくは控訴院検事長会議で選ばれた現職か名誉職となっている控訴院検事長，これも交替制であるが，現職か名誉職となっているコンセイユ・デタ構成員の間でコンセイユ・デタ副院長により任命される外部識者，会計院の現職か名誉職となっている構成員の間で会計院の院長により任命される外部識者，さらに交替制で破毀院院長もしくは破毀院検事長の提案に基づいて共和国大統領により任命される大学人」となっている。

この会議は，司法官の個人的なあらゆる倫理に関する問題についての意見をする，司法官の利益申告を検討することに責任を負っている[57]。

(4) 行政裁判官

行政裁判所の最高裁判所であるコンセイユ・デタの構成員は，その他の行政裁判所の構成員とは異なる職団に属する。コンセイユ・デタの構成員は司法官としての地位はもっていないし，憲法上司法官に保障されている不可動性の保障も理論上受けることはない。彼らは外部のもしくは内部の競争試験を受けて採用される。内部試験は，彼らの職務を理由として評価される人達に向けて開かれた試験となっている。その職務とは，司法官カテゴリーＡの公務員などである。彼らはその職務を独立に，品位をもって，公平に，誠実さをもって行

---

56) *Ibid*., p. 178.
57) *Ibid*., p. 180.

わなければならない。コンセイユ・デタ副院長は、実際上院長としての役目を果たす。これは、コンセイユ・デタの院長は原則的に首相とみられているが、これは名目上であり、実際には各部の部長の間から大臣会議におけるデクレで任命された副院長が主宰することを意味している[58]。コンセイユ・デタの構成員とは、コンセイユ・デタ評定官、調査官、聴聞官（傍聴官ともいう）からなる。キャリアを積んで最終的には評定官として昇進していく[59]。

それ以外の行政裁判官は競争試験もしくは公務員の職団の中からまた出向 détachement という方法でも採用される。行政裁判官の職団には、所長（もしくは院長）、第一評定官、評定官が含まれる。彼らは不可動性（1986年1月6日法 Loi n° 86-14 du 6 janvier 1986 fixant les règles garantissant l'indépendance des membres des tribunaux administratifs et cours administratives d'appel で定められた）、独立性を保障され、司法系列裁判官と同様の不可能性、兼職禁止を受ける。すべての公務員に課せられる慎重義務も負う。非行がある場合には、それぞれ所属する地方行政裁判所もしくは地方行政控訴院によって、異なる高等評議会から懲戒制裁（懲戒罰）を受けることになる。この高等評議会は昇進・昇格、懲戒を行う組織である。この高等評議会（地方行政裁判所及び地方行政控訴院高等評議会 CSTACAA ともいう）の構成員は13名で地方行政裁判所及び地方行政控訴院の職団から選ばれた5名ずつと3名の有識者からなる。この有識者は、それぞれ共和国大統領及び上下両院各議長により任命されるものである。この高等評議会は、コンセイユ・デタ副院長により主宰される[60]。

行政裁判系列裁判所においても倫理会議が設置されている。詳しくは後述す

---

58) 行政訴訟法典 L. 121-1条1項は「コンセイユ・デタは、副院長により主宰される」と定め、2項は「コンセイユ・デタの総会は、首相により主宰されうる、首相が欠席の時は司法大臣により主宰されうる」と定めている。今日では総会も多くは副院長により主宰されている。Quels sont les organes dirigeants du Conseil d'État ?, *Vie publique*, 6 août 2014. またコンセイユ・デタの報告 rapport は大統領に提出される。

59) *Ibid.*, p. 182.

60) *Ibid.*, p. 182.

るが，2011年に編纂された行政裁判所構成員憲章は倫理会議の設置を予定していたが，2016年4月20日法によってその設置が実現したものである。その倫理会議の構成は，次のようであり，3年任期で更新は一回である。コンセイユ・デタの総会で選ばれるコンセイユ・デタの構成員1名，CSTACAAから選ばれる地方行政裁判所及び地方行政控訴院の裁判官1名，交替制で破毀院院長により破毀院の現職か名誉職となっている裁判官の間から指名される者あるいは会計院院長により会計院の現職か名誉職となっている裁判官の間から指名される者1名，共和国大統領により任命される有識者1名からなる。この会議は，コンセイユ・デタ副院長が主宰する。

　この倫理会議は次のことに責任を負うものである。行政裁判所の構成員の，個人的なあらゆる倫理問題について倫理憲章の規定に基づいて意見を与えること，倫理原則及び倫理憲章の適用に基づき行政裁判所の構成員に対して推薦状を作成すること，利益申告についての意見を表明することである[61]。

　司法裁判系列裁判官と同様に行政裁判系列裁判官も職務についた2ヵ月以内に徹底的な正確なかつ誠実な利益の申告を明確に行わなければならない。コンセイユ・デタ副院長は行政裁判所の倫理会議にこの申告を委ねる。コンセイユ・デタ構成員は配属されている部の長に，部の長や事務総長はコンセイユ・デタ副院長に，地方行政裁判所及び地方行政控訴院の裁判官は配属されている裁判所の長に，申告を行うことになる。こうした申告がコンセイユ・デタ副院長に渡される。

　利益の申告は，職務の独立，公平，客観的な行使に影響を及ぼすもしくは影響を及ぼすようにみえる性質をもつ関係や利益に言及するものである。申告者は職務の配属や就任の決定の前の5年間にもった関係や利益について示さなければならない。この申告は，政治，組合，宗教，哲学に関わる意見や活動への言及を含むものではない。但し，その情報が公的に行使された職務や任務と関わる場合は別であり，申告の対象となる。こうした申告は，申告を委ねられた

61）　*Ibid.*, p. 184.

機関に対して規律の維持に理由を与えることになる[62]。

ところで，行政裁判官は市民と行政との間の紛争を解決する存在である。彼らは個人的権利の保護，一般利益そして適正な統治の調整をはかる。地方行政裁判所においては，行政官は行政活動に対する様々な申立てを判断する。すなわち不法な行政決定を無効にする（合法性の審査），必要のない懲罰を避けるために行政決定を変更する，行政を有罪とする場合の補償をする，緊急措置をとる，コンセイユ・デタに QPC（事後的違憲審査）を移送する，これらのことを判断する[63]。

(5) 弁　護　士

弁護士という職業は自由で独立した職業である。1971 年 12 月 31 日法（Loi n° 71-1130 du 31 décembre 1971 portant réforme de certaines professions judiciaires et juridiques）と 1990 年 12 月 31 日法（Loi n° 90-1258 du 31 décembre 1990 relative à l'exercice sous forme de sociétés des professions libérales soumises à un statut législatif ou réglementaire ou dont le titre est protégé et aux sociétés de participations financières de professions libérales）の二つの法律により定められているが，何回かの改正を経ている。彼らは個人の資格で団体 association もしくは民間会社 sociétés civiles のような形態の下で仕事をする。しかもマクロンが主導した 2015 年 8 月 6 日法（Loi n° 2015-990 du 6 août 2015 pour la croissance, l'activité et l'égalité des chances économiques）でいわゆる商人 commerçant の地位を社員に授けることを除いて，商行為に関わる構造に訴えることが許されるようになり，様々な会社の形態に弁護士による申立てが自由化された。この法律はまた，フランスのもしくは国際的な，例えば EU を構成する諸国などの裁判職・司法職を行使する外部の投資の参加を許可することで，弁護士会社の資本を開かれたものとした。しかしながらこうした組織においては少なくとも 1 名の社員が弁護士でなければならない。共同事業者である弁護士は，自由な資格でもしくは被雇用者として職務

---

62)　*Ibid.*, p. 184.
63)　Qui sont les juges administratifs ?, *Vie publique*, 15 février 2024.

を行うことができる[64]。

　弁護士になるには次のことが必要である。フランス人であることもしくはEU構成国またはヨーロッパ経済地帯での協定の一部となっている国の国籍保有者，同様の条件の下で職業活動を行使する能力をフランス人に認めている国の国籍保有者であること，少なくとも大学修士master 1あるいはそれと同等の資格や免状を有している者，弁護士職業適正証書を有していること，尊厳，誠実さ，公序良俗に反する手法で刑事的有罪判決の対象となっていないこと，罷免，待機命令，解任，認可や許可の剥奪のような懲戒上あるいは行政上の制裁の対象となっていないこと，裁判上の更生あるいは更生整理のような個人的な失権もしくは他の制裁を課せられていないこと，である。

　すべての弁護士は，その職務の行使の前に次の宣誓をする。「私は，弁護士として尊厳，良心，独立，誠実さ，人間性と共に，私の職務を果たすことを誓います。」[65]

　弁護士の職務は，当事者を代理すること，補佐すること，助言することである。しかしながら，彼らの地位や管轄領域によっていくつかの職務に分けられる。コンセイユ・デタ付き及び破毀院付き弁護士は，コンセイユ・デタや破毀院で働く官職，裁判所付き付属吏という立場である。いわゆる代訴士avouéは2012年1月1日以降廃止された[66]。弁護士，弁護士業avocats au barreauは自由に職業を行使する。彼らは，顧客の弁護の際，公判で補佐する。彼らはまた代理が義務となっているところでは裁判所において顧客を代理する権限を有する。この場合，弁護士はすべての訴訟行為をなしとげる。これを訴訟代理postulationと呼ぶ。長い間，弁護士は，所属する弁護士会barrreauの権限がおかれている裁判所でしか代訟代理を務めることができなかった[67]。他の裁判

---

64)　Patricia VANNIER, *op. cit.*, p. 186.
65)　*Ibid.*, p. 186.
66)　1971年12月3日法による弁護士制度改正まで代訴士は大審裁判所及び控訴院での訴訟代理を独占していた司法補助職である。
67)　Barreauとは弁護士会をさすが，「大審裁判所tribunal de grande instance毎に

所においては,その場所における訴訟代理を営む同業者に問い合わせをしなければならなかった。

2016年8月1日からは,2015年8月6日法の適用により,弁護士は控訴院の管轄にある司法裁判系列裁判所全体で訴訟活動ができるようになった[68]。

4. 公職における倫理・権利・義務

ここで,まずフランスの一般的な公務員の倫理並びに権利や義務に関する2016年4月20日法の内容にふれておく。この法律の原案は,国家改革・地方分権・公職担当大臣であるマリリーズ・ルブランシュによって2013年7月17日に大臣会議に提出されたが,さらにその修正案が2015年6月17日に大臣会議に示された。2015年10月7日国民議会において修正を伴って第一読会で採択され,ついでセナにおいて2016年1月27日に採択された。最終的な法案が両院合同同数委員会でまとめられ,2016年4月5日に国民議会で,4月7日にセナで採択された。政府はこの法案に対して2015年7月31日に迅速審議手続をとっていた。1983年7月13日法の制定以来,公職の一般規程に変更が大きく加えられたことになる[69]。法律の制定にかなり時間がかかったこともわか

　別個独立の法人格をもって組織される」と説明されていた。山口俊夫編『フランス法辞典』東京大学出版会 2002年 55頁。

68) Patricia VANNIER, *op. cit.*, p. 188. なお特別規定もある。

69) Loi du 20 avril 2016 relative à la déontologie et aux droits et obligations des fonctionnaires, *Vie publique*, 22 avril 2016. 豊田透「公務員の倫理を規定する法律の制定」外国の立法 268-1号（2016年）8-9頁。政府はこの法律の要点を次のようにまとめている。公役務の基本的価値の再確認,利益相反の予防,警告担当官の設置,兼職や私的セクターへの転職についての規範の強化,職員及びその家族の職務上の保護,男女平等,契約状況の改善,国家公務員における職務の廃止の場合に適用される規定,である。Fonction publique : que change la loi relative à la déontologie, aux droits et obligations des fonctionnaires ?, *Vie publique*, 21 avril 2017. また,公務員の倫理並びに権利及び義務という点にしぼって条文とともに説明している政府のサイトもある。*Les points clés de la loi relative à la déontologie*

る。

　法律は既に判例で認められていることなどを含めて，公務員の活動の特殊性に基づくいくつかの価値を示している。すなわち公務員はその職務の行使を，尊厳をもって公平に公明正大に誠実に行うこと，職務の行使にあたっては中立の義務を守らなければならないこと，ライシテ（政教分離）の原則の尊重をもって職務を行使すること，ここから自らが宗教的意見を表出することは差し控えること，とりわけ公役務の利用者に対応するにあたって平等な方法であたること，人々の良心の自由や尊厳を尊重すること，があげられている。

　倫理に関して適用される条文は，同様に強化された。利益相反 conflits d'intérêt（利益抵触ともいう）の状況に自らが直接に関することはやめなければならず，そうなるかもしれないことがあれば通告しなければならない。公的利益と公的もしくは私的利益とのあらゆる競合の状況，その職務の独立した公平で客観的な行使に影響をその性質上もたらすもしくはもたらすかもしれないあらゆる競合の状況を利益相反という。第一に，公的生活の透明性についての法律案で定義された利益相反の予防の規定が公務員，行政裁判所及び財政関係裁判所の構成員に適用された[70]。彼らは，利益や資産状況の宣言をし，報告する義務を負う。新たに利益相反の存在につき不安がないことを指摘するための警告担当官 lanceurs d'alerte も設置された。第二に，利益相反の予防のために公職倫理委員会の権限が拡大され，また，私的セクターへの就職のコントロールの強化もすることとなった。活動の兼任の規定も新しく解釈し直すこととなった。

　こうした規定は軍関係者にも及び，軍倫理委員会は利益相反がないことを監

---

　et aux droits et obligations des fonctionnaires, Le portail de la Fonction publique. 奥忠憲「フランスにおける近年の公務員倫理法制度改革」人事院月報 837 号（2019年）8-15 頁も参照。こうしたことを通して，公務員一般法典 Code général de la fonction publique（CGFP）の立法化に至り，2021 年 11 月 24 日オルドナンス Ordonnance n°2021-1574 du 24 novembre 2021 により，2022 年 3 月 1 日から施行されている。

70）服部有希「フランスの政治倫理に関する立法」外国の立法 264 号（2015 年）23-63 頁。

視することになった。

　身分規程が調和させられることは，三つの公職（国家，地方，病院勤務者）の間で職員の異動もしやすくなるという目的もある。そこで，懲戒規程の統一が必要となる。職務の行使において犠牲となり攻撃を受けた職員が利益を受けられるような保護が強化され，その配偶者や子どもにもし彼らが同様に犠牲者となっても保護がゆきわたるようにするものである。

　公務員の権利とは何かについては，彼らの職務の行使に結びつく権利と，市民としての権利とに分けて説明される[71]。前者には，次のものが含まれる。報酬 rémunération を受ける権利と退職したときには年金を受ける権利，昇進する権利，休暇をとる権利（ここには有給休暇，研修のための休暇，産休，育休，病気休暇がある），職業教育や研修を受ける権利（2017年1月1日から研修への個人的 individuel 権利 DIF から CPF すなわち，研修への職員としての personnel 配慮 compte へとかわっている），参加への権利（公務員は，社会的対話の決定機関において出席する，彼らの代表を通して公役務の組織や活動，身分規程の作成，人的資源の政策についての決定，個人的決定の検討に参加する。公務員は同様に彼らが恩恵を受けるあるいは組織する，社会的・文化的・スポーツ・レジャーの活動の決定や管理に参加する）。行政の保護への権利（職務の行使に結びつく出来事を理由として威嚇的言動，侮辱的言動，暴力行為，ハラスメント，中傷などのような嫌疑をかけられた公務員がいるとき，行政は，その保護，弁護料や訴訟費用を引き受けなければならない，行政は場合によっては，公務員により受けた損害を償う責任を負うこともある），警告担当官の保護を受ける権利（不法行為や犯罪，利益相反の状況につき，誠意から司法機関や行政機関において詳述したり証言したりした公務員あるいは重大な違法行為や国際協定違反があったとか，一般利益に重大な違反をもたらしているとかの倫理的な警告をした公務員は，あらゆる制裁や差別から保護され，差別主義的，モラル・ハラスメント，セクシュアル・ハラスメントをひきおこす非差別の原則に反する策略を告発した公務員に対しても同様の措置がとられる），である。

---

71) Quels sont les droits des fonctionnaires ?, *Vie publique*, 2 janvier 2023.

公務員の公的自由の行使の制限は，次のように考えられている。

　市民であるかぎり，公務員も公的諸自由（法律によって定められている諸自由）を享有している。しかし，そのうちのいくつかの自由の行使には制限がある。まず，意見の自由については，政治，組合，哲学，宗教もしくは性的指向を理由として公務員の間で非差別原則に従って表現される。意見の自由は，ライシテ（政教分離）原則の尊重と，また中立性の義務とを両立させる必要もある。中立性の義務は，住民に対して政治的，宗教的，哲学的嗜好を表わすことを公務員に禁じるものである。表現の自由については，公務員の慎重の義務に違反してはならない。この点につき限界を示すことは難しい。若干の種類の公務員に対しては，個別の規定から，その託されている任務の性質のために慎重義務が強化されていることもある。組合の権利については，1946年以降認められている。公務員は自由に組合を設立することができる。またそれに参加することや組合任務を行使することもできる。組合に入っている公務員は，組合組織のための職務不在や休暇のための特別の許可や職務の負担軽減を得ることができる。ストライキの権利（争議権）については，1946年に承認されているが，例えば警察官，軍人，司法官のようにその権利を認められていない職団もある。あるいは航空管制官のようにその職務の性質を理由とし制限されている職団もある。

　公務員においては今日では63％が女性である。公職における職業上の平等に関する2018年11月30日協定は，2019年8月6日公職の変革に関する法律（Loi n° 2019-828 du 6 août 2019 de transformation de la fonction publique）の中に必要不可欠なものとして位置づけられた[72]。行政及び公職の一般管理部局DGAFPは，2023年11月3日に公職における女男間の職業上の平等についての年次報告を出している。それによると次のようなことが示されている[73]。職業上の平等の

72）　植野妙実子『男女平等原則の普遍性』中央大学出版部2021年，とりわけ438-444頁参照。

73）　Fonction publique : l'égalité professionnelle femmes-hommes progresse-t-elle ?, *Vie publique*, 8 novembre 2023.

ためのアクションプランは多岐にわたっていること，2022年に公表された「公職における性差別的暴力に対する闘い」のガイドは，適正な対処方法やいつでも活用可能な身分規程及び規律に関係する装備を示している。また，職業上の平等に関する研修は発達してきている。公務員は徐々に「職業上の平等」という保障と「多様性」という保障を得るようになってきている。

　女性公務員は，職業上の行程をよりよく進むことができるように配慮されている。例えば，上級幹部職の女性を増やすために均衡のとれた任命を受ける措置がある。2017年以降，公的な雇用主は，任命の際にそれぞれの性の少なくとも40％の比率を尊重しなければならない。才能を活かすためのプログラムというものも女性公務員のために存在する。管理職をめざす女性のために事情に合わせて支援が用意されている。才能を活かすための競争試験があり，その準備コースも学生に対して設けられている。2018年以降，こうした試験により女性が多く受け入れられるようになっている。しかしながら，賃金格差の問題（男女国家公務員の間の格差は14％と指摘されている）や，妊娠・出産に伴う差別が存在することも指摘されている[74]。

5．裁判官の倫理義務

　既述したように公職一般の倫理・権利・義務は，その託されている任務の性質に応じて制限を受けたり強化されたりしている。司法官もそうした公職の一つである。行政裁判官も同様である。但し注意すべきは，行政裁判官は行政権の自律として自己点検を行うような形で裁判をする所である。他方で，司法官は司法権を担っていると考えられる。しかし，フランスにおいては，権力分立を日本のような三権（立法権，行政権，司法権）の分立が権力それぞれへの抑止と均衡の上に成立しているとはいえない。司法権が他の権力に対して抑止作用

---

74) フランスにおける職業上の平等の進展については次のものを参照。Droits des femmes : où en est l'égalité professionnelle ?, *Vie publique*, 28 février 2024. また，植野妙実子・前掲書（注72）451-487頁も参照。

を施しているようにはみえない。むしろ司法権は自ら着実に判例を重ねてきているといえる。第五共和制憲法の下での大統領と首相の二頭政治は行政権（フランスでは執行権という）の強大化を図るものであった。2008年7月の憲法改正で立法権の強化は行われたが，基本的には行政権（執行権）のトップである大統領の権力は大きい。フランスにおける権力分立はむしろそれぞれの権力が作用しあうよりも，権力の自律として自らの管轄，権限を明確化する形となっている[75]。こうした認識の下で行政裁判官と司法官のそれぞれの倫理義務を確認していきたい。

行政裁判系列裁判官に対しては，行政裁判所倫理憲章 Charte という形で編纂され，既に行政裁判所から 2023 年版も示されている[76]。これに対し，司法官に対しては，司法官の倫理義務集成 Recueil という形で編纂され，憲章という形はとっていない[77]。まず，行政裁判所倫理憲章をみた上で，司法官についての倫理義務集成の内容を確認していく。

(1) 行政裁判所倫理憲章

行政裁判所倫理憲章の中では，まず根拠条文があげられ，ついで一般原則が述べられ，その一般原則の内容が細かくとりあげられている。独立性と公平性，職務行使における利益相反の防止，公の場における表現（公的表現）の慎重義務，職務上の秘密保持，付随的な権利と活動，倫理に関する申立てを扱う

---

75) ティエリー・ルノー著福岡英明＝植野妙実子訳「フランスにおける権力分立論の適用への憲法院の貢献」植野妙実子編訳『フランス公法講演集』中央大学出版部 1998 年 125-145 頁。なお，同書のジャック・ロベール＝横尾日出雄訳「裁判官の独立性について」95-124 頁も参考になる。そこには，裁判官の役割として「法を語る」，「各人に相応の責務を課す」，「フランス人民の名において裁判を行う」，「その権限を逸脱してはならない」ということが示されている。

76) Charte de déontologie de la juridiction administrative, Éd., 2023. Conseil d'État. Cf., Laure RAGIMBEAU, La déontologie du juge administratif, LGDJ, 2023.

77) ダヴィド・シルステン著幡野弘樹訳「フランスにおける弁護士および司法官の職業倫理についての総論的報告」立命館法学 347 号（2013 年）658-671 頁参照。

機関，すなわち倫理会議 collège de déontologie（この目的は公務員の倫理意識の促進）について記されている。

行政裁判所組合もこれに対する解釈を「倫理と規律」というタイトルで，ネット上でも示している[78]。そこにおいては倫理的義務の源と憲章が編纂されるに至った経緯が示されているので，それを示しておきたい。

行政裁判所に適用される倫理原則の中には，独立と公平の原則があり，行政裁判権の独立性については憲法院判決の中で，共和国の諸法律によって承認された基本原理として認められてきた[79]。これ以降何回か憲法院は同様に認めてきているが，その根拠は1789年人権宣言16条であった[80]。

他方で，条約のレベルにおいても，例えば欧州人権条約6条においても欧州連合基本権憲章47条においても「すべての者は，事前に法律によって設置された，独立かつ公平な裁判所により，公正，公開そして妥当な期間内に判決を下す訴訟をおこす権利を有する」ことを示していることから，行政裁判所の独立性・公平性が要求されている。

法律のレベルにおいては，行政裁判官は，公務員という資格を有する点で，公務員の権利と義務に関する1983年7月13日法（Loi n° 83-634 du 13 juillet 1983 portant droits et obligations des fonctionnaires）の適用を受けると考えられていた。すなわち，厳正，公平，公明正大，誠実さ，中立性及びライシテの原則の尊重の義務，執行権限性，職務上の秘密保持などである。

この法律は，既述のように公務員の倫理並びに権利及び義務に関する2016年4月20日法で強化，改正されたが，そこでは，行政裁判系列裁判官に対する特別規範が設けられたことから，倫理に関する様々な規定が行政裁判法典の中に定められることとなった。とりわけ行政裁判法典L. 231-1-1があらたに

---

[78] Syndicat de la Juridiction administrative, *Déontologie et discipline.* タイトルには6という数字がつけられており，260頁から289頁まである。

[79] CC., n° 80-119 DC du 22 juillet 1980.

[80] CC., n° 2017-666 QPC du 20 octobre 2017 ; CC., n° 2019-778 DC du 21 mars 2019.

設けられた[81]。この法律はまた倫理に関するだけでなく利益相反防止にも力を入れるものである。

　行政裁判所倫理憲章は，それまでいわゆる慣習的に取り組まれてきたことをやめて，行政裁判所の構成員の職務の行使に固有の倫理原則と適正な運用を宣言するものである。ソフトローによるアプローチという枠組みの中で（この意味は規制を伴わないということと思われる）2011年に採択され，この憲章の法的基礎は2016年4月20日法とともに，行政裁判法典 L. 131-4 条に定められた[82]。さらに，この倫理憲章は，まずコンセイユ・デタ副院長によって，行政裁判所倫理会議やコンセイユ・デタ諮問委員会の意見の後で確定された。また，地方行政裁判所及び行政控訴院高等評議会の意見も反映している。こうした経緯を経て，2017年3月14日の決定で採択され，2018年3月16日に最初の見直しもされている。

　憲法院は，行政裁判法典 L. 131-4 条の規定について合憲であると判断して

---

81) L. 231-1-1 条は次のように定める。
　「地方行政裁判所及び行政控訴院の裁判官は，その職務を独立，厳正，公平，公明正大，誠実に行い，この点で正当性に対するあらゆる疑念を防止するように行動する。
　これら行政裁判官は，彼らの職務に課された慎重さ réserve とともに，両立できない公の性格を有するあらゆる活動及び行動を慎しむ。
　これら行政裁判官は，政治活動の支持において行政裁判所に彼が所属していることを利用してはならない。」
　行政裁判法典と訳したが，タイトルは Code de justice administrative である。ちなみに，行政裁判官組合は，裁判官の公の場における表現に関して倫理憲章を改定した2018年3月16日コンセイユ・デタ副院長の決定をコンセイユ・デタに抗議している。裁判官の表現の自由にもたらされているこうした制限，とりわけソーシャル・ネットワークにおける政治的・社会的な時事問題にコメントすることを禁止することは憲法規範及び欧州規範に適合しないものであることを示した。2020年3月25日の判決（CE., n° 421149 du 25 mars 2020）でコンセイユ・デタは，当該勧告の表現の自由への侵害はないと判断している。

82) L. 131-4 条は次のように定める。「コンセイユ・デタ副院長は，行政裁判所の構成員の職務に固有な倫理原則及び適正な実施を宣言する倫理憲章を，行政裁判所倫理会議の意見の後で，確定する。」

いる。当該憲章が倫理会議の意見の後でコンセイユ・デタ副院長により確定されているという状況は，公平性の原則や効果的な裁判を受ける権利を侵害するものではない。一方では，コンセイユ・デタ副院長も行政裁判所倫理会議の構成員も憲章を問題とするあるいは実施する事件の判断に参加することはできず，他方では，行政裁判所の構成員に認められている資格の保障はコンセイユ・デタ副院長に対して独立性をもって確保されているからである[83]。

　この憲章の内容は，行政裁判官の独立性と公平性，職務遂行においての利益相反防止，公の場における表現における慎重さの義務，職務上の秘密保持，行政裁判執行権限 exclusivité の義務，そして付随する諸活動，これらに関わる問題に引き続き取り組む多くの一般原則を示している。

　コンセイユ・デタは，同日に行われた二つの判決において憲章の解釈を示している[84]。コンセイユ・デタは，行政裁判法典 L. 131-4 条の規定の意味を確認した後で，憲章は法規的な原則や規定にとってかわる使命はもっていないとし，そこに示された適正な運用が，行政裁判所構成員の行為が倫理義務違反を構成しているかどうか判断するための考慮にいれる余地があるとは判断したが，適正な運用の無視，それ自体が規律違反にはあたらない，と判断した。しかしながら，コンセイユ・デタの判決は，懲戒手続の枠組みにおいて，どの範囲で憲章違反に影響することがあるのかを明確にしていない。また，コンセイユ・デタは次のことを示している。旧構成員の行為が行政裁判所の独立性や機能に，あるいは彼らの昔の職務の厳正さに影響を与えることを避けることが必要である以上，すべての行政裁判所の旧構成員に一定の条件において同様に憲章が適用されることを予想しながらも，コンセイユ・デタ副院長がその権限の範囲の拡大を無視したものではない，とする。

　行政裁判所裁判官の職務停止や規律遵守に関しては，行政裁判法典 L. 236-1 条から L. 236-7 条まで及び R. 236-1 条から R. 236-5 条までに定められている。2016 年 10 月 13 日オルドナンス（n° 2016-1366 du 13 octobre 2016）は，行政裁判

---

83) CC., n° 2017-666 QPC du 20 octobre 2017.
84) CE., 25 mars 2020, n° 411070 et CE 25 mars 2020, n° 421149.

官に適用される規律遵守制度，懲戒制度の改革を行った。この改革の目的は，地方行政裁判所及び地方行政控訴院高等評議会（CSTACAA，高等評議会ともいう）に完全な規律遵守の行使の権限を与えることの他に行政裁判官のためのよりよい保障を供与すること，そして過去の体制ではない公務員共通法の制度に近い裁判機能の行使により適合した懲戒制度を組織することである。

　2016年の改正以前は高等評議会の提案により共和国大統領によって懲戒制裁は宣言されていた。今日では，高等評議会に直接に懲戒権限が属する。高等評議会は，一審かつ終審として，特別行政裁判所として裁定する。コンセイユ・デタ副院長が唯一，高等評議会議長として懲戒処分や戒告を宣言する。

　職務の維持が不可能となるほどの重大な違反の場合でかつ急を要する場合には，最大で4ヵ月間の裁判官の職務停止が高等評議会議長から直接に宣言される。これは当該裁判官が任命された裁判所長のもしくは行政裁判所監督団mission d'inspection des juridiction administrative（MIJAともいう）の提案によるものである[85]。

　職務停止の要求は，自動的に懲戒権限への付託をできなくさせる。こうした措置をとられた裁判官には，自らの書類をすべて閲覧する権利がある[86]。

　したがって，懲戒訴追は，高等評議会に対して当該裁判官が任命されたところの行政裁判所所長もしくは行政裁判所監督団によって，懲戒訴追の原因となる事柄を申し立てることによる。当該裁判官は，一件書類を閲覧する権利ももち，弁護人を立てることもできる。高等評議会における採決は多数決で行われる[87]。

---

85) このMIJAの権限については行政裁判法典R. 112-1条からR. 114-1条にかけて規定されている。関連する論文に次のものがある。Hélène PAULIAT, La mission permanente d'inspection de la justice administrative : un rôle central dans l'évaluation de la qualité de la justice administrative ?, *RFAP* 2016-3 (n° 159), pp. 807-818.

86) フランスでは，公務員が懲戒処分などの人事措置に先立ち，人事記録とその付属書類について個人的かつ内密に閲覧する権利は古くから確立している。

87) 懲戒訴追の具体的な流れについては次のものが詳しい。*Déontologie et*

一般的に次に述べる司法官も同様であるが，一般公務員は通常職務上の責任を問われるのに対し，裁判官は私的生活において避けるべきことも指摘されている[88]。

(2)　司法官職倫理義務集成

　司法機関の独立性は機関の核となるものであるが，同時にそれは司法官の独立性を必然的に必要としている。司法官という地位は，厳正さ（品位ともいう），配慮（思いやりともいえる，すなわち他人に対して尊重や注意をはらうことである），あるいは信義のような義務が語られる。こうした地位に伴う義務は，職務上のみならず，私的生活においても課されるものである。

　司法官職倫理義務集成の表紙の裏には，「司法官の価値」と記されている。とりあげられている内容は，独立性，公平性（この中には利益相反の防止も入っている），公明正大であること，誠実さ（廉潔さともいえる），忠誠であること（この中には法規範の尊重，裁判活動における誠実さ，他の司法官や公務員との関係における誠実さ，裁判運営における誠実さがあげられている），職業意義（この中には職務上の権限と適正な運営，そして効率と勤勉さがあげられている），尊厳（品位ともいう），他者に対する尊重と配慮（この中には当事者の尊重，裁判の他の専門家の尊重，他者に対する配慮と，仕事が集団で行われることへの配慮があげられている），慎重さと秘密厳守である[89]。

　これらの倫理義務の中でも，独立性と公平性は重要なものである。独立性については「司法機関の独立性は，権力分立の原理から導き出される憲法的価値を有する基本原理である。こうした独立性は，法治国家の保障の一つを構成する。独立性は，社会にとっては，裁判における信頼性の条件である。独立性

---

　　　discipline, précité, pp. 285-287.
88)　Julie JOLY-HURARD et Julia VANONI, *Le déontologie du magistrat*, Dalloz, 4ᵉ éd., 2020, pp. 179-186.
89)　*Recueil des obligations déontologiques des magistrats*. 27頁にわたるもので，PDFでみられる。

は，訴訟当事者にとっては，公正な訴訟の条件である。独立性は司法官にとっては，正当性の条件である。」[90]

公平性については，「公平性とは，司法官に対し，あらゆる偏見・先入観をもたないことを義務付ける。司法機関における人々の信頼の基本的要素として，公平性は，人権及び基本的自由の保護のための条約6条に保障されているものである。公平性は，法の前の市民の平等の基本原理の尊重の前提である。」[91]最後の慎重さと秘密保持の部分には，裁判のイメージを保つためにとして，次のように具体的な事柄をあげて示している。

「1．司法官は，公の場における表現において，人々の信頼に不可欠な裁判の公平性のイメージを危うくすることがないように節度をもって示す必要がある。このようなことはどのような伝達方法を用いようとも要求されることである。

2．共和国政府の原理や形態に敵対する，あらゆる表現活動は司法官には禁止される。同様に，彼らの職務に課せられている慎重さと両立しえない政治的性格を有する示威行動も禁止される。

3．司法官は彼らの地位という制限の中では自由に表現できる。

4．司法官は，すべての市民に正当に認められた権利を行使する場合でも倫理的義務を保たなければならない。

5．慎重さの義務は，裁判官としての司法官にも検察官としての司法官にも課される。

6．裁判所に固有の機関内の伝達（コミュニケーション）及び学術的な教育的な性格を有する伝達（コミュニケーション）以外では，司法官は，自らの裁判所の中で彼らなりの理由で下した判決に対して注釈をつけたり，付加したりしてはならない。同僚の下した判決を中傷してはならない。そうした異議は，訴訟手段の行使をひきおこすことになる。

---

90) *Ibid.*, p. 8.
91) *Ibid.*, p. 10. ここで「人権及び基本的自由の保護のための条約」といっているのは欧州人権条約である。6条に公正な裁判を受ける権利が定められている。

7．司法官は，職務上の秘密及び合議の秘密を保持するので，裁判上の審議及びその下で行われる手続の内密性を尊重する。すなわち彼が得た知識，それがたとえ匿名であろうが瑣末なことであろうがそうしたことを問わず情報を漏らしてはならない。

 8．司法官は，とりわけ司法活動のよりよい理解を可能にするために，適切なコミュニケーション手段を用いなければならない。メディアとの関係において，開かれた公的な組織としてのコミュニケーションが示されなければならず，機関もしくは同僚，そこには匿名という形も含まれるが，中傷してはならない。いかなる場合であっても，コミュニケーションは，昇進・昇格という個人的利益という目的に向かうものであってはならない。

 9．司法官は，用心深く穏やかなものであっても，訴えられる余地のあるような原因となることに関して表現することは慎むこととする。検察官に訴訟手続の対象となっている事柄を公にすることを許す規定の条件はあるが，影響の及ぶ責務の正当性に基づくいかなる評価も下してはならないことからも，司法官は，個人的に，彼が責任を負っている事件・事柄に関してメディアに話をしてはならない。

 10．慎重さの義務は，裁判上の判決の準備に司法官を参加させることに対立するものではない。この義務は，法上の職務として法文の自由な分析を禁止してはいない。公的な，個人的な，もしくは集団的な立場を示すことを禁止するものではない。司法官は，その地位と相いれない価値をもついかなる団体，いかなる組織にも支援せず，手を携えるものではない。司法官が法文に定められた制限において，選挙の候補として出る時には，政治的な参加や公的な発言がその性質上その職務の公平な行使を妨げることを避けなければならない。司法官の公的発言は，そのイメージや司法機関の信頼またその職務の公平な行使やこれら職務に課される慎重さに侵害をもたらさないために，その媒体が何であろうが最大の用心を必要とする。こうした用心深さは，司法官による個人的な職務上の想い出を語る出版の際にも課せられる。」[92]

 法律の経緯についてまとめておこう。そもそも司法官は，その職務の重要性

から様々な禁止や義務が課せられていた[93]。司法官の身分については，1958年12月22日オルドナンス (ordonnance n° 58-1270 du 22 décembre 1958) によって定められた。司法官は，審議の秘密を厳格に尊重しなければならない。公的な政治的権限をもつ多くの職責の委任を受けることはできない，政府の共和主義体制に反対するあらゆる表明は禁止される（このことは，慎重さの義務というすべての公務員に一般的に課せられるものである）。裁判所の機能を妨げるような活動も同様に禁止される。ここからストライキ権の行使は強く制限されることを意味している。これらのことを明らかにしていた。

一般的にこれまでも司法官は訴訟の基本原則の保障者でもあることから，とりわけ公平性を尊重しなければならないとされてきた。また，職務上の生活においても，私生活においても，厳格さ（品位），配慮，信義を守ることが義務としてあげられていた。

2016年8月8日組織法 (Loi organique n° 2016-1090 du 8 août 2016 relative aux garanties statutaires, aux obligations déontologiques et au recrutement des magistrats ainsi qu'au Conseil supérieur de la magistrature) において利益相反の防止が定められた。司法官は，「彼らの利益の徹底的な，正確な，誠実な申告」を階層性に応じて定期的に提出することが課せられる。また，司法官職高等評議会とは別に，司法系列司法官の倫理会議 collège de déontologie を設立した。この機関は，個人的なあらゆる倫理問題についての意見をし，また司法官に課されている利益の申告を検討する責任を有するところである。

さらに，2023年11月20日組織法 (Loi organique n° 2023-1058 du 20 novembre 2023 relative à l'ouverture, à la modernisation et à la responsabilité du corps judiciaire, 施行は2024年末である) が制定され，司法裁判系列司法官の責任，倫理，保護というものが明らかにされた。それは，懲戒上の非行の概念を定義し，司法官倫理憲章ではなく，倫理義務集成として司法官職高等評議会で編纂されたものを

---

92) *Ibid.*, pp. 25-26.
93) Quelles sont les obligations déontologiques des magistrats ?, *Vie publique*, 15 janvier 2024.

含んでいる。また1958年オルドナンス10条の「司法官の公の場での表現は，彼らの職務の公平な行使を損なうことはできないし，また司法の独立を侵害することもできない」を明確化した。

行政裁判系列裁判官の方は憲章という形になったのに対して，倫理義務集成となったことに対しては，その集成自身の導入部分に経緯が示されている[94]。少し長くなるが引用しておく。

1994年2月5日組織法 (Loi organique n° 94-100 du 5 février 1994 sur le Conseil supérieur de la magistrature) は，司法官職高等評議会の総会に司法官の倫理義務集成を編纂し，公表することを委ねている。司法官の採用，研修及び責任に関する2007年3月5日組織法 (Loi organique n° 2007-287 du 5 mars 2007 relative au recrutement, à la formation et à la responsabilité des magistrats et liens vers les décrets d'application) でなされた改革の後で，概念と協議体制についての重要な仕事に続いて，全体像の第一版が2010年に公にされた。そしてそれはそれ以降裁判官，検察官の職務の行使に相伴って行われているものである。

組織法を制定したいとする立法府の願いに合わせて，この集成は法規範として命令的な強制力を有する倫理法典 Code de déontologie を構成しない。この集成は，すべての司法官の行動，ふるまいの前にある大きな価値の周りにあるものを明確化した，職務上の行動の原則を示している。立法過程において明確にされたこうした方向性は，「本質的に進化発展していく規範の内容を固定化しないという選択をしたことを表している。また網羅的なカタログの中にそれらを細部にわたり描くものではなく，必然的に不完全なものである。」

2010年に公にされた集成の実現の必要性が明らかとなり，取り組まれてきた。他方で，生活のあり方も変わり，当初考えられていなかったことへの取組も必要となった。司法官によっても，訴訟当事者によっても，使用可能なソーシャルネットワークやメデイアの発達もみられる。こうしたことも倫理を考える上で影響をもたらしている。

---

94) この点については，ダヴィド・シルステン著幡野弘樹訳・前掲論文（注77）とりわけ658-659頁でもふれている。

また，2016年8月8日組織法は，司法官職の身分における利益相反の概念を示した。こうした利益相反の問題と公平性の原則との諸関係は，とりわけ検討を要する問題であった。検察官にとっては，2013年における個人的な指示 instructions individuelles の禁止の結果がもたらすことが重要であった[95]。検察官の公平性の原則の明示を全うすることに関わるからである。

こうしたこともあって，司法官職高等評議会は，司法官倫理義務集成全体の改訂に専念した。危険をもたらす行動の防止という観点から新たな必要性がでてきているというかぎりで，規律に関する行動から引き出される教育に根拠をおくものである。訴訟当事者の告訴の検討をする不服審査承認委員会の実務からの考察も加えられた。2016年6月には，評議会の倫理に関する支援や監督を担当する部局が，司法官が職務の行使においてまた彼らの個人的生活において具体的にどのような必要性を感じているかも調べた。そうした中には，当初の集成では問題としていなかったような，評議会が気づかなかった問題もでてきた。

評議会の構成員も司法官と意見交換することで裁判所における生活に固有の制約を知り，それらを考慮して集成の改訂に調整を施すこともできた。こうした様々な考察を通して，評議会は集成の改訂案を作成するに至った。したがって，こうした要素を入れ込むことで司法官倫理義務集成として全面改訂となったが，これは同時に司法官の価値を高めることでもある。

なお，2010年の集成も倫理が（懲戒につながる）規律上の非行の防止の道具として中心をなしていたが，このことは新しい集成においてもかわらない。職務上の義務に集中させる倫理の概念の意義は重要なものである。司法官の「適

---

[95] 司法大臣の権限と刑事政策に関わり，公訴の実施に携わる検察官の権限に関する2013年7月25日法（Loi n° 2013-669 du 25 juillet 2013 relative aux attributions du garde des sceaux et des magistrats du ministère public en matière de politique pénale et de mise en œuvre de l'action publique）をさす。なお，こうした指示を受けないということは，例えば日本においては，検察官の裏金問題の追及における金額の線引きなどにも関わる問題であろう。

正な行動」が何よりもまずあらゆる場面において質の高い司法の探求を促すものである。この集成に記された倫理概念は，司法官の職務上の文化として浸透していくことを評議会はめざしている[96]。

このように導入部分では述べているが，注目すべき点は機関の自律性というところであろう。すなわち，行政裁判系列裁判官とは異なった経緯で，また異なる観点から集成 Recueil という形でまとめられた。また，社会の変化に応じた倫理のあり方に言及している点も注目される。この導入部分の一番最後においては，社会的・法的発展に応じて将来的に新しい変更や現実化をすることは免れないものである，と結んでいる。

6．2023 年 11 月 20 日組織法の成立

このような状況の中で，2023 年 11 月 20 日組織法が採択された。この組織法は，司法官職の身分規程を改正するもので，司法官職の採用拡大，近代化及び責任に関する組織法である。司法官の倫理についての規定も定められた。

この組織法律案は，2023 年 5 月 3 日エリック・デュポン＝モレッティ司法大臣により大臣会議に提出された。6 月 13 日セナで修正を伴って第一読会で採択され，ついで 7 月 18 日に国民議会で採択された。両院合同同数委員会を経て，10 月 10 日に最終的な法案が国民議会で採択された。翌日 10 月 11 日セナで採択された。政府はこの法案に対しても迅速審議手続をとった。首相による憲法院への付託があり，憲法院は，裁判所によるオンラインでの申立てについて，11 月 16 日一部違憲の判決を下している[97]。

この法律は，司法官の採用と司法官のキャリアの管理を改革し，責任を強化するものであるが，これは 2023 年から 2027 年にかけての司法省の方針及び計画に関する法律（Loi n° 2023-1059 du 20 novembre 2023 d'orientation et de

---

96) この導入部分の最後には，2010 年の際の前文の文章を示している。
97) CC., n° 2023-855 et n° 2023-856 DC du 16 novembre 2023. n° 2023-856 が組織法に対する判決である。

programmation du ministère de la justice 2023-2027）によって補完される。これら二つの法律は，司法関係者会議の後で，2023年1月に司法大臣により示された「より早く，より効果的な司法のための行動計画」を実現するものである。司法関係者委員会 Comité des États généraux は，2022年7月にそのレポートの中で裁判機関の崩壊を危惧する状況にあることを示していた。

　2023年11月20日組織法は，大きく二つのことを掲げている[98]。

　第一は，司法官の採用とキャリアの管理である。司法官の身分規程に関する1958年オルドナンスから特にかわった点は次のようである。一つは，より多くの候補者にとって魅力あるものとなるよう司法官職へのアクセスを開かれたもの，シンプルなものとすることである。資格による採用，二つの第一段階における司法官職の中の直接的な統合の道，補充的競争試験は廃止する，専門職競争試験，これは専門家とりわけ司法官になりたいと考える弁護士に向けた試験であるが，これを創設する。さらに，2026年末までに試験的に導入される「人材育成準備コース prépas talents」の学生のための司法官試補の採用のための特別競争試験が様々なプロフィールをもつ司法官になるよう開かれるために行われることとなる。こうした二つの試験に関して憲法院は解釈留保を示した。

　二つは，採用，評価，昇進，代表性，社会的対話の新しい条件を導入することによる，司法官のキャリアの近代化である。人の目をひきつけるような問題に苦労して取り組むポストで一定期間職務についていた司法官のための配属の優先性と同様に，第三の段階としての職位が設立される。

　三つは，臨時雇い司法官や名誉司法官により多くの訴訟を委ねることである。

　第二は，司法官の責任，倫理及び保護である。司法官職高等評議会で訴えをおこす，その受付けの条件をシンプルにした。訴えを検討する責任を負う申請許可委員会 Commission d'admission des requêtes（CAR）の調査権限が強化さ

---

98) Loi organique du 20 novembre 2023 relative à l'ouverture, à la modernisation et à la responsabilité du corps judiciaire, *Vie publique*, 21 novembre 2023.

れた。同時に，司法官に適用される裁判の規模も見直された。

こうしたことに伴い，次なることが明らかにされた。一つは，懲戒上の非行（過ち，もしくは罪ともいえる）faute disciplinaire の定義の明確化である。「独立性，公平性，公明正大，一体性，忠誠心，職業意識，厳格さ，尊厳，細心の注意，慎重さ，秘密厳守を欠いた司法官またはその職業上の義務を欠いた司法官は，懲戒上の非行をなした者である。」二つは，司法系列司法官の倫理憲章の創設である。これまでの「倫理義務集成」に代わるものとして CSM により草案され公表されるとした。三つは，私的セクターに移るもしくは自由業を行使するために司法官を辞職する場合に，CSM による倫理上の統制の可能性を示したことである。四つは，1958 年オルドナンス 10 条で示されていた司法官に禁止されていた次の事柄，共和国政府の形態に対するあらゆる敵意を表明すること並びに彼らに課されている慎重さの義務と両立しない政治的性質をもつ，あらゆる偏見，先入観を表現することにつき，次のように明確化した。「司法官の公的表現は，彼らの職務の公平な行使を妨げることはできず，司法の独立性を侵害することはできない。」

さらに，公職の中に存在している保護規定，職業生活の健康や質の保護，社会的・心理的リスクからの保護，セクハラ，モラハラ，差別主義的不正行為に対する闘いを進めることの規定また警告担当官 lanceurs d'alerte に関する規定も司法官に適用されることも明らかにした。

憲法院は，通常法律である 2023 年から 2027 年にかけての司法省の方針と計画に関する法律に対しても，こちらは 60 人以上の国民議会議員が申立てをしたものであるが，違憲とし，さらに職権でいくつかの条文を便乗立法として違憲とした[99]。また，組織法律と同様にオンライン伝達方法を用いる裁判のあり方も違憲としている。ここでは，国民議会議員が申し立てた点につき，憲法院の見解を若干紹介しておく。問題とされたのは，捜査や予審の枠組みにおいて所有者の知らないうちに実際の時間の特定や肖像・イメージの有声化や詐取を

---

99) CC., n° 2023-855 DC du 16 novembre 2023.

行うために電子機器の遠隔操縦を許すことになる点（同法 6 条）であった。

現行法においては，刑事手続法典 230-32 条が，当人の知らないうちに，その者のあるいは車両その他の物の場所の特定に頼ることは，少なくとも禁固 3 年の刑罰に科せられる重罪もしくは軽罪に関する捜査もしくは予審（事前手続）の中では十分な理由をもつことを定めている。また同法典 706-96 条は当人の同意なしに，私的もしくは公的な場所や車両の中での，肖像の有声化や詐取を目的とする技術装置の設置に頼ることが，組織的な犯罪状態や犯罪行為で生じる犯罪に関する捜査や予審の中ではできることを定めている。

問題となった規定の対象は，所有者の知らないところでこうした捜査技術を駆使するために電子機器を遠隔にて起動させることを許可することである。憲法院は 1789 年人権宣言 2 条の定める自由には，私的生活，プライバシーの尊重への権利が含まれることを明らかにした。また問題となった規定は，それぞれの状況に応じて映像の位置の特定や傍受を許す技術的手法の実施もしくは設置をたやすくすることを目的としている。既に関連する刑事訴訟法典の規定もあるが，どのような機器の設置をどのような目的で用い，どのような方法を使って，さらに設置期間がどれほどのものとなるのかなど多くの問題がある。そうした点が，必要性の原則や比例性の原則に照らして十分に検討できていない，として違憲と判断したものである。

ところで会計院も自らの下位で行われる公会計裁判における倫理憲章を公開している。そこには，前文で公会計裁判所の任務，役割を明らかにしているが，それは「国内的・国際的プランにおける国内的原則，欧州人権条約並びに公会計の統制の高等機関の国際組織の倫理法典の中で示された原則と価値，これらから導き出される公平と独立の義務を尊重すること」とされている。そして，独立性と公平性，中立性，ライシテを「一般的な価値と原則」として掲げ，利益相反を避けることも示されている。また秘密保持義務と同時に，公開・公表も原則として掲げられている[100]。秘密も重要ではあるが民主主義には

---

100) *Charte de déontologie des juridictions financières*, Cours des comptes.

公開も必要であり，公開があってこそ議論が自由に行われる前提となることを示している。

7. 裁判官の権利と責任

　日本では，憲法27条に勤労への権利と義務，28条に労働基本権（団結権，団体交渉権，団体行動権）が定められている。しかも勤労者がこれらの労働基本権を有することとなっており，制限は条文上定められてはいない。しかし，実際には，公務員には，人事院もしくは人事委員会が代替措置として存在し，労働基本権の保障があるとはいえない。ましてや裁判官は，憲法80条1項で任期を10年とし，「再任されることができる」と定められている。現実には，給料，任地，ポストを最高裁事務総局が握っている形となっており，自由に「物申す」組織となっているかは不明である。また実際に「再任されることができる」とする基準も明らかでない。

　フランスでは，労働基本権ということばは使わない。組合結成の自由が基本的権利である[101]。もしくは，団体的社会的権利といういい方もする[102]。後者の場合には，第一に，団体としての表現や団体を組織することへの権利があげられ，そこに組合の権利，従業員代表の権利が含まれる。第二に，企業の管理に参加する権利があげられる。これは，1946年憲法前文8項の「すべての労働者は，その代表者を介して，労働条件の集団的決定及び企業の管理に参加する」から導き出されるものである。ここから，団体交渉権，交渉することの義務が導き出される。

101）　Sous la direction de Dominique CHAGNOLLAUD et Guillaume DRAGO, *Dictionnaire des droits fondamentaux*, Dalloz, 2006, pp. 702-710.

102）　Sous la direction de Rémy CABRILLAC, *Libertés et droits fondamentaux*, Dalloz, 2023, pp. 935-937.

(1) 裁判官と組合への権利

　フランスでは，裁判官にはストライキをする権利はないが，組合結成権，参加権は認められている。行政裁判系列裁判官組合は，倫理憲章の解説を紹介し，独自の見解も付加している[103]。また，司法裁判系列司法官組合は，集成の改訂の編纂に対しても，またこれを具体化する2023年組織法のあり方に対しても一定の役割を果たした。このように組合活動は認められており，それぞれ組合のサイトももっている。それは裁判官も公務員に準ずる存在である（とりわけ行政裁判系列裁判官にはその扱いが公にされている）という認識からである[104]。

　しかしながら，裁判が公役務ととらえられていることから，継続性の原則が存在し，公役務は永続的な，安定した，「不正な」ものではないということを前提としている。役務の充当が，正当な継続的な方法で保障されている，そうした裁判への権利を構成するものである。こうした原則は明らかに，とりわけストライキの権利を規制することになり，ストライキの際に，役務の提供の継続性を確保するためにとられる個人的な措置（命令や制裁など）にも関わる。

　特に裁判の場合は，裁判機能の継続性が問題となる。司法組織法典 Code de l'organisation judiciaire も「裁判役務の永続性と継続性は，常に確保されなければならない」（L. 111-4 条）と定めている。この規定が，司法官やその他の裁判所に勤める者たちにとって休暇（バカンスなど）をとる権利を否定するものではないが，裁判機関としては，継続的に業務を行う必要があることを示している[105]。

　一般的には，公役務におけるストライキ権は役務の継続的な運営の必要性と

---

103) *Déontologie et discipline*, précité（注 78）.

104) Cf., Cécile MAMELIN, Syndicalisme dans la Justice : de la difficulté pour les magistrats de faire respecter leurs droits !, *Référence : AJU 441361*, 30 mai 2024, Actu-Juridique. fr, Lextenso.

105) Maylis DOUENCE et Marc AZAVANT, *Institutions juridictionnelles*, Dalloz, 2010, pp. 38-39.

調整しつつ行うことになる。こうしたデリケートなバランスをとることについて，裁判においては，司法裁判系列と行政裁判系列の裁判官とで異なっている。というのも，司法裁判系列裁判官の場合には，裁判官に「性格上，進行中のあらゆる訴訟の裁判機能を止めたり，妨げたりすること」は法文で明白に禁止されているからである[106]。行政裁判系列裁判官の場合には，裁判官は，個別的な身分において特別な規定が存在する以外は，公務員一般規程の下におかれる国家公務員と考えられている。したがって，彼らに対して明らかにストライキ権の行使を禁止する規定はない。しかし実際は，行政裁判所裁判官も司法裁判所裁判官も極めて稀にしかストライキ権を行使していない[107]。この指摘は，司法裁判系列裁判官も禁止されているが，行使する場合もあるということを意味している。他方で，多くの組合が両系列裁判官の間で作られている。このことが彼らと司法省事務局や政府との関係に若干の変化をもたらしている[108]。

(2) 組合活動の慎重性

ベルトラン・マチューは，2016 年に「司法官の組合活動を規制する必要性について」とする論文を書いている。その論文で次のように主張する[109]。

---

106) Art. 10 de l'Ordonnance n° 58-1270 du 22 décembre 1958.
107) Maylis DOUENCE et Marc AZAVANT, *op. cit.*, pp. 39-40. なお，司法裁判系列裁判官の場合には，職業裁判官である場合とそうでない場合があることに注意しなければならない。行政裁判系列裁判官については，コンセイユ・デタとの区別が必要で，さらにコンセイユ・デタの構成員とコンセイユ・デタの中で働く 300 人程の職員（一般国家公務員の規定が適用される）がいるが，そのうち 200 人は省庁からの出向となっている。こうしたことも念頭におかなければならない。*Ibid.*, pp. 315-316.
108) コンセイユ・デタの構成員が全くストライキ権を行使していないことも指摘されている。*Ibid.*, p. 316. また司法官組合連合副会長の次のものも参照。Cécile MAMELIN, Syndicalisme dans la justice, précité, （注 104）.
109) Bertrand MATHIEU, De la nécessité d'encadrer l'activité syndicale des magistrats, *Les cahiers de la Justice*, 2016-3, pp. 395-403, マチューは次のものも書いている。Bertrand MATHIEU, *Justice et politique : la déchirure ?*, LGDJ, 2015.

裁判所における組合活動の役割の位置づけに関する議論があまり大きなものではないがおきている。これは，様々な考え方に関わる問題であるが，論争や対立に火をつけることになるのではないかとおそれて直接には語られてはいない。もし法律で司法官に組合活動することを禁じることになれば，一層問題が大きくなろう。しかしながら，この問題に関連して生じる事柄や言及されていない事柄を明らかにすべきである。

そして，2014年7月に破毀院院長に就任したベルトラン・ルーベルが次のように語っていることを紹介している。「司法官の組合活動は，他の公務員と同様の権利とともに，公的任務に属する者として裁判官が考えられている制度の中で自然に生まれたものである。司法官と民事組合 société civil の代表者から構成される評議会自体により運営される司法官職団の状況は異なっている。」

諸機関の中の司法権限の位置づけについての，破毀院による最近の会議はこの問題を直接に明らかにするものではなかったとしても，いくつかの不安材料を提示した。行政裁判官のために司法機関の社会的地位の喪失があるような印象を受けること，司法機関の自律の強化の要求に対する政治的権力への不信感などがみられることである。

マチューはまた司法官組合が特定の法律に対し何らかの態度を示すことは，むしろ法律を適用する任務を負っている故にふさわしくない態度であると批判する。こうしたような問題に対し，司法大臣から申立てを受けても，司法官職高等評議会がそれを扱うことを拒絶したことは，マチューは納得できる，とする。実際，司法官職における組合の問題は，司法官の公的・政治的参加の問題に関わってくる。一般利益を定義することの責を負う公的権力の機能と，司法官が責を負っている裁判機能との混同をしてはいけない。司法官は法律の適用にたえず配慮し，紛争を解決し，憲法から要求されている事柄の尊重（そこには条約の尊重も含まれるが），そうしたことに配慮すべきものである。何よりもまず基本的権利や自由の確立に配慮すべきである。

司法官の組合活動は，他の問題も示している。こうした組織の中で組合の重要性は増してきている故に，司法官職高等評議会による司法官職の管理の自律

性の問題とも関わることになる。このような位置づけは実際には二つの相反する考えに基づく。一つは，裁判の機能は社会の発展に法や権利を適合させることである。そこから，組合の組織を通して裁判官に政治的力を作りあげることになったり，それぞれのイデオロギーに応じてイデオロギーの伝達に影響を及ぼすために社会的議論に干渉したりすることにもなる。もう一つは，独自の正当性を有し，それ自身が属する組織の前にしか責任をもっていないのに，司法機関を国家の外にある機関としてみることに向かわせがちとなる。そこでこうした考えの先にみえてくるのは組合の自主管理性ということになる。

　ここで人は，裁判，司法に常に作用する二つの悪の問題に立ち戻る。一つは政治化であり，もう一つは組合主義である。しかし，他のことも考えてみたい。裁判官の公平性という立場であり，また裁判官の独立性の強化に関わる立場である。後者には職団の管理が含まれ，そこには組合は実際には立ち入れない。

　このようにマチューは述べて，公平性が司法機関の職務の中心となるものであり，司法官組合には政治的慎重性が必要であるという。司法官の政治的慎重性は権力分立からも必要とされる，とする。この点から組合には，何が求められるかも検討している。さらに組合に対しては，活動の自制が，権力分立という点から不可欠であるともする。こうした主張は，司法官にある意味，責任を自覚させることにもつながる。

　そこで，司法官倫理を責任と結びつけて展開する場合もある[110]。

(3) 司法官の責任

　責任の問題は，コロナ禍における公権力の責任追及の問題とからんで様々に議論されるようになった[111]。法哲学の分野の雑誌においても「責任」と題して

---

110) Julie JOLY-HURARD et Julia VANONI, *La déontologie du magistrat*, pnécité（注9），この本の第二部，第三部ともに司法官の責任を扱っている。

111) Par ex., La responsabilité des gouvernants, *Les cahiers du ForInCIP*, n°6, LexisNexis, 2022.

特集が組まれている[112]。その中の「公権力の責任」と題するタイトルにおいて、シャンタル・アレンが「司法官の責任」をとりあげているのでその内容を検討しておきたい[113]。「公権力の責任」においては、他に「国家の長い期間にわたる責任」と「公的管理に関する責任」がとりあげられている。後者は財政に関することをとりあげている。なお、シャンタル・アレンは破毀院第一院長である。その論文のレジュメには次のようにある。

「まず司法官の責任の問題は、彼らの独立性や彼らの保護と切り離して語ることはできないことを述べる。次に司法官職高等評議会や破毀院によって実施されている倫理の強化の様々な方法を説明している。そして、司法官の責任は内心のものであり、裁判という仕事の中で自ら責任を引き受けるものである、と結論づけている。」

最初に彼女は、公権力に対する市民の不信感がフランスでもヨーロッパでも拡がっていると述べる。こうした危機から司法機関も免れるものではない。マクロン大統領も司法とそれがもたらす事柄とを結び直す必要性があることを明らかにしていた。また大統領は、法治国家と我々の民主主義の支えであるかぎり、司法は行政権や立法権に対して全体的な独立性を保障されるべきである。この独立性の代償は効果的な責任の中にある。司法における信頼、独立性と司法官の責任の間にはこのように明らかにつながりがある。司法の独立は憲法によって保障されている権利であり、司法機関に専ら依拠しているものではない。司法の独立の保障は国家のアクター全体に課されるものであり、それ故司法官に対して様々な義務を結果的に課すことになっているが、司法の独立は執行権にも立法権にも同様にその実現に寄与すべきことを前提としている。なぜなら独立性は、それを保障することになる司法官の身分規程の中でも、自由に司法官が手にすることになる手段の中でも、具体的に決定されているからである。そこで今日の司法の状況の中で、独立性と司法官が負う責任との複雑な関

---

112) La responsabilité, *Archives de philosophie du droit*, tome 63, Dalloz, 2022.
113) Chantal ARENS, La responsabilité du magistrat, in La responsabilité mentionnée ci-dessus, pp. 157-163.

係が現れてくる。ある者は独立性を検討すべきだといい，ある者は責任を検討すべきだといい，また他の者は責任の問題は司法官の保護につながる問題だとしたりする。

　独立性と責任のバランスはデリケートな問題である。具体的な適用という点からは満足する改革は得られていない。他方で，裁判活動の責務は特に民事で増え続けている。そこから解決に至らない裁判が増え，裁判期間も長くなり，裁判所へのアクセスも困難であるとか，下された判決内容に不服がある，質がおちてきているという指摘にもなっている。司法機関の管理の問題が，特に改革の発展や概念の中で，また技術や情報処理（コンピュータ化）の手段の発達がみられる中でも指摘されていた。

　司法の手段の問題についても様々に議論されているが，今日の司法の点からの裁判当事者の期待，現状とすれ違う視点も論じられている。当事者の立場，期待や発言，そうしたことに使用される手段は，機関の信頼にも関わる事柄である。しかし，司法機関に関わる手段だけが信頼を取り戻すものでもなく，CSMや破毀院が提示しているように責任という点からも考えていかなければならない。

　司法官の責任は当初からCSMにとって主要な関心事である。裁判官の行為が表面上，裁判管轄上のものでしかない場合の免責特権の限界を模索しながら，裁判上の行為の拡大を保護することをめざしてきた。基づくべきでない別の判決理由で判決が下されている，職務上の非行の不在を示してはいるが粗悪な評価を呈するような過ちがある，重大な決定的な侵害を結果的にもたらす手続的な過ちを行っている，などを検討して，限界点を模索してきた。このような責任の問題は，CSMのみならず，多くの他の機関や組織にも波及してきている。司法裁判系列司法官の倫理会議 collège de déontologie，CSMの倫理・規律面での支援や監視を行う部局，規律の指示をする者，規律の維持や利益相反の防止に務める管轄権限を有している司法官の側にいる規律面での監視義務を有する控訴院の院長などがそれにあたる。破毀院の下にあるいくつかの裁判所でも全く内密に所属する司法官に助言や忠告を行う責を負う担当者や委員会

を設置することもできている。

　CSMは，司法官の責任と独立について新たな考察をすることも決定している。司法官の独立と責任についての講演も何回かしている。CSMが憲法上に規定されている団体であるということからも，こうしたイベントを企画した。様々な面からの，すなわちメディア，司法官，政治家，弁護士，司法自体からの争点のバランスをとるためのテーマが扱われている。

　さらに彼女は，2020年9月2日国民議会に，議会調査委員会の会長が「司法権pouvoir judiciaireの独立に対する障碍」についての報告書を提出しているが，同時期に憲法64条1項による司法機関の独立の保障者であるところの大統領から意見作成をCSMに付託するので，その主導をするよう要請された（2021年2月17日）。そこでCSMは深く広く様々な争点や改革点などを洗い出していった。とりわけCSMは，規律上の懲戒にあたる非行fauteの定義と国家の責任，CSMへの付託のあり方，審査請求を受け入れる委員会の運営や組織，懲戒制裁の手続について明確化することに努めた。様々なところから聴取も行った。その中には，司法官組合，弁護士会なども含まれている。このような作業を経て，司法官の責任と独立についての意見として，2021年7月1日にCSMの総会で採択され，2021年9月24日に大統領に提出された。四つのテーマについて約30の提言をまとめている。そのテーマとは，規律（倫理），規律上の欠如の際の検討，規律上の追及と制裁段階，司法官の個人としての保護と職務上の保護，である。

　CSMの意見書は，認められた倫理的価値や強化された司法官の責任を正義の国，裁判所に授けることを公権力に決定してもらいたいと望んでいる。破毀院の方では，正当性という観点からも司法官の責任の問題を考えている。

　破毀院は，機関としての枠組みの中で，これから数年の司法のあり方，裁判機関のあり方において，自らの活動の質を改善し，自らの地位を保障するためにどのようなことを検討すべきか考えた。このようにして「破毀院2030」と名付けられた検討委員会が立ちあげられた。その目的は，一つは破毀院の裁判や機関をめぐる環境，また国際的な環境の中で現れてきている大きな傾向を検

討することで，もう一つは，破毀院の裁判活動，組織，その手段の改革，国際的な活動，伝達のあり方の政策についての社会的影響に対して考察することである。こうしたことは当然に，公平性の問題，司法官の倫理と責任の問題を考えることにつながっていく。欧州人権裁判所の元裁判官であったアンドレ・ポトキ氏が主宰し，破毀院のそれぞれの部の部長判事，検事長の下で職務を行う第一上級検察官，破毀院付弁護士会の会長，様々な領域の評価や鑑定のために知られている有識者から構成される委員会が，報告書を 2021 年 7 月 1 日に，未来を予測すると同時にすぐにでも適用すべき具体的な 37 の推奨項目を示した。検討された様々なテーマの中には，破毀院の正当性についても考察されている。すなわち，下された裁判の質やその正当性についての質の強化という視点から破毀裁判の「効力」についての検討に至るものも提起されている。委員会は，裁判は法治国家の保護に他のアクターとともに責任をもつ故に，裁判は機関の面で「民主主義に対する共同責任者」でもあり，その再活性化に有効に貢献することができるものと考えている。こうしたことを通して，破毀院は，自らの中に，破毀院にとりわけ利益相反を含むあらゆる倫理上の問題に応えて助言する倫理及び規律に関する委員会 Commission éthique et déontologie を設置した。匿名化して，意見を拡散することで，啓蒙的・教育的目的を果たし，透明性を高めることになると考えられている。

　フランスの裁判において注目されているのは，すべての民主主義と同様に裁判官の責任の問題であるが，少し歪められてとらえられているように思う。マスコミでとりあげられている裁判上の過ちや事件について示されているが，公の議論の中では裁判官の倫理観の問題と規律上の問題とがしばしば混同されている。倫理観と規律を語るのがふさわしいにもかかわらず，いつも参照されているのは責任や制裁についてである。裁判官と機関との関係は，司法官が宣誓することを介して，正規のもの，適正化されたものとなっている。それは，創設時からの歴史的な性格を有する，主に機関との関係に関わるものである。司法官は，次のように宣誓する。「私は，自らの職務を適正に忠実に行い，審議の秘密を守り，厳格な誠実な司法官として行動することを誓います。」

この宣誓は，職務上の義務と個人的な倫理観 éthique とがまじったものである。一つは，目的論的なもの téléologique であり，もう一つは，職業倫理的なもの déontologique である。裁判する，判断するということは裁判官自身に要求されている仕事である。この仕事は，裁判官自身で行われるものであり，それ故に彼にその仕事の責任をとることがかかっている。

このようにアレンは，司法官の責任について述べている。

8. 日本における裁判官倫理

フランスとの比較において日本における裁判倫理を語ることはかなり難しい面がある。というのもそもそも制度，組織，求められていることが異なっているからである。

制度上は，日本では司法試験合格後，司法修習というところまで法曹三者は一体となっている。当然当人の希望をふまえてであろうが，その後，成績順なのか，何らかの基準によって（この基準は明確にはされていない）裁判官，検察官，弁護士へと分かれていく。なお，裁判官は10年毎の再任となっている。また，裁判組織もフランスのように合憲性審査を扱う憲法院のような特別裁判所の存在はなく，一般的には，地裁，高裁，最高裁へと三審制の下で控訴，上告という形をとり，上告は制限されているとはいえ，実際にはそれが機能せず，多くの訴訟が最高裁へとなだれこんでいる。しかも，法律上の争訟に伴って必要な範囲で合憲性審査が行われるにすぎない形をとっている。私見では，こうした裁判制度の違いだけでなく，判例踏襲の認識がかなり異なるように思われる。日本では，目の前の紛争解決が一番の問題であり，それは個々の状況に応じて異なるので，大まかな判例踏襲にすぎなくなることは理解できる。また，「争う」だけでなく，最終的には和解で解決をはかることも多い。これらから，判例法の認識は薄いように思われる。

このような制度や組織の違いがあるところで，法曹倫理に関しては弁護士について語られることが多く，裁判官の倫理，検察官の倫理は，最後にふれられ

るにすぎない[114]。

(1) 裁判官の倫理の根拠

　歴史的には，「下級裁判所の裁判官の倫理の保持に関する申合せ」（平成12年6月15日高等裁判所長官申合せ，以下申合せともいう）があり，その中で「裁判官の倫理については，これまで，永年にわたる努力の積み重ねにより高い職業倫理が保持されてきた」とあり，国家公務員倫理法の施行にかんがみ，裁判官も「同法，これに基づく政令及び最高裁判所規則の定める倫理規範を尊重するものとすること」としている。

　この申合せの説明によれば，「裁判所内部に良き伝統が確立され，極めて高い職業倫理が保持されてきている」と認識されており，あらためて倫理法の制定が必要ではないと考えていた理由として「裁判官弾劾法を始めとする裁判官固有の倫理保持のための法制度が確立されていることや上記の良き伝統に加えて，職務の性質上他の公務員のような不祥事が生じることが考えにくい等」があげられている。しかし，この時点において「倫理」自体をどのように考えるかは別として，弾劾裁判にかけられた裁判官がいなかったわけではなく，実際に罷免に至ったケースも存在している[115]。

　こうしたことを理由として裁判官倫理法なるものは存在していなかったが，平成12年（2000年）4月から国家公務員倫理法，これに基づく国家公務員倫理規程（以下，倫理規程）及び裁判所職員の倫理保持を図るため必要な事項を定めた裁判所職員倫理規則（以下，倫理規則）が施行されたので，これらの規定内容には裁判官が行動する際にも念頭においておくべき倫理原則及び倫理行動基

---

114) 例えば，森際康友編『法曹の倫理［第3版］』名古屋大学出版部2019年，小島武司 他編『現代の法曹倫理』法律文化社2017年参照。

115) 昭和23年（1948年）から平成24年（2012年）までの訴追審査事案の受理事案数は16,934件で，訴追に至ったものが48件（被審査裁判官の実員は9人となっている。罷免に至ったのは後述する岡口裁判官が8人目となる）「裁判官弾劾裁判所及び裁判官訴追委員会に関する資料」衆憲資88号衆議院憲法審査会事務局2005年15頁。

準が示されている。そこで裁判官においても，これらの倫理法，倫理規程及び倫理規則の各規定の趣旨・内容を尊重して行動することが望ましい，と示している。ちなみに検察官は一般職の国家公務員とされており，当然国家公務員倫理法及び倫理規程の適用を受ける。そこで，検察官と裁判官とのバランスを考える必要もある旨も述べられている。

なお，ここでとりわけ問題となっているのは，国家公務員倫理法3条1項の「職務上知り得た情報について国民の一部に対してのみ有利な取扱いをする等国民に対し不当な差別的取扱いをしてはならず」，常に公正な職務の執行にあたる，2項「常に公私の別を明らかにし，いやしくもその職務や地位を自らや自らの属する組織のための私的利益のために用いてはならない」，3項「権限の行使に当たっては，当該権限の行使の対象となる者からの贈与等を受けること等」の疑惑や不信を招くような行為をしてはならない，これらがとりあげられており，公正・平等な職務の執行，利益相反の防止，贈収賄の禁止に関わるものである。また，倫理規程1条には，不当な差別的取扱いの禁止，公私の別を明らかにし私的利益のために用いることの禁止，贈与等を受けることの禁止，公共の利益の増進，勤務時間外においても自らの行動が公務の信用に影響を与えることを常に認識して行動すべきことがあげられ，2条には，利害関係者との関係において注意すべきこと，3条には，利害関係者から贈与を受けないこと等の禁止事項が定められており，これらの規定の裁判官への適用も示されている[116]。

さらに申合せには，「参考」として解釈及び具体的な事例が示されており，例えば，「利害関係者との間で問題となり得る行為」には飲食を伴う会合，講演・執筆等についての具体的なあり方も示されている[117]。

---

116) 他に倫理規程5条の利害関係者以外の者等との間における禁止行為，9条の講演等に関する規制の適用も示している。
117) なおこの部分は，平成28年（2016年）12月21日更新版となっている。

(2) 裁判官の懲戒と訴追・弾劾

　裁判官の訴追，弾劾，罷免の制度は次のようになっている。
　まず，日本国憲法においては，三権分立の下での司法権の独立が保障されている。日本国憲法は，第6章を司法 (76～82条) と題し，76条1項に「すべて司法権は，最高裁判所及び法律の定めるところにより設置する下級裁判所に属する」と定め，同条2項で司法権の範囲を行政事件にまで及ぼしている。また，81条においては，違憲法令審査権を明記している。76条3項は，「すべて裁判官は，その良心に従ひ独立してその職権を行ひ，この憲法及び法律にのみ拘束される」と裁判官の倫理と責任に関する重要な規定をおいている。78条は身分保障の基本を定め，「心身の故障のために職務を執ることができないと決定された場合を除いては，公の弾劾によらなければ罷免されない」とし，裁判官の懲戒処分の自律性も示している。79条6項，80条2項で報酬を保障した。さらに，80条1項で最高裁判所の下級裁判所裁判官の指名権を定め，任命権は，形式的と解されているが，内閣にある。ここに裁判官は任期を10年とし，再任されることができるという規定がある。77条は，最高裁判所の規則制定権を規定し，「司法の自主行政権の確立が図られた」とされている。
　既述の「下級裁判所の裁判官の倫理の保持に関する申合せ」においては，国家公務員倫理法及び倫理規程の適用においては，憲法15条2項の「すべて公務員は，全体の奉仕者であつて，一部の奉仕者ではない」の規定も意識されている。
　他方で，三権分立の下での権力の抑制と均衡の概念に基づき，憲法64条は次のように定め，これを受けて裁判官弾劾法が定められている。
「第64条
　　1項　国会は，罷免の訴追を受けた裁判官を裁判するため，両議院の議員で組織する弾劾裁判所を設ける。
　　2項　弾劾に関する事項は，法律でこれを定める。」
　裁判所法は，46条に任命の欠格事由を定め，48条に裁判官の身分保障，49

条に懲戒，50条に定年，51条に報酬について定める。兼職禁止については，52条に定められている[118]。

　49条から，① 職務上の義務に違反する，② 職務を怠る，③ 品位を辱める行状があった，という場合に懲戒にかけられることがわかる。46条から任命の欠格事由が，① 一般の官吏に任命されることができない者の他，次の ②，③ の者は裁判官に任命することができない，とされ，② 禁錮以上の刑に処せられた者，③ 弾劾裁判所の罷免の裁判を受けた者があげられている。

　裁判所法49条の懲戒規定を受けて裁判官分限法がある。裁判官分限法1条には，免官の規定，2条には懲戒の規程がある[119]。1条の免官，2条の懲戒の

---

118) 裁判所法の関連条文は次のようである。
第46条　他の法律の定めるところにより一般の官吏に任命されることができない者の外，左の各号の一に該当する者は，これを裁判官に任命することができない。
一　禁錮以上の刑に処せられた者
二　弾劾裁判所の罷免の裁判を受けた者
第48条　裁判官は，公の弾劾又は国民の審査に関する法律による場合及び別に法律で定めるところにより心身の故障のために職務を執ることができないと裁判された場合を除いては，その意思に反して 免官 転官 転所 職務の停止又は報酬の減額をされることはない。
第49条　裁判官は，職務上の義務に違反し，若しくは職務を怠り，又は品位を辱める行状があつたときは，別に法律で定めるところにより裁判によつて懲戒される。
第50条　最高裁判所の裁判官は，年齢七十年，高等裁判所，地方裁判所又は家庭裁判所の裁判官は，年齢六十五年，簡易裁判所の裁判官は，年齢七十年に達した時に退官する。
第51条　裁判官の受ける報酬については，別に法律でこれを定める。
第52条　裁判官は，在任中，左の行為をすることができない。
一　国会若しくは地方公共団体の議会の議員となり，又は積極的に政治運動をすること。
二　最高裁判所の許可のある場合を除いて，報酬のある他の職務に従事すること。
三　商業を営み，その他金銭上の利益を目的とする業務を行うこと。
119) 裁判官分限法の関連条文は次のようである。

裁判権は，その下級裁の裁判官に関わる事件について，各高等裁判所にあり，最高裁判所は，最高裁判所及び高等裁判所の裁判官に関わる分限事件及び終審として高裁がした分限裁判についての抗告事件を扱う。懲戒はこのように最高裁の範囲の中で完結する。

　憲法は，裁判官の職権行使の独立とそれを実際に確保するための身分保障を定めている。憲法 76 条 3 項の，裁判官が良心に従うというのは「裁判官が有形無形の外部の圧迫乃至誘惑に属しないで自己内心の良識と道徳観に従うの意味」と解されている（最大判昭 23・11・17 刑集 2 巻 12 号 1565 頁）。裁判官は良心に従い，独立して職責を行う。さらに，職権の行使は，憲法及び法律にそって行われる。この基本の上に，裁判所法 49 条の職務上の義務に違反したり職務を怠ったりしないことが求められ，それらに違反したり，品位を辱める行状があったりした場合には懲戒に至る。となると最後の「品位を辱める行状」の解釈は何なのかが問題になる[120]。

　国家公務員の場合は，懲戒の結果は，免職，停職，減給，戒告であり（国家公務員法 82 条），実務上は，その他，訓告や厳重注意もある，とされている。また，公務員法上においては，任命権者が公務員の非行を諭し，自発的に辞職するよう促す諭旨免職もある[121]。しかしながら，裁判官には，憲法 80 条 2 項から減給はあたらない。裁判官分限法 2 条から，戒告と 1 万円以下の過料が懲

　　　第 1 条 1 項　裁判官は，回復の困難な心身の故障のために職務を執ることができないと裁判された場合及び本人が免官を願い出た場合には，日本国憲法の定めるところによりその官の任命を行う権限を有するものにおいてこれを免ずることができる。
　　　2 項　前項の願出は，最高裁判所を経てこれをしなければならない。
　　　第 2 条　裁判官の懲戒は，戒告又は一万円以下の過料とする。
120) この点「司法制度改革審議会中間報告―国民が求める裁判官像（その資質と能力）」においては，「裁判官は，その一人ひとりが法律家としてふさわしい多様で豊かな知識，経験と人間性を備えていることが望ましい」としている。
121) 裁判官の懲戒については，兼子一＝竹下守夫『裁判法〔第 4 版〕』有斐閣 1999 年 263-266 頁。また最高裁判所事務総局人事局が示す「懲戒処分の公表指針」がある。裁判所 HP 参照。裁判官の分限事件手続規則もある。

戒の中身であり、それ以外は裁判所法 46 条の免官となる。

　憲法 64 条の弾劾裁判に至るには、訴追委員会の訴追を受けることが必要で、弾劾裁判による罷免の決定は、法曹資格の最低でも 5 年失うという厳しいものである。それでは訴追委員会に至るにはどのような場合か。理念としては、裁判官であっても、国民の信頼を裏切るような行為を犯した場合には辞めさせることができなくてはならない、とされ、公務員を罷免することが憲法 15 条 1 項により国民の権利であるとされていることがあげられる。したがって、一方では、国民が最高裁判所の裁判官について、直接その適格性を審査する国民審査制度があり、国民の多数が罷免を可としたとき罷免される（憲法 79 条 2 項・3 項）。他方では、訴追委員会の罷免の訴追を受けて弾劾裁判が行われるが、この訴追請求の受理には、国民の請求、最高裁判所の請求があるが、新聞報道などがあった場合には、職権でも訴追できるようになっている。罷免の訴追の基準は、裁判官弾劾法 2 条の事由のいずれかである（後述）。但し、国民は実際の裁判において裁判官の忌避を申し立てることができる。「裁判の公正を妨げる」という事情が必要である[122]。

　訴追委員会は、衆議院と参議院のそれぞれの議員の中から 10 名ずつ選ばれた合計 20 名の訴追委員で組織される機関である（予備員の人数は各 5 人、裁判官弾劾法 5 条）。弾劾裁判においては、刑事裁判における検察官のような役割を担う訴追委員会は必要な調査・審議を行い、裁判官を罷免すべきと判断した場合は、弾劾裁判所に裁判官を訴える。罷免の訴追または罷免の訴追の猶予は出席訴追委員の 3 分の 2 以上の多数で決定する（同法 10 条 2 項）。議事は非公開である（同法 10 条 3 項）。弾劾裁判所は、衆議院と参議院のそれぞれの議員の中から 7 名ずつ選ばれた合計 14 名の国会議員からなる（予備員各 4 人、16 条 1 項）。裁判員の任期は原則として、それぞれの議員の任期の終了までとなっている。裁判長は、衆議院選出の裁判員と参議院選出の裁判員から交互に選ばれ、その

---

122) 除斥事由には該当しないが手続の公正さを失わせるおそれのある裁判官を申立てに基づいて職務執行から排除することができる。除斥は民訴法 23 条、忌避は同法 24 条、裁判官自体の回避は同法 12 条に定められている。

任期は原則として1年となっている。

　訴追請求をできるのは，まず15条1項「何人も，裁判官について弾劾による罷免の事由があると思料するとき」となっていて，既述したように，国民誰でもができる形になっている。しかし，そもそも司法の独立があるから，確定した判決を覆すことを目的として訴追請求することはできない。したがって，裁判官弾劾法2条の弾劾による罷免の事由に該当するかが問題となる。しかし，その1号である「職務上の義務に著しく違反し，又は職務を甚だしく怠ったとき」は，最高裁判所の方で把握できる事柄となるので，国民が問題とするのは2号の「その他職務の内外を問わず，裁判官としての威信を著しく失うべき非行があつたとき」となろうが，犯罪を侵した場合は訴追委員会は職権でもとりあげうる。そこで国民が軽々に訴えることができる制度ははたして妥当なのか，が問題になる。また，最高裁判所が「弾劾による罷免の事由があると思料するときは，訴追委員会に対し罷免の訴追をすべきことを求めなければならない」（同法15条3項）となっているが，その際には，事由を記載した書面を提出するだけで「その証拠は，これを要しない」（同法15条4項），となっており，証拠主義がとられていない。裁判官の訴追，弾劾は極めて限定的に解さないと裁判官の地位を危うくし，独立性を侵害することにもなる。

　したがって，これまでの弾劾による罷免の事由も，事件のすみやかな処理を怠り多数の事件を失効させた，民事の紛争に介入した，にせ電話の録音テープを新聞記者に聞かせた，事件関係者から物を受け取った，児童買春をした，女性に対してストーカー行為をした，電車内で盗撮行為をしたなど，明らかに弾劾法2条に該当すると客観的に判断できる場合に限られている[123]。

　他方で，罷免から5年が経過し相当の事由がある場合は，資格回復請求ができることになっている（同法38条）。その理由は，罷免が非常に重い措置であり，また目的がふさわしくない裁判官を辞めさせることで，個人を社会的に葬

---

[123] 裁判官の弾劾については，兼子一＝竹下守夫・前掲書（注121）266-269頁。裁判官弾劾裁判所公式サイトもある。

り去るようなことまで意図しているものではないこととなっている[124]。こうした制度は何を基準として回復になるのか難しい判断を迫られることになるようにも思われる。

(3) 岡口基一裁判官事件

こうした中で岡口基一裁判官事件がおき，その結果罷免に至ったことに対し，多くの批判がよせられている[125]。その訴追の対象は，裁判官のSNS上のいわば「つぶやき」をターゲットにするものであった。

この事件は，若干複雑で誤解を招きやすい点もあるので時系列的に整理しておきたい。

岡口裁判官は，一方で要件事実に関する著書をも出版するなど，すぐれた裁判官として評価されていた[126]。他方で，自らのブリーフ姿をネットにアップするなど（2014年から2016年にかけて）話題性のある人でもあった。こうしたことに対し，2016年6月東京高裁長官から下級裁判所事務処理規則21条に基づき，口頭による厳重注意を受けた。さらに岡口裁判官がツィッター（現在X）で不適切ツィートをしたとして2018年3月所属する東京高裁長官から，裁判官として不適切とともに裁判所に対する国民の信頼を損なうものであるとして，前掲事務処理規則21条に基づき今度は，書面による厳重注意を受けた。問題となったのは，2017年12月頃特定の性犯罪事件についての判決を閲覧することができる裁判所ウェブサイトのURLと共に，関連するある犯罪に対する感想を述べる投稿をして，被害者遺族の感情を傷つけるなどしたというものであった。

---

124) 「裁判官弾劾裁判所及び裁判官訴追委員会に関する資料」，前掲書（注115）7頁参照。

125) 例えば，「証拠裁判主義を否定した上，不明確な基準によって判断し，裁判官の独立や表現の自由を危うくした罷免判決に抗議する会長声明」東京弁護士会2024年4月24日など。

126) 例えば，岡口基一『ゼロからマスターする要件事実』ぎょうせい2022年。

さらに，2018年5月に自分の担当外の事件である犬の返還請求等に関する民事訴訟についての報道記事を閲覧することができるウェブサイトにアクセスすることができるようにするとともに投稿をして，犬の返還請求が認められた当事者の感情を傷つけた，とされて，これらをもって東京高裁長官から最高裁に懲戒請求が申し立てられ，最高裁は，2018年10月17日に岡口裁判官に対し，戒告を決定した（最大決平30・10・17）。最高裁は，「裁判の公正，中立は，裁判ないし裁判所に対する国民の信頼の基礎を成すものであり，裁判官は公正，中立な審判者として裁判を行うことを職業とする者」とし，私人としての生活においても，その職責と相いれないような行為をしてはならない，慎重に行動すべき義務を負っている，と分限についての平成13年最高裁決定を引いて，裁判所法49条に該当する行為として戒告を認めている。「品位を辱める行状とは，職務上の行為であると，純然たる私的行為であるとを問わず，およそ裁判官に対する国民の信頼を損ね，又は，裁判の公正を疑わせるような言動というものと解するのが相当」としている。なお，平成13年（2001年）3月30日の最高裁分限裁判で戒告が決定した事件は，配偶者が犯罪の嫌疑を受けて，実質的に弁護活動にあたる行為をして戒告となった例で，裁判官の職責と相いれず慎重さを欠いた行為として裁判所法49条に該当する行為とされたものである。当該裁判官は罷免にはかけられていない。

最高裁の戒告に対しても，適正手続保障の点からまた裁判官の市民的自由という点からも批判がよせられていた[127]。また，最高裁は，岡口裁判官に対し，懲戒処分は決定したが，訴追請求はしていない。

2021年6月16日，岡口裁判官は裁判官訴追委員会より裁判官弾劾裁判所に罷免訴追され，7月29日に職務停止が決定された[128]。罷免訴追の理由は，自

---

127) 「裁判官の市民的自由を萎縮させない対応を求める意見書」東京弁護士会 2014年9月9日。
128) こうした罷免訴追に対しても各弁護士会は批判し，慎重な審理を求めている。例えば，「岡口基一裁判官にかかる弾劾裁判について慎重な審理を求める会長声明」静岡弁護士会 2023年1月26日。

己が裁判官であることが他者から認識できる状態で行った職務に関係のないSNS等への投稿や発言などの私的な表現行為（13件）が,「裁判官としての威信を著しく失うべき非行があつたとき」(裁判官弾劾法2条2号)に該当するとするものである。2017年から2019年にかけてのSNSへの投稿が問題とされている。しかし，これらの理由の中には，罷免事由発生時より3年経過した訴追事由が含まれていた[129]。裁判官弾劾法12条は（原則的に）「罷免の訴追は,弾劾による罷免の事由があつた後三年を経過したときは，これをすることができない」としている。

結果的に，2024年4月3日裁判官弾劾裁判所において罷免判決がいいわたされ，彼は法曹資格を失った。罷免理由がこれまでの収賄行為や犯罪行為のように明らかな欠格事由とわかるものでなく「表現行為」であったことが大きな衝撃をもたらした。

最高裁における戒告処分でさえもこれでよかったのかとかなりの批判があったところである。罷免ということになれば，裁判官には日常生活において表現行為はするなといっているに等しいものとなる。初の判断であるからこそ慎重さが求められただけでなく，弾劾裁判がこのような使われ方をしたということを大いに危惧する。最高裁が分限裁判として判断するのは司法内部の問題である。他方で10年ごとの再任制度があり，その時点で適性は判断されている。しかし，弾劾裁判で罷免されるということになれば，司法への立法府からの強い圧力になる。したがって，とりわけ「表現」のような微妙な問題を理由として他の権力からの圧力と思わせるような行為は厳に慎しむべきものである。適切な基準なくして悪例を示したと批判されて然るべきことと思う。

最高裁及び最高裁事務総局が，司法権の独立を保障することは，基準等の透明性を示すべきこと等課題はあるものの，日本の制度においては必要なことである。弾劾裁判における罷免は最小限にとどめないと，司法権の弾圧につながる。安易な使われ方がされないよう注意する必要がある[130]。

---

129)「岡口基一裁判官罷免訴追に関して慎重な審理を求める意見書」第二東京弁護士会2022年3月8日。

まとめにかえて

　日本の場合は，三権分立は権力分立と同じ意味で用いられ，三権（立法権・行政権・司法権）がそれぞれ分立・独立して，異なる機関によって担当されることを意味する。権限の分離は，機関の独立を示し，同じ人間が異なる権力の構成員を兼ねることも排除される。すなわち兼職禁止を示している。さらに，権力の集中を避けるということから権力を分離させるばかりでなく，各権力が互いに抑制し合い，均衡を保つことによって民主主義が達成される。しかし，各権力の抑制・均衡を必要以上に働かせようとすると，各権力が互いに作用し合い，影響を及ぼし合って，本来の目的から外れる結果も招く。「行政権と立法権との関係についてみると，行政権は立法権によって定立された法律によって，組織・権限を定められ，また法律を執行する作用を行なうものであるから，行政権はもともと立法権に従属する性質をもち，立法権が優越するのが自然のなりゆきである。したがって，権力の均衡を望むならば，立法権があまりに優越しないように配慮されなければならない。二院制による立法部そのものの内部的分離はこの目的に仕えるものである」[131]。このように説明される。

　このような三権分立の考え方に加えて法治国家，法の支配という原理も現代憲法の中では当然の原理としてとらえられている。すなわち国家権力の行使が法に基づいて行われるべきだとすること，広義においては憲法に基づく立法をも包含する，と説明される[132]が，フランスにおいては，法治国家 État de droit 概念は，憲法院の法律の合憲性審査の発達によって「立法府を憲法の尊重の下におく国家」と認識されるようになってきた[133]。

---

130)　例えば，「投稿裁判官の罷免」朝日新聞 2024 年 6 月 11 日朝刊，参照。
131)　清宮四郎『憲法Ⅰ［新版］』有斐閣 1991 年 93 頁。
132)　大須賀明 他編『憲法辞典』三省堂 2001 年 437 頁（「法治主義」栗城壽夫）。
133)　Jean Paul JACQUÉ, *Droit constitutionnel et institutions politiques*, 14e éd., Dalloz, 2020, p. 11. さらに憲法，法律，命令の階層性を示すとも指摘される。Ferdinand

いずれにしても日本国憲法においては，41条に「国会は，国権の最高機関であつて，国の唯一の立法機関である」と定められてはいるが，前半部分の「国権の最高機関」の役割は後退しているように思える。日本の議院内閣制のあり方が国会の多数派から行政権を担う政府が構成され，政府と与党との間で物事が決まり，野党の役割が限られているからである。後半部分の「唯一の立法機関」に対しては，本来は国会で十分に審議してから法律で決めるべきなのに，そうなっておらず，また国会で審議すべき大きな政策の転換に関わることであっても閣議決定で決めている（例えば安保三文書）。こうしたことがみられ，その役割を十分に果たしていない。すなわち憲法条文に沿った運用がみられないままに「抑制と均衡」が語られ，その実際の作用や影響力の検証が行われていないように思われる。

ところで「『司法権の独立』は立憲国家に共通の原則であるので，立法権と行政権の『分立』の厳格度が統治形態の個性を示す指標となる」とも指摘される[134]。しかし，司法権の独立に対する抑制作用の危険性は，2017年に安倍晋三内閣が慣例を破る形で最高裁判事の任命を行ったことからもわかる。この慣例は元に戻ったとされるが（2023年），抑制作用の危険性は岡口基一裁判官事件にも現れた。2024年4月に裁判官弾劾において罷免判決を受けて裁判官を解任され法曹資格を失ったが，弾劾制度のあり方の危うさを示した。

そもそも弾劾制度と懲戒制度は，それぞれ制度の基本的な性格が異なる。懲戒は，司法内部の秩序維持のために裁判官の非行に対して行われる制裁であるのに対し，弾劾による罷免は「主権者たる国民の公務員選定罷免権（憲法15条1項）に基づいて，国民の信託に違反した裁判官を司法部から排除し，裁判の公正を確保するための制度である」と説明される[135]。弾劾罷免事由は，懲戒事

MÉLIN-SOUCRAMANIEN et Pierre PACTET, *Droit constitutionnel*, 38ᵉ éd., Sirey, 2020, pp. 124-125.

134) 大須賀明 他編・前掲書（注132）200頁（「三権分立」高見勝利）。

135) 常岡（乗本）せつ子「第78条」小林孝輔＝芹沢斉『基本法コンメンタール憲法［第5版］』別冊法学セミナー189号2006年361-362頁。同様の説明は，清宮

由に比して「著しく」あるいは「甚だしく」という加重要件が付されている。このように罷免事由を限定するのは司法権の独立を確保する観点から設けられている。すなわち，罷免に値する重大な事由があることが必要であり，慎重な運用がなされなければ司法の独立を脅かす。

　他方で，日本の場合は，裁判官の立場が10年ごとの更新という形をとることによって，裁判官と弁護士とが対立的な二元構造をとっていると明確にいえないことも問題となる。更新が前提であるとはいわれるが，どのような理由があるときに更新とならないのか不明確である。しかも，裁判官が自らの意思によって弁護士になることができる。そこで，裁判官の手の内を熟知している裁判官から転職した弁護士が存在していることになる。ということは，この相手となる裁判官にとって職務遂行がやりにくいだけでなく，その弁護士を先輩として崇めるような気持ちも生まれ，公平性を欠くということはいえないのであろうか。利益相反とまではいえないまでも，このような制度は不透明性を招く。

　他にも様々な点で最高裁の基準の不透明性がみられ，その延長上において，司法権の重要な役割である違憲審査制も機能していないように思う。違憲判断が少ないだけでなく，違憲判断はその事件かぎりのものであり，立法府，行政府がどのように考えるかは別のものとなっているからである。すなわち他の権力への明確な抑制作用としては働いていない。日本の場合は，権力の作用の明確化，透明性が求められると同時に，本来の憲法の趣旨にそった権力のあり方が求められているといえる。

　フランスの場合は，規律に関しても，司法裁判系列裁判官は，行政裁判系列裁判官とは異なって，憲章ではなく，集成としての作成にこだわった。将来的にはどのようになるか，見通せないが，その作成の経緯は，機関の独立・自律を重視し，自らで考え，話し合い，結論を出すということが根付いていることを改めて感じさせるものであった。

　　四郎・前掲書（注131）356-357頁にもある。

（本論文は JSPS 科研費 21H00660 基盤研究 B「わが国実定法公務員法制の抜本的改革に向けた理論的研究」（研究代表者下井康史・千葉大学教授）の研究成果の一部である。）

第 11 章

ロシアのウクライナ侵攻と憲法の平和主義

はじめに

　ロシアのウクライナへの軍事侵攻は多くの市民も巻き込み，ジェノサイドのような状況になっている。すでに 1 年以上も続いている (2023 年 5 月現在)。ロシアとクリミア半島につながる橋の爆破 (2022 年 10 月) からロシアの攻撃はさらに激しさを増し，無差別に攻撃してきている。ロシアにどのような理由があろうとも，武力による一方的な侵略は許されない。これを許せば，安全と安心を保障するはずの国際秩序は根底から覆されることになる。この戦争が示した大きなことは，一度戦争がおきたら，憲法に書かれている，自由や権利は何も保障されないことである。戦争をおこさせないこと，戦争に至る前にくいとめることがいかに大切かを示している。また実際に戦争になったらいかに悲惨なことが「日常」として行われるかも示した[1]。

　さらに戦争の理不尽さも明らかになった。ウクライナは 18 歳から 60 歳までの男性の出国を認めていない。「良心的兵役拒否」は認められていない。但し，軍務以外のその人に合った得意な分野の仕事にはつけるようである。多くの女性と子どもが隣国などに避難した。その数は 600 万人といわれている。他方で病気の子どもや障がいのある子ども，高齢者は残されたままである。戦争は不平等を助長するものでもある。また戦争は環境破壊，文化や文明破壊にもつな

1）　植野妙実子「平和の中で生きる権利が奪われたウクライナの人たち」マスコミ市民 2022 年 5 月号 2-19 頁。

がる。一度失われたものを取り戻すのは難しい。

　しかも一度始まった戦争は終わりがみえない。とりわけ一方的な侵略戦争には和平や妥協はどのようにありうるのか。武器の供与は行われても，供与するからいつまでも戦え，というわけにはいかないであろう。供与する側の財政的逼迫もおこりうる。戦争が長引けば，侵略された国自体の存在も危うくなる。最も重要なことは侵略をおこした側への効果的な制裁のあり方である。戦争終結後は，戦争犯罪人として，人なり，国なりが裁かれる仕組みも確立していなければならない。終息後も元の状態に戻るには，時間がかなりかかる。何の罪も責任もない人が生きる権利を奪われている。まさに「平和のうちに生存する権利」が奪われるのである。だからこそ戦争を始めない。平和を進める努力が重要ということである。日本国憲法には，その原点が明示されていることを確認しておきたい。そしてそれに沿った日本のあり方はどのようであるべきかを考えてみたい。

1. 国際法の基本原則

　国際社会の安定をめざして，国際連盟，不戦条約，国際連合の設立へと進展してきた。その間に大きな犠牲も人類は払った。

　今日の国際法の基本原則を示すものとして，1970年の国連総会の友好関係原則宣言があげられる[2]。そこには七つの原則が提示された。① 武力不行使原則，② 紛争の平和的解決の原則，③ 国内問題不干渉の原則，④ 相互協力義務，⑤ 人民の自決の原則，⑥ 主権平等の原則，⑦ 憲章義務の誠実な履行原則，である。いずれも重要な原則とされるが，とりわけ，①，②，③，⑤，⑥が注目されている[3]。ちなみに①，⑤は強行規範たる性格をもつので，これに反す

---

　2) 正規の名称は「国際連合憲章に従った諸国間の友好関係及び協力についての国際法の原則に関する宣言」という。奥脇直也 他編『国際条約集 2010 年版』有斐閣 2010 年 40 頁。

　3) 杉原高嶺『基本国際法［第3版］』有斐閣 2018 年 91-92 頁。

る条約は無効である。

　主権とは対内的には国家領域内における国の統治権をさし，対外的には外国の干渉・支配に服さない権利，外国と条約を結ぶ権利，外交使節を交換する権利，自衛の権利，などが主権の具体的属性としてあげられる。いずれも国家の「独立」を基本に据える概念である。しかし，第二次世界大戦以後は，いわゆる国家の自由を最大限に保障した近代の主権概念は否定されることになる。先述の友好関係原則宣言は主権平等原則の一環として，「各国は完全な主権に固有の諸権利を享受する」と述べるが，主権原則そのものを基本原則としては位置づけてはいない[4]。「各国の主権は国際法の至高性に服する」という原則に従わなければならないのである。

　個人の尊重を核とする「法の下の平等」を各国憲法が定めているように，独立の主権国家は「相互に平等」である。先述の友好関係原則宣言は「すべての国は……平等の権利と義務を有し，国際社会の平等の構成員である」と述べている[5]。平等原則は不干渉原則とともに，国際社会の秩序維持のための不可欠な役割を担い，これを蔑ろにしては諸国の平和的共存は望みがたい，とされる。

　今日，最も重要なのは，国際紛争の平和的解決である。その萌芽は1907年の第二回ハーグ平和会議で採択された，契約上の債務回収のための兵力使用制限条約とされる。本格的な第一歩は，1919年の国際連盟規約である。ここでは一定の状況において戦争に訴えることを制限した。しかし国際連盟規約は戦争そのものを禁止し，違法化したものではない。それゆえ，1928年の不戦条約（戦争放棄に関する条約）が採択された。ここでは国際紛争解決のための戦争及び国家の政策の手段としての戦争を禁止した[6]。

4）　同書 94-96 頁。例えば，国家や政府の主権性（国際法的正当性）の否認については，松井芳郎 他『国際法［第 5 版］』有斐閣 2007 年 99 頁（松田竹男）参照。
5）　杉原高嶺・前掲書（注 3）99 頁。
6）　この条約に基づいて，第二次世界大戦のドイツ・日本の戦争犯罪人が裁かれたが，法的問題点も指摘されている，同書 299-300 頁，353 頁。

不戦条約は「戦争」を禁止したが，その戦争の意味することの不明確性が問題となった。そこで，1945年国際連合憲章（以下，国連憲章ともいう）では「武力による威嚇又は武力の行使」を禁止する形をとった。さらに友好関係原則宣言で明確化が図られた。国連憲章では，武力行使の禁止が一般原則であるので，例外として許されるのは，憲章に明示されたものに限られる。すなわち，自衛権の行使の場合（51条）と第7章の下でとられる軍事的強制措置の場合である。2条4項の武力不行使原則は，今日ではすべての国に適用される一般国際法の原則である[7]。

2. 紛争の平和的解決

国連憲章第6章は「紛争の平和的解決」と題する。まず平和的解決の義務が明らかにされ（33条），安全保障理事会（以下，安保理ともいう）は，そのために，要請・調査・注意喚起・手続きの勧告をする。そして，自主的な方法で解決できなかった紛争はこれを安全保障理事会に付託すべきものとした（37条1項）。付託を受けた安保理は，その継続が平和と安全の維持を危うくするおそれがあると認めるときは「適当な調整の手続き又は方法」を勧告するか，または，適当な「解決条件」を勧告するか，いずれかの措置をとる（37条2項）。この場合，「法律的紛争」は原則として国際司法裁判所 ICJ に付託されるべきことを考慮するとしている（36条3項）。ここまでの安保理の役割は「勧告」にとどまるが，当事者がこれを粗略に扱うことがあれば，事態は第7章の強制措置の対象となる。もっとも，勧告の採択には5大国の同意が必要で，5大国において拒否権が発動されれば，勧告は成立しない（27条3項）。その場合は，安保理優先原則が解除され，かわって総会がその紛争に対処することができる。総会の勧告は3分の2の多数によって成立する（18条2項）[8]。

第7章は「平和に対する脅威，平和の破壊及び侵略行為に関する行動」と題

---

7) 同書 300 頁。
8) 同書 306 頁。

する。まず安保理は，平和に対する脅威，平和の破壊及び侵略行為の存在を決定し，国際の平和及び安全を維持しまたは回復するために，勧告をし，あるいは41条及び42条にしたがって，いかなる措置をとるか決定する (39条)。安保理は事態の悪化を防ぐために必要あるいは望ましいと認められる暫定措置に従うように要請することができる (40条)。さらに安保理は，その決定を実施するために41条の非軍事的措置をとり，これで不十分であると認めるときは42条の軍事的措置をとることになる。しかし，この42条の「国際の平和及び安全を維持又は回復に必要な空軍，海軍又は陸軍」はまだ存在していないので，これによる行動を実際にはとることができない。

国連憲章51条は，武力攻撃が発生した場合には，個別的自衛権または集団的自衛権の行使を認めているが，それは直ちに安保理に報告され，安保理が必要な措置をとるまでの間その行使は認められる。安保理が必要な措置を講じれば，国連に委ねられ，自衛戦争はおわることになる。すなわち，国連憲章は自衛権，自衛戦争に一定の枠をはめることで自衛戦争を理由として戦争を長引かせることを避けようとしている。しかしながら，講じられるべき措置の41条，42条のうち，後者の国連軍にあたるものは組織されていない。そこで授権方式の軍事的措置が誕生している (後述)。

集団的安全保障は，国際連盟で制度化された。そこにおいては①すべての国は戦争等の武力行使の違法性を認め，これに訴えない義務を受諾すること，②この義務に違反して武力に訴えた国に対しては他の国が共同して制裁措置をとること，を基本要素とした。しかしこれらの要素の不完全さ・不徹底さから第二次世界大戦を招いた。国連憲章はその反省の上に立って，まず戦争を含む武力行使の違法化を徹底させた (2条4項)。さらに制裁措置を強制措置として強化を図り，強制措置を発動すべき事態が発生したかどうかの認定，またそれが肯定されたときのいかなる措置をとるかの判断をすべて安保理に一元的に決定されるべきものとした (39条)。さらに安保理の決定に拘束性をもたせた。つまりすべての加盟国がそれに従う義務を設け，実効性の確保を図った[9]。しかし5大国の拒否権が行使されればこの制度は機能不全に陥る[10]。

個別的自衛権とは，攻撃の直接の被害国が行使する権利である。憲章規定に沿った正当な自衛権の行使は，武力行使としての違法性が阻却される。そのためには武力攻撃の発生，緊急性（必要性）の存在，均衡性の確保，が要件となっている。すなわち，侵略行為に相当するような「最も重大な形態の武力の攻撃」が発生したこと，武力による他には手段がないこと，自衛のための武力の行使が均衡を失するような過剰なものではないこと，が求められる[11]。ここから，先制自衛の概念はのぞかれる。加盟国がとった自衛の措置は直ちに報告され，安保理が「必要な措置をとるまでの間」認められる（51条）。

　国連の集団安全保障体制が拒否権の発動等により，首尾よく機能するとは限らないとの懸念から，ラテン・アメリカ諸国からの，武力攻撃の発生時には共同防衛の権利が認められるべきとの主張から，集団的自衛権の導入がされた[12]。しかし，集団的自衛権の行使をいかなる国がなすべきか（その資格を有する国の枠づけ）の点についての一致した見解はないとされる。国際司法裁判所ICJ はニカラグア事件（1986年）において，集団的自衛権の行使が正当化される要件を示した[13]。それは，先述の個別的自衛権行使の3要件に加えて，被攻撃国の「宣言」と「要請」が必要であるとした。「宣言」は，他国の恣意的な認定を排除する効果をもち，「要請」は，被害国が他の特定の国に支援を要請することを意味する。集団的自衛権と関わる問題として，人道支援としての干渉，在外自国民の保護の問題がある[14]。

　なお日本は，集団的自衛権は日本国憲法の許容するところではないとの立場

---

9) 同書318-320頁。
10) この解決策の模索については，松井芳郎 他著・前掲書（注4）290-291頁（松田竹男）参照。
11) 杉原高嶺・前掲書（注3）324-325頁。
12) 勢力均衡概念から集団的安全保障への経緯については松井芳郎 他・前掲書（注4）287-290頁（松田竹男）。
13) ニカラグア事件の争点に関しては，同書110頁。また次の論文も参照。松山健二「国際法及び憲法9条における武力行使」レファレンス 2010.1, 4-51頁。
14) 杉原高嶺・前掲書（注2）325-329頁。

を従来よりとっていたが，2015年6月に成立したいわゆる武力攻撃事態・存立危機事態対処法（事態対処法ともいう）により，「我が国と密接な関係にある他国に対する武力攻撃が発生し，これにより我が国の存立が脅かされ」る場合（存立危機事態）には，日本の必要な行動をとる（2条）として，大きな転換を示した。日本政府はこれを，個別的自衛権の延長上に位置づけているが，実際には集団的自衛権の行使とみられよう[15]。集団的自衛権の大きな問題点は，個別国家による武力行使自体をできるかぎり制限しようとしてきた国際連盟以来の努力に逆行するものとなるからである。

拒否権の問題とともに，国連の安全保障体制の大きな問題点は国連軍がいまだに存在しないことである。国連発足後の冷戦の進展で，43条の定める特別協定（安保理が各加盟国との間に結ぶ兵力提供の協定）の締結が阻まれた。他方で，加盟国を強制しない授権方式の軍事的措置が湾岸戦争の際に編み出された[16]。それは，安保理がイラク軍のクエートからの撤退を実現するため，国連加盟国が「すべての必要な手段」をとることを「許可する」との憲章第7章に基づく決議を採択したことによる。この授権に基づいて，一部加盟国からなる多国籍軍の対イラク攻撃が開始され（1991年1月湾岸戦争），イラク軍はクエート撤退を余儀なくされた。これが集団的自衛権の行使とみることができるかは議論がある。安保理の許可によるという点から42条の軍事的強制措置に含まれるとする見方がある[17]。このような授権方式の軍事的措置はその後も活用されている（ソマリア，ボスニア・ヘルツェゴビナ，ルワンダ，ハイチ等）。

他方で，国連の平和維持活動（以下，PKOともいう）は国連の実践活動を通して形成されてきた制度である。国連憲章にはこの活動を認める明示規定はない。冷戦期に確立した伝統的PKOは停戦監視型である。同意原則，公平原則，武器不行使原則のPKO三原則が示され，この時点においては強制措置たる性

---

15) 「わが国独自の限定的要件の下に集団的自衛権の行使に道を拓いた」という指摘もある。同書327頁。
16) 同書322頁。
17) 同書323頁。

格をもつものではない。これに対し，ポスト冷戦においては，内戦で疲弊した国家の再建のために派遣されるPKO活動が増えた。国家再建を実現するために多様な任務をこなすこととなった。この点で先の三原則が緩和される傾向もみられる。

　日本においては，1992年に国際連合平和維持活動等に対する協力に関する法（いわゆるPKO協力法）の制定で，自衛隊員のPKOへの派遣が可能となった。PKO協力法は，伝統的PKOへの参加を前提としつつ，参加の条件として①停戦合意の存在，②紛争当事者の同意，③中立的立場の維持，④以上の原則が満たされなくなった時の部隊の撤収，⑤武器の使用は自己や他の要員等の生命身体の防護に必要な場合に限られることを明らかにしている（同法6条7項）。当初は後方支援活動の参加に限定していたが，2001年12月の改正で本体業務PKFにも参加できるようになり，限定的に武器使用もできるようになった[18]。他方で1987年には国際緊急援助隊の派遣に関する法律（JDR法）も成立している。

　政府は当初，海外派兵と海外派遣を区別し，海外派兵はできないが，海外派遣はできる，との考えをとっていた。しかし，テロ対策特措法に基づく「派遣」，イラク特措法に基づく「派遣」等，解釈の拡大をみせてきた。さらに2015年9月の安保法制による転換，2022年12月の安保三文書の閣議決定の実行によって，基本は崩れつつある[19]。

---

[18]　同書331-335頁。また2011年7月「PKOの在り方に関する懇談会・中間とりまとめ」もある。

[19]　政府の基本は，①「海外派兵」は許されない，②「集団的自衛権」の行使は許されない，③目的，任務が武力行使を伴う平和維持活動を行う国連軍に参加することは憲法上許されない，ということであったはずである。水島朝穂「第9条」小林孝輔＝芹沢斉編『基本法コンメンタール憲法［第5版］』別冊法学セミナー189号（2006年）59頁。

3. ロシアの侵略行為の違法性

　ロシアは二つの事柄を主張してウクライナへの侵略行為を正当化した。一つは，自ら独立を認めたウクライナ東部地域の（括弧付きの）「国」の要請に基づいた集団的自衛権の行使であるとしている。もう一つは，ウクライナが核兵器をもとうとしている，あるいは NATO への加盟を求めていることに対して，ロシアとしての個別的自衛権の行使であるとしている。しかしその正当性は認められず，ロシアの行為は国連憲章と国際法に違反する侵略行為である。

　しかしながらこれまで，これに似たような行為に対して，国際社会が断固たる態度で糾弾してきたかといえば，そうとはいえず，それがこうした侵略行為を許すことにつながってきたのではないかと思われる。第一に，2014 年のクリミアの危機がある。この時，国連の安全保障理事会の緊急会合が開催され，クリミアの地位の変更を認めないとする決議案に対し，ロシアが拒否権を行使し，否決された。その後，国連総会においては，同内容の決議が賛成多数で採択されたが，ロシアが安全保障理事会の常任理事国でもあることから，国連憲章第 7 章に定められている措置（平和に対する脅威，平和の破壊及び侵略行為に関する行動）は発動されていない。この時に，拒否権のあり方を考えておくべきであった。ロシアはこの時に G8 から外されて，G7 になったが，ロシアにとっては大した制裁も受けなかったと感じたと思われる。第二に，イラク戦争がある。この戦争は，イラクに大量破壊兵器があることを口実にしてアメリカの報復のような形で行われ，イギリス，オーストラリアなどと有志連合を組んでイラクに侵攻したものである。しかし，アメリカが指摘したような兵器はみつからなかった。ウクライナが核兵器をもっているに違いないから侵攻するというのはイラク戦争と同じような口実を使っているようにみえる。この時に，こうしたやり方が認められるのかを国際的に考え，対応すべきであった。不確実な理由をつけて他国を侵略することが許される前例を作った。第三に，シリアの内戦がある。この時は，アメリカが先に撤退し，最後まで残ったロシアは，

ベラルーシと同様にアサド政権という傀儡政権を作った。このようなことをしても国際的に裁かれることはないことを，ロシアは学んだであろう[20]。

　しかし，既にみたように，戦争または国際関係における武力行使，さらに武力による威嚇さえも違法な侵略ないし国際犯罪として禁止されることになってきた。違法な侵略戦争は，国際社会（現実には国連）による制裁の対象とされる。国家責任法という考えがある。すなわち，国家による国際義務違反という場合，不干渉義務違反，領土侵犯，海上通行権の侵害，環境損害，人権侵害，違法な武力行使など様々な違反に対処する法規則をさす。なおこうした場合の償いの種類には，原状回復，金銭賠償，遺憾の意の表明，陳謝，判決での違法宣言などがある。

　ロシアによるウクライナの侵攻は，不戦条約1条にある，国際紛争を解決するための戦争に訴えてはならないことに違反する。また国連憲章2条1項には「加盟国の主権の平等原則」が定められているので，これにも違反している。さらに2条4項には「すべての加盟国はその国際関係において武力による威嚇または武力の行使を抑えなければならない」とあるが，それにも違反する。また自衛権の行使はたとえ個別的自衛権の行使であっても，単なる脅威というだけでは行使できない。国連憲章2条3項には，国際紛争を平和的手段において解決しなければならないことが示されており（紛争の平和的解決義務），それにもロシアは違反している。

　のみならず次のことにも注意が必要である。すなわち，戦闘手段と方法の規制である。戦闘手段の規制としては兵器の規制があり，不必要な苦痛を与える兵器，軍事目標に限定しえない兵器，広範な環境被害を与える兵器，条約による特定の兵器の禁止（毒ガス禁止，生物兵器や化学兵器の禁止など）がある。既に，国際司法裁判所（国連憲章第14章，国際連合の主要な司法機関）は核兵器の使用は一般的には違法と判断している。こうした考えは，2017年核兵器使用を禁止

20）　なお，シリアのアサド大統領は内戦での軍事的優位を固めた結果，自国民への弾圧を問われることなく，アラブ連盟に復帰している。朝日新聞朝刊2023年5月21日。

する初の条約として結実し，さらに核兵器禁止条約が国連で採択され，2021年1月発効している。核兵器禁止条約は，核抑止力論を前提にせずに核兵器を削減していき，究極的には核兵器の全廃に進むものである。残念ながら日本はこの条約には参加していない。他方で，戦闘方法の規制としては，軍事目標主義（無差別攻撃の禁止），背信行為の禁止などがある。武力紛争の犠牲者の保護，捕虜の待遇にも人道的取り扱いが求められる[21]。

既述したように国連憲章には国際司法裁判所の規定がある。すべての国際連合加盟国が当事国となることができる。国際裁判は紛争の解決に極めて効果的であり，判決は当事国を拘束するが，原則として紛争の両当事国の同意が必要である。但し，裁判条約や選択条項受諾宣言があらかじめあるときは別である[22]。

戦争犯罪に対する裁判制度の発達もみられる。1998年7月に国際刑事裁判所ICCに関するローマ規程の採択で国際刑事裁判所の導入がなされ，2002年7月に発効している。「国際社会全体の関心事である最も重大な犯罪」を管轄とするもので，具体的には，集団殺害犯罪，人道に対する犯罪，戦争犯罪，侵略犯罪である。裁判は事件の付託をまって始まるが，付託の権限を有するのは締約国，安全保障理事会及び検察官である。安保理の付託は憲章第7章の決定として行われる。ここにも安保理の5大国の拒否権が立ちはだかる。さらにこの裁判所には任務遂行上の大きな制約として関係国の刑事裁判手続が正常に機能しないときに，「国家の刑事裁判権を補完する」とされていることである。しかし，当該国の裁判所にその捜査又は訴追を真に行う意思又は能力がない場合はこの原則は適用されない[23]。

ロシアもウクライナもICCに加盟はしていないが，ウクライナは自国の領土でおこった犯罪を起訴する権限をICCに許諾している。締約国は，捜査に

---

21) 1990年頃までの経緯については，城戸正彦『戦争と国際法』嵯峨野書院 1993年参照。
22) 杉原高嶺・前掲書（注2）162-163頁。
23) 同書 354-355頁。

必要な情報を提供する義務を負う。プーチンが戦争犯罪人となれば，締約国は原則的にプーチンが訪れたときは犯罪人として引き渡すことになる。ロシアは締約国ではないので（2016年に設立条約の署名を撤回），ロシアにいるかぎりは裁くことはできない。ICCはすでに2023年3月17日に，占領地の子どもを自国に違法に連れ去った行為でプーチンに逮捕状を発行している[24]。戦争は殺すことが目的ではなく，相手の戦う能力や意志を奪って降参させることが目的である。ロシアのウクライナ侵攻に関しては，民間人，学校，病院に対する攻撃なども問題になる。

　今回のことで，改めて国際的な法秩序をどのように回復するのかが問われている。またこうした侵略行為をさせないための実効的な手立てを考える必要がある。さらに様々な供与や手段を利用して（例えばインフラ整備など），他国を従わせることを防ぐにはどうしたらよいかも国際的な視点から，すなわち具体的には国連としてどのような方法があるか（例えば貧困国への救済など），考える必要がある。

4．日本国憲法の永久平和主義

　日本国憲法には三つの原則がある。永久平和主義，基本的人権の保障，国民主権，である。この三原則の関係は，基本的人権の保障を中心にして，平和でなければ権利や自由の保障は成立しないので，平和は何よりも前提として大切なもの，国民主権は権利や自由の保障を成立させるためには専横な権力ではなく，皆が主権を行使する民主主義が手段として大切なもの，ということになる。ここにさらに「法の支配（法治主義）」も明らかにされている[25]。また憲法

---

[24] 朝日新聞デジタル2023年3月18日（玉川透）。検察官は独自の判断で犯罪と思われるケースの調査・分析を始めることができる。主任検察官は21年からカリム・カーン氏が務めており，ウクライナに行き，調査を深めた結果，プーチンの逮捕状を出すに至っている。

[25] 「法の支配」は立憲主義の発展とともに，権利・自由を制約する法律の内容は

保障の制度ももつ。憲法98条は「この憲法は，国の最高法規」と定め，他方で，違憲法令審査権を裁判所に委ね，最高裁判所はその判断の終審裁判所である（81条）。大臣，議員を含む公務員に対する憲法尊重擁護義務も定めている（99条）。権力分立によって，抑制と均衡の中で権利や自由が守られる仕組みももっている。但し，日本の採用する議院内閣制は，国会と内閣の関係が強く，国会からの統制が働きにくい。現実では内閣政治に近い運用がなされている[26]。さらに硬性憲法の仕組みももち（96条），改正が容易にはされないことで，憲法の最高法規性を補完している。こうした仕組みはもつものの，実際には憲法の最高法規性が担保されていない。つまり，憲法の軽視がみられる。とりわけ永久平和主義に関してその傾向が濃厚に現れている。

永久平和主義は日本国憲法の最大の特色である。「戦争なき世界」という人類の理想を極めて明確にかつ積極的に憲法の規定に掲げたという点で，世界の憲法の歴史上，画期的な意義をもつ[27]。したがってその意義を損ねないように解釈をすることが求められる。

日本国憲法の前文第二段落には，「日本国民は，恒久の平和を念願し，人間相互の関係を支配する崇高な理想を深く自覚するのであつて，平和を愛する諸国民の公正と信義に信頼して，われらの安全と生存を保持しようと決意した」と定めている。さらに平和のうちに生存する権利を有することも確認している。国際社会での平和の実現を願いながら，日本国憲法「第2章　戦争の放棄」を定めている。

第2章には，9条1項として「日本国民は，正義と秩序を基調とする国際平和を誠実に希求し，国権の発動たる戦争と，武力による威嚇又は武力の行使

　　国民自身が決定することという意味で，民主主義と結合する原理である。さらにこの場合の法とは内容が合理的でなければならないという実質的要件を含む。芦部信喜＝高橋和之補訂『憲法［第7版］』岩波書店 2019年 13-17頁。

26)　内閣政治制については次の論文参照。作間忠雄「内閣政治制の特質と課題」『憲法の諸問題』有斐閣 1963年 239-262頁。

27)　佐藤功『日本国憲法概説［全訂第5版］』学陽書房 1996年 73頁。

は，国際紛争を解決する手段としては，永久にこれを放棄する」と定め，9条2項として「前項の目的を達するため，陸海空軍その他の戦力はこれを保持しない。国の交戦権は，これを認めない」と定めている。1項は，国際紛争を解決する手段としての戦争の放棄を明らかにしたものであり，2項は「戦力の不保持・交戦権の否認」を明らかにしている。

前文第二段落と9条，さらに国際法と憲法との接合が求められて解釈されるべきことにも注意が必要である。すなわち，一方では国際社会における戦争放棄の観念の浸透を図るとともに，他方で日本自身も軍事化の道を歩まない努力，戦争をおこさない努力，戦争に加担しない努力が求められる。

導入の経緯については，1945年7月のポツダム宣言に遡る。ポツダム宣言は天皇の存続について言及していなかった。しかし，日本側は「万世一系ノ天皇之ヲ統治ス」（大日本帝国憲法1条）による神権天皇統治を変更するつもりはなく，天皇の国家統治の大権を変更することがないなら受諾するとしていたのであった。これに対する連合国側の返事は，「最終的の日本国の政府の形態はポツダム宣言に遵い日本国国民の自由に表明する意見に依り決定せらるべきものとす」とあった。この返答につき，国体護持の希望を満足せしめたものであるとして，1945年8月14日，ポツダム宣言の受諾の決定がなされた[28]。結果的に天皇制は，大日本帝国憲法のもとでの天皇制とは全く異なる象徴天皇制として残った。

ポツダム宣言は，日本の軍国主義勢力の永久排除，日本軍の完全武装解除を降伏条件として提示していた。しかしポツダム宣言は日本の永久的非武装化を降伏条件として明示するものではなかった。実際には連合国による日本占領により，全日本国軍隊の武装解除や軍需産業の禁止が行われ，日本の戦争遂行能力はほぼ完全に破壊された。他方でポツダム宣言の諸条件を満たすためには，大日本帝国憲法は，根本的に改革される必要があった。マッカーサー総司令官は1945年10月11日，幣原首相に対して憲法改正の必要性を示した。そこで，

---

28) 橋本公亘『憲法』青林書院新社 1972年 383-384頁。

幣原内閣は 10 月 27 日，内閣に憲法問題調査委員会を設け，松本国務大臣が委員長に就任した。しかし当時の日本側は憲法改正に対して極めて消極的であった。大日本帝国憲法の根本的な改正は考えていなかった。松本国務大臣は 12 月に第 89 帝国議会において，憲法改正の方針について，いわゆる松本 4 原則を明らかにしているが，その第一原則には，「天皇が統治権を総攬せられるという大原則には何ら変更を加えないこと」としていた[29]。

1946 年 2 月 1 日に日本政府から非公式の憲法改正案の要旨及び説明が最高司令官に提出されたが，それが，大日本帝国憲法と似たようなものであったことから，マッカーサーは，総司令部の側で憲法の原案を示してそれをもとに憲法を新たに作成するほかないと考え，そのもとになるマッカーサー三原則を 2 月 3 日に作成した。それに基づき，総司令部の憲法改正原案，すなわちマッカーサー草案と呼ばれるものが作成されていった。マッカーサー草案は 2 月 10 日に完成し，13 日に日本政府に示された。3 月 6 日に発表された日本政府の「憲法改正草案要綱」は，総司令部から提示されたこのマッカーサー草案を基礎として，その基本的形態と基本的諸原則を動かすことなく，若干の細部において総司令部と日本政府との間の交渉によって修正を加えた結果，成立したものである[30]。この草案要綱は 4 月 17 日にひらがな口語体の「憲法改正草案」となり，大日本帝国憲法の改正手続きを基本的には踏んで，1946 年 11 月 3 日公布，47 年 5 月 3 日施行となった。その基本がマッカーサー草案にあることから連合国総司令部の「押し付け憲法」である，という保守派の批判がある。

永久平和主義は，マッカーサー三原則の第二原則に由来している。そこには次のように書かれていた。「国家の主権的権利としての戦争を放棄する。日本は，国家の紛争解決の手段としての戦争及び自己の安全を保持するための手段としてのそれをも放棄する。日本はその防衛と保護を，今や世界を動かしつつある崇高な理想に委ねる。いかなる日本陸海空軍も決して許されないし，いか

---

29) 日本国憲法の成立の経緯については，さしあたり佐藤功・前掲書（注 27）46-52 頁。

30) いかなる修正があったかに関しては，同書 52 頁。

なる交戦者の権利も日本軍には決して与えられない。」ここでは二つの戦争の放棄，国家の紛争解決の手段としての戦争と自己の安全を保持するための手段としての戦争，が放棄されている。しかし，9条1項には前者のみが明記され，後者は明示されていない。いわゆる「自衛戦争の放棄」の部分は総司令部の中の議論で抜け落ちていった。9条2項は最後の部分を反映して，戦力の不保持と交戦権の否認として定められた。「日本はその防衛と保護を，今や世界を動かしつつある崇高な理想に委ねる」の部分は前文第二段落に活かされている[31]。このようにして成立した永久平和主義は，日本国民の「二度と戦争はしない，平和が大切である」という決意を表明したものである。自衛戦争の放棄の部分が抜け落ちたからといって，2項の「戦力の不保持・交戦権の否認」の明示は，いかなる戦争も否定するものである。それが戦争の悲惨さを経験した日本国民の教訓であり，世界へのメッセージでもある。

5. 有権解釈の変化

　制定過程における政府の9条解釈は，1946年6月26日衆議院本会議での吉田首相の答弁によると次のようであった。「戦争抛棄に関する本案の規定は，直接には自衛権を否定はして居りませぬが，第9条第2項に於て一切の軍備と国の交戦権を認めない結果，自衛権の発動としての戦争も，又交戦権も拠棄したものであります。」

　この時点においては，自衛権そのものも放棄されたと解釈されていた。どのような自衛権が放棄されていると考えられていたかは問題になるが，1項では侵略戦争の放棄のみを示し，2項において，戦力の不保持，交戦権の否認を定めている結果，侵略戦争のみならず自衛戦争も含むあらゆる戦争が放棄されているとみるのが，当時の政府の解釈である。これは今日の学界でも有力な説といえる。1項が侵略戦争の放棄を示していることは，先のマッカーサー第二原

---

[31] この過程に関しては植野妙実子『基本に学ぶ憲法』日本評論社 2019年 25-26頁参照。

則との関係，1928年の侵略戦争の放棄を国際的に定めた不戦条約の文言との類似などが根拠となっている。

　しかしその後，政府自体の解釈は，1950年の朝鮮戦争の勃発，警察予備隊の創設，51年の講和条約，日米安保条約（旧）の発効，保安隊・警備隊への拡大，54年のMSA協定，そして自衛隊の成立という，国際的・国内的政治状況の変化の中で，変更されていく。とりわけ，冷戦構造が意識され，アメリカ合衆国にとっての日本の極東での軍事的位置づけが明確化されるのにともなって，変わっていった。

　1952年11月に内閣法制局がまとめた「戦力」に関する統一見解の中では，「9条2項は，侵略の目的たると自衛の目的たるとを問わず『戦力』の保持を禁止している」としながらも，「その『戦力』は，近代戦争遂行に役立つ程度の装備，編成を具えるもの」で，「その基準は，その国のおかれた時間的，空間的環境で具体的に判断せねばならない」とした。このことは「戦力」が時とともに変化しうる観念で，例えば近代戦争が核で闘われることになれば，核に至らざる実力は戦力ではないということを許すものとなる。この統一見解においては，「『戦力』に至らざる程度の実力を保持し，これを直接侵略防衛の用に供することは違憲ではない」ことも明らかにした。また9条2項の保持の主体は「わが国」とし，「米国駐留軍は，わが国を守るために米国の保持する軍隊であるから憲法第9条の関するところではない」とした[32]。この最後の考え方は後の砂川事件最高裁判決の中で部分的に採用されている（最大判昭34・12・16刑集13巻13号3225頁）。

　こうした見解は，拡大されながらも，基本的には継承されてきたが，2015年9月の安保法制の成立で転機を迎えた。

　これまでの政府の見解は，独立国である以上，主権国家としての固有の自衛権を有している，自衛権を有している以上，「その行使を裏付ける自衛のための必要最小限度の実力を保持することは，憲法上認められている」として，

---

32) 長谷川正安「第9条」有倉遼吉編『基本法コンメンタール憲法』別冊法学セミナー（1971年）40-51頁。

「日本国憲法の下，専守防衛を我が国の防衛の基本的な方針として，実力組織としての自衛隊を保持」しているとしてきた。すなわち，侵略戦争のための戦力は保持しないが，自衛のための必要最小限度の実力の保持だとしていた。そして，日米安全保障条約に基づく駐留米軍の存在は9条の関するところではない，としていた。

　例えば平成25（2013）年版防衛白書における憲法9条の趣旨についての政府見解として次のように書かれている。保持できる自衛力については，「自衛のための必要最小限度」とし「攻撃的兵器を保有することは……いかなる場合にも許されない」とする。自衛権発動としての「武力行使」については次の三要件があげられている。① わが国に対する急迫不正の侵害があること，② この場合にこれを排除するためにほかの適当な手段がないこと，③ 必要最小限度の実力行使にとどまるべきこと，である。自衛権を行使できる地理的範囲については，「必ずしもわが国の領土，領海，領空に限られないが，それが具体的にどこまで及ぶかは，個々の状況に応じて異なるので，一概には言えない。しかし，武力行使の目的をもって武装した部隊を他国の領土，領海，領空に派遣するいわゆる海外派兵は，一般に自衛のための必要最小限度を超えるものであり，憲法上許されない」としていた。さらに集団的自衛権については次のように説明する。「国際法上，国家は，集団的自衛権，すなわち，自国と密接な関係にある外国に対する武力攻撃を，自国が直接攻撃されていないにもかかわらず，実力をもって阻止する権利を有するとされている。わが国は，主権国家である以上，国際法上，当然に集団的自衛権を有しているが，これを行使して，わが国が直接攻撃されていないにもかかわらず他国に加えられた武力攻撃を実力で阻止することは，憲法第9条のもとで許容される実力の行使の範囲を超えるものであり，許されないと考えている。」交戦権については次のように説明する。「憲法第9条第2項では，『国の交戦権は，これを認めない。』と規定しているが，ここでいう交戦権とは，戦いを交える権利という意味ではなく，交戦国が国際法上有する種々の権利の総称であって，相手国兵力の殺傷と破壊，相手国の領土の占領などの機能を含むものである。一方，自衛権の行使に当た

っては，わが国を防衛するための必要最小限度の実力を行使することは当然のこととして認められており，たとえば，わが国が自衛権の行使として相手国兵力の殺傷と破壊を行う場合，外見上は同じ殺傷と破壊であっても，それは交戦権の行使とは別の観念のものである。ただし，相手国の領土の占領などは，自衛のための必要最小限度を超えるものと考えられるので，認められない。」またその他の基本政策として次の四つをあげている。専守防衛，すなわち憲法の精神に則った受動的な防衛戦略の姿勢をとる。軍事大国とならないこと，すなわち他国に脅威を与えるような強大な軍事力を保持しない。非核三原則，すなわち核兵器をもたず，作らず，もちこませずという原則の堅持，文民統制の確保，すなわち軍事力に対する民主主義的な政治による統制を確保する[33]。

このような政府見解ではあったが，「外国のためのみ」にする自衛隊の「武力行使」が違憲とされるのであって，日本防衛という目的があれば武力行使は許される。また武力行使以外の軍事的支援・協力であれば憲法上問題にならないという考えは示されていた。例えば，日本来援の米艦隊の護衛は個別的自衛権の範囲内としている（1983年2月22日衆院予算委・夏目防衛局長答弁）。こうした見解のもとではあったが関連する法律制定により自衛隊の活動は拡大していった[34]。

しかしながら2015年9月安保法制（戦争法ともいう，政府は平和安全法制と呼ぶ）[35]による転換により，平成27（2015）年防衛白書においては，政府はこれ

---

33) 平成25年版防衛白書103頁。

34) 植野妙実子・前掲書（注30）28-32頁，関連する法律の表もある。また有権解釈については，浦田一郎編『政府の憲法9条解釈』信山社2013年も参照。日本は核不拡散条約（NPT）に対して1970年に署名，76年に批准している。同年防衛費GNP1％以下に抑える原則の閣議決定，武器輸出三原則を政府統一見解とした。小熊英二「戦後日本の『リベラル』と平和主義」世界2024年2月号33-45頁参照。岸田政権のもとでこうした原則は崩れている。

35) 2015年9月19日平和安全法制関連二法の成立，同30日公布，2016年3月29日施行。政府は平和安全法制を「我が国及び国際社会の平和及び安全のための切れ目のない体制の整備」としている。これに対しては，例えば「安保法制に反対し，立憲主義・民主主義を回復するための宣言」日本弁護士連合会2016年5月

までの基本的論理，1972年10月14日の政府見解は守るとしながらも，後述のように「9条のもとで許容される自衛の措置」について，環境の変化を理由に考えを変えたことを明らかにしている。ここではその他の，保持できる自衛力，自衛権を行使できる地理的範囲，交戦権についての考えは基本的に変わっていない。先守防衛，軍事大国とならないこと，非核三原則，文民統制の確保の基本政策を守ることもあげている。

「これまで政府は，この基本的な論理のもと，『武力の行使』が許容されるのは，わが国に対する武力攻撃が発生した場合に限られると考えてきた。しかし，パワーバランスの変化や技術革新の急速な進展，大量破壊兵器などの脅威などによりわが国を取り巻く安全保障環境が根本的に変容し，変化し続けている状況を踏まえれば，今後他国に対して発生する武力攻撃であったとしても，その目的，規模，態様などによっては，わが国の存立を脅かすことも現実に起こり得る。

わが国としては，紛争が生じた場合にはこれを平和的に解決するために最大限の外交努力を尽くすとともに，これまでの憲法解釈に基づいて整備されてきた既存の国内法令による対応や当該憲法解釈の枠内で可能な法整備などあらゆる必要な対応を採ることは当然であるが，それでもなおわが国の存立を全うし，国民を守るために万全を期す必要がある。

こうした問題意識のもとに，現在の安全保障環境に照らして慎重に検討した結果，わが国に対する武力攻撃が発生した場合のみならず，わが国と密接な関係にある他国に対する武力攻撃が発生し，これによりわが国の存立が脅かされ，国民の生命，自由及び幸福追求の権利が根底から覆される明白な危険がある場合において，これを排除し，わが国の存立を全うし，国民を守るために他に適当な手段がないときに，必要最小限度の実力を行使することは，従来の政府見解の基本的な論理に基づく自衛のための措置として，憲法上許容されると考えるべきであると判断するに至った。

27日参照。

わが国による『武力の行使』が国際法を遵守して行われることは当然であるが，国際法上の根拠と憲法解釈は区別して理解する必要がある。憲法上許容される上記の『武力の行使』は，国際法上は，集団的自衛権が根拠となる場合がある。この『武力の行使』には，他国に対する武力攻撃が発生した場合を契機とするものが含まれるが，憲法上は，あくまでもわが国の存立を全うし，国民を守るため，すなわち，わが国を防衛するためのやむを得ない自衛の措置として初めて許容されるものである。」

すなわち，国際法上の集団的自衛権の行使としてではなく，個別的自衛権の延長として「わが国と密接な関係にある他国に対する武力攻撃が発生し，これによりわが国の存立が脅かされ，国民の生命，自由及び幸福追求の権利が根底から覆される明白な危険がある場合において」必要最小限度の実力の行使は認められる，とした。しかしこれは，大きな転換であり，明らかに集団的自衛権の行使につながるものである。そこで，「集団的自衛権限定容認」と捉えられている[36]。

そこでの，憲法9条のもとで許容される自衛の措置としての「武力の行使」の三要件（新三要件としている）は①わが国に対する武力攻撃が発生したこと，またはわが国と密接な関係にある他国に対する武力攻撃が発生し，これによりわが国の存立が脅かされ，国民の生命，自由および幸福追求の権利が根底から覆される明白な危険があること，②これを排除し，わが国の存立を全うし，国民を守るために他に適当な手段がないこと，③必要最小限度の実力行使にとどまるべきこと，である。この措置の前提として，憲法前文の「平和的生存権」，13条の「生命，自由及び幸福追求に対する国民の権利」があげられている。しかし，むしろこのような行使の容認は国民を戦争に巻き込むことになり，国民の平和的生存権は脅かされ，国民の生命，自由及び幸福追求の権利の侵害の危険性は増すと考えられよう。またこれをはたして個別的自衛権の延長上にあると捉えられるかは大いに疑問である。これはこれまでの政府の解釈を

---

36) 平成27年版防衛白書136-137頁。浦田一郎『集団的自衛権限定容認とは何か』日本評論社2016年，阪田雅裕『憲法9条と安保法制』有斐閣2016年も参照。

踏みこえるものであり，安全保障のあり方の転換を示している[37]。この解釈が安保法制（戦争法）と呼ばれるものの成立により確立した。

さらにそれを強化するものとして安保三文書（国家安全保障戦略，国家防衛戦略，防衛力整備計画）が2023年12月に閣議決定された。これについては国会での議論は全く行われないまま決定から実行に移ろうとしている。これに基づいて法律もしくは法律改正が必要となれば，当然国会での議論となるはずである。いずれにしても基本原則の変更がなされる場合には，国会は国権の最高機関であるのだから，国会において議論があって然るべきである。安保三文書は，敵国（ロシア，中国，北朝鮮）という設定を前提として，日米安保条約に基づく参戦のみならず，それ以外の他の国への参戦も可能としている。日本国憲法の永久平和主義の基本は失われ，さらなる憲法の空洞化が図られている状況にある。

6. 学説の検討

いわゆる安保法制の成立に関しては，立憲主義という観点から，そのプロセスも内容も違反していると問題になった。プロセスの点ではまず閣議決定，ガイドラインの改定から，それにあわせて違憲な法律を作るという点で問題となった。また内容的には憲法9条の規定そのものに反する法律や改正法であるという点で，それ自体合憲か疑わしいが，それでも政府が長い間，憲法の範囲内として守ってきたルールにも反する。さらに安保三文書も同様の疑義あるものである。

ここでは，前文第二段落の示す平和のうちに生存する権利（平和的生存権）と9条をめぐる解釈と問題点を検討しておきたい。

---

37) それまでの政府の基本的な考えについては次も参照，八木一洋「憲法9条に関する政府の解釈について」ジュリスト1260号（2004年）68頁以下。

(1) 平和的生存権をめぐる解釈

まず学説においては，前文の法的性格をどのようにみるかの議論があった。前文の法的性格について，これが法規範性をもつことに対してはほとんど異論はない。しかし，各条文と同様に裁判規範としての効力を有するか，裁判所が違憲法令審査権を行使する際に前文が直接にその判断の基準となるかどうかについて裁判規範否定説と裁判規範肯定説の対立があった。

裁判規範否定説は次のように述べる。「前文は，もとより単なる精神的宣言ではなく，憲法典の一部をなすものであるから，法的効力を有する法規範たる性質をもつ。しかし，前文の法的効力は，本文各条項の場合とは異なり，直接に法律や国家機関の行為を拘束するものではない。すなわち，前文の内容は平和・国民主権・基本的人権などの抽象的な原理・理念であつて，その具体的内容は本文各条項によつて定められる。従つて，何らかの法律や国家機関の行為を違憲であると主張する場合は，直接には本文各条項の規定に違反することが理由とされるのであつて，裁判所も直接に前文違反を理由として違憲と判断すべきではない。すなわち，裁判所が直接に適用することのできるいわゆる裁判規範となり得るのは本文各条項であつて，前文ではない。ただし，本文各条項の規定の意味内容が明らかでないとして問題となる場合には，前文は，それらの規定の解釈の指針としての役割を果すのである。」[38]

さらに，次のような考えもある。この考えは，前文に書かれた国民主権主義，人権尊重主義，平和主義の原理が相互に不可分に関連していることを認め，日本国憲法の前文は，憲法の一部をなし，本文と同じ法的性質をもつことを認めるものである。そして人類普遍の原理に反する一切の憲法，法令及び詔勅を排除するという規定から，憲法改正に対して法的限界を画することを示している。にもかかわらず，このことが前文に裁判規範としての性格を認められることを意味しない，という。「裁判規範とは，広い意味では裁判所が具体的

---

38) 佐藤功・前掲書（注27）61-62頁。

な争訟を裁判する際に判断基準として用いることのできる法規範のことを言うが，狭い意味では，当該規定を直接根拠として裁判所に救済を求めることのできる法規範，すなわち裁判所の判決によって執行することのできる法規範のことを言う。前文の規定は抽象的な原理の宣言にとどまるので，少なくとも狭い意味での裁判規範としての性格はもたず，裁判所に対して前文の執行を求めることまではできない，と一般に解されている。この点に関して問題となるのが，前文二項の，『われらは，全世界の国民が，ひとしく恐怖と欠乏から免かれ，平和のうちに生存する権利を有する』という文章に示されている『平和的生存権』である。学説では，右規定の（狭い意味での）裁判規範性を認めることはできるとし，平和的生存権を新しい人権の一つとして認めるべきであるという見解も有力である。しかし，平和的生存権は，その主体・内容・性質などの点でなお不明確であり，人権の基礎にあってそれを支える理念的権利と言うことはできるが，裁判で争うことのできる具体的な法的権利性を認めることは難しい，と一般に考えられている。」[39]

　しかし，法規範であることと裁判規範であることの区別がなぜ必要なのか，理解しがたい。法規範は，理想や概念のみのために示されるのではなく，実際に紛争がおきたときの解釈の基準となるべく示されるものである。

　フランスでは，法規範と裁判規範とを分けるという考えは存在しない。法droit は規範 règle である。確かに客観法と主観法という二つの概念は存在する。客観法は，社会生活を組織することをめざして一般的な方法で定式化された特定されない（不特定の）規範である。法的な裁判上の命令でもある。主観法は，客観法によって認められ保護されている権利主体としての個人が，裁判において行動する際に活用できる特権のようなものである。そして法規範の特色として義務的性格，一般的性格，不変的性格があげられている[40]。

　このようなことから，たとえ抽象的に定められていようが，そこから具体的

---

39)　芦部信喜＝高橋和之補訂・前掲書（注25）37-38頁。
40)　Sous la direction de Dominique CHAGNOLLAUD de SABOURET, *Dictionnaire élémentaire du droit*, Dalloz, 2016, pp. 51-52.

な権利を導き出すのは解釈の役割であることがわかる。先述の平和的生存権が具体的な権利でないなら誰が平穏な生活の中で権利行使ができることになるのであろうか。権利をできる限り外国人にも認めるという点からは難民申請の際に外国人が平和的生存権を主張することも当然ありうるであろう。

前文に法的規範性はあっても裁判規範性を認めないというのは，できるかぎり権利を限定的にしか認めないとする日本の裁判所の立場を容認することにもなる。学説の自己反省のなさを示している。

なおこうした問題は，私人間には憲法の効力が及ばないとする，私人間における権利の保障のあり方にも通じるものがある。すなわち憲法上の人権規定が私人間効力をもつかどうかについて，限定的な考えを示したり，私法の一般条項を通じて間接的に効力があることを認めたりする。いずれも憲法規定の限定的解釈を導こうとするものである。

(2) 9条をめぐる解釈

9条の解釈については，様々な論点が示される。第一に自衛権の存否，第二に9条1項の規範的意味，第三に9条2項の意味，ここには「戦力」の意味と「交戦権」の意味が含まれる。第四に9条と自衛権との関係，第五に9条と安保条約の関係，第六には9条と国際的安全保障への貢献のあり方などがあげられる[41]。

保守派以外の研究者の間では，一般的に次のように考えられているといえよう。9条は前文で示された平和主義の精神を具体化した規範であって，あらゆる戦争の遂行，戦力の保持，交戦権の行使を否定し，一切の戦争を不可能ならしめ，軍備撤廃の絶対的平和主義を具現している点で，世界の憲法史上，先駆的意義を有する，とする[42]。日本国憲法には，兵役の義務もなく，戒厳令や国家緊急権の規定もない。しかし，そうなると現実的には世界第8位の軍事力を有する自衛隊が存在し，日米安保条約もあり，それに基づく多くの米軍の基地

---

41) 有倉遼吉＝時岡弘編『条解日本国憲法〔改訂版〕』三省堂 1989 年 43-54 頁。
42) 例えば，佐藤功・前掲書（注27）73-81 頁。

も日本に存在している現実とは大きな乖離があることになる[43]。前文の示す意味，9条の趣旨を踏まえた上で国際法上の観点も含みながらどのような解釈が可能であるか検討しておきたい。

　9条1項は，「正義と秩序を基調とする国際平和を誠実に希求」するという目的のために日本国民は「国権の発動たる戦争と武力による威嚇又は武力の行使は，国際紛争を解決する手段としては，永久にこれを放棄する」としている。9条1項はその文言から，国際紛争を解決する手段としての戦争の放棄，すなわち侵略戦争の放棄と解される。保守派はここから，2項の「前項の目的を達するため」を，侵略戦争の目的を達するためと解し，そのための戦力を保持しない，国の交戦権を認めない，として自衛のための戦力の保持は許されると解している[44]。

　しかし，「前項の目的を達するため」の目的はむしろ，「正義と秩序を基調とする国際平和を誠実に希求」することをさすととれる。すなわち，「前項の目的」とは，「前項を定めるに至った目的をさし，戦力不保持の動機を示すもの」とする[45]。あるいは，「前項の目的」を第一項全体の指導精神をさす，とする考えもある[46]。すなわち「正義と秩序を基調とする国際平和を誠実に希求し，戦争や武力の行使を放棄すること」であるという。

　いずれにしても，これらの考え方からは，2項は，こうした目的の下で戦力の不保持，交戦権の否認を定めたところから，侵略戦争のみならず自衛戦争も放棄したと考えられる。これが，これまでの通説的見解として紹介されてきた。しかし，最近はより現実的な解釈が望まれるようになってきている。ロシアのウクライナ侵攻後，特に現実的な解釈が必要とされている。

---

43) グローバル・ファイヤーパワーによる世界の軍事力ランキング2023年版，ちなみに1位はアメリカ，フランスは9位である。
44) 例えば，大石義雄『日本国憲法逐条講義』有信堂1953年66頁。
45) 佐藤功『憲法（上）［新版］』有斐閣1983年116-117頁。
46) 宮澤俊義＝芦部信喜補訂『全訂日本国憲法』日本評論社1978年166頁。

A. 自衛権の解釈

そこで問題となるのは，自衛権までをも放棄したと考えられるのか，ということである。すなわち，国連憲章に定められている主権国家としての固有の自衛権までをも放棄したのかどうかである。これについては，次のような考えがある。「憲法9条は戦争を放棄し，軍備を禁止したけれども，それによって自衛権そのものまで放棄したわけではない。国家の主権と共に不可分に存在する固有の自衛権は，およそ放棄の対象とはならないというべきである。」[47]

また次のようにも述べられる。「第9条は自衛権に基づく戦争をも放棄したものと解されるが，このことは自衛権そのものをも放棄したということではない。自衛権とは，刑法上における個人の正当防衛権の観念と同じく，国家が急迫不正の侵略を受けた場合，その生存と安全を保つために，他に適当な方法がないとき，やむを得ず実力を行使してその侵略を排除することができるという権利である。国家がその基本的権利として，このような権利を有することは国際法の一般原則として認められている。第9条もこの自衛権を否認するものではない。」[48]このように述べた上で，次のようにいう。「第9条は，わが国の場合は一般の国家の場合とは異なり，日本国民自身が『戦争』や『武力の行使』という手段による自衛権の行使を放棄したことを定めたのである。すなわち，自衛権は第9条の下でも否定されないが，それは戦争を伴わざる自衛権であり，軍備を伴わざる自衛権である。従来においては，一般的に，国家が自衛権を有するという場合には，それはその自衛権を戦争という手段によって行使し得るということと同義に考えられていた。」すなわち，自衛権そのものと自衛の戦争をなす権利とを区別して考えることは，従来の一般観念においては，無意味なことであったが，9条は，自衛権を否認するものではないが，しかしその自衛権を戦争という手段によって行使することはできないと定めている。それは従来の通常の観念からみれば，極めて特異な考え方であるというべきであ

---

47) 小林直樹『憲法講義上［新版］』東京大学出版会 1980 年 223 頁。
48) 佐藤功・前掲書（注27）86 頁。九条を9条と算用数字に直した。

るが，まさにそこに9条の特色がある[49]，とする。しかしそうなると「自衛権をもちながら自衛権に基づく戦争の放棄をする」とは何を意味するのか理解しがたい点がある。

他方で，自衛権という存在自体を認めない考え方もある。その場合，次のように主張される。「『自衛権』(right of self-defense) とは，『外国からの違法な侵害に対し，自国を防衛するため，緊急の必要がある場合，それを反撃するために武力を行使しうる権利』である。」このように定義した上で，第一に，自衛権は，武力攻撃に対する権利であること，第二に，自衛権は武力行使の権利であること，こうしたことから「結局，自衛権は，武力攻撃に対して武力行使する権利である」とする[50]。そこで，自衛権を認めることは必然的に武力行使を認めることにつながり，その点から「武力によらない自衛権論」を批判する。例えば，武力でない実力による自衛権を保持する，あるいは自衛権の理念化の上での自衛の理念や目的を実現するための手段の正当化をする概念があるが，立憲主義の観点から問題があるとし，「日本国憲法の解釈論としては自衛権否定を正面から承認し，平和的生存権と国家主権の明確化に努力する方向をとったほうがよいのではないか」とする[51]。

確かに，例えば，小林直樹は前述の文章に続けて次のように述べる。「第9条は自衛権を否認したものではなく，ただ自衛の名目による戦争や軍備を自ら禁ずることによって，軍隊による防衛や戦争を断念した限りにおいて，伝統的な自衛権の発動の仕方に大きな制約を課したのである。」[52] そして国家の安全をいかに保障しうるか，という問題が生じる，と述べる。さらに，「憲法の予定する安全保障方式は，具体的には必ずしも明らかではない。憲法の究極の理想としては，世界各国が憲法9条にならって戦争と軍備を放棄し，進んでは主

---

49) 同書86頁。
50) 浦田一郎「自衛権論が意味するもの―立憲主義とのかかわりにおいて」杉原泰雄＝樋口陽一編『論争憲法学』日本評論社1994年65-66頁。
51) 同論文68-71頁。
52) 小林直樹・前掲書（注47）223頁。

権をも大幅に移譲した世界連邦下の平和が考えられる」としている[53]。

佐藤功も結局，次のように指摘している。「第9条は，第一に侵略戦争のみならず一切の戦争を放棄し，第二に『戦争』のみならず，さらに『武力の行使』および『武力による威嚇』をも放棄し，第三に，これに伴い，さらに軍備の不保持と，交戦権の否認を定めているのである。そこに第9条の世界史的意義が存するといってよい。すなわち，それは従来，各国がその国家主権の最も明瞭な現われとして当然にもつものとされていたところの自衛の戦争をなす権利および軍備を保持する権利を放棄する。そこに根本的には従来の国家主権の観念そのものの転回が見られるといえよう。すなわち，それは国家の主権を国家よりもさらに一段高次の国際社会に委譲するという思想，すなわち，いわゆる世界連邦または世界国家の理想に連なるものであるということができる。もしもこのような理想としての世界連邦または世界国家が形成された段階においては，それを構成する各国の間に紛争が生じたときには，それはその世界連邦または世界国家の内部的紛争であつて，その解決は，もはやいずれの国家にも属さない世界連邦または世界国家自身の警察軍の機能によつて解決されるべきものとなり，従って，各国はもはや戦争を行う必要およびその固有の軍備を保持する必要もないこととなるのである。第9条の趣旨はこのような構想の下で最もよく理解されるといえよう。」[54]

すなわち，日本国憲法の掲げる永久平和主義は，究極的には国連憲章に基づく世界連邦または世界国家の成立をめざすものであって，現在はその途上にある。したがって，日本はこの実現に向けての努力をたえずすることが求められる。その実現の先には，9条2項の「戦力の不保持，交戦権の否認」が確実なものとなる。

しかし，現在はまだ世界連邦や世界国家の成立は確実なものとなっていない。そこでその途上にある故に，戦力ではなく，自衛権としての防衛力を有することが認められるのであるかがポイントとなる。それは必要最低限で国連で

---

53) 同書224頁。
54) 佐藤功・前掲書（注27）78-79頁。

の措置が決まるまでの最短期間に必要とされるものでなければならないだろう。また厳に専守防衛のものであろう。これが戦力に至らざる防衛力の考えである。しかし何が必要最低限にあたるのかが，別途問題となる。

　他方で，自衛権はあるが防衛力も戦力として認められない，とする，いわゆる「武力によらない自衛権論」は可能であるか。「自衛権を保有し，これを行使することは，ただちに軍事力による自衛に直結しなければならないものではない」とし，例えば外交交渉，警察による侵害排除，群民蜂起などをあげる[55]。

　しかし，軍隊と警察では，目的も組織，装備も異なることが予想される。ましてや群民蜂起などには組織力がなく，防衛力としては効果的とは思えない。したがって自衛権は失われておらず，自衛権に伴う一定の防衛力は現時点では認められている。しかし，目的があくまでも「正義と秩序を基調とする国際平和を誠実に希求」するところにあるわけであるから，その防衛力は，隣国が核をもつからこちらも核をもつというような抑止力理論に与するものではない。あくまで必要最低限の専守防衛に限られるものである。さらに自衛権を有するからといって，自衛を名目とする武力行使をいかなる形でも認めるというものではない[56]。

　このように解した場合，9条の趣旨，9条2項の趣旨を損ねることや，永久平和主義を掲げた憲法の理念を損ねることになってはいけない[57]。他方で必ず日本がしなければならないことは永久平和主義の実現に向けての努力であり，戦争なき世界連邦あるいは世界国家の建設への努力である。核の禁止や非人道的兵器の禁止には率先して活動することが求められる。紛争がおこる前に解決を図ることや人道的支援も率先して行わなければならない。また日本国憲法は兵役の義務を国民に課すものではない。あくまでも欲する者が自衛隊に入隊

55）　長沼事件第一審判決札幌地裁昭和48・9・7訴月19巻9号1頁。
56）　例えば，武力行使や戦争の多くは「自衛」の名の下で正当化されていた。『自衛隊明文改憲の論点』現代人文社2017年23頁（清末愛砂）。
57）　佐々木高雄「戦争と自衛隊」高橋和之＝大石眞編『憲法の争点［第三版］』ジュリスト増刊1999年40-43頁参照。

し，職業的にも自衛力の組織を行うにすぎない。その自衛力は真に必要最小限である。

自衛権がない，という説の違和感は，それならなぜ国家が存在するのか，なぜ政府が存在するのかの疑問に結びつく。国家に固有の自衛権は日本国憲法下，永久平和主義を掲げる憲法の下でもあり，そのあり方についての国民的議論や手段についての透明性こそ求められるべきものであろう。自衛権は自衛戦争をする権利だけに結びつくものではない。国家にとっての，ふさわしい措置をとらなかった場合や平和への努力を怠った場合の政府の責任追及に対しても，国民を守る国家の責任，同時に平和な社会を形成していく国家の責任，そうしたことも考えるべきだと思う。国民の知らぬまにこそこそと不必要な武器を大量に買うような行為はやめさせなければならない。「国民を守る」ということは防衛力の強化だけを意味するものではない。不必要な武器を買うことで，周辺国に緊張をもたらし，国民をむしろ危険にさらすことは，日本国憲法の示す自衛権のあり方ではない。

自衛権があるなら，国連憲章の認める，個別的自衛権以外の集団的自衛権は認められるのか，という問題がでてくる。集団的自衛権に関しては，既述したように政府は，「『換言すれば，共同防衛または相互安全保障条約，あるいは同盟条約ということ』であり，『日本国憲法からの観点から申しますと，憲法が否認していないと解すべきもの』は個別的自衛権にとどまる，という考え方を示してきている（衆院外務委1954・6・3下田条約局長答弁）。したがって，1960年改定の日米安全保障条約5条による共同行動も，日本自身の自衛としてなすべきことの範囲内であって，集団的自衛権の問題でない」というのが政府の見解であった[58]。それ故，政府は2015年9月の安保法制を個別的自衛権の延長上にあるといいつのるが，実質的に変更したといえる。

国家とは，通常，領土，国民，統治権の三要素に着目して，領土を基礎とし

---

[58] 1972年10月14日の参議院決算委員会に対し政府から提出された資料「集団的自衛権と憲法との関係」がある。

て国民によって組織される統治団体と定義される[59]。または，「国家は一定の地域を基礎として固有の支配権のもとに法的に組織された人間の団体である」として，この場合の国家を成立させる要素として，領土，国民，国家権力（主権）があげられる[60]。こうした国家の領土侵害，独立性の侵害のときには，個別的自衛権の発動となるが，集団的自衛権はそもそも国家に固有のものではなく，国際組織に対して補完的なものである。集団的自衛権の存在は国家に固有のものではないが，状況に応じて必要とされることもある，と解されよう。それ故，当然ながら憲法9条の下では，集団的自衛権は，認められないし，それによる集団的安全保障も必要とされない。

　この点はすでに1951年に日米安保条約（旧）が結ばれたときに，認識されていたことである。その後も政府が個別的自衛権はあるが集団的自衛権は有しないことに固執した点からも明らかである。さらに，2015年の安保法制による転換も個別的自衛権の延長上というのもそのためである。それならば，日米安保条約とはいかなるものなのか，その検討も必要となる。

　B．日米安保条約

　1951年9月8日，サンフランシスコ講和条約の調印式の後，日本とアメリカ合衆国（以下，米国もしくはアメリカともいう）との間で，米軍が日本に駐留することを目的に旧安保条約が調印された[61]。

　しかし旧安保条約は，国連憲章との関係が明確でない，米国に日本が基地を提供するだけのものであるなど，不備な点があるとして，衆議院での自民党単独での強行採決などを通して1960年6月19日新安保条約の批准承認に至った。新日米安保条約（以下，日米安保条約とする）は，アメリカにとってアジア

---

59) 金子宏 他編『法律学小辞典［第4版］』有斐閣 2004年 406頁。
60) 田上穣治編『体系憲法事典』青林書院新社 1968年 3頁（川北洋太郎）。なお，領土問題ははたして解決しているのか，という別の問題もある。
61) その経緯，目的，問題点に関しては，池尻久和『安全保障体制の研究』晃洋書房 2000年 55-59頁参照。また，両条約の関係性については佐藤功・前掲書（注27）100-101頁。

政策をすすめる上での軍事的側面として重要である。さらに日米両国の親密な関係を築いたという点で政治的側面ももつ。また日本が経済的発展をとげることができた裏には日米安保条約があったとも指摘されている[62]。日米安保条約はしかしながら，少なからず日本にマイナス面をもたらしている。第一は，米軍基地があることによる国際的緊張の高まりである。米軍の駐留と基地の存在により，日本とは直接関係のないことにまきこまれる恐れがある。第二は，基地公害また基地偏在の問題がある。第三は，基地内は米国であり，日本の法治国家観念は適用されない。これは日米地位協定のあり方とも関係する。第四は，日本の自主性は損なわれた状況にある。日本は米国の従属的地位にあり，安全保障上の関係において透明性を伴った対等な関係にあるとはいえない[63]。このことは本当に信頼性のある関係を政治的にも経済的にも保っているのかという根本的な疑問にもつながる。

日米安保条約についての憲法上の議論をみる前に認識しておかなければならないことは，立憲主義の政治的構築の重要性である。現行憲法に基づく透明性ある責任性を有する政治が行われることが必要で，民意を十分に反映する選挙制度の下で，何がどうなっているのかを国民にわかりやすく説明することのできる政治が必要である。国民不在の軍事国家化は断じて許されない。対米従属ではない日本の主権・独立性の確立，日米安保条約の破棄，専守防衛，必要最小限度の防衛力の保持，抑止力論からの脱却，こうした永久平和主義の真の実現へとつながる道すじを示す必要がある。抑止力論からの脱却の必要性は，結局抑止力論を認めると核保有の承認につながるからである。

さて，日米安保条約については，政府は9条とは関係しないとの立場をとっているが，学説上は容認説と違憲説にわかれる。

容認説においては，米国駐留軍は日本の戦力ではない，ということを前提として，9条の戦力が日本の戦力だけをさすかを問題にして，「駐留軍は国際連合軍に準ずべき国際的な安全保障のための軍隊であると考え，形式的には戦力

---

62) 池尻久和・前掲書（注61）57頁参照。
63) 古関彰一『対米従属の構造』みすず書房 2020 年参照。

不保持に反するようだが，実質的には第9条で保持しないとしている戦力に当らず，第9条の適用範囲外にあるから，憲法違反にならない」とする[64]。こうした説は，国際連合軍と米軍は一体ではないことは今日明らかであり，米軍への過大な期待があるようにみえ，到底受け入れることはできない。

　結局，万やむをえない場合に備える必要最小限の個別的自衛権は現在においては認められるとしても，集団的安全保障の概念は9条2項の戦力の不保持・交戦権の否認の下では認められない。「自衛」の概念からはずれるからである。9条2項の下では集団的自衛権は認められず，集団的安全保障につながる日米安保条約も認められない。この問題の重要性は，日本における米軍基地への攻撃や日本の領空，領海内における米軍への攻撃を日本への攻撃とみて，日本が対抗措置を講じることができるかの問題にもつながるところにある。必要以上の脅威をもたらす。当然米国本土への攻撃を日米共同防衛として対抗措置を講ずることは，憲法の禁じる集団的自衛権の行使にあたり，論外である。したがって2015年9月の安保法制を契機とする政府の基本方針の転換は認められないし，それを拡大し実行しようとする安保三文書も認められない。

　そもそも，日米安保条約の破棄，米軍基地の撤退がないかぎり，日本の「戦後」はおわらず，主権国家としての確立はないといえる。日米安保条約を破棄し，周辺国との不可侵・平和条約を結ぶことが求められよう。戦争の脅威をもたらしているのはむしろ，日米安保条約に基づく米軍の基地の存在である。

　最後に，いわゆる世界連邦または世界国家の形成のために，現行9条2項の下で国連軍に加わることは許されるのかの問題も考えておきたい。

　日本国憲法は，永久平和主義の理念において戦力の不保持・交戦権の否認を示している。したがって，私見では，あくまでも戦力によらない解決をはかることをめざすものである。戦力を用いない国際協力や国際支援の分野は広くある。そうした分野での実績をつんでいくべきであろう。

　清水睦は，「自衛隊を改組し，その一部は，国連警察軍に組みこみ，状況を

---

64) 法学協会編『註解日本国憲法上巻』有斐閣1953年239頁（なお旧字体を直して引用）。

みて，不測の小規模な確執を予測して必要な範囲内で，国連警察軍の駐留を認めることも考えられよう」としている[65]。この考えに対しては，まず「国連警察軍」がどのような組織なのか，国連軍とどう違うのかが問題となるが，ここには「世界の非武装への着実な動向を引き出しつつ」とあり，こうした世界の成立が条件づけられている。こうした考えがあることも念頭におきながら，我々がすべきは違憲状態の解消であり，憲法にそった政治の回復である。

まとめにかえて

　一方では，理想型の世界の実現に努力をしつつ，限定的な形で万やむをえない場合には，自衛権の行使をするが，将来的には各国と共に世界連邦や世界国家に紛争解決のあり方を委ねる。その意味では，まだ今日においては必要最小限の，戦力に至らざる防衛力の行使は，不測の事態の中では，専守防衛として許されるかもしれない。これは日米安保条約破棄の上での話である。しかしそうした行為を招かないようにすることが政府には求められるし，政府の責任でもある。周辺国と不可侵・平和条約を結んだとしても，それでも不幸にして万やむをえない場合がおき，自衛権の行使をせざるをえなくなっても，それは安保理に伝えられ，安保理での措置の決定までの暫定的なものである。こうした国際的な仕組みの実効性の構築にも政府は務める義務がある。このような事態に対し，自衛隊がその役割を担うなら必要最小限の防衛力の保持に限られ，その行使は均衡性のとれたものに限られる。当然先制攻撃は許されない。

　したがって必要なのは「理想型の世界の実現」である。これを怠っては9条の趣旨，意義がすたれる。したがって，永久平和主義の意義，平和的生存権の重要性を認識しながら，その下で自衛権はあるという，その範囲で考えることはありえよう。永久平和主義の意義，平和的生存権の重要性を喧伝しつつ，平和構築への努力を怠ってはならない。平和は人権保障の前提である。にもかか

　65）　清水睦『日本国憲法の情景』中央大学出版部 1987 年 73 頁。

わらず，日本は，国連安保理非常任理事国の選出回数では12回（1946年〜2025年）とトップを誇っているが，国連で働く日本人職員が少ない状況にある[66]。日本国憲法の平和主義の意味を粘り強く語る，語れる立場にもならなければならない。つまり，規範と現実の乖離の解消であり，憲法規範に現実を近づける努力が必要である。

　日米安保条約は，米国性善説に立っている。これは，全般的に集団的安全保障の弱点ともいえるものである。米国の指導者が常に正しいわけでもなく，常に日本の防衛のためを考えているわけでもない。日米安保条約は日本にとって周辺国との平和を結ぶときの足かせにもなる。「非武装中立」ということの意義は，そこにある。中立的なあるいは独自の立場を表明することの妨げとなってはいけない。真に国民（日本にいる人たちすべて，といってもよい）の権利・自由を考えて判断するときの妨げになってもいけない。

　さらに，日本は憲法に基づき徴兵制を採用することなくあくまでも「志願」という形で，防衛力を組織しているし，今後も維持するつもりならそのような形ですべきである。たとえ侵略があり戦争状態になったとしても，良心的兵役拒否は認められる。逃げる権利は認められるし，そうした権利は保障されなければならない。逃げたい，戦いたくないと思う者を逃すのは政府の任務である。戦争の方法の限定などがあっても所詮は戦争とは相手を殺すのか自分が殺されるのかのリアルな戦いである。それを拒否することは権利として確立されなければならない。この点では，「戦争」について考えるときは，自分がいざとなったら戦うのか，戦えるのか，という実感を基本にすえる必要がある。

　それなら全員が戦いたくないと感じて逃げてしまい国家として成立しないのではないかと思うかもしれない。それはその国家に魅力がないからである。日本に国家としての魅力があるなら，日本国民として誇りをもち，皆が違法な侵

66）　読売新聞朝刊2023年7月14日。望ましい職員数（2021年）として150〜200名ほど必要なところ，68名しかいない。望ましい職員数は各国の分担金分担率や世界人口に占める人口割合に基づき，国連事務局により公表されている。但し，外務省による国連関係機関で働く日本人は2021年末時点で956人となっている。

略者に対して立ち向かうであろう。魅力をもつ国家にするのは政治家の力である。政治家が私利私欲に走り，魅力ある国家にすることを怠るなら，誰も日本のために戦う者はいない。憲法にそって，よい政策を打ち出し，信頼ある政治を行うこと，それが一番必要とされることである。

第12章

コロナ禍と教育

はじめに

　日本では第5波において，新型コロナウイルス（以下，コロナともいう）の感染が子どもにも拡がり，学校のみならず保育園や学童保育（放課後児童クラブ）も大きな影響を受けた。クラスターも多くみられ，学校，保育園，学童の休校・休園・休所が，子どもたちや保護者，とりわけ働く保護者を直撃した。新型コロナウイルスによって，日本の政治のあり方の問題点，何を優先的に考慮する政治なのかもあぶり出されてきた。

　保護者や指導員らで作られている全国学童保育連絡協議会は「12歳未満は接種の対象ではないため，子どもに接する仕事の従事者が接種することで感染拡大を防げる」として，国や自治体に対して指導員らのワクチン優先接種を促すように要求したが，2021年8月末において優先接種の実施は1割にとどまっている。他方で学校の教職員を対象にしたワクチン優先接種状況は，都道府県，市町村ともに8割をこえている。

　4回目の緊急事態のさらなる延長を受けて，2021年9月1日現在，公立学校を所管する教育委員会の15.4％が小中高校等の新学期にあたっての，夏休みの延長や臨時休校を実施した。また短縮授業や分散登校の対応をとったのは26.0％であった。

1. GIGA スクール構想

　コロナを理由として，GIGA スクール構想が加速化しているが[1]，その骨格は既にコロナ前に作られていた。OECD 生徒の学習到達度調査 2018 年の結果，日本は読解力で順位を下げ，学習活動におけるデジタル機器の活用が他の OECD 諸国に比較して低調であったことも理由の一つである[2]。

　2019 年 12 月 19 日に文部科学大臣のメッセージ「子供たち一人ひとりに個別最適化され，創造性を育む教育 ICT 環境の実現に向けて〜令和時代のスタンダードとしての 1 人 1 台端末環境〜」が出されている。ここでは，「Society 5.0 時代を生きる子供たちにとって，PC 端末は鉛筆やノートと並ぶマストアイテム」としている。また「1 人 1 台端末環境は，もはや令和の時代における学校の『スタンダード』」であるとし，「この新たな教育の技術革新は，多様な子供たちを誰一人取り残すことのない公正に個別最適化された学びや創造性を育む学びにも寄与するもの」としている。さらに「1 人 1 台端末の整備と併せて，統合型校務支援システムをはじめとした ICT の導入・運用を加速していくことで……学校における働き方改革にもつなげていきます」としている。但し「ICT 環境の整備は手段であり目的ではない」ことも明らかにしている。

　これは 2019 年 6 月の「新時代の学びを支える先端技術活用推進方策（最終まとめ）」や同年 12 月の「新しい時代の初等中等教育の在り方　論点取りまとめ」（中央教育審議会初等中等教育分科会）に対応するものである。前者は，新時代における先端技術を効果的に活用した学びのあり方として，Society 5.0 時代の到来で，求められる能力や学力は何かを述べ，社会構造の変化，雇用環境の

---

1) GIGA スクール構想については文部科学省のリーフレット「GIGA スクール構想の実現へ」参照。加速化を示すものとして，文部科学省通知「GIGA スクール構想の下で整備された 1 人 1 台端末の積極的な利活用について」2021 年 3 月 12 日。
2) 2019 年 12 月 3 日の萩生田文部科学大臣のコメント参照。

変革を示している[3]。他方で子どもたちの多様化もみられる。こうしたことから多様な子どもたちを「誰一人取り残すことのない，公正に個別最適化された学び」の実現が必要で，ICT を基盤とした先端技術や教育ビッグデータの効果的な活用に大きな可能性があるという。ここに学校・教師がどのような役割を果たすかも示している。後者は，新しい時代を見据えた学校教育の姿（2020 年代を通じて実現をめざすイメージ）を示している。育成をめざすべき資質・能力について「変化を前向きに受け止め，豊かな創造性を備え持続可能な社会の創り手として，予測不可能な未来社会を自立的に生き，社会の形成に参画するための資質・能力を一層確実に育成」としている。ここでも「子供の学び」として「多様な子供たちを誰一人取り残すことのない，個別最適化された学びが実現」と示されており，先端技術を有効に活用することなどにより，基盤的な学力の確実な習得が行われ，「多様な子供たち一人一人の能力，適性等に応じた学びが提供されている」と描いている。そして「子供の学びを支える環境」としては，「全国津々浦々の学校において質の高い教育活動を実施可能とする環境が整備」としている。具体的には，多様な経験や職歴をもつ適任者を広く教育界内外から確保，校長のリーダーシップ，教師が生涯を通じて学び続ける能力と専門性の向上，デジタル教科書・教材の活用等も示されている。このような教育を実現していくための「学校のチーム力」を高めることも求められている。これらを進めるために 2019 年 6 月には学校教育の情報化の推進に関する法律（令和元年法律第 47 号）も制定された。

　ところで，GIGA スクール構想とは「Society 5.0 時代を生きる子供たちに相

3） Society 5.0 とは何か。2016 年の内閣府「第 5 期科学技術基本計画（平成 28 〜平成 32 年度）」の中で，狩猟社会 Society 1.0，農耕社会 Society 2.0，工業社会 Society 3.0，情報社会 Society 4.0 とし，それに続く次の社会発展を超スマート社会 Society 5.0 として提唱した。当初は STEM（科学・技術・工学・数学），科学技術の幹となる人材育成が考えられていたが，2006 年に STEAM 教育の概念が登場。A は Arts，芸術やリベラルアーツが必要と考えられるようになる。STEM が客観性や理論によるアプローチが多いのに対し，主観や直感などの感覚的要素が必要と考えられた。

応しい，誰一人取り残すことのない公正に個別最適化され，創造性を育む学びを実現するため，『1人1台端末』と学校における高速通信ネットワークを整備する」国の政策のこと，と説明される[4]。

「1人1台情報端末」と「高速ネットワーク」を使ってどのような新しい学びをするのか。戦後の昭和の時代とは異なる，めざす学びの違いが強調される。戦後の昭和の時代は，勤勉性・協調性，マニュアルを理解して実行する能力をもつ労働者・サラリーマンがめざされた。学校では普通の子どもに合わせた画一的教育を行っていた。しかし，今日求められるのは，Society 5.0 時代を生きる子どもたちに相応しい学び，すなわち「AI等の技術革新が進んでいく新たな時代においては，人間ならではの強み，すなわち高い志をもちつつ，技術革新と価値創造の源となる飛躍的な知の発見・創造など新たな社会を牽引する能力が求められる」，そのためには膨大な情報から何が重要かを主体的に判断し，自ら問いを立ててその解決をめざし，他者と協働しながら新たな価値を創造できる資質・能力の育成，それを前提として，これからの時代を生きていく上で基盤となる言語能力や情報活用能力，AI活用の前提となる数学的思考力をはじめとした資質・能力の育成につながる教育が必要不可欠であるとしている[5]。

公正に個別最適化され，創造性を育む学びとは何か。まず，公正に個別最適化された学びとは，それぞれの力に合わせた学び方を提供し，子どもたちそれぞれが成長できる学びの環境が提供される，すなわちアダプティブ・ラーニングとされている。他方で，創造性を育む学びとは，主体的・対話的で深い学び，すなわちアクティブ・ラーニングとされる[6]。そのためのツールとしての

---

[4] 小中学生に1人1台の学習用端末を配備するGIGAスクール構想であるが，全国1812自治体のうち，64自治体（3.5％）2021年3月末までの配備が完了していない。読売新聞朝刊2021年5月19日。

[5] 文部科学省「新時代の学びを支える先端技術活用推進方策（最終まとめ）」（2019年6月25日）3頁。内閣府『第5期科学技術基本計画（平成28～平成32年度）』の言い回しと呼応している点にも注視する必要がある。

[6] ICT教育ニュース参照（http://ict-enews.net./zoomin/22gigaschool3/1,ast

ICT 環境が必要であり，マインドとして現場の教師たちの「新しい学び」に向けた「学び改革」が求められる，とする。

　ここで注意しておかなければならないことは，教育イノベーションに向けた文部科学省（以下，文科省）と経済産業省（以下，経産省）の協力関係である。経産省の「未来の教室」では，何らかの価値を生み出す力を身につけるための，「誰一人取り残さず・留め置かない」学習機会の創出，学習指導要領でも，「より善き社会や幸福な人生の創り手を育む」カリキュラム・マネジメントの必要性を明示している。このように，学校教育（文科省）と教育産業（経産省）の融合領域として，GIGA スクール環境を示している[7]。また総務省は 5G の特性を活かした次世代の教育が，生産性向上，地方創生に役立ち経済成長につながると期待している[8]。

2．子どもの教育を受ける権利の意義

　子どもの教育を受ける権利は一般的には，学習権を基礎にして，社会権的側面と自由権的側面を併せもつ複合的性格の人権と考えられている[9]。子どもにとっては成長し発達する権利が特に重要であり，それは人と関わることによって成長発達するものである。大人と関わり合いまた子ども同士で関わり合い，多種多様な活動を通して成長発達していく[10]。このふれ合いや活動を通して，

---

　　visited, 9 October 2021.）。文部科学省「学習指導要領の趣旨の実現に向けた個別最適な学びと協働的な学びの一体的な充実に関する参考資料（令和 3 年 3 月版）」も参照。
　7）　経済産業省「『GIGA スクール構想』の上で描く『未来の教室』の姿」（2020 年 1 月），同「『未来の教室』プロジェクト」（2020 年 9 月）参照。
　8）　文部科学省「GIGA スクール構想の実現パッケージ」（2019 年 12 月 19 日）11 頁。
　9）　大島佳代子「教育を受ける権利」『憲法の争点〔ジュリスト増刊〕』（2008 年）176 頁。
　10）　世取山洋介「新型コロナウイルス感染症の拡大と子どもの権利」法と民主主義 549 号（2020 年）34-37 頁。「新型コロナウイルス感染症と子どもの権利に関す

単なる学力としての学習だけでなく，自らの考えをまとめ，それを示す力を形成し，また様々な人が存在することも認識し，道徳的・倫理的なことも学ぶ。どのように人と付き合うのか，人々の中で自らをどのように主張するのか，なども学んでいく。そのように考えると，そもそも日本では，子どもの，想像力を養う，他人とふれ合う，遊ぶ時間，関わり合う時間がどれほどなのかも問題となろう。

　日本は子どもの権利条約を1994年4月に批准し，同年5月に発効した。子どもの権利条約は子どもの最善の利益を考慮して，子どもの「人格の完全なかつ調和のとれた発達」のために不可欠である子どもの権利が，あらゆる場で実現されることを求めるものである。国や地方自治体には，子どもの権利条約に規定された権利や原則の実現に向けて取組の強化が求められる。日本国憲法には子どもの権利は直接的には示されていないが，子どもも人間である以上，子どもという前提はあるが，人間としての権利をもっているのは当然である。したがって，子どもも個人として尊重され，平等に扱われなければならない。また何よりも子ども固有のものとして成長発達する権利をもっている[11]。子どもの成長発達する権利の充足は何を通して行われるのかが問われなければならない。

　学校は子どもにとって，このふれ合いの重要な場，成長発達を促す場である。教師はときに子どもに対して道標を示したり，行くべき道の方へ灯を照らしたりする。そこに実は教師の専門性がある。

　しかしながら2006年12月に教育基本法（昭和22年法律第25号）の全面改正が行われ，国家にとって有用な人材をどのように育成するか，「国を愛する心」の涵養をいかにして行うかに教育の重点がおかれるようになった。ここには，子どもの成長発達権，子どもの内面形成の自由への配慮や学習する権利を基本にすえる姿勢は窺えない。

───────────

　　る声明」（子どもの権利条約市民・NGOの会，2020年6月15日）も参照。
　11）　子どもの人権と子どもの権利の違いについては，堀尾輝久「子どもの権利再考」『子どもの人権〔ジュリスト増刊総合特集〕』（1986年）6-12頁参照。

他方で国連・子どもの権利委員会は，Covid-19 パンデミックが子どもたちに及ぼす重大な身体的，情緒的及び心理的影響について警告するとともに，各国に対し，子どもたちの権利を保障するように求め，子どもの権利の尊重のための 11 の措置を「新型コロナ感染症に関する声明」として示した（2020 年 4 月 8 日）[12]。その中には，「オンライン学習が，すでに存在する不平等を悪化させ，または生徒・教師間の相互交流に置き換わることがないようにすること」もあげられている。

3. 安倍首相の全国一斉休校要請とその影響

　2020 年 2 月 27 日に安倍首相は全国一斉休校要請を行った。文科省も政府専門家会議も関知しない突然の要請であった。これを受け，文科省は 28 日に都道府県教育委員会に通知を発出し，ほとんどの学校は臨時休業を実施した。学校といっても都市部の学校から過疎地域の学校まであり，感染状況も地域により様々である。にもかかわらず全国一斉の休校要請であった。この休校は 3 月 2 日から春期休業の開始日までの予定であったが，政府はコロナの感染拡大を受け，4 月 7 日には 7 都道府県を対象として新型インフルエンザ等対策特別措置法（平成 24 年法律第 31 号）に基づき緊急事態宣言を発出，さらに 4 月 16 日に同宣言を全都道府県を対象として発出した。この緊急事態は 5 月 31 日まで延長されたが，14 日，21 日と段階的に解除し，最終的には 5 月 25 日に解除となった。この間，多くの学校が休校を続けた[13]。3 月 4 日時点で 99％の公立学校が休校，休校は 3 ヵ月にも及び，5 月 11 日時点でも公立学校の 90％が休校を続けた。私立学校も 80％が休校したとされている。
　文科省は休校期間中の基本的考え方などについて通知を出すなどのこともしていたが，根拠のない突然の休校は，明らかに子どもの教育を受ける権利，子

---

12)　例えば愛知県弁護士会「新型コロナウイルス感染拡大における子どもの権利保障と子どもの最善の利益を求める会長声明」（2020 年 5 月 15 日）参照。
13)　小林美津江「学びの保障と教育格差」立法と調査 428 号（2020 年）3-4 頁。

どもの成長発達権の阻害である。法的根拠はなく，科学的知見に基づくものでもない[14]。というのも，休校は学校保健安全法（昭和33年法律第56号）20条や学校教育法施行規則（昭和22年文部省令第11号）63条によれば，学校設置者や各学校長が決定するものである。首相が休校要請を行うことは，教育が地方固有の事務として位置づけられた意義にも反する。長期にわたる休校の影響を考えておらず，地域ごとの必要性や感染状況の違いを考慮してなされるべきことであった。国連・子どもの権利委員会の声明も，人権の享受の制限は必要な場合にのみ，比例性を考慮して最小限のものに限られるべきことを指摘していた。

　小中高校の臨時休校によって，どのような影響が子どもたちにもたらされたのかの調査がある。家庭状況と学力の関係については，低所得世帯やひとり親世帯ほど成績が低い傾向にあることは，新型コロナウイルス拡大前から存在していた。しかし元々の学校の成績にかかわらず臨時休校後は勉強時間が大きく減少している。減少幅は学力の低い子ほど大きく，学力の高い子の減少幅は限定的である。高所得世帯すなわち学力の高い子が多い世帯は，塾やオンライン教育等の何らかの代替的な学習手段が利用可能で，学力の一定程度の維持が可能と考えられるが，休校措置の長期化は学力の高い子の勉強時間も低下させる。長期化すると学力の低い子の勉強時間は顕著に低下し，家庭環境に伴う教育格差はさらに拡大したとする[15]。この調査は，世帯年収別・世帯構造別と学力の関係のみに着目しているので限定的とはいえるが，休校措置が明らかに格差の拡大を生み出したことを示している。

　こうした結果を受けてか，文科省はそれ以降，休校措置に慎重になってい

14）　植野妙実子「新型コロナウイルスをめぐる感染症対策の課題」法学新報127巻7・8号（2021年）103-104頁。

15）　小林美津江・前掲論文（注13）7-15頁，小林庸平他「新型コロナウイルス感染症によって拡大する教育格差」三菱UFGリサーチ＆コンサルティング2020年8月21日（https://www.murc.jp/wp-content/uploads/2020/08/seiken_200821.pdf, last visited, 9 October 2021）。

く。「感染が確認された場合，直ちに臨時休業を行うのではなく，感染者の学校内での活動状況を踏まえ，保健所に臨時休業の必要性について相談する」とするようになった。地域一斉の臨時休業を避けるべきとし，生徒の発達段階に合わせた柔軟な対応を検討すべき，としている[16]。また「学びの保障」が出され，GIGAスクール構想実現の加速化へとつながった。

4. ICTを用いた学習の問題点

社会全体が，長期間にわたり，新型コロナウイルス感染症とともに生きていかなければならない状況という認識にたって，「感染症対策と子供たちの健やかな学びの保障の両立を図る」とするのが，文科省「『学びの保障』総合対策パッケージ」である[17]。基本的な考え方を，臨時休業中も学びを止めない，速やかにできるところから学校での学びを再開する，あらゆる手段を活用し学びを取り戻す，柔軟な対応の備えにより学校ならではの学びを最大限確保，としている。具体的には，「学校が課す家庭学習，教師によるきめ細かな指導・状況把握により，子供たちの学習の継続」，「人数・日時を限った分散登校の積極的な活用」，「時間割編成の工夫，長期休業期間の見直し，土曜日の活用，学校行事の重点化」，「特例的措置も活用した教育課程の見直しやICT環境整備」などをあげて，「子供たちの学びを最大限に保障」としている。こうした考え方をふまえ，文科省は，効果的な学習保障のための学習指導の考え方の明確化，国全体の学習保障に必要な人的・物的支援を実施する，とする。この中で，高校入試や大学入試のあり方も示している。

---

16) 文部科学省通知「新型コロナウイルス感染症に対応した持続的な学校運営のためのガイドライン」2020年6月5日。

17) 文部科学省「『学びの保障』総合対策パッケージ」(2020年6月5日)。「新型コロナウイルス感染症の影響を踏まえた学校教育活動等の実施における『学びの保障』の方向性等について」(同年5月15日) 及び「『学びの保障』のための学習指導について」(同年6月9日) も参照。

教育現場で求められることは，一人ひとりの子どもの状況を丁寧に把握，学校全体でワンチームで協力しながら組織的に取り組む，学校と地域の協同による新しい学校づくり，全ての大人が切れ目ない形で子育てを保障，教育課程全体を組み直す，学習の量的見直しと質的工夫の検討，教師と子ども・子ども同士の関係の構築，新しい時代の学校教育と指摘されるが[18]，ここから導き出されるのは，教師の負担増，家庭（実際には母親）の負担増，学校と家庭・地域の連携の強化の推奨，学習指導要領の柔軟化ではないむしろ細かな指示，格差の拡大，安易なICTを用いたオンライン学習の推奨が導き出されよう[19]。

　文科省はデジタル教科書に関する文科省の有識者会議の「中間まとめ」を2021年3月17日に示し，タブレット端末で利用できるデジタル化した教科書の本格導入を2024年度にめざすとした[20]。これに対しては次なる批判がある。「紙からデジタルへ」は教科書の所有から期限付き利用への転換を意味するが，紙の教科書や参考書は何年経っても読み返すことができるのに対し，親の事情で他の自治体へ引っ越す子どもへのケアはどうなるのか。デジタル化で学びの継続性が阻害される面がある。また児童生徒や保護者には「学習ログを自治体・企業に取得させない」権利が保障されるべきである[21]。

　デジタル教科書については，効率から考えてよいという賛成論もある一方

---

18) 例えば，小松郁夫「今，学校現場に求められること」NHK解説アーカイブス2020年5月5日。
19) 高橋哲「新型コロナウイルス臨時休業措置の教育法的検討（二）」季刊教育法206号（2020年）12-19頁参照。
20) これはコロナ禍でさらに前倒しされたが若干の軌道修正も見られる。「デジタル教科書『紙と併用』文科省24年度の全面移行考えず」朝日新聞朝刊2021年5月28日。また第一次報告は2021年6月にまとめられた。
21) 義務教育は基本的な「学ぶスキル」を身につける場，学ぶスキルは聞く，読む，書く以外にも多種多様な多岐のスキルが含まれる。これらのスキルを発達段階に応じて伸ばし，生涯学び続けることができるようにすることが望ましい。デジタル教科書ではそれは不可能と指摘する。新井紀子「メディア私評：デジタル教科書導入」朝日新聞朝刊2020年4月9日。なお，学習ログとは学習行動履歴をさす。

で，格差が広がる，障がいをもつ子どもに不利，健康に悪いとの指摘もある[22]。にもかかわらず二項対立の議論に陥らないよう留意との付記はあるものの「中間まとめ」は効果的な活用が重要とまとめた[23]。教師や保護者のITスキル・リテラシーの不足，通信ネットワーク整備の地域格差，セキュリティ面でのリスクもデメリットとしてあげられている。「中間まとめ」に対しては，紙の教科書とデジタル教科書の双方の特長を活かす，自治体間や学校間の格差を生まない，本格導入に向けた一定の期間が必要との指摘もある[24]。当初，学習用デジタル教科書の使用は授業時数の2分の1に満たないこととするとしていたが，この基準の見直しもしている[25]。

　私見では教科書をデジタルにすることの必要性がわからない。教科書は紙であるが，授業の中で補助的にデジタルを活用すればよいのではないか。考える力が身につかない，デジタルが苦手な子もいる，子どもの育つ環境の違い（親がデジタルに強いとか，プリンターをもっているとか）から不平等が助長される危険もある[26]。社会全体のデジタルの活用の方が重要で，子どもからまず使わせ

---

22) 文部科学省「令和2年度『学習用デジタル教科書の効果・影響等に関する実証研究事業』の成果について」（2021年3月）参照。

23) 「デジタル教科書の今後の在り方等に関する検討会議中間まとめ」（2021年3月）。この検討会議の設置は2020年6月11日の文部科学省初等中等教育局長決定による。

24) 全国連合小学校長会会長の意見（2021年4月2日）。全日本中学校長会会長も課題を指摘，全国特別支援学校長会会長も「障害のある児童生徒の状況は，多様」として多様な障がいに応じたデジタル教科書等の活用を促している。いずれも「デジタル教科書の今後の在り方に関する検討会議（中間まとめ）に関する意見」から。

25) デジタル教科書の今後の在り方等に関する検討会議「学習用デジタル教科書の使用を各教科等の授業時数の2分の1に満たないこととする基準の見直しについて」（2020年12月）。

26) GIGAスクール構想は学びの個別最適化をし，創造性を生むというが，そのようなエビデンスがあるのか，という疑問がある。岡﨑明子「ICT教育の根拠『一見，良さそう』の危うさ」朝日新聞朝刊2021年5月26日。国際学習到達度調査の調査委員会の2015年の報告書に関して，ICT教育が学力向上につながるとい

ようとすることは、むしろ教育ビッグデータの活用や、経済社会に有用な人間の掘り起こしなどに力点があるのではないかという疑問がわく。自らの学習ログは自分のものであり、学習ログの追跡や利用はさせないという権利意識が重要である。自らの関知しないところでの学習ログの追跡やデータ活用は、個人の尊重を侵害し、全体主義的な監視社会を招く。さらに産業界や国家のために役立つ人間の掘り起こしなどは、結局多様性の否定にもなり、アンバランスな社会となる。

新しい学びをいくら語っても、日本の子どもをめぐる状況は過酷である。子どもの貧困率13.5％（2018年厚生労働省国民生活基礎調査）、子どもの7人に1人が貧困状態でひとり親世帯の半数が貧困である。また中高生の20人に1人がヤングケアラーであり、とりわけひとり親世帯は子ども1人で親の介護や兄弟姉妹の世話などを担う割合が高い。さらにコロナ禍での女性の実質失業は100万人（2021年2月総務省労働力調査）といわれ、自殺者も多い。ここでもひとり親世帯への影響が大きくみられる。こうしたことに目を向けずに、デジタル教科書の活用を語るのは、さらなる格差を拡大することになる。

まとめにかえて

教育をめぐる本来あるべき条件整備は全く進んでいない。それがコロナ禍での格差をさらに助長させている。コロナを理由にデジタル化を推進するのみで、批判や課題に答えていない。デジタル化をするなら今一度個人情報保護のあり方を考えるべきであり、情報倫理教育も必要である。

GIGAスクール構想のキーワードは「個別最適化」と「1人1台端末」である。前者は、適正規模は明確にはわからないが、20人以下の子どもに、専門性をもつ正規雇用の教師が継続的に指導することで初めて実現できよう。後者によるICT教育の推進は、指摘されている様々な問題をクリアする必要があ

うエビデンスはないことを紹介している。

る上に，教師自身のたえまない研修によるスキルアップと，莫大な費用を要する保守点検整備が必要となる。何よりも学習効果についての確かなエビデンスが必要である。

　デジタル化の推進は実はこれまで政府や文科省が推進してきたことと矛盾するものがあることも指摘しておきたい。例えば「伝統と文化を尊重し，それらをはぐくんできた我が国と郷土を愛する」などと国や地域を大切にする心の共有を強調してきたが，デジタル化は個別化，孤立化を生むことが明らかである。「触れ合い，関わり合い，共に生きる」という考え方と矛盾するところがあるからである。まずは子どもがのびのびと幸せに生きることを保障することが重要で，そうした子どもの権利を基本にすえれば，そこから直ちにデジタルの活用，ICT教育へ，とは向かわないと思われる。

第13章

象徴天皇制と立憲主義

はじめに

　日本国憲法第一章は,「天皇」について定める。多くの憲法は第一章もしくは1条にその国の基本原理を定める。しかし日本国憲法第一章1条には, 天皇が「日本国の象徴であり日本国民統合の象徴」であることと天皇の地位が「主権の存する日本国民の総意に基く」ことが示されている。このことの意味は, 天皇は象徴天皇制として残ることになったが, その地位は旧憲法にあるものとは全く違うものである, ということを示している。同時に主権は国民にあることも明示した。天皇制が維持された理由は, 円満に早期降伏をもたらすための配慮及びその後の日本管理の上での天皇の効用が考えられたからであると指摘されている[1]。さらに第一章に「天皇」をおいたことの意味については,「第一には, この憲法が形式上, 旧憲法の改正という外形を維持したことと, 第二には, 天皇に『日本国民のあこがれの中心』であるというような旧憲法上のそれに近い地位を認めたいという草案起草者の意図に基づくもの」と説明されている[2]。

　天皇制は残ったが, その制度は根本的に旧憲法下における天皇制とは異なるものである。旧憲法下の天皇制の基本原則は, 第一に, 天皇は統治権すなわち

---

[1] 佐藤達夫『日本国憲法成立史第一巻』有斐閣 1962 年 56 頁。
[2] 法学協会編『註解日本国憲法』有斐閣 1953 年 59 頁。金森国務大臣の説明（旧字体を直した）。

主権を「総攬」し，大日本帝国を統治すること（大日本帝国憲法1条及び4条），第二に，天皇の地位の根拠は「万世一系」（同1条）の皇統にあり，その根源は究極的には天孫降臨の神勅（日本書紀・古事記）に遡るものであること，第三に，天皇は神格すなわち現人神たる性格を有し，政治上・道徳上の絶対的権威を有するものであり（同3条），臣民はこのような天皇の統治に絶対的に服従する地位にあった。このような旧天皇制の天皇統治の原則は，日本国憲法の基本原理たる国民主権の原理と両立しえない。したがって，日本国憲法の下において，天皇制を廃止することなく，これを存置するためには，国民主権の原理と矛盾しないかぎりにおける完全に新しい，別個の天皇制として示される必要があった[3]。そこに象徴天皇制の意義がある。象徴天皇制は旧憲法の連続性を示すものではなく，現行憲法の成立により新たに設定された「象徴性」に基づくものである。

1. 象徴天皇制の内容

日本国憲法においては，旧憲法における天皇制の基本原則は根本的に否定されている。天皇はもはや統治権を総攬するものではなく，主権は国民に存する（前文第一段落及び1条）。天皇は世襲によってその地位につくが（2条），その地位の根拠は「主権の存する日本国民の総意に基く」（1条）。また天皇はもはや神格性は有しない。天皇は主権の行使から遮断され，国政に関する権能を有しない（4条）。天皇は，日本国及び日本国民統合の象徴として存在するにすぎない[4]。

注意しなければならないのは，ときが経つにつれて象徴天皇制として天皇制をおいた意義を忘れ，天皇が日本国の象徴であることにことさらに意味をもたせようとする動きがあることである。こうした考えは，天皇の行為を極めて限定的にとらえようとする考えに抗するものとなり，天皇の行為の政治的利用も

---

3) 佐藤功『憲法（上）〔新版〕（ポケット注釈全書）』有斐閣 1983 年 33 頁。
4) 同書 34 頁。

可能にする。

　また，憲法2条は，皇位の世襲主義のみを定め，皇位継承のあり方は法定主義をとっている。すなわち，日本国憲法の下では皇室典範は通常の法律にすぎず，皇位継承の順序等についてはすべて法律として国会で定めることになっている。現在の皇位継承の順序に関する皇室典範の原則は，男系主義，直系主義，長系主義である。皇室典範1条は，「皇位は，皇統に属する男系の男子が，これを継承する」と定めるが，これは，旧典範1条の原則をそのまま採用したものである。皇位を継承するのは皇族に限られ（皇室典範2条），また嫡男系嫡出の子孫に限る皇族である（同6条）。そこで，皇位継承資格を男系の男子に限るとすることが，憲法の男女平等に反するのではと指摘された。しかし，そもそも天皇制を認めること自体が，天皇及び皇族に国民と異なる特殊な身分を与えることになるのであるから，皇位継承資格について男女平等原則を適用しなければならないというものではない，という主張が強くなされた[5]。けれども，天皇が単なる国家機関なら，国家機関における平等の反映の必要性から，女性天皇や女系天皇を認めることに異論はなかろう。皇室典範を改正してこの点を改めればよいだけである[6]。また，女性天皇を認めることが，天皇制の存続につながると批判されることもある。しかし，女性天皇を認めなくとも，天皇制の存続を求めるものは，皇族の拡大など他の方法において存続をはかろうとするであろうから，批判はあたらない。女性天皇を認めるとなると，該当する女性の婚姻に制約がかかる可能性があると指摘されることがある。この点につい

---

5) 水田・奥平論争として有名である。女性天皇を容認する水田珠枝に対し，奥平康弘はこのように反論した。例えば奥平康弘「性差別と天皇制とを問題にする視点」法学セミナー1986年6月号12-15頁。その経緯については，植野妙実子「女性天皇をめぐる問題」『男女平等原則の普遍性』中央大学出版部2021年155-167頁参照。なお，2005年の政府の有識者会議は，女性天皇・女系天皇を認めるべきとする報告書をまとめていたが，2021年の有識者会議の報告書は将来的な皇位継承に踏み込んではいない。朝日新聞2024年2月11日朝刊。

6) 植野妙実子「女性天皇問題の光と陰」同書169-189頁参照。なお女系天皇とは，母方にのみ天皇の血を引きつぐとするものである。

ては,そもそも「立后及び皇族男子の婚姻は,皇室会議の議を経ることを要する」(皇室典範10条)の皇室会議はどれほどの実質的な意味をもつのかとの問題とも絡む。まずは天皇あるいは皇族男子の一定の婚姻の自由の上に確認作業を行っている程度のものと思われる。それゆえ女性天皇もしくは該当する皇族女子に対しても同等の程度の制約となるであろう。また日本においては,一般人においては同氏同籍の原則があるが,女性天皇という立場を認めるとなるとその婚姻の相手の氏をどうするのかと問題になる。これに対しては,率先して別姓を認めるようにした方がよいと思われる。私見では,フランスのように生まれた時の姓をそのまま生涯,婚姻しようがなかろうが認めることがよいと考えるので,女性天皇制を採用するなら一般の人々も含め,そうした形にすることがよいと思われる[7]。

象徴天皇は元首であるのか。元首とは,一般に行政府の長であってかつ対外的に国家を代表する権限を有する機関をいう。君主制国家における君主は元首とされているが,天皇は元首ではないとするのが多数説である[8]。その理由は,天皇は法的にみて行政府の首長でもなければ対外的に日本を代表する権限を有するものでもないからである。天皇は,にもかかわらず「君主である」といえる。そうなると日本の国家形態は君主制国家なのか。この点については,「伝統的・典型的な意味における君主制ではないことは明らかである。しかし,日本国はまた同時に典型的な意味における共和制でもなく,そこには君主制的な要素がなお残存している」とされる[9]。私見では,君主が単なる象徴にすぎず,形式的・儀礼的・公証的役割しか果たさないとしても,君主という国家機関が何らかの役割を果たすために存在するかぎりは,日本は君主制を採用している

---

7) 植野妙実子「フランスにおける女性の氏名権」同書 489-507 頁参照。

8) 日本国憲法においては,外交関係の処理,条約の締結,外交使節の任免,全権委任状及び信任状の発給は,すべて内閣の権限であるから,天皇が元首ということはできない。これらの行為については天皇の認証及び公布が行われるが,これは外交関係の主体となることを意味するものではない。法学協会編・前掲(注2)69頁参照。

9) 佐藤功『日本国憲法概説〔全訂第5版〕』学陽書房 1996 年 360 頁。

というべきであろう。そうした認識がないと現実を見誤ることにもなる。日本は憲法上象徴天皇制という君主の権限の最小あるいは形ばかりの形態をとる立憲君主制国家である。

2. 天皇の権能

憲法4条1項は「天皇は，この憲法の定める国事に関する行為のみを行ひ，国政に関する権能を有しない」と定める。「国事に関する行為」とは，他の国家機関によって実質的に決定された国家意思を形式的・儀礼的に表示し，または，これを公証する行為である[10]。具体的には憲法6条，7条に示されている行為である。4条2項の「国事に関する行為を委任する」ことができるのも，このような国事に関する行為である。したがって憲法上は，天皇は6条，7条に定められた形式的・儀礼的行為のみを行うものであり，実質的に国家意思を決定する権能を有しない。本来は，天皇の行為は憲法上に規定されている国事行為と私人としての生活を行う行為に限られるはずである。私人としての行為の中には，私的な宗教行為としての皇室祭祀も含まれる。これらの費用は内廷費等でまかなわれるもので，公金（宮廷費）から支出されてはならない。私人としての行為には公務員を使用することもできない。私的行為が国政に影響を与えるということも許されない[11]。

ところが実際には，天皇は憲法上規定された国事行為以外に，公的な性格を有すると思われる行為を多くしている。例えば，国会の開会式において「おことば」を述べる行為，国内巡幸，国民体育大会（2024年から国民スポーツ大会へと名称変更）への出席など，また対外的には，外国への親善訪問，外国元首の接受，外国元首との親書・親電の交換などがある。これらをどのように位置づ

---

10) 橋本公亘『日本国憲法［改訂版］』有斐閣1988年462頁。天皇のなしうるところは，単に儀礼的，名目的，中立的行為とする。

11) 武永淳「天皇の公的行為と国事行為」大石眞＝石川健治編『憲法の争点』ジュリスト増刊（2008年）50頁。

けるかの問題がある。また憲法3条は,「天皇の国事に関するすべての行為には, 内閣の助言と承認を必要とし, 内閣が, その責任を負ふ」と定められている。これは天皇の単独行為を否定し, 民主的責任政治の実現を期するもの, とされるが, 公的行為のすべてにもこれが妥当するか問題となる[12]。

　天皇の行為に関しては私人としての行為と6条, 7条に定められた国事行為に限られるとする二種類説とそれ以外の行為を認める三種類説がある。天皇行為二種類説は,「象徴としての天皇が, 憲法に定めた以外の行為を行うことができるとすることは, 憲法の精神に反する」と述べ, 天皇は,「国家機関として, 憲法に定める行為のみを行うものであり, それ以外には, 国法上, 国家機関としての天皇の行為はありえない」と主張する。その理由として次のことをあげる。天皇が, 象徴としての地位において, 憲法の定める行為以外に, 公的行為をなす条文上の根拠はどこにもない。象徴天皇の趣旨は天皇の非権力性にあると考えられるから, 明文がない場合, 天皇の公的行為を認める方向で解釈すべきではない。内閣の助言と承認があれば, 天皇は国事行為以外に公的行為をなしうるとすることは, 内閣の権限を憲法の規定をこえて拡大することになる。内閣の責任を拠りどころとして天皇の公的行為を広げるわけにはいかない。いわゆる象徴としての天皇の行為が一度なされたら, これを取り消す方法はない。それ故, 公的行為を広く認めることは危険である。天皇は内閣の助言と承認を拒否できないから, 天皇が内閣によって利用されるおそれがある[13]。これに対し天皇行為三種類説は, 国事行為と私的行為以外の公的行為の存在を認めるものであるが, そうした行為を認める理由づけには次のようなものがあげられる。第一は象徴行為説である。それは,「象徴天皇が認められる以上, それが国家機関としてのほかに, 象徴として, 何らかの行為をなすことは当然考えられるところであり, 憲法もそれを予期しているものと解せられる」と主張する[14]。第二は準国事行為説である。この説は天皇行為二種類説を厳格すぎ

---

12) 植野妙実子「象徴天皇制」『基本に学ぶ憲法』日本評論社 2019年 414-417頁参照。

13) 橋本公亘『憲法』青林書院新社 1972年 395-398頁。

ると批判し，また象徴行為説を天皇の公的行為は，形式的なものでさえあれば，すべて象徴としての行為に包摂される，とも批判して次のように述べる。「天皇の国事行為に密接に関連する公的行為は，国事行為に準ずる行為（準国事行為）として，憲法上認めてよいと判断する。たとえば，『おことば』は『国会の召集』と，外国元首に対する親電，儀礼的交際は，第7条の外交上の行為と，それぞれ密接に関連するから，準国事行為として許容される」とする[15]。第三は，公人行為説である。この説においては，天皇が国会の開会式に臨んで「おことば」を述べる行為などを，国事行為とも私的行為とも異なる「象徴としての公的行為」として容認する説を批判しながら，「天皇は象徴的役割を果たすことを求められ，また国家機関として一定の国事行為をなすことを求められる存在という意味において公人であって，そのような公人としての儀礼的行為を認められるものはありえよう」とする[16]。

　私見では，本来，天皇行為二種類説でいくべきであると思うが，二種類説をとったとしても，現実には7条9号の「外国の大使及び公使を接受すること」を根拠に広く皇室外交が行われている。できるかぎり限定的に解することが本来の趣旨に適うことから，7条に定められた事項から派生する程度の準国事行為にとどめるべきである。天皇は元首ではないし，単なる国家機関として存在するにすぎないからである。とはいえ，天皇は日本国の象徴でもあることから，象徴にふさわしい行為をすることも求められる。

　ところで，国事行為は政治に関係しない形式的・儀礼的な行為である。こうした国事行為には，「認証」，「接受」，「儀式」のようにそれ自体が形式的・儀礼的であるものと，行為の実質的決定を他の国家機関が行うことが憲法で明記されていることの結果，形式的・儀礼的行為になるものとに大別される。他方で，2号の国会の召集と3号の衆議院の解散はかならずしも，憲法上実質的な決定権の所在が明らかではないことが問題となるとされる[17]。しかし，国会の

14）　清宮四郎『憲法Ⅰ（新版）』有斐閣 1971 年 152 頁。
15）　清水睦『憲法』南雲堂深山社 1974 年 435-436 頁。
16）　佐藤幸治『憲法』青林書院 1981 年 174-175 頁。

召集とは国会の会期を開始させる行為であるが，定められたままに（例えば憲法52条〜54条）内閣の助言と承認により天皇の詔書によって行うものである。衆議院の解散も厳格には憲法の規定にそって（憲法69条〜70条），あるいはやむをえない必要に応じて行われるべきもので7条の2号・3号自体が根拠として行われるものではない。決定権の所在が不明とはいえないであろう。

　3条には，「天皇の国事に関するすべての行為には，内閣の助言と承認を必要とし，内閣が，その責任を負ふ」としている。また7条にはあらためて，国事行為が「内閣の助言と承認により」行われることが明示されている。ここから第一に天皇の無答責，第二に内閣の責任が導き出される。天皇は国事行為について，法律上，政治上，一切の責任を負うことはない。国事行為以外に関してはどうか。これに関しては憲法にも法律にも規定がない。刑事責任に関しては摂政の刑事責任に関する皇室典範21条の規定から類推して天皇が象徴たる地位にある間は訴追されないとされている。他方で民事上の無答責は認められない[18]。しかしながら最高裁は，「天皇は日本国の象徴であり日本国民統合の象徴であることにかんがみ，天皇には民事裁判権が及ばない」とした（最高裁平1・11・20民集43巻10号1160頁）。天皇にも一定の私的行為が認められる以上，天皇の「象徴」性からストレートに民事裁判権の否定を導くことはおかしい[19]。国事行為や準国事行為は内閣のコントロールの下に行われ，内閣の責任となるが，所轄官庁の責任が問われる場合もあろう。当該事案は県の公費の支出の問題であった。

　では，内閣の「助言と承認」とはいかなるものか。「助言」とは内閣から天皇に能動的に進言することであり，「承認」とは天皇からの申し出に対して（内

---

17) 芦部信喜＝髙橋和之補訂『憲法［第7版］』岩波書店 2019年 47-50頁。
18) 橋本公亘・前掲書（注12）403-404頁。
19) 水島朝穂「天皇と民事裁判権」高橋和之 他編『憲法判例百選Ⅱ［第5版］』別冊ジュリスト187号（2007年）371頁。また同事件の解説で小林節は，そもそも天皇の民事取引が限定されており，民事訴訟の当事者になりうる可能性のないことを指摘する。長谷部恭男 他編『憲法判例百選Ⅱ［第6版］』別冊ジュリスト218号（2013年）359頁。

閣として）受動的に同意を与えることをいうが，両者をあわせて，補佐・共働の意と解されている[20]。助言と承認とではその法的性格が異なるとする説もある。それによれば，助言とは，天皇の行為の事前に能動的に内閣がその意思を表明すること，承認とは，天皇の行為の事後に受動的に内閣が同意を与えること，すなわち内閣の監督統制のために行われるもので，天皇の行為は，この内閣の承認を得てはじめて完成される，とする[21]。今日では，憲法上要求されているのは「助言と承認」であり，「助言」と「承認」は統一的に把握することが可能で，それぞれについて別個の閣議が必要と解すべきではない，統一的に理解されるべきものとされている[22]。いずれにしても天皇の行為のコントロールとして重要なものである。

苫米地事件第一審判決（東京地判昭28・10・19行裁例集4巻10号2540頁）は，助言と承認の両者が必要とし，全閣僚一致の閣議決定が必要で，その成立に不備があったとしたが，第二審（東京高判昭29・9・22行裁例集5巻9号2181頁）はこの立場を踏襲しながらも助言についての後からの書類の形式整備を認めている。最高裁は統治行為論をとり，実体上の判断を行わなかったが，小谷，奥野，河村の三裁判官の少数意見では，助言と承認を一体の行為とみなし，内閣が実質的決定権を有していることを示すものとした（最大判昭35・6・8民集14巻7号1206頁）[23]。

天皇が内閣の助言と承認があるにもかかわらず国事行為を行わない場合やそれに反する行為を行った場合，助言と承認がないにもかかわらず国事行為に類する行為を行った場合，また積極的に政治行為を行った場合はどのように考えるのか，天皇が無答責ということでよいのかも問われる。責任追及のあり方を考えておくべきだとの主張もあり[24]，当然と思う。

---

20) 法学協会編・前掲書（注2）97頁。
21) 有倉遼吉＝小林孝輔『基本法コンメンタール憲法［第三版］』別冊法学セミナー78号（1986年）19頁（山下威士担当）。
22) 例えば，佐藤幸治『憲法［第三版］』青林書院1995年251-252頁。
23) 有倉遼吉＝時岡弘編『条解日本国憲法［改訂版］』三省堂1989年23頁。

天皇も折にふれ，会見をしたり，インタヴューなどに応じたりすることもある。そうした中で政治性のある発言があったとしてもこれは一私人としての意見にすぎない。こうしたところまで内閣の助言と承認は及んでいないものと思われる。だからこそこのような場合には型通りのメッセージにとどめそれ以上の関わりをマスコミともたないことが求められる。しかし，それでは天皇制の存在意義がうすれる。そこでビデオメッセージでの国民への呼びかけが行われたりもする。こうしたことは本来憲法が想定していないものである。さらに，ビデオメッセージを通して退位の意思を伝えること[25]などはあってはならない。退位には，懲罰的意味をもつ強制退位，天皇の意思による任意退位，定年制としての機械的退位が考えられるが，国家機関としての「公人」であるなら定年制を設けることは当然と思う。退位の明確化が望まれる[26]。天皇のメッセージを契機として生前退位を認めるというこうしたプロセスを経ることなく，皇室典範の改正や他の法律によって「一般的に」天皇の定年，生前退位を定めるべきであった。こうしたことが，天皇が国政を動かしたことの布石になってはならない。定年制や例外的な自主退位を条件を付して設けることは，象徴としての公職から退いた後に，例えば刑事事件においての責任追及を可能にすることにもなろう。

24) 芹沢斉 他編『新基本法コンメンタール憲法』別冊法学セミナー210号2011年31頁（山元一担当）。
25) 「将来の退位を強くにじませた天皇陛下のお気持ち表明」朝日新聞2016年9月8日朝刊。
26) 横田耕一他「憲法から天皇の生前退位を考える（上）・（下）」法学セミナー2017年2月号1-16頁及び3月号5-18頁。2018年末の天皇の生前退位は特別措置法で認められている。

3. 天皇制をめぐる裁判

(1) 天皇コラージュ事件

この事件は、次のようなものである[27]。富山県立近代美術館は、X_1（原告・控訴人）の制作したコラージュ4点を1986年3月に購入、展示し、図録に載せていた。このコラージュは昭和天皇の肖像と女性のヌードなどを組み合わせたものであった。そこで、県議会の委員会で議員が作品をみて不快感を覚えたとして、本件作品の選考意図等について質問したことを契機として、作品の非公開・廃棄処分を求める抗議行動がおきた。本件作品を天皇に対する不敬、不忠として非難する運動もおきた。こうしたことから、1993年4月、県教育委員会は本件作品等を所持することは、管理運営上の障害になり、昭和天皇のプライバシーを侵害する疑いがあることを理由に、本件作品を他に譲渡し、図録を焼却することを決定した。

そこで、X_1は、特別観覧許可や図録閲覧を希望していたが認められなかったX_2たちとともに、表現の自由、鑑賞する権利、知る権利を侵害されたとして、Y_1（富山県）に対し、損害賠償を求め、Y_2（県教育委員会教育長）に対し、本件作品売却および本件図録焼却の無効確認、本件作品の買い戻しおよび本件図録の再発行（義務付け）を請求した。

第一審において、富山地裁は、Y_2に対する無効確認訴訟、義務付け訴訟をいずれも却下したが、Y_1に対する損害賠償請求を一部認容した（富山地判平成10・12・16判時1699号120頁）。XらとY_1は、それぞれの敗訴部分の取消しを求めて控訴し、第二審において、名古屋高裁金沢支部は、原判決におけるY_1の敗訴部分を取消し、Xらの控訴を棄却した。

この事件における争点は、① 無効確認訴訟の適否、② 義務付け訴訟の適否、

---

[27] 植野妙実子「天皇コラージュ事件」長谷部恭男 他編前掲書（注19）356-357頁。問題になった実際の絵に関しては、次の本で確認できる。富山県立近代美術館問題を考える会編『公立美術館と天皇表現』桂書房1994年。

③本件非公開措置等の違法性の有無，④Y_1の責任の有無，⑤Xらの損害になる。第一審も第二審も，①と②を退けた。①については，無効確認訴訟の対象である行政庁の処分が存在しない，②については，公権力の行使を求める義務付け訴訟が例外的に許されるのは，明白性，緊急性，補充性という要件を満たす場合に限られ，該当しない，とした。判断が異なったのは③に関してである。

第一審は次のように述べた。まず芸術家が自己の制作した作品を発表するための作為を公権力に対し求めることはできない。図録の非公開によって作品を市民に鑑賞してもらう権利を侵害されたとはいえないし，名誉感情を著しく侵害されたとも認められない。しかし，非公開措置によって作品を鑑賞し図録を閲覧する権利を侵害されたかについては，正当な理由なく特別閲覧許可申請を不許可とするときは，憲法の保障する知る権利を不当に制限することになる。また正当な理由のないかぎり図録の閲覧も拒めない。そこで基本的人権としての知る権利の重要性と作品及び図録を公開することによって侵害される他者の基本的人権の内容や侵害の発生の危険性の程度等を較量して決せられるべきとして，非公開の理由を検討する。その結果，天皇の象徴としての地位，天皇の職務からすると，天皇についてはプライバシーの権利や肖像権の保障は制約を受けることになる。また，管理運営上の障害を理由として作品及び図録を非公開とすることができるのは，客観的な事実に照らして明らかな差し迫った危険の発生が具体的に予見されることが必要であるが，それは存在しない。しかし，美術品の取得や処分，図録の発行や処分等についての法令の規定は存在せず，これらの事項は，美術に関する高度な専門的判断が必要であることから，県教育委員会および県立美術館館長の広範な裁量に委ねられている。したがって，作品の売却，図録の焼却についてはその裁量を逸脱したものとは認められない。④については，作品の特別観覧許可申請の不許可と図録の閲覧の拒否はいずれも違法な侵害が認められ，国家賠償法1条によるY_1の損害賠償責任を認める。⑤については，作品の特別閲覧許可申請をしたが不許可になった者，図録の閲覧を求めたが拒否された者についての精神的損害の慰謝料を認め

る，とした。

しかし第二審においては，③の違法性の判断を第一審の「明らかな差し迫った危険の発生の具体的な予見」を基準として求めるのは厳格にすぎて相当ではない，とし，美術館という施設の特質からして，美術館の平穏，静寂等が要請され，管理運営上の支障を生じると思われる場合には，許可申請を不許可とし，閲覧を拒否しても制限の正当な理由があるとした。また売却及び焼却により，作品の鑑賞，図録の閲覧の権利を侵害されたかについては，美術品に関する高度な専門的判断が必要であることから，県教育委員会及び県立美術館館長の広範な裁量に委ねられているので，違法とは認められないとして，損害賠償を棄却した。

こうした高裁の判断は，公立美術館の存在意義に疑問を抱かせることになる。一度は当該作品に高い評価を与えながらも度重なる抗議等でその判断を覆すという美術館の態度を曖昧な基準で容認している。また自由な作品作りという表現の自由に抑制的効果をもたらしたり美術館自身もあたりさわりのない作品を展示するにとどめることになるなどの抑止的効果をもたらしたりもする。もはや不敬罪が存在していない中で民主主義の基本となる表現の自由の制約につながる判決である。なお最高裁はXらの上告を棄却している（最決平成12・10・27）。

(2) 即位儀式・大嘗祭参列をめぐる訴訟

即位儀式（即位式ともいう）は，元来剣璽を新帝へ渡す践祚の儀式のあとに，皇位についたことを天照大神・天神地祇に奉告し，天皇位についたことを内外に明らかにする儀式であった。そして一代一度の大嘗祭において全国から卜定した新穀を天照大神をはじめとする神々に供え，天皇は新穀・新酒を神々と共食する。1909年の登極令（明42皇室令1）により，それまで別の年に行われていた即位式と大嘗祭は先帝の服喪期間後の秋冬の間に連続して行われることとなった。これにより，明治維新以後の万世一系観念や国家神道の教学を体現することとなった[28]。

皇位継承に伴う一代に一度しか催されない重要祭祀が大嘗祭であり，平成から令和への代替りにおいても 2019 年 11 月 14 日から 15 日にかけて皇居で，首相ら三権の長や閣僚，全国の知事，各界の代表ら 675 人が招かれて皇室行事として営まれた。

　日本国憲法 20 条 3 項は政教分離原則を示している。88 条は皇室財産の国有移管を示し，旧憲法下における皇室財政は否定され，皇室の費用は皇室経済法において内廷費，宮廷費，皇族費の三種とされ，予算に計上されて国会の議決を経る。89 条では，20 条の示す信教の自由や政教分離原則を受けて，公金その他の公の財産の，宗教上の組織，団体に対する供用の禁止を示している。そこで，即位式・大嘗祭に国費を支出すること，参列を強制されることが問題となる。とりわけ大嘗祭については，天皇家の私的な祭祀で，神道形式の宗教色が強いことが問題となった。

　即位の礼については皇室典範 24 条が定める。しかし，大嘗祭を実施する根拠については，法的根拠はない。政府の見解は，儀式の挙行が国民の権利を制限したり，国民に義務を課するということのないかぎりは，法令の根拠を必ずしも必要とするものではなく，また，大嘗祭の次第等を定めた旧登極令は形式的には失効をしているものの，その内容は皇室の古い長い伝統をある程度集大成したものと考えられることから，それによるべきものはそれを一つの参考として儀式を挙行しても差し支えないというものであった。但し，大嘗祭を即位の礼に含めて国事行為として行うことは困難ともしている。その理由は，趣旨・形式等からして，宗教上の儀式としての性格を有するとみられることは否定できないからである[29]。

---

　28) 　原武史＝吉田裕編『岩波　天皇・皇室辞典』岩波書店 2005 年 310-315 頁（高木博志担当）。1868 年 8 月 27 日に行われた即位式で一世一元制と連動して行われたが（9 月 8 日に改元），登極令 2 条もそれを明示している。1889 年 2 月の大日本帝国憲法とともに制定された皇室典範 12 条も一世一元制を定めた。

　29) 　園部逸夫『皇室法概論［復刻版］』第一法規 2016 年 597 頁。なお即位令と大嘗祭の具体的なあり方については『図説天皇の即位礼と大嘗祭（別冊歴史読本 13 巻 20 号）』新人物往来社 1990 年参照。

そこで，平成の代替りの際にも，令和の代替りの際にも，知事等が即位礼・大嘗祭に参列することは 20 条 3 項の政教分離原則に違反する，あるいは宗教的行事に国費が支出され違反するとして，いくつかの訴訟がおこされた。

その中では，1995 年 3 月 9 日に大阪高裁が出した判決が注目されている。この判決は，次のように結論的には，控訴棄却としたものである。国費支出差止請求については，国費支出が終了している以上その差止を求めることは不適法として却下した。違憲確認請求については，侵害行為たる本件行為はすでに終了しているのであるから，慰謝を図るのが有効・適切で，本件行為の違憲性を確認することが必要であるとは解し難い，確認の利益を欠くから不適法としてこれも却下した。損害賠償請求については，政教分離規定に違反する国家の行為が国民の思想・良心及び信教の自由を侵害すると事実上認定すべき経験則が存在するとも解し難いから，こうした主張は不採用とした。思想・良心の自由，信教の自由の侵害の有無については，大嘗祭が神道儀式としての性格を有することは明白であり，これを公的な皇室行事として宮廷費をもって執行したことは，政教分離規定に違反するのではないかとの疑義は一概には否定できない。即位の礼については，国事行為として実施することは，法令上の根拠に基づくものではあるが，国民を主権者とする現憲法の趣旨に相応しくないと思われる点が存在することも否定できない。しかしながら，具体的な義務や負担を課すものでもなく，思想等の形成，維持に具体的・直接に影響を与えたとは解されない。奉祝要請が，天皇の即位に対する祝意を表すことを事実上強制したものまでとは評価できない。思想・良心の自由，信教の自由を侵害したと評価することはできない。このように判示した（大阪高判平 7・3・9）。

この判決は，こうした事件に対する訴訟構成の難しさを示している[30]。権利侵害の状況をどのように示すか。納税者の権利として税金の使われ方が違法であることをどのように示すか。国や政府が明白な違憲行為をしても，またそのためにどれだけの巨額な国費が支出されても，憲法違反という結論を引き出す

---

30) 例えば，加島宏「政教分離原則の新解釈と適用を切り開く」法学セミナー 1991 年 1 月号 32-37 頁参照。

ことができないもどかしさがある。平成の代替わりに関して3件の最高裁判決があるが、いずれも目的効果論を用いて20条3項に違反しないとしている（平成14年7月9日、平成14年7月11日、平成16年6月28日）。

　同様の疑義は、前後するが、1989年1月7日の裕仁天皇の死去に伴う大喪の礼（皇室典範25条）の時にもおきている。国事行為としての大喪の礼が、皇室の私事として神道儀式に則って実施された葬場殿の儀との区別のないままに挙行されたからである。両儀式がほぼ一体的に実質的には一つの儀式の流れの中で行われたことは、憲法20条3項及び89条の定める政教分離原則に違反する疑いが出てくる[31]。現行憲法における、国事行為の意味、政教分離原則・信教の自由の意義にしたがって執り行われるべきものである。

まとめにかえて

　即位式・大嘗祭に関しては「皇室の古い長い伝統」とするがその内容は旧登極令に従うところが多く、明治において編成されたものである。政教分離の区別が必要である。少なくとも大嘗祭は内廷費で行うべきことは明らかである。

　結局、生身の人間が国家機関となることの難しさがみられる。公人としての行為と私人としての行為や発言との線引きは困難である。今後、SNSやビデオを使っての発信をどのように考えるかの問題も出てこよう。これまでは天皇自身の権利は問題にされてこなかった。しかし、公人と私人としての職務や生活の区別をした上で、私人としての自由を一定程度認めないと制度自体も長くは続かない。例えば、離婚や再婚の自由なども問題になろう。さらに、私人に認められている義務を天皇やそれを継承すると思われるものが果たさない場合にはそれを裏付ける根拠が必要となる。一定の公平感も示さなければ、天皇制の存在意義も薄れ、国民の支持や関心も失われる。

　天皇制は民主主義や個人の尊重、平等原則と相反する制度である。しかも公

---

31) 土屋英雄「皇位の継承」大石眞＝石川健治編・前掲書（注11）48-49頁参照。

的領域において，必ずしも必要とされている存在とはいえない。象徴天皇制を設けたことの趣旨に立ち戻って，国事行為という最小限の範囲に天皇の行為をとどめることが重要となろう。

終章

人権保障と憲法解釈

はじめに

　2022年2月24日に開始したロシアのウクライナへの侵攻は，ヨーロッパにおいて第二次世界大戦以来の大規模な軍事衝突とされている。他方で，イスラエルが，2023年10月7日のガザ地区を支配しているとされるハマスの奇襲を受けてガザ地区及びその周辺を攻撃し，2024年1月段階でガザの死者数は25,000人超とされ，食糧もゆきとどかず，人々は飢餓に苦しんでいる。

　今まで何度も軍事衝突や紛争はあったが，これほど戦争のリアルを身近に感じたことはなかったといえよう。とりわけ，ロシアは核をもっており，まかりまちがえば核戦争にも発展しかねない。

　こうした状況を受けて，これまで考えられてきた人権保障の体系やあり方が改めて問われているように思われる。つまり人間にとって何よりも大切なのは平和であり，平和でなければ人権保障を語ることはできない。平和に暮らしていく中で，権利や自由の存在がある。まず第一に考えるべきことは，平和のうちに生存する権利，平和的生存権の保障ではないのか，ということである。その点で日本国憲法は世界に先駆けて平和的生存権を掲げている。

　さらに我々は近代革命を通して民主主義の大切さを学び，自由権すなわち精神的自由・人身の自由・経済的自由を不可欠なものと考えてきた。しかし，時代を経るにつれ，経済的自由よりも精神的自由が重要なものだと認識され，二重の基準も語られるようになった。しかし，この精神的自由の中でも，とりわ

け民主主義にとって重要な政治的表現の自由は，政治の透明性や政府のアカウンタビリティーなしには，無意味なものとなる。政府の一方的なプロパガンダの下では，正しい判断はできない。同様に日本における裏金疑惑（2023年12月）においてもそれが一体何に使われたのかが曖昧なままでは評価の仕方や今後のあり方の検討も中途半端なものにとどまる。

第二次世界大戦後，国家の義務や保障を必要とする社会権が認識されてきた。日本国憲法においては，25条から28条にかけて，生存権，教育を受ける権利，勤労権及び労働基本権（団結権，団体交渉権，団体行動権）が定められている。しかし，真に生存することを必要とする人にとってこうした権利規定が有効に働いているのかどうかは疑わしい。生存権はプログラム規定にすぎないとか，抽象的権利であるとか，さらに議会制民主主義論などによって大幅に国家の裁量を認めようとする動きさえある。しかし，そもそも「人間らしい生活を求める」のが生存権である。生存すら危ぶまれる状況に追い込まれた人々を政府が手をこまねいてみていてよいはずがない。民主主義国家は国民のために創られているはずである。

研究者は，単に字面から解釈を議論するのではなく，現実をみて，考えなければならない。そこで，どのように考えるべきかを，もう一度過去の議論や解釈をたどりながら，検討してみたいと考えた。

1. 平和的生存権の重要性

日本国憲法の三原理（三原則ともいう），すなわち永久平和主義，基本的人権の保障，国民主権を紹介する際に，その中心にあるのは基本的人権の保障であり，永久平和主義はその前提として必要なもの，国民主権はその手段として必要なものと指摘される。

例えば清水睦は，永久平和主義について，人間から生存を奪い生活を破壊するものが主に戦争である以上，戦争が人権保障の原点を掘り崩す，とし，平和は人権保障の前提条件である，と示している[1]。そして，「ふつう平和といえば

戦争のない状態を指すが，日常の衣食住の生活に支障をきたす状態は決して平和的ではない。日本国憲法の永久平和主義は，人間らしい生存の保障を国境を超えた人間の権利とする視角と結びついている」と憲法前文の平和的生存権をあげて，指摘している。

憲法 9 条の解釈にあっても世界平和を積極的に指向すべきであると，多くの論者がその展望を述べていた[2]。また，9 条は非武装永世中立の理念を規範的に内包していることも確認されている[3]。その際，9 条のみならず，前文も当然のことながら援用される。

前文は，憲法の基底をつらぬき，かつそれを定礎している憲法の基本原理を宣明にしている。前文を改正するには，憲法本文と同様に，96 条の憲法改正手続を経る必要があることは誰でも認めている。にもかかわらず，前文の規範性と本文の規範性を分けたり，法的性格が異なるとして裁判規範性をもたないとするのはまちがっていよう。

前文は，基本原理を抽象的に示しているようにもみえるがそうでない。確かに抽象的な原理とみえるところの具体化は本文に委ねられると考えられるが，同時に次のように読みくだいてみると具体的な規定も含まれている。

「日本国民は，正当に選挙された国会における代表者を通じて，原則的には行動する。[原則的には，という文言を加えたのは，直接国民が判断を下す場合もあるからである。]日本全土にわたって自由のもたらす恵沢を確保する。政府の行為によって再び戦争の惨禍が起ることのないようにすることを決意する。主権は国民に存する。憲法制定権者は国民である。国政は，国民の厳粛な信託による。国政の権威は国民に由来する。国政の権力は国民の代表者がこれ

---

1) 清水睦『憲法』中央大学通信教育部 2000 年 58 頁。
2) 例えば，佐藤功＝自治大学校監修『憲法』学陽書房 1979 年 12-14 頁。ここでは，前文における平和主義の精神を徹底するために，自衛権に基づく戦争の問題と軍備の問題を一歩ふみこえようとする態度を示し，一切の戦争を放棄し，一切の軍備を保持しないと定めている，とする。
3) 例えば，澤野義一『非武装中立と平和保障』青木書店 1997 年，とりわけ 174 頁以下参照。

を行使し，その福利は国民が享受する。こうした国民主権原理は人類普遍の原理であり，この憲法もこうした原理に基く。日本国民は人類普遍の原理に反する一切の憲法，法令及び詔勅を排除する。［このように，ここに，憲法改正の限界も示されている。］

また，日本国民は，恒久の平和を念願し，人間相互の関係を支配する崇高な理想を深く自覚する故に，平和を愛する諸国民の公正と信義に信頼をおいて，我々の安全と生存を保持しようと決意した。［ここには，第二次世界大戦の惨禍の責任と反省に基づいて，こうした平和はすべての人々が熱望するものであるという確信がある。］そこで，日本国民は，平和を維持し，専制と隷従，圧迫と偏狭を地上から永久に除去しようと努めている国際社会において，名誉ある地位を占めたいと考えている。日本国民は，全世界の国民がひとしく恐怖と欠乏（欠乏）から免れ，平和のうちに生存する権利を有することを確認する。［すなわち，ここに平和的生存権の重要性を確認している[4]。国際的には平和的生存権はこれより後の 1948 年 12 月に国連で採択された世界人権宣言，1966 年 12 月に国連で採択された国際人権規約にも恐怖及び欠乏からの自由として示されている[5]。また，1994 年の国際開発報告書の中でも人間の安全保障と平和的生存権の関係性が示されている[6]。前文の中で平和的生存権を定めたのは，先駆的な意義をもつものである。］

いずれの国家も，自国のことのみに専念して他国を無視してはならない。政治道徳の法則は，普遍的なものであり，この法則に従うことは，自国の主権を維持し，他国と対等関係に立とうとする各国の責務である。［ここから国際協調主義が解かれるが，これはあくまでも平和の確立を念頭においた国際協調主

---

[4] 小林武『平和的生存権の弁証』日本評論社 2006 年及び同『平和的生存権の展開』日本評論社 2021 年。

[5] 一般的には 1970 年代に主張されるようになった比較的新しい人権，いわゆる第三世代の人権の一つともされている。例えば筒井若水編『国際法辞典』有斐閣 1998 年 304 頁参照。

[6] 「平和的生存権および日本国憲法 9 条の今日的意義を確認する宣言」日本弁護士連合会 2007 年 10 月 3 日参照。

義である。]」

　そして,「日本国民は, 国家の名誉にかけ, 全力をあげてこの崇高な理想と目的を達成することを誓ふ」と結んでいる。

　ちなみに,「政治道徳の法則は, 普遍的なものであり」の部分は, マッカーサー草案においては, 次のようになっている。

　「われらは, いずれの国の国民も自己に対してのみ責任を負うものではなく, 政治道徳の法則は, 普遍的なものであり, この法則に従うことは, 自国の主権を維持し, 他国と対等関係に立とうとする各国民の責務であると考える。

We hold that no people is responsible to itself alone, but that laws of political morality are universal; and that obedience to such laws is incumbent upon all peoples who would sustain their own sovereignty and justify their sovereign relationship with other peoples.」[7]

　このように示されているので, 自由主義と民主主義を基本とする国際協調主義を示していることは明らかである。

　具体的な事柄も多く前文には示されているにもかかわらず, とりわけ前文の裁判的規範性に対しては多くの研究者が消極的となる[8]。法的効力はあるが裁判規範とはならない, とする考え方もある一方で, 法的効力と裁判規範性もあわせて否定する場合もある[9]。その理由として, 第一に, 前文の内容は抽象的, 明白な限定を画するような具体性をもっていない。第二に, 法規性を否定はしないが, すべての法規が直接裁判規範であるとはかぎらない。第三に, 憲法法規の中に段階的構造が認められ, 前文をその構造の中で最上位の規範と考えるならば, 前文規範の内容は各条文の中に具体化され, 裁判所において判断の基準となるのは具体性をもった各条文である。但し, 各条文の意味内容においては, 前文が解釈の基準としてとりあげられる。このような理由があげられてい

---

7) 高柳賢三 他編『日本国憲法制定の過程Ⅰ』有斐閣 1972 年 267-268 頁。
8) 代表的には次のものを参照。大西芳雄「前文の内容と効力」清宮四郎＝佐藤功編『憲法講座 1』有斐閣 1963 年 161-176 頁。
9) 同書 171-173 頁。

る。

　しかし，既にみたように前文の中には確かに抽象的でわかりにくい文言もあるが，平和的生存権のように具体的な内容を示しているものもある。前文に書かれているからといってその存在を単なる解釈の指針とするのはまちがっていよう。とりわけ平和的生存権は憲法 9 条と結びつけて解釈されるべき重要な条文である。また権利の主体は常に国民である。

　こうした前文に対して消極的な考えをとってきたことが，私見では，政治家が憲法の重要性を認識していないことにつながっているのではないかと思う。平和的生存権という最も生存の基本となる権利を示しておきながら，自衛隊の存在の拡大をはかり，さらに専守防衛という枠をはめていたところから，2015 年の安保法制の転換に至り，さらには 2022 年 12 月の安保三文書の閣議決定に至っている[10]。これを機として岸田政権は防衛力の抜本的強化を図るためにこれまでの GDP 比 1％ の防衛予算から GDP 比 2％ の防衛予算へと増強を示し，また反撃能力（敵基地攻撃能力）の容認を正当化している[11]。

　武器輸出をめぐっても当初の枠をこえて，一層の拡大をみせている。1967 年には，武器輸出三原則を策定し，共産圏や紛争当事国への輸出を禁止した。1976 年にはさらに，三原則の対象地域以外にも輸出は「慎む」との政府統一見解を表明した。にもかかわらず，2014 年第二次安倍政権・安倍晋三首相の

---

10)　安保三文書とは，国の安全保障・防衛政策のより所となる三つの文書で，国家安全保障戦略，国家防衛戦略，防衛力整備計画をさす。

11)　防衛費を GDP 比 1％ 以内とする方針は 1976 年，三木武夫内閣のもとで閣議決定された。その 10 年後，中曽根康弘内閣のもとで撤廃されたが，その後も歴代政権は GDP 比 1％ 未満で予算編成してきた。岸田文雄首相が 2022 年 5 月の日米首脳会談で「防衛費の相当な増額」を打ち出し，さらに自民党が 2022 年 7 月の参議院議員選挙で，NATO 諸国の国防予算を引き合いに出して防衛費の GDP 比 2％ 目標を公約に掲げたものである。実際には NATO 諸国においても必ずしも 2％ に至っている国ばかりではない。2％ 未満も存在する。いずれにしても岸田政権は 27 年度の防衛費を GDP 比 2％ にすることを決め，それを目標に順次増やしていくことになったが，これは国会で十分に議論されたものとはいえない。朝日新聞朝刊 2024 年 4 月 9 日参照。

下で，輸出を条件付で認める「防衛装備移転三原則」を策定，そして2023年には，岸田文雄首相の下で移転三原則の運用指針を改定し，殺傷能力のある武器の輸出を決定している[12]。これは2022年末の安保三文書の中の国家安全保障戦略の中で既に述べられていたことを実現するものである。2015年，2022年末で大きく日本国憲法の原理の一つである永久平和主義は損なわれたといえる。しかも，安保三文書の場合もそうであったが，重要な政策転換がとりわけ岸田政権になって閣議決定で行われている。「国会は，国権の最高機関」であることを無視する行為である。

こうした行為は，同時に憲法99条の憲法尊重擁護義務にも違反する。99条には，大臣や国会議員がこの憲法を尊重し擁護する義務を負うことを明示している。なぜなら，憲法は，最高法規であり，それに沿って法律や命令も存在しなければならず，政治や政策も憲法に沿って行われるべきだからである。こうした法の支配や立憲主義の理念が浸透していない。重大な違反を侵しているということが認識されていない。

憲法前文第二段落には，「日本国民は，恒久の平和を念願し」と永久平和主義を示している。また「全世界の国民が，ひとしく恐怖と欠乏から免かれ，平和のうちに生存する権利を有すること」を確認している。こうした永久平和主義，平和的生存権に基づいて，「他国を無視してはならない」と国際協調主義を示し，本文の中で9条において「戦争の放棄」を，戦力の不保持，交戦権の否認を明示することで示している。

平和的生存権は，人間が人間らしい生活をするための第一にあげられる権利である。これなくしては，人間は自由や権利の要求どころではない。平和の中に生きてこそ，個人の尊厳は守られ，安心して暮らすことができる。この権利が明示されているからこそ我々は，政府に対して9条を根拠にするのみならずまた13条に依拠するのみならず，平和のうちに生きることを保障するべきだ，軍備の増強よりも生存や生活充実を考えるべきだ，と要求することができる。

---

12) 朝日新聞朝刊2024年3月27日。

2. 人権保障の意義の変化

　人権は通常，自由権，社会権，参政権に類別される[13]。また，それらに加えて，国務請求権もしくは受益権を示す場合もある[14]。そして，その説明として，「自由権は，国家が個人の領域に対して権力的に介入することを排除して，個人の自由な意思決定と活動とを保障する人権」，その意味で「国家からの自由」ともいわれるとされている。他方，社会権は，「資本主義の高度化にともなって生じた失業・貧困・労働条件の悪化などの弊害から，社会的・経済的弱者を守るために保障されるに至った20世紀的な人権」と説明される。それは「国家による自由」ともいわれ，国家の積極的な配慮を求めることのできる権利，とされる。そこでは参政権は，国民の国政に参加する権利であり，「国家への自由」と示されている[15]。

　しかし，そもそも国家は，国民のために，国民の権利や自由の保障のために存在するものであるから，国民の自由そのものが確立されていないような場合には，介入することもありうる。自由権は，国家が全く介入しないことを肯定するものではない。国家に対し，個人がどう関わるかを中心に権利の問題を形式的にとらえるのではなく，個人を中心に権利構成を考える必要もあろう。同時に国家の介入は，民主主義が成立しているからこそ肯定されるものである。

　そう考えると，個人の自由確立のために，自己決定を尊重しつつも国家も必要な介入をし，正しい，あるべき方向に導くことが求められる。憲法13条は，個人の尊重を定めると同時に公共の福祉に反しないかぎり，国民の権利が尊重されることを定めている。そして，憲法を最高法規とする立憲主義の考え方と相まって政策が行われる。

---

13)　芦部信喜＝高橋和之補訂『憲法［第8版］』岩波書店2023年85頁。
14)　清水睦・前掲書（注1）289-294頁。清水睦はこうしたものとして裁判を受ける権利，国家賠償請求権，刑事補償請求権をあげる。
15)　いずれの説明も芦部信喜＝高橋和之補訂前掲書（注13）85-86頁。

例えば，ヘイト・クライムをあおるのは表現の自由なのか。極端なヘイト・クライムは取締りの対象となろう。それは，個人の尊重に反するからである。そこで，問題となるのは，取締りの基準である。すなわち，何を最も重要なことと考えるのか，どの境界をこえたら取締りの対象となるかである。

重要なことは，個人の尊重であり，人間らしい生存，生活を守ることである。日本国憲法13条前段における「個人の尊重」が起点となる。そしてその上で平等原則が説かれる。いかなる者も平等に扱われなければならないのは，個人として，人として尊重されるべきだからである。一方で自由はあっても個人が尊重されず，平等原則が損なわれる結果に至るような自由は認められない。誰もが同じように自由をもつ平等社会を創り出していかなければならない。国家が介入するとしても，その国家は民主主義国家であり，誰もが成人となれば選挙権を有し，一票を投じて国家を創りあげているということが前提として必要である。

したがって今日においては，自由主義的資本主義社会は，そのまま肯定されるわけではない。資本主義とは，「生産手段を私的に所有する資本家が，自らの労働力以外には売るべきものを持たない労働者から，労働力を商品として買い取り，利潤の獲得を目的として商品を生産するという経済体制。企業の自由な判断と選択とに基づき，私的利潤の極大化をめざして生産が行われる……」と説明される[16]。

他方で，自由主義もしくは自由は，近代市民革命をなしとげる大きな原動力となったが，当時の状況とは異なり，当時考えられたような「全く拘束や制約のない状態」とは，今日ではとらえられないであろう。自由主義を歴史的にとらえ直すと，原点はジョン・ロックの個人の普遍的な権利すなわち自然権に基づく自由で，それは絶対的恣意的権力からの自由であった[17]。自分自身の意思に従う自由，自己決定の権利の確立もその背景にあることに着目する必要があ

---

16) 高柳先男 他編『現代政治学小辞典［新版］』有斐閣 1999年 193頁。
17) ロックは，私的所有権の正当性を自己労働においている。山中隆次 他編『社会思想史講義』新評論 1985年 45頁（中村恒矩）。

る。当時はまだ完全な民主主義は確立していない。男女平等の普通選挙も確立していない。そうした中での自由への切実な渇望である。

　次にこうした自由主義は，資本主義の発展にともなって，経済的には18世紀のアダム・スミス等による「個人の私的利益の追求は公共の利益と予定調和し，そのために国家は干渉すべきではない」とする自由放任主義の肯定となっていき，さらには，政治思想史的には19世紀前半の功利主義によって，何よりも思想及び言論の自由や個性の自由な発展が，社会の進歩のために不可欠であると主張されるようになる[18]。但し，アダム・スミスの考えていた社会は，あくまでも手工業が中心の世界である。今日の大規模生産システムを前提として考えられているものではない[19]。またジョン・スチュアート・ミルも，何よりも「思想及び言論の自由」や個性の自由な発展が，社会の進歩のために必要とはしていたが，国家干渉そのものを悪とする自由放任主義は否定している[20]。

　20世紀において，夜警国家は福祉国家へと変転していき，国家の社会的機能が認められるようになる。今日では，自由主義も平等の問題を無視しては成立しえない[21]。ちなみに福祉国家とは，「現代の国家は社会のあらゆる領域に介入しつつ，各個人の個別的な福祉の実現に力を入れる」とされる[22]。なお憲法では福祉国家とは，「『国民の福祉』を理由として経済過程や国民生活に積極

---

[18] 例えば，ジョン・スチュアート・ミル＝関口正司訳『自由論』岩波文庫2020年参照。ここの歴史的発展については，岡沢憲芙＝堀江湛編『現代政治学［第2版］』法学書院2002年52-53頁の説明による。

[19] スミスが批判の対象とした経済政策は，当時のイギリス重商主義政策である。スミスはまた個人の主要な徳性として，慎慮，正義，慈悲をあげている。山中隆次 他編・前掲書（注17）58-64頁（八幡清文）。

[20] 同書76頁（星野彰夫）。ミルの思想を自然環境への人間の対応の仕方や個性と自由の尊重などにみられる広義の倫理性の探究としている。

[21] 例えば，ジョン・ロールズは，『正義論』の中で，功利主義を批判し，基本的には自由主義の立場に立ちながらも社会的不平等の問題を解決しようとする。岡沢憲芙＝堀江湛編前掲書（注18）65頁。

[22] 内田満 他編『現代政治学の基礎知識』有斐閣1978年101頁（大森弥）。

的施策を行なう国家」と説明され,「市民的自由に基づく自由競争・私的自由を原則として維持しながら,それを部分的に制限することで資本主義的矛盾を緩和・是正することが本質であるが,そのため,当該施策の内容が『国民の福祉』に合致しているかが常に問われる」としている[23]。

こうした流れの中で,自由もその内容によって制約を受け,二重の基準が認められ,表現の自由をはじめとする精神的自由を規制する立法の合憲性審査にあたっては,経済的自由の場合と異なり厳格な審査基準が用いられるべきであることが認められてきた[24]。また,契約の自由,職業選択の自由,財産権の不可侵といった経済的自由は,資本主義経済を支えるものではあるが,全く野放図に認められているものではない。それはまさに憲法29条2項の「財産権の内容は,公共の福祉に適合するやうに,法律でこれを定める」と示されていることである。社会的・経済的な弱者保護のための政策的な制約に服することも意味している。29条3項はまた,正当な補償の下での私有財産を公共のために用いうることも示している[25]。

現在では,さらに将来をみすえることも必要とされ,環境権保障の下での経済的自由の制限も考えられている。今日では,経済的自由は広範な規制に服するのである。

基本的人権は,伝統的に国家に対して国民の権利を保障するものと考えられていたが,既述の流れの中で,人権規定の効力を私人間にも及ぼす必要が生じてきた。いわゆる「私人間における基本的人権の効力」の問題である[26]。最高裁は,三菱樹脂事件において,消極的に解したが(最大判昭48・12・12民集27

---

23) 大須賀明 他編『憲法辞典』三省堂2001年414頁(「福祉国家」森英樹)。
24) 同書383頁(「二重の基準」浜田純一)。
25) かつては,消極目的(内在的制約),積極目的(社会的公平と調和の見地からなされる政策的規制)と財産権への規制を分けて論じることもあったが,最近ではこうした区分が難しくなっている。芦部信喜=高橋和之補訂前掲書(注13) 256-259頁。
26) 学説の整理はさしあたり小山剛「私人間における権利の保障」高橋和之=大石眞編『憲法の争点 [第3版]』ジュリスト増刊(1999年)54-57頁参照。

巻11号1536頁),批判も多く出た。その後,ドイツで採用されている国の基本権保護義務の理論が注目されたが,日本で浸透しているとはいいがたい[27]。

しかし権利や自由は,原点としては国家に対する保障(国家からの自由)だったとしても,いずれの権利や自由も同時に国家によって保障される必要性もある。単純に「国家からの自由」とはいえない[28]。その際重要なことは,まずは国家のあり方であり,次に規制の目的であり,さらにその目的を達成するのに適切な手段がとられているかである。このようにして比例性の原則が重要となる。

国家からの自由のみを偏重してきたことが,今日の不平等な社会を生み出してきたのではないかと考えられる。日本の貧困線は直近の2021年で127万円である。相対的貧困率は15.4％でOECDの調査から,日本はアメリカ,韓国と比べて国内の経済格差がやや大きいが,いわゆる「先進国」では最も高い。

3. 生存権の今日的意味

自由権とは異なる性格をもつものとして社会権が考えられている。日本国憲法においては,25条の生存権,26条の教育を受ける権利,27条の勤労の権利,28条の労働基本権(労働三権ともいう,団結権・団体交渉権・団体行動権もしくは争議権をさす)は,社会権を構成している。社会権は,国民が(国民だけに限られるかは別途問題となる),人間に値する生活を営む上で欠かせない権利であり,国に対して一定の行為を要求する作為請求権とされている[29]。自由権とはこの点で性格を異にするようにもみえるが,自由権にも一定の国の介入が必要な場

---

27) 小山剛『基本権保護の法理』成文堂1998年及び同『基本権の内容形成』尚学社2004年参照。
28) 「憲法による基本的人権の保障は,私人相互間における権利・自由の侵害をも排除することによってはじめて完全なものとなる」とされる。佐藤功『日本国憲法概説[全訂第5版]』学陽書房1996年156頁。
29) 芦部信喜＝高橋和之補訂・前掲書(注13)290頁。

合があるのと同様に社会権にも自由権的側面がある。

憲法 25 条は，生存権を定めている。1 項は，「すべて国民は，健康で文化的な最低限度の生活を営む権利を有する」と定め，2 項は，「国は，すべての生活部面について，社会福祉，社会保障及び公衆衛生の向上及び増進に努めなければならない」と定める。

1 項から生存権の内容が「健康で文化的な最低限度の生活を営む権利」であることがわかり，こうした生活を営むことができない者に対しては，国が保障する義務がある。この権利がどのようなものか，どのような義務を国が負っているかにつき，プログラム規定説，抽象的権利説，具体的権利説の解釈の争いがあったが，具体的権利であるととらえることが重要であろう[30]。というのも最低限度の生活水準の内容が政府あるいは担当大臣（厚生労働大臣）の裁量的決定にすべて委ねられているとする解釈は妥当とはいえないからである。

世界人権宣言 22 条も社会保障を受ける権利を定めているが，その中には，すべての者が「その尊厳及び人格の自由な発展に不可欠な経済的，社会的及び文化的な権利の充足を求める権利を有する」としている。したがって，憲法 25 条の「健康で文化的な最低限度の生活」とは，生きているだけのぎりぎりの生活を意味するのではなく「人間の尊厳にふさわしい生活」（世界人権宣言の労働権に関する 23 条の 3 項の文言）を意味する。そうした生活は，経済的，社会的，文化的権利の充実を含むものである。憲法 25 条 2 項は，既にみたように「国は，すべての生活部面について，社会福祉，社会保障及び公衆衛生の向上及び増進に努めなければならない」と国の義務を明らかにしているが，1 項の人としてのふさわしい生活をする権利を有しているにもかかわらず，実際に仕事がないなどの生活手段を有していない者に対して国が支援する義務のあることを明らかにしたものである。25 条 2 項は，社会国家の理念を具体的に示したものである。

---

30) すなわち「最低限度の生活」は客観的に一定程度確定できるものである。藤井俊夫「憲法 25 条の法意」大石眞＝石川健治編『憲法の争点』ジュリスト増刊 2008 年 174 頁。

従来より「社会福祉とは，国民の生活をできるだけ豊かならしめること，社会保障とは，国民の生存を，公共扶助または社会保険により確保すること，そして，公衆衛生とは，国民の健康を保全し，増進することをいう」[31]とされている。25条1項の権利に応える国の義務を2項は定めているが，「努めなければならない」は努力だけを認めるものではなく，実質性を求めるものである。

　25条の生存権を具体化する政策として社会保障制度がある。社会保障制度は，国民の「安心」や生活の「安定」を支えるセーフティネットとして位置づけられ，時代の要請に応じて発達してきた。社会保障制度には，四つの分野がある。第一は，「社会保険」で，年金・医療・介護などを対象とし，国民が病気，けが，出産，死亡，老齢，障害，失業などの生活の困難をもたらすいろいろな事故（保険事故）に遭遇した場合に一定の給付を行い，その生活の安定を図ることを目的とした強制加入の保険制度である。第二は，「社会福祉」で，障がい者，ひとり親家庭など社会生活をする上で様々なハンディキャップを負っている国民が，そのハンディキャップを克服して，安心して社会生活を営めるよう，公的な支援を行う制度で，高齢者，障がい者等の在宅サービス，施設サービスの提供や児童の健全育成や子育てを支援する児童福祉が含まれる。第三は，「公的扶助」で，生活に困窮する国民に対して，最低限度の生活を保障し，自立を助けようとする制度で，生活保護制度といわれるものである。第四は，「保険医療・公衆衛生」で，国民が健康に生活できるよう様々な事項についての予防・衛生のための制度である。ここには，医療サービス，各種保険事業，食品や医薬品の安全性を確保しようとする公衆衛生の確保も含まれる[32]。今日では，少子高齢社会に対応した社会保障制度の構造改革が急務だと指摘されており，高負担・高福祉へとシフトする傾向にある。しかしながら，この高負担が後期高齢者へも向かうものとなっており，はたしてこのような方法でよいのか，構造的な問題も生じている。

　ところで，社会権の中心となるのは25条の生存権であるが，「人間の尊厳に

---

31)　宮沢俊義『憲法II［新版］』有斐閣 1974年 434頁。
32)　厚生労働省の説明である。

ふさわしい生活」を送るにあたって，当然のことながら労働し，自立的生活を送ることが必要となる。そこで 27 条の勤労の権利が意味をもつが，労働し，自立的生活を送るためには，教育を受けていることが不可欠となる。26 条は，教育を受ける権利を定めるが，長い間，教育を受ける権利は，生存権の文化的側面をなすものであり，主として経済的弱者に国家が機会均等をはかるための経済的配慮を行うことを要求する権利である，と考えられてきた[33]。確かに広く，経済的・社会的弱者に対しても教育を受ける権利が保障されなければ，いつまでたっても生存・生活に関わる格差は縮まらず，実質的な平等は実現しない。そうした意味で，この解釈は正しい面もあるが，今日ではさらに教育を受ける権利の解釈は深められている。

いずれにしても勤労の権利は，生存・生活に直結し，教育を受ける権利も自らの適性・能力をのばす点で勤労や生存・生活に欠かせない[34]。国家は，このような権利が十分に人々にゆきわたるよう政策を考える義務を負っているのである。

4. 教育を受ける権利

26 条は 1 項で「すべて国民は，法律の定めるところにより，その能力に応じて，ひとしく教育を受ける権利を有する」と定め，2 項で「すべて国民は，法律の定めるところにより，その保護する子女に普通教育を受けさせる義務を負ふ。義務教育は，これを無償とする」と定めている。

すなわち，1 項では，教育立法の法定主義，教育における平等（機会均等と

---

33) 樋口陽一 他『注釈日本国憲法上巻』青林書院新社 1984 年 598 頁参照。
34) この点で公務員の労働基本権の制限をどのように考えるかの問題もある。28 条は労働基本権の主体を「勤労者」としており，憲法上は労働基本権の制限を考えていない。実際には労働基本権が十分に公務員に対しては保障されておらず，人事院や人事委員会が代償措置として存在しているが，こうした制度でよいのか問題になろう。制約の根拠として，全体の奉仕者論（憲法 15 条 2 項）や議会制民主主義論（勤務条件法定主義ともいう）があげられている。

もいう），教育を受ける権利の保障を定め，2項では，義務教育及び義務教育の無償が定められている。

　教育立法法定主義は，民主主義的な手続によって国民の総意で教育のあり方を定めることを意味している。日本国憲法の制定と前後して教育基本法が制定された（1947年3月31日公布・施行）。その前文において「日本国憲法の精神に則り，……この法律を制定する」と定められており，それまでの神権天皇制（天孫降臨の神勅と万世一系の天皇による統治）における教育勅語による教育から，「人権の尊重を基調とする民主主義の教育」へ教育の内容がかわったことを意味する[35]。教育基本法は，2006年（12月22日公布）に大きく改正されたが，前文に「日本国憲法の精神にのっとり，……この法律を制定する」の文言は残った[36]。したがって，基本的に個人の尊重と平等原則を中心として日本国憲法の三原理（永久平和主義，基本的人権の保障，国民主権）にそった教育が今日でも求められているということである。

　ところで，教育を受ける権利の性格については，今日では学習権とするのが最も有力でかつふさわしいといえよう。学習権とは，子どもの文化的生存・発達の権利としての学習権を基底にすえて，教育を受ける権利を「学習権の実定法的表現」ととらえるものである[37]。この権利は，子どもを主体としてとらえ，どのような境遇の子どもであってもその子どもにふさわしい適切な教育が施されるべきとする考えを内包している。それが，1項の「その能力に応じて，ひとしく教育を受ける権利」につながっている。この規定は，単なる能力主義や単なる平等主義を示すものではなく，各人の能力にふさわしい適切な教育を受ける権利があることを示している。そして，そうした教育を国家が準備するべきことを示している。すなわち「すべての子どもが能力発達のしかたに応じて

35）　宮沢俊義・前掲書（注31）436頁。
36）　あらたな教育基本法をどのように読むかについては次のもの参照。日本教育法学会編『コンメンタール教育基本法』学陽書房2021年。
37）　成嶋隆「第26条」小林孝輔＝芹沢斉編『基本法コンメンタール憲法［第5版］』別冊法学セミナー189号2006年197頁。

なるべく能力発達ができるような（能力発達上の必要に応じた）教育が保障される」ことを意味する[38]。またそれに伴い，いわゆる機会均等原則は教育内容の均等化・画一化を意味するものではなく，あくまでも教育の条件整備に関わるものと解される[39]。

2項における「その保護する子女に普通教育を受けさせる義務」は，保護者が子どもに対して負う義務である。但し，保護者の監護が不適当な場合に児童相談所長・都道府県知事のとるべき措置について定める児童福祉法（要保護児童の保護措置等）や保護者に就学義務を課す学校教育法などがあるが，子どもの養育や発達に関しては，子どもを思って親が責任をもって遂行すべきところであるのに対し，国はそれを支援する立場にある。子どもの権利条約も，子どもの養育・発達に関する第一次的責任を親に課し，締約国は親の養育責任の履行を援助するものとし（同条約18条），さらに親が責任を放棄する場合には国が子どもを保護するための措置をとるとしている（同条約19条）[40]。

さらに2項後段は，義務教育は無償とする，としている。この内容と無償の範囲が問題となる。義務教育は，26条2項が「普通教育を受けさせる義務」としているところから，「すべての人間に共通に必要な基礎教育」と説明される[41]。義務教育の修業年限は，小学校6年，中学校3年の計9年間とされている（学校教育法「第三章義務教育」）。以前は「子どもの教育を受ける権利の保障は画一的な教育ではなく，子どもの個性に合った教育を要請し，また親の思想信条に基づく教育の自由が重要である……」と親の教育の自由が認められるべきとする論調もあった[42]。しかし，今日において，例えば旧統一教会事件の中

---

38) 兼子仁『教育法〔新版〕』有斐閣1978年231頁。

39) 成嶋隆・前掲（注37）199頁参照。

40) 同書200頁。

41) 「日常の生活を営むうえですべての人間にとって共通に必要とされる基礎的・一般的な知識技能を得させ，人間として調和のとれた育成を行うための教育」とも説明される。永井憲一＝市川昭午『子どもの人権大辞典』エムティ出版1997年708頁（高橋寛人）。

42) 中村睦男「教育の自由」奥平康弘＝杉原泰雄編『憲法学2』有斐閣1976年

での親の子に対する態度や虐待の問題などを考えると，それはあくまでも子ども主体の，子どもにとってどのような教育・養育が施されているのかという客観的視点が欠かせない，といえよう。

他方で，病気や発育上の問題，その他の理由により，就学困難と認められる場合には，親は国に子どもに対する積極的な支援を要請すべきであるし，国もこれに応える義務がある。

さらに，校内暴力やいじめなど人権侵害的状況がみられることも考慮するなら，そのような場合には，義務教育が家庭教育におきかわることのできる親の自由を認める必要があるケースもでてこよう[43]。しかし，子どもの登校拒否については原因を究明し，その原因に応じて救済する必要がある[44]。集団生活にどうしてもなじめない，できないという場合は，学校教育にかわる何らかの手段が講じられるべきであろう。

また，義務教育の無償の範囲は，義務教育に要する一切の費用と解すべきで，そこには給食費も入ってこよう。教育が，生存・生活の基本ともなるところから，すべての子どもにその子どもの個性や能力をのばすのに必要な教育が提供されるべきである。

ところで，教育内容の自由も大きな問題となる。この点について憲法価値教育の是非が議論されていたが，私見では，憲法教育自体が規範として要請されているものではないと解せられる[45]。しかし学校教育には，互いの人格を尊重

　　191頁。いずれにしても親の家庭教育の自由は，現行法上，就学義務の規定により制約を受けているが，これは子どもの教育を受ける権利を保障するための制約である。

43)　広沢明「『教育の自由』論」日本教育法学会編『教育法学の展開と21世紀の展望』三省堂2001年126-143頁。

44)　今日では，スクールソーシャルワーカー（SSW）やスクールカウンセラー（SC）が学校の相談室におかれるようになっている。文科省は2008年度から，スクールソーシャルワーカー活用事業を始め，全国で3,200人余のSSWが2万超の小中高校に配置されている（2022年度文科省調査）。

45)　詳しくは，植野妙実子「憲法価値と公教育」日本教育法学会編『教育法の現代的争点』法律文化社2014年26-31頁参照。

し，人間としての尊厳を大切にするという普遍的な価値は，学ばれるべきであるし，独裁政権やファシズムではない，人権保障のための権力分立や民主主義の大切さも学ばれるべきである。この点で主権者教育の重要性があるが，それぞれの思想・信条の自由とのバランスをとる必要もある。実際には，こうした教育が蔑ろにされているところが政治に対する関心の低さ，投票率の低さにつながっている。

　公教育は，人が社会において生きていく基礎を形成し，また自立するための，自分で考え，自分で行動する自己形成にも関わるものである。すべての子どもにとってアクセスしやすいものでなければならない。子どもの貧困が多い日本においては，切実な問題といえる[46]。

5. 男女平等原則

　憲法14条1項は，法の下の平等を定める。自由と平等は，人間の権利の基本である。誰もが平等に自由や権利をもっていることが認められなければならない。それは，13条にある「個人として尊重される」ことの具体化である。そして，14条には，代表的な差別を禁止するために，例として「人種，信条，性別，社会的身分又は門地」があげられている。

　だが，例えば，性別において差別はなくなったかというと，そうとはいえない。LGBTQにおいては，まだその入り口に漸く立ったかというところである。同性婚も公的には認められておらず，24条の解釈を盾にして，異性である両性の結婚のみが認められるかのように考えられている。24条も13条の個人の尊重を受けており，その点をふまえると，同性婚を認めることに解釈上問題はないはずである。

---

46) 18歳未満の子どもの貧困率は，13.5％，約7人に1人の子どもが貧困ライン（その国の平均所得の半分以下の所得しかない家庭）を下回っている。ひとり親家庭の約半数の子どもが貧困状態にあり，とりわけ母子家庭の貧困が顕著である。

ところで，男女差別の解消は，女性差別撤廃条約への署名・批准から始まったといっても過言ではないであろう。女性差別撤廃条約は1979年12月に国連で採択され，日本は1980年7月に署名，1985年6月に批准している。憲法14条1項の規定がありながら，日本では合理的差別を容認してきた。合理的差別とは，事実上の差異を考慮にいれて，法律上異なった取扱いをすることを認めることをさす。しかし，この場合，何が異なっているのかが問題となり，この点を厳密に考えないかぎり，異なる取扱いを広く認めることにつながる。この合理的差別という解釈の下で，女性は男性とは違う，違うものには異なる取扱いがなされても肯定される，とする考えが横行していた。しかし，女性差別撤廃条約は，明白に，妊娠・出産以外の差異を男女間に認めないとする立場をとっていたため，広く合理的差別を認めてきたことの根拠が失われたのである[47]。男女がともに社会的責任も家庭的責任も担う。固定的・伝統的な男女の役割分担を前提とすることも許さない。さらに差別の解消のためにアファーマティブ・アクション（暫定的な特別措置）も認められている。

この条約により，日本でも国内法等の整備が進められ，まず父系優先血統主義から父母両系血統主義へと国籍法が改正され（1984年），いわゆる男女雇用機会均等法（雇用の分野における男女の均等な機会及び待遇の確保等に関する法律）が勤労婦人福祉法を全面改定するという形で成立した（1985年）。さらにいわゆる育児休業法が制定され（1991年），後に育児のみならず介護にも適用できるよう改正されている（1995年，育児休業等育児又は家族介護を行う労働者の福祉に関する法律）。今日では，男女双方がとれる形となっており，イクメンプロジェクトも推進されている。また，固定的・伝統的な男女の役割分担の廃止の要請から，家庭科の男女共修が文部省（当時）の通達により行われた（方針決定1984年）。

1999年に男女共同参画社会基本法が制定され，男女平等社会の構築の方法について明らかにされた。男女共同参画社会基本法では，前文で，日本国憲法

---

[47] 国際女性の地位協会編『女性差別撤廃条約注解』尚学社1992年，とりわけ前文参照。

の個人の尊重と法の下の平等を受けて制定されたことを明らかにしている。また，2条2号では，格差改善のための積極的改善措置をとることを明らかにし，17条に苦情の処理及び救済を図る措置を講じることも明らかにしている。女性に対する暴力についての関心も高まり，2001年には，いわゆるDV防止法（配偶者からの暴力の防止及び被害者の保護に関する法律）が成立している。ワークライフバランスという考え方も浸透してきたが，日本にとっては何といっても伝統的・固定的な男女の役割分担意識の払拭が課題となる。いまだに多くの女性差別が存在しているが，このような差別はとくに私人間（家族内や企業内）で行われており，そこでの差別をいかに効果的に防ぐかが課題となる。

　その後，働く場面で活躍したいという希望をもつすべての女性がその個性と能力を十分に発揮できる社会の実現のために，女性の活躍推進に向けた数値を盛り込んだ行動計画の策定や公表，また女性の職業選択に資する情報の公表を事業主に義務づける女性活躍推進法（女性の職業生活における活躍の推進に関する法律）が2015年8月に公布，2016年4月に施行され，さらにその充実のために2019年，2022年に改正されている。

　また，国会及び地方議会の選挙において，男女の候補者の数が，できるかぎり均等になることをめざすことなどを基本原則とし，国や地方公共団体の責務や政党等が所属する男女のそれぞれの公職の候補者の数について目標を定めるなどにつき，自主的に取り組むよう努めることを定める，政治分野における男女共同参画の推進に関する法律も2018年5月に公布・施行された。この法律は2021年6月に改正され，政党等がより積極的な取組を行うこととなるよう促進する，国・地方公共団体の施策を強化することが盛り込まれたが，効果が出ているとはいえない。

　実際には，多くの不平等が存在している。2023年6月にWEF（世界経済フォーラム）が発表したジェンダー・ギャップ指数GGGIにおいては，日本の男女格差は，0.647と，146ヵ国中125位と過去最低となった。教育の分野では47位，健康の分野では59位であるものの，政治の分野では138位，経済の分野では123位であったことから，総合で125位となったものである。教育の分野

では，高等教育における男女平等が浸透していない。OECD の報告では，とりわけ，STEM 分野（科学・技術・工学・数学の教育分野）に進学する女子大学生比率が OECD 諸国において最下位とされている。女性の健康寿命については 75.38 年（2019 年），平均寿命は 87.45 年（2018 年）であり，この差が問題となる[48]。つまり，健康寿命とは，「健康上の問題で日常生活が制限されることなく生活できる期間」をいい，平均寿命に近いところまで健康に生活できることが望ましい。

政治の分野では，女性議員（下院）比率 131 位，内閣の女性閣僚比率 128 位，女性元首（首相）在任も過去 50 年間，ない。日本の政治の分野での女性比率の改善のためには，① 衆議院で女性議員を増やすこと，② 女性閣僚を多く任命すること，③ 女性が首相になることを達成するしかない。より簡単には，② ができそうであるが，女性を大臣に意図的に任命するということは行われていない。当選回数や派閥を考慮して組閣が行われているからである[49]。

それならば，アファーマティブ・アクションの導入を確実に進めて，今の政治分野における男女共同参画推進法を自主性に委ねるのではなく，何らかの強制措置をもって臨むべきであろう。例えば，達成していなければ政党交付金（政党助成金ともいう）を減額するとかの方法もある。フランスでは，これを実施しさらに強化もした。

経済の分野では，労働力比率は 81 位，賃金格差 75 位，所得格差 100 位，管理職比率 133 位と悪くなっている。労働基準法 4 条は，男女同一賃金原則を定めている。3 条は，均等待遇を定める。男女雇用機会均等法 5 条及び 6 条は，性別を理由とする差別の禁止を定める。2006 年に改正されて女性を対象とするだけでなく「性別にかかわりなく均等な機会」を与えることになった。LGBTQ の方々にも対応することができる。

---

48) 女性の平均寿命は，2022 年には，新型コロナウイルスの流行もあり，87.09 歳と下がっている（厚生労働省）。順位では，3 年連続で世界で一位である。

49) 裏金問題で派閥解体となった場合には何が，閣僚に選ばれる基準になるのか，という問題が出てくる。

「第5条　事業主は，労働者の募集及び採用について，その性別にかかわりなく均等な機会を与えなければならない。
　第6条　事業主は，次に掲げる事項について，労働者の性別を理由として，差別的取扱いをしてはならない。
　　一　労働者の配置（業務の配分及び権限の付与を含む。），昇進，降格及び教育訓練
　　二　住宅資金の貸付けその他これに準ずる福利厚生の措置であつて厚生労働省令で定めるもの
　　三　労働者の職種及び雇用形態の変更
　　四　退職の勧奨，定年及び解雇並びに労働契約の更新」

　6条は列挙の方式をとってはいるが，それ以外の差別も（例えば，労基法3条から）許されるわけではない。また，7条は，「性別以外の事由を要件とする措置」とされているが，いわゆる間接差別の禁止を定めるもので，これも2006年の改正で入った。長い間，間接差別の禁止が必要とされていながら，漸く実現したものである。つまり，結果的に差別につながることを禁止している。但し7条は，「厚生労働省令で定めるもの」に限定しており，しかも「業務の遂行上特に必要がある場合」や「当該措置の実施が雇用管理上特に必要である場合その他の合理的な理由がある場合」は適用されない。抜け道を作っているといえる。

　また，妊娠・出産等を理由とする不利益取扱いは，9条3項において禁止されているが，さらにマタニティ・ハラスメントを防止する必要があることから，2016年の改正で，使用者にその防止措置を義務づけた（11条の3）。職場における妊娠・出産等に関する言動に起因する問題に関する雇用管理上の措置等とされている。

　セクシュアル・ハラスメントについては，1997年の改正時には，「女性労働者に対する事業主の配慮義務」とされていたが，2006年の改正によって性別を問わない「労働者」に関する「措置義務」へと強化された。セクシュアル・ハラスメントには対価型と環境型がありそれらに対応する規定となっている

(11 条 1 項)。

　他方，パワー・ハラスメントに対しては，2019 年にいわゆる労働施策総合推進法（労働施策の総合的な推進並びに労働者の雇用の安定及び職業生活の充実等に関する法律）の 30 条の 2 において，防止の措置義務が新設された。労働者の就業環境が害されることに対する新たな角度からの規制が加わった，とされている[50]。

　そもそもハラスメントは憲法 13 条が定める個人の尊重から導き出される人格権の侵害である。このように法整備は徐々に進んできたが，法違反に対する救済のあり方や事業主に対する強制力の不十分性，労働者以外へのハラスメントの対応など課題も多く見受けられる[51]。研修の義務づけ，相談窓口の充実，意識改革も必要となる。

　男女平等に関しては，しかしながら根本的なところの改正がなされていない。女性差別撤廃条約前文は，性別役割分担に関して「子どもの養育には男女及び社会全体がともに責任を負うことが必要である」とし，「社会及び家庭における男性の伝統的役割を女性の役割とともに変更することが男女の完全な平等の達成に必要」と明確にしている[52]。しかしながら，日本においては，いまだにいわゆる「103 万円の壁」がある。103 万円の壁とは，妻自身のパート代等に所得税がかかり始める年収をさす。103 万円の収入を超えると，超えた分に対して所得税がかかり，場合によっては住民税もかかる（住民税は自治体によって異なるが，100 万円をこえると払わなければならない場合が多い）。妻がパートで働く場合，配偶者の会社の社会保険や税金の扶養控除を受けられる。扶養範囲内をさす言葉ともなっている。2022 年 10 月からは，「社会保険の 106 万円の

50）　中窪裕也「男女の雇用平等」日本労働研究雑誌 727 号（2021 年）14-21 頁。とりわけ 18 頁参照。なお同論文においては，法違反に対する救済をどうするかが課題としている。強制力の欠如も問題としている。

51）　西谷敏『労働法［第 3 版］』日本評論社 2020 年 100-110 頁参照。

52）　国際女性の地位協会編・前掲書（注 47）17-20 頁参照。なお女性差別撤廃条約の注釈については，国際女性の地位協会編『コンメンタール女性差別撤廃条約』尚学社 2010 年もある。

壁」となった（2024年10月から実施）。他方で，「130万円の壁」もある。これは，厚生年金加入者（サラリーマン）の配偶者が年収130万円以下であれば，年金は第3号被保険者，健康保険は配偶者の加入する健康保険に扶養家族として加入でき，いずれも追加的な保険料を払う必要のない金額をさす。この壁の存在のために扶養控除を受けながら働くために雇用調整をしている者も多い[53]。

　こうした制度は，男女の役割分担の固定化につながる制度である。つまり，主たる家計を夫が担い，妻は補助的に出産・育児の状況にあわせて働く。しかもこの扶養制度は夫が引き受けるのではなく，税を払う国民全体にかかってくる。こうした女性の働き方は，男女双方が家庭的・社会的にも責任をもつ社会にはつながらず，そこそこに女性が働くことにおさえる制度となる。反対からいうと，夫が家事・育児・介護を担わない制度ともなる。それ故，日本は男性の家事・育児時間が低い。総務省の2021年度社会生活基本調査で男性の家事・育児にあてる時間は1時間54分と過去最長とされているが，女性は7時間28分で男性の4倍程である。男性の育休平均取得日数は41日（2022年度）であるが，そのうち育休期間が5日未満だった人が25％，50％以上が2週間未満にすぎなかった[54]。

　働き方によらずに中立的な社会保障制度に転換するべきである。既に長い間この指摘はあった[55]。問題点が指摘された後もこうした制度が長い間続けられ

---

53)　近藤絢子「『年収の壁』問題の視点」日本経済新聞・経済教室2023年9月15日，同「『年収の壁』より大きな問題」週刊東洋経済2023年12月23-30日号掲載（いずれもRIETI）参照。

54)　厚生労働省イクメンプロジェクト「男性育休推進企業実態調査2022」。なお東京都の調査では，2023年度の男性の育休取得は38.9％となり，過去最高となった。取得期間は1ヵ月以上3ヵ月未満（32.4％）で最多であった。男性の育休取得の課題については，代替要員の確保が困難，休業中の賃金補償などがあげられているが，育休をとりやすい職場の環境作りも重要と指摘されている。読売新聞朝刊2024年4月4日。

55)　植野妙実子編『21世紀の女性政策』中央大学出版部2001年。調査は1994年に行ったものである。同様に「売る性」のみを処罰し，買春行為を処罰の対象と

てきたので，今さらこれを変更するとなると既得権の剥奪のような形となる。しかし，転換の決断が必要である。なぜなら高齢女性の貧困もこのような制度に原因があると考えられるからである。

　65歳以上の一人暮らしの女性の相対的貧困率は44.1％にのぼる。これは現役世代のひとり親世帯と同じ水準（44.5％）といわれている。また，女性が経済的にも自立しにくく，例えばDV夫から逃れて離婚したくてもふみだせない一因にもなっている。女性が一定のキャリアをもっていても，育児で長期に中断すれば，元のキャリアにはもどれず，結局はパートで働いたり，以前より低いキャリアで働いたりすることになる。税制度上で得をする制度があれば，それに流れるのは当然とも思える。したがって，こうした壁の制度は，男女不平等を助長するだけで，女性の能力活用にはつながらないものである。またこのような制度があることで男性の単身赴任や異動・出向の制度が支えられていることにもなる。こうしたことから中立的な社会保障制度への切り替えが必要で，ずっと女性も働き続けることのできる社会へ転換するべきである。そのためには，男女双方がとれる育児・介護休暇のみならず，残業のない就業のあり方，有給休暇が十分にとれる就業のあり方など真の「働き方改革」が必要となる。大きな企業はそれに即した働き方ができたとしても日本の経済を支える中小企業（日本の全企業数のうち99.7％が中小企業）には働き方改革はそのままでは受け入れられない面がある。中小企業は安い賃金，多い残業で賄っている場合があるからである。そこで，こうした中小企業に対する補助や支援制度も必要となる。

しない売春防止法の問題も以前から指摘されている。フランスでは2016年に買春行為を処罰する法律が成立している。Loi n° 2016-444 du 13 avril 2016 visant à renforcer la lutte contre le système prostitutionnel et à accompagner les personnes prostituées.

6. 人権保障の実質化

　日本国憲法13条前段には，「個人の尊重」が明示され，14条1項における法の下の平等の例示には「性別」もあり，性別による差別の禁止も明示されている。24条には，家族生活における個人の尊厳と両性の平等が示されている。しかし，解釈においては，憲法の人権規定が私人間には直接適用されないとする私人間効力否定論や合理的差別の認定，立法裁量論などがあり，解釈において人権規定を狭める考え方が多くみられる。こうした解釈がしばしば人権保障の定着や進展を阻んでいる。しかも，定着や進展には時間がかかる。古い思考からの脱却，切り替えが必要である。

　フランスでは，1999年7月の憲法改正でいわゆるパリテ条項が入り，2008年7月の憲法改正で拡充される形で定められた[56]。その後も，男女平等の精緻化が検討され，男女の真の平等に関する2014年8月4日法が制定されている。そこでは，職業上の男女平等，シングルマザーの保護，DV対策，女性差別の根絶，パリテの促進が掲げられた[57]。さらに2024年3月4日，中絶の権利を憲法改正により憲法に導入することを決めた（Loi constitutionnelle du 8 mars 2024 relative à la liberté de recourir à l'interruption volontaire de grossesse）。

　人工妊娠中絶は1975年1月17日法，いわゆるヴェーユ法で合法化された。IVG（Interruption volontaire de grosesse）というのが人工妊娠中絶と訳されるが，このVは，「自分の意思による」という意味をもっている。法律によって保障されていたこの権利を憲法上に入れて確固たる権利にした。すべての妊娠した女性に，医者あるいは助産婦に対して妊娠の中絶を，証明書を提示することな

---

56) 植野妙実子『男女平等原則の普遍性』中央大学出版部2021年 558-561頁参照。
57) 服部有希「フランス男女平等法」外国の立法2014年10号10-11頁。パリテの促進に関しては，パリテ原則を守らなかった場合の政党助成金の減額率の上昇や企業の取締役会等の男女比率をそれぞれ40％以上とする制度を従業員数250人以上の非上場企業へも拡大することが考えられている。

く求めることができるものである。フランスでは，人工妊娠中絶は，次のような要件で認められている。① 当該人のみが人工妊娠中絶を要求できる。② 妊娠 14 週まで可能である。③ 100％疾病保険でカバーされる。④ 未成年の場合，両親の許可を得る必要はないが，成年者につきそわれる必要がある。⑤ こうした行為は匿名で行うことができる。⑥ フランスにおいて中絶するにはフランス国籍をもっている必要はない[58]。

しかし，女性の権利として人工妊娠中絶の権利が定着するには長い時間がかかった。そして漸く，マクロン大統領の下で憲法の中に女性の自由として書きこまれ，阻止されえないものとして認められることになった[59]。

日本においては憲法 13 条の個人の尊重から自己決定権が導き出される。しかし，一般的に，中絶の自由はその中に位置づけられていない。元々は優生保護法が存在し，「不良な子孫の出生を防止する」ことを一つの目的として不妊手術や人工妊娠中絶が認められていた。1996 年に優生保護法から優生思想に基づく規定が削除され，母体保護法となった。母体保護法 1 条が示すように，母性の生命健康を保護することを目的として不妊手術や人工妊娠中絶を認めるものである。3 条 1 項には，本人の同意のみならず，原則的には配偶者があるときはその同意を得る必要がある。「未成年者については，この限りでない」となっているので，未成年者についてどう解するのか問題となる。3 条 3 項には，「配偶者が知れないとき又はその意思を表示することができないときは本人の同意だけで足りる」としている。したがって，人工妊娠中絶に対する規制は緩い。しかし，これが「権利」として認められているわけではない。日本では，実際に年間 126,000 件程 (2021 年度) の人工妊娠中絶が行われているとされているが，望まない妊娠をする女性が多いのならば，中絶に至らない手段を得ることが簡単にできるようでなければならない (例えばピルの使用)。そして，

---

58) エリザベス・ボルヌ首相の下での政府のサイトから。IVG, la conquête d'un droit, 2023 年 9 月 28 日 (閲覧は，2024 年 3 月 30 日)。

59) Loi constitutionnelle du 8 mars 2024 relative à la liberté recourir à l'interruption volontaire de grossesse, *Vie publique*, 9 mars 2024.

何よりもまず性教育によって性行為は同意の上で行われるべきことを徹底する必要もある。

　自己決定・自由意思は権利の前提である。このようなところにも憲法の規定が十分に生かされていないことは残念としかいいようがない。

　さらに，研究者の解釈が消極的であることに加えて，日本においては立法府も司法府も政府も権利に対して消極的な姿勢が目立つ。例えば，女性差別撤廃条約に関しては，それに沿った政策が十分に行われていないのみならず，選択議定書の批准をしていない点が問題となる[60]。この選択議定書には個人通報制度と調査制度が定められ，女性差別撤廃条約の実効性を高めるための文書である。個人通報制度とは，権利を侵害された人が国内裁判所で救済されなかったときCEDAW（女子差別撤廃委員会）に通報することにより救済の可能性がでてくる。この議定書の意義の一つは，通報されることがないように国内の裁判所が国内法のみならず国際基準にも配慮して判断することを可能にするものである。またこれによりでた「意見」や「勧告」に法的拘束力はないが，とはいえ，全く無視してよいわけではないであろう。国際的基準に国内的基準の不足があった場合は，基準をあわせる必要がある。一貫して政府は消極的である[61]。以前は選択議定書を批准することを「司法権の独立を侵す可能性がある」としていた。今日では，それに加えて「日本の司法制度や立法政策との関連での問題の有無及び個人通報制度を受け入れる場合の実施体制等の検討課題がある」としている。つまり数多く通報された場合の事務に対応するための体制整備の問題をあげている[62]。ナンセンスといえよう。

　相変わらずの「夫婦二人，子ども二人，夫が働き妻はパート」という家庭モ

---

60) 「女子差別撤廃条約の選択議定書の採択を求める意見書」日本弁護士連合会1998年2月。
61) 朝倉むつ子「女性差別撤廃条約選択議定書の批准を求める地方議会意見書の動向」国際女性35号（2021年）35-44頁参照。
62) 糸数慶子「女性差別撤廃条約選択議定書に関する質問主意書」2016年5月24日。

デルの存在があり，その打破がない限り，日本の状況はかわらない。実際には，夫婦と子どもの世帯は25.0％，単独世帯は38％にもなる。さらに共働きで妻がフルタイムの職についている場合が48.6％もいる[63]。こうしたことから発想の転換や，制度の転換が必要で，その政策をかえるのは，有権者であるはずの国民である。しかし民意の反映も歪められた選挙制度の下でシニシズムが拡がり始めているように思われる。

憲法の規定は決して遠いところにあるのではなく，まさに私たちの日常の生活を支えるものである。せっかくよい憲法上の規定がありながら，そこにいわば魂を入れる行為を怠っているように思える。

まとめにかえて

日本は少子高齢社会である。日本の総人口に占める65歳以上の高齢者の人口の割合は，2021年には29.1％，高齢者人口は3,640万人となっている。既にみたように高齢者の貧困問題もあり，年収150万円未満の高齢者が23.5％もいる。

他方で，15歳未満の子どもの数は1,493万人で，1982年以降連続で減少している。15歳以上65歳未満の人口を生産年齢人口というが，2020年には7,406万人，総人口に占める割合は，59.1％となっている。しかし，この生産年齢人口は労働力人口と同一というわけではない。生産年齢人口の中には，学生も含まれている。労働力人口は労働の意思と能力をもつ人口をさすので65歳以上の働いている者も含まれている。日本では失業者数は少ないものの若手労働力人口の中に少なからずフリーターが存在する。すなわち正規社員，正規職員以外の就労雇用形態で生計を立てている者がいる。割合としては，5％位138万人存在している。また15歳から34歳までの非労働力人口のうち家事も通学もしていない者，いわゆるニート（若手無業者）も64万人存在している。

---

63) 内閣府男女共同参画局 2022年。

さらにひきこもりという存在もある。15歳から39歳までのひきこもり推計数は54万人余，40歳から64歳までのひきこもり推計数は61万人余となっている。

不登校の問題もある。2020年度で小中学校における不登校の児童生徒数は196,127人に及ぶとの報告がある。全児童数に占める割合は小学校で1.0％，中学校で4.1％である。さらに既に指摘したような子どもの貧困の問題がある。

不登校経験者やひきこもり経験者が，いくらかは自ら社会復帰ができたとしても，不登校やひきこもりの要因となったことを解決して支援して社会復帰を促すような対策をうたなければ，若者も貧困，高齢者も貧困という事態になる。現在これに対応することが最も必要とされている政策といえよう[64]。

にもかかわらず，平和的生存権や憲法9条という自由や権利の前提となる憲法原理を侵害する政策が公然と行われている。強行的な辺野古の米軍基地建設など防衛力強化が加速して2027年度にはGDP比2％の防衛費となることが示されているが，実際にはもっと増えるのではないかといわれている[65]。

実際にロシア，中国，北朝鮮が攻めてきたらどうするのか，だから軍備の一層の強化を，というが，攻められないようにすることこそが重要であり，まさに政府の手腕が問われるところであろう。最近では，エネルギー政策や食糧政策も問題となっている。環境保護も重要な課題である。こうした課題にとりくむことなく一方的な軍備増強，しかも安全保障のあり方を閣議決定で行うというやり方は国民の望むところではない。憲法原理，憲法の原則の実質化が求められているといえよう。

---

[64] 植野妙実子「若者・子どもの権利を考える」人権のひろば2022年7月号1-4頁。

[65] 岸田政権は2022年12月の閣議で，27年度までの5年間の防衛予算の総額を従来の1.5倍となる43兆円程度，27年度の防衛費をGDP比2％にすることを決めている。金額の問題のみならず，誰がその防衛を実際に担うのかの問題がある。

＊現実を見すえて必要とされる政策の実現をすること，その際，憲法の平和主義・人権保障を重要視することが必要であることから，次の提言を考えてみた。

① 対米従属の軍国主義化をやめる。日米安保条約・在日米軍地位協定の破棄。自分で考え，自分で決める主権国家を取り戻す。アメリカにいわれるままに武器を買わない。第一段階としては少なくとも専守防衛まで戻す。今日ではアイアンドームなど防衛手段をもつこともできる。但しこれにはどこに置くかという，地域差を招く不平等が伴うことも無視できない。したがって，結局は周辺国と平和条約，不可侵条約を結ぶことが大切である。アメリカと一緒になってグローバルな展開をするとか，ましてや同志国と一緒になって戦闘に参加するなどのことは，日本にとってどのようなメリットがあるか深く考えるべきで，アメリカや同志国に利用されるだけになってはいけない。そうした議論，安全保障の基本をどのように考えるべきかの議論は国会で何もしていない。いざとなればアメリカの捨て駒となるだけかもしれない。食料自給率をあげるとか，エネルギーの確保を図るとか，安全保障以外の課題も多くある。現実的な課題に向き合うべきであろう。平和を中心に据える国のあり方は非現実的なものでなく，各国への理解やその意味での協力を求めることが必要である。

② 日本は既に高齢社会である。さらに高齢化は進む。人口減は止められない。それならば，国内の労働力の総活用と移民労働力に頼るしかない。まずは女性が働きやすい社会を作ること。そのためには中立的な個人型の税制度への転換が欠かせない。不登校，引きこもり，ニート，非正規雇用などの対策をそれぞれしっかりと行うことが必要である。高齢者が働けるといっても，70歳がせいぜいである。70歳になったら，ご苦労様，お疲れ様といわれて年金生活を楽しめるようであってほしい。また皆が，学びやすい，働きやすい環境を作ることが必要である。様々な差別をなくし，移民の方も働きやすい環境を作らなければならない。

また，生存権，社会保障を受ける権利の充実，労働権や労働基本権の充実を公務員も含めて考えていかなければならない。

③　マイナンバーカードを活用させ，さらに発展させたいなら，生まれた時の氏名が一生の公式の氏名であり，婚姻した時の姓は通称使用にすぎないようにする。マイナンバーカードの表記はカタカナ表記にし，通称使用の氏名も合わせて表記する。子どもの氏名はとりあえず，結婚したいずれかの姓を用いて決め，成人する際には本人に確定させる。こうした氏名のあり方はフランスで行っているものが参考になる（植野妙実子「フランスにおける女性の氏名権」『男女平等原則の普遍性』中央大学出版部 2021 年 489-507 頁）。当然のことながら，マイナンバーカードを普及させたいなら個人情報保護をしっかりとする必要がある。現状では個人情報保護に対する認識は低い。また公的機関は元号を使うなら，ともに必ず西暦も併記すべきである。

④　家族の多様化を認める。シングルでも子どもを産み育てることができるように支援をする。シングルでも一定の収入などが確保される環境にあるなら養子もとれるようにする。LGBTQ も認める。同性婚も認め，同性婚でも実子，養子を問わず子どもがもてるようにする。また多重国籍を認める。多重国籍を認めた上で主に生活をするところを申告させ，投票権や税負担の場所を決定する。これは移民政策にも必要なこととなる。

⑤　民意の反映が図れるように選挙制度の改革をする。癒着や利益誘導の政治を認めない。親族は自分の事務所では働かせない。企業・団体献金や，政治資金パーティーは全面禁止。政策活動費や政策調査研究広報滞在費（旧文通費）は全て使途公開する。「政治とカネ」に関しては，透明性を徹底することが重要である。政治家自身の責任を問う仕組みも導入する。政策本意の政治への転換が必要である。

⑥　憲法を中心とする「主権者教育」（ここでいう主権者教育とは，主権者として必要な知識，政治は何のためにあるのか，人権保障，権力分立や民主主義の必要性などを学ぶ教育）を学校教育の中で行う。個人を尊重し，平等社会を作ることの大切さを学ばせる。立憲主義の基本を誰もが認識できるようにする。

⑦　日本国憲法の趣旨に沿った条約は積極的に結ぶ。例えば女性差別撤廃条約の選択議定書，核兵器禁止条約など。こうしたことこそ，日本の世界的地位を

高め,「国際社会における名誉ある地位を占めたい」とする姿勢につながるものである。

⑧　憲法改正にはまずその改正内容が「改正の限界」にかからないもの（日本国憲法の三原理に反しないもの）であることが必要である。手続の整備も必要である。いわゆる憲法改正国民投票法の整備を図り，最低投票率も決める（例えば75％）。憲法審査会という，当初予定されていなかった審査会が存在することになったが，国会，すなわち上下両院で十分に議論できるようにする。国民には改正された場合のメリットのみならず，デメリット，自らの権利にいかに関わるかも国民が理解する必要がある。多くの国民が納得する形での憲法改正でなければならない。不必要な憲法改正は行わない，というのが基本である。

[参考資料]
安保三文書の概要

はじめに

　安保三文書とは何か。
　国の安全保障・防衛政策の拠り所となる次の三つの文書をさす。
　・国家安全保障戦略（外交・防衛の基本方針）——安倍政権が2013年に初めて策定
　・国家防衛戦略（日本の防衛力整備の指針）——防衛計画大綱は1976年以来5度にわたり改定
　・防衛力整備計画（具体的な装備品の整備の規模・防衛費の総額を規定）——中期防衛力整備計画は5年ごとに防衛予算の使い道を決めるもの
　このような文書の策定は，そもそも日本国憲法の永久平和主義に反するものではないか。しかもこれによって明らかになったことで，二つの大きな疑問点が浮かびあがる。
　第一に，GDP（国内総生産）比1％の防衛力から，防衛力の抜本的強化を図るためにGDP比2％の防衛力へ，の必要性はあるかということ。
　第二に，反撃能力と称する敵基地攻撃能力の容認の正当性はあるかということである。
　これらの疑問に対しては，次のような批判がある。
　決定への手段が拙速，期間も短い，十分な議論をすべき安全保障の大転換であるにもかかわらず，閣議決定で決め，議論を尽くしていない。

5年間で現行の1.5倍の40兆円以上，どのようにして捻出するのか。
「抜本的強化」の中身がみえない。

GDP比2％にする根拠は何か。「現在」のGDPの2％としている点にも注意。

「反撃能力」は相手のどのような行動に対して，いつ発動するのか。

反撃の対象と範囲はどのように決まるのか。

相手の想定外から発射できるスタンド・オフ（以下SOともいう）・ミサイルの導入だけが予算化され（とはいえ，時速800キロほどの中古のトマホークといわれているが），運用は曖昧なおそれがある。なし崩し的「専守防衛」逸脱へつながる。

そもそもは2015年9月の「平和安全法制関連2法」の成立（2016年3月施行）の安全保障法制の大転換に要因がある。武力攻撃事態等への対処に加えて存立危機事態への対処が加わり，新三要件へと転換した。その実質的さらに拡大的展開を示すのが安保三文書である。

しかし，ロシアのウクライナ侵攻が示しているように，一度戦争が始まれば，破壊と殺戮が繰り返され，終わりがみえない。いかに，侵攻や侵略，戦争を始まらせないかが重要な事柄である。

1. 憲法の基本原理の確認

憲法前文第二段落は永久平和主義「日本国民は，恒久の平和を念願し……」を示している。

憲法前文第二段落は平和的生存権「全世界の国民が，ひとしく恐怖と欠乏から免かれ，平和のうちに生存する権利を有することを確認する」を示している。

憲法前文第三段落は国際協調主義「いづれの国家も，自国のことのみに専念して他国を無視してはならない……」としている。

「憲法第二章　戦争の放棄」の9条1項は「侵略戦争の放棄」を示している。

「憲法第二章　戦争の放棄」の9条2項は「戦力の不保持・交戦権の否認」を示し，一切の戦争の放棄を示している。

私見では，日本国憲法の永久平和主義は抑止力理論に与しないことを明示していると思う。戦争の放棄（戦争をしないこと）によって物事を解決する。日米安保条約は違憲である。世界の平和と日本の平和の連携が重要であるが，日本国憲法の掲げる平和主義と国連憲章の平和主義は必ずしも一致しない。国連憲章は集団的自衛権や抑止力論を承認し，また五大国（安保理常任理事国）の一致が前提だからである。むしろ日本国憲法の掲げる平和主義の意義を広く知らしめ，その浸透を図ることこそが重要である。

2．政府見解（防衛白書令和4年版　第二部における説明）

第1章　日米同盟［日米安全保障条約を基盤］関係の強化，自らの防衛力と日米安全保障体制があいまって，隙のない防衛体制を構築する。

　1　恒久の平和は，日本国民の念願である。主権国家としての固有の自衛権を否定するものではない，必要最小限度の実力の保持は憲法上認められる。

　専守防衛が防衛の基本方針，実力組織としての自衛隊の保持，その整備，運用を図る。

　2　憲法第9条の趣旨についての政府見解は次のようである。
① 　保持できる自衛力—自衛のための必要最小限度のもの，攻撃的兵器の保有は許されない。例えば，ICBM，超距離戦略爆撃機，攻撃型空母の保有は許されない。
② 　憲法第9条のもとで許容される自衛の措置—2014年7月1日の閣議決定「国の存立を全うし，国民を守るための切れ目ない安全保障法制の整備について」において，次の三つの要件（「武力の行使」の三要件）を満たす場合には，自衛の措置として，「武力の行使」が憲法上許容される。

　・わが国に対する武力攻撃が発生したこと，又はわが国と密接な関係にある他国に対する武力攻撃が発生し，これによりわが国の存立が脅かされ，国民の

生命，自由及び幸福追求の権利が根底から覆される明白な危険があること

・これを排除し，わが国の存立を全うし，国民を守るために他に適当な手段がないこと

・必要最小限度の実力を行使すること

③　自衛権を行使できる地理的範囲

必ずしもわが国の領土・領海・領空に限られないが，具体的にどこまで及ぶかは個々の状況に応じて異なる。武力行使の目的をもって武装した部隊を他国の領土・領海・領空に派遣するいわゆる海外派兵は，憲法上許されない。

④　交戦権

自衛権の行使にあたっては，わが国を防衛するために必要最小限度の実力を行使することは当然のこととして認められており，交戦権の行使とは別の観念。相手国の領土の占領などは，認められない。

　3　基本政策としては次のことをあげている。

専守防衛，軍事大国とならないこと，非核三原則（核兵器を持たず，作らず，持ち込ませず），文民統制の確保（国会における防衛関連法律・予算の議決，内閣総理大臣その他の国務大臣は文民，防衛大臣が国の防衛に専任・自衛隊の隊務の統括，国家安全保障会議）

　第2章　わが国の安全保障と防衛に関する政策としては次のことをあげている。

　1　国家安全保障政策の体系　国家安全保障戦略・基本方針

国家安全保障戦略→（戦略を踏まえ策定）防衛計画の大綱・防衛力のあり方と保有すべき防衛力の水準を規定

国家防衛戦略→（示された防衛力の目的水準の達成）中期防衛力整備計画・5年間の経費の総額と主要装備の整備数量

防衛力整備計画→（予算となり，事業として具体化）年度予算・情勢を踏まえ精査の上，各年度ごとに必要な経費を計上

　2　急速に変化・進化するミサイル技術への対応として次のことを指摘する。

武力攻撃の発生時点とは，相手が武力攻撃に着手した時，武力攻撃による現実の被害の発生を待たなければならないというものではないと解している。相手の武力攻撃の着手後に武力攻撃を行うことは「先制攻撃」とは異なる。

(なお，下線部が安保三文書におけるタイトルである。下線は植野が引いた。)

3. 国力としての防衛力を総合的に考える有識者会議報告書

(2022年9月30日から4回にわたり議論，報告書は2022年11月22日に首相に渡された。以下の中の下線部は植野が重要と思った部分である。なお報告書の中では日本は「我が国」となっている。)

会議設置の趣旨：日本を取り巻く厳しい安全保障環境を乗り切るためには，日本が持てる力，すなわち経済力を含めた国力を総合し，あらゆる政策手段を組み合わせて対応していくことが重要。こうした観点から，自衛隊の装備及び活動を中心とする防衛力の抜本的強化はもとより，自衛隊と民間との共同事業，研究開発，国際的な活動等，実質的に日本の防衛力に資する政府の取組を整理し，これらも含めた総合的な防衛体制の強化をどのように行っていくべきかについて議論する。また有事であっても日本の信用や国民生活が損なわれないよう，経済的ファンダメンタルズ（経済的基礎条件）を涵養していくことが不可欠。こうした観点から，総合的な防衛体制の強化と経済財政の在り方についてどのように考えるべきかについても議論する。(会議の長は，佐々江賢一郎)

内容：(1)防衛力の抜本的強化―［目的・理念，国民の理解］有事の発生それ自体を防ぐ抑止力の確保，自分の国は自分たちで守るとの当たり前の考えを改めて明確にする（下線は植野，以下同じ)。防衛力強化の目的を国民に「我が事」として受け止め，理解してもらう。防衛力を抜本的に強化する必要性，負担の必要性を理解してもらう。［防衛力の抜本的強化の必要性］日本周辺の安全保障環境の厳しさは一段と増している，戦闘領域の分野の拡大，ハイブリッド戦などの戦い方も変容。何ができるかだけではなく，何をなすべきかという発想で，5年以内に防衛力を抜本的に強化すべき。防衛省は，防衛力の抜本的

強化の7つの柱として次のものを考える。スタンド・オフ防衛能力（離れた場所から敵を攻撃する），総合ミサイル防空能力（多様なミサイルに対処する），無人アセット防衛能力（ドローンの活用），領域横断作戦能力（陸海空にサイバーなどの作戦を組み合わせる），指揮統制・情報関連機能（ウクライナ侵攻で注目された情報戦），機動展開能力（部隊や補給品を前線に送る），持続性・強靱性（戦闘を続ける能力），これらを速やかに実行することが不可欠。同時に同盟国や同志国との連携や補完関係を踏まえたグランドデザインも必要。日米同盟は日本の安全保障政策の基軸，安全保障面での協力の強化に加え，外交・経済等を含む幅広い分野で一層の協力の強化が不可欠。周辺国等が核ミサイル能力を質・量の面で急速に増強，特に変速軌道や極超音速のミサイルを配備しているなか，日本の反撃能力の保有と増強が抑止力の維持・向上のために不可欠。今後5年を念頭にできる限り早期に十分な数のミサイルを装備すべき。リアルな継戦能力を高めることは抑止力と対処力の向上につながる。そのため，弾薬や有事対応に必要な抗たん性の高い施設等の整備が必要。自衛隊に常設統合司令部と常設統合司令官の設置の検討も必要。エネルギー安全保障，食料安全保障，日本の自律性・不可欠性・優位性の確保。電力・通信インフラの攻撃への対処も考える。自衛隊のニーズに従って防衛装備品の研究開発から製造等，実際に担っているのは民間の防衛産業，防衛産業は防衛力そのもの。より積極的に育成・強化を図る必要がある。サイバー部門に国内企業が人や資金を投入しやすい環境を作る。その点で，防衛装備移転三原則及び同運用指針等による制約（2014年4月1日：移転を禁止する場合の明確化，移転を認め得る場合の限定並びに厳格審査及び情報公開，目的外使用及び第三国移転に係る適正管理の確保）をできる限り排除，積極的に他国に移転できるようにし，防衛産業を持続可能なものとする。日本政府だけが買い手である構造から脱却，海外に市場を広げる。防衛産業を成長産業とする。積極的平和主義（日本の安全保障の基本理念）の理念にも合致。自衛官・事務官の人材確保は重要な課題。処遇改善，退職自衛官の活用，とりわけサイバー・宇宙などの人材育成が必要。

　(2) 縦割りを打破した総合的な防衛体制の強化——日本の防衛力を抜本的に強

化すると同時に，防衛力以外の国力の活用も不可欠。国全体で総合的に取り組む。自衛隊だけでは国を守れない，警察，総務省，民間企業も対応する。これに加え先端的で原理的な技術の多くはマルチユース。さらに公共インフラは有事に国民を守る重要な機能を担う。研究開発，公共インフラの安全保障を目的とした利活用が必要。サイバー安全保障，国際的協力，具体的な仕組み，将来を見据えた前向きな検討が求められる。

(3) 経済財政の在り方について—経済・財政基盤の強化が必要。安定した財源の確保が基本。持続的な経済成長と財政基盤確保とを同時に達成する。

4. 安保三文書改訂の内容

当初は，国家安全保障戦略は国家安全保障局（国家安全保障会議を恒常的にサポート，内閣官房の総合調整権限を用い，国家安全保障に関する外交・防衛・経済政策の基本方針・重要事項に関する企画立案・総合調整に専従）の名で，国家防衛戦略は防衛省の名で出ていたが，現在では令和4年12月16日国家安全保障会議の名で閣議決定となっている。詳細は三文書とも防衛省のHPに載っている（2024年5月4日閲覧）。また「なぜ，いま　防衛力の抜本的強化が必要なのか」（2023年3月）のパンフも出ている。以下，国家安全保障戦略・国家防衛戦略の中から重要と思われる部分を引用した（引用についての文責：植野妙実子）。防衛整備計画に関しては，最初の計画の方針の内容のみ示し，あとは目次を示した。

A．国家安全保障戦略
Ⅰ　策定の趣旨
自由で開かれた安定的な国際秩序は重大な挑戦に晒されている。対立と協力の様相が複雑に絡み合う時代になった。戦後最も厳しく複雑な安全保障環境に直面している。周辺では軍備増強が急速に進展し，力による一方的な現状変更の圧力が高まっている。有事と平時の境目が曖昧になってきている。国家安全保障の対象は，経済，技術等，これまで非軍事的とされてきた分野にまで拡大

し，軍事と非軍事の分野の境目も曖昧になってきている。我が国は戦後最も厳しく複雑な安全保障環境のただ中にある。我が国はまず，我が国に望ましい安全保障環境を能動的に創出するための力強い外交を展開する。自分の国は自分で守り抜ける防衛力を持つ。総合的な国力を最大限活用，国家の対応を高次のレベルで統合させる戦略が必要。我が国の安全保障に関する最上位の政策文書となる国家安全保障戦略を定める。本戦略は，我が国の安全保障に関連する分野の諸政策に戦略的な指針を与えるもの。2013年に我が国初の国家安全保障戦略が策定され，国際協調を旨とする積極的平和主義の下での平和安全法制の制定等により，安全保障上の事態に切れ目なく対応できる枠組みを整えた。本戦略に基づく戦略的な指針と施策は，その枠組みに基づき，我が国の安全保障に関する基本的な原則を維持しつつ，戦後の安全保障政策を実践面から大きく転換するもの。国家としての力の発揮は国民の決意から始まる。本戦略の内容と実施について国民の理解と協力を得て，国民が我が国の安全保障政策に自発的かつ主体的に参画できる環境を政府が整えることが不可欠。本戦略は，国家の安全保障政策を定める際の原点となるべき我が国の国益を示し，次にそれを踏まえ，我が国に培われてきた安全保障に関する基本的な原則を示し，課題を示す。これらを踏まえて，安全保障上の目標を設定し，その目標を達成するための手段と方法，すなわち戦略的なアプローチを明らかにする。さらにその実施を支える我が国の様々な基盤を示す。

II 我が国の国益

主権と独立の維持，領域保全，国民の生命・身体・財産の安全を確保する。豊かな文化と伝統を継承しつつ，自由と民主主義を基調とする我が国の平和と安全を維持し，その存立を全うする。経済成長を通じて我が国と国民の更なる繁栄を実現。そのことにより，我が国の平和と安全をより強固なものにする。我が国の経済的繁栄を主体的に達成しつつ，開かれ安定した国際経済秩序を維持・強化し，我が国と他国が共存共栄できる国際的な環境を実現。自由，民主主義，基本的人権の尊重，法の支配といった普遍的価値や国際法に基づく国際秩序を維持・擁護する。自由で開かれた国際秩序を維持・発展させる。

III　我が国の安全保障に関する基本的な原則

　国際協調を旨とする積極的平和主義を維持。その理念を国際社会で一層具現化しつつ，将来にわたって我が国の国益を守る。我が国を守る第一義的な責任は我が国にあるとの認識の下，必要な改革を果断に遂行，我が国の安全保障上の能力と役割の強化。自由，民主主義，基本的人権の尊重，法の支配といった普遍的価値を維持・擁護する形で，安全保障政策を遂行。世界的に最も成熟し安定した先進民主主義国家の一つとして，普遍的価値・原則の維持・擁護を各国と協力する形で実現，国際社会が目指すべき範を示す。平和国家として，専守防衛，他国に脅威を与えるような軍事大国とはならず，非核三原則の堅持するとの基本方針は不変。拡大抑止の提供を含む日米同盟は，我が国の安全保障政策の基軸。我が国と他国との共存共栄，同志国との連携，多国間の協力を重視。

IV　我が国を取り巻く安全保障環境と我が国の安全保障上の課題

　1　グローバルな安全保障環境と課題　グローバルなパワーの重心が，インド太平洋地域に移る形で，国際社会が急速に変化。この変化は中長期的に続き，国際社会の在り様を変えるほどの歴史的な影響を与えるものとなる可能性が高い。国際社会においては，多くの機会と恩恵がもたらされている。同時に米国や，G7等の国際的枠組みが，国際社会におけるリスクを管理し，自由で開かれた国際秩序を維持・発展させることは，難しくなってきている。国連では，対立が目立ち，その機能が十分に果たせていない。これは，国際社会におけるリスクが顕在化していることが大きな要因。一部の国家が，自国の勢力を拡大し，一方的な現状変更を試み，国際秩序に挑戦する動きを加速させている。このような動きが，国際秩序の根幹を揺るがしている。国際的な安全保障環境の複雑さ，厳しさを表す顕著な例がある。力による一方的な現状変更及びその試みがなされている。国際法の深刻な違反，国際秩序の根幹を揺るがすもの。サイバー空間，海洋，宇宙空間，電磁波領域等におけるリスクの深刻化。偽情報の拡散等を通じた情報戦の展開。軍事・非軍事を組み合わせるハイブリッド戦の実施。従来必ずしも安全保障の対象と認識されていなかった課題への

対応も必要。他国に経済的な威圧を加えることでの勢力の拡大。先端技術に関する情報を不法に窃取した上で，自国の軍事目的に活用。国際社会のパワーバランスの変化や価値観の多様化により，国際社会全体の統治構造における強力な指導力は失われつつある。その結果，国際社会共通の課題への対応において，国際社会が団結しづらい。また脆弱な国が相対的に大きな被害を被っている。

　2　インド太平洋地域における安全保障環境と課題　グローバルな安全保障環境と課題は，インド太平洋地域で特に際立っている。インド太平洋地域における安全保障環境と課題，注目すべき国・地域の動向を以下に示す。自由で開かれたインド太平洋（FOIP）というビジョンの下，同盟国・同志国等と連携し，法の支配に基づく自由で開かれた国際秩序を実現，地域の平和と安定を確保していくことは，我が国の安全保障にとって死活的に重要。中国の安全保障上の動向は，軍事力を広範かつ急速に増強。我が国の安全保障に影響を及ぼす軍事活動を拡大・活発化。ロシアとの戦略的な連携を強化し，国際秩序への挑戦を試みている。相手国に経済的な威圧を加える事例も起きている。台湾海峡の平和と安定について，国際社会全体において急速に懸念が高まっている。我が国と国際社会の深刻な懸念事項でもあり，我が国の総合的な国力と同盟国・同志国等との連携により対応すべきもの。朝鮮半島においては，大規模な軍事力が対峙。北朝鮮は軍事面に資源を配分し続けている。ミサイル関連技術及び運用能力は急速に進展。北朝鮮の軍事動向は，従前よりも一層重大かつ差し迫った脅威となっている。拉致問題も，国の責任において解決すべき喫緊の課題。ロシアの安全保障上の動向は，ウクライナの侵略等，自国の安全保障上の目的達成のために軍事力に訴えることも辞さない姿勢が顕著。核兵器による威嚇ともとれる言動を繰り返している。我が国周辺における軍事活動を活発化させている。北方領土でも軍備強化。ウクライナ侵略等によって，国際秩序の根幹を揺るがし，欧州方面においては安全保障上の最も重大かつ直接の脅威と受け止められている。ロシアと中国との戦略的な連携は安全保障上の強い懸念。

V 我が国の安全保障上の目標

1 我が国の主権と独立を維持し，国内・外交に関する政策を自主的に決定できる国であり続ける。領域，国民の生命・身体・財産を守る。我が国自身の能力と役割を強化，同盟国である米国や同志国等と共に，我が国及びその周辺における有事等の発生を抑止。万が一，我が国に脅威が及ぶ場合も，これを阻止・排除し，かつ被害を最小化させつつ，我が国の国益を守る上で有利な形で終結させる。

2 安全保障政策の遂行を通じて，我が国の経済が成長できる国際環境を主体的に確保。安全保障と経済成長の好循環を実現。我が国の経済構造の自律性，技術等の他国に対する優位性，不可欠性を確保。

3 国際社会の主要なアクターとして，同盟国・同志国等と連携し，国際関係における新たな均衡を，特にインド太平洋地域において実現。安定的で予見可能性が高く，法の支配に基づく自由で開かれた国際秩序を強化。

4 国際経済や，地球規模課題への対応，国際的なルールの形成等の分野において，多国間の協力を進め，国際社会が共存共栄できる環境を実現する。

VI 我が国が優先する戦略的なアプローチ

我が国の安全保障上の目標を達成するために，我が国の総合的な国力をその手段として有機的かつ効率的に用いて戦略的なアプローチを実施。

1 我が国の安全保障に関わる総合的な国力の主な要素―外交力（今後も，多くの国と信頼関係を築き，我が国の立場への理解と支持を集める外交活動や他国との共存共栄のための国際協力を展開），防衛力（防衛力は，我が国の安全保障を確保するための最終的な担保，我が国を守り抜く意思と能力を表すもの，抜本的に強化される防衛力は，我が国に望ましい安全保障環境を能動的に創出するための外交の地歩を固めるもの），経済力（平和で安定した安全保障環境を実現するための政策の土台，グローバル・サプライチェーンに不可欠な高付加価値のモノとサービスの提供），技術力（科学技術とイノベーションの創出は，我が国の経済的・社会的発展をもたらす源泉，我が国が長年にわたり培ってきた官民の高い技術力を，安全保障分野に積極的に活用），情報力（急速かつ複雑に変化する安全保障環境において，政府が的確な意思決定を行うには，

質が高く時宜に適った情報収集・分析が不可欠。安全保障に関する情報を早期かつ正確に把握。政府内外での共有と活用を図る）。

2　戦略的なアプローチとそれを構成する主な方策—⑴危機を未然に防ぎ、平和で安定した国際環境を能動的に創出、自由で開かれた国際秩序を強化するための外交を中心とした取組の展開：日米同盟の強化、自由で開かれた国際秩序の維持・発展と同盟国・同志国等との連携の強化、我が国周辺国・地域との外交、領土問題を含む諸懸案の解決に向けた取組の強化、軍備管理・軍縮・不拡散、国際テロ対策、気候変動対策、ODAを始めとする国際協力の戦略的な活用、人的交流等の促進。⑵我が国の防衛体制の強化：国家安全保障の最終的な担保である防衛力の抜本的強化（宇宙・サイバー・電磁波の領域及び陸・海・空の領域における能力を有機的に融合し、その相乗効果により自衛隊の全体の能力を増幅させる領域横断作戦能力に加え、侵攻部隊に対し、スタンドオフ防衛能力等により重層的に対処。有人アセットに加え無人アセット防衛能力も強化、防衛力の実効性を一層高めていくことを最優先課題として取り組む。鍵はスタンド・オフ防衛能力等を活用した反撃能力。ミサイル防衛能力を質・量ともに不断に強化。しかしながら、既存のミサイル防衛網だけでは不完全。我が国から有効な反撃を相手に加える能力、すなわち反撃能力を保有する必要がある。この反撃能力とは、我が国に対する武力攻撃が発生し、その手段として弾道ミサイル等による攻撃が行われた場合、武力の行使の三要件に基づき、そのような攻撃を防ぐのにやむを得ない必要最小限度の自衛の措置として、相手の領域において、我が国が有効な反撃を加えることを可能とする、スタンド・オフ防衛能力等を活用した自衛隊の能力をいう。反撃能力の保有により武力攻撃そのものを抑止。反撃能力により相手からの更なる武力攻撃を防ぎ、国民の命と平和な暮らしを守っていく。これまで政策判断として保有することとしてこなかった能力に当たる。専守防衛の考え方を変更するものではなく、武力の行使の三要件を満たして初めて行使され、自ら先に攻撃する先制攻撃は許されないことはいうまでもない。反撃能力を保有することに伴い、日米が協力して対処していく。有事の際の防衛大臣による海上保安庁に対する統制を含め、自衛隊と海上保安庁との連携・協力を不断に強化。政府横断的な連携を図る形での自衛隊のアセットを活用した柔軟に選択される抑止措置（FDO）等を実施する。我が国

を取り巻く安全保障環境を踏まえれば，我が国の防衛力の抜本的強化は速やかに実現していく必要がある。本戦略策定から5年後の2027年度までに，防衛力を強化。おおむね10年後までに，より早期かつ遠方で我が国への侵攻を阻止・排除できるように防衛力を強化。さらに，今後5年間の最優先課題として，現有装備品の最大限の有効活用と，将来の自衛隊の中核となる能力の強化に取り組む。自衛隊の体制整備や防衛に関する施策は，かつてない規模と内容を伴うもの。防衛力の抜本的強化は，一定の支出水準を保つ必要がある。その財源についてしっかりした措置を講じ，これを安定的に確保する。2027年度において，防衛力の抜本的強化とそれを補完する取組をあわせ，そのための予算水準が現在の国内総生産（GDP）の2％に達するよう，所要の措置を講ずる。），総合的な防衛体制の強化との連携等（防衛力の抜本的強化がその中核となる。それと不可分一体のものとして，研究開発，公共インフラ整備，サイバー安全保障，我が国及び同志国の抑止力の向上等のための国際協力の四つの分野における取組を推進，防衛体制を強化。地方公共団体を含む政府内外の組織との連携を進め，国全体の防衛体制を強化。），いわば防衛力そのものとしての防衛生産・技術基盤の強化（我が国の防衛生産・技術基盤は，自国での防衛装備品の研究開発・生産・調達の安定的な確保等のために不可欠な基盤である。我が国の防衛生産・技術基盤は，いわば防衛力そのものと位置付けられるものであることから，その強化は必要不可欠。持続可能な防衛産業を構築するために，事業の魅力化を含む各種取組を政府横断的に進め，官民の先端技術研究の成果の防衛装備品の研究開発等への積極的な活用，新たな防衛装備品の研究開発のための態勢の強化等を進める。），防衛装備移転の推進（安全保障上意義が高い防衛装備移転や国際共同開発を幅広い分野で円滑に行うため，防衛装備移転三原則や運用指針を始めとする制度の見直しについて検討する。三原則そのものは維持しつつ，防衛装備移転の必要性，要件，関連手続の透明性の確保等について十分に検討する。官民一体となって防衛装備移転を進める。），防衛力の中核である自衛隊員の能力を発揮するための基盤の強化（防衛力の中核である自衛隊員が，その能力を一層発揮できるようにするため，人的基盤の強化。幅広い層から多様かつ優秀な人材の確保を図る。ハラスメントを一切許容しない組織環境や女性隊員が更に活躍できる環境整備。隊員の処遇の向上，高い士気を維持し，自らの能力を十分に発揮できる環境を整備する。）(3) 米国との安

全保障面における協力の深化：日米同盟の抑止力と対処力を一層強化，同盟調整メカニズム（ACM）等の調整機能を更に発展，領域横断作戦や我が国の反撃能力の行使を含む日米間の運用の調整，相互運用性の向上，サイバー・宇宙分野等での協力深化，先端技術を取り込む装備・技術面での協力推進，日米のより高度かつ実践的な共同訓練，共同の柔軟に選択される抑止措置（FDO），共同の情報収集・警戒監視・偵察（ISR）活動，日米の施設の共同使用の増加等に取り組む。普天間飛行場の移設を含む在日米軍再編を着実に実施。(4) 我が国を全方位でシームレスに守るための取組の強化：軍事と非軍事，有事と平時の境目が曖昧になり，ハイブリッド戦が展開され，グレーゾーン事態が恒常的に生起している現在の安全保障環境において，サイバー空間・海洋・宇宙空間，技術，情報，国内外の国民の安全確保等の多岐にわたる分野において，政府横断的な政策を進め，我が国の国益を隙なく守る。サイバー安全保障分野での対応能力の向上（重要インフラ分野を含め，民間事業者等がサイバー攻撃を受けた場合等の政府への情報共有や，政府から民間事業者等への対処調整，支援等の取組の強化，国内の通信事業者が役務提供する通信に係る情報を活用し，攻撃者による悪用が疑われるサーバ等を検知するための所要の取組，国，重要インフラ等に対する安全保障上の懸念を生じさせる重大なサイバー攻撃について，可能な限り未然に攻撃者のサーバ等への侵入・無害化ができるよう，政府に対し必要な権限が付与されるようにする，こうした措置の実現に向け検討を進める），海洋安全保障の推進と海上保安能力の強化（海洋国家として，同盟国・同志国等と連携し，航行・飛行の自由や安全の確保，法の支配を含む普遍的価値に基づく国際的海洋秩序の維持・発展に向けた取組を進める，シーレーンにおける脅威に対応するための海洋状況監視，他国との積極的な共同訓練・演習や海外における寄港等を推進，多国間の海洋安全保障協力を強化，海賊対処や情報収集活動等の実施，海上保安庁の役割は不可欠，有事の際の防衛大臣による海上保安庁に対する統制を含め，海上保安庁と自衛隊の連携・協力を不断に強化），宇宙の安全保障に関する総合的な取組の強化（経済・社会活動にとって不可欠な宇宙空間の安全かつ安定した利用等の確保のため，宇宙の安全保障の分野での対応能力の強化，自衛隊，海上保安庁等による宇宙空間の利用を強化しつつ，宇宙航空研究開発機構（JAXA）等と

自衛隊の連携の強化等，我が国全体の宇宙に関する能力を安全保障分野で活用するための施策を進める．我が国の宇宙産業を支援・育成することで，衛星コンステレーションの構築を含め，我が国の民間の宇宙技術を我が国の防衛に活用，更に我が国の宇宙産業の発展を促すという好循環の実現，宇宙基本計画等に反映させる），技術力の向上と研究開発成果の安全保障分野での積極的な活用のための官民の連携の強化（最先端の科学技術は加速度的に進展，民生用の技術と安全保障用の技術の区別は実際には極めて困難，このこと等を踏まえ，我が国の官民の高い技術力を幅広く積極的に安全保障に活用するために，安全保障に活用可能な官民の技術力を向上させ，研究開発等に関する資金及び情報を政府横断的に活用するための体制を強化する．総合的な防衛体制の強化に資する科学技術の研究開発の推進のため，防衛省の意見を踏まえた研究開発ニーズと関係省庁が有する技術シーズを合致させるとともに，当該事業を実施していくための政府横断的な仕組みを創設．経済安全保障重要技術育成プログラムを含む政府全体の研究開発に関する資金及びその成果の安全保障分野への積極的な活用を進める．民間のイノベーションを推進，その成果を安全保障分野に積極的に活用），我が国の安全保障のための情報に関する能力の向上（健全な民主主義の維持，政府の円滑な意思決定，我が国の効果的な対外発信に密接に関連する情報の分野に関して，我が国の体制と能力を強化．国際社会の動向について，外交・軍事・経済にまたがり幅広く，正確かつ多角的に分析する能力の強化のため，人的情報，公開情報，電波情報，画像情報等，多様な情報源に関する情報収集能力を大幅に強化，特に人的情報についてはその収集のための体制の充実・強化を図る．情報収集衛星の機能の拡充・強化，統合的な形での情報の集約を行うための体制の整備，政策部門と情報部門の連携の強化，情報分析能力を強化，情報保全体制の更なる強化，戦略的コミュニケーションを積極的に実施），有事も念頭に置いた我が国国内での対応能力の強化（我が国国内における幅広い分野での対応能力を強化，自衛隊・海上保安庁による国民保護への対応，平素の訓練，有事の際の展開等を目的とした円滑な利用・配備のため，自衛隊・海上保安庁のニーズに基づき，空港・港湾等の公共インフラの整備や機能を強化する政府横断的仕組みを創設，空港・港湾の平素からの利活用に関するルール作り，地方公共団体，住民等の協力を得つつ推進，自衛隊の弾薬，燃料等の輸送・保管の制度の整備，民間施設等の自衛隊，米軍

等の使用に関する関係者・団体との調整，安定的かつ柔軟な電波利用の確保，民間施設等によって自衛隊の施設や活動に否定的な影響が及ばないようにするための措置をとる，原子力発電所等の重要な生活関連施設の安全確保対策，様々な態様・段階の危機にも的確に対処，そのために自衛隊，警察，海上保安庁等による連携枠組みを確立，装備・体制・訓練の充実など対処能力の向上を図る），国民保護のための体制の強化（国，地方公共団体，指定公共機関等が協力して，住民を守るための取組を進めるなど国民保護のための体制強化，円滑な避難に関する計画の速やかな策定，官民の輸送手段の確保，空港・港湾等の公共インフラの整備と利用調整，様々な種類の避難施設の確保，国際機関との連携等を行う，住民避難等の各種訓練の実施と検証，全国瞬時警報システム（J-ALERT）の情報伝達機能の不断に強化），在外邦人等の保護のための体制と施策の強化（紛争，自然災害，感染症，テロ等の脅威から在外邦人を守るための体制と施策を強化，平素からの邦人に対する啓発，時宜に適った現地危険情報の提供，退避手段の確保，関係国との連携強化，在外公館における領事業務に関する体制と能力の強化，退避等のために自衛隊等を迅速に活用，関係省庁間の連携強化，ジブチにある自衛隊の活動拠点の強化），エネルギーや食糧など我が国の安全保障に不可欠な資源の確保（我が国の経済・社会活動を国内外において円滑にし，有事の際の我が国の持続的な対応能力等を確保するとの観点から，国民の生活や経済・社会活動の基盤となるエネルギー安全保障，食料安全保障等，我が国の安全保障に不可欠な資源を確保するための政策を進める，エネルギー安全保障の確保に向けては，資源国との関係強化，供給源の多角化，調達リスク評価の強化等の手法に加え，エネルギー自給率向上に資するエネルギー源の最大限の活用，そのための戦略的な開発の強化，食料安全保障に関しては，食料や生産資材の多くを海外からの輸入に依存，食料供給の構造を転換していくこと等が重要，できる限り国内で生産，国産化も図る，国内で調達困難なものの安定的な輸入の確保や適切な備蓄等講ずる）。(5) 自主的な経済的繁栄を実現するための経済安全保障政策の促進：我が国の平和と安全や経済的な繁栄等の国益を経済上の措置を講じ確保することが経済安全保障。我が国の自律性の向上，我が国の優位性，不可欠性の確保等に向けた必要な経済施策に関する考え方を整理し，総合的，効果的かつ集中的に措置を講じていく。経済安全保障政策を進めるための体制の強

化，民間とも協調，リスクを継続的に点検し，政府一体となって必要な取組を行う（安全保障の確保の推進に関する法律（以下，推進法）の着実な実施と不断の見直しと更なる取組の強化，サプライチェーンの強靭化，重要インフラ分野についての政府調達の在り方と推進法の事前審査制度の対象拡大の検討，データ・情報保護についての更なる対策，情報保全の強化，技術育成・保全等の観点から，先端重要技術の情報収集・開発・育成に向けた更なる支援強化・体制整備，投資審査や輸出管理の更なる強化，強制技術移転への対応強化，研究インテグリティの一層の推進，人材流出対策等について具体的な検討を進める）。(6)自由，公正，公平なルールに基づく国際経済秩序の維持・強化：開かれ安定した国際経済秩序の維持・強化。不公正な貿易慣習・経済的威圧に対抗，我が国の対応策を強化しつつ，同盟国・同志国等と連携し国際規範の強化のために取り組んでいく。相互互恵的な経済協力の実施と国際的な枠組み・ルールの維持・強化を図る。各国等が国際的なルール・基準を遵守し，透明で公正な開発金融を行うよう，国際的な取組を主導。同盟国・同志国や開発金融機関等と協調した支援等を含め，途上国の能力強化支援等を行う。(7)国際社会が共存共栄するためのグローバルな取組：我が国の安全保障は，国際社会の平和と安定があってこそ全うされる。国際社会との共存共栄を図っていくため，我が国の国際的な地位と経済力・技術力にふさわしい国際社会への協力を行う。多国間協力の推進，国際機関や国際的な枠組みとの連携の強化（国連を始めとする国際機関等で邦人が職員として更に活躍できるための取組の強化）。地球規模課題への取組（国際社会の持続可能な開発目標（SDGs）達成に貢献する，気候変動，感染症，エネルギー・食料問題，環境等の地球規模課題について，多くの国との協力を広げ，国際的な取組を強化，ユニバーサル・ヘルス・カバレッジ（UHC）の実現に向けた国際的な取組を主導，人道支援の需要に適切に対応，避難民を積極的に受け入れ，人権擁護は全ての国の基本的な責務，人権保護・促進に向けた対話と協力を重ねていく，女性の人権保護・救済促進に向けた国際的な取組を主導，国連平和維持活動等の分野で長年貢献，要員派遣や能力構築支援の戦略的活用を含む多様な協力について積極的に取り組む）。

Ⅶ　我が国の安全保障を支えるために強化すべき国内基盤

　1　経済財政基盤の強化：安全保障と経済成長の好循環の実現，幅広い分野において有事の際の持続的な対応能力を確保，そのために官民の連携の強化，国際的な市場の信認を維持，財政余力も極めて重要，経済・金融・財政の基盤の強化に不断に取り組む。

　2　社会的基盤の強化：平素から国民や地方公共団体・企業を含む政府内外の組織が安全保障に対する理解と協力を深めるための取組を行い，我が国と郷土を愛する心を養う。自衛官，海上保安官，警察官などの活動が適切に評価されるような取組を一層進める。安全保障関連施設周辺の住民の理解と協力を確保。自衛隊，在日米軍等の活動の現状等への理解を広げる。防災・減災のための施策等を進める。

　3　知的基盤の強化：安全保障分野における情報や技術の重要性の増加，それらを生み出す知的基盤の強化は，安全保障の確保に不可欠。政府と企業・学術界との実践的な連携の強化，官民の情報共有の促進，国内外での発信をより効果的なものとするための官民の連携強化。

Ⅷ　本戦略の期間・評価・修正

　国家安全保障戦略は，その内容が実施されて，初めて完成する。本戦略に基づく施策は，国家安全保障会議の司令塔機能の下，戦略的かつ持続的な形で適時適切に実施。実施状況等は，国家安全保障会議が定期的かつ体系的な評価を行う。おおむね10年の期間を念頭に置き，安全保障環境等について重要な変化が見込まれる場合には必要な修正を行う。

Ⅸ　結語

　我が国は国際社会が対立する分野では，総合的な国力により，安全保障を確保。国際社会が協力すべき分野では，諸課題の解決に向けて主導的かつ建設的な役割を果たし続けていく。戦後最も厳しく複雑な安全保障環境の下にあっても，安定した民主主義，確立した法の支配，成熟した経済，豊かな文化を擁する我が国は，普遍的価値に基づく政策を掲げ，国際秩序の強化に向けた取組を確固たる覚悟を持って主導していく。

B. 国家防衛戦略

防衛の目標を設定，それを達成するためのアプローチと手段を示すもの

—防衛力の抜本的強化

—国全体の防衛体制の強化

—同盟国・同志国等との協力方針

おおむね 10 年程度の期間を念頭に国家防衛戦略の全体像を示している。

I　策定の趣旨

　国民の命と平和な暮らし，そして，我が国の領土・領海・領空を断固として守り抜く。これは我が国政府の最も重大な責務であり，安全保障の根幹である。我が国自身の外交力，防衛力等を強化し，日米同盟を基軸として，各国との協力を拡大・深化させ，平和と安全を守ってきた。日本国憲法の下，専守防衛に徹し，軍事大国にならずに，文民統制を確保，非核三原則を堅持してきた。こうした基本方針の下で，平和国家としての歩みは変えない。しかし，新たな危機に突入している。極東地域での軍事活動の活発化，東アジアにおいて，深刻な事態が発生する可能性もある。我が国の今後の安全保障・防衛戦略の在り方が地域と国際社会の平和と安定に直結する。他国の侵略を招かないためには自らが果たし得る役割の拡大が重要である。どの国も一国では自国の安全を守ることはできない。我が国は普遍的価値と戦略的利益等を共有する同盟国・同志国等と協力・連携を深めていくことが不可欠。この協力・連携のために，我が国自身の努力を従来にも増して強化することが必要，同盟国・同志国等からも期待されている。戦後，最も厳しく複雑な安全保障環境の中で，国民の命と平和な暮らしを守り抜くために，厳しい現実に正面から向き合い，相手の能力と新しい戦い方に着目した防衛力の抜本的強化を行う必要がある。防衛力の抜本的強化とともに国力を総合した国全体の防衛体制の強化を，戦略的発想を持って一体として実施することこそが，我が国の抑止力を高め，日米同盟をより一層強化していく道であり，同志国等との安全保障協力の礎となるもの

である。日米両国がそれぞれ戦略を擦り合わせ，防衛協力を統合的に進めていく。こうした認識の下，我が国の防衛目標，防衛目標を達成するためのアプローチ及びその手段を包括的に示すため，「国家防衛戦略」を策定する。本戦略及び「防衛力整備計画」において，政府が決定した防衛力の抜本的強化とそれを裏付ける防衛力整備の水準についての方針は，戦後の防衛政策の大きな転換点となる。

Ⅱ　戦略環境の変化と防衛上の課題
1　戦略環境の変化

普遍的な価値やそれに基づく政治・経済体制を共有しない国家が勢力を拡大，力による一方的な現状変更やその試みは，法の支配に基づく自由で開かれた国際秩序に対する深刻な挑戦，新たな危機の時代に突入。グローバルなパワーバランスの大きな変化，特にインド太平洋地域においては中国，また中国のみならず，北朝鮮やロシアがこれまで以上に行動を活発化させている。さらに，科学技術の急速な進展が安全保障の在り方を根本的に変化させ，各国は将来の戦闘様相を一変させる，ゲーム・チェンジャーとなり得る先端技術の開発を行っている。従来の軍隊の構造や戦い方に根本的な変化が生じている。加えて，サイバー領域等におけるリスクの深刻化，偽情報の拡散を含む情報戦の展開，気候変動等のグローバルな安全保障上の課題も存在する。

2　我が国周辺国等の軍事動向

中国は軍事力の質・量を強化，軍事的圧力を強めたり，軍事拠点化等を推し進めたりもしている。北朝鮮は体制維持のため，大量破壊兵器や弾道ミサイル等の増強に集中的に取り組んである。弾道ミサイルに核兵器搭載，発射の態様を多様化，北朝鮮の核・弾道ミサイル開発等は，国連安保理決議等に違反，地域と国際社会の平和と安全を著しく損なっている。我が国の安全保障にとって，従前よりも一層重大かつ差し迫った脅威。ロシアによるウクライナ侵攻は国際秩序の根幹を揺るがすもの。欧州方面における防衛上の最も重大かつ直接の脅威。極東地域においても軍事活動を活発化。ロシアと中国との軍事面での連携の強化。こうしたことは防衛上の強い懸念である。

3　防衛上の課題

　ロシアがウクライナを侵略するに至った軍事的な背景としては，ウクライナのロシアに対する防衛力が十分ではなく，十分な能力を保有していなかったことにある。どの国も一国では自国の安全を守ることはできない中，共同して侵攻に対処する意思と能力を持つ同盟国との協力の重要性が再認識されている。自国を守るためには，力による一方的な現状変更は困難であると認識させる抑止力が必要，相手の能力に着目した自らの能力，すなわち防衛力を構築し，相手に侵略する意思を抱かせないようにする必要がある。戦い方も従来のそれとは様相が大きく変化，これまでの伝統的なものに加えて，精密打撃能力が向上した弾道・巡航ミサイルによる大規模なミサイル攻撃，偽旗作戦を始めとする情報戦を含むハイブリッド戦の展開，宇宙・サイバー・電磁波の領域や無人アセットを用いた非対称的な攻撃，核保有国が公然と行う核兵器による威嚇ともとれる言動等を組み合わせた新しい戦い方が顕在化。こうした新しい戦い方に対応できるかが，今後の防衛力を構築する上で大きな課題。海に囲まれ長大な海岸線を持つ我が国は，海洋国家であり，資源や食糧の多くを海外との貿易に依存，自由で開かれた海洋秩序を強化し，航行・飛行の自由や安全を確保することが必要不可欠。沿岸部に原子力発電所等重要施設が多数存在し，様々な脅威から，国民と重要施設を防護することも課題。人工減少と少子高齢化が急速に進展，厳しい財政状況が続いていることを踏まえれば，予算・人員をこれまで以上に効率的に活用することが必要不可欠である。

Ⅲ　我が国の防衛の基本方針

　我が国の防衛の根幹である防衛力は，我が国の安全保障を確保するための最終的な担保であり，我が国に脅威が及ぶことを抑止するとともに，脅威が及ぶ場合には，これを阻止・排除し，我が国を守り抜くという意思と能力を表すものである。この防衛力については，我が国は戦後一貫して節度ある効率的な整備を行うものとしてきた。我が国が防衛力を保持する意義は，我が国自らが力の空白となって我が国周辺地域における不安定要因とならないことにあるとされてきた。冷戦終結後，自衛隊の役割と任務は拡大され，様々な事態に対応す

るものとされた。さらに，厳しさを増す安全保障環境を現実のものとして見据え，真に実効的な防衛力を構築，防衛力を強化してきた。しかしながら。我が国周辺国等は我が国と地域の安全保障を脅かしている。こうしたことから，今後の防衛力については，相手の能力と戦い方に着目して，我が国を防衛する能力をこれまで以上に抜本的に強化するとともに，新たな戦い方への対応を推進，同盟国・同志国等と緊密に協力・連携して実施していく必要がある。本戦略において，我が国の防衛目標を明確にした上で，防衛目標を達成するためのアプローチと具体的な手段を示し，あらゆる努力を統合して実施していく。

　我が国の防衛目標①力による一方的な現状変更を許容しない安全保障環境の創出②力による一方的な現状変更やその試みを，同盟国・同志国等と協力・連携して抑止・対処し，早期に事態を収拾③万が一，我が国への侵攻が生起した場合には，シームレスに即応し，我が国が主たる責任をもって対処，同盟国等の支援を受けつつ，これを阻止・排除。また，核兵器の脅威に対しては，米国の核抑止力を中心とする拡大抑止が不可欠。①から③までの防衛目標を達成するための我が国自身の努力と，米国の拡大抑止等が相まって，あらゆる事態から我が国を守り抜く。

　防衛目標を実現するためのアプローチ①我が国自身の防衛体制の強化として，我が国の防衛力を抜本的に強化するとともに，国全体の防衛体制を強化する②日米同盟の抑止力と対処力を更に強化する③自由で開かれた国際秩序の維持・強化のために協力する同志国等との連携を強化すること。

1　我が国自身の防衛体制の強化

　我が国を守り抜くのは我が国自身の努力にかかる。自らの国は自らが守るという強い意思と努力があって初めて，いざというときに同盟国等と共に守り合い，助け合うことができる。第一のアプローチとして，防衛力の抜本的強化を中核として，国力を統合した我が国自身の防衛体制を今まで以上に強化していく。

（1）　我が国の防衛力の抜本的強化

　これまで，平時から有事までのあらゆる段階における活動をシームレスに実

施できるよう，宇宙・サイバー・電磁波の領域と陸・海・空の領域を有機的に融合させつつ，統合運用により機動的・持続的な活動を行い得る多次元統合防衛力を構築してきた。国際社会が戦後最大の試練の時を迎える中で，相手の能力と新しい戦い方を踏まえ，想定される各種事態への対応につき，能力評価等を通じた分析により将来の防衛力の在り方を検討してきた。これまでの多次元統合防衛力を抜本的に強化し，その努力を更に加速して進めていく。防衛力の抜本的強化の基本的考え方は以下の通り。我が国自体への侵攻を我が国が主たる責任をもって阻止・排除し得る能力，相手に対して，生じる損害というコストに見合わないと認識させ得るだけの能力を我が国が持つ，こうした防衛力を保有。さらに，抜本的に強化された防衛力は，我が国への侵攻を抑止できるよう，常続的な情報収集・警戒監視・偵察（ISR）や事態に応じて柔軟に選択される抑止措置（FDO）としての訓練・演習等に加え，対領空侵犯措置等を行い，かつ事態にシームレスに即応・対処できる能力でなければならない。このため，内外に訓練基盤を確保，柔軟な勤務態勢を構築すること等により，防衛力を構築。次に抜本的に強化された防衛力は新しい戦い方に対応できるものでなくてはならない。領域横断作戦，情報戦を含むハイブリッド戦，ミサイルに対する迎撃と反撃といった多様な任務を統合し，米国と共同して実施していく。我が国の防衛上必要な機能・能力として，我が国への侵攻そのものを抑止するために，遠距離から侵攻戦力を阻止・排除できるようにする必要がある。このため「スタンド・オフ防衛能力」と「統合防空ミサイル防衛能力」を強化する。万が一，抑止が破れ，侵攻が生起した場合には，これらの能力に加え，有人アセット，さらに無人アセットを駆使するとともに，領域を横断して優越を獲得し，非対称的な優勢を確保できるようにする。このため，「無人アセット防衛能力」，「領域横断作戦能力」，「指揮統制・情報関連機能」を強化する。迅速かつ粘り強く活動し続けて，相手方の侵攻意図を断念させるために，「機動展開能力・国民保護」，「持続性・強靱性」を強化する。このような防衛力の抜本的強化は速やかに実現していく必要がある。具体的には 5 年後の 2027 年度までに，我が国が主たる責任をもって対処し，これを阻止・排除できるように

防衛力を強化する。さらに，おおむね10年後までに，この防衛目標をより確実にするため更なる努力を行い，より早期かつ遠方で侵攻を阻止・排除できるように防衛力を強化する。今後5年間の最優先課題は，現有装備品を最大限有効に活用するため，可動率向上や弾薬・燃料の確保，主要な防衛施設の強靱化への投資を加速，将来の中核となる能力を強化する。不断に見直し，その変化に適応していくものとする。防衛力の抜本的強化の実現に資する形で，スクラップ・アンド・ビルドの徹底，定員・装備の最適化を実施，大幅なコスト縮減を実現してきたこれまでの努力を，防衛生産基盤に配慮しつつ，更に継続・強化していく。無人化・省人化・最適化を徹底。防衛力の抜本的強化の目的は，我が国への侵攻の抑止である。我が国が自らの防衛力を抜本的に強化することで，日米同盟の抑止力・対処力が更に強化，同志国等との連携が強化される。我が国への侵攻を抑止する上での鍵となるのは，スタンド・オフ防衛能力等を活用した反撃能力である。我が国へのミサイル攻撃が現実の脅威となっている。技術開発を行うなど，ミサイル防衛能力を質・量ともに不断に強化する。ミサイル防衛網により，飛来するミサイルを防ぎつつ，我が国から有効な反撃を相手に与える能力，反撃能力を保有する必要がある。武力の行使の三要件に基づき，そのような攻撃を防ぐのにやむを得ない必要最小限度の自衛の措置として，相手の領域において，我が国が有効な反撃を加えることを可能にする，スタンド・オフ防衛能力等を活用した自衛隊の能力をいう。武力攻撃そのものを抑止する。この反撃能力については，これまで政策判断として保有することとしてこなかった能力に当たる。2015年の平和安全法制に際して示された武力の行使の三要件の下で行われる自衛の措置にもそのまま当てはまる。この反撃能力は，憲法及び国際法の範囲内で，専守防衛の考え方を変更するものではなく，武力の行使の三要件を満たして初めて行使され，武力攻撃が発生していない段階で自ら先に攻撃する先制攻撃は許されないことはいうまでもない。日米の基本的な役割分担は今後も変更はないが，我が国が反撃能力を保有することに伴い，日米が協力して対処していくこととする。

(2) 国全体の防衛体制の強化

我が国を守るためには自衛隊が強くなければならないが，我が国全体で連携しなければ，我が国を守ることはできないことも自明である。このため，防衛力を抜本的に強化することに加えて，我が国が持てる力，すなわち，外交力，情報力，経済力，技術力を含めた国力を統合して，あらゆる政策手段を体系的に組み合わせて国全体の防衛体制を構築していく。政府一体となった取組を強化していくため，政府内の縦割りを打破。また，政府と地方公共団体，民間団体等との協力を推進する。

　力による一方的な現状変更を許さない取組において重要なのは，我が国自身の防衛体制の強化に裏付けられた外交努力である。外交努力と相まって，防衛省・自衛隊においては，同盟国との協力及び同志国等との多層的な連携を推進し，望ましい安全保障環境の創出に取り組んでいく。FDOとしての訓練・演習等や，戦略的コミュニケーション（SC）を，政府一体となって，また同盟国・同志国等と共に充実・強化していく。平素からの重続的なISR及び分析を関係省庁が連携して実施することにより，事態の兆候を早期に把握，事態に応じて政府全体で迅速な意思決定を行い，関係機関が連携していく。偽情報の流布等に対応したファクト・チェック機能やカウンター発信機能等を強化し，有事はもとより，平素から，政府全体での対応を強化していく。政府全体の意思決定に基づき，関係機関が連携して行動することにより，力による一方的な現状変更を許さないことが重要である。政府全体として，連携要領を確立，対処の実効性を向上させる。平素から警察や海上保安庁と自衛隊との間で訓練や演習を実施，特に武力攻撃事態における防衛大臣による海上保安庁の統制要領を含め，必要な連携要領を確立。

　宇宙・サイバー・電磁波の領域は，国民生活にとっての基幹インフラ，我が国の防衛にとっても領域横断作戦を遂行する上で死活的に重要，政府全体でその能力を強化。宇宙空間については，安定的な利用を確保することは国民生活と防衛の双方にとって死活的に重要，JAXAを含めた関係機関や民間事業者との間で，研究開発を含めた協力・連携を強化する。民生技術の防衛分野への一層の活用を図ることで，民間における技術開発への投資を促進し，我が国全体

としての宇宙空間における能力の向上につなげる。サイバー領域においては，諸外国や関係省庁及び民間事業者との連携により，平素から有事までのあらゆる段階において，情報収集及び共有を図るとともに，我が国全体としてのサイバー安全保障分野での対応能力を図ることが重要。防衛省・自衛隊においては，自らのサイバーセキュリティのレベルを高めつつ，関係省庁，重要インフラ事業者及び防衛産業との連携強化に資する取組を推進することとする。電磁波領域については，陸・海・空，宇宙，サイバー領域に至るまで，活用範囲や用途が拡大，現在の戦闘様相における攻防の最前線となっている。このため，電磁波領域における優勢を確保することが抑止力の強化や領域横断作戦の実現のために極めて重要である。民生用の周波数利用と自衛隊の指揮統制や情報収集活動等のための周波数利用を両立させ，自衛隊が安定的かつ柔軟な電波利用を確保できるよう，関係省庁と緊密に連携する。

　先進的な技術に裏付けられた新しい戦い方が勝敗を決する時代において，先端技術を防衛目的で活用することが死活的に重要となっている。総合的な防衛体制の強化のための府省横断的な仕組みの下，防衛省・自衛隊のニーズを踏まえ，政府関係機関が行っている先端技術の研究開発を防衛目的に活用していく。防衛産業を活用しつつ，スタートアップ等各種企業，各種研究機関の開発の成果を早期の実装化につなげていく。

　国民の命を守りながら我が国への侵攻に対処し，また，大規模災害を含む各種事態に対処するに当たっては，国の行政機関，地方公共団体，公共機関，民間事業者が協力・連携して統合的に取り組む必要がある。まず防衛上のニーズを踏まえ，総合的な防衛体制の強化のための府省横断的な仕組みの下，特に南西地域における空港・港湾等を整備・強化するとともに，既存の空港・港湾等を運用基盤として，平素からの訓練を含めて使用するために，関係省庁間で調整する枠組みの構築等，必要な措置を講ずる。また，自衛隊の機動展開のための民間船舶・民間航空機の利用拡大について関係機関等との連携を深めるとともに，当該船舶・航空機を利用した国民保護措置を計画的に行えるよう調整・協力する。加えて，防衛省・自衛隊においては，政府全体で実施する武力攻撃

事態等を念頭に置いた国民保護訓練の強化，弾道ミサイル等による攻撃を受ける事態に備えた全国瞬時警報システム（J-ALERT）の情報伝達機能の強化等に協力していくこととする。海空域や電波を円滑に利用し，防衛関連施設の機能を十全に発揮できるよう，風力発電施設の設置等の社会経済活動との調和を図る効果的な仕組みを確立。自衛隊の弾薬・燃料等の輸送・保管について，関係省庁との連携を強化し，更なる円滑化のための措置を講ずる。各種事態において日米共同対処を円滑に実施するため，これらと同様の取組を推進。

　海洋国家である我が国にとって，海洋の秩序の強化，航行・飛行の自由や安全を確保することは，我が国の平和と安全にとって極めて重要。このため，我が国の領海等における国益や我が国の重要なシーレーンの安定的利用の確保等に取り組んでいく。防衛省・自衛隊においては，我が国における海洋の安全保障の担い手である海上保安庁と緊密に協力・連携しつつ，同盟国・同志国，さらにインド太平洋地域の沿岸国と共に，FOIPというビジョンの下，海洋安全保障に関する協力を推進していくこととする。また，シーレーンの安定的利用を確保するために，関係機関との協力・連携の下，海賊対処や日本関係船舶の安全確保に必要な取組を実施。この際，ジブチにおける拠点を長期的・安定的に活用する。

　自衛隊及び在日米軍が，平素からシームレスかつ効果的に活動できるよう，自衛隊施設及び米軍施設周辺の地方公共団体や地元住民の理解及び協力をこれまで以上に獲得してく。日頃から防衛省・自衛隊の政策や活動，さらには，在日米軍の役割に関する積極的な広報を行い，地元に対する説明責任を果たしながら，地元の要望や情勢に応じた調整を実施する。同時に，騒音等への対策を含む防衛施設周辺対策事業についても，我が国の防衛への協力促進という観点も踏まえ，引き続き推進する。地域によっては，自衛隊の部隊による急患輸送や存在そのものが地域コミュニティーの維持・活性化に大きく貢献，部隊の改編や駐屯地・基地等の配備・運営に当たっては，地方公共団体や地元住民の理解を得られるよう，地域の特性や地元経済への寄与に配慮する。

2　日米同盟による共同抑止・対処

第二のアプローチは，日米同盟の更なる強化である。米国との同盟関係は，我が国の全保障政策の基軸であり，我が国の防衛力の抜本的強化は，米国の能力のより効果的な発揮にも繋がり，日米同盟の抑止力・対処力を一層強化するものとなる。日米は，こうした共同の意思と能力を顕示することにより，グレーゾーンから通常戦力による侵攻，さらに核兵器の使用に至るまでの事態の深刻化を防ぎ，力による一方的な現状変更やその試みを抑止する。その上で，我が国への侵攻が生起した場合には，日米共同対処によりこれを阻止する。このため，日米両国は，その戦略を整合させ，共に目標を優先付けることにより，同盟を絶えず現代化し，共同の能力を強化する。我が国は，我が国自身の防衛力の抜本的強化を踏まえて，日米同盟の下で，我が国の防衛と地域の平和及び安定のため，より大きな役割を果たしていく。具体的には，以下の施策に取り組んでいく。

(1)　日米共同の抑止力・対処力の強化

我が国の防衛戦略と米国の国防戦略は，あらゆるアプローチと手段を統合させて，力による一方的な現状変更を起こさせないことを最優先とする点で軌を一にしている。これを踏まえ，即応性・抗たん性を強化し，相手にコストを強要し，我が国への侵攻を抑止する観点から，それぞれの役割・任務・能力に関する議論をより深化させ，日米共同の統合的な抑止力をより一層強化。我が国の防衛力の抜本的強化を踏まえた日米間の役割・任務分担を効果的に実現するため，日米共同計画に係る作業等を通じ，運用面における緊密な連携を確保。より高度かつ実践的な演習・訓練を通じて同盟の即応性や相互運用性を始めとする対処力の向上を図る。核抑止力を中心とした米国の拡大抑止が信頼でき，強靱なものであり続けることを確保するため，日米間の協議を閣僚レベルのものも含めて一層活発化・深化させる。平素からの日米共同による取組として，共同FDOや共同ISR等をさらに拡大・深化させる。日米一体となった抑止力・対処力の強化の一環として，日頃から，双方の施設等の共同使用の増加，訓練等を通じた日米の部隊の双方の施設等への展開等を進める。

(2) 同盟調整機能の強化

いついかなる事態が生起したとしても，日米両国による整合的な共同対処を行うため，同盟調整メカニズム（ACM）を中心とする日米間の調整機能をさらに発展させる。これらに加え，日米同盟を中核とする同志国等との連携を強化するため，運用面に置けるより緊密な調整を実現する。

(3) 共同対処基盤の強化

あらゆる段階における日米共同での実効的な対処を支える基盤を強化する。日米がその能力を十分に発揮できるよう，あらゆるレベルにおける情報共有を更に強化するために，情報保全及びサイバーセキュリティに係る取組を抜本的に強化する。また，同盟の技術的優位性，相互運用性，即応性，さらには継戦能力を確保するため，先端技術に関する共同分析や共同研究，装備品の共同開発・生産，相互互換性の向上，各種ネットワークの共有及び強化，米国製装備品の国内における生産・整備能力の拡充，サプライチェーンの強化に係る取組等，装備・技術協力を一層強化する。

(4) 在日米軍の駐留を支えるための取組

厳しい安全保障環境に対応する，日米共同の態勢の最適化を図りつつ，在日米軍再編の着実な進展や在日米軍の即応性・抗たん性強化を支援する取組等，在日米軍の駐留を安定的に支えるための各種施策を推進する。沖縄においては，一層厳しさを増す安全保障環境に対応しつつ，負担軽減を図る。

以上のような日米共同の取組を円滑かつ効果的に実施するためには，国民の理解が不可欠，その意義・必要性を積極的に発信する。

3 同志国等との連携

第三のアプローチは，同志国等との連携の強化である。力による一方的な現状変更やその試みに対抗し，我が国の安全保障を確保するためには，同盟国のみならず，一か国でも多くの国々と連携を強化することが極めて重要である。その観点から，FOIPというビジョンの実現に資する取組を進めていく。日米同盟を重要な基軸と位置付けつつ，地域の特性や各国の事情を考慮した上で，多角的・多層的な防衛協力・交流を積極的に推進する。その際，同志国等との連携

強化を効果的に進める観点から，円滑化協定（RAA），物品役務相互提供協定（ACSA），防衛装備品・技術移転協定等の制度的枠組みの整備を更に推進する。オーストラリア，インド，また英国，フランス，ドイツ，イタリア等との間での連携の強化，「2＋2」等の枠組みの活用。NATO及びEUとの間での連携の強化。韓国との間での日米韓三か国による共同訓練を始めとした取組により連携を強化。カナダ及びニュージーランドとの間での協力等の推進。力による一方的な現状変更やその試みに直面し，情報戦，サイバーセキュリティ，SC，ハイブリッド戦等の先進的な取組を進める北欧・バルト諸国等との連携や，日本との関係強化に関心を示すチェコ・ポーランド等の中東欧諸国との連携の強化。東南アジア諸国との間では，ASEANの中心性・一体性の強化に向けて様々な会合等を通じ，その動きを支援する。モンゴルとの間での防衛装備・技術協力の推進。中央アジア諸国との間では，防衛交流実績が少なく空白地帯，防衛交流を積み重ねていく。太平洋島嶼国との間での支援等の協力に取り組む。インド洋沿岸国・中東諸国との間では防衛協力を進めていく。アフリカ諸国等との間でも防衛協力を強化。特にジブチとの連携強化，自衛隊の活動拠点を長期的・安定的に活用。

　同志国等との連携の推進の一方で，中国やロシアとの意思疎通についても留意。中国との間では，ホットラインを含む「日中防衛当局間の海空連絡メカニズム」を運用していく。ロシアとの関係については，G7を始めとした国際社会と緊密に連携し，適切に対応，必要な連絡を絶やさないようにする。

　IV　防衛力の抜本的強化に当たって重視する能力

　本戦略等に示された基本方針及びこれらと整合された統合的な運用構想により導き出された，我が国の防衛上必要な7つの機能・能力の基本的な考え方とその内容は以下のとおり。

　1　スタンド・オフ防衛能力—東西南北，我が国領域を守り抜くため，我が国に侵攻してくる艦艇や上陸部隊等に対して脅威圏の外から対処するスタンド・オフ防衛能力を抜本的に強化。我が国の様々な地点から，重層的にこれらの艦艇等を阻止・排除できる必要かつ十分な能力を保有する。各種プラットフ

ォームから発射でき，迎撃困難な能力の強化。国産スタンド・オフ・ミサイルの増産体制確立前に十分な能力を確保するため，外国製のスタンド・オフ・ミサイルを早期に取得。スタンド・オフ防衛能力に不可欠な，精確な目標情報の継続的収集，リアルタイムに伝達し得る指揮統制に係る能力の保有。

　2　統合防空ミサイル防衛能力──日本は経空脅威への対応が極めて重要。経空脅威は多様化・複雑化・高度化している。このため，探知・追尾能力や迎撃能力を抜本的に強化するとともに，ネットワークを通じて各種センサー・シューターを一元的かつ最適に運用できる体制の確立，統合防空ミサイル防空衛能力の強化。ミサイル防衛システムを用いて，ミサイルを迎撃。やむを得ない必要最小限度の自衛の措置として，相手の領域において，有効な反撃を加える能力として，スタンド・オフ防衛能力等を活用。有効な反撃を加える能力を持つことにより，ミサイル攻撃そのものを抑止。2027年度までに，警戒管制レーダーや地対空誘導弾の能力の向上，イージス・システム搭載艦を整備。おおむね10年後までに，滑空段階での極超音速兵器への対処能力の研究や，小型無人機等に対処するための非物理的な手段による迎撃能力を一層導入，統合防空ミサイル防衛能力を強化。

　3　無人アセット防衛能力──無人アセットは，有人装備と比べて比較的安価，人的損耗を局限し，長期連続運用ができるといった大きな利点がある。この無人アセットをAIや有人装備と組み合わせることにより，部隊の構造や戦い方を根本的に一変させるゲーム・チェンジャーとなり得ることから，非対称的な優勢を獲得することが可能である。無人アセットを情報収集・警戒監視のみならず，戦闘支援等の幅広い任務に効果的に活用する。有人機の任務代替を通じた無人化・省人化により，自衛隊の装備体系，組織の最適化の取組を推進する。2027年度までに，無人アセットを早期装備化やリース等により導入，幅広い任務での実践的な能力を獲得。おおむね10年後までに，無人アセットを用いた戦い方を更に具体化，我が国の地理的特性等を踏まえた機種の開発・導入を加速，本格運用を拡大する。

　4　領域横断作戦能力──宇宙・サイバー・電磁波の領域及び陸・海・空の領

域における能力を有機的に融合，相乗効果によって全体の能力を増幅させる領域横断作戦により，個別の領域が劣勢である場合にもこれを克服，我が国の防衛を全うすることがますます重要になっている。宇宙領域においては，衛生コンステレーションを含む新たな宇宙利用の形態を積極的に取り入れ，陸・海・空の領域における作戦能力を向上させる。宇宙領域把握（SDA）体制の確立，宇宙アセットの抗たん化強化に取り組む。2027年度までに，宇宙利用の必要不可欠な基盤整備。おおむね10年後までに，宇宙利用の多層化・冗長化や新たな能力の獲得等により，宇宙作戦能力を更に強化。サイバー領域では，防衛省・自衛隊において，能動的サイバー防御を含むサイバー安全保障分野における政府全体での取組と連携していくこととする。常時継続的にリスク管理を実施する態勢に移行，これに対応するサイバー要員を大幅増強するとともに，特に高度なスキルを有する外部人材を活用することにより，高度なサイバーセキュリティを実現する。2027年度までに，サイバー攻撃状況下においても，指揮統制能力及び優先度の高い装備品システムを保全できる態勢を確立，防衛産業のサイバー防衛を下支えできる態勢を確立。おおむね10年後までに，サイバー攻撃状況下においても，指揮統制能力，戦力発揮能力，作戦基盤を保全し任務が遂行できる態勢を確立。電磁波領域においては，通信妨害等の厳しい電磁波環境の中においても，自衛隊の電子戦及びその支援能力を有効に機能させ，相手のこれらの作戦遂行能力を低下させる。電磁波の管理機能の強化，自衛隊全体でより効率的に電磁波を活用。宇宙・サイバー・電磁波の領域において，必要な能力を拡充。領域横断作戦の基本となる陸上防衛力・海上防衛力・航空防衛力については，海上優勢・航空優勢を維持・強化するための艦艇・戦闘機等の着実な整備や先進的な技術を積極的に活用，無人アセットとの連携を念頭に置きつつ，抜本的に強化していく。［なお陸自高等工科学校サイバー専修コースが2021年度に新設されている（植野）。］

　5　指揮統制・情報関連機能――今後，一層戦闘様相が迅速化・複雑化していく状況において，戦いを制するためには，指揮官の適切な意思決定を相手方よりも迅速かつ的確に行い，意思決定の優越を確保する必要がある。このため，

AIの導入等を含めリアルタイム性・抗たん性・柔軟性のあるネットワークを構築し，迅速・確実な ISRT［警戒監視・偵察・ターゲッティング］の実現を含む領域横断的な観点から，指揮統制・情報関連機能の強化を図る。2027年度までに，ハイブリッド戦や認知領域を含む情報戦に対処可能な情報能力の整備。衛生コンステレーション等によるニアリアルタイムの情報収集能力を整備。おおむね10年後までに，AIを含む各種手段を最大限に活用，情報収集・分析等の能力を更に強化。これまで以上に，我が国周辺国等の意思と能力を常時継続的かつ正確に把握する必要がある。このため，機能別能力の強化，分析能力も抜本的に強化していく。情報関連の国内関係機関との協力・連携を進め，情報の効果的活用のための必要な措置をとる。偽情報の流布を含む情報戦等に有効に対処，防衛省・自衛隊における態勢・機能の抜本的強化，同盟国・同志国等との情報共有や共同訓練等を実施。

6　機動展開能力・国民保護—島嶼部を含む我が国への侵攻に対しては，海上優勢・航空優勢を確保し，侵攻する部隊の接近・上陸を阻止するため，平素配備の部隊とともに，状況に応じて必要な部隊を迅速に機動展開させる必要がある。このため，自衛隊自身の海上輸送力・航空輸送力の強化とともに，民間資金等活用事業（PFI）等の民間輸送力を最大限活用する。これらによる部隊への輸送・補給等がより円滑かつ効果的に実施できるように，統合による後方補給態勢の強化，特に南西地域における空港・港湾施設等の利用可能範囲の拡大や補給能力の向上を実施，全国に所在する補給拠点の近代化を積極的に推進。自衛隊の機動展開能力を住民避難に活用，国民保護の任務を実施。2027年度までに，PFI船舶の活用拡大等により輸送能力を強化，南西方面の防衛態勢を迅速に構築可能な能力を獲得。おおむね10年後までに，輸送能力を更に強化しつつ，補給拠点の改善，輸送・補給を一層迅速化する。

7　持続性・強靱性—将来にわたり我が国を守り抜く上で，弾薬，燃料，装備品の可動数といった現在の自衛隊の継戦能力は，必ずしも十分ではない。十分な継戦能力の確保・維持を図る必要がある。このため，弾薬の生産能力の向上及び製造量に見合う火薬庫の確保を進め，必要十分な弾薬を早急に保有する

とともに，必要十分な燃料所要量の確保や計画整備以外の装備品が全て可動する体制を早急に確立。2027年度までに，弾薬については不足している状況を解消。火薬庫の増設。部品不足の解消。おおむね10年後までに，弾薬及び部品の適正な在庫の確保の維持，火薬庫の増設の完了。装備品についても適正な在庫の確保を維持。有事においても容易に作戦能力を喪失しないよう，主要司令部等の地下化や構造強化，施設の離隔距離を確保した再配置，集約化等の実施，隊舎・宿舎の整備や老朽化対策を行う。気候変動の問題も影響をもたらすので，これに伴う各種課題に対応。2027年度までに，司令部の地下化，主要な基地・駐屯地内の再配置・集約化を進め，各施設の強靭化を図る。おおむね10年後までに，防衛施設の更なる強靭化を図る。自衛隊員の生命を救い，身体に対する危険を軽減することで，より強靭に侵攻に対処できるように，隊員の救命率向上，応急救護能力の強化，シームレスな医療・後送体制の構築，衛生機能を変革する。

Ｖ　将来の自衛隊の在り方

１　７つの重視分野における自衛隊の役割―防衛力の抜本的強化に当たって重視する能力の７つの分野において，各自衛隊は以下の役割を担う。

スタンド・オフ防衛能力については，侵攻してくる艦艇や上陸部隊に対し，脅威圏外から多様な対処を行い得るよう，各自衛隊は，車両，艦艇，航空機からのスタンド・オフ・ミサイル発射能力を必要十分な数量整備する。

統合防空ミサイル防衛能力については，海上自衛隊の護衛艦が上層，陸上自衛隊及び航空自衛隊の地対空誘導弾が下層における迎撃を担うことを基本として，極超音速兵器等の将来の経空脅威への対応能力を強化。各自衛隊は，スタンド・オフ防衛能力等を反撃能力として活用。

無人アセット防衛能力については，各自衛隊は，各々の任務分担に従い，既存部隊の見直しを進めつつ，航空・海上・水中・陸上の無人アセット防衛能力を大幅に強化。

領域横断作戦のうち，宇宙領域では，航空自衛隊においてSDA能力を始めとする各種機能を強化。サイバー領域では，防衛省・自衛隊として我が国全体

のサイバーセキュリティ強化に貢献するため，自衛隊全体で強化を図り，特に陸上自衛隊が人材育成等の基盤拡充の中核を担っていく。電磁波領域については，各自衛隊において，電子戦装備を取得・増強し，電磁波を活用した欺まん装備の導入等を推進。我が国周辺国等の通常戦力の急速な増強を踏まえ，これらの領域における能力と連携して領域横断作戦を展開する各自衛隊の装備品の質・量の強化も引き続き行う。

指揮統制・情報関連機能については，各自衛隊の情報収集能力の強化，収集した情報に基づく意思決定の迅速化，指揮命令を確実に行い得るネットワークの整備等を行う。スタンド・オフ・ミサイルの運用に必要なISRTを含む情報本部の情報機能を抜本的に強化，指揮統制機能との連携を強化。

機動展開能力・国民保護については，我が国への侵攻が想定される事態において，島嶼部等への部隊の展開を迅速に行うため，陸上自衛隊は中型・小型船舶等を，海上自衛隊は輸送艦等を，航空自衛隊は輸送機等を確保することで，機動・展開能力を強化する。陸上自衛隊においては，沖縄における国民保護をも目的として，部隊強化を含む体制強化を図る。

持続性・強靱性については，一連の任務遂行を持続的に行うため，各自衛隊は，平素より弾薬・燃料及び可動装備品を必要数確保するとともに，能力発揮の基盤となる防衛施設の抗たん性を強化。

2　自衛隊の体制整備の考え方―以上のような7つの分野における役割を踏まえ，統合運用体制並びに各自衛隊及び情報本部の体制は，次のような基本的考え方により整備を行う。

統合運用の実効性を強化するため，陸海空自衛隊の一元的な指揮を行い得る常設の統合司令部を創設。統合運用に資する装備体系の検討を進める。

陸上自衛隊は，領域横断作戦能力の強化及び利点の多い地上発射型スタンド・オフ防衛能力の強化による遠方からの侵攻部隊の阻止，持続性・強靱性の保持，南西地域の島嶼部への迅速かつ分散した機動展開能力の強化，無人アセットの導入，ドローン等への対処を含む統合防空ミサイル防衛能力の向上，分散展開した部隊に必要なシステムを含む指揮統制・情報関連機能を重視した体

制を整備。

　海上自衛隊は、近年のミサイルの脅威の高まり等を踏まえ、防空能力の強化及び省人化・無人化の推進、情報戦能力の強化、水中優勢の確保、スタンド・オフ防衛能力の強化、洋上後方支援能力の強化、持続性・強靱性の確保を重視し、高い迅速性と活動量を求められる部隊運用を持続的に遂行可能な体制を整備。特に、領域横断作戦の中でも重要な水中優勢を獲得・維持し得る体制を整備。

　航空自衛隊は、高脅威環境下における強靱かつ柔軟な運用による粘り強い任務遂行のため、航空防衛力の質・量の見直し・強化、効果的なスタンド・オフ防衛能力の保持、実効的なミサイル防空態勢の確保、各種無人アセットの導入に必要な体制を整備。宇宙作戦能力を強化し、宇宙利用の優位性を確保し得る体制を整備することにより、航空自衛隊を航空宇宙自衛隊とする。

　情報本部は、我が国の防衛における情報戦対応の中心的な役割を担うこととし、他国の軍事活動等を常時継続的かつ正確に把握し、分析・発信する能力を抜本的に強化。さらに、領域横断作戦能力の強化及びスタンド・オフ防衛能力の強化に併せ、既存の体制を強化するとともに、関係する他機関との協力・連携を切れ目なく実施できるように強化。

　防衛省・自衛隊においては、能動的サイバー防御を含むサイバー安全保障分野に係る政府の取組も踏まえ、我が国全体のサイバーセキュリティに貢献する体制を抜本的に強化。

3　政策立案機能の強化

　自衛隊が能力を十分に発揮し、厳しさ、複雑さ、スピード感を増す戦略環境に対応するためには、宇宙・サイバー・電磁波の領域を含め、戦略的・機動的な防衛政策の企画立案か必要とされており、その機能を抜本的に強化していく。有識者から政策的な助言を得るための会議体を設置。自衛隊の将来の戦い方とそのために必要な先端技術の活用・育成・装備化について、関係省庁や民間の研究機関、防衛産業を中核とした企業との連携を強化しつつ、戦略的な観点から総合的に検討・推進する態勢を強化。こうした取組を推進し、政策の企

画立案を支援するため，防衛研究所を中心とする防衛省・自衛隊の研究体制を見直し・強化し，知的基盤としての機能を強化する。

VI 国民の生命・身体・財産の保護・国際的な安全保障協力への取組

1 国民の生命・身体・財産の保護に向けた取組

我が国が備えるべき事態は，力による一方的な現状変更や侵攻のみではない。大規模テロやそれに伴う原子力発電所を始めとした重要インフラに対する攻撃，地震や台風等の大規模災害，新型コロナウイルス感染症といった感染症危機等は，国民の生命・身体・財産に対する深刻な脅威であり，我が国として，国の総力をあげて全力で対応していく必要がある。それらの対応に当たって，防衛省・自衛隊においては，抜本的に強化された防衛力を活用し，警察，海上保安庁，消防，地方公共団体等の関係機関と緊密に連携して，大規模テロや重要インフラに対する攻撃に際しては実効的な対処を行い，大規模災害等に際しては効果的に人命救助，応急復旧，生活支援等を行うこととする。外国での災害・騒乱等が発生した際には，外交当局と緊密に連携して，在外邦人等を迅速かつ的確に保護し，輸送する。防衛力を活用しつつ，このような対応を円滑に実施するためには，平素から関係機関と連携態勢を構築しておくことが必須である。地方公共団体やインフラ事業者を含む関係機関と共に，各種計画等を踏まえつつ，その実効性を担保するために総合的な訓練を実施する。このような連携態勢を活用し，我が国への侵攻が予測される場合には，住民の避難誘導を含む国民保護のための取組を円滑に実施できるようにする。

2 国際的な安全保障協力への取組

我が国の平和と安全のためには，国際社会の平和と安定及び繁栄が確保されていなければならない。防衛省・自衛隊としても，抜本的に強化された防衛力を活用しつつ，国際協調を旨とする積極的平和主義の立場から，世界各地における紛争・対立の解決に向けた努力，気候変動等に起因する国際的な大規模災害に際しての人道支援・災害救援，大量破壊兵器の不拡散等の国際的な課題への対応に積極的に取り組んでいく必要がある。国連平和維持活動（PKO）を始めとする国際平和協力業務，国際緊急援助活動等の国際平和協力活動について

は，平和安全法制も踏まえ，必要に応じ，遠隔地であっても，情報関連機能を用いて精緻な情報を収集し，機動展開能力により必要な部隊を迅速に移動させ，我が国が得意とする施設，衛生等といった分野を中心として活動を実施していく。高い専門性を有する自衛官の特性を生かし，現地ミッション司令部要員等を派遣していく。これまで蓄積した経験を活かし，能力構築支援を実施していく。我が国を取り巻く安全保障環境を改善する観点からは，核兵器・化学兵器・生物兵器といった大量破壊兵器等の軍備管理・軍縮及び不拡散についても，関係国や国際機関等と協力しつつ，取組を推進していく。防衛省・自衛隊の知見を活かし，国際機関や国際輸出管理レジームの実効性の向上に協力していく。

VII　いわば防衛力そのものとしての防衛生産・技術基盤

　自国での装備品の研究開発・生産・調達を安定的に確保し，新しい戦い方に必要な先端技術を防衛装備品に取り込むために不可欠な基盤であることから，いわば防衛力そのものと位置付けられるものであり，強化が必要不可欠。新たな戦い方に必要な力強く持続可能な防衛産業の構築，様々なリスクへの対処，販路の拡大等に取り組んでいく。

　1　防衛生産基盤の強化—我が国の防衛産業は，自衛隊の任務遂行に当たっての装備品の確保の面から，防衛省・自衛隊と共に国防を担うパートナーというべき重要な存在，高度な装備品を生産し，高い可動率を確保できる能力を維持・強化していく必要がある。そのためには，防衛産業において，防衛技術基盤の強化を通じた高度な技術力及び品質管理能力を確保，装備品の生産・維持・整備，改修・能力向上等を確保していく。サプライチェーン全体を含む基盤強化，事業の魅力化，新規参入促進も推進。装備品の取得に際して，国内基盤を維持・強化する観点を一層重視し，技術的，質的，時間的な向上を図るとともに，国自身が製造施設等を保有する形態も検討。国際水準を踏まえたサイバーセキュリティを含む産業保全を強化し，機微技術管理の強化に取り組む。こうした観点から，同盟国・同志国等の防衛当局と，防衛産業に関するサプライチェーン保護，機微技術管理等を実施していく。

2　防衛技術基盤の強化—新しい戦い方に必要な装備品を取得するためには，我が国が有する技術を如何に活用していくかが極めて重要。そのために，防衛省・自衛隊においては，防衛関連企業等から提案を受け，新しい戦い方に適用し得るかを踏まえた上で，当該企業が有する装備品特有の技術や社内研究成果，さらには，非防衛産業から取り込んで装備品に活用できる技術を早期装備化に繋げていくための取組を積極的に推進していく。政策的に緊急性・重要性が高い事業の実施に当たっては，研究開発リスクを許容しつつ，想定される成果を考慮した上で，一層早期の研究開発や実装化を実現する。我が国の防衛に資する装備品を取得する手段として，我が国主導の国際共同開発を推進するなど，同盟国・同志国等との協力・連携を進めていく。スタートアップ企業や国内の研究機関・学術界等の民生先端技術を積極活用するための枠組みを構築するほか，総合的な防衛体制強化のための府省横断的な仕組みを活用。防衛イノベーションにつながる装備品を生み出すための新たな研究機関を創設するとともに，政策・運用・技術の面から総合的に先端技術の活用を検討・推進する体制を拡充。新しい戦い方を踏まえて，重視する技術分野や研究開発の見通しについて戦略的に発信する。

3　防衛装備移転の推進—防衛装備品の海外への移転は，特にインド太平洋地域における平和と安定のために，力による一方的な現状変更を抑止して，我が国にとって望ましい安全保障環境の創出や，国際法に違反する侵略や武力の行使又は武力による威嚇を受けている国への支援等のための重要な政策的な手段となる。こうした観点から，安全保障上意義が高い防衛装備移転や国際共同開発を幅広い分野で円滑に行うため，防衛装備移転三原則や運用指針を始めとする制度の見直しについて検討する。その際，三つの原則そのものは維持しつつ，防衛装備移転の必要性，要件，関連手続の透明性の確保等について十分に検討する。防衛装備移転を円滑に進めるため，基金を創設，必要に応じた企業支援を行うこと等により，官民一体となって防衛装備移転を進める。

Ⅷ　防衛力の中核である自衛隊員の能力を発揮するための基盤の強化

1　人的基盤の強化—防衛力の中核は自衛隊員。防衛力の抜本的強化を実現

するに当たっては，自衛官の定員は増やさずに必要な人員を確保，自衛隊員には，これまで以上の知識・技能・経験が求められているほか，偽情報等に惑わされない素養を身に着ける必要が生じていることも踏まえつつ，全ての隊員が高い士気と誇りを持ちながら，個々の能力を発揮できる環境を整備する必要がある。生活・勤務環境の改善，処遇の向上，栄典・礼遇に関する施策の推進，自衛隊員の家族や関係団体等との連携を含めた家族支援の拡充，人事管理の柔軟化等を通じた女性隊員が更に活躍できる環境醸成，ワークライフバランスの推進，若年で退職する自衛官の再就職支援の充実等に引き続き取り組む。特に，高い即応性，長期の任務，社会と隔絶された厳しい環境での勤務を求められる隊員には一定の配慮が必要である。また，ハラスメントは人の組織である自衛隊の根幹を揺るがすもの，ハラスメントを一切許容しない組織環境を構築。これらの取組は，有為な人材を確保するためにも重要。採用については，募集能力の一層の強化を図る。定年年齢を引き上げ，退職する自衛官の再任用の拡大，熟練した技能の有効活用を図る。柔軟な人材活用を進め，サイバー領域等の専門的な知識・技能を有する民間人材を含めた幅広い層からの人材確保を推進する。充足率の低い艦艇乗組員や，レーダーサイトの警戒監視要員等の人材確保に資する施策を総合的に講じていく。常備自衛官の補完等に当たる予備自衛官等については，採用を大幅に増やすべく，その制度の見直しや体制強化に取り組む。退職した自衛隊員等との連携を強化する。採用した人材の育成については，教育基盤の強化を図る。希少な専門人材を有効に活用するための施策を講じる。防衛省における事務官等は，防衛力の一要素として自衛隊の活動を支えるとともに，防衛力の抜本的強化やそれに伴う政策の企画立案，部隊における運用支援等のために重要な役割を果たすものである。そのために必要となる事務官・技官等を確保し，さらに必要な制度の検討を行うなど，人的基盤の強化に取り組む。自衛隊員が遺憾なくその能力を発揮できる組織環境づくりにも配慮し，自衛隊員としてのライフサイクル全般に着目した大胆な施策を講じる。

　2　衛生機能の変革—自衛隊衛生については，これまで自衛隊員の壮健性の

維持を重視してきたが，持続性・強靱性の観点から，有事において危険を顧みずに任務を遂行する隊員の生命・身体を救う組織に変革する。このため，各種事態への対処や国内外における多様な任務に対応し得るよう，各自衛隊で共通する衛生機能等を一元化して統合的な運用を推進するとともに，防衛医科大学校も含めた自衛隊衛生の総力を結集できる態勢を構築し，戦傷医療能力向上のための抜本的改革を推進する。第一線から後送先病院までのシームレスな医療・後送態勢を確立，後送に係る衛生資器材の共通化を図るとともに，医療・後送に際して必要となる医療情報を第一線を含む全国の医療拠点・施設で共有するシステムを整備する。また，部隊の救護能力の強化，外傷医療に不可欠な血液・酸素を含む衛生資器材の確保，南西地域の医療拠点の整備も行う。防衛医科大学校での戦傷医療についての教育研究の強化を進めるとともに，医官及び看護官の臨床経験をより充実させるために必要な運営改善を進める。積極的な部外研修によって医官及び看護官の臨床経験を補完。その上で，戦傷医療についての統合教育・訓練を通じ各自衛隊共通の知識・技能の向上を図る。

Ⅸ 留意事項

1 本戦略は，国家安全保障戦略の下，他の分野の戦略と整合をもって実施される。防衛目標達成のためのアプローチと手段が適切にとられているのか，特に国全体の防衛体制の強化が確実に実施されているのかについて，国家安全保障会議において定期的に体系的な評価を行う。安全保障環境の変化，特に相手方の能力に着目し，統合的な運用構想に基づき，実効的に対処できる防衛力を構築していくため，必要な能力に関する評価を常に実施する。

2 本戦略に基づく防衛力の抜本的強化は，将来にわたり，維持・強化していく必要がある。このため，防衛力の抜本的強化の在り方について中長期的な観点から不断に検討。

3 おおむね10年間の期間を念頭に置くが，重要な変化が見込まれる場合には必要な修正を行う。

C. 防衛力整備計画

I 計画の方針

「国家防衛戦略」に従い，全ての領域における能力を有機的に融合，平時から有事までのあらゆる段階における柔軟かつ戦略的な活動の常時継続的な実施を可能とする多次元統合防衛力を抜本的に強化し，2027年度までに，我が国への侵攻が生起する場合には，我が国が主たる責任をもって対処，同盟国等の支援を受けつつ，これを阻止・排除できるように防衛力を強化する。おおむね10年後までに，防衛力の目標をより確実にするため更なる努力を行い，より早期かつ遠方で侵攻を阻止・排除できるように防衛力を強化する。以上を踏まえ，以下の計画を基本として，防衛力の整備，維持及び運用を効果的かつ効率的に行う。

「スタンド・オフ防衛能力」と「統合防空ミサイル防衛能力」の強化。「無人アセット防衛能力」，「領域横断作戦能力」，「指揮統制・情報関連機能」の強化。「機動展開能力・国民保護」，「持続性・強靭性」の強化。装備品の取得に当たっては，着実に早期装備化の実現。自衛隊の採用取組の強化。日米共同の統合的な抑止力を一層強化。共同訓練・演習，防衛装備・技術協力，能力構築支援，軍種間交流を含む取組等を推進。組織定員と装備の最適化の実施，無人化・省人化・最適化を徹底。

II 自衛隊の能力等に関する主要事業

1. スタンド・オフ防衛能力
2. 統合防空ミサイル防衛能力
3. 無人アセット防衛能力
4. 領域横断作戦能力
   (1) 宇宙領域における能力
   (2) サイバー領域における能力
   (3) 電磁波領域における能力
   (4) 陸・海・空の領域における能力

5　指揮統制・情報関連機能
　　(1)　指揮統制機能の強化
　　(2)　情報収集・分析等機能の強化
　　(3)　認知領域を含む情報戦等への対処
　6　機動展開能力・国民保護
　7　持続性・強靱性
　　(1)　弾薬等の整備
　　(2)　燃料等の確保
　　(3)　防衛装備品の可動数向上
　　(4)　施設整備
Ⅲ　自衛隊の体制等
　1　統合運用体制
　2　陸上自衛隊
　　(1)　保有すべき防衛力の水準
　　(2)　基幹部隊の見直し等
　3　海上自衛隊
　　(1)　保有すべき防衛力の水準
　　(2)　基幹部隊の見直し等
　4　航空自衛隊
　　(1)　保有すべき防衛力の水準
　　(2)　基幹部隊の見直し等
　5　組織定員の最適化
Ⅳ　日米同盟の強化
　1　日米防衛協力の強化
　2　在日米軍の駐留を支えるための施策の着実な実施
Ⅴ　同志国等との連携
　1　共同訓練・演習
　2　装備・技術協力

3　能力構築支援
Ⅵ　防衛力を支える要素
　　　1　訓練・演習
　　　2　海上保安庁との連携・協力の強化
　　　3　地域コミュニティーとの連携
　　　4　政策立案機能の強化等
Ⅶ　国民の生命・身体・財産の保護・国際的な安全保障協力への取組
　　　1　大規模災害等への対応
　　　2　海洋安全保障及び既存の国際的なルールに基づく空の利用に関する取組
　　　3　国際平和協力活動等
Ⅷ　早期装備化のための新たな取組
Ⅸ　いわば防衛力そのものとしての防衛生産・技術基盤
　　　1　防衛生産基盤の強化
　　　2　防衛技術基盤の強化
　　　　（1）スタンド・オフ防衛能力
　　　　（2）極超音速滑空兵器（HGV）等対処能力
　　　　（3）ドローン・スウォーム攻撃等対処能力
　　　　（4）無人アセット
　　　　（5）次期戦闘機に関する取組
　　　　（6）その他抑止力・対処力の強化
　　　3　防衛装備移転の推進
　　　4　各種措置と制度整備の推進
Ⅹ　防衛力の中核である自衛隊員の能力を発揮するための基盤の強化
　　　1　人的基盤の強化
　　　　（1）採用の取組強化
　　　　（2）予備自衛官等の活用
　　　　（3）人材の有効活用

(4)　生活・勤務環境の改善等
　　　(5)　人材の育成
　　　(6)　処遇の向上及び再就職支援
　　2　衛生機能の変革
　XI　最適化の取組
　　1　装備品
　　2　人員
　XII　整備規模
　XIII　所要経費等
　XIV　留意事項
　別表1　別表2　別表3

　我が国として保持すべき防衛力の水準を示し，その水準を達成するための中長期的な整備計画で以下の内容を含むものを示している。自衛隊の能力，自衛隊の体制，日米同盟の強化。別表には，抜本的に強化された防衛力の目標と達成時期などが記されている（2027年度までの5年間とおおむね10年後まで）。

まとめにかえて

　まずは日本国憲法の理念に則り，外交力を磨くことや平和な世界を実質的にどのように構築できるかを考えるべきであろう（例えば，国連の改革，大国に有利な国連のあり方でよいのか，紛争回避の方法やいざ紛争がおきた時の軍事的制裁も含む制裁のあり方，貧しい国への経済支援の仕方等）。例えば，国連憲章の成立経緯を振り返る必要性もある。1944年ダンバートン・オークス会議にて，当時のソ連が拒否権の導入を主張，5大国の一致が必要となる，これまで拒否権発動は300回以上。こうした形でよいのか，国連総会決議の実効性を高めることなどを考えるべきである。また制裁を効果的に行うことも必要になる。

　他方で安保三文書にみられるように，日本は軍事国家化へと進んでいる。総

軍事体制・総動員体制の準備がみられる。こうした重要な転換を閣議決定という形で行うのは問題である。国会で十分に議論をするべきである。結局は国民が背負うべき事柄となる。安保三文書の特色は，これまでの基本方針は変えない，平和国家としての歩みを変えないとしながらも，「我が国の防衛力の抜本的強化」を進め，日米同盟のみならず，同志国等との連携の強化を示している。さらに自分自身の国を守るのは国民自らという，国民の防衛力への鼓舞もみられる。そして，国力を統合した我が国自身の防衛体制を今まで以上に強化していくとしている。とりわけ同志国との連携という言葉からは専守防衛を外れ，海外での自衛隊の進出・展開を意味している。安保三文書は根本的に国のあり方を変えるものであり，そこには自衛隊自体のあり方の変化のみならず省庁のあり方，地方公共団体のあり方の変化も含まれる。矛盾や非現実的な考え方も多々みられる。新たな冷戦体制への加担となる懸念もある。自由民主主義は普遍的な価値を示すとしても，価値を共有できない国は単純に敵となるのか。

　しかし日本は島国，地政学上，どこにも逃げられない。地道な平和の構築への道こそ必要である。また米国はいつも信用できるのか（例えばトランプ大統領時代のみならず，いまだに9.11とパール・ハーバーは同じに扱われ，忘れられていない）。同盟国のみならず同志国への参戦も当然ありうる。抑止力理論を推し進めているが，現実に中国・ロシア・北朝鮮に対抗できる抑止力はいかほどのものか。結局は核保有を認めることになり，非現実的。これを推し進めるとかえって日本の周辺の不安定さが増す。またこうしたやり方で，経済の活性化は難しい。防衛産業で経済復興は許しがたい発想であるだけでなく，防衛費をいくら使っても十分ではないという状況になる。

　日本は少子高齢社会，戦える若者は現実に少ない。だからこそ平和外交が大切である（周辺国との不可侵条約・平和条約の締結が大切）。一度戦争への道を進んだら後戻りはできない，終わりが見えないことを自覚すべきである。

　2024年5月10日，陸海空三自衛隊を平時から一元的に指揮する「統合作戦司令部」の創設を柱とする自衛隊法の改正が成立した。自衛官トップの統合幕

僚長の負担を軽減し，米軍との連携強化を図る狙いがあるとされるが，安保三文書の具体化の一つである。改正法にはサイバーなど高度な専門知識を持つ民間人材を最大5年の任期で，自衛官として採用する「特定任期付自衛官制度」を新設することも盛り込まれている。海上自衛隊最大級のいずも型護衛艦2隻を空母化する計画も進んでいる。ステルス戦闘機F35Bを発着艦させる洋上拠点を確保するためである（2024年5月16日読売新聞朝刊）。すでに武器輸出三原則（武器輸出禁止三原則）も緩和され2014年に防衛装備移転三原則へとなっていたが，岸田政権において，2024年3月にイギリス，イタリアとの共同開発の次期戦闘機の第三国への輸出解禁を決定している。安保三文書で書かれていることが着々と行われている。注意を要するのは文民統制がしっかりと行われているのか，ということである。日常生活も戦争を前提としたような雰囲気になるなら，個人の尊重や人権の保障は蔑ろになる。

　重要なのは一層の透明性ある政治，下からの民意の反映する政治が不可欠ということである。戦時体制はすべてを秘密にし，国民を置き去りにする。そのような社会を招かないように，国民は常に政治の行方を監視する必要がある。

初 出 一 覧

第 1 章　フランスにおける憲法裁判と憲法学の進展　比較法雑誌 55 巻 4 号（2022 年）35-68 頁
　　　　補論　書き下ろし
第 2 章　フランスのコロナ禍における憲法院の統制　比較法雑誌 55 巻 2 号（2021 年）31-74 頁
第 3 章　フランスのコロナ対策における政府の対応
　　　　「フランスのコロナ対策と憲法院による統制」石村修 他編『世界と日本のCOVID-19 対応』敬文堂 2023 年 31-47 頁に付加
第 4 章　緊急事態における政府の責任　書き下ろし
第 5 章　コンセイユ・デタの今日的地位　比較法雑誌 50 巻 2 号（2016 年）1-24 頁
第 6 章　フランスの国家緊急権
　　　　「フランスの国家緊急権」阪口正二郎 他編『憲法の思想と発展』信山社 2017 年 601-624 頁
第 7 章　日本における政治家の責任
　　　　「政治家の責任」長谷川憲 他編『プロヴァンスからの憲法学』敬文堂 2023 年 71-90 頁に付加
第 8 章　フランスにおける公権力の責任　書き下ろし
第 9 章　日本における司法の責任　書き下ろし
　　　　補論　書き下ろし
第 10 章　フランスにおける裁判官の倫理と責任　書き下ろし
第 11 章　ロシアのウクライナ侵攻と憲法の平和主義　書き下ろし
第 12 章　コロナ禍と教育　日本教育法学会年報 51 号（2022 年）88-96 頁
第 13 章　象徴天皇制と立憲主義
　　　　「天皇制と立憲主義」憲法研究 第 11 号（2022 年）147-158 頁に付加
終　章　人権保障と憲法解釈　書き下ろし
［参考資料］安保三文書の概要　書き下ろし

（雑誌において初出とタイトルが同じものについては初出のタイトルを示していない。）

植野 妙実子
うえの まみこ

中央大学名誉教授

専攻：憲法，フランス公法

東京都出身．中央大学法学部法律学科卒業後，
中央大学大学院法学研究科博士前期課程修了，後期課程満期退学．
中央大学理工学部専任講師，中央大学理工学部助教授を経て，
1993年より2019年まで中央大学理工学部教授．
2004年より中央大学大学院法学研究科後期課程，及び大学院公共政策研究科の担当教授．
2006年フランス エックス・マルセイユ第3大学にて法学博士取得．
2019年4月より中央大学名誉教授

〈主な著書・訳書〉
単著『男女平等原則の普遍性—日仏比較を通して』（中央大学出版部・2021年）
　　『基本に学ぶ憲法』（日本評論社・2019）
　　『フランスにおける憲法裁判』（中央大学出版部・2015）
　　『Justice, Constitution et droits fondamentaux au Japon』（LGDJ・2010）
　　『憲法二四条　今，家族のあり方を考える』（明石書店・2005）
　　『憲法の基本—人権・平和・男女共生』（学陽書房・2000）
編著『プロヴァンスからの憲法学—日仏交流の歩み』（敬文堂・2023年）
　　『世界と日本のCOVID-19対応—立憲主義の視点から考える』（敬文堂・2023年）
　　『現代教育法』（日本評論社・2023年）
　　『法・制度・権利の今日的変容』（中央大学出版部・2013）
　　『フランス憲法と統治構造』（中央大学出版部・2011）
　　『21世紀の女性政策』（中央大学出版部・2001）
訳書　ベルトラン・マチュー著共訳『フランスの事後的違憲審査制』（日本評論社・2015）
　　ルイ・ファヴォルー著監訳『法にとらわれる政治』（中央大学出版部・2016）

権力の自律・協働・統制
　日仏比較を通して

日本比較法研究所研究叢書（137）

2025年3月31日　初版第1刷発行

著　者　植野　妙実子
発行者　松本　雄一郎
発行所　中央大学出版部
　　　　〒192-0393
　　　　東京都八王子市東中野742-1
　　　　電話 042(674)2351・FAX 042(674)2354

© 2025 植野妙実子　ISBN978-4-8057-0837-8　㈱TOP印刷

日本比較法研究所研究叢書

№	著者	タイトル	判型・価格
1	小島武司 著	法律扶助・弁護士保険の比較法的研究	A5判 3080円
2	藤本哲也 著	CRIME AND DELINQUENCY AMONG THE JAPANESE-AMERICANS	菊判 1760円
3	塚本重頼 著	アメリカ刑事法研究	A5判 3080円
4	小島武司／外間寛 編	オムブズマン制度の比較研究	A5判 3850円
5	田村五郎 著	非嫡出子に対する親権の研究	A5判 3520円
6	小島武司 編	各国法律扶助制度の比較研究	A5判 4950円
7	小島武司 編	仲裁・苦情処理の比較法的研究	A5判 4180円
8	塚本重頼 著	英米民事法の研究	A5判 5280円
9	桑田三郎 著	国際私法の諸相	A5判 5940円
10	山内惟介 編	Beiträge zum japanischen und ausländischen Bank- und Finanzrecht	菊判 3960円
11	木内宜彦／M・ルッター 編著	日独会社法の展開	A5判（品切）
12	山内惟介 著	海事国際私法の研究	A5判 3080円
13	渥美東洋 編	米国刑事判例の動向Ⅰ	A5判（品切）
14	小島武司 編著	調停と法	A5判（品切）
15	塚本重頼 著	裁判制度の国際比較	A5判（品切）
16	渥美東洋 編	米国刑事判例の動向Ⅱ	A5判 5280円
17	日本比較法研究所 編	比較法の方法と今日的課題	A5判 3300円
18	小島武司 編	Perspectives on Civil Justice and ADR : Japan and the U.S.A.	菊判 5500円
19	小島／渥美／清水／外間 編	フランスの裁判法制	A5判（品切）
20	小杉末吉 著	ロシア革命と良心の自由	A5判 5390円
21	小島／渥美／清水／外間 編	アメリカの大司法システム(上)	A5判 3190円
22	小島／渥美／清水／外間 編	Système juridique français	菊判 4400円

日本比較法研究所研究叢書

23	小島・渥美・清水・外間 編	アメリカの大司法システム㊦	A5判 1980円
24	小島武司・韓相範 編	韓国法の現在㊤	A5判 4840円
25	小島・渥美・川添・清水・外間 編	ヨーロッパ裁判制度の源流	A5判 2860円
26	塚本重頼 著	労使関係法制の比較法的研究	A5判 2420円
27	小島武司・韓相範 編	韓国法の現在㊦	A5判 5500円
28	渥美東洋 編	米国刑事判例の動向Ⅲ	A5判 (品切)
29	藤本哲也 著	Crime Problems in Japan	菊判 (品切)
30	小島・渥美・清水・外間 編	The Grand Design of America's Justice System	菊判 4950円
31	川村泰啓 著	個人史としての民法学	A5判 5280円
32	白羽祐三 著	民法起草者 穂積陳重論	A5判 3630円
33	日本比較法研究所 編	国際社会における法の普遍性と固有性	A5判 3520円
34	丸山秀平 編著	ドイツ企業法判例の展開	A5判 3080円
35	白羽祐三 著	プロパティと現代的契約自由	A5判 14300円
36	藤本哲也 著	諸外国の刑事政策	A5判 4400円
37	小島武司他 編	Europe's Judicial Systems	菊判 (品切)
38	伊従寛 著	独占禁止政策と独占禁止法	A5判 9900円
39	白羽祐三 著	「日本法理研究会」の分析	A5判 6270円
40	伊従・山内・ヘイリー 編	競争法の国際的調整と貿易問題	A5判 3080円
41	渥美・小島 編	日韓における立法の新展開	A5判 4730円
42	渥美東洋 編	組織・企業犯罪を考える	A5判 4180円
43	丸山秀平 編著	続ドイツ企業法判例の展開	A5判 2530円
44	住吉博 著	学生はいかにして法律家となるか	A5判 4620円

日本比較法研究所研究叢書

45	藤本哲也 著	刑事政策の諸問題	A5判 4840円
46	小島武司 編著	訴訟法における法族の再検討	A5判 7810円
47	桑田三郎 著	工業所有権法における国際的消耗論	A5判 6270円
48	多喜 寛 著	国際私法の基本的課題	A5判 5720円
49	多喜 寛 著	国際仲裁と国際取引法	A5判 7040円
50	眞田・松村 編著	イスラーム身分関係法	A5判 8250円
51	川添・小島 編	ドイツ法・ヨーロッパ法の展開と判例	A5判 2090円
52	西海・山野目 編	今日の家族をめぐる日仏の法的諸問題	A5判 2420円
53	加美和照 著	会社取締役法制度研究	A5判 7700円
54	植野妙実子 編著	21世紀の女性政策	A5判（品切）
55	山内惟介 著	国際公序法の研究	A5判 4510円
56	山内惟介 著	国際私法・国際経済法論集	A5判 5940円
57	大内・西海 編	国連の紛争予防・解決機能	A5判 7700円
58	白羽祐三 著	日清・日露戦争と法律学	A5判 4400円
59	伊従・山内・ヘイリー・ネルソン 編	APEC諸国における競争政策と経済発展	A5判 4400円
60	工藤達朗 編	ドイツの憲法裁判	A5判（品切）
61	白羽祐三 著	刑法学者牧野英一の民法論	A5判 2310円
62	小島武司 編	ＡＤＲの実際と理論 I	A5判（品切）
63	大内・西海 編	United Nation's Contributions to the Prevention and Settlement of Conflicts	菊判 4950円
64	山内惟介 著	国際会社法研究 第一巻	A5判 5280円
65	小島武司 著	CIVIL PROCEDURE and ADR in JAPAN	菊判（品切）
66	小堀憲助 著	「知的(発達)障害者」福祉思想とその潮流	A5判 3190円

日本比較法研究所研究叢書

67	藤本哲也 編著	諸外国の修復的司法	A5判 6600円
68	小島武司 編	ＡＤＲの実際と理論Ⅱ	A5判 5720円
69	吉田　豊 著	手付の研究	A5判 8250円
70	渥美東洋 編著	日韓比較刑事法シンポジウム	A5判 3960円
71	藤本哲也 著	犯罪学研究	A5判 4620円
72	多喜　寛 著	国家契約の法理論	A5判 3740円
73	石川・エーラース・グロスフェルト・山内 編著	共演　ドイツ法と日本法	A5判 7150円
74	小島武司 編著	日本法制の改革：立法と実務の最前線	A5判 11000円
75	藤本哲也 著	性犯罪研究	A5判 3850円
76	奥田安弘 著	国際私法と隣接法分野の研究	A5判 8360円
77	只木　誠 著	刑事法学における現代的課題	A5判 2970円
78	藤本哲也 著	刑事政策研究	A5判 4840円
79	山内惟介 著	比較法研究　第一巻	A5判 4400円
80	多喜　寛 編著	国際私法・国際取引法の諸問題	A5判 2420円
81	日本比較法研究所 編	Future of Comparative Study in Law	菊判 12320円
82	植野妙実子 編著	フランス憲法と統治構造	A5判 4400円
83	山内惟介 著	Japanisches Recht im Vergleich	菊判 7370円
84	渥美東洋 編	米国刑事判例の動向Ⅳ	A5判 9900円
85	多喜　寛 著	慣習法と法的確信	A5判 3080円
86	長尾一紘 著	基本権解釈と利益衡量の法理	A5判 2750円
87	植野妙実子 編著	法・制度・権利の今日的変容	A5判 6490円
88	畑尻剛・工藤達朗 編	ドイツの憲法裁判　第二版	A5判 8800円

日本比較法研究所研究叢書

89	大村雅彦著	比較民事司法研究	A5判 4180円
90	中野目善則編	国際刑事法	A5判 7370円
91	藤本哲也著	犯罪学・刑事政策の新しい動向	A5判 5060円
92	山内惟介 ヴェルナー・F・エブケ編著	国際関係私法の挑戦	A5判 6050円
93	森勇 米津孝司編	ドイツ弁護士法と労働法の現在	A5判 3630円
94	多喜寛著	国家（政府）承認と国際法	A5判 3630円
95	長尾一紘著	外国人の選挙権 ドイツの経験・日本の課題	A5判 2530円
96	只木誠 ハラルド・バウム編	債権法改正に関する比較法的検討	A5判 6050円
97	鈴木博人著	親子福祉法の比較法的研究Ⅰ	A5判 4950円
98	橋本基弘著	表現の自由 理論と解釈	A5判 4730円
99	植野妙実子著	フランスにおける憲法裁判	A5判 4950円
100	椎橋隆幸編著	日韓の刑事司法上の重要課題	A5判 3520円
101	中野目善則著	二重危険の法理	A5判 4620円
102	森勇編著	リーガルマーケットの展開と弁護士の職業像	A5判 7370円
103	丸山秀平著	ドイツ有限責任事業会社（UG）	A5判 2750円
104	椎橋隆幸編	米国刑事判例の動向Ⅴ	A5判 7590円
105	山内惟介著	比較法研究 第二巻	A5判 8800円
106	多喜寛著	STATE RECOGNITION AND *OPINIO JURIS* IN CUSTOMARY INTERNATIONAL LAW	菊判 2970円
107	西海真樹著	現代国際法論集	A5判 7480円
108	椎橋隆幸編著	裁判員裁判に関する日独比較法の検討	A5判 3190円
109	牛嶋仁編著	日米欧金融規制監督の発展と調和	A5判 5170円
110	森光著	ローマの法学と居住の保護	A5判 7370円

日本比較法研究所研究叢書

111	山内惟介 著	比較法研究 第三巻	A5判 4730円
112	北村泰三・西海真樹 編著	文化多様性と国際法	A5判 5390円
113	津野義堂 編著	オントロジー法学	A5判 5940円
114	椎橋隆幸 編	米国刑事判例の動向 Ⅵ	A5判 8250円
115	森勇 編著	弁護士の基本的義務	A5判 6930円
116	大村雅彦 編著	司法アクセスの普遍化の動向	A5判 6710円
117	小杉末吉 著	ロシア-タタルスターン権限区分条約論	A5判 5610円
118	椎橋隆幸 著	刑事手続における犯罪被害者の法的地位	A5判 4950円
119	椎橋隆幸 編	米国刑事判例の動向 Ⅶ	A5判 7920円
120	70周年記念叢書編集委員会 編	グローバリゼーションを超えて	A5判 6600円
121	鈴木彰雄 著	刑法論集	A5判 3960円
122	畑尻剛 著	ペーター・ヘーベルレの憲法論	A5判 2530円
123	只木誠・グンナー・デュトゲ 編	終末期医療、安楽死・尊厳死に関する総合的研究	A5判 6930円
124	植野妙実子 著	男女平等原則の普遍性	A5判 7590円
125	山内惟介 著	国際会社法研究 第二巻	A5判 6490円
126	堤和通 編著	米国刑事判例の動向 Ⅷ	A5判 8140円
127	畑尻剛 著	Inzidente und konzentrierte Verfassungsgerichtsbarkeit	菊判 1980円
128	奥田安弘 著	国際私法と隣接法分野の研究・続編	A5判 4950円
129	山内惟介 著	憲法と国際私法	A5判 10450円
130	丸山秀平 著	続・ドイツ有限責任事業会社（UG）	A5判 3850円
131	早田幸政 著	グローバル時代における高等教育質保証の規範構造とその展開	A5判 7480円
132	山内惟介 著	気候危機とドイツ国際私法	A5判 7040円

日本比較法研究所研究叢書

133	鈴木博人 著	親子福祉法の比較法的研究 Ⅱ	A5判 1870円
134	マーク・デルナウア 奥田安弘 編著	欧米諸国から見た日本法	A5判 3850円
135	只木 誠 著	臨死介助および承諾についての比較法的考察	A5判 2530円
136	堤 和通 編著	米国刑事判例の動向 Ⅸ	A5判 6490円

＊表示価格は税込みです。